배움의 기쁨

배움의 기쁨

2025년 12월 16일 초판 1쇄 찍음
2025년 12월 30일 초판 1쇄 펴냄

지은이 김영민
책임편집 엄귀영
편집 김천희 정지현 박훈 김찬호
경영지원 나연희 주광근 오민정 김수아
마케팅 윤영채 정하연 안은지 염승연
디자인 이수경
본문 조판 민들레
인쇄 영신사

펴낸이 윤철호
펴낸곳 (주)사회평론아카데미
등록번호 2013-000247(2013년 8월 23일)
전화 02-326-1545
팩스 02-326-1626
주소 03993 서울특별시 마포구 월드컵북로6길 56
이메일 academy@sapyoung.com
홈페이지 www.sapyoung.com

ISBN 979-11-6707-217-7 93140

배움의 기쁨

김영민 논어해설

사회평론

일러두기

1. 이 책에 실린 『논어』 번역문은 모두 저자 김영민의 번역이다. 저자의 『논어』 전체 번역문은 『논어: 김영민 새 번역』(사회평론아카데미, 2025)을 참조하라.
2. 『논어』의 편장篇章 표시는 편명과 장 번호를 아라비아 숫자로 표기하였다. 각 편의 아라비아 숫자는 온점을 기준으로 앞은 편을 나타내고, 뒤는 각 편의 장을 나타낸다(예: 「안연」편 17장 → 12.17).
3. 『논어』의 편명 및 순서는 다음과 같다.
   1. 학이學而 2. 위정爲政 3. 팔일八佾 4. 이인里仁 5. 공야장公冶長
   6. 옹야雍也 7. 술이述而 8. 태백泰伯 9. 자한子罕 10. 향당鄕黨
   11. 선진先進 12. 안연顔淵 13. 자로子路 14. 헌문憲問 15. 위령공衛靈公
   16. 계씨季氏 17. 양화陽貨 18. 미자微子 19. 자장子張 20. 요왈堯曰
4. 『논어』에서 [ ] 안의 문구는 내용 이해를 위해 옮긴이가 추가한 것이고, ( ) 안의 내용은 해당 단어에 대한 간단한 설명이다.
5. 『논어』 외 다른 사료의 인용문도 별도의 주가 없는 경우 모두 저자의 번역이다.
6. 외래어 표기는 국립국어원의 원칙을 따랐다. 단, 참고문헌의 경우 해당 출판사의 표기를 존중했으며, 각기 다르게 번역 표기된 경우 국립국어원 원칙을 따랐다.
7. 현대 중국어 참고문헌의 경우, 사료 원문 표기에 맞춰 한문 정자체로 표기하였다.
8. 중국 인명 표기는 신해혁명(1911)을 기점으로 이전 시기는 한자음으로, 이후 시기는 중국어음으로 표기하였다.

『논어』 연작을 펴내며

우리 사회에서 고전이 갖는 의미를 새롭게 하고자 『논어』 연작을 세상에 내어놓는다. 고전은 반드시 불변의 지혜를 담고 있는 책도 아니고, 반드시 고단한 삶을 위로하는 책도 아니다. 오늘날 고전은 오랜 시간 독자들과 함께했기에, 그리고 앞으로도 함께할 가능성이 높기에 권위를 갖게 된 책이다. 물론 고전을 읽으며 지혜를 얻을 수도 있고 위로를 얻을 수도 있다. 그러나 고전은 널리 오랫동안 읽혀왔다는 이유만으로도 중요하다. 반드시 소중한 지혜가 담겨 있기에 오랫동안 읽혀온 것은 아니다. 반드시 위로를 주기에 오랫동안 읽혀온 것도 아니다. 다양한 이유로 오랫동안 독자와 함께하며 권위를 갖게 된 책이 바로 고전이다.

『논어』의 경우도 마찬가지다. 지혜가 담겨 있기에 『논어』를 읽어야 하나? 글쎄, 시대와 장소를 초월하는 지혜가 『논어』에 담겨 있는지는 확실하지 않다. 그런 지혜에 목마른 사람은 『논어』에서 그런 지혜를 찾아낼 것이고, 목마르지 않은 사람은 찾아내지 못할 것이다. 위로를 얻기 위해 『논어』를 읽어야 하나? 글쎄, 지친 사람들을 어루만지는 메시지가 『논어』에 있는지는 확실하지 않다.

위로가 절실한 사람은 『논어』로부터 위로받을 것이고, 위로가 절실하지 않은 사람은 위로받지 않을 것이다. 다양한 이유로 사람들은 『논어』를 읽어왔고 앞으로도 읽어갈 것이다. 그런 점에서 『논어』는 이 사회의 고전이다.

오랫동안 많은 사람들이 읽으면, 그 내용은 그 사회를 지탱하는 언어가 된다. 『논어』 역시 오랫동안 널리 읽히면서 동아시아인의 생각과 대화를 위한 언어를 창조했다. 그것은 『논어』의 위대함 때문이라기보다는 많은 사람들이 읽어서이고, 많은 사람들이 읽음에 따라 앞으로도 동아시아인의 생각에 깊고 넓은 영향을 끼칠 것이다. 어차피 살다가 한번쯤 읽어야 하는 책이라면, 가능한 한 풍부하고 정교하게 읽어보자는 것이 이 『논어』 연작의 취지다. 그러기 위해 적어도 세 가지가 필요하다.

첫째, 문법이나 어법의 차원에서 오류가 적은 『논어』 번역이 필요하다. 둘째, 전문적인 연구가 뒷받침된 해석이 필요하다. 셋째, 『논어』의 구식 이미지들을 털어버리고, 감수성을 일신할 필요가 있다.

새로운 번역과 해석은 기존 번역자와 해석자들에게 달갑지 않을 수 있다. 그것은 기존 번역과 해석으로는 충분하지 않다는 뜻이기 때문이다. 이 『논어』 연작의 취지는 옛 번역과 해석이 쓸모없다고 선언하는 데 있지 않다. 새 번역과 해석이 완벽하다고 주장하는 데도 있지 않다. 그보다는 『논어』 번역과 해석이 앞으로 계속 나아질 수 있는 기틀을 만드는 데 관심이 있다. 수많은 『논어』 번역본이 출간되었지만, 기존 번역이 구체적으로 어떤 문제를 갖고 있는지 집중적이고 체계적으로 논한 책은 거의 없다. 대개 자신이 선호하는 번역과 해설을 제시하는 데 그친다. 그렇게 해서는 독자가 번역의 차이를 평가할 수 없고, 평가가 부재할 때 향후 번역과 해석이 나아지기를 기대할 수 없다. 『논어』 연작 가운데 『논어번역비평』은 기존 번역을 체계적으로 평가하고 대안적인 번역 방향을 제시하고자 하였다. 『논어번역비평』을 읽음으로써 독자가 기존 번역의 문제들을 판별하는 동시에 한문 문법을 요령 있게 습득할 수 있기를 희망한다.

기존 『논어』 해설은 중국의 주희나 한국의 정약용 같은 옛 학자들의 주석을 소개하는 것들이 대부분이다. 물론 『논어』에 대한 훌륭한 전통적 주석들이 많이 있다. 그러나 그 주석들을 소개하는 것만으로는 충분하지 않다. 한 세기 넘게 『논어』에 관한 현대적이고 전문적인 연구가 수행되어왔기 때문이다. 그 전문적인 연구는 현행 『논어』 한국어 번역본에 충분히 반영되지 않았다. 아니, 지나칠 정도로 반영되지 않았다. 오늘날 바람직한 『논어』 번역과 해설을 위해서는 한국어, 중국어, 일본어, 영어 등으로 축적된 전문 연구를 필요한 만큼 참고하고, 검토하고, 반영해야 한다. 그 점에 관한 한, 한국어 『논어』 번역본은 갈 길이 멀다. 『논어』 해설의 경우도 산발적인 입장 소개에 그칠 뿐, 논증의 형태로 주장을 개진한 경우는 많지 않다. 『논어』 연작 가운데 『배움의 기쁨』은 학술 논문의 형식을 통해 주석 전통을 잇는 한편, 기존 해석을 체계적으로 평가하고 대안적인 해석을 제시하고자 하였다. 『배움의 기쁨』을 읽음으로써 독자는 기존 해석의 문제점을 판별하는 동시에 새로운 해석에 접할 수 있기를 희망한다.

이 『논어』 연작은 궁극적으로 『논어』를 둘러싼 언어와 감수성을 갱신하기를 희망한다. 그와 같은 취지에서 이미 『우리가 간신히 희망할 수 있는 것』(개정판 『생각의 시체를 묻으러 왔다』)이라는 논어 에세이를 출간하였고, 이번에 『논어란 무엇인가』라는 교양서를 출간한다. 『논어』는 누구나 한번쯤은 읽어봐야 할 고전으로 여겨지지만, 동시에 시효가 지난 고답적인 옛날 책으로 간주되기도 한다. 그러는 것도 무리가 아니다. 이미 생명력을 잃은 언어로만 논어를 해설하는 책, 더 이상 울림이 없는 언어로 『논어』를 풀이하는 책, 동어반복에 가까운 해설로 가득한 책, 낡은 편견을 반복하는 수단으로 『논어』를 들먹이는 책들이 넘쳐난다. 그런 경향에 반대하는 이는 『논어』가 여전히 살아 있음을 보여주고 싶어 무리한 주장을 펼치곤 한다. 그러다보면 자칫 수천 년 전 텍스트를 오늘날의 관심에 맞게 왜곡하거나 단순화하는 일이 벌어진다. 서구 문명의 폐해를 극복할 지혜를 가진 『논어』, 자본주의의 폐단을 극복할 지혜를 가진 『논어』, 인류의 미래를 열어줄 『논어』, 서양 고전보다 더 뛰어난 『논어』, 고단한 인생을 위로해줄 『논어』, 이런 식으로 포장된 『논어』가 과연 논어의 참모습일까?

현대의 관심사에 의해 과도하게 재단된 『논어』는 독자에게 새로운 내용을 전해주지 못한다. 잘해야 듣고 싶은 이야기를 들려줄 뿐이다. 『논어』가 처한 역사적 맥락을 충분히 고려했다면 독자에게 낯선 이야기를 전할 수도 있으련만, 이제 『논어』는 너무 현대적이어서 진부한 책이 되고 만다. 이 『논어』 연작은 『논어』를 충분히 역사적으로 바라봄으로써 『논어』에 대한 감수성을 갱신할 수 있다고 믿는다. 『논어』 성립기에 경쟁했던 다른 입장들을 고려함에 의해, 『논어』가 당연시하고 있는 전제들을 드러냄에 의해, 『논어』가 답이라면 문제는 무엇이었는지 물음을 통해, 성인이 되기 전 공자의 모습을 그려봄을 통해 『논어』의 역사적 맥락에 충실할 수 있기를 바란다. 좀 더 역사적이 됨으로써 좀 더 오늘날에 적실한 텍스트로 거듭나는 아이러니, 그 아이러니를 구현하는 것이 이 『논어』 연작의 목표다.

이것이 곧 고대 중국에 『논어』를 가두어야 한다는 말은 아니다. 여러 곳을 돌아다녀보아야 자신이 사는 곳의 특징을 알게 되는 것처럼, 외국인을 만나보아야 한국인의 특징을 깨닫게 되는 것처럼, 물 밖으로 나와야 물을 제대로 보게 되는 것처럼 『논어』의 입장을 알기 위해서는 다른 입장들을 고려할 필요가 있고, 그 다른 입장들은 고대 중국에 국한될 필요가 없다. 『논어』의 세계를 조명하기 위해 고대 중국을 넘어서 유럽, 미국, 한국 등 그 어느 지적 전통이든 적절하기만 하다면 활용할 수 있다. 어쩌면 지금까지 해설은 충분히 『논어』를 벗어나지 못했기에 『논어』를 충분히 조명하지 못했는지 모른다. 『논어』를 벗어남으로써 『논어』에 더 충실해지는 아이러니, 그 아이러니를 구현하는 것이 이 『논어』 연작의 목표다.

이 『논어』 연작은 『논어』나 공자를 찬양하거나 비판하는 데는 관심이 없다. 인류를 위한 결정적인 지혜나 한국 사회를 밝혀줄 청사진을 그려내는 데도 관심이 없다. 누군가의 인생을 구제해줄 결정적인 지혜를 찾는 데도 관심이 없다. 그 대신에 나는 『논어』를 우리의 생각을 구성해온, 구성하고 있는, 구성해나갈 자원의 하나로 간주한다. 우리 곁을 떠나지 않는 『논어』라는 고전을 잘 가다

들어, 생각의 자원을 조금이라도 풍부히 하려는 것이 나의 소박한 목표다. 이 『논어』 연작을 읽으며 자기 삶을 구성하는 참고체계를 확장하고, 그 확장된 세계 속에서 자유로이 헤엄치는 모습이 이 글을 준비하는 내내 상상했던 독자의 모습이다.

이 『논어』 연작을 완간하기까지 실로 많은 이들의 도움을 받았다. 『논어』 연작을 기획하는 데 좋은 대화 파트너가 되어준 주일우 님, 자료 정리부터 교정·교열에 이르기까지 여러 가지 수고로운 작업을 함께 해준 박성운 님과 송지혜 님을 비롯한 조교들, 그리고 사회평론 여러 분들로부터 큰 도움을 받았기에 이 자리를 빌려 감사드린다. 끝으로, 나와 함께 『논어』를 읽었던 학생들을 기억한다.

2025년 가을

김영민

차례

2부 국가와 인간

주석사 이후의 『논어』 읽기

『논어』 연작을 처음 구상할 때 꿈꾸었던 것은 『논어』 전 문장에 학술적 주석을 다는 일이었다. 그것은 기존 주석사의 연장선에서 나 자신의 주석을 추가한다는 점에서 전통적 방식을 계승하는 일이었다. 그런데 나의 꿈은 단순히 또 하나의 주석을 추가하는 데 그치지 않았다. 그 내용을 현대적 학술 프레임 속에 넣고 싶었다. 현대 학술이 추구하는 엄격한 논지 전개 방식을 빌려, 해석의 자의성을 최대한 통제하고 싶었다. 그래서 주석을 달되 그것을 학술적 논변의 형태로 만들고자 했다. 그 결과가 이 책 『배움의 기쁨』이다.

어려운 여건과 부족한 시간과 미약한 능력으로 인해, 『논어』 전 문장 주석 달기는 이루지 못했다. 오랜 시간 모으고 정리해온 많은 연구 노트들은 결국 이 책에 담기지 못했다. 그 대신 『논어』의 첫 편인 「학이」와 「자로」 18장을 대상으로 나의 학술적 주석을 완성할 수 있었다. 이것은 『논어』 해설의 일부에 불과하지만, 『논어』에 대한 나의 관점을 보여주기에는 충분하다고 판단했다. 20편에 이르는 이 책의 꼭지들 중에서 특히 「정치참여 과정의 이상과 현실」(13장)과

「사회정의와 효의 딜레마: 자로 18장의 역사적 해석」(부록)을 독자들에게 권한다. 이 책의 특징이 그 두 꼭지에 좀 더 분명하게 드러나 있다.

원래 생각했던 목차는 주석사에 걸맞게 『논어』「학이」편의 첫 문장에서 끝 문장까지 순서대로 해설하고, 「자로」 18장을 부록으로 첨부하는 것이었다. 『논어』 전 문장에 학술적 주석을 다는 일이었다면 이러한 단순한 방식이 좀 더 어울렸으리라. 그러나 「학이」편과 「자로」 18장만으로 『논어』의 비전을 보여주어야 했으므로, 좀 더 구조화된 방식이 필요했다. 테마별로 제목을 붙이는 것이 좋겠다는 사회평론아카데미 편집부의 제안을 받아들여, 현재와 같은 구성이 되었다.

이미 출간된 『논어』 에세이까지 포함하면 총 5권으로 이루어지는 이 『논어』 연작에 학술서가 반드시 포함되어야 한다고 생각했다. 『논어』 해설서가 거의 매해 출간될 만큼 『논어』 관련 도서는 넘쳐나지만, 그중에서 현대적 학술 연구에 기반한 해설은 드물다. 일반 독자들에게 다가가기 위한 고전 해설이라고 해도, 전문적 학술 연구에 기초해야 한다고 나는 믿는다. 전문적 학술 연구는 『논어』 원문과 몇몇 주석에 대한 인상만으로는 완성되지 않는다. 『논어』 관련 현대적 연구사를 고려하고 그와 적절히 대화할 때 비로소 학술서는 탄생한다.

현대 학술 연구의 목표는 진리를 확정하는 데 있지 않다. 되도록 반증 가능한 논의를 전개함으로써 상대적으로 나은 결론을 제시하는 것이 목표다. 반증 가능한 만큼 그 결론은 진일보한 연구에 의해 장차 수정되어나갈 것이다. 이 책에 담긴 주장 역시 그렇게 될 것이다. 현대 학술서는 진리가 아니라 진리를 향한 노력을 담고 있기에 가치가 있다. 그 노력은 고된 것이지만, 그 고됨 속에 때때로 달콤한 배움의 기쁨이 깃든다. 『배움의 기쁨』이라는 책 제목은 『논어』의 첫 문장에서 따왔다. 내가 그러했던 것처럼 독자들도 이 책을 읽으면서 어떤 기쁨을 느낄 수 있기를 희망한다.

1부

배움의 기쁨

1

배움이란 무엇인가[1]

선생님께서 말씀하셨다.
"배우고 때로 익히면, 참으로 기쁘지 아니한가?"
子曰, 學而時習之, 不亦說乎. (『論語』 1.1)

『논어』를 여는 단어, 學

"子曰자왈"(선생님께서 말씀하셨다)이라는 표지를 제외한다면, 『논어』의 첫 글자는 "學학"(배우다)이다. 『논어』 같은 고전에서 제일 앞에 오는 단어라니, 여기에는 사뭇 깊은 뜻이 담겨 있는 게 아닐까? 『논어』를 한국어로 번역한 사람 중 한 명인 윤재근은 "공자孔子(B.C.551~B.C.479)는 왜 『논어』 맨 앞에 학이學而라는 말을 던져놓았을까? 이 학學 뒤에 목적어로 유자有子의 효제孝悌를 두어도 되고, 증자曾子의 삼성三省을 두어도 된다는 뜻은 아닌지 살아가면서 곱씹어보게 된다"[2] 라고 자문자답한 바 있다.

그러나 여기에서 공자의 의도를 찾을 수는 없다. "學而時習之학이시습지"라는 문장을 맨 앞에 둔 것은 공자가 아니라 공자의 사후 특정 시점에 『논어』를 편집한 사람이다. 『논어』는 편집서이며, 우리가 오늘날 접하는 『논어』 말고도 다양한 편집본이 존재했다. 『논어』 텍스트의 성립 과정에 대해서는 많은 논쟁이 벌어져왔고, 그 논쟁은 지금도 진행 중이다. 이를테면 마이클 헌터Michael Hunter는 『논어 너머의 공자*Confucius Beyond the Analects*』를 통해 한무제漢武帝(B.C.156~B.C.87) 시기 이전에는 "『논어』 같은 공자 관련 문헌이 특별한 신뢰나 권위를 가진 적이 없다"고 설득력 있게 주장한 바 있다.[3]

이 같은 논쟁의 결론이 무엇이든, 學으로 시작하는 문장이 『논어』의 서두에 온 것은 공자의 의도가 아니라 『논어』 편집자의 의도임에 틀림없다. 그런데 이것이 곧 편집자 마음대로 『논어』의 순서를 정했다는 말은 아니다. 그와 같은 편집은 공자 사상의 핵심을 學으로 파악하려는 일련의 흐름이 존재했기에 가능했다. 공자보다 후대 사상가인 순자荀子(B.C.298?~B.C.238?)의 텍스트도 「권학勸學」이라는 편으로 시작하는데, 그 역시 일련의 흐름을 반영한 것이다. 그리고 이러한 흐름은 애초에 공자가 學에 대해 적지 않은 언술을 남겼기에 가능했다.

입체적 개념으로서의 學

공자가 學에 대해 큰 관심을 보였다는 점은 學이라는 단어가 『논어』 전체에 걸쳐 65차례나 사용된다는 사실로도 확인된다. 그런데 學의 의미심장함은 단지 양적인 차원에서만 드러나는 것이 아니다. 學이 질적인 차원에서도 중요한 단어라는 것은 『논어』에 나오는 다음과 같은 말에서도 확인할 수 있다. "어째서 꼭 『서書』(후대의 『서경書經』)를 읽은 뒤에라야 배웠다고 하겠습니까?"(11.25)[4] 이 언명은 學이라는 것이 대체로 글을 읽는 일이기는 하지만, 꼭 그에 한정되지 않는 입체적인 개념임을 시사한다. 동시에 學이란 단순한 지식 습득 활동에 그치지 않고 어떤 바람직한 상태를 나타내는 규범적인normative 차원을 가진 개념임을 보여준다. 즉, 배운 사람만이 도달할 수 있는 어떤 바람직한 상태가 있다고 생각하는 것이다. 그런 바람직한 상태에 도달할 수 있다면, 실제로 글을 읽었느냐 여부와 관계없이 '배웠다'고 이야기할 수 있다.

學의 이런 규범적인 성격을 잘 보여주는 또 하나의 예가 『논어』에 자주 나오는 "好學호학"(배우기를 좋아하다)이라는 단어이다. 好學은 누군가가 배우기를 좋아하는 현상을 서술하는 데 그치는 말이 아니다. 『논어』에 거듭 나오는 "弟子孰爲好學제자숙위호학"(제자 중에서 누가 배움을 좋아한다고 하시겠소?)이라는 말은 누가 好學이라는 범주에 해당하느냐(爲)는 물음이다. 즉, "孰好學숙호학"이 누가 배움을 좋아하느냐는 어떤 현상에 대해 묻는 질문이라면, "孰爲好學숙위호학"은 누가 好學이라는 범주에 속하느냐는 질문이다. 화자가 일부러 '爲'자를 추가하여 "孰爲好學"이라고 말했다는 사실은 『논어』 텍스트에서 好學이 하나의 범주로 성립하고 있음을 보여준다. 學이 그러하듯이 好學 역시 지식 습득 활동을 좋아하는 현상을 기술하는 데 그치지 않고 어떤 바람직한 상태를 나타내는 규범적인 차원을 가진다. 따라서 "제자 중에서 누가 배움을 좋아한다고 하시겠소?"라는 질문은 어떤 현상에 대한 질문이라기보다 제자들 중에서 누가 바람직한 상태에 도달했는지를 묻는 질문이다. 마찬가지로 공자는 스스로를 평가하여 "나만큼 배움을 좋아하지는(好學) 않을 것이다"(5.28)[5]라고 말하기도 하는데, 이는 대단한 자기 자랑이라고 할 수 있다. 이 好學이라는 범주에 대해서는 『논어』 1.14를 탐구할 때 좀 더 다루게 될 것이다.

學이 어떤 바람직한 활동을 나타낸다고 해서 어느 경우에나 같은 결과를 낳는 것은 아니다. 배움이란 각기 다른 조건에서 다른 결과를 낳는다. 그 점을 잘 보여주는 것이, 『논어』에서 學이라는 글자가 종종 "學而학이"라는 표현 속에 등장한다는 사실이다. "學而不思則罔학이불사즉망"(배우되 생각하지 않으면 무턱대고 속임을 당하고),[6] "學而不厭학이불염"(배우되 염증 내지 않고),[7] "學而優則仕학이우주시"(배우고서 여력이 있으면 벼슬한다)[8] 같은 구절들이 그 예이다. 이러한 문장들에서 學을 뒤따르는 글자인 而는 앞의 말과 뒤의 말을 순접이나 역접, 혹은 가정문으로 연결하는 역할을 한다. 그리고 而 뒤에는 배우는 일에 대한 상황을 제한하는 말이 따른다. 이런 식으로 『논어』는 배운다는 일이 개인의 삶과 사회 전반에 걸쳐 어떤 결과를 낳는지에 대해 이야기한다.

學은 명사인가, 동사인가

오늘날 우리에게 學이라는 단어는 윤리학, 물리학, 화학 같은 학문 명칭의 끝에 붙는 글자로 익숙하다. 그렇다면 學은 '배우다'라는 의미의 동사인가, 아니면 '學問학문'에서와 같은 명사인가? 『논어』의 주석사에서 이 사안은 종종 논쟁거리가 되었다. 중국 송宋나라의 주희朱熹, 朱子(1130~1200) 같은 학자는 그 유명한 『논어집주論語集註』에서 學이 '배우다'라는 의미의 동사임을 명확히 했다. 그러나 주희보다 후대의 학자인 청淸나라의 모기령毛奇齡(1623~1716)은 『사서개착四書改錯』에서 "學者, 道術之總名"(학이란 도술을 총괄하는 이름이다)이라고 주장하여, 주희의 견해에 반대했다. 또 청말 민국초에 활동한 정수덕程樹德(1877~1944)은 『논어집석論語集釋』에서 모기령에 찬동한 바 있으며("學字系名辭, 集注解作動辭, 毛氏譏之是也"), 현대의 학자인 양차오밍楊朝明 역시 정수덕의 견해에 동의했다.[9] 그 결과, 양차오밍은 "學而時習之"를 "배우고 때로 익히면"이라고 번역하지 않고 "만일 나의 학설을 시대 혹은 사회에 받아들인다면"[10]이라고 번역한다.

그러나 『논어』 텍스트에서 學이라는 단어를 오늘날의 '學術학술'의 의미로 사용한 적은 없다. 공자 이후에 제자백가가 난립하면서, 제자백가의 입장들을 學이라는 명사로 개념화하는 현상이 늘어났을 뿐이다. 『장자莊子』 「천하天下」에 나오는 "百家之學백가지학"이라는 표현이 그 좋은 예이다. 그러한 현상은 후대로 갈수록 가속화되었기에, 후대의 주석가들이 學을 '學說학설'과 같은 의미로 받아들이는 것도 무리는 아니다. 그러나 『논어』의 첫 구절에 나오는 學은 문맥상 동사로 쓰였다고 보아야 한다.

學의 목적어는 무엇인가

學이 (타)동사라면, 배움의 대상을 목적어로 요청한다. 그러나 『논어』의 한국어 번역본 상당수는 "學而時習之"를 번역하거나 해설할 때 學의 목적어를 재구성하지 않고 있다. 목적어를 삽입하고자 하는 경우에도 류종목 번역본("무언가를 배우고 때맞추어 그것을 복습한다면 역시 기쁘지 않겠느냐?")[11]이나 홍승직 번역본("뭔가를 배우고 시간 날 때마다 복습하면 또한 기쁘지 않겠는가!")[12]처럼 '무엇인가'라는 막연한 표현을 삽입하곤 한다. 그러나 도둑질을 배우는 일마저 공자가 배움으로 여겼을 리는 없다.

그렇다면 『논어』에서 學의 목적어로 명시되는 대상으로는 어떤 것들이 있을까? "『주역周易』을 배운다면"(7.17)[13]이나 "시詩(후대의 『시경詩經』)를 배우느냐"(16.13),[14] 같은 표현은 學의 목적어가 텍스트임을 명확히 하고 있다. 즉, 배운다는 것은 대체로 책을 읽는 것이다. 공자의 제자 자로子路가 "어째서 꼭 『서書』(후대의 『서경』)를 읽은 뒤에라야 배웠다고 하겠습니까?"(11.25)[15]라고 한 말에서도 그 점을 확인할 수 있다. 그런데 자로의 물음에는, 책을 읽는 것이 대개 배움으로 간주된다는 생각과 더불어 책을 읽는 것만이 배움은 아니라는 생각이 저변에 깔려 있다. 독서가 유일한 배움의 길이 아니라면, 그 밖의 배움에는 어떤 것들이 있을까?

『논어』에 나오는 "예禮를 배우느냐?"(16.13)[16] 같은 문장은 "禮" 역시 배움의 목적어라는 점을 보여준다. 이런 구절에 근거해서 미야자키 이치사다宮崎市定 같은 학자들은 學의 생략된 목적어가 禮라고 주장한 바 있다. 공자나 그의 추종자들이 예를 배움의 대상으로 여겼음을 보여주는 증거들이 『논어』 외부에도 많다. 예컨대 『묵자墨子』 텍스트에 나오는 다음 구절은 學의 목적어가 禮임을 시사한다. "군자는 반드시 제사를 배워야 한다."[17]

『논어』에서는 거대한 스펙터클의 전례만을 말하고 있지 않다. "군자는 먹는 일에서 배부름을 추구하지 않고, 거처에 있어 편안함을 추구하지 않고, 일처리에 애쓰고 말을 신중히 하고, 도道가 있는 곳에 나아가 시비를 바르게 가린다. 그러하면 정녕 배움을 좋아한다고 할 만하다"(1.14)[18]라는 문장으로 미루어볼 때, 공자가 일상의 처신 같은 상대적으로 미시적인 예 역시 강조하고 있음을 알 수 있다. 배운다는 것은 각 상황에서 어떻게 처신해야 하는지를 배우는 일이기도 한 것이다.

텍스트와 禮 이외에도 여러 경험적인 대상이 學의 목적어가 될 수 있다. "번지樊遲가 농사짓는 일을 배우기를 청하였다"(13.4)[19]라는 표현은 농사일 역시 배움의 목적어가 될 수 있음을 보여준다. 그 밖에 "군사에 관한 일은 아직 배우지 못하였습니다"(15.1)[20] 같은 문장은 군사상의 일 역시 배움의 대상이 될 수 있다는 사실을 알려준다. 농사나 군사 관련 일들은 다만 공자가 관심을 둔 배움의 대상이 아니었을 뿐이다. 이렇게 보면, 『논어』 첫 구절을 "삶에 필요한 기예를 배우고 익혀라"[21]라고 번역한 신창호 번역본은 무리가 있다. "삶에 필요한 기예"라는 표현은, 공자가 배움의 대상으로 강조하고 싶지 않았던 농사일 같은 것을 연상케 하기 때문이다.

비경험적인 대상도 學의 목적어가 될 수 있을까? 이를테면 "道도"와 같이 신비한 형이상학적 실체도 배움의 목적어가 될 수 있을까? 다음 구절은 道 역시 배움의 목적어가 될 수 있다고 말하는 것 같다. "자유子游가 대답하였다. '옛날에 제가 선생님께 '군자는 도를 배우면 남을 아끼고, 소인은 도를 배우면 부리기 쉽다'고 들었습니다.'"(17.4)[22] 이와 비슷한 취지에서 정약용丁若鏞도 『논어고금주論語古今註』에서 道가 學의 목적어임을 분명히 한 바 있다. "'학學이란 도道를 배우는 것을 이른다'고 한 사람이 있다. 가의賈誼의 『신서新書』는 『일례逸禮』를 인용해서 '소학小學에서는 소도小道를 배우고, 대학大學에서는 대도大道를 배운다'고 하였다."[23] 오늘날 『논어』 한국어 번역자 중에서는 장기근이 『논어』 첫 구절을 번역하면서 "學학: 도道를 배워 깨닫고 행한다"라고 풀이한 적이 있다.[24]

그런데 잊지 말아야 할 점은, 오늘날에는 道라는 단어가 형이상학적인 함의를 띠고 있을지 모르지만, 『논어』 텍스트에서는 그렇지 않았다는 사실이다. 예컨대 1.11에는 "그의 아버지가 살아 계실 때는 그의 뜻을 살펴보아라. 그의 아버지가 돌아가신 뒤에는 그의 행동을 살펴보아라. 3년 동안 아버지의 도道를 바꾸지 않으면, 효孝라고 할 만하다"[25]라는 문장이 나온다. 여기서 "아버지의 도"

란 아버지의 생전 행동, 태도, 입장 등을 가리키는 것이지, 형이상학적인 원리를 가리키는 것은 아니다.

이상은 모두 『논어』 텍스트에 나오는 學의 목적어에 대해 이야기한 것이다. 시간이 흐르면서 學의 목적어는 바뀌게 된다. 그리고 목적어가 바뀌면서 學의 의미마저도 재정의되기에 이른다. 그러나 그것은 후대의 일. 일단 여기서는 『논어』 텍스트에서 學이 어떤 의미였는지를 좀 더 살펴볼 필요가 있다.

學과 思

어떤 것의 의미는 무엇과 대비되느냐에 따라 달라진다. 이를테면 인간이 짐승과 대비될 때 갖게 되는 의미와, 로봇과 대비될 때 갖게 되는 의미는 다르다. 마찬가지로 『논어』에서 學이 무슨 의미를 갖는지 알려면, 學이 무엇과 대비되고 있는지를 파악해야 한다. 『논어』에서 學은 "思사"라는 말과 거듭 대비를 이룬다.

"배우되 생각하지 않으면 무턱대고 속임을 당하고, 생각하되 배우지 않으면 제대로 영글지 못한다"(1.11)[26] 같은 문장이 좋은 예이다. 이 문장은 學(배움)과 思(생각)의 상호보완적인 면을 강조하고 있다. 그런데 양자의 상호보완을 논하려면, 일단 양자가 구분되어야 한다. 이처럼 『논어』 텍스트에서 學의 의미는 외부세계에 대한 새로운 경험 없이도 성립하는 '생각'과의 구분 속에서 성립한다. 다른 예로 "나는 일찍이 종일토록 밥도 먹지 않고 밤새 자지도 않고 생각에 몰두해본 적이 있는데 무익하였다. 배움만 못하다"(15.31)[27] 라는 문장을 들 수 있다. 이 문장에서 學은 생각과는 달리 외부세계와 접촉하여 지식을 습득하는 활동을 가리킨다. 그 점은 學의 목적어들이 경험적 대상이라는 데서도 확인된다. 그리고 그 學과 생각 중에서 學이 갖는 우선성을 역설하고 있는데, 어떤 것이 다른 것보다 우선한다는 것을 말하려면, 일단 양자가 구분되어야 한다. 이처럼

『논어』 텍스트에서 學의 의미는 思와의 구분 속에서 성립한다.

오늘날 우리가 사용하는 '배움'이라는 말은 종종 생각의 차원을 포함한다. 따라서 『논어』에서 말하는 學이 우리가 사용하는 '배움'이라는 말과 정확히 일치하지 않음을 명심할 필요가 있다. 그러나 우리가 현대에 와서 배움이라는 말에 생각의 차원을 갑작스럽게 들이민 것은 아니다. 명明나라 영락제永樂帝(1360~1424) 시기에 호광胡廣(1369~1418)이 편찬한 『논어집주대전論語集註大全』의 세주細註는 『중용中庸』에 나오는 표현을 활용하여 "박학博學, 심문審問, 근사謹思, 명변明辨, 독행篤行이 모두 學의 일이다"[28]라고 말하고 있다. 즉, 일정 시기에 이르면, 『논어』의 주석에서마저 思가 學의 일부로 거론되고 있는 것이다. 이처럼 배움에 생각을 포함하는 일은 전통 시대로까지 소급해갈 수 있다. 경험적 배움과 생각을 대비하는 것은 『논어』 텍스트의 특징이다.

學의 기쁨

『논어』 첫 구절의 궁극적인 신비는, 배운다는 일의 호소력을 무엇보다 그것이 유발하는 기쁨에서 찾았다는 데 있다. "배우고 때로 익히면, 돈이 되지 않는가?", "배우고 때로 익히면, 존경받지 않는가?", "배우고 때로 익히면, 미남미녀를 만날 수 있지 않은가?"라고 말하는 대신 "배우고 때로 익히면, 기쁘지 아니한가?"라고 말하는 것이다. 배움이 가져다주는 효용 때문에 지겨운 공부를 참아가며 해온 많은 이들에게 이 언명은 놀랍게 들릴 것이다.

배움이 우리를 기쁘게 한다는 말은, 쾌락을 얻기 위해 공부한다는 말과도 다르다. 『논어』의 첫 구절은 배움의 과정에서 기쁨이 유발된다는 진술일 뿐, 쾌락을 목적으로 간주하고 공부를 수단으로 여기라는 조언이 아니다. 『논어』의 첫 구절은 차라리 인간의 행위를 특정 목적을 위한 수단으로서 정의하고자 하는 일련의 시도들에 대한 정면 반박에 가깝다. 공부가 외적인 성취의 수단으로 전락할 때 그 공부에 기쁨은 없다. 아무리 좋은 일이라도 어떤 외부적인 목적의 수단으로 전락할 때는 누구나 기쁨을 누리기 어렵다. 우리는 해야만 하는 일은 다 하기 싫다. 그러나 우리는 뭔가 하고 싶다, 일 빼고. 즉, 수단화되지 않은 활동에서 우리는 희열을 느낀다.

그래서일까. 경제적 불안에도 불구하고 대학원에 진학해 소위 '순수' 학문에 매진하려고 하는 학생들은 대개 수단화된 공부에 환멸을 느낀 이들이다. 그들은 대개 좋은 직업을 얻기 위해 공부하려 한다거나 돈을 많이 벌기 위해 공부하려 한다고 대답하지 않는다. 왜 공부를 하려고 하느냐는 질문에 그들은 다음과 같이 대답한다. "공부하는 순간이 좋아서요." 이런 대답은, 공부하는 순간이 주는 기쁨에 충실하다는 점에서 『논어』의 첫 구절을 닮았다.

이렇게 대답하는 이도 있다. "공부 말고 다른 일에는 정붙일 데가 없어서요." 이런 대답은, 세상의 다른 일에 충분히 환멸을 느낀 사람만이 할 수 있는 말이다. 그리고 그런 사람이 공부에 관심을 보인다는 것은, 공부에 특유의 매혹이 있음을 시사한다.

첫 번째 대답과 두 번째 대답이 공유하는 것은, 둘 다 공부가 갖는 무목적성을 환기한다는 점이다. 어떤 외부적 목적을 위한 수단으로 전락하지 않는 공부에 종사할 때 우리는 비로소 "배우고 때로 익히면, 참으로 기쁘지 아니한가?"라는 『논어』의 첫 구절에 공감할 수 있을 것이다. 이와 비슷한 취지에서 프랑스의 작가 파스칼 키냐르Pascal Quignard는 『은밀한 생』에서 이렇게 말한 바 있다. "배우는 것은 강렬한 쾌락이다. 배우는 것은 태어나는 것에 속한다. 몇 살을 먹었든 간에 배우는 자의 육체는 그때 일종의 확장을 경험한다. … 우주가 확대된다. 즉 문이 없던 곳에서 갑자기 문이 열리고, 문 자체와 함께 육체가 열린다"[29]

그렇다면 배움의 쾌락이 사라진 세계는 어떠한가? 배움의 쾌락이 사라진 그 사막 같은 세계를 프랑스 작가 앙투안 볼로딘Antoine Volodine은 『미미한 천사들』에서 다음과 같이 묘사하고 있다. "나는 학교를 그만두기로 결심한 터였다. 공부가 점점 싫어졌다. 이제는 새로운 분야를 익히는 게 잘되지 않았고, 애초 갓고 있던 지식이 개선되지도 않았다. 이런 식이다. 갑자기 학습 욕구가 사라지고, 호기심이 무뎌지며, 노쇠가 시작되지만 그게 슬프지도 않은 것이다. 시금치 한 다발 앞에 앉아 파슬리를 지켜보고 그걸로 만족한다."[30]

學의 정치성

배움으로부터 쾌락이 사라지게 되는 것은 배움이 갖는 특유의 현실 동학 때문이다. 우리는 변화를 기대하기에 배운다. 배움을 통해 좀 더 나은 상태로 진입할 가능성이 없다면 배움의 의미는 퇴색하고 말 것이다. 그런데 '좀 더 나은 상태'라는 말은 인간의 상태라고 해서 모두 같은 것이 아니라 각 상태 간에 위계가 존재함을 시사한다. 즉, 배움의 정도에 따라 어떤 이는 질적으로 좀 더 나은 상태에 있고, 또 어떤 이는 좀 더 못한 상태에 있다. 마찬가지로, 같은 사람이라 해도 현재의 자신은 과거의 자신보다 나은 상태에 있을 수 있다.

만약 위계가 존재하되 변화 가능성이 없다면, 인간의 경쟁은 크게 줄어들 것이다. 위계가 바뀔 가능성이 없으므로 인간은 자신의 상태를 개선하기 위한 분투를 그만둘 것이다. 그런데 위계의 관념이 인간의 변화 가능성과 결합할 때 흥미로운 정치 동학이 발생한다. 이제 인간은 너도나도 배움을 통해 자신을 변화시키고, 자신을 좀 더 나은 상태로 개선하려고 분투한다. 그리고 좀 더 나은 상태에 있다고 여겨지는 사람은 사회 속에서 좀 더 나은 지위를 누리며 리더십을 발휘한다. 그러한 이들, 즉 엘리트는 자신이 누리는 높은 지위로 인해 더 많은 자원을 향유한다. 엘리트가 아닌 사람이 보기에 엘리트의 상태는 부럽다. 자신도 그러한 상태와 지위를 거머쥐고 싶다. 스스로 배움을 통해 변할 수 있다고 믿기에, 그들도 이제 경쟁에 뛰어든다. 이 모든 에너지는 배움을 통한 변화 가능성과 위계의 관념이 결합되면서 생긴 것이다.

그리하여 일생의 에너지를 바친 그 경쟁의 승자는 누구일까? 배움을 매개로 한 경쟁에서 승자와 패자는 배움의 내용에 따라 크게 달라지게 된다. 마치 대학입시 과목이 크게 바뀌면 그에 따라 합격자가 크게 바뀌는 것처럼. 이리하여 배워서 자신을 향상하고자 하는 노력만큼이나 배움의 내용을 재정의하고자 하는 일 역시 정치 투쟁의 일부가 된다. 사람들은 필수과목을 공부하려고 노력하는 동시에, 자신에게 유리한 과목을 필수과목으로 지정하려고 분투한다. 필수과목이 무엇이냐에 따라 합격자가 달라지기 때문이다. 배움의 내용을 정하는 문제는 곧 그 사회의 엘리트가 누구냐를 정하는 일과 직결된다.

『논어』가 겪은 가장 극적인 운명은, 과거시험이 존재하지 않았던 시대의 텍스트가 후대에 이르러 사회의 엘리트를 뽑는 시험 과목의 일부가 되었다는 것이다. 즉, 『논어』가 과거시험 과목의 일부가 되면서, 누구나 배움의 정치적 동학에 휘말리게 되었던 것이다. 세속적인 목적을 염두에 두지 않은 배움의 기쁨을 설파하던 텍스트가 세속적 성공의 필수과목이 되었다는 것은 동아시아 문화사의 가장 큰 아이러니 중 하나이다. 다음의 일화는 『논어』의 첫 구절이 겪게 된 아이러니를 잘 보여준다.

송나라 이후에 출판업에서는 건안建安 여씨余氏가 유명했다. 하도 유명해서, 중국의 책 문화 관련 명저인 섭덕휘葉德輝의 『서림청화書林淸話』에서 별도의 항목을 마련해 그 가문이 출판한 서적을 설명할 정도이다. 그 후손 중에 특히 명나라 때의 서적상으로 유명했던 여응규余應虬가 있었다. 예나 지금이나 수험서가 수익성이 높았기에 여응규가 거업서擧業書라고 불리는 수험서 혹은 과거시험 모범답안집을 간행한 것은 이상한 일이 아니다. 일본의 서지학자 이노우에 스스무井上進에 따르면, 여응규가 편찬한 수험서 『신의과장급출제지원맥新擬科場急出題旨原脈』은 일본의 호사문고蓬左文庫에 소장되어 있다. 호사문고는, 도쿠가와 이에야스德川家康가 아홉째 아들인 요시나오를 오와리번尾張藩(지금의 나고야 일대) 번주로 임명하면서 하사한 책들이 뿌리가 된 유명한 장서고이다. 그 책의 서두는 『논어』의 첫 구절이 겪어야 했던 아이러니를 잘 드러내준다. "『논어』 첫 구절에 대한 시험문제는 학學과 습習 두 글자가 중요하다. … 시험 치는 사람이 이 뜻을 잘 체득해서 부연하면, 수석으로 합격할 수 있다."[31]

이리하여 한때 배움의 기쁨을 안내하던 『논어』의 첫 구절은 과거시험 합격을 위해 외워야 하는 대상이 되었으며, 모범답안과 함께 결국에는 배움의 희열을 잃는 과정에 일조하게 되었다. 이러한 『논어』 첫 구절의 운명은 오늘날 고전 읽기가 겪고 있는 비극적 운명과 닮았다.

2

기쁨은 어디서 오는가

선생님께서 말씀하셨다.
"배우고 때로 익히면, 참으로 기쁘지 아니한가?
멀리서 찾아오는 붕우가 있으면, 참으로 즐겁지 아니한가?"
子曰, 學而時習之, 不亦說乎. 有朋自遠方來, 不亦樂乎. (『論語』 1.1)

"배우고 때로 익히면, 참으로 기쁘지 아니한가?" 그런데 그 기쁨은 도대체 어디서 오는가? 앞에서 이야기했듯이, 『논어』에 나오는 배움이란 경제적 이익 확보나 학위 취득을 위한 수단이 아니다. 따라서 배움의 기쁨은 배운다는 일 자체에서 오는 것으로 보인다. 배움이란 도대체 어떤 것이기에 기쁨을 유발할 수 있는 것일까? 이 질문에 답하려면 『논어』 첫 구절에서 '기쁘다'라는 뜻을 나타내는 "說열"이라는 글자에 대해 생각해봐야 한다.

오늘날 우리에게 說은 주로 '말하다'라는 뜻으로 알려져 있다. 그러나 『논어』가 역동적으로 편집되던 한漢나라(B.C.206~A.D.220) 때에 說은 기쁘다는 뜻이 '悅열' 대신에 쓰이곤 했다.[1] 그리하여 후한後漢의 경학자인 허신許愼(58?~147?)이 편찬한 유명한 자전字典 『설문해자說文解字』에는 悅자가 수록되어 있지 않다. 시간이 흘러 당唐나라(618~907) 때에 이르러서야 說과 별도로 悅이라는 글자가 '기쁘다'는 뜻을 나타내게 된다.[2] 說 혹은 悅이라는 글자가 나타내는 이 '기쁨'은 어떤 기쁨이고, 그 기쁨은 도대체 어디서 오는 것일까?

說과 樂

『논어』 첫 구절에 사용된 說의 의미에 대한 일차적인 실마리는 바로 뒤이어 오는 두 번째 구절에서 찾을 수 있다. 두 번째 구절 역시 기쁨 혹은 즐거움을 이야기하고 있기 때문이다. "멀리서 찾아오는 붕우가 있으면 참으로 즐겁지(樂) 아니한가?"[3] 이 구절에서 '즐거움'을 나타내는 글자인 "樂락"과 첫 구절에서 '기쁨'을 나타내는 글자인 說은 의미가 어떻게 같고 다른가? 다시 말해, 배움에서 오는 기쁨은 친구와 함께하는 즐거움과 어떻게 같고 다른가?

『논어』 한국어 번역자의 한 사람인 조명화는 說과 樂에 관해, "공자가 그 둘을 구태여 구분하지는 않았다고 본다. 한 문장에서 동일한 뜻이 반복될 때 같은 글자를 사용하지 않는 고대 글짓기의 관행으로 보는 것이 어떨까 한다"고 말한 바 있다.[4] 그러나 동아시아의 성리학자들은 이 두 글자의 의미를 명확히 구분하고자 애썼다.[5] 예컨대 정이程頤, 程子(1033~1107)는 이렇게 말했다. "說은 마음에 있는 것이고, 樂은 외부로의 발산을 주로 한다."[6] 즉, 說은 마음속에 머물고 있는 감정인 반면에 樂은 마음 밖으로 표출된 감정을 가리킨다고 본 것이다. 『논어』 두 번째 구절에는 감정을 표출할 만한 대상인 타인(친구)이 등장하는 반면에 첫 구절에는 타인이 아예 등장하지 않기 때문에 생긴 구분으로 보인다. 김용옥이 "'열(說)=悅'은 나의 실존적 내면에서 우러나오는 '기쁨'의 뜻이요, '락'은 인간과 인간의 관계에서 성립하는 '즐거움'을 표현한 말로 보아야 한다"[7]라고 말한 것도 대체로 이러한 해석과 상통한다. 현대의 학자인 인스잉尹世英 역시 說/悅은 내면의 체험으로서 주관적 정서를 가리키는 반면, 樂은 밖으로 드러나는 행위로 표현되는 즐거움을 가리킨다고 주장했다.[8] 그러나 이러한 해석은 여러 가지 질문을 유발한다. 감정이란 어차피 마음속에서 일어난다는 점에서는 다

매한가지가 아닐까. 정도의 차이가 있을 뿐, 감정이란 결국 밖으로 표출되는 것이 아닐까. 감정은 표출되는 과정에서 그 모습을 완성하는 것이 아닐까. 이런 의문들에 시사점을 던져주는 대화가 『논어』에는 여럿 실려 있다. 說이라는 글자가 나오는 다른 구절들을 살펴보자.

> 선생님께서 칠조개漆雕開에게 관직에 나아가라고 하셨다. 그러자 칠조개가 대답하였다. "저는 아직 이 일에 확신이 없습니다." 선생님께서 기뻐하셨다(子說).(5.6)[9]

이 구절 역시 『논어』 첫 구절과 마찬가지로 공자가 기뻐하는(說) 상황을 묘사하고 있다. 그런데 이 구절은 說이라는 글자를 통해 홀로 있는 이의 주관적인 마음 상태를 묘사하는 것이 아니라 칠조개라는 타인과 상호작용하는 상황에서 발생한 기쁨을 서술하고 있다. 따라서 說/悅은 내면의 체험인 반면, 樂은 밖으로 드러나는 행위로 표현되는 즐거움이라는 식의 구분은 타당하지 않다. 물론 여기에도 반론이 있을 수 있다. "子說자열"(선생님께서 기뻐하셨다)이라는 언명이 칠조개와 대화하고 나서 한참 뒤에 이루어졌다고 보는 것이다. 그럴 경우, "선생님께서 기뻐하셨다"라는 말 역시 홀로 있는 선생님의 주관적인 마음 상태를 묘사하는 것일 수 있다. 그러나 역시 說을 사용하고 있는 다음 구절을 보면 그렇지 않은 것 같다.

> 선생님께서 남자南子를 만나자, 자로子路가 기뻐하지 않았다(不說). 선생님께서는 맹세하며 말씀하셨다. "내가 불미스러운 일을 하였으면, 하늘이 나를 벌할 것이다! 하늘이 나를 벌할 것이다!"(6.28)[10]

음란하다는 소문이 있는 남자라는 여인을 공자가 만난 일이 있었다. 이에 대해 제자인 자로가 기뻐하지 않자, 공자가 자신을 극구 변명하는 내용을 위 구절은 담고 있다. 이 대화는 그 리듬으로 볼 때 ① 공자가 남자를 만난 일, ② 자로가 기뻐하지 않는 상황, ③ 공자가 극구 변명하는 일이 큰 간격 없이 연이어 일어난 것으로 보인다. 그러한 상호작용의 상황에서 說자가 사용되고 있다는 점을 감안한다면, 감정의 외면적 표출 여부로 說과 樂을 구분하려는 시도는 설득력이 없어 보인다.

성리학자의 『논어』 주석에 반기를 든 대표적 사상가인 일본의 오규 소라이荻生徂徠(1666~1728)는 『논어징論語徵』에서 "悅은 본디 마음에 있는 것"(悅固在心)이며 "樂도 모두 나에게 있는 것"(皆樂在我者)이라고 말한다. 그렇다. 감정이란 어차피 내면의 일인 것이다. 그렇다면 悅과 樂의 진정한 구분은 어디에 있는가? 오규 소라이는 말한다. "悅은 도가 아직 저 너머에 있어서 내가 배우는 것이고, 樂은 도가 이미 나에게 존재하므로 내가 다른 사람을 가르치는 것이다."[11] 감정이란 결국 마음속에서 일어나는 일이니, 감정이 어디에 있느냐로 悅과 樂을 구분할 수는 없다. 그보다는 배움의 대상이 아직 자기 밖에 있느냐, 아니면 이미 소화해 자기 안에 있느냐로 구분해야 한다는 말이다. 감정은 비록 내면의 일이지만, 감정의 성격을 결정하는 것은 외부 대상의 위치에 달려 있다. 이러한 해석은 외부 대상보다는 자기 자신에 맞추어 기쁨을 해석한 배병삼의 해석과는 크게 다르다. 배병삼에 따르면, 『논어』 첫 구절에 나오는 기쁨은 배움의 대상이 좋다기보다 자기 자신이 좋아서 생기는 것이다. 즉 "나 자신이 스스로 좋고 기꺼워서 마음속으로부터 우러나오는 기쁨"[12]이라는 것이다.

관련 자료가 부족하여, 오규 소라이가 말하는 悅과 樂의 구분이 얼마나 타당한지 확정하기는 어렵다. 그 타당성 여부보다 흥미로운 점은, 오규 소라이가 悅과 樂을 모두 배움의 맥락에서 해석했다는 사실이다. 學이라는 글자가 있기에, 『논어』 첫 구절을 배움의 맥락에서 해석하는 일은 너무도 당연하다. 하지만 "有朋自遠方來, 不亦樂乎"(멀리서 찾아오는 붕우가 있으면, 참으로 즐겁지 아니한가?)라는 두 번째 구절을 어떻게 배움의 맥락에서 해석할 수 있을까? 오규 소라이는 이 두 번째 구절을 그저 친구들과 어울리는 상황의 묘사로 여기지 않고, 자신이 알고 있는 바를 타인에게 가르치는 상황으로 해석한다. 즉, 오규 소라이에 따르면, 두 번째 구절은 먼 곳에서 찾아온 친구에게 자신이 "學而時習之"의 과정을 통해 터득한 내용을 가르치는 모습을 묘사한 것이다. 그리고 그 과정에서 유발되는 감정이 樂인 것이다.

學과 習

사실 『논어』 첫 구절은, 배우면(學) 곧 기쁨이 생긴다고 말하지 않는다. 배우고 때로 익히면(學而時習) 기쁨이 생긴다고 말한다. 그렇다면 기쁨이란 배움(學)에서 오는가, 익힘(習)에서 오는가, 혹은 배움(學)과 익힘(習)이 결합해야만 오는가? 이 질문에 답하려면 오늘날 '學習학습'이라는 한 단어를 구성하고 있는 學과 習을 명백하게 구분해서 이해해야 한다.

모든 주석가들이 學과 習의 구분을 강조했던 것은 아니다. 이를테면 『논어집주대전』에서 인용하는 호씨胡氏[13]는 "학과 습이 두 가지 별개 일이 아니다"(學與習非二事也)라고 말한 바 있다. 그러나 상당히 일찍부터 習과 구별되는 學의 의미를 정의하려는 노력들이 존재해왔다. 習과는 달리 學은 이미 배운 것을 익히는 것이 아니라 새로이 무엇인가를 배우는 일을 의미했다. 한나라 때의 텍스트인 『백호통白虎通』과 『설문해자』는 모두 學을 기존에 알지 못했던 것을 새삼 깨닫는 것으로 풀이하고 있다.[14] 가장 저명한 『논어』 해석자라고 할 수 있는 주희 역시 學과 習을 명백히 구분한다. 주희의 『논어집주』에 따르면, 學은 본받는 일(學之爲言效也)을 의미하는 반면, 習은 반복연습을 뜻한다. 그리하여 주희는 지속적으로 배우는 과정을 새가 서둘 날갯짓하는 것에 비유했다.[15]

이러한 전거와 주석들을 고려하다면, 學과 習을 분석적으로 구별하는 것은 매우 타당해 보인다. 양자 간의 구별이 중요하기에, 말을 이어주는 而라는 표현을 일부러 사용하여 學과 習을 구분한 것이다. 그리고 學만으로는 기쁨을 기론하는 데 미흡하기에 習을 덧붙인 것이다.

숙달의 기쁨

그렇다면 習은 왜 기쁨을 주는가? 이 질문에 주희는 이렇게 말한다. "배우고 나서 또 때로 익히면 배운 바가 숙달되고, 마음속에서 희열을 느낀다. 그리하여 배우고 익히는 일을 스스로 멈출 수 없다."[16] 여기서 말하는 기쁨이란 서투른 상태에서 숙달된 상태로 나아가는 과정에 수반되는 기쁨이라고 할 수 있다. 하지만 이에 대한 반론도 존재한다. 예컨대 루멍위盧夢雨는, 동일한 대상에 대해 장기간 반복 학습을 하는 것은 학습자의 주의력이나 흥미를 감소시키게 되므로 주희의 설명은 타당하지 않다고 주장했다.[17]

그러나 누구든 일을 잘하게 되면 기분이 흔쾌할 것이다. 못하는 것보다 잘하는 것은 분명 기분 좋은 일이다. 그리고 숙달되고 나면, 자신은 더 이상 그 학습 대상으로부터 소외되어 있지 않다고 느낄 것이다. 따라서 숙달된 상태는 외부에 존재했던 어떤 앎의 대상이 자기 안으로 들어왔다는 식으로 표현할 수 있을 것이다. 그리하여 주희의 『논어집주』에서 정이는 이렇게 말한다. "배움은 장차 그것을 행하려고 하는 것이다. 때로 익히면 배운 바가 내 안에 있게 되므로 기쁘다."[18] 즉, 배운 내용이 숙달되어 자신의 일부가 되었기에, 그리하여 운용이 원활하기에 기쁜 것이다.

이후 많은 주석가들이 이런 견해에 동조하고 부연했다. "배우기만 하고 익히지 않으면 겉과 속이 괴리되어 그 배움의 도에 이를 수 없고, 익히기만 하고 때로 반복하지 않으면 노력이 단절되어 그 익힘의 결과를 낼 수 없다. 이는 가슴 속에서는 자신을 나아가게 하려 애쓰고자 하지만 마르고 설익은 상태라서 즐길 만한 맛이 없고, 위태롭고 아슬아슬하여 누릴 만한 편안함이 없다."[19] 이러한 발언은 즐거움이 學의 단계에서 온다기보다 習을 거쳐 일정한 숙달 단계에 이르러서야 비로소 생김을 시사한다. 이에 따르면, 『논어』 첫 구절에서 말하는 즐거움이란 새로운 것을 알게 되어 생기는 경이감과는 거리가 멀다. 경이감은 배움을 촉발하는 스타트 엔진일지는 모르지만, 배움의 기쁨은 일정한 숙달 단계에 이르러서야 비로소 오는 것이다. 요컨대 學(새로이 배우는 것)이 기쁜 게 아니라 "學而時習"(배우고 때로 익히다)이 기쁜 것이다.

사변의 기쁨

정이는 또 이렇게 말한다. "익히는 것은 거듭 익히는 것이다. 때로 거듭 생각하고 헤아려서 마음속에 흥건하게 되면, 기쁘다."[20] 주희가 인용한 정이의 이 말에서 주목해야 할 부분은, "거듭 생각하고 헤아려서 마음속에 흥건하다"(時復思繹, 浹洽於中)고 한 표현이다. 여기서 문제가 되는 단어는 '思繹사역'과 '浹洽협흡'이다. 浹洽이라는 어려운 단어에 대해 주희는 다음과 같이 풀이한다.

"주자朱子(주희)가 말하였다. '협흡' 두 글자에는 깊은 뜻이 담겨 있다. 이는 다음에 비유할 수 있다. 뭔가가 물에 빠졌을 때 물이 아직 스며들지 않은 것처럼 보이는 것은 아직 겉만 젖은 상태고 속은 여전히 말라 있기 때문이다. 오래도록 물에 빠져 있으면 속으로 물이 스며들어 충분히 젖게 된다. 충분히 익숙해진 나머지 맥락이 관통함을 기뻐한다. 이것이 정자程子(정이)가 말한 협흡이다."[21] 즉, 배움의 정도가 깊어지는 과정(스며듦)을 거쳐 어떤 전면적인 상태(모두 젖음)에 이르는 양상을 표현한 말이 '협흡'이다. 그 밖에 주희가 제자들과 나눈 대화 내용을 정리한 『주자어류朱子語類』에도 다음과 같은 말이 있다. "경전을 읽을 때 깨닫지 못하는 곳이 있으면, 두루 이해하기를 추구해야 한다. 협흡할 때까지 기다리면, 패턴을 발견하여 이해할 수 있을 것이다."[22] 요컨대 배움의 기쁨에 도달하려면 부분적인 이해를 넘어 전체적인 이해에 도달해야 한다. 하지만 보통사람들은 그런 전체적인 이해에 도달하지 못하고 부분적인 이해에 만족해버린다.

"이 세상의 배우는 이들은 생각이 구차하고 사려가 경박하여 한 귀퉁이를 깨달으면 곧 만족해버리니 그 엉성함이 매우 심하다."[23] 그처럼 부분적인 이해에 머무는 이들은 배움의 진정한 기쁨을 누릴 수 없다. 배움의 기쁨을 누리려면, '생각하고 헤아림(思繹)'의 과정을 통해 전체적인 이해에 도달해야 한다.

그렇다면 배움의 즐거움을 얻기 위한 핵심은 결국 '思繹사역'인데, 이런 사변적인 과정은 『논어』에서 學의 일부가 아니었음을 상기해야 한다. 『논어』에서 思라는 단어는 學과 대비되어 쓰였다. "선생님께서 말씀하셨다. '배우되 생각하지 않으면 무턱대고 속임을 당하고, 생각하되 배우지 않으면 제대로 영글지 못한다.'"(2.15)[24] 그리고 (學을 배제한) 思의 효용에 대해 공자는 유보적이었다. "선생님께서 말씀하셨다. '나는 일찍이 종일토록 밥도 먹지 않고 밤새 자지도 않고 생각에 몰두해본 적이 있는데 무익하였다. 배움만 못하다.'"(15.31)[25] 그렇다면 배움의 기쁨을 가져다주는 핵심 요소로 사변을 꼽는 데는 무리가 있다.

실천의 기쁨

사변이 가져다주는 기쁨을 강조한 정이와 달리 실천의 기쁨을 강조한 사람도 있다. 이를테면 사량좌謝良佐(1050~1103)가 그렇다. "때로 익힌다는 말은 익히지 아니하는 때가 없다는 뜻이다. 제사 때 시동처럼 앉는 것은 앉아 있을 때의 익힘이다. 제사 때 정연하게 서는 것은 서 있을 때의 익힘이다."[26] 이 같은 『논어』 첫 구절 풀이에서 사변이 차지하는 영역은 없다. 매 상황(時)에 어떻게 처신하고 실천할지를 익히는 것이 중요할 뿐이다.

이처럼 배움의 핵심을 매 상황의 실천(時習)으로 이해하려면, 習 앞에 붙는 時라는 글자의 의미를 따져봐야 한다. 위 인용문에서 사량좌에게 時란 각각의 처한 상황을 말한다.[27] '늘' 배우고 익혀야 한다는 의미로 "學而時習之"를 해석한 주희 역시 時의 이해에서는 사량좌와 별반 다르지 않다.

이 같은 時의 해석과 다투는 대표적인 입장이 時를 '제때에' 혹은 '때맞춰'라고 보는 입장이다. 청나라의 학자 초순焦循(1763~1820)의 『논어보소論語補疏』나 정수덕의 『논어집석』이 전하는 이런 견해는 성리학이 흥기하기 전에 이미 영향력을 발휘하던 해석이었다. 황간皇侃(488~545)의 『논어』 해석이 대표적인 예이다. 그에 따르면, 時習이란 늘 익히는 것이 아니라 제때에 적절한 것을 익히는 것이다. 그리하여 황간은 '제때'란 무엇을 의미하는지에 대해 상세하게 설명했다. 그에 따르면, 배우는 데는 세 종류의 제때가 있다.

첫째는 '개인의 차원에서 적절한 때(身中時)'이다. 개인이 배울 경우에는 나름대로 적절한 때가 있기 때문에, "제때가 지나고 나서 배우면 고생해도 이루기가 어렵다".[28] 이를테면 각 개인의 생애주기에 따라 배우기 적절한 대상이 따로 있을 수 있다. 적지 않은 사람들이 외국어는 어릴 적에 배우는 것이 효과적이라고 생각한다. 외국어 습득에 적절한 생물학적 나이가 있다는 이른바 '결정적 시기 가설critical period hypothesis'은 이런 '제때'와 관련한 논의의 한 예이다.

둘째, '1년의 차원에서 적절한 때(年中時)'가 있다. 절기별로 공부하기 적절한 과목이 따로 있다는 말이다. 『예기禮記』 「문왕세자文王世子」에서 "봄에는 [시를] 낭송하고(春誦) 여름에는 [현악기를] 연주하고(夏弦), 가을에는 예를 배우고(秋學禮) 겨울에는 책을(혹은 글을) 읽는다(冬讀書)"고 한 것이 그 예이다.[29] 이런 식으로 구분한 것은 그 시대 특유의 음양 이론에 기초한 것이지만, 그런 음양 이론에 따르지 않는 오늘날 사람들도 유사한 예를 떠올려볼 수 있을 것이다. 예컨대 많은 사람들이 추운 겨울에는 야외가 아니라 실내에서 할 수 있는 운동을 배우는 것이 적절하다고 생각한다.

셋째, '하루의 차원에서 적절한 때(日中時)'가 있다. 『예기』 「학기學記」에 따르면, 하루 중에도 마음속에 간직하는 일(藏焉), 집중하여 닦는 일(修焉), 쉬는 일(息焉), 활동하는 일(游焉)로 배우고 익히는 과정을 구분할 필요가 있다.[30]

그러면 "學而時習之"에 나오는 時를 '늘' 혹은 '매 상황'의 의미로 풀이한 사량좌나 주희의 견해가 맞는 것일까, 아니면 時를 '적절한 때에 맞춰'로 풀이한 황간의 견해가 맞는 것일까? 현대의 학자 푸페이롱傅佩榮은 마침내 『논어』 전체에서 11차례 나오는 時자를 모두 모아 분석하기에 이른다. 그리하여 그는 역법("行夏之時" 같은 표현), 계절("四時行焉" 같은 표현), 인생의 단계("少之時" 같은 표현)를 가리키는 용례를 제외하고는 『논어』에서 時는 모두 적절한 때라는 의미로 쓰였음을 밝혔다.[31] 즉, 푸페이롱은 『논어』 텍스트의 일관성이라는 면에서 보자면, "學而時習之"의 時는 '때맞춰'라고 해석하는 것이다.

사변의 기쁨인가, 실천의 기쁨인가

주희는 사변의 기쁨을 강조한 정이 식의 해석이나 실천의 기쁨을 강조한 사량좌 식의 해석 모두 문제가 있다고 보았다. "주자가 말하였다. 정이의 논의는 오로지 사색에 대한 것이지 역행의 노력에 대한 것은 없다. 사량좌의 논의는 오로지 역행에 대한 것일 뿐, 따져서 탐색하는 뜻은 없다. 둘 다 치우친 것 같다."[32]

이처럼 주희는 사변과 실천 모두를 아우르려 했지만, 나는 사량좌의 해석이 상대적으로 『논어』의 원의에 더 가깝다고 생각한다. 성리학자들이 생각한 것과 달리, 『논어』에서 學의 의미는 思와 대비되어 쓰이며, 따라서 學에는 思의 내용이 없다. 이러한 해석이 맞다면, 『논어』 첫 구절에서 말하는 배움의 기쁨이란 사변에서 오는 것이 아니라 실천에서 온다.

사변보다는 실천에서 오는 기쁨이란 도대체 어떤 것일까? 심리학자 미하이 칙센트미하이Mihaly Csikszentmihalyi에 따르면, 사변적 활동보다는 외적 대상을 향한 몰입 경험이야말로 우리에게 상당한 만족감을 안겨준다.[33] 몰입에서 오는 만족감은, 자신의 과거를 마음속에서 추체험하면서 느끼는 행복감과는 달리, 특정 대상에 집중할 때 생기는 고양감이다. 그러면 몰입은 어떤 경우에 생기는가? 『논어』에서 사변보다 실천적 익힘이 기쁨을 가져온다고 한 것처럼, 몰입(의 즐거움)은 자신의 내면 상태에 관심을 기울일 때보다는 목전의 대상에 주목할 때 일어난다고 미하이 칙센트미하이는 역설한다. 특히 대응을 요하는 명확한 목표와 규칙, 그리고 목적의 대상이 있을 때, 그리고 제법 어려운 과제를 극복하기 위해 정력을 쏟을 때 몰입은 가능해진다. 몰입은 지나치게 쉬운 대상과 관련해서는 일어나지 않는다. 얼마간의 노력이 필요할 때, 인간은 그 노력에도 불구하고 혹은 그 노력 때문에 재미를 느낀다. 요컨대 배움의 과정에서 몰입(의 즐거움)이 이루어진다고 해도 과언이 아니다. 이런 연구를 발표한 미하이 칙센트미하이는 아마도 『논어』 첫 구절을 매우 좋아했을 것 같다. 혹여 그래서였을까? 그의 아들 마크 칙센트미하이Mark Csikszentmihalyi는 버클리대학교에서 중국 사상을 가르치는 연구자가 되었다.

3

친구는 누구인가

"멀리서 찾아오는 붕우가 있으면, 참으로 즐겁지 아니한가?"

有朋自遠方來, 不亦樂乎. (『論語』 1.1)

어법상의 논란 1: 有

『논어』 첫 문장 못지않게 널리 알려진 두 번째 문장, "멀리서 찾아오는 붕우가 있으면, 참으로 즐겁지 아니한가?"는 어법상 난해한 부분을 포함하고 있다. 문장 첫머리의 "有유"부터가 어렵다. 예컨대 김용옥은 "'유붕자원방래有朋自遠方來'라 할 때, '유붕有朋'의 유는 잘 해석이 되질 않는다"[1]고 말한 바 있다. 그러면 "有朋유붕"의 有와 관련하여 어떤 논란이 있는지부터 살펴보자.

먼저 이 有라는 글자가 원래 有가 아니었다는 주장이 있다. 당나라 학자 육덕명陸德明(550?~630)의 『경전석문經典釋文』 별본別本, 청나라 학자 홍이훤洪頤煊(1765~1837)의 『독서총록讀書叢錄』 등은 有朋이 아니라 "友朋우붕"으로 된 『논어』 판본이 존재한다고 말한다. 그러나 『논어』 텍스트에서 友朋이라는 표현이 사용된 적은 한 번도 없다. 따라서 『논어』 첫머리에 나오는 有朋을 友朋으로 간주하자는 주장은 근거가 부족하다. 그런 점에서 일단 "有朋自遠方來"의 첫 글자는 友가 아니라 有라고 간주하는 것이 타당해 보인다. 그럴 경우, 이 有의 해석 방식은 대체로 다음과 같이 나뉜다.

첫째, 有를 '어떤'이라는 뜻의 형용사로 볼 수 있다. 예컨대 류종목은 有에 대해 다음과 같이 말한 바 있다. "'가지고 있다, 소유하다'라는 뜻의 동사로 뒤에 오는 명사를 목적어로 삼지만 때로는 불특정의 사람이나 사물을 표시하는 관형어가 되어 뒤에 오는 명사를 수식하기도 한다. 이 경우 '어느, 어떤'으로 풀이할 수 있는데 이는 현대 중국어의 有와 마찬가지이다."[2] 요컨대 有라는 글자에는 '어떤'이라는 사전상의 뜻이 있기에, "有朋自遠方來"에 나오는 有에도 그러한 뜻을 적용할 수 있다는 말이다. 이 같은 해석을 적극적으로 따른 『논어』 번역자가 최석기와 이강재이다.[3] 有를 '어떤'이라는 뜻의 형용사로 보았을 경우, 有朋은 "어떤 친구"와 같이 번역할 수 있다. 그러나 『논어』에서 有가 '어떤'이라는 뜻으로 사용된 경우는 드물다.

둘째, 有를 '있다'라는 뜻의 술어로 볼 수도 있다. 고전 한문에서 존재의 있고 없음이나 많고 적음을 나타내는 어휘인 有, 無, 多, 少 등의 글자는 어순에 관한 한 비슷한 패턴을 보인다. 그 글자들이 술어로 사용될 때는 주어(중국어 문법으로는 '빈어賓語')가 술어의 뒤에 오는 것이다. 따라서 "有朋自遠方來"의 有 앞에 아무런 글자가 오지 않는 것은 자연스럽다. 그렇다면 有의 주어는 무엇인가? 크게 보아 두 가지 가능성이 있다. 하나는 朋을 有의 주어라고 간주하는 것이다. 그럴 경우, 有朋의 번역은 "친구가 있어"가 된다. 뒤에 오는 自遠方來는 그렇게 존재하는 친구가 행하는 일을 묘사하는 별도의 구절이 된다. 다른 한 가지는 朋自遠方來 전체를 有의 주어로 간주하는 것이다. 그럴 경우, "有朋自遠方來"의 번역은 "멀리서 찾아오는 붕우가 있으면"이 된다.

이렇게 해석이 갈린다면, 우리는 "有朋自遠方來"를 어떻게 해석해야 할까? 이와 관련해 류종목은 "이 有朋은 '친구가 있어서'로 풀이할 수도 있고 '어떤 친구'로 풀이할 수도 있지만 이 두 가지 의미는 궁극적으로 같은 것이기 때문에 구분하기도 어렵고 또 굳이 구분할 필요도 없다"[4]고 말하고 있다. 과연 그럴까? 같은 글자가 문법적으로 전혀 다르게 해석되는 경우, 과연 그에 따른 문장의 의미 변화는 일어나지 않는 것일까? 실제로 "有朋自遠方來"에 대한 한국어 번역본들은 류종목의 희망대로 흘러가지 않았다.

『논어』 한국어 번역자 중 한 사람인 이한우는 이렇게 주장한다. "그리고 첫머리에 '有朋유붕'이라 했다! 주의해야 한다. 먼저 벗이 있다. 그리고 자신처럼 배우고 늘 쉬지 않고 [몸에] 익히기를 좋아하는 그 벗(同志)이 [먼 곳에 갔다가 식견을 넓힌 다음] 먼 곳에서 돌아오니 나 또한 그로부터 새로운 식견을 얻을 수 있어서 즐겁지 않겠는가라고 봐야 한다. 즉, 즐거움의 대상이 멀리 다녀온 친구와의 재회 때문일 수도 있지만 그보다는 그 친구로부터 새롭게 듣게 되는 식견을 통해 책이나 스승으로부터 배운 것 이외의 지식을 넓히게 되는 것이어야 문맥에도 적합하다."[5] 즉, 이한우는 "有朋自遠方來"에 나오는 "친구"는 원래 가까이 있다가 어딘가 먼 곳에 다녀온 친구를 지칭한다고 본 것이다. 다시 말해 멀리서 온 새 친구는 "有朋自遠方來"에 나오는 "친구"에 포함되지 않는다. 이러한 이한우의 독특한 해석은 有의 주어를 朋이라고 보기 때문에 가능한 것이다. 이한우와 정반대의 해석을 하는 이는 신정근이다. "특히 자가용이나 비행기와 같은 교통수단이 없던 옛날에 처음 보는 이가 자신을 찾아와 '무엇을 한 누구 아니냐?'고 물을 때, 그 사람의 가슴은 몇 번이 닫혔다 열렸다 했을 것이다."[6] 신정근은 왜 "有朋自遠方來"에 나오는 '친구'를 처음 보는 친구로 간주해야 하는지에 대해 설명을 하지 않고 있기에, 그의 해석이 얼마나 근거가 있는 것인지는 알 수 없다. 그러나 이한우의 해설과 신정근의 해설을 비교해보면, 문두의 有를 어떻게 해석하느냐에 따라 "有朋自遠方來"의 뜻이 크게 달라진다는 점을 알 수 있다. 그렇다면 우리는 "有朋自遠方來"에 나오는 有라는 글자를 더 정확히 이해할 필요가 있다.

바로 이 점에서 고대 중국어 전문가인 둥즈궈董治國의 연구는 계발적이다. 둥즈궈에 따르면, "有朋自遠方來"는 고대 중국에서 널리 사용된 "有+겸어兼語(앞 동사/술어의 목적어이면서 동시에 뒤 동사/술어의 주어 역할을 하는 성분)+불급물동사不及物動詞(목적어를 직접 취할 수 없는 동사)" 문형을 취한 것이다.[7] 이 문형에서 有 뒤에 나오는 단어는, 有의 목적어 역할을 하면서 有를 "어떤"이라고 해석할 수 있는 가능성을 차단한다. 『논어』에서 그와 같은 문형을 취하는 문장이 그 밖에도 여러 개가 나온다는 점에서 둥즈쥐의 주장은 설득력이 있다. 『논어』 11.22에는 "有父兄在"(부형이 계시는데)라는 문장이 나오고, 6.14에는 "有澹臺滅明者, 行不由徑"(담대멸명이라는 사람이 있습니다. 그는 길을 갈 때 지름길을 택하지 않았고)이라는 문장이 나온다. 그리고 『맹자孟子』「등문공상滕文公上」 3에도 "有王者起…"(왕이 일어나면) 같은 문장이 나온다. 이러한 패턴을 고려한다면, 有朋을 '어떤 친구'로 풀이하는 것은 타당하지 않다. "有朋自遠方來"라는 문장은 '멀리서 찾아오는 붕우가 있으면' 정도로 번역하는 것이 좋다. 그리고 그 친구가 처음 만나는 친구인지, 아니면 전부터 줄곧 알던 사람인지 여부는 이 문장을 분석해서는 알 수 없다.

어법상의 논란 2: 方

"'有朋自遠方來'에서 어법상 문제가 되는 또 하나의 글자가 方방이다. 方에 대해서는 크게 보아 세 가지 해석이 있다. 첫째, '바야흐로'라는 뜻의 부사로 方을 해석하는 경우, 둘째, '먼 곳'이라는 뜻을 가진 2음절어인 遠方원방의 일부로 해석하는 경우, 셋째, 方을 '나란히'라는 뜻의 부사로 해석하는 경우가 있다. 청나라 때의 고증학자인 유월兪樾은 『논어평의論語平議』에서 『설문해자』의 方자 해설을 인용하면서 이렇게 말했다. '方에는 나란하다는 뜻이 있다. … 지금 학자들이 잘못하여 遠方 두 글자를 이어진 문장으로 보는데 그렇지 않다.'"[8] 유월의 이런 해석에 대해 김용옥은 "고증학자의 졸렬한 해석이다"[9]라고 질타했는데, 어떤 점에서 졸렬한지는 알 수 없다.

『논어』가 역동적으로 편집되던 시기인 한나라 때의 문헌 『사기史記』를 살펴보자. 『사기』에서는 遠方을 예외 없이 '먼 곳'이라고 해석하는데, 「유림열전儒林列傳」에는 "제자로서 먼 곳으로부터 와서 수업한 이가 100여 명이었다"[10]라는 표현이 나온다. 그리고 「공자세가孔子世家」에 "공자는 관직을 맡지 않고 물러나 시, 서, 예, 악을 닦았다. 제자들이 더욱 늘어나서 먼 곳으로부터 이르렀다"[11]라는 표현이 나온다. 이러한 문장들에 사용된 方은 '바야흐로' 혹은 '나란히'라는 부사로 기능하기 어려운 위치에 있다. 비교적 이른 문헌인 『사기』에 이런 표현이 나온다는 점을 감안하면, 遠方을 '먼 곳'이라고 해석하는 것이 타당하다고 판단된다. 또 하나 특기할 점은 遠方이라는 표현이 배움을 논하는 맥락에서 거론되고 있다는 사실이다.[12]

그러면 『사기』보다 시대적으로 『논어』와 더 가까운 문헌이라고 판단되는 『맹자』를 살펴보자. 전국시대(B.C.453~B.C.221) 문헌인 『맹자』에는 다음과 같은 구절이 나온다. "신농神農의 교설을 떠들고 다니는 자 허행許行이 있었는데, 초楚나라부터 등滕나라에 이르렀다. 발길이 문에 이르러, 문공에게 말하였다. 먼 곳 사람(遠方之人)이 임금께서 인한 통치를 베푸신다는 말을 듣고 거처를 하나 얻어 백성이 되고자 합니다."[13] 여기에 사용된 "遠方之人"(먼 곳 사람)이라는 표현은 遠方이 '먼 곳'이라는 뜻을 가진 2음절어로 사용되었음을 분명히 하고 있다. 부사 뒤에는 之가 오지 않기 때문이다. 『맹자』의 이 구절은 다른 면에서도 흥미롭다. 遠方이라는 표현이 『사기』에서는 배움의 맥락에서 논의된 반면에 『맹자』에서는 통치의 맥락에서 사용되고 있기 때문이다. 『논어』 텍스트에서는 이미 遠이라는 글자가 통치의 맥락에서 거론된 적이 있다. "섭공葉公이 정치에 대해 물었다. 선생님께서 말씀하셨다. '가까이 있는 사람들은 기뻐하고, 먼 데 있는 사람들(遠者)은 찾아오는 것입니다.'"(13.16)[14]

이상의 논의를 종합해보면, "有朋自遠方來"는 친구들이 배움 혹은 통치와 관련하여 먼 곳으로부터 오는 상황을 묘사하고 있다고 추정할 수 있다. 그러한 유동적 상황은 주周나라의 통치가 불안해지면서 사람들이 각 제후국 사이를 좀 더 빈번히 오가게 된 역사적 상황을 반영한 것으로 보인다.

『논어』에 나오는 친구는 누구인가

독자들은 보통 "멀리서 찾아오는 붕우가 있으면, 참으로 즐겁지 아니한가?"에 나오는 '붕우'를 우리가 일상에서 사귀는 친구 일반을 의미한다고 생각하기 쉽다. 율곡栗谷 이이李珥는 일찍이 이러한 '친구' 이해에 대해서 이의를 제기한 바 있다.

> 어려서 한 떼의 고기처럼 놀고, 커서도 두각頭角이 성글어짐이 없는 이런 사람을 벗이라고 해야 되지 않겠는가. 아니다. 한 동리에서 자라고 동문수학同門受學하여 단 하루만 못 보아도 마치 삼추三秋를 떨어져 있는 듯이 생각되는 이런 사람을 벗이라 할 수 있지 않겠는가. 아니다. 서로 부모가 뵙고 통가通家까지 하여 그야말로 정이 교칠膠漆과 같아 흉회를 털어 보일 만한 사람이 어찌 벗이 아니겠나! 아니다. 벗이라고 하는 것은 지志를 벗하고, 도道를 벗하는 것이다.[15]

배병삼은 이러한 율곡 이이의 논의를 활용해 『논어』 첫 구절에 나오는 붕우의 의미를 다음과 같이 해설한다. "붕은 어릴 적 이웃집 친구나 초등학교 동창생을 의미하지 않는다. … 살아가는 방식이 같은 동행자, 같은 길을 걷는 도반道伴 또는 같은 뜻을 가진 사람(同志)이 붕朋이다. 그러니 '붕'이란 여태 한 번도 만나지 못했던 사람이어도 좋다. 일면식도 없지만 저 멀리서 '나의 길my way'을 알아서(전해 듣고서) 찾아와 동감을 표하거나 핵심을 찔러 비평해주는 사람, 바로 그런 사람이 여기서 말하는 붕이다."[16] 이 같은 『논어』 해설이 크게 문제가 있다고 할 수는 없지만, 『논어』 첫 구절에 나오는 붕우의 의미를 음미하려면 그와 관련된 역사적 맥락을 좀 더 살펴볼 필요가 있다.

어떤 것의 의미는 그것이 무엇과 대비되느냐에 따라 달라진다. 율곡 이이나 배병삼이 朋의 의미를 해설할 때 비교하는 대상은 자연스럽게 친숙해진 이들로서의 친구이다. 즉, 단순한 친교집단과 구별되는, 강한 목적의식을 공유하는 집단으로서 朋(친구)을 정의한 것이다. 그러나 고대 중국의 역사 세계에서 朋이 호명되는 맥락은 그와는 사뭇 달랐다.[17] 당시의 역사적 맥락을 살피기 위해 『좌전左傳』에 나오는 두 문장을 보자.

> 천자天子에게는 공公이 있고, 제후諸侯에게는 경卿이 있고, 경은 측실側室을 두고, 대부大夫는 이종貳宗을 두고, 사士에게는 붕우가 있다(士有朋友). … 잘하면 상을 주고, 잘못하면 고치고, 재난을 당하면 구제하고, 실패하면 바꾼다. 왕 이하 각기 부형과 자제가 있어서 그 통치를 도와 살핀다.[18]

> 천자가 국國을 세우고, 제후는 가를 세우고, 경은 측실을 두고, 대부는 이종을 두고, 사는 자제들을 부릴 조력자로 삼는다(士有隸子弟).[19]

이 두 예문에서 "士有朋友사유붕우"라는 표현과 "士有隸子弟사유예자제"라는 표현이 유사한 맥락에서 사용된 점에 주목하라. 그리고 子弟자제와 弟子제자를 호환적인 용어로 보았던 전통 주석을 감안할 때 『논어』에 나오는 朋(友)과 子弟라는 표현이 호환적으로 쓰였을 가능성이 높음을 알 수 있다.[20]

그리고 위 예문에서 붕우 혹은 자제는 士사를 돕는 조력자의 역할을 하고 있다. 이 두 구절은 제후에게 경이라는 조력자가 있고, 경에게는 측실이라는 조력자가 있고, 대부에게는 이종이라는 조력자가 있듯이, 士에게는 朋友라는 조력자가 있음을 나타낸다. 즉, '친구(朋友)'란 누구에게나 있는 범박한 의미의 친구가 아니라, 士 계층에 특화된 조력자였던 것이다. 조직상의 위계에서 제후는 경보다, 경은 측실보다, 대부는 이종보다 우위에 있다. 따라서 士와 朋友의 관계 역시 원래는 그처럼 위계적이었다고 볼 수 있다. 즉, 원래 士와 朋友는 조직상 평등한 관계가 아니었던 것이다. 붕우 혹은 자제들은 士와 혈연관계는 없지만, 가까이에서 士들을 핵심적으로 보좌하며, 마치 '父兄子弟'처럼 士가 행하는 정사를 도왔던 것이다. 왕즈王志의 연구에 따르면, 통치층의 말단에 위치한 士는 朋友를 모집해 거느리면서 자신이 정치에 종사하는 데 수반되는 예법 관련 사안을 보좌하게 했다고 한다.[21] 이러한 역할을 맡은 존재인 친구(朋)는 신정근이 "有朋自遠方來"를 해설하면서 다음과 같이 묘사한 친구의 모습과는 사뭇 다르다. "사이버 공간에 자신을 알리는 뭔가를 만들어놓으면 우리는 시간이 있을 때마다 그곳을 가서 방문자가 얼마나 있었는지, 조회 수가 얼마인지, 댓글이 얼마나 달렸는지 신경을 무지 쓴다. 방문객의 수에 웃음을 지은 적이 있다면, 우리는 공자가 말한 즐거움에 동참할 수 있다."[22]

요컨대 "有朋自遠方來"에 나오는 친구는 『논어』 한국어 번역본들이 제시하는 모습보다 훨씬 정치적인 함의를 띤 존재들이었다. 무엇보다 통치와 관련된 기능을 수행하는 士를 돕는 존재였으며, 그들이 모여 논하는 學 역시 통치를 어떻게 할 것인가 하는 주제와 밀접히 관련되어 있었다. 게다가 공자와 그 제자들이 활동했을 당시의 역사적 맥락에서 이른바 '친구(朋)'는 士와 평등한 관계에 있다고 보기 어렵다. 그런데 『논어』를 읽다보면 당시에 여전히 위계적인 관계 속에 존재하던 붕우가 좀 더 수평적인 관계로 나아가고 있는 동학이 느껴진다. 그것은 공자의 시대에 이르러 잘 조직화된 위계적 질서가 무너지는 상황을 반영한 것이다. 위계적 질서가 느슨해짐에 따라 횡적 움직임이 증대했고, 친구들은 먼 곳으로부터 와서 통치와 배움에 대해 논하기 시작한 것이다. 이 점은 『논어』의 관련 구절을 읽어나가면 더욱 분명해질 것이다.

공자 이전의 學은 대체로 정부 중심의 관학官學이었으며, 관학의 특징은 종적인 위계와 가르침의 수직적 전수에 있다. 주나라 전성기에 귀족들을 가르쳤던 사씨師氏나 보씨保氏 같은 직책이 그러한 수직적 성격의 관학을 담당했다.[23] 반면에 "멀리서 찾아오는 붕우가 있으면, 참으로 즐겁지 아니한가?"라는 말은 學에 종사하는 이들의 횡적인 움직임을 나타낸다. 그러한 수평적 움직임은 學이 위계적인 관학의 성격으로부터 풀려나 상대적으로 민간의 영역으로 내려온 사실을 반영하고 있다. 그런데 민간의 영역이라고 해서 오늘날 생각하는 풀뿌리 민주주의의 세계를 연상해서는 안 된다. 그 세계는 여전히 士의 세계이다.

정치사상의 맥락에서 본 '친구'

위계적인 관계 속에 존재하던 친구가 점차 수평적인 관계로 옮겨가는 흐름은 전국시대에 이르러 더욱 가속화된다. 그리하여 『논어』 못지않게 친구라는 주제를 빈번히 다루는 텍스트인 『맹자』에는 다음과 같은 과감한 발언이 나온다. "나이 많음을 의식하지 않고, 신분의 높음을 의식하지 않고, 상대의 형제를 의식하지 않고, 벗하라. 벗한다는 것은 상대의 덕을 벗하는 것이니, 의식하는 바가 있어서는 안 된다."[24] 이쯤 되면, '친구 관계'란 친족 관계나 법적 관계와 명백히 구별되면서 그러한 관계들과 권위를 다툴 수 있는 자율적인 영역이라고 할 수 있다. 그에 따라 서양 정치사상사에서 발전해온 친구 개념과 비교해볼 수 있는 맥락을 얻게 된다.

고대 히브리어에는 친구에 해당하는 별도의 어휘가 없다. 반면에 플라톤이나 고대 그리스의 작가들은 친구 개념을 놓고 상당히 많이 토론한 것으로 유명하다. 이 점에 착안한 정치사상가 앨런 블룸Alan Bloom은 고대 그리스인들이 '친구 관계'라는 것 자체를 창안했다고까지 주장한다.[25] 『논어』를 비롯한 고대 중국의 여러 텍스트에서 친구라는 관계에 대해 폭넓게 토론하고 있는 것을 보면, 블룸의 그런 주장은 과장된 것 같다.

한편, 서양 정치사상사에서는 친구를 혈연이나 다른 법적 제약에 매이지 않는 자유로운 선택의 연합으로서 간주해왔는데, 이는 『논어』의 세계를 이해하는 데 유용하다. 서양 정치사상사에서 즐겨 다뤄온 질문, 이를테면 친구는 가족, 연인, 군신, 시민 관계와 어떻게 같고 다른가 하는 것은 정치적 삶 일반을 이해하는 데 중요한 질문이다. 정치적 삶을 다루는 한, 『논어』라고 해서 예외일 수는 없다. 특히 이제껏 『논어』가 가족의 중요성을 설파하는 텍스트처럼 여겨져 온 분위기를 감안한다면, 『논어』에 자주 등장하는 친구 관련 논의에 한층 주목할 필요가 있다. 그렇다고 『논어』가 가족보다는 친구를 강조하는 텍스트였다고 주장하려는 것은 아니다. 가족에 대한 논의만큼이나 친구에 대한 논의가 『논어』에서 중요하다는 점에 주목해야 한다는 것이다.

앨런 블룸은 가족 관계와 친구 관계를 대척점에 놓는다.[26] 그에 따르면, 친구는 특정 공동체에 기반한 법, 종교, 관습에 얽매이지 않는 관계, 즉 자유로운 선택에 기반한 관계인 반면, 가족은 혈연에 기반한 부자유스러운 관계이다. 『논어』에서 가족 관계와 친구 관계를 동시에 강조하고 있다면, 어떻게 이처럼 다른 두 인간관계를 양립시키고 있는 것일까? 이 의문에 답하려면 『논어』에 나오는 친구에 대한 여러 논의를 함께 고려해야 한다.

4

군자는 아무 때나 열받지 않는다

"남이 알아주지 않아도 열받지 않으면,
참으로 군자가 아닌가?"
人不知而不慍, 不亦君子乎. (『論語』 1.1)

『논어』 첫머리의 마지막 문장인 "人不知而不慍인부지이불온, 不亦君子乎불역군자호"에 대해서는 『논어』 한국어 번역본들 사이에 폭넓은 공감대가 있다. 거의 예외 없이, '남이 알아주지 않아도 열받지 않으면, 참으로 군자가 아닌가?'라는 뜻쯤으로, 즉 다른 사람의 인정 여부에 연연하지 말라는 취지로 이 문장을 해석하고 번역해왔다. 그러나 이 문장을 좀 더 꼼꼼히 살펴보면 문제는 그렇게 간단하지 않다.

경쟁하는 해석들

"人不知而不慍, 不亦君子乎"라는 문장을 정확히 해석하려면 우선 생략된 문장 요소를 재구성해봐야 한다. "人不知而不慍"에서 人不知 부분의 주어가 人임은 명확하다. 고전 한문에서 人은 자기 자신과 구분되는 타인을 지칭하곤 한다. 그렇다면 人不知에 대비되는 구절인 不慍 앞에 생략된 주어는 자기(己)임에 틀림없다. 이렇게 보면, "人不知而不慍, 不亦君子乎"를 남들이 자기를 알아주느냐 마느냐는 인정의 문제로 해석하는 것도 무리는 아니다. 게다가 『논어』 텍스트에서는 남이 자신을 알아주는 데 연연하지 말라는 언급이 수차례 더 나온다. 예컨대 공자는 "남이 나를 알아주지 않는 것을 걱정하지 말고, 내가 남을 알아주지 않는 것을 걱정하라"(1.16)[1]라든가 "군자는 무능함을 근심하지, 남이 자기를 알아주지 않는 것을 근심하지 않는다"(15.19)[2]와 같은 취지의 말을 누차 했으며, "나를 알아주는 사람이 아무도 없구나!"(14.35)[3]라고 탄식한 적도 있다.

그러나 장송후이張松輝 같은 학자들은 『논어』에 나오는 유사한 문장들과 "人不知而不慍, 不亦君子乎" 사이에는 중요한 차이가 있다고 지적한다.[4] 다른 유사한 문장들에는 知라는 동사에 己라는 목적어가 따르는 반면에 "人不知而不慍, 不亦君子乎"에는 목적어가 없기 때문에 양자를 구별해서 해석해야 한다는 것이다. 즉, "人不知而不慍, 不亦君子乎"는 나의 가치를 인정받고 말고의 문제가 아니라, 자신이 가르치는 내용을 다른 사람이 알아듣지 못할 때 화를 내지 말아야 한다는 취지라는 것이다. 과거의 주석에서는 황간의 『논어의소論語義疏』가 바로 그러한 견해를 소개하고 있다.[5]

그리고 앞에서 말한 두 해석보다 더 정치적인 차원의 해석이 있다. 오규 소라이는 『논어징』에서 "사람들이 알아주지 않는다는 말은 세상에 쓰이지 못하는 것을 뜻한다"고 말했다.[6] 즉, 오규 소라이는 人不知에 나오는 人을 타인 중에서도 특히 자신을 등용해줄 권력자로 해석한 것이다. 그런 해석은 人을 범인凡人으로 해석한 황간의 『논어의소』의 입장과는 크게 다른 것이다. 이러한 오규 소라이의 입장은 『중용』 11장의 취지와 통한다. "선생님께서 말씀하셨다. '은거의 삶을 추구하고 괴이한 행동을 일삼으면 후세에 기억되기는 하겠지만 나는 하지 않겠다. 군자가 도를 좇아 행하다가 도중에 때려치우기도 하는데, 나는 그만둘 수 없다. 군자는 중용에 의거하여 세상을 피해, 알려지지 않더라도 후회하지 않는데, 오직 성인이라야 그렇게 할 수 있다.'"[7]

김용옥이 "공자의 인생은 자기의 이상을 실현해줄 명군을 만나기 위하여 주유한 삶이었다. 결국 '인부지'란 뜻은 자신의 인생을 회고할 때, 정치적으로 등용의 기회를 얻지 못하고 좌절된 소인素人으로서 마감한다는 뜻이다"[8]라고 해설한 것은 오규 소라이의 해석을 따른 것이라고 평가할 수 있다.[9] 이러한 정치적 해석에 공명하는 문장들이 『논어』에는 제법 있다. "자리 없음을 걱정하지 말고, 과연 그 자리를 맡을 수 있는 역량이 있는지를 걱정하라. 자신을 알아주는 사람이 아무도 없다고 걱정하지 말고, 알아줄 만하게 되기를 구하라"(4.14)[10] 같은 문장이 그 예이다. 이러한 문장은 누군가를 등용할 수 있는 권력자와 등용을 추구하는 이들의 관계에 대해 말하고 있다.

한편, 현대의 학자 왕즈는 위와 같은 견해를 받아들이지 않고 새로운 해석을 제시한다.[11] 『사기』「공자세가」에 따르면, 제齊나라에서 공자가 임용되지 못한 것은, 공자의 가르침의 타당성이 의문시되어서가 아니라 하필 당시 제나라 상황에 적합하지 않았기 때문이다. 그래서 공자가 제나라를 떠난 후로 제나라 사람들은 그 소식을 듣고 두려워하며 "공자가 [다른 곳에 가서] 통치하면 반드시 패업을 이룰 것이다"[12]라고 말했다고 한다. 그리고 초나라 소왕昭王이 공자에게 봉토를 주려 하자, 공자처럼 뛰어난 자에게 봉토까지 주었다가 장차 무슨 일이 벌어질지 모른다고 신하가 우려를 표하는 대목이 나오기도 한다. 이렇게 볼 때, 당시 위정자들이 공자의 가르침의 가치를 제대로 알아주지 않았다는 것은 사실이 아니라고 왕즈는 주장한다.

그렇다면 왕즈의 대안은 무엇인가? 공자는 출신을 가리지 않고 다양한 계층의 사람들을 제자로 받아들이기 시작해서 사람들이 그러한 공자의 뜻을 탐탁하게 여기지 않았는데, 그런 상황에 대한 공자의 반응이 바로 이 문장이라는 것이다. 『논어』에 나오는 "말린 고기를 준비해 오는 것 이상의 예를 차리는 사람이라면, 내가 일찍이 가르치지 않은 적이 없다"(7.7)[13] 같은 문장, 그리고 『순자』「법행法行」 등은 공자가 제자를 가리지 않고 두루 받아들였으며, 사람들이 그런 상황을 잡스럽다고 여겼음을 시사하고 있다. 이러한 묘사들을 종합해보면, 공자가 제자를 폭넓게 끌어모으는 데 꽤 성공했다는 사실, 하지만 그런 행태에 대해 (일부) 사람들이 비판적인 눈으로 바라보았다는 점을 알 수 있다. 바로 그러한 비판 혹은 오해에 맞서 공자는 원망하거나 화낼 필요가 없다고 발언했다는 것이다. 특히 비천한 출신의 제자들 입장에서 보면, 이러한 공자의 태도는 각별히 소중하고 고맙게 여겨졌을 터라서 『논어』 맨 앞 구절에 해당 내용을 기록했으리라고 왕즈는 추정한다.

『논어』 첫머리 세 문장을 잇는 방식

앞에서 소개한 해석들은 모두 그 나름의 일리가 있으며, 각각의 해석을 나름대로 지지하는 보완적인 문장들이 『논어』에 있다. 남의 인정 여부로부터 자유로운 자신의 가치를 긍정하는 태도, 남들을 어떻게 가르칠 것인가 하는 문제, 그리고 누구나 배울 자격이 있다는 생각은 『논어』 전반에 걸쳐 빈번하게 등장하는 주제들이다. 그런데 이처럼 다양한 해석들이 좀 더 설득력을 얻으려면, "人不知而不慍, 不亦君子乎"라는 문장이 바로 앞의 "學而時習之, 不亦說乎"라는 문장, 그리고 "有朋自遠方來, 不亦樂乎"라는 문장과 어떤 관계를 맺는지 설명할 수 있어야 한다. 『논어』 텍스트에는 이 세 문장이 묶여 있기 때문에, 적어도 『논어』의 편집자는 이 세 문장 사이에 모종의 관계가 있다고 보았음에 틀림없다.

첫째, 남들이 자신을 알아주느냐는 인정의 문제로 해석했을 때, "人不知而不慍, 不亦君子乎"와 선행하는 두 문장의 관계는 상대적으로 모호하다 "學而時習之, 不亦說乎"나 "有朋自遠方來, 不亦樂乎"는 타인의 인정 문제를 명시적으로 다루고 있지 않기 때문이다.

둘째, 앞에서 살펴보았듯이 장송후이 같은 학자들은 "人不知而不慍, 不亦君子乎"라는 문장이 배우는 사람이 과연 자신의 가르침을 제대로 이해하느냐의 문제를 다루고 있다고 주장한다. 이런 해석에 따르면, "學而時習之"는 자기 자신의 배움을 다루는 반면에 "有朋自遠方來, 不亦樂乎"는 타인과 교섭하는 배움의 과정을 다루고 있고, "人不知而不慍, 不亦君子乎"는 그러한 타인 중에서 자신의 가르침을 이해하지 못하는 이들을 다루고 있는 것이 된다. 즉, 『논어』 첫머리의 세 문장은 자신이 배운 뒤 그 배움을 타인에게 가르치는 과정을 묘사하고 있다고 본 것이다.

셋째, 좀 더 구체적으로 권력자가 자신을 등용하느냐 여부에 대한 말이라고 "人不知而不慍, 不亦君子乎"를 해석할 경우, 『논어』 첫머리의 세 문장은 배움이 개인적인 차원에서 시작하여("學而時習之, 不亦說乎") 타인과의 교섭 과정을 거쳐("有朋自遠方來, 不亦樂乎") 마침내 세상에 널리 쓰이는(혹은 쓰이는 데 실패하는) 과정을 나타내게 된다. 중국 고대 문헌에는 이러한 해석에 공명할 만한 언급들이 상당수 있다. 1993년 후베이성湖北省 궈뎬춘(곽점촌郭店村)의 묘지에서 발견되어 학자들의 주목을 끌어온 『곽점초간郭店楚簡』 중 「궁달이시窮達以時」라는 문헌이 그 예이다. 어느 한 사람이 알아주어도 당대 사회가 알아주지 않으면 현인조차 뜻을 펼칠 수 없다는 취지의 대목이 거기에 나온다.[14] 이 「궁달이시」의 문장을 『논어』 첫 구절 다음에 배치하면, 개인 → 친구 → 권력자 → 더 넓은 사회로 확장되어나가는 점층적인 구조가 『논어』 첫머리에 자리하게 된다.

넷째, 『논어』 첫머리의 세 문장을 배움의 발전 단계로 해석하는 입장이 있을 수 있다. 『논어집주대전』 「학이」에 나오는 "타인이 알아보지 못해도 조금의 불만도 없는 듯 태연하게 처신하는 것은 덕을 이룬 군자가 아니면 그 누가 해낼 수 있으리오? 이는 배움의 최종 단계다"[15]와 같은 언급이 그 예이다. 즉, "배움의 최종 단계"(學之終)라는 표현은 "人不知而不慍, 不亦君子乎"의 단계란 "學而時習之, 不亦說乎"와 "有朋自遠方來, 不亦樂乎"의 단계를 거쳐 결국 이르게 된 배움의 마지막 단계를 가리킨다. 이러한 취지로 정약용은 『논어고금주』에서 知의 목적어가 "자신의 배움이 완성되었다는 사실"이라고 본다. 즉, 자신의 완성된 배움을 사람들이 몰라주는 상황에 대해 발언한 것이 바로 "人不知而不慍,

不亦君子乎"라는 문장인 것이다.[16]

이 밖에도 다양한 방식으로 『논어』 첫머리의 세 문장을 연결할 수 있다. 예컨대 양차오밍 같은 학자는 '說열', '樂락', '慍온'이라는 글자들에 주목해 "모두 사람의 느낌을 표현한 것이며, 또한 『논어』 이 장의 세 문구는 따로 이해해서는 안 된다는 것을 표명한다"고 주장한 바 있다.[17] 이 경우에 첫머리 세 문장을 꿰는 실마리는 특정 정서이다.

어떤 분노인가

『논어』 첫머리에 나오는 說이나 樂의 의미에 대해서는 이미 논한 바 있다. 그렇다면 『논어』 주석가들이 그간 상대적으로 덜 주목한 慍이라는 글자의 정확한 뜻은 무엇인가? 허신의 『설문해자』와 하안何晏(196~249)의 『논어집해論語集解』는 공히 慍을 "慍, 怒也"(慍은 怒이다)라고 풀이하고 있다.[18] 마찬가지로 『예기』 「단궁檀弓」의 주석(注) 역시 본문에 나오는 "舞斯慍무사온"이라는 구절을 해설하면서 "猶怒也유노야"(慍은 '怒'와 같다)라고 풀이하고 있다. 주희의 『논어집주』 역시 "慍含怒意온함노의"(慍은 분노의 뜻을 가진다)라고 해설한다. 이렇게 볼 때, 慍을 분노(하다)라는 정서적 상태를 가리키는 단어로 이해해도 무리가 없어 보인다.

이러한 해석은 『논어』에서도 지지하고 있다고 할 수 있는데, "人不知而不慍, 不亦君子乎" 말고도 慍이라는 글자가 두 번 더 나온다. 그중 하나는 다음과 같다. "영윤令尹인 자문子文이 세 번이나 벼슬길에 나가 영윤이 되었음에도 기뻐하는 기색(喜色)이 없었고, 세 번이나 그만두면서도 열받은 기색(慍色)이 없었다."(5.19)[19] 이 문장에서 喜色희색과 慍色온색은 명백히 대비되어 사용되고 있고, 喜가 怒와 대비되어 쓰여온 사실을 감안한다면, 慍과 怒는 호환 가능한 단어임을 알 수 있다.

그런데 분노에도 여러 종류가 있을 수 있다. 서양 고전학자들은 분노를 가리키는 단어도 'cholos, thymos, orgē' 등 여럿이며, 그 의미에 편차가 있을 뿐 아니라 각 단어의 의미도 시대에 따라 변천해왔음을 지적한 바 있다.[20] 중국 고전과 관련하여 비슷한 시도를 한 이가 일본의 언어학자 도도 아키야스藤堂明保(1915~1985)이다.[21] 그에 따르면, 怒노는 '버럭 화를 내다', 恚에는 '독하게 앙심을 품다', 慍온은 '분을 마음속에 담아두다'라는 뜻이다. 이런 세밀한 구분에 주목한다면, 怒와 慍을 묶어서 그저 화내다 혹은 분노하다로 번역하는 것은 바람직하지 않다. 도도 아키야스의 구분에 따른다면, "人不知而不慍, 不亦君子乎"는 분노를 밖으로 표출하지 않을 뿐 아니라 마음속에 담아두지도 않아야 비로소 군자라고 할 만하다는 말이 된다.

『논어』와 비교적 가까운 시대의 중국 고대 문헌을 꼼꼼히 살펴보면, 도도 아키야스의 주장에는 일리가 있음을 알 수 있다. 우선 진나라 때에 승상 이사李斯가 편찬한 것으로 알려졌으나 지금은 편린으로만 남아 있는 자전 『창힐편蒼頡篇』에서는 "慍, 恨"(慍은 恨이다)이라고 하여 慍을 원한이 담긴 감정으로 풀이하고 있다. 『창힐편』을 읽지는 못했을 것으로 추정되는 오규 소라이도 『논어징』에서 유사한 의견을 표명했다. "慍은 마음에 억울한 바가 있는 것이다. … 怒라고 풀이할 필요가 없다."[22]

공자와 대체로 시대를 공유한다고 할 수 있는 문헌인 『좌전』 「양공襄公 23년」은 『논어』 첫머리의 "人不知而不慍, 不亦君子乎"의 경우와 놀라울 정도로 유사한 상황을 묘사하고 있다. 그러한 묘사는 "人不知而不慍, 不亦君子乎"류의 생각이 당대인들이 두루 공유했던 가르침이라는 사실을 시사한다. 그러면 『좌전』에 나오는 해당 단락 전체를 살펴보자.

> 계손季孫이 낯빛을 잃었다. 계씨季氏가 공서公鉏를 마정馬正에 임명하자, [공서가] 열받아서(慍) 밖으로 나가지 않았다. 민자마閔子馬가 그 모습을 보고 말하였다. "그대는 그러지 마시오. 화와 복은 문이 없습니다. 오직 사람이 불러들이는 것입니다. 자식이 되어서는 불효할까 걱정하지, 지위를 걱정하지 않습니다."[23]

이 인용문에서는 적어도 세 가지가 주목된다. 첫째, "열받아서 밖으로 나가지 않았다" 같은 표현을 볼 때, 慍은 표출되지 않은 감정을 가리키는 것이 아니다. 慍 역시 타인이 알아볼 수 있는 감정 표현이다. 그렇기에 그에 대한 다른 사람(민자마)의 조언이 가능하다. 둘째, 『논어』의 "人不知而不慍, 不亦君子乎"와 마찬가지로 남이 알아주는 문제, 좀 더 구체적으로 어떤 직위를 누리느냐는 문제와 관련되어 慍이 사용되고 있다.[24] 셋째, 자신의 사적 이해관계에 비추어 화를 내고 있기에, 민자마는 공서가 품은 慍의 감정을 비판하고 있다. 이러한 맥락을 감안한다면, 慍이라는 단어가 사용되는 상황은 결코 분노의 정당성을 주장할 만한 상황이 아니다. 『논어』에서 역시 慍이 도덕적으로 정당한 분노를 가리키기 위해서 사용된 적은 한 번도 없다.

이러한 점을 염두에 두면서, 분노의 양상을 다루고 있는 『논어』 텍스트의 다른 문장들도 아울러 고려해보자. 『논어』 텍스트에서 '화내다'의 뜻을 전달하는 단어는 慍 외에도 怒, 忿분 등 여러 가지가 있으며, 이 단어들이 사용된 문장들을 함께 고려하면, 공자가 분노의 감정에 대해 가진 태도를 더 종합적으로 알 수 있다.

> 진陳나라에 이르러 식량이 떨어져, 따르던 사람들이 병이 들어 일어날 수가 없었다. 자로가 열받아(慍) [공자를] 뵙고 말하였다. "군자도 곤궁함이 있습니까?" 선생님께서 말씀하셨다. "군자는 궁함을 견뎌낸다. 소인은 궁하면 막 나간다."(15.2)[25]

위 인용문에 따르면, 곤궁한 상황에 처하게 되자, 자로는 慍이라는 감정을 표출한다. 그러자 공자는 곤궁하다는 이유 하나로 흔들리는 자로의 자세를 비판한다. 권력자가 자기를 알아주지 않는 상황과 식량이 떨어져서 곤궁한 상황의 공통점은 공적인 차원에서 도덕적 분노를 발산할 만한 상황이라기보다 자신의 안위에 관계된 상황이라는 점이다. 이런 상황에서는 忿이나 怒보다는 慍이라는 단어가 사용된다.

> 선생님께서 말씀하셨다. "군자는 아홉 가지 생각할 것이 있다. 볼 때는 밝게 볼 것을 생각해야 하고, 들을 때는 분명히 들을 것을 생각해야 하고, 안색을 지을 때는 온화하게 할 것을 생각해야 하고, 몸가짐에는 공손히 할 것을 생각해야 하고, 말할 때는 충성을 생각해야 하고, 일할 때는 공경스러움을 생각해야 하고, 의심스러운 일은 물어볼 것을 생각해야 하고, 분노가 일 때는 그로 인해 초래될 어려움을 생각해야 하고, 이득을 마주할 때는 합당함을 생각해야 한다."(16.10)[26]

위 인용문에서 "忿思難분사난"(분노가 일 때는 그로 인해 초래될 어려움을 생각해야 하고)라는 구절은 분노를 발산할 때의 자세를 논한 것일 뿐, 분노의 발산 자체를 비판하고 있지는 않다. 즉, 忿은 慍보다 중립적인 의미에서 사용되고 있다. 그렇다면 분노를 나타내는 가장 일반적인 단어인 怒의 경우는 어떠한가?

> 애공哀公이 물었다. "제자 중에서 누가 배움을 좋아한다고 하시겠소?" 공자가 대답하였다. "안회顏回라는 사람이 있었습니다. 그가 배우기를 좋아하고, 화를 옮기지 않고 같은 잘못을 거듭 저지르지 않았습니다. 불행히도 명이 짧아 죽었습니다. 지금은 [그런 사람이] 없습니다. 배우기를 좋아하는 사람을 아직 들어본 적 없습니다."(6.3)[27]

위 예문에서 관건이 되는 것은 "不遷怒불천노"(화를 옮기지 않고)의 해석이다. 이에 대해서는 성리학자의 주석과 성리학 이전의 주석이 크게 다르다. 『논어집주』에 따르면 주희는 "不遷怒"를 A에게 화낸 것을 B에게 옮기지 않는다고 풀이한다.[28] 정이의 풀이는 이보다 철학적인데, 안회의 마음은 거울과도 같아서, 분노의 대상이 사라지고 다른 대상이 거울에 맺히면 그 다른 대상을 그저 비출 뿐이므로, 분노를 옮기지 않게 된다고 풀이했다.[29] 그러나 성리학자들에 비해 공자와 더 가까운 시대를 살았던 황간의 풀이는 사뭇 다르다. 황간은 "不遷怒"를 "노여움이 타당하므로 바꾸지 않는다"고 해석한다.[30] 즉, 이치에 맞추어 합당한 분노를 표출한 것이므로 바꿀 필요가 없다는 것이다. 황간의 주석을 통해 怒는 정당한 분노를 표출하는 경우에 사용될 수 있는 글자임을 알 수 있다.

지금까지의 논의를 고려해, 慍을 번역할 때는 "열받다"라는 표현을 사용하고자 한다. 慍은 도덕적 분노를 표현할 수 있는 단어인 怒와는 구별된다. 한국어에서 "열받다"라는 말은 도덕적 분노를 표시하는 데 적합하다기보다 좀 더 범속한 감정을 묘사하는 데 사용되곤 하므로, 怒보다는 慍을 번역하는 데 적절한 표현으로 보인다. 게다가 慍이 온도를 나타내는 글자 溫과 형태의 일부를 공유한다는 점에서도 慍을 "화내다"라기보다 "열받다"로 번역하는 것이 적절하다.

열받지 않는 일이 어떻게 가능할까

"不遷怒"(화를 옮기지 않고)에 대한 논의가 설득력이 있다면, 공자는 분노 일반을 부정적으로 여긴 것이 아니다. 언제 어떻게 합당한 분노를 표출하고 통제하느냐가 관건일 뿐이다. 『논어』 첫 구절은 자기 자신의 안위나 이해관계가 걸린 상황은 분노할 만한 상황이 아니라고 말하고 있다. 이를테면, 권력자가 자신의 가치를 알아주지 않아 등용되지 못하는 상황 같은 것은 분노를 정당하게 발산할 계기가 아니다. 그런 때에 느껴지는 감정의 격동은 "열받음"(慍)이지 "분노"(怒)가 아니다.

그런데 자기 자신의 안위나 이해관계가 걸린 상황에서 마음의 평정을 유지하기란 쉽지 않다. 지난날 시누이들과 함께 살던 어머니들은 자식들에게 마음의 평정을 지니는 중요성에 대해 역설하며 이렇게 말하는 경우가 있었다고 한다. "늘 마음의 평정을 유지하는 게 중요하단다. 엄마 좀 보렴. 너희 고모들이 날 아무리 못살게 굴어도 난 끄떡없잖아. 그 인간들이 무슨 지랄을 해도 다 이해하잖아. … 아, 그런데 그 망할 것들을 생각하니 또 갑자기 열받네. … 정말이지 당장이라도 찾아가서 확 그냥…." 마음의 평정을 유지해야 한다는 걸 알면서도 그것을 실천하기란 이렇게 어렵다. 자신의 안위가 위협받는 상황에서, 혹은 타인이 자신을 인정해주지 않는 상황에서 열받지 않기란 쉬운 일이 아니다.

그렇다면 어떻게 하면 타인의 행태에 자신의 마음 상태가 휘둘리지 않을 수 있을까? 이에 대한 대답은 시대별로 다르다. 성리학자들은 일관되게 다음과 같이 주장해왔다. 정이의 후계자로 알려진 윤돈尹焞(1071?~1142?)은 배움은 자신에게 달려 있는 것이고 앎은 타인에게 달려 있는 것이니, 무슨 열받을 게 있겠느냐고 반문했다.[31] 즉, 배움이란 타인의 인정 여부와 무관하게 성립한다는 것이다. 이러한 윤돈의 말에 대해 진덕수眞德秀(1178~1235)는 다음과 같이 부연한다. "자신에게 진정으로 배운 바가 있다면, 남이 알아주건 말건 자신에게는 어떤 이익이나 손해도 없다."[32] 한 걸음 더 나아가, 주희는 이 사안을 밥 먹는 일에 비유한다. "비유하자면, 밥 먹는 것은 자기 배 불리자고 하는 일이다. 자기 배가 부르고 나면, 굳이 타인에게 내가 배부른지를 아는지 알지 못하는지 물어볼 필요가 없다. 타인과는 처음부터 상관이 없는 일이다."[33] 이 비유가 흥미로운 것은 인정이라는 비물리적인 현상을 밥 먹는 일 같은 물리적인 현상과 매한가지의 차원에 놓았다는 점이다. 이처럼 성리학자들이 전하는 메시지는 한결같다. 타인이 나를 어떻게 생각하든 그것은 근본적으로 나와 상관없다. 그것은 나의 문제가 아니라 그들의 문제이다.

2부

국가와 인간

5

가족과 국가

유자有子가 말하였다.
"그의 사람됨이 부모에게 효도하고 연장자를 공경하는데,
윗사람에게 덤비기 좋아하는 경우는 드물구나!
윗사람에게 덤비기 좋아하지 않는데,
난리를 일으키기 좋아하는 경우는 있은 적이 없다.
군자는 근본에 힘쓴다. 근본이 확립되면 도道가 생긴다.
부모에게 효도하고 연장자를 공경하는 것은
인仁을 실천하는 일의 근본일 것이다."

有子曰,[1] 其爲人也孝弟,[2] 而好犯上者, 鮮矣.[3] 不好犯上, 而好作亂者, 未之有也.[4]
君子務本. 本立而道生. 孝弟也者, 其爲仁之本與.[5] (『論語』 1.2)

『논어』 1.2를 두고는 비정치적 해석과 정치적 해석이 팽팽하게 대립해왔다. 이른바 비정치적 혹은 윤리적 해석을 지지하는 이들은 '孝, 弟, 仁' 같은 덕목의 보편적 가치를 인정하고, 1.2야말로 그러한 윤리적 덕목을 선양하는 대표적인 문장이라고 생각한다. 한편, 정치적 해석을 지지하는 이들은 1.2에서 선양하는 덕목들이 무엇보다 사회적 억압을 위한 정치적 도구에 불과한 것이었다고 반박한다. 나는 이 양쪽 주장 모두에 이의를 제기한다. 윤리적 해석에는 반

드시 고려해야 할 정치적 함의가 빠져 있다는 문제가 있고, 정치적 해석에는 당시의 역사적 상황을 고려하지 않고 현재의 함의에 치중한다는 문제가 있다. 나는 1.2에서 정치적 함의를 재구성하되, 그 함의를 춘추전국시대의 역사적 맥락 속에서 음미할 필요가 있다고 믿는다. 그러한 주장을 입증하기 위해 1.2를 이루는 "作亂작란"이나 "弟" 같은 주요 표현들에 깃든 위계성을 환기하고, 궁극적으로는 춘추전국시대의 종족과 국가의 동학을 고려할 것이다. 그리고 마찬가지로 효의 문제를 다루는 1.6과 1.11을 논의할 때, 이 사안을 좀 더 다루려고 한다.

犯上과 作亂의 이해

"犯上범상"(윗사람에게 덤비다)이란 구체적으로 어떤 행위를 가리키는 것일까? 『논어집주대전』「학이」에 실린 다음과 같은 문답이 실마리를 준다. "물었다. '자식으로서 부모에게 간언하다가 혹여 부모의 노여움을 자아내는 것, 이것이 곧 [윗사람을] 범하는 것 아닙니까?' 대답하였다. '간언은 효에 포함되는 일이니 어찌 범하는 것에 해당할 수 있겠는가? 그러나 간언할 때는 스스로 기세를 낮추고 안색을 온화하게 하고 목소리를 부드럽게 하여 간언해야 비로소 [윗사람을] 능멸하거나 범하지 않는 것이 된다.'"[6] 이 문답을 통해 미루어본다면, 단지 부모에 맞서 이견을 제시하다가 윗사람의 노여움을 사는 것은 犯上에 포함되지 않는다. 犯上에 해당하려면 위계 자체를 침해해야 한다. 위계를 침해하는 한, 능멸하는 행위뿐 아니라 일상의 예의범절도 犯上에 해당한다. "약간이라도 어그러짐이 있으면 그것이 곧 윗사람을 범하는 것이다. 반드시 능멸하고 범해야 범하는 것에 해당하는 것은 아니다. 예컨대 빨리 걸어서 어른보다 앞장서는 것 역시 범상이다."[7]

여기서 "犯上" 운운할 때 그 윗사람이 누구를 지칭하는가에 대해서도 논란이 있다. 이 사안에 대해서는 군주와 부모만을 가리킨다는 주장과 윗사람 일반을 모두 가리킨다는 주장이 병립한다. 『십삼경주소十三經注疏』에서는 이렇게 해설한다. "황씨皇氏와 웅씨熊氏는 '上은 군친君親을 뜻하고, 犯은 안색을 아랑곳하지 않고 간쟁함을 뜻한다'고 하였다. 지금 주注를 참고하면 '上은 모든 윗사람을 뜻한다'고 하였으니, 황씨와 웅씨의 설說은 이 주의 취지에 어긋난다. 아마도 그 뜻이 틀린 것 같다."[8]

犯上이 위계를 침해하는 성격을 지닌 행위라고 할 때, 그 행위는 아랫사람이 윗사람에게 선제적으로 취하는 행동일까, 아니면 윗사람의 적극적인 억압 행위에 대한 대응 조치일까? 犯上이 뒤에 이어지는 作亂이라는 적극적인 정치 질서 교란 행위와 연결되려면 犯上하고 作亂하는 이의 선제적 의도가 전제되는 것이 자연스럽다. 그리고 그런 해석이 이른바 '봉건' 질서가 무너지던 당시의 정치적 상황과도 들어맞는다. 최영갑은 犯을 '대항하다'로 번역하는데,[9] 대항이란 윗사람의 선제성을 전제하는 것이어서 적절한 번역으로 보기 어렵다.

그렇다면 作亂이란 무엇인가? 먼저 『논어』 한국어 번역본 중 두 가지 예를 들어보자. "윗사람에게 무례하게 굴기를 좋아하지 않으면서 도리나 규범을 어지럽히기를 좋아하는 사람은 일찍이 없었다."[10] "사람 됨됨이가 부모에게 효도하고 형들에게 공손하면서 걸핏하면 윗사람에게 대거리하는 사람은 드물다. 윗사람에게 대거리하기를 반대하면서 툭하면 공동체에서 혼란을 부추기는 사람은 아직 없었다."[11]

이 번역들에서 作亂은 "도리나 규범을 어지럽히기" 혹은 "공동체에서 혼란을 부추기기" 정도로 이해되고 있다. 그러나 한문에서 作亂은 단순히 질서를 어지럽힌다는 의미가 아니라 '정치 질서를 교란하다' 혹은 '반역하다'는 의미이다. 현행 『논어』가 편집된 시기라고 할 수 있는 한나라 때의 용례로는 『사기』 「오제본기五帝本紀」에 나오는 "蚩尤作亂"(치우가 반란을 일으켰다)이라는 문장을 들 수 있고, 남송대 주석가인 주희 역시 『논어집주』에서 "作亂則爲悖逆爭鬪之事矣"(작란이란 패역 쟁투의 일을 하는 것이다)라고 풀이했으며, 주희의 사서 해석에 숱한 이의를 제기했던 정약용 역시 다음과 같이 말하며 전통적인 作亂의 정의를 따랐다.

> 작란이란 시역弑逆과 반역畔逆으로 난을 일으키는 것을 뜻한다. 춘추시대에 난을 일으킨 자가 많았다. 당시 군주들이 그런 상황을 걱정하면서도 구제할 방법을 알지 못하였기에 유자가 이렇게 말한 것이다."[12]

정약용의 주석은 作亂이 갖는 정치적 함의를 뚜렷이 할 뿐 아니라, 이 언명을 당시의 역사적 배경과 관련짓고 있다는 점이 주목된다.

仁과 道의 이해

이번 장에서 다루는 구절에는 "孝", "弟(悌)", "仁", "道" 등의 개념어가 『논어』에서 처음으로 등장한다. 따라서 역대 주석가들과 번역자들은 이런 개념들이 갖는 의미와 상호관계를 설명하는 데 주력했다. 그중 특히 주목되어온 것은 이러한 개념들이 갖는 형이상학적 차원이었다. 오늘날 적지 않은 독자들과 학자들은 仁이나 道를 인간 본성에 관련된 심오한 이론이나 우주 운행 원리의 비밀을 담은 개념으로 이해하곤 한다. 일반 독자뿐 아니라 『논어』 번역과 해설을 시도한 학자들도 그렇게 해석하는 경우가 종종 있다. 이를테면 양차오밍은 "여기에서는 추상적인 도덕의 개념으로 쓰였으며"[13]라고 말하며 이런 개념들이 갖는 추상성 혹은 형이상학적 성격을 명백히 한다.

이러한 경향은 성리학자들의 『논어』 해석으로까지 소급할 수 있다. 정이나 주희 같은 성리학 이론가들은 仁을 형이상학적 원리로 간주하고, 孝弟는 그러한 원리를 실천하는 사안으로 간주한다.[14] 그러나 정이와 주희의 이론에 상당히 비판적이었던 정약용은 孝弟와 仁을 형이상학적 체계를 통해 구별하거나 관계짓기를 거부한다.[15] 이러한 입장 차이는 "孝弟也者, 其爲仁之本與"라는 마지막 문장에 쓰인 爲를 "실천하다"로 번역할 것인가 아니면 "이다/되다"로 번역할 것인가의 문제로 이어진다. 爲의 번역 문제는 그 목적어인 仁의 성격을 결정하는 문제이기에 간단하지 않다.

爲를 "실천하다"로 풀이하면, "孝弟也者, 其爲仁之本與"는 "孝弟는 仁을 실천하는 일의 근본일 것이다"로 번역되며, 이를 통해 '孝弟=仁을 실천하는 근본'이라는 이해가 성립한다. '孝弟=仁을 실천하는 근본'이라는 이해에서는 孝弟가 (仁을 실천하는 일과 동일시될 뿐) 仁 자체와는 동일시되지 않기 때문에, 仁이 형이상학적 원리가 되어도 무방하다. 이 길을 간 인물이 정이나 주희 같은 성리학 이론가들이다. 주희의 『논어집주』에서는 이렇게 말한다. "仁이란 사랑의 理이고, 心의 德이다. 爲仁이란 仁을 행한다고 말하는 것과 같다."[16] 『논어』를 영역한 제임스 레그James Legge가 "爲仁"을 "benevolent actions"라고 번역한 것도 이 같은 주희의 주석을 반영한 결과다.[17]

한편, 爲를 "이다/되다"로 풀이하면, "孝弟也者, 其爲仁之本與"는 "孝弟는 仁(됨)의 근본일 것이다"로 번역되며, 이를 통해 '孝弟=仁의 근본'이라는 이해가 성립한다. '孝弟=仁의 근본'이라는 이해에서는 孝弟가 仁 자체와 동일시되기 때문에 仁은 형이상학적 원리가 아니라 구체적인 행동을 의미해야 한다. 孝弟가 형이상학적 원리가 아니라 구체적인 행동 혹은 그에 상응하는 것이기 때문이다. 이 길을 간 대표적 주석가가 황간, 형병邢昺(932~1010), 정약용 등이다.

『논어』 1.2의 "孝弟也者, 其爲仁之本與" 문장에서 爲가 아예 없는 『논어』 판본도 있다. 그리고 유월의 『논어평의』 같은 경우는 爲仁의 爲를 허사로 보기도 한다. 두 경우 모두 爲를 불필요한 글자로 본다는 점에서는 같다. 어법상 "이다/되다"로 쓰이는 爲는 생략 가능하지만, "실천하다/행하다"로 쓰이는 爲는 생략 가능하지 않다는 점에서, 이러한 경우들은 정이나 주희의 해석에 반대한다고 볼 수 있다.

마찬가지 문제가 道 개념과 관련해서도 생긴다. 오늘날 사람들은 道를 심오한 형이상학적 실체로 이해하기 쉽지만, 고대 중국에서 道란 구체적인 행동방침을 의미하는 경우가 많았다. 예컨대 제임스 레그는 논어 1.2를 번역하면서 道를 "all practical courses"라고 번역했는데, 그 역시 道를 형이상학적 실체로 여기지 않고 실천적 차원에서 취해야 할 길 정도로 이해한 경우다.[18]

仁 개념과 道 개념의 사정이 이러하다면, 孝 개념의 경우는 어떤가? 리민샤오李旻曉는 「《논어》에서 "孝"에 관한 논술과 그 당대의 의의《論語》關於"孝"的論述及其當代意義」라는 논문에서 『논어』에 나오는 孝에 대한 언명들을 체계적으로 분류한 바 있다.[19] 그에 따르면, 『논어』에 나오는 孝 관련 언명은 총체적 표준(總體標准)으로서 제시된 孝, 공경과 부모 섬김(恭敬事親)의 차원으로 제시된 孝, 끊임없는 계승(繼繼承承)으로서의 孝, 제례와 상례 지내기(祭祀守孝) 등의 孝로 나눌 수 있다. 孝를 형이상학적으로 탐구한 것처럼 보이는 언명은 발견하기 어렵다는 점이 흥미롭다. 孝를 형이상학 체계와 연결하려고 적극 노력하는 것은 대체로 성리학 이후의 현상이다.

孝와 弟의 이해

『논어』에서 孝와 弟는 종종 함께 쓰인다. "제자들은 들어오든 나가든 효도하고, 공손하게 처신하라."(1.6)[20] "일가친척이 효성스럽다고 칭찬하고, 지역 사람들이 윗사람을 공경한다고 칭찬하는 것이다."(13.20)[21] 그러면 孝와 弟는 어떤 차원에서 함께 거론될 수 있고, 또 어떤 차원에서는 구별되는가? 가장 이른 한자 사전 중 하나인 『이아爾雅』 「석훈釋訓」은 孝를 다음과 같이 정의한다. "善父母爲孝"(부모에게 잘하는 것이 효이다).[22] 孝에 대한 이처럼 범박한 정의는 『논어』 한국어 번역본들에서도 통용되고 있다. 『논어』 한국어 번역 및 해설에서 쟁점이 되곤 하는 것은 孝라기보다 弟이다.

널리 알려져 있듯이, 弟와 悌는 같은 뜻으로, 두 글자를 혼동하지 않기 위해 후대에는 悌가 주로 사용되었다. 쟁점은 弟가 과연 위계적 혹은 수직적 의미를 가진 개념인지, 아니면 수평적 의미를 가진 개념인지에 대한 것이다. 이와 관련해 김용옥은 다음과 같이 주장한 바 있다. "효孝는 분명 부모와 자식 간의 덕목이다. 그것은 종적vertical이다. 제弟는 황본, 정평본에는 다 '悌'로 되어 있는데, 형제간, 그리고 좀 외연을 넓히면 평배平輩 상하 간의 덕목을 나타내는 말이다. 그것은 횡적horizontal이다. 제弟는 횡적인 인간관계에 있어서의 '공손함'(fraternal submission, 레게Legge 역)을 나타내는 일반적 덕성으로 해석하는 것이 옳다."[23]

孝와 弟의 차이에 대한 별도의 설명을 제공하지 않아도, 弟에 대한 일부 번역들은 수평적 함의를 담고 있는 것으로 보인다. 이를테면 홍승직,[24] 차주환,[25] 이기석·한백우,[26] 한필훈[27] 등은 弟를 "우애"라고 번역했다. 이러한 번역들은 弟에 관련된 당사자 간의 수평적 혹은 비위계적 관계를 암시하는 번역이라고 평가할 수 있다. 반면에 라우D. C. Lau(劉殿爵)는 "obedient as a young man"이라고 번역했는데, 그러한 번역어에는 위계적 성격이 좀 더 분명하게 드러나 있다.[28] 『논어』 1.2의 "其爲人也孝弟, 而好犯上者, 鮮矣. 不好犯上, 而好作亂者, 未之有也. 君子務本. 本立而道生. 孝弟也者, 其爲仁之本與"의 전반적 취지를 음미하기 위해서는 弟가 가질 수도 있는 수평적인 의미보다, 연장자 역시 위계상 위에 존재하는 이로 보고 그에 대한 공경을 강조한 개념이라고 이해하는 것이 좋다고 생각한다. 그렇다면 『논어』 1.2의 전반적 취지란 무엇인가?

비정치적 해석 대 정치적 해석

『논어』 1.2의 전반적 취지에 대한 해석은 비정치적 해석과 정치적 해석으로 크게 나눌 수 있다. 먼저 비정치적 해석의 예를 살펴보자.

> 여기에서는 유가 사상의 윤리적 성격의 일면을 드러내 보이고 있다. 부모에 대한 효도와 형이나 윗사람들에 대한 공순을 강조한 것은, 인간관계에 있어

부모와 자식 또는 아우와 형의 관계가 사회 질서의 기본이 될 수 있다고 생각했기 때문이다. 이러한 효성스런 마음과 공순한 몸가짐을 그대로 사회에 확충시켜나가면 모든 질서가 이룩되고, 사람들이 '어짊'의 경지에 이르게 될 거라는 것이다.[29]

위와 같은 해석은 두루 발견되는데, 종종 '윤리적' 해석이라 일컫기도 한다. 이 글에서는 그러한 해석을 적극적인 '정치적' 해석과 대별하기 위해 편의상 '비정치적' 해석이라고 부르고자 한다.

이른바 비정치적 해석은 한국 학계에만 존재하는 것이 아니다. "'孝弟' 곧 어버이와 윗사람에 대한 착한 마음은 '仁', 즉 널리 인간에 대한 사랑의 근본이라고 할 수 있을 것이다. 이상이 이 장의 대략적인 뜻이다. 요시카와는 유가 사상에서는 핏줄로써 연결되는 사람에 대한 본능적인 선의善意, 그것이 바로 널리 인간에 대한 선의의 출발점이라고 하였으며 이 장도 그것을 말하고 있는 듯하다고 하였다."[30] 이 같은 박유리의 언급이 보여주듯이, 이 점에 관한 한 상당수의 국내 담론이나 일본의 중문학자 요시카와 고지로吉川行次郎(1904~1980) 등의 해외 담론이나 별 차이가 없다.

이번 장에서 다루는 『논어』 1.2의 문장, 특히 孝弟와 가족에 대한 비정치적 이해는 개인과 가족 간의 갈등, 그리고 국가와 가족 간의 갈등을 심각하게 고려하지 않는다. 이를테면 부남철은 해당 구절을 해설하면서 "사람으로 태어나서 첫 번째로 소속되는 공동체가 가족이다. 가족은 피와 운명을 같이하는 식구이기에 자신과 똑같은 존재로 사랑하는 일은 조금만 노력해도 가능하다"[31] 라고 말했는데, 여기서 개인과 가족 간의 잠재적 갈등은 "조금만 노력해도" 해소될 만한 것으로 간주되고 있다.

개인, 가족, 국가 간의 관계가 그처럼 갈등으로부터 쉽게 자유로워질 수 있을까? 가족이란 그토록 자연스럽고 편안한 안식처이기만 할까? 가족이 인간 본성에 뿌리박은 자연스러운 공동체가 아니라 사회적 구성물임을 환기하기 위해서는 페미니스트의 가족 비판을 고려하는 것만으로도 족하다. 상당수의 페미니스트들이 가족을 번영의 기제라기보다는 억압의 기제로 파악해왔다.[32] 페미니스트의 가족 비판을 빌리지 않더라도, 가족이란 자연스럽게 주어진 것이 아니라 역사적으로 그리고 이데올로기적으로 구성된 것이며, 가족의 형성과 유지는 인간 본성에 달린 문제라기보다 역사적 조건과 정치적·경제적 이해에 달려 있다는 취지의 역사 연구는 많이 있다.[33] "자연적인 성질을 가졌다고 선전하는 신개발품 가루비누가 실상은 전혀 그렇지 않다는 것 이상으로, 가족은 전혀 '생물학적'이지 않다. 사람들은 가족이 생물학적 재생산의 자연적 과정과 밀접한 연관을 갖는다는 단순한 이유만으로 가족을 자연이 발동한 그 무엇으로 느낀다. 그러나 생각해보라. 먹는 행위는 부인하기 어려울 만큼 자연적이지만, 누구도 레스토랑이나 식료품점을 자연적이라 하지 않는다."[34]

사정이 이러하다면, 『논어』 1.2에 대해서도 좀 더 정치적인 해석을 시도할 필요가 있다. 이제까지 이 문장들에 나오는 孝弟 및 가족 관념에 대한 정치적 해석이 없었던 것은 아니다. 중국의 5·4신문화운동 이래, 많은 이들이 효나 연장자 공경이나 가족주의를 전제주의의 일환으로 간주해왔다.[35] 중국에서 사회주의가 성립한 이후, 가족이란 사회의 세포이고 그 세포가 기초적 역할을 잘해야 보다 큰 사회 질서가 이루어지고, 한 걸음 더 나아가 사회주의를 실현할 수 있다고 본 해석이 여럿 있다.[36] 그러나 이러한 정치적 해석은 당대의 정치적 의제를 지나치게 의식하고 있을 뿐 아니라, 과거에 대해 역사적 접근을 취하지 않는다는 한계가 있다.

한층 역사적인 해석을 향하여[37]

앞의 예문에서 김학주는 현재 다루고 있는 『논어』 1.2가 "유가 사상의 윤리적 성격"[38]을 드러내준다고 했는데, 그러한 견해는 종종 孝弟를 사회 질서의 근간으로 삼는 태도가 이른바 유가 사상의 핵심이라고 가정한다. 이를테면 배병삼은 다음과 같이 말한다. "'근본이 서야 길이 생긴다(本立而道生)'는 문장은 요컨대 '효도와 공손(孝弟)에 유교 문명의 사활이 걸려 있다'는 선언에 진배없다. 2,500년을 전해오는 유교의 '가家'에 대한 중시와 또 여기서 파생된 孝弟의 윤리에 대한 강조는 이 장에서부터 흘러나온 샘물이다."[39] 이러한 견해에 따르면, 孝弟는 가족 중시의 경향과 밀접하게 연관되어 있고, 시대를 초월한 유교의 특성이며, 그러한 특성은 바로 『논어』 1.2에서 발원했다.

그러나 孝弟 같은 덕목은 이른바 유교의 텍스트로 간주되지 않는 다른 텍스트에서도 광범하게 발견되는 현상이기에 유교만의 특성이라고 보기 어렵다. 이를테면 『관자管子』 「계戒」에는 "효도와 연장자 공경은 인의 뿌리이다"[40] 같은 언급이 나오며, 공자 및 그의 추종자들의 경향과 대척점에 있었다고 할 수 있는 진秦나라의 법률에서마저 효의 덕목은 인정되고 있다.[41] 그뿐 아니라, 효도나 가족에 대한 강조는 이른바 동양에만 존재하는 것이 아니라 서양에도 널리 존재해온 경향이다.[42] 그렇다면 효도나 가족 중시는 인간 본성에 뿌리박은 보편적인 것일까? 심경호는 『논어』의 이 단락을 해설하면서, "공자와 그 제자 및 이후의 유학자들은 효제가 인간의 본성에서 우러나오는 것이자 인간이 실천해야 할 바른 도리라고 보았다"[43]라고 말한 바 있다. 그러나 『논어』에서 孝弟를 인간 본성(性)과 연결해서 논한 부분은 없다. 그렇다면 孝弟나 가족 중시를 유교가 독점하는 특성 혹은 인간 본성에 뿌리박은 경향으로 성급히 규정짓지 말고, 역사 속에서 孝弟와 가족의 의미가 어떻게 변천해왔는지를 추적하는 것이 더 생산적이다.[44]

그런 맥락에서 孝 개념의 역사적 의미 변화의 일단을 살펴보자. 孝는 적어도 서주西周 시기(B.C.11C~B.C.771)로까지 소급될 수 있는 개념, 즉 공자가 활동하던 시기 이전부터 존재하던 개념이다. 서주 시기 청동기 명문銘文에 나타난 孝라는 글자는 대체로 부모나 조상에게 제물을 바친다는 뜻을 가지고 있다. 그리고 『서경書經』에 나오는 孝 개념은 부모나 조상을 보살핀다는 뜻과 그에 관련된 의무의 뜻을 종종 담는다.[45] 상商나라 때의 孝, 즉 제물을 바치는 일은 먼 조상까지 포함하는 일이었으나,[46] 서주 시기가 되면 상대적으로 직접적인 관계를 맺는 부모나 조부모 등으로 孝의 대상이 더 국한된다.[47] 한편, 전국시대로 갈수록 제사와 밀접하게 관련된 孝의 의미는 뒷전으로 밀려나고 부모에 대한 복종이라는 의미가 좀 더 강화된다.[48] 이런 점은 예의 실천에도 영향을 끼쳤다. 전국시대에 이르면, 조상을 모아 묘당에서 집단적으로 제사 지내는 일이 줄어드는 한편, 개인의 무덤에서 제사 지내는 일이 크게 늘어난다. 중국의 미술사학자 우훙巫鴻은 이러한 예제상의 변화를 종족조직의 쇠퇴, 그리고 개인과 가족의 사회적 중요성 증대라는 시대적 배경과 관련해 조망한 바 있다.[49]

이러한 역사적 흐름 속에서라면 孝나 가족이 갖는 사회정치적 의미도 달라지게 마련이다. 윤재근은 해당 『논어』 구절을 해설하면서 "제 부모를 잘 모시고 집안 어른을 받드는 사람이 세상에 나아가 허튼짓을 할 리 없다. 아무리 세상이 변한들 효자가 어찌 남의 손가락질받는 못난 인간이 되겠는가. 대초부터 효자가 못된 송아지처럼 된 적은 없다"[50]라고 했는데, 개인, 가족, 국가가 맺는 관계는 그렇게 간단하지 않다는 것을 중국 고대의 역사는 보여준다. 국가와 경쟁할 정도의, 혹은 국가를 위협할 정도의 거대한 종족집단이 존재할 경우, 종족 내에서의 孝의 강조는 국가에 대한 충성이라는 가치와 충돌할 수 있다. 반면에 가족이 소규모로 파편화된 상태에서는 孝에 대한 강조가 곧 국가에 대한 위협이 되기는 어렵다.

『논어』 1.2는 가족 내에서의 孝라는 덕목에 충실한 이들이 가족을 넘어선 공적인 장(예컨대 국가)에서도 바람직한 신민이 될 수 있다는 견해를 천명하는 것으로 보인다. 거대한 종족집단이 해체되어가는 와중에 그러한 언명은 孝가 갖는 의미를 국가의 이해관계와 양립 가능한 것으로 조정하는 함의를 띤다고 평가할 수 있다. 아울러 『논어』의 다른 부분에는 국가에 대한 충성과 부모에 대한 충성이 긴장을 빚을 때, 후자를 더 강조하는 듯한 언명 역시 존재한다. 즉, 『논어』의 세계는 가족보다 국가를 강화하는 취지를 담고 있다기보다는 가족을 중시하되 그것이 국가의 이해와 충돌하지 않는다는 점을 역설하는 것으로 보인다.

전국시대와 짧았던 진나라를 거쳐 한나라에 이르면, 『논어』가 한층 유행하고 孝가 중시된다. 孝의 중요성을 강조하기 위해 노인들에게 면세 혜택을 주기도 하고,[51] 『효경孝經』이 학교에서 다룰 첫 번째 텍스트로 선정되기도 한다. 그 과정에서 『논어』와 『효경』이 종종 연용되는 현상마저 생기는데, 실로 『효경』 내에는 『논어』 1.2의 취지와 공명하는 언명들이 적지 않게 있다.[52] 그러나 이것이 곧 중국 제국에서 孝라는 덕목이 늘 국가의 이해관계에 봉사하는 방식으로만 구현되었다는 말은 아니다. 한나라 시절 孝가 한층 강조된 때는 바로 지방의 유력 가문들의 위세가 황실의 권력과 거의 맞먹는 상황이기도 했다. 황실에는 각 가문의 무덤보다 황실의 가문을 더 중시하고 보살피라고 명령할 만한 권력이 없었다. 따라서 황실은 지방 호족들의 힘에 밀려 타협해야만 했다. 검소와 효도라는 명분하에 지방 가문들은 황실의 묘당을 상대적으로 억압했다. 자신들의 직접 조상이 아닌 황실의 묘당에 제사 지내는 관리나 지방유력자는 이른바 유교 사상의 핵심 원리인 孝를 위반한 것으로 간주되곤 했다.[53]

이와 같이 복잡한 역사적 배경을 고려한다면, 이번에 다룬 1.2는 "부모님께 효도하고 손윗사람에게 공경스럽게 대하는 자세가 모든 인간관계의 근본임을 가르쳐"[54] 주고 있다기보다는 가족과 국가의 관계를 하나의 의제로서 설정하고 있는 것으로 보인다. 그리고 효제와 치국治國이 갈등 관계에 있지 않음을 천명하고 있는 것으로 보인다. 그렇게 일부러 천명할 필요성은 양자가 얼마든지 갈등 관계에 있을 수 있는 것이라는 깨달음에서 왔을 것이다. 『논어』의 시대가 바로 그러한 가능성을 보여주고 있었다. 이 사안은 1.6과 1.11을 다룰 때 좀 더 부연할 것이다.

6

교언영색의 역사적 의미를 찾아서

선생님께서 말씀하셨다.

"말을 교묘하게 하고 겉모습을 꾸미는[1] 사람치고, 드물구나, 인仁한 사람이."

子曰, 巧言令色, 鮮矣仁. (『論語』 1.3)

"巧言令色교언영색"은 국어사전에 등재될 정도로 한국인에게 익숙한 말이다. 그리고 『논어』에 나오기 때문에 공자가 말한 인생 조언(내실 없이 화려하기만 한 언변과 외모에 속지 말라는 조언)을 해주기 위해 사용한 말 정도로 여겨지곤 했다. 과연 그럴까? "巧言令色"이라는 표현은 익숙하지만 그 정확한 뜻을 포착하기는 쉽지 않다. '교언영색 하는 사람치고, 인仁한 사람이 드물다'는 말의 당대적 의미는 무엇이었을까? 이 장에서는 『논어』 1.3에 담긴 문법, 전제, 문장 구성, 청중을 검토해가며 이 질문에 답해보려 한다.

청중은 누구인가

청중이 누구냐에 따라 문장의 함의는 바뀔 수 있다. 巧言令色에 대해 주석을 가장 많이 단 이들이라 해도 과언이 아닌 성리학자들은 대개 이 문장의 청중을 일반 사람들 혹은 사士 계층이라고 보았다. 이에 비해 오규 소라이는 이 문장의 청중을 통치 계층으로 한정한다. 오규 소라이에 따르면, 통치 계층은 모름지기 정치라는 큰 뜻을 품어 마땅하다. 그런데도 巧言令色과 같이 작은 일에 연연하는 이들이 있다. 그러한 이들을 비판한 것이 바로 1.3의 취지라는 것이다.

> 하늘이 나에게 천자가 되고 제후가 되라고 명하는 것은 곧 천하와 국가를 맡기는 일이다. 대부가 되고 사士가 되는 것 역시 하늘이 내린 직책을 함께하는 일이다. 배워서 덕을 이룬 이를 '군자'라고 부른다. 이는 피치자를 편안하게 하고 국가를 이끌 만한 덕을 이루었음을 말하는 것이다. 그러므로 군자가 하늘을 두려워하는 일이 지극히 엄하고, 인仁을 자기 책임으로 삼는 일이 지극히 무겁다. 국가를 편안하게 하려는 군자의 마음은 지극히 큰 것이니, 인에 뜻을 둔 이가 어찌 말과 안색의 말단에 급급하리오?[2]

『논어』의 문장들이 종종 그러하듯, 1.3 역시 청중이 누구인지 혹은 어떤 상황에서 발화한 것인지 확정하기 어렵다. 이런 상황에서 그나마 시도해볼 수 있는 것은 동일한 혹은 유사한 표현이 나오는 『논어』의 다른 문장을 함께 고려해보는 일이다.

> 선생님께서 말씀하셨다. "말을 교묘하게 하고, 겉모습을 꾸미고, 과도하게 공손히 하는 것은, 좌구명左丘明[3]이 부끄럽게 여겼다. 나 역시 그런 것을 부끄럽게 여긴다. 원망을 감추고 그 사람과 벗하는 것을 좌구명이 부끄럽게 여겼는데, 나 역시 그런 것을 부끄럽게 여긴다."(5.25)[4]

이 인용문의 청중 역시 명시되어 있지 않다. 그러나 "말을 교묘하게 하고, 겉모습을 꾸미"지 말아야 할 사람이 누군지에 대해 약간의 실마리를 준다. 여기서 巧言令色을 싫어하는 혹은 부끄러워하는 주체는 공자 자신과 좌구명일 뿐, 천자나 제후는 언급되지 않는다. 반면에 오규 소라이의 주석에서 巧言令色을 싫어하는 혹은 부끄러워하는 주체에는 천자나 제후가 포함된다. 그들 역시 통치의 책임을 맡고 있기 때문이다.

행위인가, 상태인가

우리에게 사자성어로 익숙한 '巧言令色'이라는 표현은 내용상 '巧言'과 '令色' 두 부분으로 나눌 수 있다. 문법적인 차원에서 보자면, 巧言과 令色은 크게 보아 두 가지 다른 해석이 가능하다.[5] 하나는 巧言과 令色이 '동사+목적어'의 어법을 구현하고 있다고 보는 것이고, 다른 하나는 巧言과 令色이 '형용사+명사'의 어법을 구현하고 있다고 보는 것이다. 전자의 경우에 巧言令色은 "말을 교묘하게 하고, 겉모습을 꾸미다"와 같이 번역되고, 후자의 경우에 巧言令色은 "교묘한 말과 보기 좋은 겉모습"과 같이 번역된다.

이 같은 두 가지 번역은 문법적으로는 모두 타당하지만, 전달하는 함의는 크게 다르다. 키 큰 사람을 싫어하는 것과 키가 커 보이려고 애쓰는 사람을 싫어하는 것은 아주 다르다. 마찬가지로 이 문장의 함의도 巧言令色이 고정된 상태를 의미하느냐, 아니면 일정한 지향 혹은 행동을 의미하느냐에 따라 크게 달라진다. "말을 교묘하게 하고, 겉모습을 꾸미다"에서는 말과 겉모습을 꾸미는 행위 자체가 핵심인 반면, "교묘한 말과 보기 좋은 겉모습"에서는 꾸미는 행위보다는 그 결과로 나타난 특정한 말과 겉모습이 핵심이다. 공자는 꾸미려는 행동 혹은 경향을 싫어한 것일까, 아니면 결과로서 나타나는 특정한 말과 겉모습을 싫어한 것일까? 문법적으로는 어느 쪽 해석이든 다 타당하므로, 이 질문의 답은 『논어』의 다른 문장들을 검토해봄으로써 비로소 확보할 수 있다. 그러면 관련 문장을 살펴보자.

선생님께서 말씀하셨다. "군자는 먹는 일에서 배부름을 추구하지(求飽) 않고, 거처에 있어 편안함을 추구하지(求安) 않는다."(1.14)[6]

이 문장에 나오는 "求구"(추구하다)라는 글자에 주목하지 않으면, 자칫 공자가 선호하는 군자라는 인간 유형은 늘 배고프거나 불편한 상태에 있는 인물이 되고 만다. 그러나 求라는 글자에 주목하면, 관건은 배부름이나 편안함을 추구하는 '행위'이지 배부름이나 편안함의 '상태' 자체가 아님을 알 수 있다. 다시 말해서, 공자는 군자가 배부르거나 편안한 상태에 있는 것을 반대하는 것이 아니라, 그것을 애써 추구하는 행위 혹은 경향에 반대하는 것이다.

선생님께서 말씀하셨다. "군자는 덕德을 염두에 두고(懷德), 소인은 땅을 염두에 둔다(懷土)."(4.11)[7]

앞의 예문에서 求라는 글자가 중요했듯이, 이 문장에서는 "懷회"라는 글자가 중요하다. 즉, 공자는 군자와 소인이라는 상반되는 인간 유형을 설명할 때, 그들이 빚어낸 최종 결과보다는 무엇을 염두에 두고 있는지, 무엇을 지향하고 있는지에 중점을 둔다. 마치 앞의 문장에서 군자가 배부르거나 편안한 상태에 있는 것을 반대하는 것이 아니라 그것을 애써 추구하는 행위 혹은 경향에 반대했던 것처럼 말이다.

선생님께서 말씀하셨다. "군자는 올바름에 밝고(喩於義), 소인은 이익에 밝다(喩於利)."(4.16)[8]

앞의 두 예문에서 求와 懷라는 글자가 중요했듯이, 이 문장에서는 "喩유"라는 글자가 중요하다. 즉, 공자는 군자와 소인이라는 상반되는 인간 유형을 설명할 때, 그들이 결과적으로 실현한 "義의"나 "利이"를 비교하는 것이 아니라 그들이 어떤 지향점을 가지고 있는지에 주목한다.

> 선생님께서 말씀하셨다. "군자는 말은 신중히 하되 행동에 옮기려고 애쓴다."(4.24)[9]

앞의 세 예문에서 求와 懷와 喩라는 글자가 중요했듯이, 이 문장에서는 "欲욕"이라는 글자가 중요하다. 즉, 공자는 군자라는 인간 유형을 설명할 때, 군자가 결과적으로 구현하고 있는 신중함이나 과단성을 주목하는 것이 아니라 그들이 어떤 지향점을 가지고 있는지에 관심을 둔다. 주희가 『논어집주』에서 지적했듯이, 여기서 군자라는 인간형은 결과로서 신중함과 과단성을 추구하는 이가 아니다. 말을 신중히 하되 행동에 옮기려고 '애씀'으로써 결과적으로 적절함을 얻고자 하는 것이다.[10] 이러한 함의를 음미하려면 欲이라는 글자에 유의해야 한다.

이상의 『논어』 문장들은 공자가 하나의 특정한 결과보다는 지향점 혹은 '하려는 시도'에 주목했음을 보여준다. 이런 점을 고려한다면, 巧言令色의 巧와 令 역시 言과 色을 꾸미는 형용사가 아니라 言과 色을 대상으로 하는 동사로 보는 것이 설득력 있다. 그렇게 보고 번역해야 비로소 공자가 "교묘한 말, 꾸민 겉모습 과도한 공손" 등과 같은 특정 결과에 비판적이었던 것이 아니라, 교묘하게 하려는 혹은 꾸미려는 시도나 지향에 비판적이었음을 독자에게 전달할 수 있다. 요컨대 『논어』에 나오는 巧言令色은 '형용사+명사'로 번역해서는 안 되고 '동사+목적어'로 번역해야 한다.

1.3 이외에 5.25, 15.27, 17.17에도 巧言(令色)이 나온다. 그중 15.27은 巧言令色 중 巧言이라는 표현만 나오는 문장이다.

> 선생님께서 말씀하셨다. "말을 교묘하게 하는 것은 덕德을 어지럽히고, 작은 일을 참지 못하면 큰일을 망친다."(15.27)[11]

巧言令色에서와 거의 유사한 의미적 맥락에서 사용된다는 점에서, 여기 나오는 巧言이라는 표현 역시 앞의 용례와 같이 해석될 만하다. 15.27의 巧言에 대해 압도적 다수의 번역본들이 '동사+목적어' 문형을 적용하여 번역한다. 이는 뒤에 나와서 병렬의 효과를 내고 있는 단어 "亂德난덕"을 '형용사+명사'로 보기 어렵기 때문으로 추정된다. 즉, "子曰, 巧言亂德, 小不忍則亂大謀"(15.27)에 나오는 巧言은 '동사+목적어' 구조를 가진 것으로 볼 이유가 충분한 것이다. 『논어』 텍스트에 등장하는 표현의 일관성을 염두에 둔다면, 15.27에 나오는 巧言의 용례는 "巧言令色"에 나오는 巧言을 어떻게 해석해야 하는지에 대해 시사하는 바가 크다.

『논어』에서 반복적으로 사용되는 "巧言令色"이라는 표현, 그리고 앞에서 검토한 "求飽구포", "求安구안", "懷德회덕", "懷土회토", "喩於義유어의", "喩於利유어리", "欲訥於言, 而敏於行욕눌어언이민어행" 같은 표현의 용례를 함께 고려할 때, 1.3에 나오는 "巧言令色"은 동사+목적어 구조를 갖는 것으로 보는 것이 바람직하다. 이 같은 결론에 따르면, "巧言令色"의 번역은 "교묘한 말과 보기 좋은 겉모습"이 아니라 "말을 교묘하게 하고, 겉모습을 꾸미다"가 되어야 한다.

문장의 구성

현행 『논어』에 실린 문장들에 일정한 질서가 있다고 간주하는 이들은 이 문장과 선행 문장 간에 모종의 관계가 있을 것이라고 본다. 즉, 다음의 1.2와 1.3 간에 어떤 긴밀한 관계가 있을 거라고 가정하는 것이다.

> 그의 사람됨이 부모에게 효도하고 연장자를 공경하는데, 윗사람에게 덤비기 좋아하는 경우는 드물구나! 윗사람에게 덤비기 좋아하지 않는데, 난리를 일으키기 좋아하는 사람은 있은 적이 없다. 군자는 근본에 힘쓴다. 근본이 확

> 립되면, 도道가 생긴다. 부모에게 효도하고, 연장자를 공경하는 것은 인仁을 실천하는 일의 근본일 것이다.(1.2)[12]

> 말을 교묘하게 하고 겉모습을 꾸미는 사람치고, 드물구나, 인한 사람이.(1.3)[13]

내용은 사뭇 다르지만 연이어 나오도록 편집한 데에는 뭔가 의도가 있지 않았을까? 아래의 두 인용문이 이 사안에 대한 논란을 보여준다.

> 공자 문하의 배움은 인을 추구하는 것을 핵심으로 삼는다. 그러기 위해서 해야 할 바를 말해보자. 효제야말로 우선적으로 해야 할 바다. 그러기 위해서 하지 말아야 할 바를 논해보자. 교언영색이야말로 진정으로 하지 말아야 할 바다. 말씀을 기록한 이가 이 두 가지를 학이편 두 번째와 세 번째에 배치하여 이처럼 순서를 만들었다. 인이 급선무라는 것, 그리고 애써야 할 바와 조심해야 할 바를 배우는 사람이 알고자 했기 때문이다.[14]

> 운봉雲峯 호씨胡氏가 말하였다. "위 장에서 말한 '호범상작란好犯上作亂'은 거센 악이고 이것은 은은한 악이다. 성현이 이것들을 깊이 싫어하셨다."[15]

첫 번째 인용문의 경우는 1.2와 1.3의 관계를 해야 할 것과 하지 말아야 할 것의 관계로 본다. 대비되는 이 두 가지를 묶어주는 것은 둘 모두 仁을 실현하는 데 필요한 사항들이라는 점이다. 두 번째 인용문의 경우는 선행 문장의 키워드가 효제가 아니라 "犯上作亂"(윗사람에게 덤비고 난을 일으키는 것)이라고 본다. 그렇게 본다면 선행 문장은 "犯上作亂" 같은 "거센 악"을 논하고 이번 문장은 "巧言令色" 같은 "은은한 악"을 논하는 것이 된다. 서로 다른 이 두 문장은 하지 말아야 할 악을 논한다는 점에서 연결된다.

이상의 논의는 그 자체로 보아 흥미롭지만, 모두 현행 『논어』 판본에 실린 문장들에 일정한 질서가 있다는 전제에 서 있다. 하지만 그러한 전제는 널리 받아들여진다고 할 수는 없기에 이상의 논의는 결정적인 해석의 단서를 제공한다기보다 잠정적인 해석의 실마리를 제공하는 데 그친다.

동기론적 해석과 결과론적 해석

먼저 『논어집주』에 나오는 주희의 해석을 보자. "말 잘하고 안색을 잘 꾸미고, 겉을 치장하여 타인의 환심을 사는 데 애쓰면, 욕심이 활개를 쳐서 본심의 덕德을 잃게 된다."[16] 즉, 巧言令色의 진정한 문제는 그것이 초래하는 현실적 손해에 있는 것이 아니라 그것이 초래할 "본심"의 상실에 있다. 성리학자들은 인간을 본성상 도덕적 존재라고 보았기 때문에, 본심을 잃는다는 것은 곧 도덕적 존재가 되기를 포기한 것이며, 이는 곧 진정한 자아의 상실을 의미하게 된다.[17] 그들에게 도덕이란 결과로서 얻는 이익이나 손해에 의해 측정될 수 있는 것이 아니었다. 본심에서 나오는 도덕적 의도가 그 행동을 도덕적으로 만들 뿐이다. 그런데 조명화는 이러한 주희의 '동기론적' 해석에 정면으로 반대한다.[18]

> 당시 사회의 일반적인 신뢰도가 무척 낮았기 때문에, 신뢰도가 낮은 사회에서 손실과 위험을 막으려면 교언영색에 대한 경계가 절실하다는 경험적 지혜를 드러냈다고 본다. … 『사기』「중니제자열전」의 기록을 믿는다면, 공자는 제자들조차 신뢰하지 않았다. 그래서 그는 상대가 배신할 수 없도록 전략적인 신뢰 관계를 구축하는 일을 중시했을 것이다. 후대에 삼강오륜으로 정리되는 유가의 윤리규범은 결국 공자의 생각을 정리한 것인데, 신뢰도가 낮은 사회에서 전략적 신뢰를 구축하기 위한 장치라고 본다. 교언영색을 경계하라는 말은 전략적 관계망 바깥에 있는 사람은 잠재적 위험인물로 간주하라는 말이나 다름없다.[19]

이 같은 해석에서 교언영색에 대한 공자의 부정적 견해는 일종의 전략적 사고로 간주된다. 조명화는 동기론보다는 결과론에 의한 해석을 제시하고 있다. "당시 사회의 일반적인 신뢰도가 무척 낮았기 때문에"라는 언명은 이 해석이 당대의 역사적 상황에 기초한 해석임을 시사하지만, 당대의 사회적 신뢰 정도를 측정한 연구도 없고 딱히 측정할 방법도 묘연하다는 점에서, 과연 결과론적 해석이 역사적 사실에 근거한 해석인지 확신할 수 없다. 방향은 다르지만, 동기보다는 결과에 주목한다는 점에서 김원중도 마찬가지이다. "약삭빠를 정도로 말재주가 뛰어난 사람은 그로 인해 복을 얻기보다 오히려 다른 사람의 미움을 받기 십상이라고 생각한 것이다."[20] 조명화가 교언영색을 대하는 사람이 맞게 되는 결과에 주목한다면, 김원중은 교언영색을 하는 이가 맞게 되는 결과에 주목한다는 차이가 있을 뿐이다.

반면에 주희를 비롯한 성리학 계열 학자들은 압도적으로 교언영색이 초래하는 결과보다는 교언영색에 깃든 도더저 마음을 문제 삼는다.

> 물었다. "언사를 닦고 성찰하는 것은 성誠(참됨)이 그로 인해 확립되기 때문이고, 언사를 꾸미는 것은 위僞(거짓됨)가 늘어나기 때문이다. 발원하는 곳이 아주 다르다. 공자께서 교언영색은 인이 드물다고 하셨는데, 그 근원을 좇아 살펴보면, 교언영색이라는 병의 근원은 바로 의도를 가지고 그렇게 하려 든다는 데 있다. 예컨대 동의하지 않는데도 그렇게 말하여 말로써 다른 사람을 꾀거나 어깨를 들썩이며 아부하는 웃음을 지어 다른 사람을 기쁘게 하며 추종하는 부류는 모두 의도를 가지고 하는 것이다.[21]

동기론적 해석이 맞을까, 결과론적 해석이 맞을까? 어느 쪽을 지지한다고 결론지을 수 있는 전거가 『논어』나 관련 문헌에는 없다. 따라서 동기론적 해석이든 결과론적 해석이든, 『논어』에 대해서보다는 그러한 해석을 제시한 해석자에 대해 더 많은 것을 알려준다.

仁과 巧言令色의 관계

巧言令色과 仁이 공존하기 어렵다는 점은 "말을 교묘하게 하고 겉모습을 꾸미는 사람치고, 드물구나, 인한 사람이"(1.3)라는 문장을 읽는 사람 대다수가 직관적으로 동의할 것이다. 그러나 여전히 논점은 남아 있다. 巧言令色이 곧 仁이 아님을 의미하는 것인지, 아니면 巧言令色을 하다보면 결국에는 仁으로부터 멀어질 수밖에 없는 것인지의 문제가 남아 있는 것이다.

① 마음이 현존할 때에야 비로소 인이다. 만약 교언영색으로 죽 겉만 좋게 되면 마음이 현존하지 않을 것이니, 어찌 그 상태를 인이라 하겠는가?

② 교언영색하여 다른 사람을 기쁘게 하는 것을 추구하면 본심의 덕德을 잃는다. 자기를 이롭게 하고 타인에게 해를 끼치는 지경에 이르러서야 비로소 불인不仁하게 되는 것이 아니다.

③ 용모와 말씨는 배우는 사람이 지켜 기르고 힘써야 하는 바이다. 그런데 교연영색하여 다른 사람이 보고 듣는 것을 기쁘게 하려는 데 뜻을 두면 마음이 밖으로 내달아 인이 드물어진다.[22]

①과 ②에 따르면, "마음(본심)을 잃지 않는 것"이 인이며, 그 마음은 巧言令色하려는 마음과는 질적으로 다르다. 따라서 巧言令色을 (추구)할 때 이미 仁은 거기에 있을 수 없다. ③에 따르면, 巧言令色으로 인해 발생하는 현상은 마음이 "밖으로 내닫는" 것으로서, 그것이 곧 不仁이라기보다 다만 仁이 드물어지는 경향이다. 전자가 巧言令色과 仁을 원칙적으로 양립 불가능한 것으로 보는 데 비해, 후자는 巧言令色이 仁을 배양하지 않는 경향이 있음을 말하는 데 그치고 있다. 전자는 "드물다"를 삼가 말하기understatement로 보는 셈이고, 후자는 "드물다"를 축자적으로literally 보는 셈이다.

이 대목에서 "子曰, 巧言令色, 鮮矣仁" 전체 문장을 마무리하는 표현인

"鮮矣 선의"(드물다)가 과연 삼가 말하기에 해당하는지 여부를 두고 논란이 있다. 주희는 『논어집주』에서 "鮮矣"가 삼가 말하기에 해당한다고 주장한다. "성인의 언사는 박절하지 않아서, 단지 드물다고 말한 것이다."[23] 말이 박절하지 않다고 해서 어조가 엄하지 않은 것은 아니다. 종지사 "矣"는 단호한 어감을 전달하는 글자이다. 그래서인지 『논어집주대전』에서 동양東陽 허씨許氏[24]는 이렇게 말한다. "그 말투를 보면 매우 엄하다."[25]

이와 같은 주희의 견해에 명시적으로 반대한 이는 오규 소라이다. "드물다(鮮)는 것은 그에 해당하는 사람이 적다는 뜻이다. 천하는 크고 사람 기질은 수없이 다르니, 어찌 나 한 사람의 견해로 아무도 없다고 단정할 수 있겠는가? 그래서 '드물다'고 한 것이다. 그런데 주자는 기어이 그 사람에게 '인이 없다(無仁)'고 생각했다. 옛날 글에는 不仁이니 未仁이니 하는 말은 있어도, 無仁이라고 하는 경우는 들어본 적이 없다."[26] 오규 소라이와 마찬가지로 정약용도 경험적 사실에 근거해 주희의 해석에 반대한다.

> 교언영색은 죄악이 아니다. 단지 성인께서 사람을 관찰해본 결과, 교언영색을 하는 이를 볼 때 인을 해낼 수 없는 경우가 많으니, 드물다고 말씀하신 것이다. … 때로는 그러고도 좋은 사람이 있을 것이다. 선의鮮矣라는 두 글자는 진실로 딱 맞는 말이다. 만약 인한 사람이 절대 없다고 했으면 실제와 어긋났을 것이다.[27]

실제로 巧言令色을 하는 사람을 보면 仁하지 않은 경우가 많아서 저런 말을 한 것이지, 단지 말을 삼가기 위한 방편으로서 "鮮矣"라는 표현을 쓴 것은 아니라는 말이다. 즉, "鮮矣"란 그러한 사실이 드물다는 상황에 대한 정확한 기술이라는 말이다. 이는 '巧言令色을 하고도 때로는 좋은 사람이 있다'는 경험적인 근거에 기초한 것이다. 만약 巧言令色하는 사람들 중에 仁한 사람이 전혀 없다면, "絕無 절무"라는 표현을 썼을 것이다. 이와 같은 견해에 기초해서, 정약용은 한 걸음 더 나아가 巧言令色이 반드시 부정적인 함의를 지녔던 것은 아니라고 주장한다.

> 『춘추전春秋傳』에는 사광師曠이 간언을 잘하자, 숙향叔向이 『시경』에 나오는 "교언여류巧言如流"라는 표현을 써서 찬미했다. 그리고 『시경』「대아大雅」에서는 산보山甫의 덕을 찬미할 때, "영의영색令儀令色"이라는 표현을 썼다. 교언영색을 하고도 때로는 좋은 사람이 있는 것이다.[28]

그런데 이와 같은 정약용의 주장은 단지 경험적 차원에 머무는 것이 아니다. 이러한 경험적 주장은 결국 巧言令色과 仁의 이론적 관계마저 재정의하게 된다. 즉, 巧言令色과 仁은 함께하기 어려운 경향이 있을지는 몰라도 양립 불가능한incompatible 것은 아니라고 그 관계를 재규정하게 되는 것이다.

巧言令色에 대한 부정적 견해에서는 이 밖에도 여러 가지를 상상해볼 수 있다. 말과 겉모습을 꾸미는 데 치중하지 말고 전달 메시지의 내용에 치중하라는 차원에서 巧言令色을 비판할 수도 있고, 표리부동하지 말라는 차원에서 巧言令色을 비판할 수도 있고, 무엇인가 꾸미는 일 자체를 부정적으로 보기에 巧言令色을 비판할 수도 있고, 외면만 꾸미지 말고 내면도 꾸미라는 차원에서 巧言令色을 비판할 수도 있고, 사람을 분별하는 데 있어 외양에 현혹되지 말라는 차원에서 巧言令色을 비판할 수도 있고, 巧言令色보다 더 중대한 사안에 집중하라는 차원에서 巧言令色을 비판할 수도 있다. 이 가운데 어느 것이 상대적으로 더 설득력 있는지를 판단하는 일은 巧言令色과 대비되는 仁을 어떻게 규정하느냐에 달려 있다.

역사적 해석을 향하여

仁 개념은 공자가 창안한 것이 아니다

공자가 仁 개념을 중시한 것은 오늘날 널리 알려져 있다. 『여씨춘추呂氏春秋』 「심분람審分覽」 '불이不二'에 "孔子貴仁"(공자는 인仁을 귀하게 여겼다)이라는 구절이 나오는 것을 보면 그러한 사실은 고대 중국에서도 널리 알려져 있었던 것 같다. 그러나 공자가 仁 개념을 창안한 것은 아니다. 『논어』 이전 문헌에도, 그리고 『논어』와 동시대 문헌에도 仁이라는 개념은 종종 등장한다.[29]

우선 仁은 지배층의 사람됨을 칭송하던 말이었던 것으로 보인다.[30] 『논어』보다 앞선 시대의 텍스트를 다수 포함하고 있는 것으로 보이는 『시경』과 『서경』에 나오는 관련 사례는 다음과 같다.

『시경』 「정풍鄭風」 '숙우전叔于田': "洵美且仁"(참으로 훌륭하고도 인仁하다)

『시경』 「제풍齊風」 '노령盧令': "其人美且仁"(그 사람은 훌륭하고도 인仁하다)

『서경』 「상서商書」 '중훼지고仲虺之誥': "克寬克仁"(매우 관대하고 매우 인仁하다)

『서경』 「상서」 '태갑하太甲下': "民罔常懷 懷于有仁"(피치자는 정해놓은 군주를 일정하게 따르는 것이 아니라 인仁한 군주를 따른다)

『서경』 「주서周書」 '태서중泰誓中': "雖有周親 不如仁人"(비록 주나라 인척이 있다 해도 인仁한 신하만은 못하다)

『서경』 「주서」 '무성武成': "予小子旣獲仁人"(제가 인仁한 신하를 얻었으니)

『서경』 「주서」 '금등金縢': "予仁若考能"(나는 작고한 아버지처럼 인仁하고 능력이 있으니)

한 걸음 더 나아가 『논어』와 동시대 텍스트를 다수 포함하고 있는 것으로 보이는 『국어國語』에서 仁은 다른 덕목들과 병칭되기에 이른다. 즉, 인간 성정이 구현하는 일련의 특질들이 독립적 덕목으로 인지되는 과정에 仁 역시 포함되었던 것이다.

> 「주어상周語上」: "忠, 信, 仁, 義"[31]
>
> 「주어중周語中」: "義, 祥, 仁"[32] "仁, 禮, 勇"[33]
>
> 「주어하周語下」: "敬, 忠, 信, 仁, 義, 智, 勇, 教, 孝, 惠, 讓"[34]
>
> 「진어칠晉語七」·「오어吳語」: "智, 仁, 勇"[35]
>
> 「초어하楚語下」: "信, 仁, 智, 勇, 衷, 淑"[36]

공자보다 약간 후대 사람인 진晉나라의 대부大夫 지과智果가 역시 진나라의 경卿인 지선자知宣子의 아들 요瑤라는 인물을 평가할 때 하는 말을 보면, 『국어』의 세계에서 仁은 다른 덕목들과 구별되는 동시에 잠재적 경쟁 관계에 있음을 알 수 있다.

> 요가 다른 사람보다 뛰어난 점은 다섯 가지이고, 그가 다른 사람에 미치지 못하는 것은 한 가지입니다. 귀밑머리가 길고 대단한 것이 뛰어난 점이고, 활쏘기와 말달리기를 기운차게 하는 것이 뛰어난 점이고, 기예가 모두 넉넉한 것이 뛰어난 점이고, 문장을 교묘히 하고 꾀바른 것이 뛰어난 점이고, 강단 있고 과감한 것이 뛰어난 점입니다. 이와 같아도 매우 불인不仁하면, 그 다섯 가지 뛰어난 점을 가지고서 다른 사람을 능멸하고 불인을 행할 것이니 그 누가 그를 대접해줄 수 있겠습니까?[37]

이 인용문를 통해 알 수 있는 것은, 지과의 생각 속에 仁이란 외모, 무예, 기술, 문장, 꾀, 강단 등의 특성과는 구별되는 독특한 요소인 것이다. 그 밖에 『좌전』에서 인용하는 이야기들에 나오는 仁은 여러 국가 간 관계를 묘사하는 데 주로 쓰이곤 한다.[38]

공자 이전 및 동시대 문헌에 나타난 이런 용례들을 감안하면, 공자가 仁

개념을 창안한 것은 결코 아님을 알 수 있다. 그렇다고 공자가 기존의 仁 개념을 그대로 사용했다는 말은 아니다. 다음 인용문은 고대 중국에서 仁 개념의 해석이 안정된 상태에 있지 않았고, 논자마다 크게 다른 仁 해석을 제시하고 있었음을 보여준다.

> 여희驪姬가 말하였다. "저 역시 두렵습니다. 제가 외부 사람의 말을 듣자 하니, 위인爲仁(인을 실천하는 일)과 위국爲國(나라를 다스리는 일)은 다르다고 합니다. 위인하는 이는 어버이를 아끼는 일(愛親)을 인仁이라 하고, 위국하는 이는 나라를 이롭게 하는 일(利國)을 인仁이라 합니다. 그러므로 백성의 수장이 된 이는 어버이가 없고, 뭇사람을 어버이로 여깁니다. 만약 뭇사람에게 이롭고 백성들이 순응한다면, 어찌 군주(시해)를 꺼리리까? 뭇사람 때문에 감히 자신의 어버이를 아끼지 않는다면, 뭇사람이 한층 그를 대단하게 여길 것입니다. 그는 장차 나쁘게 시작하되 좋게 마무리하고, 뒷일로써 (앞의 일의 나쁨을) 덮을 사람입니다."[39]

이와 같은 언명은 ① 仁을 국가 운영의 문제와 구별되는 별도의 일로 생각하는 견해, ② 仁이 국가 운영에 직결된다고 보는 견해, ③ 부모를 아끼는 마음이 아니라 국가 운영이야말로 仁이라고 보는 견해 등이 존재하고 있었음을 보여준다. 그런데 『논어』에 나타난 仁의 이해는 ①이나 ③과는 거리가 멀고, ②에 가깝다. 즉, 『논어』에 나타난 공자와 그 제자들의 仁에 대한 생각은 당시 중국문화를 대변하고 있다기보다 경쟁 관계에 있는 여러 仁에 대한 이해 중 하나였다고 할 수 있다.

巧言令色은 공자가 처음 한 말이 아니다

최석기는 巧言令色이라는 말이 『논어』에서 나왔다고 주장한다.[40] 그러나

巧言令色이라는 말은 『서경』 「고요모皐陶謨」[41]에 이미 나온다. "何畏乎巧言令色孔壬"(어찌하여 '교언영색' 하는 공임을 경외하리오). 「고요모」가 만약 『논어』 이전의 텍스트라면, 공자가 巧言令色이라는 말을 지어서 한 것은 아닌 셈이다. 즉, 공자는 기존 표현을 인용한 것에 불과하다.

巧言令色이 巧言과 令色이라는 두 부분으로 이루어져 있음에 착안하여, 巧言으로 조사 대상을 국한해보면, 『시경』에 다음과 같은 용례가 또 있음을 알 수 있다.[42]

> 애달프도다, 말도 채 못하니, 말을 못하니 몸만 수척해지네. 말 잘하는 사람은 좋겠네. 유수 같은 '교언巧言'으로 제 한 몸 편하게 만드네.[43]

> 저 잘났다고 떵떵거리는 소리는 입에서 나오네. 교묘한 말(巧言)은 생황 소리 같으니 낯짝도 두껍구나.[44]

그리고 청나라의 주석가 간조량簡朝亮은 『시경』 「소아」 '정월正月'[45]에 나오는 "好言"이라는 표현에 주목하고, 그것이 "巧言"과 같다고 보았다. 巧言이 특정한 안색과 함께한다는 생각은 『시경』 「소아」 '교언'에 이미 드러나 있다고 보았다.[46]

이러한 전거들은 공자가 巧言令色과 유관한 논의를 창시한 사람이 아니라는 점을 확인해준다. 그렇다고 공자 혹은 『논어』가 巧言令色이라는 어휘의 역사에서 아무런 역할을 하지 않고 기존 표현을 인용하거나 반복하는 데 그쳤다는 말은 아니다. 한나라 때 편집된 것으로 판단되는 『대대례기大戴禮記』 「문왕관인文王官人」에 나오는 "華如誣, 巧言, 令色, 足恭, 一也, 皆以無爲有者也"(화려한 거짓, 교언, 영색, 지나친 공손은 매한가지다. 모두 없는 것을 있는 척하는 것이다) 같은 표현은 정확하게 『논어』에 나온 "巧言, 令色, 足恭"이라는 표현을 반복함으로써 공자의 언명을 활용하고 있다. 그리고 역시 한나라 때에 성립한 『모전毛傳』에서도

『시경』「대아」'소민召旻'에 나오는 "維昔之富, 不如時"라는 구절을 주석하면서 "往者富仁賢, 今也富讒佞"(예전에는 부유한 이들이 어질고 현능했는데, 요즘은 부유한 이들이 아첨하고 아부한다)이라고 하여 말을 교묘하게 하는 일과 仁을 대비했다. 이러한 전거들을 통해 볼 때, 巧言令色과 仁을 일찍이 대비한 공자의 발언이 이후 사람들의 생각에 영향을 끼친 것으로 추론할 수 있다.[47]

이상의 논의를 종합해볼 때, "말을 교묘하게 하고 겉모습을 꾸미는 사람치고, 드물구나, 인한 사람이"(巧言令色, 鮮矣仁)라는 문장에 대해 가장 확실하게 내릴 수 있는 결론은 무엇일까?

첫째, 『논어』의 본문 및 당대의 자료는 이 문장의 의미를 확정할 만한 충분한 근거를 제공하고 있지 않음에도 불구하고, 巧言과 令色이 모두 '동사+목적어' 구조를 가진 것으로 해석해야 한다는 것 정도를 확인할 수 있다. 그렇다면 巧言令色이라는 말을 통해 공자는 결과로서 나타난 특정 외양에 대해 부정적 견해를 가졌던 것이 아니라, 그렇게 하고자 하는 지향에 대해 비판적이었던 것이다.

둘째, 이 문장의 핵심을 이루는 두 부분인 巧言令色과 仁은 공자가 처음 입에 올린 것은 아니라는 사실은 확실하게 말할 수 있다. 즉, 공자에게 창의적인 부분이 있다면, 새로운 어휘를 창안했다기보다 따로 존재하던 기존 어휘 두 개를 연결했다는 점이다. 그리고 그러한 연결 행위로 생겨난 巧言令色과 仁의 관계는 巧言令色과 仁이라는 표현이 갖는 의미의 자장에 일정한 영향을 끼치며 후대로 전승되었다.[48]

7

반성하는 인간

증자가 말하였다.
"나는 하루에 세 번 나 자신을 살핀다.
남을 위해 도모하는 일에 남김없이 정성을 쏟지 않았나?
붕우와 교제할 때 믿음직스럽게 대하지 않았나?
익히지 않은 것을 전해주지 않았나?"
曾子曰, 吾日三省吾身. 爲人謀而不忠乎, 與朋友交而不信乎, 傳不習乎. (『論語』 1.4)

이 1.4는 『논어』에서 자기반성에 대해 처음 논한 부분이다. 이 장에서는 그간 해석의 쟁점이 되어온 "三삼", "忠충", "傳習전습" 같은 키워드의 의미를 먼저 점검한다. 그리고 1.4에서 말하는 자기반성의 여러 함의를 짚어본다. 자기반성을 하는 자아란 어떤 존재일까? 『논어』에서 공자와 그 제자들이 제시하는 바람직한 자아상은 무엇일까? 막스 베버Max Weber가 주장했던 것처럼, 전통적 자아는 윤리적 요구와 인간적 결함 사이의 긴장이 없는 존재였을까? 외부세계와 대결할 수 있는 자율성이 부재한 존재였을까?[1] 1.4의 독해를 통해 이 질문에 답해보고자 한다.

三의 의미

“나는 하루에 세 번 나 자신을 살핀다”(吾日三省吾身)라는 말은 자신이 ‘자주’ 자기반성에 임한다는 뜻이다. 그런데 여기서 말하는 三의 의미에 대해서는 논란이 있다. 현대의 학자 양보쥔楊伯峻은 『논어역주論語譯注』에서 三이 정확히 세 번을 말한다기보다 여러 번을 뜻한다고 해석했다. 그와 같은 해석은 양보쥔 이전에 일찍이 청나라의 왕중汪中이 『술학術學』의 ‘석삼구釋三九’ 항목에서 이미 제기한 바 있다. 그에 따르면, 옛사람들은 습관적으로 ‘三’, ‘九’ 등의 글자를 써서 횟수의 많음을 표현했다.[2] 그 밖에 “나는 하루에 세 번 나 자신을 살핀다”라는 문장에 뒤이어서 세 가지 항목이 나오므로, 三은 그 세 가지를 구체적으로 가리킨다는 해석도 있다. 이강재는 자신의 박사학위논문에서 三의 해석에 관한 이 같은 견해들을 소개하고 비교 연구를 진행한 바 있다.[3]

이강재의 연구에 따르면, 三을 맨 처음 해설 대상으로 삼은 주석은 황간의 『논어의소』이다. “매일 세 가지 잘못을 조심하여, 자신에게 잘못이 있는지 없는지를 살폈다”(每一日之中三過, 自視察我身有過失否也)라고 풀이한다. 즉, 三을 세 가지 잘못으로 이해한 것이다. 주희의 『논어집주』와 정약용의 『논어고금주』 역시 이 같은 해석을 따른다.[4] 이 해석의 장점은 이 문장에 뒤이어서 세 가지 사항이 나와 호응한다는 것이다. ① 爲人謀而不忠乎(남을 위해 도모하는 일에 남김없이 정성을 쏟지 않았나?), ② 與朋友交而不信乎(붕우와 교제할 때 믿음직스럽게 대하지 않았나?), ③ 傳不習乎(익히지 않은 것을 전해주지 않았나?)

이 해석의 난점은 세 가지 잘못이라면 반성의 대상으로서 목적어에 해당하는데, 왜 三이 省성의 뒤에 오지 않고 앞에 위치하는가 하는 것이다. 통상적인 한문 문법에 따르면, 목적어는 동사 뒤에 위치해야 한다. 이 문제를 해결하고자 한 현대의 학자가 쉬스잉許世瑛이다.[5] 그에 따르면, “省” 다음에 처소를 나타내는 “吾身오신”이 나오기 때문에, 목적어 三이 동사 앞에 위치하게 된다. 이상의 해석과 대비되는 해석이 三을 부사적으로 보아 “세 차례”로 해석하는 입장이다. 대표적으로 육덕명은 『경전석문』에서 三에 대한 음운학적 분석을 통해 "세 차례" 혹은 "여러 번"이라는 뜻으로 해석한 바 있다.[6]

이강재는 상반되는 해석의 타당성 여부를 따져보기 위해 『논어』에서 숫자가 쓰인 용례들을 종합하여 검토했다. 그에 따르면, 숫자를 나타내는 표현이 동사 앞에 나왔을 때는 횟수를 나타내는 패턴을 보인다. 그리고 이는 양보쥔과 허러스何樂士 같은 현대 학자의 연구 결과와 일치한다.[7] 나 역시 『논어』 텍스트의 일관성을 존중하는 것이 타당하다고 생각한다. 그런데 이 같은 견해는 현대의 학자들이 결론을 내리기 전에 이미 이토 진사이伊藤仁齋(1627~1705)가 제시한 바 있다. "무릇 '삼'이라는 글자가 구절의 앞에 오는 경우에는 '세 번'이라는 뜻이다. '백규의 시를 세 번 읊조리다', '세 번이나 천하를 양보하다' 같은 구절이 그 예이다. 구절 뒤에 오는 경우에는 항목의 숫자를 나타낸다. '군자가 도에서 중시하는 것이 셋이다', '군자의 도는 세 가지이다' 같은 구절이 그 예이다."[8]

忠의 의미

현대의 독자들에게 忠이라는 글자는 익숙하다. 대개 나라에 대한 헌신의 의미로 알려져 있으며, 부모에 대한 효도와 짝지은 '忠孝충효'라는 2음절어의 일부로 사용되기도 한다. 그러나 忠 개념은 생각보다 복잡다단한 역사를 갖고 있다. 이를테면 아래와 같은 호광의 언명을 떠올려볼 수 있다. "'다른 사람을 위하여 도모할 때 자기 마음을 다해야 하는데, 이것이 곧 충이다.' 물었다. '그렇다면 충은 다른 사람을 대하는 도리입니까?' 답하였다. '또 자신의 부모를 모실 때 자기 마음을 다하지 못한 바가 있으면 그 또한 불충이다.'"[9] 이 같은 언명은 우리가 흔히 상상하는 것과는 달리, 忠과 孝가 대구對句를 이루지 않고 忠이 좀 더 포괄적인 의미로 사용될 수 있음을 일러준다.

이와 관련해 『논어』 텍스트에서 忠의 용례가 갖는 특징에 주목해보자. 먼저 『논어』에도 나라 혹은 군주에 대한 헌신이라는 의미로 忠이 사용된 경우가 있음을 기억하자. 3.19의 "君使臣以禮, 臣事君以忠"(군주는 신하를 예로써 부리고, 신하는 군주를 충성으로써 섬기면 됩니다). 그리고 공자 제자인 증자가 스승의 도를 '忠恕충서'로 요약한 일은 동아시아 사상 연구자들에게 널리 알려져 있다. 4.15의 "夫子之道, 忠恕而已矣"(선생님의 도는 충성스러움, 그리고 자기 마음을 비추어 남을 배려하는 것일 뿐이다). 그런데 기억해야 할 것은, 『논어』에서는 忠이 信과 짝을 이루어 사용되는 경우가 훨씬 많다는 사실이다. 즉, 『논어』에서 忠은 忠孝나 忠恕와 짝을 이루기 이전에 "忠信충신"의 일부이다. 다음은 『논어』에서 忠信이 사용된 예들이다.

> 충성과 믿음을 핵심으로 삼되, 자기만 못한 사람은 벗삼지 마라.
> 主忠信, 無友不如己者.(1.8)
> 작은 마을에 반드시 나만큼 충성스럽고 믿음직스러운 사람이 있을 것이다.
> 十室之邑, 必有忠信如丘者焉.(5.28)
> 선생님께서는 네 가지로 가르치셨다. 세련된 표현, 적절한 행실, 충성스러움, 믿음직함.
> 子以四教. 文, 行, 忠, 信.(7.25)
> 충성과 믿음을 핵심으로 삼되, 올바름으로 옮겨가는 것이 덕을 숭상하는 것이다.
> 主忠信, 徙義, 崇德也.(12.10)
> 말이 충성스럽고 미더우며, 행동이 독실하고 경건하면, 비록 오랑캐의 나라에서도 뜻을 제대로 펼 수 있을 것이다. 말이 충성스럽고 미덥지 않으며, 행동이 독실하고 경건하지 않으면, 비록 행정이 집행되는 영역에 있더라도 행해지겠느냐?
> 言忠信, 行篤敬, 雖蠻貊之邦行矣. 言不忠信, 行不篤敬, 雖州里行乎哉.(15.6)

傳習의 의미

"傳不習乎전불습호"에서 傳은 習과 짝을 이룬다. 그리고 習은 『논어』 첫머리의 "學而時習之"라는 문장에서 나왔듯이 배운 바를 익힌다는 뜻이다. 청나라의 학자 모기령은 傳을 業을 전한 것으로 해석하고자 했으나, 정약용이 다양한 전거를 통해 그와 같은 입장을 비판한 바 있다.[10] 정약용이 제시한 풍부한 전거를 받아들여, 이 글에서는 傳은 배운 바를 전수하는 것으로 해석한다.

그런데 "傳不習乎"와 관련해 좀 더 까다로운 문제가 있다. 1.4의 문장으로 돌아가보자. "爲人謀而不忠乎위인모이불충호, 與朋友交而不信乎여붕우교이불신호, 傳不習乎전불습호"의 해석을 복잡하게 하는 요인은, 爲人謀와 不忠乎 사이에, 그리고 與朋友交와 不信乎 사이에는 말을 잇는 구실을 하는 而라는 글자가 있는 반면에 傳과 不習乎 사이에는 而가 없다는 사실이다. 한층 해석을 복잡하게 하는 요인은, 말을 잇는 구실을 하는 而가 한문에서 종종 생략되기도 한다는 사실이다. 이러한 두 요인으로 인해 傳不習乎에 대한 해석이 어려워진다. 傳과 不習乎 사이에 而가 온 것이나 다름없는데 다만 생략되었다고 볼 경우에는 ① 爲人謀而不忠乎, ② 與朋友交而不信乎, ③ 傳不習乎를 모두 같은 문장 구조가 반복된다고 간주하여 해석하면 된다. 그러나 傳과 不習乎 사이에 而가 생략된 것이 아니라 다른 이유로 없는 것이라면 傳不習乎는 "爲人謀而不忠乎"와 "與朋友交而不信乎"와는 사뭇 다른 문장 구조를 취하고 있을 공산이 크다.

이강재는 이 사안에 관한 기존 주석들을 모으고 분류하여 연구했다. 그의 논의는 다음과 같다. 첫째, 傳을 동사로, 不習을 목적어로 보는 견해가 있다. 이에 따르면 傳不習乎는 (선생으로서) 내가 제대로 익히지 않은 것을 (제자들에게) 전해주었던 것은 아닌가 하는 반성의 뜻을 가진 문장이 된다. 하안의 『논어집해』와 황간, 오규 소라이, 이토 진사이 모두 이 해석을 따랐다. 이를테면 황간의 『논어의소』는 "무릇 전술하는 바가 있을 경우, 모두 반드시 먼저 익힌 이후에야 전할 수 있다"(凡有所傳述, 皆必先習, 後乃可傳)라고 말하고 있다. 이 같은 해석을 지지할 만한 구절이 『논어』 텍스트에 또 있다. 청나라의 학자 초순焦循은 『논어보소』에서 이는 '온고이지신溫故而知新해야만 스승이 될 수 있다'고 한 『논어』 2.11의 문장과 공명한다고 지적했다.[11] 1.4의 첫머리에 "曾子"라는 표현이 나오는데 "子"라는 존칭을 써서 기록한 것을 보면 이 문장은 증자의 문하생급이 기록한 것일 가능성이 크다. 그렇다면 이 언명은 증자가 선생의 입장에서 제자들에게 자기반성의 말로서 한 것일 수 있다. 그 점을 감안하면 이러한 해석에 일리가 없는 것은 아니다.

둘째, 不習을 동사로, 傳을 목적어로 보는 견해가 있다. 주희의 『논어집주』나 유보남劉寶楠(1791~1855)의 『논어정의論語正義』 등이 이 견해를 따랐다. 이에 따르면 傳不習乎는 '전해 받은 것을 내가 제대로 익히지 않았나' 하는 반성의 뜻을 가진 문장이 된다. 이를테면 주희의 『논어집주』는 傳과 習을 이렇게 풀이한다. "전은 스승으로부터 받은 것을 이르고, 습은 자신에게 그것을 익숙하게 하는 것을 이른다."[12] 유보남에 따르면, 이 같은 해석을 지지할 만한 구절 두 개가 『대대례기』 「증자입사曾子立事」에 나온다. "아침마다 할 일에 종사하고 저녁에는 자신을 반성하여 몰입했으니, 제대로 일을 해냈다고 할 수 있다!"[13] "군자는 배우고 나면 그 내용이 아직 넓지 않음을 걱정한다. 넓히고 나면 그것을 아직 익히지 않았음을 걱정한다. 익히고 나면 그것을 아직 제대로 알지 못함을 근심한다. 알고 나면 그것을 아직 행하지 못함을 근심한다."[14] 이 같은 해석을 따를 경우 제기되는 문제는 왜 목적어가 동사 앞에 오느냐는 것이다. 이 문제는 傳과 不習乎 사이에 而가 생략되어 있다고 간주하면 해결된다. 而는 그 앞뒤에 오는 구절을 별개로 나누는 역할을 한다. 따라서 傳不習乎라고 했을 때는 傳과 不習이 같은 구절 내에 포함되는 것으로 여겨질 수 있지만, 傳而不習乎라고 했을 때는 傳과 而不習乎는 별개의 구절이 된다. 이렇게 할 경우, 전해 받는 일(傳)과 그것을 익히는 일(習)이 순차적으로 일어나는 것으로 이해된다.

셋째, 傳을 '專'(전문적인 것)으로 해석하는 견해가 있다. 이 해석에 따르면

傳不習乎는 "전문적인 것을 익히지 않았는가"로 번역될 수 있다. 이렇게 할 경우, '傳+不習'을 '목적어+동사'의 관계로 보게 된다. 즉, 문형의 차원에서는 위의 두 번째 견해와 같다. 이러한 해석의 전거는 『경전석문』에 인용된 정현鄭玄의 주, 즉 정주鄭注이다. "魯論에서는 傳을 專으로 읽었다."[15] 이강재의 연구에 따르면, 비록 傳이 專과 통용되었다고 할지라도 그것은 음운의 차원에서 그렇게 한 것이므로, 傳의 의미를 바꾸어서 專이 지닌 "오로지" 혹은 "전문적으로"라는 뜻으로 해석할 필요는 없다.

그렇다면 위에서 거론한 첫 번째 견해와 두 번째 견해 중에서는 어느 것이 더 설득력 있을까? 류종목은 첫 번째 견해를 적극적으로 지지한다. "曾子曰이라고 한 것을 보면 이것이 그가 스승이 된 뒤 제자들 앞에서 한 말임을 알 수 있으므로 이 문장을 '선생님이 전수해주신 것을 복습하지 않았는가?'라고 풀이하는 것은 적합하지 않다."[16] 이 같은 류종목의 입장은, 이 발언이 일종의 자기반성의 맥락에서 나온 것이므로, (타자인) 제자들에게 복습했느냐고 다그쳤다는 식으로 풀이하는 것은 적합하지 않다는 것이다. 앞에서 말했듯이 이러한 해석에는 일리가 있다. 스스로를 (더 이상 공부가 필요가 없는) 성인이라고 생각하지 않는 한, 과연 자신이 (자신의 선학으로부터 전수받은 바를) 제대로 익히고 있는지를 자문할 수 있다. 『논어』에서 공자 역시 그러한 태도를 견지하고 있음을 감안한다면, 그것이야말로 선생으로서 취할 만한 태도라고 할 수 있다. 그러나 그러한 자기반성적 태도가 중요하다고 해서 제자들의 학습 여부를 점검하지 않을 이유는 없다. 따라서 류종목이 제시하는 바에 근거해서 첫 번째 견해가 두 번째 견해보다 낫다고 결론지을 수는 없다.

이강재에 따르면, 첫 번째 견해와 두 번째 견해 모두 타당하다. 문법적으로 보나 의미상으로 보나 두 경우 모두 통용될 수 있기 때문이다. 이강재의 이러한 연구 결과에 걸맞게, 『논어』 한국어 번역본들은 첫 번째 견해와 두 번째 견해를 따르는 번역본들이 모두 존재한다.

첫 번째 견해를 따르는 번역본 류종목(『논어의 문법적 이해』, 문학과지성사, 2000, 22쪽), 박유리(『논어상해: 논어 깊게 읽기』, 문사철, 2013, 22쪽), 이기석 · 한백우(『논어』, 홍신문화사, 2007, 15쪽), 임옥균(『논어 정독』, 삼양미디어, 2015, 54쪽), 정태현 · 이성민(『역주 논어주소 1』, 전통문화 연구회, 2012, 77쪽), 한필훈(『논어』, 안티쿠스, 2012, 37쪽)

두 번째 견해를 따르는 번역본 강동석(『논어역보』, 한국학술정보, 2016, 14쪽), 금장태(『우리말 사서』, 지식과교양, 2013, 11쪽), 김도련(『주주금석 논어 상』, 웅진지식하우스, 2015, 33쪽), 김동인 · 지정민 · 여영기(『세주 완역 논어집주대전 1』, 한울아카데미, 2015, 57쪽), 김영호(『논어: 공자와의 대화』, 산지니, 2012, 63쪽), 김용옥(『논어한글역주 1』, 한길사, 2008, 275쪽), 김원중(『논어(개정판)』, 휴머니스트, 2017, 42쪽), 김학주(『논어(개정4판)』, 서울대학교출판문화원, 2017, 113쪽), 김형찬(『논어 (신개정판)』, 홍익출판사, 2015, 31쪽), 동양고전연구회(『논어』, 민음사, 2016, 25쪽), 박삼수(『쉽고 바르게 읽는 논어』, 지혜의바다, 2014, 22쪽), 박종연(『논어』, 을유문화사, 2006, 29쪽), 박헌순(『논어집주 1』, 한길사, 2008, 39쪽), 배병삼(『한글세대가 본 논어 1』, 문학동네, 2002, 34쪽), 부남철(『논어정독』, 푸른역사, 2010, 36쪽), 성백효(『현토완역 논어집주(개정증보판)』, 전통문화연구회, 2010, 33쪽), 신정근(『공자씨의 유쾌한 논어』, 사계절, 2009, 53쪽), 심경호(『논어 1』, 민음사, 2013, 24쪽), 유교문화연구소(『논어』, 성균관대학교출판부, 2005, 7쪽), 윤재근(『(사람인가를 묻는) 논어 1』, 동학사, 2004, 65쪽), 이기동(『논어강설』, 성균관대학교출판부, 2005, 61쪽), 이동희(『논어』, 계명대학교출판부, 2015, 103쪽), 이우재(『이우재의 논어 읽기』, 21세기북스, 2013, 54쪽), 이지형(『역주 논어고금주 1』, 사암, 2010, 91쪽), 이한우(『논어로 논어를 풀다』, 해냄, 2012, 42쪽), 임동석(『논어 1』, 동서문화사, 2009, 79쪽), 장기근(『개정신석 논어집주』, 명문당, 2009, 28쪽), 최근덕(『한글 논어』, 성균관, 1995, 17쪽), 최석기(『정선 사서』, 창비, 2016, 28쪽), 최영갑(『논어 1』, 펭귄클래식 코리아, 2009, 24쪽), 황희경(『논어』, 시공사, 2000, 32쪽)

傳을 "전수받은 바(것)"라고 번역하지 않고 "배운 바(것)" 혹은 그와 유사한 표현으로 번역하는 이들도 있다. 그러한 각각의 예로는 금장태, 김형찬, 배병삼, 양차오밍, 이을호, 조명화의 번역본을 들 수 있다.[17] 전수받은 바가 곧 배운 바이기는 하겠지만, 傳을 그렇게 번역하면 과연 學을 그와 구별해서 번역할 수 있을지에 대한 문제가 있다. 기존에 學을 "배우다"로 번역했다는 것을 감안한다면, 傳에는 그와 다른 번역어를 채택하는 것이 좋다. "전수받은 바"라고 했을 때 오히려 의미가 더 분명해진다.

習을 "익히다"라고 번역하지 않고 "실행/실천하다"라고 번역하는 이들이 있다. 그와 같은 예로는 각각 양차오밍, 이강재, 한필훈의 번역본을 들 수 있다.[18] 『논어』 첫머리에 나오는 習을 "익히다"로 번역했다는 것을 감안한다면, 習에 똑같은 번역어를 일관되게 채택하는 것이 좋다. 이 문장의 경우, 習에 "익히다"가 아닌 다른 번역어를 채택하면 얻는 것보다 잃는 것이 많다. 習을 "실행/실천하다"라고 번역하면 行을 어떻게 구별해서 번역할지 난감해진다.

이강재의 주장대로, 첫 번째 견해와 두 번째 견해 모두 타당하다면, 후대에는 어느 견해가 좀 더 널리 수용되었을까? 이는 별도의 연구를 필요로 하는 거대한 주제이지만, 왕양명王陽明의 『전습록傳習錄』 관련 논의를 통해 일말의 실마리를 얻을 수는 있다. 왕양명의 문집인 『전습록』은 바로 『논어』 1.4에 나오는 "전습"이라는 말을 따와서 제목으로 삼았기 때문이다. 『전습록』의 편집자들은 과연 '전습록'이라는 제목에 어떤 의미를 부여한 것일까? 『전습록』의 중국어 번역본이나 일본어 번역본은 '전습록'이라는 제목 자체를 번역하지 않기에, 오히려 영어권 연구에서 이와 관련한 논의를 찾아볼 수 있다. 찬윙칫陳榮捷의 『전습록』 영어 번역본[19]이 출간되었을 때, 데이비드 니비슨David Nivison이 쓴 서평에 관련 내용이 있다.[20]

> 나는 헨케Goodrich Henke와 찬윙칫이 『전습록』 제목을 다룬 방식과 관련해 사소한 불만이 하나 있다. 헨케는 "Instructions for Practical Life"라고 번역서 제목을 달았고, 찬윙칫은 역시 거의 유사하게 "Instructions for Practical Living"이라고 번역서 제목을 달았는데, 둘 다 무슨 뜻인지 불명확하다. … 서애徐愛가 (헨케와 찬윙칫이 번역하지 않은) 서문에서 분명히 설명했듯이, 『전습록』

은 왕양명과 직접 대화할 수 없었던 이들을 위한, 글로 전해진(傳) 왕양명의 가르침의 기록(錄)이다. 그리고 왕양명은 자신의 가르침이 텍스트로 머문 나머지 사람들이 그저 읽고 머릿속에 담아두는 데 그치지 않을까 우려했으며, 자신의 가르침은 각자의 도덕적 삶 속에서 지속적으로 적용되고 익혀져야(習) 할 것이라고 생각했다.[21]

추정해보건대, 찬윙칫과 굿리치 헨케의 영역본 제목은 『전습록』 한국어 번역본 제목에도 영향을 끼쳤을 가능성이 있다. 한정길·정인재의 『전습록』 국역본은 "실천적 삶을 위한 지침"이라는 부제를 달고 있다.[22] 데이비드 니비슨이 보기에 이러한 제목은 『전습록』이 지닌 원래 의미를 전달하기에 적합하지 않다. 그의 해석에 따르면, 『전습록』 편집자인 서애는 傳을 전수되는 왕양명의 가르침이라는 뜻으로 사용하고, 習을 후학들이 그 전수된 내용을 제대로 익혀야 한다는 의미로 사용했다. 앞에서 소개한 두 가지 견해 중에서는 두 번째 견해에 가깝다고 할 수 있다.

자아는 어디에

『논어』 1.4가 자기반성이라는 주제를 담고 있는 것은 분명하다. 좀 더 거시적인 맥락에서 볼 때, 이 주제의 함의는 무엇일까? 사상사 연구의 차원에서 고려해볼 수 있는 함의 하나와, 이른바 실천적 맥락에서 고려해볼 수 있는 함의 하나를 생각해보자.

먼저 사상사 연구의 차원에서 고려해볼 수 있는 함의에 대해 살펴보자. 현대의 학자 왕스밍王世明에 따르면, 1.4는 자기반성이 국가 통치의 논리적 출발점이라고 주장한다.[23] 1.4에 등장하는 자아가 고독한 개인이 아니라 사회 속의 개인인 것은 사실이다. 그러나 1.4에서 국가 통치에 대한 언급을 찾기는 어렵다. 오히려 흥미로운 점은 타인(人), 친구(朋友), 스승과 제자라는 세 가지의 인간관계가 병렬되는데, 놀랍게도 그것들이 모두 자기반성이라는 명목으로 수렴된다. 다시 말해 1.4에 제시된 자기반성이란 인간관계 내에서 이루어지는 자기반성이지 인간관계로부터 단절된 고독한 자아에 대한 반성은 아닌 것이다.

혹자는 이것이야말로 근대적 인간관과는 다른 『논어』 특유의 인간관이라고 주장할지 모른다. 근대사회는 고독한 개인들을 전제로 성립한 데 비해, 전통적인 동양 사회는 사회적 존재들을 전제로 성립하며, 그것이야말로 동양적 인간관의 특징이라고 주장할지 모른다. 실제로 그런 주장을 해온 이들은 부지기수로 많다.[24] 이러한 견해들의 문제점은 나중에 따져보기로 하고, 여기서는 이토 진사이의 말을 상기하는 것으로 족하다. "증자가 이것으로써 자신을 스스로 반성하였으니, 옛사람들의 자기 수양은 오로지 타인을 아끼는 일을 근본으로 삼았던 것이다. 그러므로 그들이 스스로를 반성한 것도 남을 위함에 있었으니, 후세의 배움처럼 외부의 유혹을 끊고 사념을 막는 것을 자기 반성의 요점으로 삼은 것은 아니었음을 알 수 있다."[25]

이토 진사이의 말대로 하면, 흔히 동서 비교에 거칠게 사용되던 인간관의 차이는 정작 '동양'에서의 시대적 차이에 불과하다. 다시 말해 이토 진사이가 고대 사람과 후대 사람(송유宋儒와 그 주장을 따르는 사람들)의 차이로 지적했던 바를 일군의 학자들은 서양 근대식 문화와 『논어』식 문화의 차이라고 여겼던 것이다. 위의 인용문만 가지고 이토 진사이의 견해가 맞다고 확언할 수는 없다. 다만 이토 진사이의 언명을 통해, 성급하고도 단순한 동서 문화 비교는 여러모로 무리라는 점을 알 수 있다.

둘째, 실천적 맥락에서의 취지를 생각해보자. 일상에서 자기반성은 중요하다. 그와 같은 자기반성의 이미지를 상상하는 데는 효명세자孝明世子(1809~1830)의 다음과 같은 글이 유용하다.[26] 효명세자가 1826년에 쓴 『일륙과공과기日六課功過記』(매일 여섯 가지 일과日課의 잘잘못을 기록함)에는 다음과 같은 대목이 있다.

밤에 누워 있을 때 홀연 대궐 바깥 가련한 민생이 떠오르고 한참 있다보면 팔도의 창생들이 고생하는 모습이 떠오르니 이것이 하루의 한 가지 공功이요, 독서를 오래 하지 않은 것을 깨닫고도 끝내 시작하지 않았으니 이것이 하루의 한 가지 과過요, 독서를 오래 방치할 수 없음을 거듭 깨닫고도 책상 위에 책을 던져두고 끝내 읽지 않았으니 이것도 하루의 한 가지 과일지라.

보통사람들은 효명세자처럼 나라를 절실하게 걱정하고 치열하게 자기반성에 임하지는 않을 것이다. 그러나 보통사람들도 제 나름의 자기반성을 한다. 특히 이불을 차면서 하는 자기반성이 제맛이다. 이불을 차는 것은 일상의 스트레스 해소에도 큰 도움이 된다. 그런데 보통사람들은 그러한 자기반성의 행위를 일부러 기록으로 남기거나 하지 않는다. 자기반성을 치열하게 한다는 것은 일종의 멋쩍은 자랑이 될 수도 있기 때문이다. 버나드 쇼George Bernard Shaw(1856~1950)는, 일 년에 세 번 이상 깊이 생각하는 사람은 드물며, 자신은 일주일에 한두 번 생각하는 것만으로도 국제적인 명성을 얻었다고 말했다. 그렇다면 자신의 자기반성 기록을 공적으로 선보인다는 것은 좀 민망한 일이다. '내가 이 정도로 자기반성을 잘하는 사람인데!' 하는 자기 과시가 될 수 있기 때문이다. 다행히 1.4는 증자 스스로 기록한 것이 아니라 그 제자들이 채록한 것이다. 즉, 이것은 증자의 민망한 자기 자랑이라기보다 제자들의 스승 자랑일 수 있다.

『논어』에는 명시적으로 자기반성을 주제로 삼은 대목이 두 군데 더 있다. 먼저 4.17의 문장을 보자. "선생님께서 말씀하셨다. '현능한 사람을 보면 그와 같아지기를 생각하고, 현능하지 못한 사람을 보면 속으로 스스로를 반성한다.'"[27] 이 언명을 관통하는 것은 좀 더 나은 상태에 도달하겠다는 자기 갱신의 의지다. 그리고 그러한 의지를 북돋는 계기는 외부로부터 온다. 뛰어난 사람의 존재라는 외부적 상황이 그로 하여금 자신을 새삼 돌아보게 하는 것이다. 이것은 뛰어난 타인을 앙모仰慕하는 태도나, 뛰어나지 않은 이를 무시하는 태도와는 다르다. 뛰어난 타인에게 열등감을 느끼거나 뛰어나지 않은 이에게 우월감을 느끼는 태도와도 다르다. 관심을 촉발한 계기는 외부에 있지만, 외부의 타인에게 쏟을 관심을 자신에게로 돌림으로써 더 나은 자신이 되고자 한다.

이러한 자기반성의 전문가가 바로 『논어』에서 말하는 "군자"의 특징이다. 12.4의 문장을 보자. "사마우司馬牛가 군자에 대해 여쭈었다. 선생님께서 말씀하셨다. '군자는 걱정하지 않고 두려워하지 않는다.' 사마우가 여쭈었다. '걱정하지 않고 두려워하지 않으면 이를 곧 군자라고 이를 수 있습니까?' 선생님께서 말씀하셨다. '안으로 반성하여 꺼림하지 않으면, 무엇을 근심하고 무엇을 두려워하랴?'"[28] 사마우가 군자에 대해 묻자, 공자는 걱정하지 않고 두려워하지 않는 존재가 바로 군자라고 답한다. 의외의 대답으로 느껴졌던 것일까. 사마우는 반문한다. "걱정하지 않고 두려워하지 않으면 이를 곧 군자라고 이를 수 있습니까?" 이 대목에서 주목할 부분은 바로 "斯사"(이를 곧)이다. 단지 그 상태만으로 군자를 규정할 수 있겠느냐고 따져 묻는 것이다.

실로 인간은 다양한 방식으로 '걱정하지 않고 두려워하지 않는 상태'에 이를 수 있다. 걱정거리를 회피함으로써 그런 상태에 이를 수도 있고, 약물을 복용함으로써 (잠시나마) 그런 상태를 누릴 수도 있다. 그러나 관건은 자기반성을 통해 그러한 상태에 이르는 것이다. 즉, 그 반성은 내적으로 검증하는 반성이다. 그 반성은 자기를 바라보는 또 하나의 자기, 즉 메타적인 자아를 필요로 한다. 자신의 행위를 규율하는 기제가 궁극적으로 내부에 있어야 하는 것이다. 그러한 내적 기제가 갖춰진 인간은 칭찬이나 비난 같은 외부 자극에 기분이 좌우되는 단세포적 존재가 아니다. 내적 반성이라는 필터를 거쳐 비로소 "걱정하지 않고 두려워하지 않는 상태"에 이르는 복합적인 존재다.

공자에 따르면 인간은 배움에 의해 군자가 될 수 있는 존재다. 즉, 배움을 통해 '걱정하지 않고 두려워하지 않는 상태'에 이를 수 있는 존재다. 그 상태에 이르기 위해 행하는 자기반성은 막연한 몽상이나 피상적 자기 위로가 아니다. 자기반성은 적극적으로 자신의 잘못을 탐색하는 행위이기에, 그만큼 자기 파괴적 속성이 깃들어 있기도 하다. 하루 세 번 하는 식사가 자신에게 영양을 공급하려는 즉각적이고 본능적인 자기애의 소산이라면, 하루 세 번 하는 자기반성은 엄정한 비판을 통해 자신을 갱신하려는 복합적인 자기애의 발로다.

8

비개입적 국가의 옹호

선생님께서 말씀하셨다.
"제후국을 다스릴 때는 일을 공경하여 믿음을 얻고,
씀씀이를 절약하여 사람들을 아끼고,
시기를 고려하여 피치자를 부려라."
子曰, 道千乘之國, 敬事而信, 節用而愛人, 使民以時. (『論語』 1.5)

『논어』 1.5는 일견 다스림에 대한 명시적 조언을 담고 있는 문장처럼 보인다. 발화 맥락이 불분명하고 각 구절의 주어가 생략되어 있어서, 전체적인 취지가 사뭇 모호한 문장이기도 하다. 그래서인지 수기치인修己治人의 강조, 직권남용의 비판, 애민사상의 천명 등 다양한 해석이 뚜렷한 합의 없이 난립하게 되었다. 고대 문헌 특유의 자료상 한계에도 불구하고 그러한 자의적 해석을 통제할 방법이 아주 없는 것도 아니다.

자의적 해석을 최소화하기 위해 이 장에서는 먼저 1.5가 암묵적으로 전제하고 있는 청중과 주어를 재구성하여 각 구절의 주장에 비춰본다. 그리고 그 주장들의 역사적 맥락을 파악하고자 당시 사상의 시장에서 경쟁했던 여타 국가론과 비교해본다. 그 결과, 1.5는 무엇보다 비개입적 국가론non-interventionist theory of state을 천명하고 있음이 드러난다.

기존 해석의 지형

먼저 1.5에 대한 기존 해석의 지형을 살펴보자. 첫째, 1.5의 핵심 취지를 임의적 국가경영에 대한 비판으로 보는 해석이 있다. 조명화의 말을 들어보자. "공자가 생각하는 국가경영 원칙이라고 할 수 있다. 일정한 규모를 지닌 국가라면 군주의 기호에 따라 임의적으로 경영되어서는 안 된다는 말이겠다."[1] 조명화의 해석대로라면, 1.5는 원칙 없이 통치해도 좋다는 경향 혹은 통념과 경쟁하고 있는 셈이다. "군주의 기호에 따라 임의적으로" 좌우되는 국가는 바로 전제국가專制國家이다.[2] 그리고 그런 자의적 통치를 막고자 미리 천명한 원칙에 의거해서 통치하자는 견해를 광의의 입헌주의라고 부를 수 있다. 1.5를 일종의 입헌주의적 주장으로 독해하려면 당시에 전제국가를 옹호하는 경향이 존재하고, 공자가 그 경향을 비판적으로 인지하고 있었어야 한다. 그런데 공자가 전제국가 특유의 자의적 통치의 문제를 의식하면서 자기 견해를 펼친 흔적은 『논어』에서 발견할 수 없다. 중국 정치사상사에서 전제군주의 위험을 명료하게 의식하기에 이른 것은 대체로 진秦나라의 융성 이후라고 할 수 있다.

둘째, 수기치인이 1.5의 핵심 취지라고 보는 해석이 있다. 배병삼의 말을 들어보자. "도천승지국道千乘之國의 도道자는 이 장의 주제어로서 '인도하다, 이끌다(=導)'라는 뜻이다. 즉, 공자는 정치를 '지배 행위'로 보지 않고, 이끄는 것, 즉 '교도 행위'로 보고 있다. 그러면 지배가 아닌 교도敎導는 어떻게 실현할 수 있는가? 우선 위정자 자신에 대한 엄격한 관리로부터 시작한다."[3] 배병삼의 해석대로라면, 1.5는 자기 수양을 동반하지 않고 통치해도 좋다는 통념이나 모종의 경향과 경쟁하고 있는 셈이다. 다시 말해 1.5는 수기치인에 반대하는 입장에 맞서 수기치인의 필요성을 역설하는 문장인 셈이다. 그러나 1.5에서 자기 수양의 필요성을 읽어내기는 어렵다. "道千乘之國도천승지국"의 "道도"를 교도 행위로 간주하더라도, 그 교도 행위가 자기 수양에 기반하느냐는 것은 별개 문제다. 『논어』의 다른 문장에서 자기 수양이 강조되는 것은 사실이지만, 1.5를 관통하는 문제의식은 자기 수양이 아니라 구체적인 통치 원칙이다.

셋째, 직권남용 비판이 1.5의 핵심 취지라고 보는 해석이 있다. 예컨대 신정근에 따르면, (배병삼이 주장한 것과는 반대로) 1.5는 정치적 이상을 표명하는 문장이 아니라 극히 현실적인 조언을 담은 문장이다. "여기서 공 선생은 무엇을 말하려는 것일까? 그이는 국가 공동체가 어떤 목표를 향해 나아가도록 인도하겠다는 정치 이상을 말하고 있지 않다. 그이는 행정을 일종의 서비스로 파악하고서 직권남용에 대해 경계하고 있다."[4] 신정근의 해석대로라면, 1.5는 직권남용을 일삼으며 사익 추구를 해도 좋다는 통념이나 모종의 경향과 경쟁하고 있는 셈이다. 즉, 정치를 공적 서비스로 봐야 한다는 것이 1.5의 주된 취지인 셈이다. 그러나 1.5를 직권남용에 대한 경고로 볼 만한 구석은 없다. 직권남용 비판을 담은 문장을 『논어』에서 굳이 찾자면 다른 데에 있다.[5]

넷째, 애민사상이 1.5의 핵심 취지라고 보는 해석이 있다. 요시카와 고지로의 말을 들어보자. "정치의 요체가 이상과 같은 것으로 전부인지 아닌지는 알 수 없지만 다만 한 가지 느낌이 드는 것이 있다. 그것은 '비용을 아껴서 백성을 사랑한다'고 하고, 또 '백성을 부려야 할 때에 부린다'고 하여 무엇보다도 중요한 것은 백성이라고 하고 있다는 것이다."[6] 요시카와 고지로의 해석대로라면, 1.5는 백성을 경시해도 좋다는 주장과 경쟁하고 있는 셈이다. 그러나 백성의 노동력을 적극적으로 징발하는 군주도 징발 목적이 사익이 아니라 공익에 있다고 주장할 수 있다. 즉, 비용과 징발의 정도에 의해 그 정책이 백성을 위하는 것인지 여부를 판별할 수는 없다. 관건은, 백성을 위한다는 명분하에 추진되는 정책의 방향이 무엇이냐는 것이다.

청중은 누구인가

1.5의 청중, 혹은 1.5가 향하고 있는 대상은 누구인가? 이에 답하려면 1.5

전체의 주어 혹은 의제를 알아야 하는데, 그것은 명시적으로 드러나 있지 않다. 그나마 다행스럽게도 1.5에서는 주어가 일관되게 생략되어 있다. "敬事而信경사이신"을 김동인·지정민·여영기는 "일을 경건히 하되 믿음이 있고"[7]라고 번역하고, 김원중은 "일을 경건하게 처리하고, 믿음이 있으며"[8]라고 번역한다. 그런 식으로 번역하면, 번역자가 "信신"의 숨은 주어를 무엇으로 이해했는지 종잡을 수 없다. 그래서 1.5를 이루는 구절들인 "道千乘之國"과 "敬事而信"과 "節用而愛人절용이애인"과 "使民以時사민이시"의 숨은 주어를 각각 재구성해볼 필요가 있다.

먼저 『논어집주』에서 인용한 양시楊時[9]의 말을 들어보자. "양씨가 말하였다. 윗사람이 공경스럽지 않으면 아랫사람이 느슨해지고, 윗사람이 믿음직스럽지 않으면 아랫사람이 의심한다. 아랫사람이 느슨해지고 의심하면 일이 제대로 되지 않는다. 경사이신敬事而信함으로써 자신이 솔선수범해야 한다."[10] 여기서 말하는 솔선수범의 주체는 통치자다. 즉, 1.5의 청중은 피치자가 아니라 통치자인 것이다.

김용옥은 1.5를 이루는 구절들의 청중이 각기 다르다고 보았다. "공자라고 하는 고급 관리의 입장에서 자기 이외의 세 계층을 대상으로 발한 메시지라는 것을 쉽게 알아차릴 수 있다."[11] 그에 따르면, "敬事而信"은 공자가 자기 윗사람들에게 취한 태도를 말한 것이고, "節用而愛人"은 고급 관리로서 자기가 거느리고 있는 아래의 사인士人들을 대상으로 말한 것이고, "使民以時"는 사士들에게 바깥에 사는 야인野人들을 함부로 괴롭히지 말라고 당부한 것이다. 그런데 1.5의 발화 당시에 공자가 고급 관리였다는 근거는 없다. 그리고 김용옥의 해석은 1.5를 이루는 각 구절이 여타 청중을 향해 있다는 전제에 기반한 것이다. 그러나 그렇게 각기 다른 청중을 지목할 수 있는 근거 역시 없다. "節用而愛人"이라는 표현에서 재정을 관장하는 사람이 청중일 것이라고, "使民以時"라는 표현에서 노동력을 징발하는 사람이 청중일 것이라고 추측할 수 있을 따름이다.

누가 무엇을 어떻게 하는가

道千乘之國의 해석

고대 한문에서 道는 명사로서 "길", 동사로서 "말하다"의 뜻으로 쓰이는 경우가 많다. 그런데 『논어』 1.5에서 공자의 발언 맨 처음에 등장하는 道의 뜻은 그와 다르다. 주석가들은 이 道가 導도 혹은 治치라는 단어와 유사하다고 보고, "다스리다"라는 뜻으로 해석해왔다.[12] 그렇다면 여기서 다스린다는 말의 구체적인 의미는 무엇일까? 이에 대한 답은 주석가마다 다른데, 가장 극명한 대비를 이루는 답을 제시한 이가 후한 중기의 학자 마융馬融(79~166)과 주희다. 마융은 道를 "政教정교"라고 풀이했다.[13] 즉, 구체적인 행정 행위로서 道를 이해한 것이다. 반면에 주희는 다음과 같이 풀이한다.

> 누군가가 물었다. 도道가 다스린다는 뜻이라는데 어째서 그렇습니까? 주자가 답하였다. "도는 다스림의 이치다. 정치할 때 지녀야 하는 마음의 차원에서 말한 것이다." 어찌하여 (도라고 하는 대신에) 치治(다스리다)라고 말하지 않았습니까? 답하였다. "치는 정교 법령을 통해서 하는 다스림의 일이다. 공자의 이 말씀은 마음에 관한 것이지 일에 관한 것이 아니다."[14]

즉, 주희는 1.5에 나오는 道를 단지 "정교 법령"을 베푸는 행정 차원의 일로 이해하지 않고, 정치를 할 때 지녀야 할 마음으로 풀이했다. 주희에 따르면, 이것이야말로 공자가 治 대신에 굳이 道라는 말을 사용한 이유다. 그러나 주희는 자신의 심리적 해석을 뒷받침할 만한 전거는 제시하지 않는다. 이와 같은 심리적 해석에 정면으로 반기를 든 인물이 오규 소라이다.

오규 소라이는 道를 "길을 낸다"는 뜻의 동사로 간주한다.[15] 천자가 순행하거나 사냥을 할 때는 반드시 해당 지역인 천승의 나라에 길을 냈는데, 바로 그

때의 그 "길을 낸다"는 뜻이라는 것이다. 오규 소라이가 보기에, 그래야 道千乘之國 뒤에 使民以時 같은 구절이 오는 현상을 설명할 수 있다. 그에 따르면, 使民以時란 바로 천자의 행차를 위해 길을 내야 할 때 피치자들을 동원하는 일이다.[16] 주희가 심리적 해석을 제시했다면, 오규 소라이는 물리적 해석을 제시했다고 할 만하다. 그러나 차차 살펴보겠지만, 고대 중국에서 使民以時는 천자를 위해 길을 내는 활동에 국한되지 않는 폭넓은 노동력 징발 행위를 나타내는 표현이다. 따라서 오규 소라이의 해석은 설득력이 부족하다.

道의 뜻에 관한 한 가장 뚜렷한 입장을 보여준 마융, 주희, 오규 소라이의 해석이 모두 텍스트상의 증거가 부족하다고 할 때, 이 道를 그냥 "다스리다"로 번역하고 좀 더 구체적인 해석은 유보하는 것이 바람직하다. 그럼에도 최소한으로나마 합의할 수 있는 점은 道千乘之國의 주어는 통치하는 사람이라는 사실이다.

敬事의 해석

1.5에 나오는 "敬事경사"라는 표현에서 "敬"이라는 글자와 "事"라는 글자가 문법적으로 어떻게 결합하고 있는지 판단하는 일은 간단하지 않다. 敬과 事 모두 다양한 용례를 가지고 있고, 두 글자를 연결하는 경우의 수도 많기 때문이다. 이 사안을 판단하기 위해 敬과 事가 연이어 사용되는 예를 살펴보자.

敬과 事를 연이어 사용했을 때, 해석 가능성은 다음 두 가지로 압축된다. 우선 敬을 부사로 보고 事를 동사로 보아 "공경스레 섬기다"로 해석하는 경우, 그리고 敬을 동사로 보고 事를 목적어로 보아 "일을 공경하다"로 해석하는 경우[17]가 있을 수 있다. 그렇다면 "공경스레 섬기다"(부사+동사)와 "일을 공경하다"(동사+목적어) 중 어느 번역이 더 적절한가? 이 두 경우 모두 고대 중국의 문헌에서 관련 예문을 발견할 수 있다. 전자의 예문으로는 『서경』「입정立政」에 나오는 "敬事上帝, 立民長伯"이라는 문장을 들 수 있다. 敬事 다음에 上帝라는 목적어가 오기 때문에, 事는 목적어로서 "일"을 뜻하는 명사가 아니라 술어로서 "섬기다"라는 동사다. 그 결과, 敬事上帝는 "상제를 공경스레 섬기다"라고 번역된다.

그런데 1.5에서는 事 뒤에 별도의 목적어가 따르지 않는다. 즉, 事가 동사가 아니라 목적어일 가능성이 높은 것이다. 과연 事를 敬의 목적어로 다룬 예문을 『논어』 텍스트에서 찾을 수 있다. "군주를 섬기는 데는 [먼저] 그 일을 공경히 하고, 그 식록은 뒤로 미룬다."(15.38)[18] 물론 이 문장에는 敬과 事 사이에 지시대명사 其가 들어가 있다. 이 경우, "事君사군"이라는 의제가 제시되었으므로, 일의 범위를 좀 더 분명하게 적시할 수 있어서 其가 들어갔던 것이다. 15.38 덕분에 敬事의 문법구조에 대한 실마리를 얻을 수 있다. 제한된 예이기는 해도 敬其事를 통해서 敬事는 '부사+동사'라기보다는 '동사+목적어'일 가능성이 높다고 판단된다. 그렇다면 "공경스럽게 일을 하다"라기보다는 "일을 공경히 하다"라고 번역하는 것이 좋다.[19]

敬事의 의미가 "공경스레 섬기다"가 아니라 "일을 공경하다"라고 할 때, 敬事의 주어는 비교적 분명하다. 처리해야 할 일을 가진 사람, 즉 관리일 가능성이 높다. 그에 비해, "공경스레 섬기다"라고 하면, 敬事의 주어는 뭔가를 섬겨야 하는 사람, 즉 상대적으로 아래 위치를 점한 사람일 가능성이 높다.

그렇다면 敬의 의미는 무엇일까? 왕융상王永祥의 연구에 따르면,[20] 敬은 『논어』에서 총 22차례 등장하고, 그 의미는 세 가지다. 첫째, 일을 맡을 때 敬으로써 한다(執事以敬). 둘째, 敬으로써 자신을 수양한다(修己以敬). 셋째, 敬으로써 예를 행한다(爲禮以敬). 그런데 내가 보기에 더 주목해야 할 것은 敬의 목적어다. 敬의 전통적인 목적어는 초자연적 존재, 즉 신이었다. 갑골문 분석에 따르면, 敬은 원래 "절대자(양) 앞에 꿇어앉아 '진실하고 경건한 마음'으로 빌거나 복종하는 모습을 나타낸다."[21] 이러한 경배의 흔적은 『논어』에도 남아 있다. 『논어』에 나오는 敬의 용례 중에는 귀신을 공경한다는 것도 있다. "귀신을 공경하되 거리를 두라."(6.22)[22]

그런데 이 敬의 목적어가 『논어』 텍스트에서 변하고 있다는 사실이 의미심장하다. 귀신을 공경하기는 하되, 그 귀신이 주된 관심사가 되어서는 안 된다는 점을 공자는 역설한다. 즉, 공자에게 중요한 것은 귀신 자체라기보다는 귀신을 향해 보여준 공경스러운 태도이며, 그러한 태도는 귀신 이외의 대상에게로 확장될 수 있고 확장되어야 한다는 점이다. 그 이외의 대상이란 자기 자신뿐 아니라 통치에 관련된 일 전반까지 포괄한다. 1.5는 바로 그러한 점을 드러내는 문장이다.

敬의 목적어뿐 아니라 敬 자체의 의미도 시대에 따라 변한다. 그 의미가 가장 크게 변한 것은 송대 이래의 성리학에서이다. 그래서 주희는 "진秦나라 이래 '敬'자를 제대로 아는 사람이 없었는데, 정자가 비로소 적절하게 풀이해냈다"고 말한다.[23] 대다수의 성리학자들은 敬이 그저 "신중히 하다" 정도의 의미가 아니라 "주일무적主一無適"의 뜻이라고 주장한다. 예컨대 주희는 주일무적의 뜻을 이렇게 풀이한다.

> 主一이 敬이고, 無適이 一이다. 그러므로 양자를 합해서 말한 것이다. 몸이 여기에 있으면 마음도 여기에 있어서, 잠시도 분리되지 않는다. 어떤 일이 여기에 있으면 그에 대한 마음도 여기에 있어서, 잡념이 일절 없는 상태다.[24]

이렇게 이해된 敬은 한낱 태도나 자세의 문제가 아니다. 태도나 자세란 양식화된 행태에 의해서도 취할 수 있는 것이다. 그에 비해 성리학자들의 敬은 좀 더 심층적인 마음 상태를 나타낸다. 敬이 가리키는 고도의 마음 집중 상태를 통해 참된 자아를 구현할 수 있다고 본 것이 성리학의 심리 이론이다. 진정한 자신이 되려면 마음 자체가 일정 수준 이상의 집중 상태에 도달해야 하고, 일을 신중히 처리하는 태도는 그로부터 자연히 배어나는 결과다. 고양된 자아 없이 나오는 행태적 신중함은 성리학적 의미의 敬이 아니다. 과연 공자는 이 같은 심층 심리적 敬을 말한 것일까? 주희의 제자가 의문을 제기한다.

물었다. '경사이신'에 나오는 이 '경'자는 조심하고 삼간다는 것을 뜻하지, 주일무적을 뜻하는 것이 아닌 듯합니다. 주자가 말하였다. "상황에 마주해서 마치 깊은 물을 대하는 듯하고 살얼음 위를 걷는 듯이 하면, 감히 가벼워지거나 느슨해지지 않은 것이다. 그것이 바로 주일무적이다."[25]

공자가 말한 敬은 그저 조심한다는 차원의 이야기가 아니겠느냐는 질문에 대해 주희는 깊은 심리적 차원의 敬이야말로 진정한 敬이며, 그러한 敬은 실제 일처리와 무관하지 않음을 강조했다. 주희가 모든 일에 이 敬이 필요하다고 한 것은 결국 모든 일에 '자아'가 관계하기 때문이다.

요컨대 근본은 모두 경에 있다. 만약 경을 해낼 수 있으면 그 이하 많은 일들을 잘 조절해낼 수 있게 된다. 옛날부터 성현들은 요순 이래 이 '경'자를 말씀하셨는데, 공자도 '경으로써 자신을 닦는다'고 하셨다. 이것이 핵심이다.[26]

주희가 제공하는 敬에 대한 해설은 매우 흥미롭지만, 『논어』는 성리학 출현 이전에 성립한 텍스트다. 즉, 1.5는 성리학이 인간의 심층 심리에 대한 철학적 언어를 선보이기 이전 시대에 발화된 것이다. 따라서 그렇듯 심오한 심리적 해석을 『논어』에 적용하는 것은 무리가 있다. 1.5에 나오는 敬은 일처리의 태도에 가깝다고 보는 게 바람직하다.

而信의 해석

지금까지 1.5의 각 구절에서 생략된 주어를 재구성해왔다. 그런데 "敬事而信"에서 "信"만큼은 주어와 목적어가 모두 생략된 상태로 있다. 따라서 앞의 경우와 달리 주어를 쉽게 추정하기 어렵다. 敬事而信 한 문장만 놓고 본다면, 信의 주어가 통치자 혹은 관리가 될 수도 있고, 피치자 혹은 백성이 될 수도 있다.『논어』 텍스트에도 그 두 경우를 모두 지지하는 용례들이 있다.

자공이 정치에 대해 여쭈었다. 선생님께서 말씀하셨다. "먹을 것을 풍족히 하고, 병기를 넉넉히 하고, 피치자들이 신뢰하게 하는 것이다."(12.7)[27]

자하子夏가 말하였다. "군자는 믿음을 얻고 난 뒤에 피치자를 수고롭게 할 것이니, 믿음을 채 얻지 못하면 [피치자는] 자신을 괴롭힌다고 생각한다. 믿음을 얻은 뒤에야 간언할 것이니, 믿음을 채 얻지 못하면 [사람들은] 자신을 헐뜯는다고 생각한다."(19.10)[28]

12.7에 나오는 "民信之"(피치자들이 신뢰한다)는 주어가 피치자이고, 19.10에 나오는 "君子信"(군자가 믿음을 얻는다)은 주어가 군자 혹은 군자의 상급자이다. 그런데 이 두 구절의 함의는 대동소이하다. "民信之"는 피치자들이 통치자를 신뢰한다는 뜻이고, "君子信"은 군자가 피치자들의 신뢰를 얻는다는 뜻이다. 그렇다면 1.5의 信 앞에는 民이 생략된 것일까, 君子가 생략된 것일까? 전자라면 (피치자들이) "신뢰하고"로 번역하고, (후자라면) (군자가 피치자들의) "신뢰를 얻고"로 번역해야 할 것이다. 1.5의 주어가 일관된 패턴으로 생략되어 있기에 각 구절의 숨은 주어는 동일하다고 간주할 만하다. 따라서 1.5의 信 앞에는 君子(혹은 통치자나 관리)가 생략되었다고 보는 것이 합리적이다. 따라서 (군자가 피치자들의) "신뢰를 얻고"로 해석하는 것이 바람직하다.

1.5의 敬事而信을 "일을 공경하여(敬事) 믿음(信)을 얻는다"고 해석했을 때, 그 구체적인 메커니즘은 무엇일까? 정약용에 따르면, "'경사敬事'는 그 시종始終을 고려하고 그 유폐流弊를 측정하는 것을 이른다. 그리고 나서 실행하면 엉망이 되는 일이 없어서 피치자들이 신뢰한다."[29] 즉, 다스리는 자가 일의 시작부터 끝까지 잘 살피는 일이 "경사"이고 "경사"로 인해 일이 순조로워지고, 그 결과 피치자들은 그런 좋은 결과를 낸 사람을 신뢰할 것이라는 말이다. 상당히 결과주의

적으로 들리는 이 해석을 뒷받침하기 위해 정약용은 『예기』 「치의緇衣」에 나오는 문장을 인용한다. "군자가 말할 때는 반드시 그것이 불러올 바를 고려하고, 행동할 때는 반드시 그것이 초래할 폐단을 생각해야 한다. 그러면 피치자들이 말조심하게 된다."[30]

이 같은 정약용의 해석은 통치자가 통치를 통해 피치자들의 믿음을 얻기까지의 과정에 주목한 것이다. 믿음은 그러한 통치 과정의 결과다. 그런데 피치자들의 믿음을 얻어야 비로소 그 이후의 통치가 가능하다는 점에서 믿음은 통치의 가능 조건이기도 하다. 그 점을 잘 보여주는 것이 주희의 해석이다. 주희에 따르면, "信"이란 일의 예측 가능성에서 생기고, 그렇게 생긴 믿음의 기초 위에서 다음 통치행위가 가능해진다.

> 믿음 없이 어떻게 일을 하겠는가? 만약 아침저녁으로 고쳐대면, 비록 상앙商鞅의 무리라도 정치를 해낼 수 없을 것이다. … 신信은 피치자들과의 믿음이 있다는 것이다. 기일을 정해 모이거나 상벌을 줄 때 그 피치자들을 속이지 않는 것이다. 쉽게 말하자면, 위魏 문후가 사냥 기한을 정한 것이나 상앙이 나무를 옮기게 한 것이 그러한 사례이다.[31]

"기일을 정해 모이거나 상벌을 줄 때 그 피치자들을 속이지 않는 것이다"라는 말이 보여주듯이 통치는 예고대로 행해지는 것이 중요하다. 여기서 주목해야 할 점은 성리학자로서 주희가 결코 좋아할 것 같지 않은 상앙을 소환한다는 사실이다. 흔히 법가로 분류되는 상앙 같은 정치사상가들은 시스템의 예측 가능성을 높이기 위해 부심했다. 그 대표적인 예가 한비자韓非子(B.C.280?~B.C.233)가 집대성해서 강조한 '술術'이다. 술이란 상과 벌을 정해진 대로 집행하는 통치술이다. 이 통치술은 단순히 성과물을 향상시키는 데 목적이 있지 않다. 누군가가 성과를 예측치보다 더 내는 것보다는 규정대로 성과를 내는 일이 중요하다. 그렇게 하지 않으면 시스템의 예측 가능성이 떨어지기 때문이다. 그런 면

에서, 심지어 규정 이상의 성과를 내었어도 잘한 것은 아니다.[32]

한비자에 비해 주희는 통치자의 관점뿐 아니라 피치자의 관점도 고려한다. 시스템의 효율성을 높이기 위해서도 그렇지만, 피치자가 시스템에 기꺼이 부응하려면 그러한 예측 가능성이 필요하다고 보는 것이다. 성리학자들마저 통치의 예측 가능성을 중시하며 그 과정에서 상앙 같은 사상가를 소환한다는 사실은 주목할 만하다. 이 점은 『논어』 1.5의 주제가 국가 통치라는 것을 강력하게 암시한다.

節用의 해석

"씀씀이를 아낀다"라고 직역할 수 있는 "節用절용"이라는 표현은 『논어』 전체에서 딱 한 번 나온다. 따라서 『논어』에만 의지해서는 節用의 함의를 파악하기가 쉽지 않다. 공자는 과소비보다는 절약이 좋다는 식의 나른한 이야기를 새삼 하고자 한 것일까? 節用의 의미 맥락을 좀 더 구체적으로 파악하기 위해서는 고대 중국의 텍스트를 폭넓게 참조할 필요가 있다. 이런 취지에서 최적의 텍스트는 『순자荀子』이다. 『순자』 「부국富國」은 가장 많은 節用의 용례를 제시하여, 고대 중국에서의 節用 개념의 맥락을 파악할 수 있는 실마리를 제공한다. 그리고 궁극적으로 공자와 순자의 節用 주장이 여타 입장들과 어떻게 경쟁하고 있었는지를 드러낸다.

『순자』 「부국」은 節用과 여타 표현들을 병치해가면서 그 의미를 분명히 해나간다. 그러한 병치의 용례들을 살펴보자. 순자는 먼저 "나라를 풍요롭게 하는 길은 씀씀이를 아끼고(節用) 피치자들을 넉넉하게 하는 것(裕民)이다"[33]라고 말한다. 이처럼 節用과 裕民유민은 나라를 풍요롭게 하는 두 축으로서 병치된다. 그러면 어떻게 하는 것이 節用과 裕民인가? "예로써 節用하고, 행정으로써 裕民한다."[34] 즉, 節用의 방법은 예이고, 裕民의 방법은 행정이다.

"예로써 節用하고, 행정으로써 裕民한다"는 말은 節用과 裕民의 방법뿐 아니라 그 대상에 대해서도 일러준다. 우선 裕民하기 위한 행정의 대상은 피치자라고 명시되어 있다. 반면에 節用의 대상은 명시되어 있지 않다. 그러나 "節用以禮"라는 구절로부터 節用의 대상은 예의 적용 대상과 중복된다는 것을 추론할 수 있다. 주지하다시피,[35] 예의 주된 적용 대상은 엘리트층이다. 따라서 "예로써 節用하고, 행정으로써 裕民한다"라는 말은 엘리트층과 일반 피치자들을 각기 병렬적으로 상정한 것이다.

『순자』「부국」에서 節用과 짝을 이루는 또 하나의 항목이 조세다. "군주는 법으로써 조세를 걷고, 그 아래 사람들은 예에 의거하여 씀씀이를 절약한다."[36] 즉, 節用의 맥락은 엘리트가 어떻게 그 조세를 걷어서 쓸 것이냐의 문제에 있다. 이러한 節用의 맥락이 『논어』 1.5의 맥락과 상통한다는 것은 곧이어 『순자』「부국」에 다음과 같은 문장들이 나온다는 사실로 확인된다. "농토의 세금을 가볍게 하고, 관문과 시장의 세금을 없애고, 상인의 수를 줄이고, 노동력 징발을 드물게 하고, 농사짓는 시간을 빼앗지 말아야 한다. 이와 같이 하면 나라가 부유해진다. 이것을 일러 행정으로써 피치자들을 넉넉하게 한다고 하는 것이다."[37] 이 같은 논지는 1.5에서 "節用而愛人"에 이어 "使民以時"가 뒤따르는 흐름과 일치한다.

『논어』에서 節用에 대한 더 이상의 전거를 찾을 수 없을 때, 공자의 계승자를 자처하는 순자의 텍스트에서 공자의 입장을 이처럼 재구성해볼 수 있다. 그렇게 재구성해본 절용관은 고대 중국의 어떤 절용관과 경쟁하고 있는가? 순자가 보기에 무조건적인 소비 절약을 주장하는 "묵자의 節用은 천하를 가난하게 만든다".[38] 즉, 묵자 말대로 단순히 소비를 제약하기만 한다면 오히려 나라가 (부유해지는 것이 아니라) 가난해진다는 것이 순자의 주장이다. 이 대목에서 『논어』의 관련 내용을 부연하고 있는 순자 텍스트의 제목이 "부국"임을 상기할 필요가 있다. 즉, 節用의 목적은 "부국"이고, 부국의 방법은 "節用"이다.

使民以時의 해석

“使民以時”는 대개 “때에 맞게 피치자들을 부린다”라고 번역된다. 주석가와 번역자 대다수가 이 말을 농번기를 피해서 노동력을 징발하라는 뜻이라고 본다. 실로 그러한 해석을 뒷받침하는 많은 문헌상의 전거가 있다. “농사짓는 때를 어기지 않는다.”[39] “피치자의 일을 관장한다는 것은 때에 맞춰 농사짓도록 하는 것이다(혹은 때에 맞게 사냥하는 것이다).”[40] “만약 피치자에게 덕을 베풀고 그 정사를 고르게 펼치려면, 군자는 통치에 힘쓰고 소인은 노동에 힘써야 한다. 동원할 경우에는 시기를 어기지 않아야 한다.”[41] “시의적절하지 않게 노동력을 징발하다.”[42] 그러면 구체적으로 어떤 일에 피치자들의 노동력을 동원하는가? 『십삼경주소』의 해설이 이에 답하고 있다.

> 도읍都邑의 성곽城郭을 건설하는 일을 말한 것이다. 도읍 삼는 곳은 사람들이 모이는 곳이자, 국가의 울타리이자, 피치자를 보호하는 장벽이다. 견고하지 않으면 허물어지고, 수리하지 않으면 무너진다. 그러므로 외적의 침입이 없더라도 농한기에 잘 대비하여 농사에 방해가 없도록 해야 한다. … 만약 크고 작은 문, 길, 다리, 성곽, 담장, 해자가 훼손되면 때에 맞추어 수리해야 한다.[43]

결국 使民以時란 국가 기반 시설을 건설하고 유지하기 위해 피치자들의 노동력을 징발하는 행위이다. 좀 더 구체적으로는 성곽 및 해자의 유지 보수와 교량 및 도로의 건설이 관건이다. 이러한 인프라는 전쟁을 수행할 때도 필요할 뿐 아니라 전쟁에 대비하기 위한 물자의 징발과 수송에도 필요하다. 1.5에서 使民以時는 춘추전국시대에 여러 나라들이 생존과 지배를 위해 저마다 경쟁적으로 부국강병에 나선 정황을 고려해야 좀 더 잘 이해할 수 있다. 그리고 이것은 민간경제 활성화와 관련된 것이 아니라,[44] 국가의 기반 권력 확장에 관계된다. 사회과학자 마이클 만Michael Mann의 구분에 따르면, 국가 권력state power은 진제 권력despotic power과 기반 권력infrastructure power으로 구분된다.[45] 전자는 군주 개인의 전횡력을 의미하고, 후자는 사회를 통제할 수 있는 제도적 힘을 의미한다. 使民以時는 국가의 사회 통제력과 징발력에 관한 것이므로, 시장이 아니라 국가 차원의 언명, 특히 기반 권력에 관한 언명으로 간주해야 한다. 당시에는 각 제후국이 전쟁 상황을 고려하는 가운데 통치자들이 기반 권력의 확장에 관심을 가졌다. 1.5에 나오는 "使民"은 기반 권력의 확보 유지를 위해 노동력을 징발하는 행위를 가리키는 표현이고, "以時"는 기반 권력 확보 자체에 반대하는 것이 아니라 그것의 과도함을 경계하는 표현이다.

국가론의 맥락

이제까지 논의를 종합해볼 때, 1.5의 주요 청중은 통치자이며 핵심 주제는 국가이다. 그렇다면 그것은 어떤 국가인가? 1.5에서 "천승지국千乘之國"이라는 표현이 등장한다는 사실이 흥미롭다. 다시 말해 공자는 1.5에서 모든 종류의 국가를 논하는 것이 아니라, 천승지국으로 분류되는 특정 국가의 통치를 논한다. 과연 천승지국이란 어떤 국가인가?

'千乘之國'은 문자 그대로 보자면 전쟁용 수레 천 대를 낼 수 있는 역량을 가진 국가를 말한다.[46] "乘승"은 양사이다. 1승은 수레 한 대이지만 4필의 말이 끈다. 즉, 천승千乘을 내려면 말 4천 필이 필요하다. 전쟁용 수레 천 대를 어떤 식으로 징발하는지에 대해서는 주석사에서 논란이 분분하며,[47] 그 세부 사항을 학술적으로 확정할 수는 없다. 다만 "천승지국"의 규모를 추측하는 데는 춘추시대 말기 문헌으로 비정되는 『손자孫子』 「작전作戰」이 참고가 된다. 거기에 따르면, 천승에는 무장 보병 10만 명(帶甲十萬)이 따르게 되어 있다. 물론 이 숫자가 정확하게 지켜졌는지는 또다른 문제이다.

이 천승지국은 천 대의 병거와 10만 명의 보병을 낼 수 있는 나라라는 문자 그대로의 뜻 말고 과연 어떤 나라를 나타내는 것일까? 전쟁용 수레 만 대를 낼 수 있는 나라라는 뜻의 '만승지국萬乘之國'은 천자국을 지칭하고 천승지국은 제후국을 지칭한다는 것에 대해서는 학자들 간에 광범한 합의가 이루어져 있다. 앞에서 살펴보았듯이, 오규 소라이는 천자가 제후국들을 순행巡幸할 때 "길을 낸다"라는 뜻으로 道를 해석했는데, 이 역시 천승지국이 제후국을 지칭한다는 사실을 강하게 의식한 해석이다.

그런데 제후국에도 여러 등급이 있다. 많은 이들이 천승지국은 제후국 중에서도 대국을 지칭한다고 본다. 그 같은 해석은 『십삼경주소』에서 "이 장에서는 큰 나라 다스리는 법을 논했다"[48]라고 한 주석에 착안한 것이다.[49] 그러나 『논어』 16.12에는 제齊나라 경공景公이 말 4천 필을 가지고 있다(有馬千駟)는 이야기가 나올 뿐 아니라,[50] 11.26에 "천승의 나라가 대국 사이에서 간섭을 받는다"[51]라는 표현이 나온다. 이 점을 감안하면 『십삼경주소』의 주장을 무비판적으로 받아들일 수는 없다. 실제로 천승지국을 "그다지 크지 않은 제후국을 다스린다는 뜻"이라고 해석하거나 그 의미를 대국에 국한하지 않는 논자들이 있다.[52]

그렇다면 과연 천승지국은 대국인가, 아닌가? 양차오밍, 박종연, 김용옥 등이 지적했듯이, 천승지국이 갖는 상대적 의미는 변화하고 있었다.[53] 『시경』 「비궁閟宮」에서 노魯나라는 '군주의 병거(전쟁용 수레)가 천 대다'라고 했을 때만 해도 천승지국은 노나라의 강성함을 드러내기 위한 표현이었다. 그런데 『좌전』 「희공僖公 28년」에는 대국인 진晉나라가 성복城濮의 전쟁 상황에서 700승을 보유하고 있었다고 기재되어 있다. 그리고 정복전쟁이 지속되는 가운데[54] 병거 보유 대수가 계속 늘어나, 평구의 회맹에 임했을 때는 4천 승을 보유한 것으로 기재되어 있다.[55]

고대 중국에서 "천승지국"이라는 말의 함의가 이렇게 변하고 있었던 만큼, 이 사안을 확정하기 위해서는 『논어』 1.5의 성립 연대를 알 필요가 있다. 그런데 1.5의 발화 시점을 밝혀낼 방법은 딱히 없지만, 『논어』 텍스트가 대체로 제후국이 경쟁하던 시대를 배경으로 한다는 점은 분명하다. 따라서 천승지국을 그저 대국과 동일시하기보다는 치열한 경쟁 속에 있던 제법 규모가 큰 나라쯤으로 이해하는 것이 합리적이다.

요컨대 공자는, 당시의 그러한 경쟁에 뛰어들 정도로 제법 강력한 제후국들을 상대로 통치의 길을 제안했던 것이다. 다시 말해 1.5는 보편적인 통치술을 제안한 것도 아니고, 천자국의 통치술을 제안한 것도 아니다. 『논어』에서 천자국에 적용할 만한 통치술을 찾으려면 요임금과 순임금의 통치술을 거론한 문장들이 더 적절한 후보이다.[56] 그런 문장들에 비해 1.5는 경쟁에 뛰어들 정도의 제후국들을 상대로 제법 구체적인 통치 방향을 제시한 것이라고 할 수 있다.[57]

그러면 과연 1.5에서 제시하는 구체적인 정책 방향은 무엇일까? "믿음을 얻는다"는 것은 통치자가 피치자와 비강제적 관계를 맺는다는 것이다. "씀씀이를 절약한다"는 것은 통치자가 자원을 상대적으로 조금 징발한다는 것을 의미한다. "시기를 고려하여 피치자를 부린다"는 것은 불필요한 인프라 건설에 피치자를 동원하지 않는다는 것을 의미한다. 이는 모두 물리적 집행력이 제한된 국가를 옹호한다는 데 공통점이 있다. 피치자를 강제하고, 자원을 다량으로 수취하고, 노동력을 동원하려면, 그와 같은 동원을 해낼 국가 기구의 과감한 확장이 불가피하다. 실제로 춘추전국시대는 그러한 국가 기구의 확장이 점점 보편화되던 시절이었다. 1.5는 인구 400만 정도의 제후국들이 무장해서 경쟁하는 춘추 후기의 상황에서[58] 공자는 오히려 물리적 집행력이 제한된 국가를 옹호했다는 사실을 보여준다.

『논어』 텍스트의 대부분이 춘추 후기에 발화되었으리라는 데는 학자들의 폭넓은 공감대가 있지만, 1.5의 구체적 발화 시점을 밝혀내기는 어렵다. 다만 두 가지 가설을 검토해볼 수는 있다. 첫째, 『사기』 「공자세가」에는 제齊나라 경공景公을 만난 자리에서 공자가 통치의 핵심으로 "節用而愛人절용이애인"과 상통하는 "政在節財정재절재"(행정은 재정을 절약하는 데 있다)라는 말을 했다고 나와 있다.[59] 이 점을 감안하면, 1.5는 공자가 제나라 경공을 만났을 때 한 발언일 가능성이 있다. 둘째, 가지 노부유키加地伸行에 따르면, 1.5는 공자가 노나라를 떠나게 되는 상황에서 나온 발언이다.[60] 노나라 정공定公과 계환자季桓子가 제나라에서 보낸 미녀와 말을 받자, 공자는 노나라를 떠나기로 결심한다. 그와 같은 선물을 받았다는 것 자체가 노나라가 공자 자신의 비전을 수용할 가능성이 없다는 것을 뜻한다고 보았기 때문이다.

이와 같은 가설의 타당성을 확증할 방법은 없다. 다만 위의 두 가설이 공유하는 점은 있다. 모두 제나라의 정책과 관련한 대안으로서 1.5를 독해할 여지를 준다는 점이다. 『사기』 「공자세가」에 따르면, "政在節財" 같은 주장은 부국강병을 추진하는 제나라 재상인 안영晏嬰의 부국강병책과 갈등을 빚는다.[61] 그렇다면 공자가 의식했던 제나라 정책 방향은 무엇인가? 김용옥은 제나라의 정책 방향을 "소비형 경제정책"이라고 부르며, 그 정책과 공자의 절약형 경제정책은 상충할 수밖에 없었다고 해석한다. 김용옥에 따르면, "인간은 향락적 소비문화에 쉽게 매혹"[62]되기에 공자는 실각할 수밖에 없었다. 이기동 역시 이 문장을 해설하면서, "오늘날 일부 지방자치단체장들이 많은 빚을 지면서까지 청사를 호화롭게 지어서 많은 비난을 받게 된 것은 이와 같은 공자의 가르침을 지키지 않았기 때문이다"[63]라고 했는데, 김용옥 역시 "예나 지금이나 나라의 부패는 공무원에서부터 발생하는 것"[64]이라며, 이 문장이 공무원의 절약 문제를 다룬다고 본다. 이런 식의 해석대로라면, 공자는 "소비형 경제정책"을 추진하는 제나라의 정책 방향에 반대해 부패 방지와 소비 절약을 주창한 셈이다.[65]

그러나 제나라의 정책은 향락적 소비정책이 아니라 전쟁동원력을 증진하는 개입적 국가론이라고 불러야 마땅하다. 개입적 국가론을 지지하는 이들은 국제적 경쟁 상황에서 국가 동원력을 강화하는 것이 합리적이라고 주장할 것이다. 반면에 개입적 국가론을 반대하는 이들은 동원력 강화가 피치자들을 착취하는 과소비에 불과하다고 비판할 것이다. 절용을 하지 않는 이들을 일러 과소비라고 비판하는 것은 개입적 국가론의 반대자 입장을 반복하는 것이다. 1.5를 좀 더 객관적으로 해석하기 위해서는 개입적 국가론과 비개입적 국가론 중 어느 한쪽 손을 들어주지 않으면서 해당 입장을 재서술할 필요가 있다.

요컨대 1.5는 과도한 소비 주장에 반대해 절약을 주장한 것이 아니라, 개입적 국가론에 반대해 비개입적 국가론을 천명한 것이다. 이에 관련해 주희의 다음과 같은 언명이 흥미롭다.

> 주자가 말하였다. "옛 성왕이 반드시 이렇게 하고자 한 것은, 대개 이 다섯 가지가 있어야 다음과 같은 일이 가능해지기 때문이다. 위의 뜻이 아래로 전해짐에 따라 아래의 실정이 비로소 위로 직접 전해지고, 위와 아래가 관계하게 됨에 따라 비로소 다스림이 가능해진다. 만약 이 다섯 가지가 없다면, 군주는 위에서 뻗대고 있지만, 피치자들은 향할 바를 모르게 된다. 이 다섯 가지가 있어야 비로소 위와 아래가 교섭할 수 있다."[66]

개입적 국가론은 국가가 사회 혹은 피치자에게 강하게 개입하고자 하므로, 통치자와 피치자 간의 괴리 현상 자체를 우려하지 않는다. 국가는 피치자로부터 자원을 징발할 필요성을 천명해야 하고, 피치자는 그 필요에 부응해야 하며, 국가는 결과적으로 그러한 필요가 정당했음을 추후에 입증해야 한다. 이 과정에서 통치자와 피치자 간에 적극적인 교류가 성립하는 것이다. 그러나 공자나 주희는 국가의 그런 적극적 개입에 찬성하지 않는다. 적극적 개입에 반대한다고 해서 아무것도 하지 않고 그저 피치자를 방치한다면, 통치자와 피치자 간에는 같은 나라를 유지할 통일성 자체가 존재할 수 없게 될 것이다. 즉, "군주는 위에서 뻗대고 있지만, 피치자들은 향할 바를 모르게 된다". 그러한 비극적 사태를 막기 위해 통치자는 1.5의 원칙을 유념할 필요가 있다. 그래야 비로소 통치자와 피통치자 간의 통일성이 유지된다. 그렇게 될 수만 있다면 그 나라는 결코 약한 나라가 아니다. 오히려 증세와 전쟁을 통해 국력을 강화하려는 비전을 향한 대안이 될 수 있다는 것이 1.5에 담긴 생각이다.

공자는 제후국 간의 경쟁이 심해지던 시대에 살았다. 여러 사상가들과 정책 입안자들이 나라를 부강하게 만들 방도를 제안하고 있었고, 공자도 그런 인물들 중 한 명이었다. 흔히 공자와 그 추종자들은 부국강병을 추진하지 않은 것으로 알려져 있으나, 1.5는 그들 역시 부국강병이라는 시대적 요청과 무관할 수 없었음을 보여준다. 즉, 공자와 그 추종자들은 국가의 약화에도 불구하고 도덕이 중요하다고 강변한 것이 아니라, 도덕이 부국강병과 모순되지 않는다고 주장한 것이다. 절용조차도 부국(강병)에 반대하기 위한 주장이 아니라 그 나름의 부국론으로서 제기된 것이다.[67] 요컨대 1.5의 핵심은 경쟁 시대의 부국론 중 하나다.

이것이 공자 특유의 입장이었을까? 그렇지는 않다. 춘추전국시대에는 이에 경쟁하는 입장들과 유사한 입장들이 모두 존재했다. 예컨대 『관자管子』「계戒」에 실린 다음과 같은 대목을 보라.

> 관중이 말하였다. "옛날에 선왕이 사람들을 다스리는 바는 이러했다. 대체로 사람들은 노고를 우려하지만, 위에서 때에 맞춰 부리면, 사람들은 노고를 걱정하지 않았다. 사람들은 배고픔을 걱정하지만, 위에서 세금을 적게 걷으면, 사람들은 배고픔을 걱정하지 않았다. 사람들은 죽음을 두려워하지만, 위에서 형벌을 관대하게 집행하면, 사람들은 죽음을 두려워하지 않았다. 이렇게 하고, 덕 있는 사람을 가까이하고 여색을 멀리하면, 책봉 받은 사방에서는 군주 보기를 부모 보듯이 할 것이요, 사방 밖에서는 군주에게 귀의하기를 흐르는 물처럼 할 것이다."[68]

이처럼 『관자』「계」에는 『논어』 1.5의 使民以時와 거의 같은 표현인 "上使之以時상사지이시"라는 표현이 등장한다. 두 표현 모두 국가 인프라의 건설과 유지를 위한 과노한 징발을 경계하고 있다. "上寬刑焉상관형언, 則人不患死矣즉인불환사의"라는 표현은 敬事而信이라는 표현과 상응한다. 두 표현 모두 비강제적 방법으로 통치자와 피치자의 관계가 맺어져야 함을 강조한다. 『관사』의 "上薄

斂焉상박렴언, 則人不患飢矣즉인불환기의"라는 표현은 『논어』의 節用而愛人이라는 표현과 상응한다. 두 표현 모두 징세의 제한을 지지한다. 이러한 패턴은 공자 국가론과 관자 국가론의 유사성을 드러낸준다.

즉, 공자의 비전은 춘추전국시대의 여러 입장과 갈등하는 동시에 유사한 입장과 연합할 수도 있는 것이었다. 공자의 비전이 상앙이나 한비자 같은 강성 부국강병론자의 입장과 차이가 있다면, 1.5 및 『논어』 전반에서 "부국"은 인정되지만 "강병"의 요소는 크게 부각되지 않는다는 점이다. 또 관자와 같은 연성 부국강병론자의 입장과 차이가 있다면, 도덕을 도구적으로 바라보느냐 아니면 그 자체의 목적으로서 간주하느냐 여부에 있다. 이들과의 비교는 관중이 등장하는 『논어』 문장을 다룰 때 좀 더 부연할 수 있을 것이다.

9

수기에서 치인으로

선생님께서 말씀하셨다.
"제자들은 들어오든 나가든 효도하고 공손하게 처신하라.
말조심하여 믿음을 쌓아라.
많은 사람들을 널리 아끼되 인仁한 사람을 가까이하라.
실천하고 남은 힘이 있으면, 그 힘으로 세련된 표현을 배워라."
子曰, 弟子, 入則孝, 出則弟, 謹而信, 汎愛衆而親仁. 行有餘力, 則以學文. (『論語』1.6)

『논어』 1.6은 길이가 짧지만 해석상의 많은 쟁점이 남아 있는 텍스트다. 이 장은 『논어』 한국어 번역본을 비판적으로 검토하고 관련 문법과 역대 주석을 종합해 그 해석상의 문제를 파악한 뒤, 그 문제에 대한 답을 제시하는 데 목표가 있다. 그 목표를 달성하기 위해 관련 연구는 물론이고 『논어』 전체의 관련 문장들과 고대 중국에서의 용례를 함께 검토해 1.6의 당대적 의미에 다가서고자 한다.

연결사의 이해

"而이"는 연결사로 사용될 때 순접의 역할을 할 수도 있고, 역접의 역할을 할 수도 있고, "以이"(…로써)와 동의어 역할을 할 수도 있다.[1] 1.6에서는 而가 두 번 나오는데, 둘 다 그것이 어떤 기능을 하는지 별개로 판단해야 한다(이하 밑줄은 필자).

"謹而信근이신"의 경우, "말조심하되 신뢰는 쌓아라"로 해석할 수도 있고, "말조심하고 신뢰를 쌓아라"로 해석할 수도 있고, "말조심함으로써 신뢰를 쌓아라"로 해석할 수도 있다. "汎愛衆而親仁범애중이친인"의 경우, "많은 사람들을 널리 아끼되 인한 사람을 가까이하라"로 해석할 수도 있고, "많은 사람들을 널리 아끼고 인한 사람을 가까이하라"로 해석할 수도 있고, "많은 사람들을 널리 아낌으로써 인한 사람을 가까이하라"로 해석할 수도 있다.

이 같은 해석 중에서 어느 것이 더 설득력 있는지는 문법만으로 판단할 수 없다. 1.6 전체의 의미를 어떻게 판정하느냐에 따라 而의 쓰임도 결정된다. 따라서 이 사안은 아래에서 또 다루기로 한다.

청중의 이해

나가고 들어오는 일(出入)을 거론한다는 것은 어디에선가 나와서 어디론가 들어갈 공간이 있다는 것이다. 그 구체적인 공간이 어디냐를 논하는 과정에서 양보쥔은 『예기』「내칙內則」의 "명을 받은 사士 이상의 경우, 아버지와 자식이 다른 거처에 산다"[2]라는 문장에 의거해 『논어』 1.6이 자신의 거처를 나와 아버지의 거처로 들어가는 상황을 묘사했다고 주장했다.[3] 이에 대해 김용옥은 "그러나 공자 시대에 모든 사士가 이렇게 궁宮을 달리해서 살 수 있는 형편이 되었을 리 만무하므로 나는 별 의미가 없는 해석이라고 생각한다"[4]라고 말했다. 그런데 『예기』「내칙」은 현상을 묘사한 것이 아니라 규범을 기술한 것이라는 사실, 그리고 고대 중국에서 "궁"이란 오늘날 생각하는 것처럼 대단히 큰 집을 의미한 것이 아니라는 점을 상기할 필요가 있다.

그렇다면 『논어』 1.6의 "入則孝입즉효, 出則弟출즉제"라는 구절에서 알 수 있는 점은 1.6의 청중이 얼마간의 공간적 여유를 누리는 사람들이라는 것이다. 너무 가난하여 한 방에 모여 살아야 하는 이들에게는 공간상의 예를 지키라고 권하기 전에, 그에 필요한 인프라를 제공할 필요가 있을 것이다. 『논어』에서 예를 잘 지키라고 권고할 때, 그 대상은 예를 지키는 데 필요한 재화를 향유하는 사람이다.

그 밖에 청중의 성격에 대한 정보를 주는 표현이 "弟子제자"다. 여기서 弟子란 문하생을 가리키는 것일까, 아니면 젊은이 일반을 가리키는 것일까? 황간은 弟子가 곧 자제子弟를 의미한다고 보았다.[5] 같은 취지에서 유보남은 제자가 부형父兄의 반대말로서 나이가 어린 사람을 지칭한다고 보았다.[6] 이러한 해석은 모두 弟子를 문하생보다는 젊거나 어린 사람이라고 해석한 것이다. 한국의 번역자들도 대체로 이 해석을 따랐다. 이 弟子라는 말의 뜻이 모호하다고 느낀 것은 옛사람들도 마찬가지였던 것 같다. 조선 후기 문신인 도암陶菴 이재李縡(1680~1746)의 『논어강설論語講說』에는 다음과 같은 문답이 실려 있다. "묻기를, 제자란 동생과 자식을 가리키는 것입니까? 그렇지 않다. 이는 사제지간에서 말하는 제자이다."[7]

그렇다면 1.6에 쓰인 "弟子"는 어린 사람 일반을 지칭하는 것일까, 아니면 문하생을 지칭하는 것일까? 명확한 답은 없다. 다만 『논어』 텍스트 전반에 쓰인 "弟子" 용례를 참고할 수는 있다. 박삼수에 따르면, 弟子라는 표현은 『논어』에서 일곱 번 나오는데, 1.6과 2.8[8]에 나오는 弟子는 한 집안에서 아우와 아들에 해당하는 젊은이를 지칭하고, 나머지는 모두 문인門人을 가리킨다.[9] 그런데 1.6에 나오는 弟子는 젊은이로 간주해도, (자기보다 상대적으로 어린) 문하생으로 간주해도 뜻이 모두 통한다. 그리고 그러한 두 의미는 현대 한국어 "제자"에도 살아 있으므로, 1.6에 나오는 "弟子"를 "제자"라고 음역해도 무방하다.

入則孝出則弟의 이해

여기서 "弟제"의 뜻은 "悌제"와 같다. 悌는 나중에 생긴 글자로서, 원래 『논어』에는 등장하지 않는다. 悌가 생기고 난 뒤의 『논어』 판본에는 弟 대신에 悌가 쓰이기도 했다.[10] 이 "弟"의 의미는 비교적 명확하다. "제는 가죽끈을 위에서 아래로 감아 내린 모양을 나타낸 상형문자로 차례를 따른다는 뜻이 되고 형兄의 뒤에 태어난 사람을 말한다. 따라서 제(悌, 心+弟)는 뒤에 태어난 아우가 형(웃어른)을 따르고 경애한다는 의미가 되었다."[11]

"入則孝, 出則弟"의 해석에서 문제가 되는 것은 "孝"와 "弟"가 과연 집의 안(入)과 밖(出)을 기준으로 구분되는 덕목이냐는 것이다. 효도와 공경은 집 안에 있건 밖에 있건 가져야 하는 태도라는 점을 고려하면, "집에 들어오면 효도하고, 집에서 나가면 공경하라"는 식으로 번역해서는 곤란함을 알 수 있다. "入則孝 出則弟"는 문자의 중복을 피하고 어구의 리듬감을 살리기 위해 만든 호문互文이다. 즉, 내용상 '入出則孝弟'를 일부러 "入則孝, 出則弟"로 쓴 것이다. 따라서 내용을 이해하고 번역할 때는 호문互文 구조를 고려해 "들어오든 나가든 효제해야 한다"로 해석해야 한다.[12] 1.6이 호문 구조를 취한다는 사실은 『십삼경주소』가 명백히 하고 있다. "入의 경우에는 弟를 언급하지 않고, 出의 경우에는 忠을 언급하지 않았으니 호문임을 알 수 있다."[13] 그러나 『논어』 한국어 번역본에서 호문 구조를 살려 번역한 경우는 찾기 힘들다.

謹而信의 이해

『설문해자』에서 "謹근"을 "愼신"이라고 풀이하는 것을 보면,[14] 한나라 때에 이르러 謹은 대체로 "신중함"을 의미하게 되었던 모양이다. 형병의 주석 역시 그와 같은 예를 따른다. "恭謹하고 誠信하다는 뜻이다."[15] 장후안張歡의 연구에 따르면,[16] 많은 해석자들이 이 『십삼경주소』의 권고대로 1.6을 해석해왔다. 예컨대 첸무錢穆는 『논어신해論語新解』에서 謹을 "愼이다"라고 풀이했으며, 왕쯔위안王滋源은 『논어신역평술論語新譯評述』에서 謹을 "愼重"(신중하다)과 "小心"(조심하다)으로 풀이했다.[17]

한편, 謹의 의미를 좀 더 한정적으로 풀이한 이들이 있다.[18] 그들에 따르면 謹은 조심스러움 일반이 아니라 발화 차원의 조심스러움만 뜻한다. 청말의 학자 양수달楊樹達(1885~1956)의 『논어소증論語疏證』은 "謹이란 말이 적다는 뜻이다. … 信이란 그 말이 성실誠實하여 믿을 만하다는 뜻이다. 말이 적으면서도 믿을 만하지 않다면, 비록 (말이) 적더라도 또 합당하지 못한 것이다. 무릇 사람이 말을 (함부로) 하지 않으면 謹한 것이고, 말에 반드시 적중함이 있으면 信한 것이다. 쉽게 승낙하고 말을 가벼이 하는 것은 모두 謹하지 않은 것이다"[19]라고 풀이했다. 이는 양보쥔이 『논어역주』에서 "寡言(말이 적음)이다"라고 풀이한 것과 같다. 일본의 유학자 다자이 준太宰純(1680~1747, 호는 슌다이春臺) 역시 謹은 말에 대한 것이라고 풀이했다. "'謹'은 말을 주로 하고, '愼'은 마음을 주로 한 것이다. '謹而信' 구절은 전적으로 언어에 대해 경계한 것이다."[20]

반면에 謹을 말이 아니라 행동의 맥락에서 풀이한 이들도 있다. 예컨대 주희는 『논어집주』에서 "謹이란 행동이 한결같은 것, 信이란 말이 실질이 있는 상태다"[21]라고 풀이했는데, 이는 謹을 행위 차원의 한결같음으로 이해하고, 信을 발화 차원의 내실 있음으로 이해한 것이다. 정약용도 주희의 견해에 따랐다.[22] 『십삼경주소』에서도 "謹而信은 이치상 출입을 겸해 말하는 것으로 恭謹하고 誠信하다는 뜻이다"[23]라고 풀이했다. 캉유웨이康有爲의 『논어주論語注』 역시 "謹이란 행동이 格이 있음이고, 信이란 말이 지극히 성실함(誠)이다"라고 풀이했다.[24]

이 사안에 대해 집중적으로 연구한 정후안은 1.6의 "謹"은 말을 신중히 한다는 의미라고 결론내린다. 그에 따르면, 문장 구조에 비춰볼 때 바로 앞에 나오는 "入則孝, 出則悌"가 행위 차원에서의 처신을 다룬 것이고, 바로 뒤의 "謹

而信"은 그와 대비되어 발화 차원에서의 처신을 다룬 것이다. 이러한 논의를 종합해보면, 1.6의 謹 해석은 "入則孝, 出則悌"와 "謹而信"의 관계 문제, 그리고 謹과 信의 관계 문제에 달려 있다고 할 수 있다. 과연 謹은 일반적 의미의 신중함인가, 아니면 발화 차원의 신중함인가, 그도 아니라면 행위 차원의 신중함인가? 이에 답하기 위해 『논어』에 나오는 謹의 용례들을 검토해보자.

『논어』에서 謹은 세 차례 나온다. 그중 1.6을 제외한다면, 다음 두 용례가 남는다. "선생님께서는 지역에서는 신실한 모습을 보이시며 마치 말을 할 줄 모르는 사람 같았다. 종묘와 조정에서는 말을 유려하게 잘하셨고, 다만 말을 조심하실(謹) 뿐이었다."(10.1)[25] "도량형을 관리하고(謹), 법도를 살피고, 폐지된 관직을 정비하니 사방으로 정사가 행해졌다."(20.1)[26] 20.1은 『논어』 텍스트에서 나중에, 즉 한나라 때 성립한 부분이라는 데 학자들의 폭넓은 합의가 이루어져 있다. 따라서 『설문해자』의 풀이대로 이미 謹이 일반적 의미의 신중함으로 정착된 이후의 용례일 것으로 판단되며, 1.6의 춘추 후기적 의미로 보기 어렵다. 한편, 춘추전국시대에 성립한 것으로 판단되는 10.1은 1.6의 謹의 용례에 좀 더 가까울 것으로 가정할 수 있다. 10.1에서는 명백하게 謹이 발화 차원의 신중함을 뜻하고 있다. 따라서 1.6에 나오는 謹 역시 발화 차원의 신중함을 뜻할 가능성이 높다. 그리고 『논어』에서는 언행의 사안을 병치하는 경우가 아주 많다.

汎愛衆而親仁의 이해

汎愛의 의미[27]

한문학자 박희병이나 철학자 신정근은 1.6에 나오고 홍대용洪大容(1731~1783)이 발전시킨 "汎愛범애"라는 표현을 묵자의 "兼愛겸애"에 견주며 계급을 초월한 평등한 사랑의 뜻으로 재해석한 바 있다.[28] 신정근이 "汎愛衆而親仁

범애중이친인"을 "민중을 널리 사랑하며 평화 일구는 사람을 가까이해야 한다"[29] 고 번역한 것은 그러한 연구와 관계 있는 것으로 보인다. 그런데 고대 중국어에서 汎愛는 兼愛에 견줄 정도로 개념화된 적이 없다. 汎愛는 부사로서의 '汎'과 동사로서의 '愛'가 결합한 상태에 그친다. 그렇다면 1.6에 나오는 汎愛 혹은 汎愛衆의 뜻은 무엇일까? 먼저 『십삼경주소』의 입장을 살펴보자. "'범애중'에서 '범'이라는 글자는 '폭넓게'라는 뜻이다. 군자는 현인을 존경하고 대중을 용납하므로 뭇사람을 널리 아낀다."[30] 주희의 입장도 『십삼경주소』의 입장과 유사하다. 주희의 『논어집주』는 汎을 廣광으로, 衆을 衆人중인으로 해석했다. 즉, 전근대 주석가들은 많은 사람을 널리 아낀다는 뜻으로 汎愛衆을 해석한 것이다. 정약용은 汎을 廣자로 풀이하는 데는 전거가 없다고 반대했지만,[31] 그 뜻풀이에 관한 한 주희와 대동소이하다.

이 같은 전통적 주석들은 과연 汎愛를 일종의 사랑으로서 정의하고 있는 것일까? 『논어집주대전』에 실린 주희의 설명을 보면, 그렇지 않다는 것을 알 수 있다. "범애란 한 사람 한 사람 낱낱이 아끼는 것이 아니다. 예를 들면, 여러 사람이 함께 있을 때, 서로를 성가시게 하고 해 끼치는 일을 하지 않는 것이나 편의를 독점하지 않는 것 등이 모두 이에 해당한다."[32] 이러한 말을 들어보면, 주희가 생각하는 汎愛衆은 널리 사람들을 사랑하는 일이라기보다는 타인을 "깊지 않게" 그리고 "두루" 아끼는 태도에 가깝다. 거기에 "사랑"을 연상할 만한 격렬한 마음의 움직임은 없다. 주희의 설명에 따르면, 汎愛는 여러 사람 사이에 있을 때 취해야 할 예의 바른 태도다.

이 점은 고대 중국의 다른 용례에서도 확인할 수 있다. 『춘추번로春秋繁露』 「이합근離合根」에는 이상적인 군주의 모습을 묘사하면서 "여러 현자에게 맡김으로써 성과를 거두어들이고, 스스로 일에 관계 하지 않음으로써 존엄함을 유지하고, 뭇 생명을 널리 아껴(汎愛), 기쁨이나 분노 같은 기분으로 상벌을 내리지 않음으로써 인을 실천한다"[33]라고 한 대목이 나온다. 즉, 여기에서 汎愛는 이른바 무위無爲의 정치와 관련된다. 이러한 汎愛는 희로애락의 감정을 배제함은 물론, 일처리를 직접 하지도 않고 대상과 거리를 유지하는 상태에서 이루어지는 것이다. 汎愛는 그러한 거리에도 불구하고 가능한 것이 아니라 그러한 거리 때문에 가능한 것이다. 요컨대 汎愛란 대상 일반에 편파적이지 않은 태도를 뜻한다.

汎愛衆과 親仁의 관계

"汎愛衆"과 "親仁"의 관계는 무엇일까? 각 단어의 동사에 해당하는 "(汎)愛"와 "親", 그리고 목적어에 해당하는 "衆"과 "仁"을 각각 비교해보자. 전자에 대해서는 정약용이 명료한 대비를 제시한 바 있다. "범은 밀착되지 않는 것이고, 친은 가깝게 다가가는 것이다."[34] 즉, 汎은 해당 범위뿐 아니라 정도까지 정의하는 표현이다. 다시 말해 汎愛와 親은 관심의 범위뿐 아니라 관심 대상에 대한 친밀도 자체가 다르다. 親이 愛보다 훨씬 적극적인 관심을 수반하는 일이다.

衆은 여러 사람을 지칭한다. 仁에 대해서는 주희가 『논어집주』에서 "인은 인한 사람을 말한다"(仁, 謂仁者)라고 했듯이, 인한 사람을 지칭한다. 고대 중국어에서 仁이나 德 같은 덕성을 나타내는 글자는 종종 그런 덕성을 지닌 사람을 지칭하곤 했다. 그러면 엘리트가 보통사람들에게 그러한 것처럼, '인한 사람' 역시 '여러 사람' 외부에 별도로 존재하는 것일까? 그렇지 않다. 衆이라는 글자는 오늘날의 大衆과는 달리 계층적 의미는 없다. 따라서 인한 사람은 衆을 배제한 존재가 아니라, 衆 속의 특정한 사람들을 지칭한다고 보는 것이 합리적이다. 바로 그 특정한 사람들에게만큼은 汎愛로 충분하지 않고 좀 더 적극적인 관심, 즉 親을 베풀어야 한다는 것이다.

汎愛가 親仁과 결합되는 양상이 바로 1.6의 汎愛와 묵자의 兼愛 간의 차이를 드러낸다. 『논어집주대전』에서 주희는 이렇게 말했다. "폭넓게 아끼라고만 하고 인한 사람과 친해지라고 말하지 않으면 (이는) 또 겸애로 흐른다."[35] 1.6에서 굳이 汎愛에 그치지 않고 바로 이어서 親仁을 강조하는 이유는 무엇일까? 다자이 준이 그에 대해 해명한 바 있다. "'汎愛衆'은 德을 따르는 일이고, '親仁'은 가까이에서 좋은 영향을 받을 상대를 구하는 것이다."[36] 즉, 널리 사람들을 아끼는 일을 넘어 인한 사람을 가려서 "친"해져야 하는 이유는 바로 자기보다 나은 사람을 통해 배울 필요성이 있기 때문이다. 배움의 과정에서 "자기만 못한 사람은 벗삼지 마라"(無友不如己者)고 했던 1.8의 취지와 통한다.

親仁이 대상을 선별하여 맺는 관계라는 뜻을 가진다는 사실은 고대 중국의 여러 親仁 용례에서 공통적으로 드러난다. 『설원說苑』 「존현尊賢」에는 노나라 애공哀公이 공자에게 "사람이 어떠해야 등용할 만합니까?"라고 묻자, 공자가 다음과 같이 말한다(밑줄은 필자). "먼저 그가 인의仁義에 진심인지 판단한 뒤에 그와 친해집니다. 여기에 지知와 능력能이 있는지를 판단한 뒤 그를 임용합니다. 그래서 인한 사람과 친해지고 능력 있는 사람을 부린다고 하는 것입니다."[37] 『논형論衡』 「답녕答佞」에 나오는 "親仁" 역시 사람을 잘 가려서 상대해야 하는 규범적 의미를 띤다. "군주라면 모두 헐뜯는 사람을 멀리하고 인한 사람을 가까이할 수 있다."[38] 『공자가어孔子家語』 「변물辯物」도 마찬가지다. 양호陽虎[39]가 조趙나라로 갔다는 소식을 듣자, 공자는 조씨에게 난리가 날 것으로 예측하며 양호를 다음과 같이 평하했다. "저 양호라는 사람은 부자와 친하지만 인한 사람과 친하지는 않다. 그래서 계손에게 총애를 받았지만 그를 죽이려 든 것이다."[40]

옛 문헌에서 1.6과 가장 유사한 용례를 보여주는 문헌은 『채중랑집蔡中郎集』이다. 그 문헌에 실려 있는 「고태위교공묘비故太尉橋公廟碑」의 내용은 후한의 관료인 교현橋玄(109~183)의 행적을 찬미하면서 "사士를 아끼고 인한 사람과 친했다"(愛士親仁)라고 표현했다. 1.6과 마찬가지로 愛 뒤에는 폭넓은 그룹인 사士가 오고, 親 뒤에는 상대적으로 소수인 인한 사람이 온다. 『채중랑집』 「정교론正交論」에서는 붕우의 도를 논하면서, 공자의 바른 가르침의 핵심이 바로 "汎愛衆而親仁"이라고 정의한다. "중니仲尼(공자)의 옳은 가르침이란 汎愛衆而親仁이다. 그러므로 선이 아니면 기뻐하지 않고, 인자가 아니면 친해지지 않고, 부류를 가려서 교유했고, 문文을 통해 벗과 만났다."[41] 여기서 親仁이 汎愛衆에 비해 범위가 좁고 친밀도가 높은 일임이 다시 한번 확인된다.

行有餘力則以學文의 이해

『논어』 1.6의 마지막 문장 "실천하고 남은 힘이 있으면, 그 힘으로 세련된 표현(文)을 배워라"는 구체적으로 무슨 뜻일까? 『십삼경주소』는 배움의 시간적 선후를 나타내는 표현으로 해석한다. "지금까지 말한 일련의 일들을 하고 여전히 여가와 여력이 있으면 선왕이 남긴 세련된 표현(文)을 배울 수 있다. 만약 그 세련된 표현(文)만 배우고 일을 제대로 해낼 수 없으면 잘못된 말을 하고 거짓을 행한 것이 된다."[42] 즉, "入則孝, 出則弟, 謹而信, 汎愛衆而親仁"의 활동을 하고 나서 시간과 힘이 남으면 세련된 표현(文)을 배우라는 뜻이다. 이러한 취지를 이어받아, 임헌규는 1.6의 핵심이 앞부분("弟子, 入則孝, 出則弟, 謹而信, 汎愛衆而親仁")에 있고, 뒷부분("行有餘力, 則以學文")은 앞부분에 대한 해설에 불과하다고 본다.[43] 즉, 공자는 인간관계의 수직적·수평적 질서를 망라하는 핵심 원리로서 孝와 弟를 제시하고 그 사안을 완수한 뒤에 부차적인 文 공부로 나아가라고 말하고 있다는 것이다.

이러한 해석은 일찍이 여러 주석가와 번역자들에 의해 다양한 방식으로 변주되었다. 김도련,[44] 김용옥,[45] 김학주,[46] 박삼수,[47] 신창호,[48] 심경호,[49] 이한우,[50] 임옥균,[51] 장기근,[52] 최석기,[53] 한필훈,[54] 홍승직[55] 등 다수의 사람들이 1.6을 文에 대한 배움보다 도덕적 행실이 우선되어야 한다는 취지로 해석한다. 배병삼은 심지어 이렇게까지 말한다. "공자는 책이나 컴퓨터를 통해 정보를 획득하는 것은 공부 가운데 가장 낮은 것으로 보았고, 효孝와 제弟, 근謹과 신信, 애중愛衆과 친인親仁 같이 실제적이며 인간관계를 잘 수행해낼 수 있는 실천적 덕목을 공부의 고갱이로 여겼다."[56] 이러한 해석이 새삼스러운 것은 아니다. 윤돈, 홍흥조洪興祖(1090~1155),[57] 그리고 하안의 『논어집해』[58]나 송나라 황진黃震

(1213~1280)의 『황씨일초黃氏日鈔』[59]가 그러한 입장을 취했다.

그런데 이렇게 해석하면, 도덕적 행실에만 주의하고 지적인 탐구는 소홀히 해도 된다는 뜻이 되어버리지 않을까? 그러기에는 1.6과 달리 文을 전면에 내세운 문장들도 『논어』 텍스트에 있지 않은가.[60] 운봉 호씨의 말을 들어보자. "'行하고 남은 힘이 있다'는 것은 앞에서 거론한 여섯 가지 일 중에서 한 가지 일을 할 때마다 여가가 나면 곧 文을 배우라는 말이지, 매일 그 여섯 가지 일을 다 마치고 나서 文을 배우라는 뜻이 아니다. 만약 정말 그 여섯 가지 일을 다 마치려고 든다면 끝내 해내지 못할 것이니 文을 배울 때는 결국 없게 될 것이다."[61] 그렇다. 앞에서 거론한 행실을 잘해내기에도 시간은 부족할 것이다. 도덕적 행실을 완비하려다보면, 끝내 文을 배울 시간 같은 것은 나지 않을 것이다. 즉, 1.6의 구절들을 시간적 순차성으로 이해하면 이런 불합리에 빠지게 된다. 그 같은 불합리성을 의식하며 주희는 이렇게 말한다. "이 몇 가지 일을 하는 것 말고도 달리 노력할 부분이 있으니, 이 노력을 해가면서 文을 배울 수 있다. 즉, 行이 거리낌 없이 편해지는 단계에 이르고 나서 비로소 文을 배울 수 있다는 말은 아니다."[62] 그러니까 도덕적 행실이 고도의 경지에 도달한 뒤에 文을 배우라는 것이 1.6의 취지는 아니라는 말이다.

이러한 문제의식에 공감하는 주석가들은 1.6이 지적 탐구를 경시한 것이 아니라, 도덕적 행실과 지적 탐구가 모두 중요함을 역설했다고 보았다. "옛사람의 원칙을 깨달아 알아야 비로소 잘못을 저지르지 않을 수 있다. 만약 文을 배우지 않고 자기 멋대로 하면 어찌 잘못이 없을 수 있겠는가. 다만 文 배우는 일을 먼저 하지 말라는 것일 뿐이다."[63] 이러한 주희의 설명에 공감하는 쌍봉雙峯 요씨饒氏는 다음과 같이 부연한다. "주자는 文을 배우는 것을 致知치지로 간주하여 力行역행과 대비했다. 아는 바가 분명하지 않으면 행하는 바가 理에 들어맞지 않음을 말하여, 文이라는 글자가 매우 중요함을 밝혔다."[64] 이 같은 견해에 따르면, 1.6의 앞부분(弟子, 入則孝, 出則弟, 謹而信, 汎愛衆而親仁)은 "力行"을 의미하고 뒷부분(行有餘力, 則以學文)은 "致知"를 의미한다. 致知와 力行을 모두 중시하는 것은 주자학의 특징이다. "학문學文"이 致知를 뜻한다면 그것은 결코 경시될 수 없다. 정약용도 이렇게 말했다. "앞선 유자들은 이로 인해 문예를 배척했으나, 그런 것은 공자의 원래 뜻이 아니다."[65] 『논어』 한국어 번역자 중에서는 이기석·한백우,[66] 이을호,[67] 황희경,[68] 등이 이 입장을 취한다.

이처럼 긴 변호가 필요한 이유는 "行有餘力"이라는 표현이 너무도 분명하게 文 배우는 일을 行의 뒤로 미루는 것 같기 때문이다. 그래서 일부 주석가와 번역자들은 "行有餘力"을 문자 그대로 이해하지 말자고 주장하기 시작했다. 김용옥의 경우는 "'행行'이 얼마나 중요한 일인가를 강조하기 위한 일종의 이디엄적인 표현일 뿐"[69]이라고 말했다. 조명화는 "앞에서 열거한 덕목들은 삶의 태도에 대한 강조이지 시간적으로나 비용으로나 실천에 여력이 생길 수 있는 것들은 아니다. '자기 행업行業(생계를 위한 직업)의 여유를 이용하여'라고 새기는 것이 합당하다"[70]고 본다. 흥미로운 제안들이지만, 이들은 그런 제안을 뒷받침할 전거를 제시하지 않는 약점을 드러낸다. 그 약점을 극복하려면 『논어』 전체에 걸쳐 文과 行의 용례를 검토할 필요가 있다.

文과 行

文은 '산문', '문화', '문학' 등 현대 한국어의 여러 단어에 두루 사용되기에 익숙한 글자다. 그런데 한문의 세계에서 文의 의미는 실로 다양하다. 1.6에서 사용된 文은 과연 어떤 뜻으로 사용된 것일까? 먼저 文의 기초적인 뜻이 "글"이라는 점에 주목하여 1.6에 나온 文을 말 그대로 "글"로 해석하는 입장이 있다. 조선시대 언해들이 이 文을 "글"로 해석했고, (정약용이 인용하는) 요립방姚立方은 "제자들이 시간 날 때 글자를 익히게 하려 한 것일 뿐"이라고 풀이했다.[71] 그 밖에 文은 한낱 글자를 의미하는 것이 아니라 예로부터 전해오는 텍스트를 의미한다고 본 주석가들이 있다. 대표적으로 마융은 '文'을 옛부터 내려온 글(古之遺文

也)이라고 했다.[72] 형병은 그 대상을 구체적으로 적시하여 『시경』, 『서경』, 『예기』, 『악기樂記』, 『역경易經』, 『춘추』 등 육경六經이 그에 해당한다고 풀이했다.[73]

그러나 공자가 활동하던 당시에는 이른바 육경이 오늘날처럼 문자화된 고전 시리즈로 확립되지 않은 상태였다. 그래서 (양차오밍이 인용하는 바와 같이) 황진은 『황씨일초』에서 "문文이라는 것은 예禮, 악樂, 사射, 어御, 서書, 수數 등을 말하는 것이며, 문자를 말하는 것이 아니다"[74]라고 했다. 즉, 글자로 이루어진 텍스트를 포함하되 그것을 넘어서는 폭넓은 문화적 산물로 文을 이해한 것이다. 1.6의 文을 (문자화된 텍스트를 넘어서는) 익혀야 할 문화적 자원으로 본 주석가로는 주희를 들 수 있다. 주희는 시서육예詩書六藝가 文이라고 했고,[75] 남헌南軒 장식張栻(1133~1180)은 문예의 일을 文이라고 했다.[76]

그러면 1.6을 넘어 『논어』 텍스트 전반에서 文은 어떤 의미로 사용되었을까? 이에 대해서는 조명화가 제 나름의 분류를 제시한 바 있다.

> 『논어』에서 文은 다음과 같은 뜻으로 쓰인다. ① 문헌이나 詩 등 지배계급의 소양을 가리킨다(1.6, 3.9, 6.27, 7.25, 9.11, 11.3, 12.15, 12.24, 15.26). ② 무늬·수식·꾸밈의 뜻으로 쓰이는데(14.12, 19.8) 꾸미지 않은 바탕이라는 뜻인 質과 상응하여 사용되기도 한다(6.18, 12.8). ③ 그 뜻에서 나아가 문화나 문물제도를 가리키는데, 그 경우 文章이라고도 표현한다(3.14, 5.12, 8.19, 9.5). ④ 이상의 의미를 포괄하여 '武'의 반대 개념으로 규정되고(5.14, 14.18, 16.1, 19.22), 그 뜻을 담은 매우 훌륭한 시호諡號로 사용된다(5.14, 5.17, 5.18, 5.19, 9.5, 14.13, 14.15, 14.18, 15.14). 공자는 文이라는 말을 위와 같은 정도의 뜻으로 사용하였다.[77]

이 같은 분류법의 세부 내용에 이의를 제기할 수는 있지만, 이런 분류를 통해 『논어』 텍스트에 나오는 文이 오늘날 생각하는 글이나 문자 텍스트에 국한되지 않는 폭넓은 외연과 내포를 가진 개념임을 알 수 있다. 文이 갖는 함축적 의미를 담을 수 있는 적절한 번역어는 무엇일까? 14.18에는 "可以爲文矣"(文이라고 할 만하다)라는 구절이 나오는데, 이와 관련해서는 주희가 『논어집주』에서 文에 대해 다음과 같이 정의한 바 있다. "文이란 패턴을 따라 무늬를 이룬 것을 말한다."[78] 물론 이 정의에는 주희 나름의 선입견이 배어 있지만, 우리가 文을 이해하는 데 중요한 시사점을 준다. 文을 운위하기 위해서는 어떤 패턴(理)이 있어야 하고, 그에 기초하여 어떤 외적인 표현(章)이 동반되어야 한다는 것이다. 바로 이런 이유에서 文은 문헌뿐 아니라 세련된 문화적 표현 일반을 뜻한다. 그 때문에 영어권 학계에서는 "斯文"을 "this literature of ours"라고 번역하지 않고 "this culture of ours"라고 번역하곤 한다.[79]

그렇다면 『논어』 한국어 번역본들은 1.6에 나오는 文을 어떻게 번역해왔는가?

文을 "글"로 번역한 경우 강동석(『논어역보』, 한국학술정보, 2016, 16쪽), 금장태(『우리말 사서』, 지식과교양, 2013, 12쪽), 김도련(『주주금석 논어 상』, 웅진지식하우스, 2015, 38쪽), 김영호(『논어: 공자와의 대화』, 산지니, 2012, 64쪽), 김원중(『논어(개정판)』, 휴머니스트, 2017, 44쪽), 김학주(『논어(개정4판)』, 서울대학교출판문화원, 2017, 116쪽), 김형찬(『논어(신개정판)』, 홍익출판사, 2015, 32쪽), 류종목(『논어의 문법적 이해』, 문학과지성사, 2000, 25쪽), 박삼수(『쉽고 바르게 읽는 논어』, 지혜의바다, 2014, 24쪽), 박유리(『논어상해: 논어 깊게 읽기』, 문사철, 2013, 25쪽), 박헌순(『논어집주 1』, 한길사, 2008, 44쪽), 배병삼(『한글 세대가 본 논어 1』, 문학동네, 2002, 38쪽), 성백효(『현토완역 논어(개정증보판)』, 한국인문고전연구소, 2005, 36쪽), 신정근(『공자씨의 유쾌한 논어』, 사계절, 2009, 56쪽), 신창호(『한글 논어』, 판미동, 2014, 84쪽), 심경호(『논어 1』, 민음사, 2013, 28쪽), 양차오밍(『논어전해』, 학고방, 2016, 11쪽), 유교문화연구소(『논어』, 성균관대학교출판부, 2005, 10쪽), 이강재(『논어』, 살림, 2006, 103쪽), 이기동(『논어강설』, 성균관대학교출판부, 1991, 66쪽), 이기석·한백우(『논어』, 1983, 17쪽), 이동희(『논어』, 계명대학교출판부, 2008, 134쪽), 이상임(『논어』, 경희대학교출판국, 2004, 12쪽), 이우재(『이우재의 논어 읽기』, 21세기북스, 2013, 57쪽), 이을호(『한글 논어』, 한국학술정보, 2015, 23쪽), 이지형(『역주 논어고금주 1』, 사암, 2010, 99쪽), 임동석(『논어 1』, 동서문화사, 2009, 86쪽), 임옥균(『논어 정독』, 삼양미디어, 2015, 55쪽), 조명화(『논어역평 1』, 현암사, 2017, 148쪽), 차주환(『공자의 인생 수업 논어』, 을유문화사, 2015, 24쪽), 최근덕(『한글 논어』, 성균관, 2004, 18쪽), 최석기(『정선 사서』, 2016, 30쪽), 최영갑(『논어 1』, 펭귄클래식 코리아, 2009, 28쪽), 홍승직(『처음 읽는 논어』, 행성B, 2016, 19쪽), 황희경(『논어』, 시공사, 2000, 34쪽)

文을 "문헌"이라고 번역한 경우 동양고전연구회(『논어』, 민음사, 2016, 27쪽), 박종연(『논어』, 을유문화사, 2006, 32쪽)

文을 달리 번역하지 않고 그냥 "문"이라고 한 경우 김동인·지정민·여영기(『세주 완역 논어집주대전 1』, 한울아카데미, 2009, 74쪽), 부남철(『논어정독』, 푸른역사, 2010, 38쪽), 이한우(『논어로 논어를 풀다』, 해냄, 2012, 49쪽)

특정 주석을 그냥 답습한 경우 ① 文을 "육경"이라고 한 경우: 윤재근(『(사람인가를 묻는) 논어』, 동학사, 2004, 72쪽), ② 文을 "遺文"이라고 한 경우: 정태현·이성민(『역주 논어주소 1』, 전통문화연구회, 2012, 87쪽)

文을 "글이나 문물제도"라고 번역한 경우 장기근(『개정신석 논어집주』, 명문당, 2009, 32쪽)

文을 "학문"이라고 번역한 경우 한필훈(『논어』, 안티쿠스, 2012, 38쪽)

文을 "문자"라고 번역한 경우 김용옥(『논어한글역주 1』, 통나무, 2008, 312쪽)

기존 번역어 중에서는 "글이나 문물제도"라고 한 장기근의 번역이 광의의 文 개념에 가장 근접한 셈이다. 그러나 1.6에 文의 이런 일반적 의미를 그대로 적용할 수는 없다. 배움이라는 맥락, 그것도 "行有餘力, 則以學文"이라는 특정한 맥락에 사용된 文과 行의 의미를 파악해야 한다.

『논어』에서 배움을 논할 때, 文은 禮와 병렬되어 등장한다. "군자는 文에 관해서 널리 배우고, 禮로써 단속한다. [그러면 도에] 참으로 위배되지 않을 것이다!"(6.27)[80] 예로써 무엇을 단속한다는 말일까? 단속의 대상이 되는 목적어가 드러나 있지 않으므로 그 목적어를 재구성할 필요가 있다. 9.11이 목적어에 대한 실마리를 던져준다. "나를 文으로 넓혀주시고, 禮로 나를 단속해주신다."[81] 즉, 목적어는 "나"이다. 文과 대비된 禮는 자아의 영역에서 작동하는 규범적 기세를 나타내고, 禮와 대비된 文은 (자아보다) 넓은 영역의 문화적 패턴을 나타낸다.

1.6에서 그러했듯이, 배움을 논할 때 文은 行과도 병렬되어 등장한다. "文에 관한 한, 나는 다른 사람 정도 되는 듯하다. 군자됨을 몸소 실천하는(躬行) 데 관한 한 아직 해내지 못하고 있다."(7.33)[82] "선생님께서는 네 가지로 가르치셨다. 文(세련된 표현), 行(적절한 행실), 忠(충성스러움), 信(믿음직함)."(7.25)[83] 躬行궁행이라는 표현이 보여주듯이 여기서 行은 일개 자아 차원에서의 실천을 의미한다. 이러한 의미의 '行'은 13.20에도 등장한다. "자신의 행동(行己)을 부끄러워할 줄 알고, 사방으로 사신 가서(使於四方) 군주가 명한 바를 욕되게 하지 않으면, 사士라고 할 수 있다."[84] 요컨대 『논어』에서 行, 躬行, 行己행기는 통용된다. 이를 통해 유추해보면, 1.6의 숨겨진 목적어 역시 "나" 혹은 자기 자신인 셈이다(기존 번역은 목적어를 생략한 문제가 있다).

이처럼 行, 躬行, 行己가 개별 자아의 수양(修己)의 영역이라면, 行과 대비되어 사용된 文, 그리고 使於四方은 어떤 영역일까? 13.20에서 行과 대비된 使於四方이 이 세상을 다스리는 일, 즉 治人치인의 영역임은 분명하다. 7.25에서 行과 대비된 文 역시 자아의 영역을 넘어선 저 넓은 세계의 패턴을 의미한다. 그리고 그 文은 治人에서 핵심적이다. 文이 治人에서 핵심적이라는 사실은 『논형』「효력效力」이 잘 보여주는데, 바로 "行有餘力, 則以學文"을 인용하며 다음과 같이 말한다.

> 사람에게 지와 학이 있으면 힘이 있다. 관리가 사무 처리하는 것으로 힘을 삼고, 유생은 배우고 묻는 것으로 힘을 삼는다. 누군가가 양자운楊子雲에게 물었다. "힘센 이는 큰 솥을 들고 커다란 깃발을 휘두를 수 있는데 지와 덕의 경우도 그런 힘이 있는가?" 대답하였다. "백 사람은 되어야겠지." 지와 덕이 있는 백 사람이 모여야 큰 솥을 들고 큰 깃발을 휘두르는 사람(의 육체적 힘)에게 맞먹을 수 있다. [그런데] 장사로서 힘이 센 사람은 솥을 들고 깃발을 휘두르며, 유생으로서 힘이 센 사람은 두루 통달한다(博達疏通). 博達疏通이 바로 유생

의 힘이고, 무겁고 견고한 것을 들고 휘두르는 것은 장사의 힘이다. 『상서尙書』「재재梓材」[85]에서는 힘 있는 이가 왕을 모시고 현인을 불러 그가 무리를 거느려 피치자를 교화한다는 말이다. 이는 현인이 예의에 대한 역량을 갖추고 있으므로 현명함을 발휘하고 피치자를 교화한다는 말이다. 피치자를 교화하는 데는 예의가 반드시 필요하고, 예의에는 반드시 文章이 필요하다. "행함에 여력이 있으면 그 힘으로 문을 배운다." 文을 배울 수 있다는 것은 힘을 가지고 있다는 경험적 증거다.[86]

『논형』「효력」은 文이야말로 유생이 治人의 영역에서 발휘할 수 있는 역량이라는 점을 강조한다. 그 점은 구체적인 治人에 종사하는 행정직 관료의 일처리(文吏以理事)에 유생의 學/問을 견주는(儒生以學問爲力) 대목에서 잘 드러난다. 행정직 관료에게 일처리(理事) 능력이 필요하다면 유생에게는 두루 통달할(博達疏通) 文이 필요하다. 그리고 그 文은 그저 개인 수양의 차원이 아니라 피치자를 교화하는 데 필수적이다. 피치자는 형벌로만 다스릴 수 없기에 교화가 필수적이고, 교화하려면 피치자를 규제할 예의가 필수적이고, 예의를 구현하려면 文(章)이 필수적이다.

이 같은 治人의 기제로서 文의 의미가 극명하게 드러난 대목이 바로 9.5이다. "선생님께서 광匡 땅에서 핍박받고 말씀하셨다. '문왕文王께서 이미 돌아가셨으니, 세련된 표현양식(文)이 이제 이 몸에 있지 않은가? 하늘이 장차 이 세련된 표현양식(斯文)을 없애려 한다면, 문왕文王보다 뒷세대인 내가 이 세련된 표현양식(斯文)에 참여할 수 없었을 것이다. 만약 하늘이 이 세련된 표현양식(斯文)을 없애려 하지 않는다면, 광 땅 사람들이 나를 감히 어찌하겠는가?'"[87] 이 대목이 흥미로운 점은 공자가 治人의 상징인 문왕에게 자신을 빗댔다는 사실이다. 그리고 문왕이 治人을 잘할 수 있었던 것은 바로 그에게 "(斯)文"이 있었기 때문이다. 공자는 자신이야말로 그 "(斯)文"의 계승자라고 자부한다. 그 자부심은 무엇보다 治人의 역량에 대한 자부심이다.

이처럼 1.6의 해석에서 관건은 "學文학문"의 의미를 정의하는 일이고, "學文"의 뜻은 선행 구절("入則孝, 出則弟, 謹而信, 汎愛衆而親仁")을 어떻게 파악하느냐에 달려 있다. 주자학에서는 그 양자의 관계를 "力行"과 "致知"의 관계로 파악했다. 그러나 그 같은 해석은 1.6의 원뜻보다는 주자학의 사유체계에 대해 더 많은 것을 알려준다. 지금까지의 논의가 설득력이 있다면, 1.6의 원뜻은 "力行과 致知"가 아니라 "修己와 治人"으로 대별된다. "行"은 修己에 해당하고, 學文은 治人을 위한 배움에 해당한다. 즉, 1.6은 제자들에게 "修己"를 하고 여력이 있으면 "治人"을 하라고 권하는 말이다.[88]

이렇게 볼 때, 『논어』 텍스트에서 1.6과 내용상 가장 근접하는 대목은 14.42이다. "자로子路가 군자에 대해 여쭈었다. 선생님께서 말씀하셨다. '자신을 닦아(修己) 공경하여라.' 자로가 다시 말하였다. '그렇게만 하면 됩니까?' 선생님께서 말씀하셨다. '자신을 닦아 남을 편안케 하여라.(修己以安人)' 자로가 다시 말하였다. '그렇게만 하면 됩니까?' 선생님께서 말씀하셨다. '자신을 닦아 백성을 편안케 하여라. 자신을 닦아 백성을 편안케 하는 것은 요堯임금과 순舜임금도 오히려 그 정도에는 정녕 못 미친다고 생각하셨다!'"[89] 『논어』에서 자신을 닦는 일은 배움의 시작이다. 그러나 끝은 아니다.

3부

정치의 이상과 현실

10

주체 형성 방법으로서의 '學'

자하子夏가 말하였다.
"[배움의 과정에서] 현능한 사람을 존중하면 용모마저 바뀌게 된다.
부모를 섬기는 일에 가진 힘을 다 쓸 수 있고,
군주를 섬기는 일에 자신을 바칠 수 있고,
붕우와 사귀는 일에 말이 믿음직하다면,
아직 배우지 않았나고 하더라도 나는 반드시 배웠다고 하겠다."
子夏曰, 賢賢易色, 事父母, 能竭其力, 事君, 能致其身, 與朋友交, 言而有信.
雖曰未學, 吾必謂之學矣. (『論語』 1.7)

이 인용문의 마지막에 나오는 "나는 반드시 배웠다고 하겠다"(吾必謂之學矣)라는 구절은 간결하고 분명하게 1.7의 주제가 '배움(學)'임을 일러준다. 특히 "必필"과 "矣의" 두 글자는 1.7의 분위기를 파악하는 데 핵심적인 요소다. 必은 반드시 그러하겠다는 강한 의지를 표명하고, 矣는 힘주어 단정하는 어조를 담고 있다. 그래서일까. 남송대의 학자 오역吳棫(?~1154)은 이 문장을 두고 뜻은 좋지만 억양이 지나치다고 평했다.[1] 요컨대 1.7은 일견 평이해 보이는 내용에도 불구하고 논쟁적인 주장을 담고 있다.

자하子夏는 어떤 이들을 의식하고 있었기에 자기 주장을 그토록 힘주어

펼쳐야 했을까? 자하의 논적들은 필시 어떤 이들을 못 배운 사람들이라고 간주하고 있었음에 틀림없다. 그렇기에 자하는 자기만큼은 기어이 그들을 배운 사람으로 간주하겠다고 역설한다. 배움에 관한 자하의 인식은 세간의 통념과는 극명하게 달랐기에 저토록 강하게 자기 입장을 천명한 것이다. 자하가 생각한 배움의 핵심은 도대체 무엇일까?

이 같은 질문에 답하기 위해 아래에서는 다양한 사료와 관련 연구를 광범하게 분석하고 활용하여 1.7의 문장을 정밀하게 독해하고자 한다. 특히 1973년 마왕퇴馬王堆 한묘漢墓에서 출토된 사료인 『오행五行』은 1.7의 독해에 새로운 지평을 열어준다. 그런 점에서, 이제껏 가려져 있던 자하의 의중이 좀 더 분명하게 드러나기를 기대한다. 1.7에서 자하가 천명한 배움의 핵심은 바로 주체의 형성에 있다.

자하의 경쟁자

(특별한 배움의 과정 없이) "부모를 섬기는 일에 가진 힘을 다 쓸 수 있고, 군주를 섬기는 일에 자신을 바칠 수 있고, 붕우와 사귀는 일에 말이 믿음직한 상태"에 이른 사람이 여기에 있다고 해보자. 그런데 많은 사람들이 그 사람을 '배운(學)' 사람으로 여기지 않는다. 그러한 경향이 뚜렷하게 나타난다는 것은 1.7의 문장 흐름을 통해 알 수 있을 뿐 아니라, "雖曰未學수왈미학, 吾必謂之學오필위지학"에 나오는 "曰왈"과 "謂위"의 분석을 통해서도 확인할 수 있다.

曰과 謂는 흔히 '말하다'로 번역된다. 그런데 1.7의 경우에는 그저 '말하다'로 해석하고 말기에는 상황이 복잡하다. 먼저 曰을 살펴보자. 류종목이 지적한 바 있듯이,[2] "雖曰未學"은 "아직 배우지 않은 상태일지라도"로 번역될 수도 있고, "아직 배우지 않았다고 하더라도"로 번역될 수도 있다. 曰이 '…이다'라는 뜻의 술어로 쓰일 수도 있고,[3] '…라고 말하다'라는 뜻의 동사로 쓰일 수도 있기 때문이다. '…라고 말하다'라는 뜻으로 쓰는 曰의 용례는 『논어』 텍스트에 아주 흔하게 등장한다. 『논어』에 나오는 "子曰"(선생님께서 말씀하셨다)이라는 표현이 모두 그에 해당한다. '…이다'라는 뜻으로 쓰는 曰의 용례 역시 『논어』에서 찾을 수 있다. "『시』 300편을 한마디로 요약하자면, '생각에 요사스러움이 없다'는 것이다."(2.2)[4]

만약 1.7에서 曰이 '…이다'의 뜻으로 쓰였다면, "아직 배우지 않은 사람" 본인이 曰의 주어가 된다. 만약 曰이 '…라고 말하다'의 뜻으로 쓰였다면, "아직 배우지 않았다고 말하는 사람"이 曰의 주어가 된다. 후자의 경우가 맞다면, 자하가 "아직 배우지 않았다고" 말하는 사람들을 강하게 의식하면서 그에 대해 반대의견을 표출한 것이 된다. 문법적으로는 曰이 '…이다'와 '…라고 말하다' 어느 쪽으로도 해석될 수 있기 때문에, 1.7에 나오는 曰에 대한 판단은 1.7 전체의 취지에 맞춰서 해야 한다.

다음으로 謂를 살펴보자. 謂는 '…말하다'라는 뜻의 동사로 쓰일 수도 있고, '…라고 평가하다'라는 뜻의 동사로 쓰일 수도 있다. 謂가 '평가하다'는 뜻으로 쓰이는 『논어』 예문은 다음과 같다. "선생님께서 공야장公冶長을 평하셨다. '그에게 딸을 시집보낼 만하다.'"(5.1)[5] "선생님께서 계씨季氏를 다음과 같이 평가하셨다. '자기네 제사 마당에서 [천자의 예식인] 팔일무를 추게 하였다. 이 꼴을 용인한다면 무엇을 용인 못하겠는가?'"(3.1)[6]

한편, 謂가 '(…에게) 말하다'라는 뜻으로 쓰이는 『논어』 예문은 다음과 같다. "선생님께서 자하에게 말씀하셨다(謂). '너는 군자 같은 식자가 되어라, 소인 같은 식자가 되지 말아라.'"(6.13)[7] "자공이 말하였다. '『시』에서 '끊어내듯이, 갈아내듯이, 쪼듯이, 갈듯이'라고 한 말은 아마 이것을 이르는(謂) 거겠죠?'"(1.15)[8] "번지가 여쭈었다. '뭐라고 말씀하신 건가요?'"(2.5)[9]

앞에서 논한 矣의 뉘앙스까지 함께 고려할 때, 1.7에 나오는 謂는 평가어로 사용되었음에 틀림없다. 『논어』 전반에 걸쳐 學은 가치중립적인 용어가 아니라, 성취하면 좋은 이상적인 상태 중의 하나로 간주된다. 현대 한국어에서 '배움'은 평이하게 들리는 단어이지만, 『논어』 전체에서 學은 가장 두드러지는 주제어 중 하나이다. 學은 고대 중국에서 어떤 인물을 평가하는 어휘로 기능하기에 적합하고 충분했다.

기존 해석의 지형

자하는 (특별한 배움의 과정 없이) "부모를 섬기는 일에 가진 힘을 다 쓸 수 있고, 군주를 섬기는 일에 자신을 바칠 수 있고, 붕우와 사귀는 일에 말이 믿음직한 상태"에 이른 사람을 '배운(學)' 사람으로 간주하지 않는 경향에 반대하는 것으로 보인다. 그리하여 자하는 "아직 배우지 않았다고 하더라도 나는 반드시 배웠다고 하겠다"는 의지를 천명한다. 그렇다면 그런 사람을 배운 사람으로 간주하지 않는 이들은 어떤 입장을 가진 것일까? 그 입장을 어떻게 이해하느냐에 따라 1.7의 해석이 크게 달라진다.

첫째, 1.7을 도덕적 실천 대 텍스트 공부의 대비로 보는 입장이 있다. 『논어집주대전』에서 면재勉齋 황씨黃氏[10]는 자하가 실질적 실천에 힘쓰고 텍스트 공부를 억눌렀다(務實行而抑文學)고 평가했다.[11] "賢賢易色현현역색, 事父母能竭其力사부모능갈기력, 事君能致其身사군능치기신, 與朋友交言而有信여붕우교언이유신"을 실질적 실천 항목으로 간주한 해석이다. 이런 해석은 주희의 『논어집주』에서 "이 네 항목은 모두 커다란 인륜이니, 그것들을 실천할 때 정성을 다해야만 한다. 배움은 이와 같이 하고자 하는 것일 뿐이다"[12]라고 말한 것으로까지 소급된다. 『논어집주』에 기반하여 해설하고 있는 한국의 해설자들도 대개 이 같은 해석을 따르고 있다.[13]

둘째, 1.7을 도덕적 실천 대 텍스트 공부의 대비로 보는 것에 명시적으로 반대하는 입장이 있다. 예컨대 조명화는 "이 장은 덕행이 지식보다 우월하며 행위가 말씀에 앞서야 한다는 내용이라고 설명하는 주석가가 있는데, 문면만을 피상적으로 본 결론"[14]이라고 비판했다. 그가 보기에 1.7의 핵심은, 제도화된 과정을 거쳐야 學이라고 간주하는 입장에 반대하는 데 있다. "자하의 말에서 우리는 정치적으로 입신하자면 일정한 문벌을 거치는 것이 유리했음을 알 수 있고, 그 시대에도 교육은 사회적 지위를 결정하는 데 중요한 수단이었음을 알 수 있다."[15] 그러나 자하의 말에서 문벌의 요소를 반대하는 부분을 찾을 수는 없다.

셋째, 1.7을 '꾸밈(文)'과 '바탕(質)'의 대비로 보는 입장이 있다.[16] 이 입장에 선 해석자들은 "賢賢易色, 事父母能竭其力, 事君能致其身, 與朋友交言而有信"을 실질적 실천 항목으로 간주하지 않는다. 그 대신 바탕(質)으로 간주한다. 예컨대 부남철은 "'질'에 관한 것을 잘 실천하는 사람이 있다면 그가 설령 표현과 '문'에 대해 배운 적이 없다고 겸손하게 말해도 그 배움이라는 것이 결국은 '질'을 잘하기 위한 것이기에 배운 사람이라고 평가하겠다는 말이다"라고 해석한다.[17] 그와 유사하게 이한우도 이렇게 말한다. "갈수록 중요성을 더해갈 文質 문질의 문제를 『논어』의 편찬자는 이처럼 책의 전반부에 은근하게 배치해놓았다. 아쉽게도 정약용은 文에 주목하기는 했지만 그것을 文이라 지목하지 못하고 그냥 誠성으로 푸는 데 그치고 있다."[18] 그런데 誠의 관점을 먼저 본격적으로 제기한 이는 정약용이 아니라 주희이고, 정약용은 그에 대해 코멘트한 것에 불과하다. 주희가 誠 개념을 본격적으로 제기하면서 환기한 범주는 文質이 아니라 本末본말이다.[19] 文質과 本末은 다른 범주이다.

주희는 『논어집주』에서 근본에 힘쓰는 것이야말로 「학이」편의 주제라고 한 유조游酢[20]의 말을 인용한다.[21] 그리고 그 대목을 『논어집주대전』에서 다음과 같이 부연한다.

> 천하의 이치에는 내소와 본말이 있다. 이는 모두 천리에서 없을 수 없는 것들이다. 그러므로 배우는 사람의 할 일에는 완급 선후가 있되 어느 한쪽을 없앨 수는 없다. 다만 말단이 근본을 이기고, 천천히 할 일이 서둘러 할 일보나

> 우선하게끔 해서는 안 될 뿐이다. '행하고 남은 힘이 있으면 文을 배우라'는 성인의 말씀 뜻이 바로 이와 같다. 자하의 논의로 말할 것 같으면, 굽은 것을 바로잡으려다가 적절한 상태를 넘어서버린 경우다.[22]

> 주희는 文과 質의 프레임으로써 1.7을 논하지 않는다

> 성인의 말씀은 근본에서 말미암아 말단에 이르고, 선후의 순서가 있다. 성인의 말씀은 평평하고 바를 뿐, 거기에 험하고 딱 잘라버리는 뜻은 없다. 그런데 자하의 말씀은 치우쳐버린 나머지 평평하고 바르지 못하다. 험하고 딱 잘라버리는 투여서 조화롭거나 무난하지 못하다. 좁디좁을 뿐 넓지 못하므로 폐단을 면치 못한다. 그래도 자하의 뜻은 사람들로 하여금 근본에 힘쓰게 하려는 것이었으니, 그 말이 잘못되었다고 할 수는 없다. 다만 공자의 말씀과 비교해볼 때, 자하의 말씀이 그처럼 치우쳤음을 알 수 있다.[23]

이처럼 주희는 근본과 말단 간의 위계를 인정하는 동시에, 양자가 연결되어 있음을 강조한다. 바로 그 이유에서 자하의 견해에는 편향이 있다고 평가한다.

넷째, 1.7을 '爲人之學위인지학(남에게 보이기 위한 공부)' 대 '爲己之學위기지학(자신의 향상을 위한 공부)'의 대비로 풀이하는 입장이 있다. 박삼수는 1.7을 해설하면서 "'남에게 보이기 위한' 공부에 여념이 없는 현대인들이 성현의 이 같은 주장에 담긴 참 의미와 지향志向을 알까?"[24]라고 탄식한다. 여기서 "남에게 보이기 위한 공부"란 14.24에 나오는 "옛날의 배우는 사람들은 자기 자신의 향상을 위해서 하였으나, 요즘의 배우는 사람들은 남에게 보이기 위해서 한다"[25]라는 공자의 말을 환기한 것이다. 그런데 1.7에 爲人之學 대 爲己之學의 긴장을 읽어낼 만한 실마리는 없다.

賢賢易色의 해석

"賢賢현현"의 뜻에 대해서는 폭넓은 합의가 이루어져 있다. 먼저 앞에 나오는 글자 "賢"은 동사로서 현인을 (현인에 걸맞게) 존중한다는 뜻이다.[26] 뒤에 나오는 글자 "賢"은 목적어로서 현인을 지칭한다. 고대 중국의 한문에서 "仁"이 인한 사람을 가리키고 "德"이 덕 있는 사람을 가리킬 수 있듯이 "賢"이라는 한 글자만 가지고도 현인을 가리킬 수 있었다. 이러한 해석을 뒷받침하는 용례는 많다.[27] 그리고 같은 글자를 반복하여, 특정 인물의 합당한 상태를 표시하는 사례는 『논어』에 또 나온다. "제나라 경공이 공자에게 정치에 대해 물었다. 공자가 대답하였다. '군주는 군주답고, 신하는 신하답고, 아비는 아비답고, 자식은 자식다워야 합니다.' 경공이 말하였다. '좋은 말씀입니다! 정녕 임금이 임금답지 않고, 신하가 신하답지 않고, 아비가 아비답지 않고, 자식이 자식답지 않으면, 비록 곡식이 있어도 내가 그것을 먹을 수 있으리오?'"(12.11)[28]

문제는 "賢賢" 바로 뒤에 나오는 "易色역색"을 어떻게 해석하느냐는 것이다. "賢賢易色"의 해석에 관하여 이한우나 부남철 같은 번역자는 (크게) 두 가지 의견이 있다고 했으나,[29] 논의의 지형은 좀 더 복잡하고 다양하다. 易과 色에 여러 가지 뜻이 있고, 두 글자를 연결하는 방식도 여러 가지이기 때문이다.[30]

첫째, "賢賢易色"을 "여색을 좋아하는 마음을 바꾸어 현자를 잘 대하고 좋아하다"로 해석하는 입장이 있다. 다들 여자를 좋아하는 경향이 있는데, 그런 마음을 고쳐먹고 현인을 좋아하라는 취지다. 이렇게 해석할 경우, 易은 "고치다"라는 의미이고 色은 "여색"을 의미한다. 형병은 "易은 고침을 뜻하고, 色은 여색을 뜻한다. … 사람들은 여색을 좋아하지만, 현인을 좋아하지 않는 경향이 있다. 여색을 좋아하는 마음을 고쳐 현인을 좋아한다면, 선善할 것이니"라고 주석을 달았다.[31] 서분붕徐奮鵬[32]은 이러한 입장을 다음과 같이 부연했다. "여색을 좋아하는 것은 인심人心이요, 현인을 좋아하는 것은 도심道心이다. 인심은 매번 진실하게 작동하는 데 반해 도심은 두려워 냉담한 상태에 있다. 易色이란 마치 인심을 바꾸어 도심을 작동시키는 것과 같다."[33] 서분붕이 말하는 인심이란 딱히 도덕적이지 않은 인간의 보통 마음을 가리킨다. 서분붕이 보기에 여색을 좋아하게 마련인 인간의 그 보통 마음을 도덕적인 마음(도심)으로 바꾸라고 한 것이 "賢賢易色"의 참뜻이다.

현대의 학자 중에서는 펑하오페이馮浩菲가 이 해석을 적극적으로 지지했다.[34] 그에 따르면, "賢賢易色"이라는 인간의 행동 준칙이 올바로 확립되어야 비로소 뒤의 "事父母", "事君" 등의 일을 실천할 수 있다. 따라서 1.7에서도 "賢賢易色"이라는 큰 원칙이 제시된 다음, 뒤이어 "事父母", "事君"과 같이 구체적 상황에 적용할 수 있는 세부 준칙들이 소개된다고 해석한다. 그런데 어떻게 해서 "賢賢易色"이 뒤에 오는 다른 사항들을 아우르는 일반 원칙이 될 수 있는 것일까? 이에 대한 설명은 부족하다.

둘째, "賢賢易色"을 "여색을 좋아하는 마음으로 현자를 잘 대하고 좋아하다"로 해석하는 입장이 있다. 현인을 현인답게 잘 대해야 하는데 그러지 못한 것이 현실이다. 반면에 여색을 좋아하는 것은 꽤 보편적인 현상이다. 그러니 아름다운 여자를 잘 대하듯이, 현인을 현인답게 잘 대하고 좋아하라는 취지의 해석이다. 이와 같은 해석을 뒷받침할 만한 『논어』 내 근거로는 「자한子罕」의 "나는 덕 있는 사람을 좋아하는 것을 예쁜 사람을 좋아하는 것처럼 하는 사람을 아직 보지 못하였다"(9.18)[35]라는 문장을 들 수 있다. 그리고 『세설신어世說新語』 「언어言語」에 "賢賢易色"이 인용된 데가 있는데,[36] 그 부분에 "여색을 좋아하는 마음(好色之心)으로 현인을 좋아하는 것이 좋다"라는 공안국孔安國의 주석[37]이 소개되어 있다. 주희, 요시카와 고지로, 박유리 역시 이러한 해석을 지지한다.[38]

그런데 이렇게 해석할 경우, 易은 더 이상 "고치다"라는 뜻이 될 수 없다. 청대의 학자 왕념손王念孫(1744~1832)[39]은 『광아소증廣雅疏證』에서 『논어』 9.18 "吾未見好德如好色者也"(나는 덕 있는 사람을 좋아하는 것을 예쁜 사람을 좋아하는 것처럼 하는 사람을 아직 보지 못하였다)라는 문장에 '如'(…와 같다)자가 나오는 것에 착안하여, "賢賢易色"의 易이 如와 같은 뜻이라고 주장했다. 이 모든 해석은 1.7과 9.18

이 조응한다는 전제에 입각하는데, 그 전제가 타당한지는 확증할 수 없다.

셋째, "賢賢易色"을 "낯빛을 바꾸어 현자를 존중하다"로 해석하는 입장이 있다. 현인을 대할 때는 정색을 하고 잘 대하라는 뜻이다. 이렇게 해석할 경우, 易은 "고치다"라는 의미이고, 色은 "안색"을 의미한다. 황간의 주석 그리고 송대 채절蔡節의 『논어집설論語集說』, 정이程頤의 『정씨경설程氏經說』 「논어설論語說」 등이 色은 女色이 아니며 안색을 뜻한다는 것을 강조했다. "황간이 말하였다. '만약 현인을 존중하고자 한다면, 평상시의 안색을 바꾸어 단정하고 공경스러운 안색을 드러내야 한다.'(정이는 '현인을 보고 안색을 바꾸다'라고 말하였다.)"[40] 현대의 학자 니우펑타오牛鵬濤가 지적했듯이, 이 해석은 확실한 증거가 없어서 널리 받아들여지지 못했다.[41] 정약용은 주희를 인용하며 다음과 같이 지적했다. "잘못되었다. 주자가 다음과 같이 말했다. '덕 좋아하기를 여색 좋아하듯이 하는 사람을 아직 보지 못했다고 공자께서 두 번이나 말씀하셨다. 『중용』에서도 여색을 멀리하는 것을 가지고 현명함을 권했으니, 이미 그 취지가 분명하다. 안색을 고치는 것은 허위로 할 수도 있는 일이니, 여색을 좋아하는 마음을 바꾸어서 비로소 그 진실됨을 본다고 해석하는 것이 낫다.'"[42]

넷째, "賢賢易色"을 "현인을 잘 대하고, 여색은 가볍게 여긴다"로 해석하는 입장이 있다. 이렇게 해석할 경우, 易은 "고치다"라는 뜻이 아니라 "가볍게 여기다"라는 뜻으로 독음도 '역'이 아니라 '이'가 된다. 정약용이 지적한 바 있듯이, 이 해석을 지지할 만한 한대의 문헌이 있다. "『한서漢書』 「이심전李尋傳」에서 말했다. '성인은 하늘을 이어받아, 현인을 현인답게 대하고 여색을 가볍게 여긴다.' 안사고顏師古가 그에 대해 첨언했다. '현인을 존숭하고, 여색은 가볍게 여긴다.'"[43] 이러한 견해는 진조범陳祖範의 「경지經咫」, 송상봉宋翔鳳(1777~1860)의 「박학재찰기樸學齋札記」,[44] 유봉록劉逢祿(1776~1829)의 『논어술하論語述何』, 유보남의 『논어정의』, 정수덕의 『논어집석』이 소개하고 양차오밍,[45] 양보쥔,[46] 신정근 등이 동의한다. 즉, "賢賢易色" 뒤에 부모, 군신, 붕우 관계 등이 나온다는 점에 착안하여 "賢賢易色"도 인간관계에 관한 진술로 봐야 한다고 주장한 것이다.

유보남 같은 학자는 "賢賢易色"의 '色'이 구체적으로 아내를 지칭한다고까지 주장한다. 그에 따르면, 이 구절은 아내를 고를 때 현명한 덕성을 높이 쳐야지 미모에 사로잡혀서는 안 된다는 뜻을 담고 있다.[47] 이렇게 해석해야 1.7이 '부부(賢賢易色)-부모(事父母)-군주(事君)' 관계의 연쇄 구조를 갖게 된다는 것이다. 부부의 윤리는 인륜의 시작점이기 때문에, 여기서는 부모와 군주보다 앞서 논한 것이라고 유보남은 주장한다.[48] 그러나 조명화는 이에 반대한다. "부자·군신·붕우의 윤리는 '事父母', '事君', '與朋友交'처럼 분명하게 표현하면서 부부 윤리만 어떻게 '賢賢'이라는 애매한 표현으로 대신한단 말인가? 또한 공자는 부부관계의 중요성을 '事父母', '事君', '與朋友交'와 나란하게 언급한 적도 없고, 『논어』에는 '夫婦'라는 말도 나오지 않는다."[49] 그렇다면 조명화의 대안은 무엇인가? "'賢賢易色'을 뒤의 세 항목과 병립하는 조건구가 아닌 독립구, 즉 전제어나 감탄어로 보고자 한다. 즉, '賢賢易色이로다! 事父母…而有信한다면!'의 구문으로 해석이 가능하지 않을까 한다. '賢賢易色이로다!'라는 표현은 당시 사람이라면 누구나 아는 관용구일 가능성도 있지만 확실하지는 않다."[50] 조명화의 해석은 '賢賢易色'이 별도의 감탄어라는 전제에 입각한다. 그런데 왜 그런 전제를 설정해야 하는지에 대한 설명이 없어서 설득력이 떨어진다. '賢賢易色'에 관해 뚜렷한 전거를 제시한 학자가 바로 니우펑타오다.[51]

『오행』과 賢賢易色

니우펑타오는 『오행五行』을 근거로 삼아 "易色"에 대해 참신한 해석을 제시했다. 현대의 학자들은 『오행』을 오래전에 공자를 자기네 나름으로 계승하고자 한 이른바 사맹학파思孟學派의 대표적 문헌으로 간주한다. 니우펑타오는 이 『오행』에서 1.7의 해석에 실마리가 될 수 있는 일군의 문장들을 추출했다.[52]

① 獨不色然於君子道, 故謂之不聽. (군자의 도에 色然하지 않으므로 不聽이라고 평가한다.)

② 獨不色賢人, 故謂之不明. (현인에 不色하므로 不明이라고 평가한다.)

③ 聞君子道而不色然, 而不知其天之道也, 謂之不聖. (군자의 도를 듣고도 色然하지 않아 하늘의 道를 모르니, 不聖이라고 평가한다.)

④ 見賢人而不色然, 不知其所以爲之, 故謂之不智. (현인을 보고 色然하지 않아 어찌할 바를 모르니, 不智라고 평가한다.)

⑤ 獨色然辨於君子道, … 是聖矣. (色然하게 君子道를 판별하니 聖이다.)

⑥ 獨色然辨於賢人, 明也. (色然하게 賢人을 판별하니, 明이다.)

이 문장들은 모두 "色然색연"의 문제를 매우 중요하게 다룬다는 공통점이 있다. 그리고 "色然"은 "聰총", "明명", "聖성", "智지"와 같은 바람직한 상태를 얻기 위한 필수 조건이다. 위에 인용된 문장 중 ① ③ ⑤는 "聞君子道문군자도"에 관한 구절들이고, ② ④ ⑥은 현인을 접하는 상황(見賢人)에 관한 구절이다. 그렇다면 "君子道군자도"와 "賢人현인"과 "色然"의 관계는 무엇일까?

먼저 『오행』에서는 君子道와 현인의 밀접한 관계를 상정한다. 예컨대 "君子道에 크게 통달하는 것이 賢이다. 군자를 알고 발탁하는 것이 尊賢존현이다. (군자를) 받들어 섬기는 것이 尊賢이다"[53]라고 말한다. 즉, 君子道란 현인이 구현해야 할 목표다. 君子道라는 목표에 도달하는 방법은 무엇인가? "인仁과 의義를 해낼 수 있어서 점차 君子道에 통달하게 되면 賢이라 한다."[54] 즉, 君子道에 도달하는 구체적인 방법은 바로 인과 의이다. 누군가가 인과 의를 제대로 해내어 마침내 君子道를 구현하는 현인이 되었다고 해보자. 이제 그를 기용하고 따르기만 하면 된다. "그것을 발탁한다는 것은, 신실로 그를 발탁한다는 것이고, (그의 역량을) 알고서도 발탁하지 않는다면 아직 尊賢이라 할 수 없다." "섬긴다는 것은 진실로 그를 섬긴다는 것이고, (역량을) 알면서도 섬기지 않는다면 아직 尊賢이라 할 수 없다."[55]

그러면 니우펑타오가 이해하는 色이란 무엇일까? 『설문해자』에 따르면, 色은 안색(顏氣)을 뜻한다.[56] 단옥재段玉裁의 풀이에 의하면, "顏이란 두 눈썹의 사이다. 마음이 氣에 도달하고 氣가 미간에 도달한 것, 그것을 바로 色이라고 한다."[57] 『예기』 「제의祭義」에 따르면, "효자가 깊이 사랑하면 반드시 和氣가 생기고, 和氣가 생기면 반드시 기뻐하는 色이 있게 되고, 기뻐하는 色이 있으면 반드시 고운 얼굴(婉容)이 된다."[58] 그리고 『맹자』 「진심상盡心上」에서도 "인의예지는 마음에 뿌리를 내리고 있다. 그 발현되는 모양으로 말하자면, 깨끗하게 얼굴에 드러나고"[59]라고 했다. 이러한 전거에 기초해 『오행』의 다음 언명을 이해할 수 있다. "賢人을 보면 玉色이 드러나고, 玉色이 드러나면 곧 형태가 잡힌다."[60] 여기서 '玉色'이란, 군자의 도道나 현인을 마주할 때 안에서부터 바깥으로 "色然"이 드러나는 것이라고 니우펑타오는 해석한다. 그의 연구에 따르면, 色然이라는 표현은 고대 문헌에서 "안색을 바꾸다"라는 뜻으로 많이 사용되었다. 『춘추공양전春秋公羊傳』 「애공哀公 6년」에는 "뭇 대부가 그것을 보고서 모두 안색이 바뀌며(色然) 놀랐다"[61]는 문장이 나오고 『공자가어』 「정론해正論解」에는 "계손이 안색이 바뀌며(色然) 깨달은 바를 말했다. 나는 진정 이런 의義를 이해하지 못하였다"라는 문장이 나온다.[62] 이러한 예문들에서 色然은 모두 마음속의 움직임이 밖으로 표현되는 양상을 묘사한다.

이상의 논의를 종합하여 니우펑타오는 1.7의 賢賢易色이란 현인을 모시는 상황을 묘사한 것이라고 결론내린다. 易色이란 『오행』에 나오는 色然에 해당하는 표현으로서, 마음속에서 뭔가가 생겨 밖으로 드러나는 모습을 형용한 것이다. 이러한 상황의 예시로서 『순자』 「수신修身」에 나오는 다음과 같은 문장을 제시한다. "선을 보면 단정하게 자신을 점검하고, 불선을 보면 걱정스럽게 자신을 성찰한다."[63] 선 혹은 불선의 상황을 마주하여 안색이 바뀌는 양상이란 바로 이런 것이다.

이러한 주장은 사맹학파 계열 저작으로 분류될 만큼 "마음"을 강조하는 텍스트인 『오행』에서 나올 만하다. 心이야말로 눈, 코, 입, 손, 발 같은 신체 기관의 주재자이다. 만약 현인을 알아보고 만났을 때 마음에 역동이 생기면, 그 안색 또한 그에 따라 변하지 않을 수 없다고 니우펑타오는 생각한다. 이러한 논의를 종합해보면, 1.7에 나오는 "賢賢易色"이라는 표현은 "현인을 높이고 존경하여 안색을 고친다"(尊尙賢人, 改易顏色)는 정도의 뜻이다.

이와 같은 니우펑타오의 연구는 1.7의 언어적 맥락을 이해하는 데 큰 도움이 된다. 향후 그가 연구 과제로 삼을 만한 것은 자신이 제시한 고증 내용과 배움(學)의 관계이다. 1.7에서 "賢賢易色" 및 그 이하의 논의는 모두 學의 문제로 수렴되는데, 어떤 논리에 의해 그러한 수렴이 가능할까? 나는 니우펑타오가 추출한 『오행』의 문장들이 바로 學에 관련된 것이라는 사실을 강조하고자 한다. 『오행』에서는 배움의 과정을 묘사한 바 있는데,[64] 배움의 핵심적 계기로서 현인을 존중하는 일과 그로 인해 안색이 바뀌는 일이 거기에 등장한다. 그 내용은 다음과 같다.

> 智를 위한 비경험적 사색 작용(思)은 오래 지속할 필요가 있다. 오랫동안 지속하면 얻는 바가 있다. 얻는 바가 있으면 잊지 않는다. 잊지 않으면 명철해진다. 명철해지면 현인을 만날 수 있다. 현인을 만나면 안색이 바뀌고, 안색이 바뀔 정도가 되면 뭔가가 형성된다. 뭔가가 형성되면 智가 생긴다.[65]

여기서 묘사하는 배움의 과정은 현인을 만나기 전과 후로 대별된다. 현인을 만나기 전에는 "思"라는 비경험적 사색이 주를 이룬다.[66] 그 비경험적 사색을 일정 시간 지속하면(長) 무엇인가를 얻어(得) 명철한(明) 단계에 진입하게 된다. 그 이후에는 스승 역할을 하는 현인을 접하게 되며(見賢人), 그때 마음속에서 무엇인가가 요동쳐 안색이 바뀔(玉色) 정도의 체험을 하게 되고, 그 결과 무엇인가가 형성된다(形). 이러한 일련의 과정을 거쳐 결국 智를 갖게 된다. 요컨대 배움을 통해 일정한 총명함에 이르려면 (배울 대상으로) 현인을 만나야 하고, 마침내 현인을 만나면 안색이 바뀔 정도로 마음이 일렁이게 된다.[67]

이상의 논의를 염두에 두고 1.7로 돌아가보자. 1.7은 서두에서 바로 현인을 만나 안색이 바뀌는 상황을 나타내는 표현인 "賢賢易色"을 주제어로 제시한다. 그러고는 그 주제어에 대한 일련의 코멘트를 첨부한다. 이렇게 이해해야 비로소 1.7이 왜 "賢賢易色"이라는 말에서 시작하여 "雖曰未學, 吾必謂之學矣"라는 다소 의외의 문장으로 끝나는지 이해할 수 있다. "賢賢易色"이라고 하는, 스승을 동반하는 배움의 과정이 있는 법이지만, 그러한 과정을 겪지 않았어도 모종의 경우를 배움으로 간주하겠다는 것이다.

"賢賢易色"과 "雖曰未學, 吾必謂之學矣"의 관계가 이 같이 해명되었다면, 그다음에는 "賢賢易色"과 "雖曰未學, 吾必謂之學矣" 사이에 오는 "事父母, 能竭其力, 事君, 能致其身, 與朋友交, 言而有信"을 어떻게 이해할 것이냐는 문제가 남는다. 이 구절들과 賢賢易色은 분명히 문장의 결이 상이하다. 事父母, 事君, 與朋友交는 함께 나열될 수 있는 구절인 데 비해 賢賢易色은 그렇지 않다. 그렇다면 왜 賢賢易色이 事父母, 事君, 與朋友交의 앞에 왔을까?

『논어집주대전』에서는 賢賢易色이 事父母와 事君과 與朋友交를 해낼 수 있는 조건에 해당한다고 풀이했다. "여기서 '현현'을 앞에 배치한 것은 선을 진실하게 좋아해야 비로소 뒤에서 거론한 세 가지 일을 해낼 수 있기 때문이다."[68] 그러나 현인을 현인으로 대접하는 일이 어떻게 부모와 군주와 친구의 관계를 잘 유지해나갈 조건이 되는 것인지 모호하다. 김학주는 송상봉의 「박학재찰기」 등의 서술을 활용하여 "유가의 윤리는 가장 가까운 인간관계의 정의情誼에서 시작하여 그것을 온 세상에 확충해나감으로써 전체적으로 아름다운 인간관계를 이룩하려는 것이다. 그러기에 많은 학자들은 첫 대목을 '현명함을 중시하고 용모를 가벼이 여긴다'로 해석하고 부부의 윤리를 말한 것이라 풀이하고 있다"[69]라고 말했다. 이러한 설명은 事父母와 事君과 與朋友交처럼 賢賢易色도 인간관계를 다룬 구절로 보는 것이다. 이에 따르면, 事父母는 부모, 事君은 군주, 與朋友交는 친구, 그리고 賢賢易色은 부부를 다룬 셈이다. 그러나 "易色"이라는 말은 여색 혹은 안색을 가리킬 뿐, 그것이 아내의 여색 혹은 안색인지는 단정하지 않는다.

이와 같은 해석들은 어법상의 분석을 결여하고 있다. 모두 賢賢易色과 事父母, 事君, 與朋友交의 의미상 연결을 논할 뿐, 왜 상이한 어법을 가진 賢賢易色이 "事父母能竭其力, 事君能致其身, 與朋友交言而有信"과 병렬로 다루어져야 하는지는 해명하지 않는다. 賢賢易色은 분명히 다른 어법을 구사하고 있으므로 事父母, 事君, 與朋友交의 항목과 병렬로 다루어서는 안 된다. 그 대안으로서 나는 賢賢易色을 문장의 화제topic로 보면서 "事父母能竭其力, 事君能致其身, 與朋友交言而有信"을 그 화제에 대한 논평comment으로 보자고 제안한다. 고대 중국의 한문 전적에서 '화제-논평' 구조의 문장은 흔한 편이다.[70] 그리고 『오행』의 관련 구절을 고려할 때, 賢賢易色은 현인을 만나 배움에 종사하는 과정을 가리키는 말임에 틀림없다. 그렇다면 賢賢易色은 하나의 화제로서 충분히 기능할 수 있다.

주체의 형성

지금까지의 논의가 설득력이 있다면, 1.7은 현인(스승)과 함께하는 배움의 과정을 거치지 않았어도 특정한 경우에 여전히 배운 사람으로 간주하겠다는 자하의 신념을 담고 있다. 그 특정한 경우란 바로 ① 能竭其力, ② 能致其身, ③ 言而有信을 해내는 경우다. 자하가 보기에, 그 세 가지를 해낼 수 있다면 배우지 않아도 배운 사람인 셈이다. 즉, 통상적인 배움의 과정을 거치지 않았어도 배움의 목적을 달성했기에 배웠다고 할 만하다.

그렇다면 통상적인 배움의 과정이란 어떤 것일까? 보통 누군가가 배우려 할 때는 선생이 필요하다. 선생이 필요한 이유는, 『논어』에서 말하는 배움이 개인적 사변을 넘어 경험적 배움을 지향하기 때문이다. "學"은 그 대상이 텍스트이건 모범이 되는 행실이건 외부에 존재하는 대상을 흡수하는 행위이며, 따라서 거기에서는 그러한 지식을 이미 습득하고 있는 선생으로서 현인의 존재가 핵심적이다.

그런데 1.7에서 자하는 (선생을 동반하는) 통상적인 배움의 경로를 거치지 않아도 배움의 목적을 달성하는 경우가 있다고 상정한다. 어떠한 경우에 그러한가? 『십삼경주소』에 따르면 "生而知之"(나면서부터 알다)의 경우에 그러하다. "사람이 날 때부터 알면 이 네 가지 일을 행할 것이다. 비록 스승을 따라 마음 바쳐 배운 적이 없어도 그 사람의 행실은 훌륭할 것이다. 아무리 배웠다고 해도 그 상태를 넘어설 수 없을 것이다. 그래서 '吾必謂之學矣'라고 한 것이다."[71] 그러나 주희와 정약용은 이 해석에 반대했다. 주희는 1.7의 논의 대상이 "단지 타고난 바탕이 좋은 사람이 아니라 배워서 도달한 경지"(苟非生質之美, 必其務學之至)라고 했고, 다산도 그에 동의했다.[72] 실로 『논어』의 관심은 學을 해야 하는 이들에게 있지, 學이 불필요한 존재에 있지 않다.

그렇다면 자하는 왜 굳이 배움의 과정을 거치지 않았어도 배운 것으로 간주하겠다고 역설한 것일까? 하나의 대안은 "雖曰未學, 吾必謂之學矣"를 배움의 목적을 환기하는 수사법으로 보는 것이다. 결국 1.7은 배움의 목적을 달성하기만 하면 배웠다고 평가할 만하다는 뜻이다. 그렇다면 관건은 배움의 목적이다. 竭其力, 致其身, 言而有信이 배움의 목적에 해당하는가? 그래서 그것들을 할 줄 알면 배운 것으로 간주하겠다고 말한 것인가? 그러나 그것들은 배움의 목적이라고 하기에는 너무 구체적인 행동 준칙처럼 들리지 않는가?

이러한 의문을 해소하기 위해 "能竭其力", "能致其身"에서 거듭 등장하는 能이라는 글자에 주목해보자. "能竭其力", "能致其身"에서 能이 없어도 충분히 문장이 성립한다. 왜 굳이 能자가 들어가야 했을까? 能으로 인해 學에는 단순한 행위를 넘어 행위를 할 수 있는 '능력'의 의미가 추가된다. 能자가 없다면, 그냥 특정 행위를 하는 것으로 충분하다는 뜻이 되지만, 能자로 인해 행위를 할 수 있는 능력을 갖추는 일이 중요해진다. 즉, 단순히 특정 행위를 했느냐 하는 현상보다 그런 행위를 할 수 있는 능력을 갖춘 주체가 확립되는 것이 중요한 것이다. 관건은 행태behavior가 아니라 주체agency이다. 그러한 주체의 확립이야말로 배움의 목표이며, 자하는 그 목표에 이른 사람이라면 당연히 배웠다고 간주하고자 한다.

그러면 能자가 없는 "言而有信"은 어떤 식으로 주체 형성에 관계되는가? 이와 관련해서는 마청위안馬承源(1927~2004)이 엮은 『상해박물관장전국초죽서上海博物館藏戰國楚竹書』(약칭 상해초간上博楚簡)의 「공자어록문편孔子語錄文篇」 서술을 참조할 수 있다. "말의 경우, 선행을 보고 그 인을 받아들이는 것을 學이라고 한다. 듣건대, 말은 할 수 있지만 실천할 수 없는 것은, 군자는 말하지 않는다. 실천할 수는 있지만 설명해낼 수 없는 것은, 군자는 실천하지 않는다."[73] 이 문장과 『논어』의 관련 내용을 고려해 배움의 과정을 재구성해보면 다음과 같다. 學은 한낱 몽상을 일삼는 일이 아니라 경험적 지식을 쌓는 일을 의미하고,[74] 나아가 그 지식을 실천에 옮기는 일을 의미하며, 실천으로 옮기되 단순히 특정 행동을 기계적으로 반복하는 것이 아니라 그 행동에 대해 설명할 수 있는 역량까지를 의미한다. 이러한 과정에서 말이란 말로 그치면 안 되고, 반드시 실천을 담보해야 한다. 그래야 비로소 1.7의 "말이 믿음직한 상태"(言而有信)라고 할 수 있다.

단순히 말과 행동을 하는 것은 행태에 불과하다. 장차 어떻게 행동할지를 염두에 두고 말을 하는 일, 그리고 장차 어떻게 설명할지를 염두에 두고 행동하는 일은 단순한 행태 이상의 것이다. 말(설명)과 행동(실천)의 간극을 넘어 양자를 연결하기 위해서는 그 양자를 모두 관장할 주체가 필요하다. 시간을 견디며 자신이 한 말을 기억하여 끝내 실천에 이르게 할 주체가 필요하다. 분산된 행태에 통일성을 부여할 주체가 필요하다. 충동적인 행동에 나서는 데 그치지 않고 그 행동을 사후에 설명해내려면, 행동의 목적과 의미를 관장할 주체가 필요하다. 통상적인 배움의 과정을 거쳤는지 여부와 무관하게 그러한 주체의 형성이 이루어졌다면, 당연히 배운 사람으로 간주하겠다는 것이 자하의 취지다.

지금까지 1.7에 대한 기존 해석의 난점들을 검토하고 새로운 해석을 제시했다. 그 과정에서 기존의 주석사 전통이 고려하지 못했던 『오행』이라는 출토

문헌이 중요한 참고체계로 고려되었다. 특히 니우펑타오의 관련 연구는 1.7과 『오행』의 관계를 최초로 지목한 경우로서, 해석상 난제였던 "賢賢易色"을 새롭게 이해할 핵심적 단서를 제공했다. 여기서는 그와 같은 최신 연구에 입각해서 1.7의 명시적 주제인 "學"과 『오행』의 미진한 연결점에 대해 추가로 탐구했다.

그렇게 탐구한 결과, 1.7은 『논어』 「학이」편의 공통 주제인 "學"을 논하되, 그중에서도 "學"의 목적을 수사학적으로 뚜렷이 천명하는 문장이라고 할 수 있다. 1.7의 주장대로라면, "學"의 궁극적 목적은 관직에 나아가서 성취를 보거나, 특정 스승을 중심으로 한 학문 공동체를 형성하거나, 사회적으로 바람직한 행태를 선보이는 데 있지 않다. 배움의 목적은 바람직한 행위를 약속하고 구현하고 설명할 수 있는 주체의 형성에 있다.

11

위계 속의 배움

선생님께서 말씀하셨다.
"군자의 경우, 장중하지 않으면 위엄이 없다. 배우면 고루하지 않게 된다.
충성과 믿음을 핵심으로 삼되, 자기만 못한 사람은 벗삼지 마라.
잘못을 저지르면 고치기를 꺼리지 마라."
子曰, 君子, 不重則不威. 學則不固. 主忠信, 無友不如己者. 過則勿憚改. (『論語』 1.8)

『논어』에서는 바람직한 인간형으로서 '군자'가 거듭 강조되고 있다. 1.8의 문두에 나오는 '군자'라는 단어를 감안할 때, 1.8 역시 군자라는 인간형을 제시하고 선양하는 문장으로 읽힌다. 따라서 1.8의 의미 파악에 군자 개념이 중요하다는 것에는 학자들 간에 광범한 합의가 이루어져 있다. 그러나 정작 그 군자됨의 규범적 내용이 무엇인지에 대해서는 해석자들 간에 의견이 분분하다.

1.8의 함의를 충분히 음미하려면 그 규범적 내용을 정확하게 이해할 필요가 있다. 그 내용을 재구성하기 위해 이 장에서는 1.8을 구성하는 주요 표현들이 고대 중국의 언어 세계에서 무엇을 의미했는지 폭넓게 탐구한다. 탐구 결과, 그 표현들은 다양한 방식으로 위계성을 함축하고 있었음이 드러난다. 고대 중국 문헌에 나오는 '군자', '붕우', '학學'이라는 개념에 담긴 섬세한 위계성을 충분히 고려해야만 비로소 1.8의 메시지에 깊이 다가갈 수 있다.

단락의 구조

『논어』 1.8 전체를 관통하는 해석을 제시하려면, 1.8이 통합된 하나의 해석 단위라는 전제가 충족되어야 한다. 현행본 『논어』가 1.8을 하나의 통합된 단락으로 제시하고 있지만 "主忠信주충신" 이하 14자가 「자한」편(9.25)에도 등장하기 때문에 1.8의 해석 단위에 관한 질문이 제기된다. 과연 1.8을 하나의 해석 단위로 간주해도 좋은 것일까? 1.8을 구성하는 문장들이 잘못 편집된 것은 아닐까? 그렇다면 그 이유는 무엇일까? 이 사안에서는 여러 경쟁적인 대답이 존재한다.

첫째, 청대의 학자 최술崔述(1740~1816)의 『수사고신록洙泗考信錄』은 원래 고대에 여러 종류의 『논어』가 통용되다가 훗날 현재의 『논어』로 합쳐지다보니 중복된 표현이 여러 곳에서 등장한다고 설명한다.[1]

둘째, 청대의 학자 모기령의 『논어계구편論語稽求篇』은, 죽간으로 묶여 있던 「자한」편(9.25) 해당 부분이 잘못 끼어들어서 생긴 현상이라고 본다. 따라서 "主忠信"을 포함한 세 구절은 별도로 다루어야 한다고 주장한다.[2]

셋째, 이토 진사이는 『논어고의論語古義』에서 다음과 같은 체계적 분류를 제시한다.

> 『논어』의 여러 장들 중에는 특정 시기의 말을 직접 기록한 것도 있고, 다른 날의 말인데도 함께 기록한 것도 있다. 그리고 몇 개의 말을 이어 편집하여 하나의 장으로 만든 것도 있다. 이것이 바로 그런 경우다. 대개 공자 제자들은 스승이 남긴 일생의 격언을 하나의 장으로 만들어, 자기들 안에서 전수했다.[3]

즉, 이토 진사이는 편집 상태에 따라 『논어』 내용을 세 가지로 분류한다. ① 특정 순간에 이루어진 담화 자체를 그대로 기록한 경우, ② 각기 다른 날 말한 내용을 병치해놓은 경우,[4] ③ 원래 별도로 존재하던 문장들을 편집하여 하나의 장으로 만든 경우. 이토 진사이는 1.8이 이 가운데 ③에 해당한다고 본다.

넷째, 오규 소라이는 「학이」편과 「자한」편의 중복 부분은 공자 자신의 발언이 아니라 옛말을 인용한 것이라고 본다. 같은 문장을 발화자가 거듭 인용할 수 있다는 점에서 나름대로 일리 있는 해석이라고 할 수 있다. 인용문이라는 관점에서 보면, 『논어』 곳곳에서 같은 문장이 반복되는 현상을 이해할 수 있다.

> 이 장에서 "君子, 不重則不威, 學則不固"가 한 덩어리이고, "主忠信" 이하 부분이 또 한 덩어리이다. 공자는 옛말을 암송해서 제자들을 가르치는 경우가 많았다. 연달아 인용해서 서로 뜻을 드러내게 하기도 하고, 하나만 암송하여 그 뜻을 드러내기도 하였다. 이 장의 절반은 다른 편에 보인다. 주자는 그 나머지 반을 잃어버렸다고 간주했고, 이토 진사이 선생은 그 말이 하나의 덩어리를 이루지 않는다고 의심해서, 같은 때 한 말이 아니라고 간주했다. 이들은 모두 공자가 옛말을 암송했다는 것을 몰랐기 때문이다.[5]

위 인용문에서 오규 소라이는 이토 진사이가 "같은 때 한 말이 아니라고 간주했다"고 주장하지만, 그것은 정확한 사실이 아니다. 앞에서 논했듯이, 이토 진사이는 제자들이 별개 언명들을 편집해낸 장이라고 했을 뿐이다.

결정적인 증거가 없기에 하나의 대답을 확정할 수는 없다. 하지만 1.8의 내용을 같은 시간대에 발화된 단락으로 간주할 필요는 없다.[6] 그렇다고 1.8이 전혀 잘못 연결된 문장의 편린들로 간주하는 것도 현명하지 않다. 과정이야 어떻든, 저렇게 묶여서 오랫동안 사람들에게 받아들여졌다는 것은 1.8이 나름대로 일관성을 가진 해석 단위로 기능했다는 것을 뜻한다. 따라서 각 문장이 연결되어 있을 가능성을 염두에 두고 해석하는 것이 바람직하다.

그리고 문두의 '군자'라는 표현이 1.8의 각 구절을 통합하고 있다. 이 군자는 그저 첫 문장의 주어만이 아니라 1.8 전체를 관통하는 주제어다. 즉, 군자 이후에 나오는 내용은 모두 군자라는 주제어에 대한 논평이다. "이 장은 사람들이 군자가 되도록 권한 것이다."[7] "문두에 '군자'를 제시하여 네 절로 이루어진 이 장 전체를 총괄했다."[8] 실로 '군자'는 1.8 전체를 관통하는 키워드다.

君子不重則不威의 해석

"군자의 경우, 장중(重)하지 않으면 위엄(威)이 없다"고 했을 때, 해석의 관건은 "重중"과 "威위"의 뜻, 그리고 "重"과 "威"의 관계다. 重과 威를 어떻게 정의하느냐에 따라 重과 威의 함의가 달라지고, 重과 威의 함의를 어떻게 파악하느냐에 따라 重과 威의 관계도 달라진다.

重과 威 중에서 威의 뜻이 상대적으로 확정하기가 쉽다. 威는 일종의 위엄을 나타낸다는 데 주석가들의 견해가 일치한다. 예컨대 『논어집주』에서 주희는 重을 "厚重후중"이라고, 威를 "威嚴위엄"이라고 풀이했다.[9] 重의 뜻을 확정하기는 상대적으로 어렵다. 성리학자들은 "君子不重則不威군자부중즉불위, 學則不固학즉불고" 구절이 내면과 외면의 상관관계를 논한다고 보았다. 『논어집주』에서 주희는 외부가 가벼운(不重不威) 이는 내부가 견고할 수 없게(不固) 마련이라는 뜻으로 해석한다.[10] 여기서 "固"가 내적 상태를 나타낸다는 점에서는 이견이 없다. 그런데 重과 威를 과연 외면의 상태로 볼 것인가에 대해서는 여러 입장이 있을 수 있다.

첫째, 重을 내면 상태로 보고 威를 외면 상태로 보아, "君子不重則不威"를 내면과 외면의 관계에 대한 진술로 이해하는 입장이 있을 수 있다. 그렇게 볼 경우, 내면이 중후하지 않으면 겉으로 드러나는 위엄이 없게 된다는 뜻이 된다. 이 논리에 따르면, 1.8은 외면적 위엄을 갖춰야 할 군자라면 우선 내면을 중후하게 가다듬어야 한다는 권고의 문장이다. 그러나 重이 과연 내면을 표현하는 것일까? 『논어집주대전』의 경원慶源 보씨輔氏[11]는 "사람이 중후하지 않으면, 겉으로 드러나는 바는 위엄이 없고, 속에 보존된 바는 견고하지 않게 마련이다. 이

것이 바로 겉과 속이 자연히 부합한다는 것이다"[12]라고 말했다. 즉, 경원 보씨는 위엄은 외부적인 것이고 견고함은 내면적인 것임을 분명히 했지만, 重이 구체적으로 내면과 외면 어디에 위치하는 것인지 확정하지 않았다. 경원 보씨는 "위엄은 '重'에서 나온다"고 했는데,[13] 그에게 重은 내면일까, 외면일까? 만약 重 또한 외면이라면 외면은 또 다른 외면을 낳는다는 말인가?

이 같은 일련의 질문에 대답하려면 重의 의미를 확정할 필요가 있다. 1.8에는 重의 의미를 확정할 수 있는 단서가 없으니, 『논어』 전반을 참고해보자. 1.8 이외에 重은 『논어』에서 두 번 더 나온다. "소중히 여기는 바(所重)는, 피치자들의 식량과 상례와 제례였다"(20.1)[14]와 "맡은 바는 무겁고(重) 갈 길은 멀다. 인을 자기 책임으로 삼으로 참으로 무겁지 아니한가?"(8.7)[15] 이 문장들이 보여주듯, 『논어』에서는 重을 내면의 상태로 이해한 바가 없다.

그러면 동시대의 다른 자료들은 어떤가? 일견 내적 상태를 지시하는 듯한 重 용례가 『국어』「진어晉語」에 한 번 나온다. "志重"(뜻이 무겁다)이라는 표현이 그것이다. 뒤이어 나오는 "重, 無乃難遷乎"(무거우면 뜻을 옮기기 어렵지 않겠는가)라는 언명을 감안할 때, 여기서 重은 志(뜻)가 확고한 상태를 가리키고 있음에 틀림없다. 고대 중국의 문헌에서 志는 심층 심리를 나타내기보다는 자신의 지향점을 표현하는 데 쓰였다.[16]

반면에 重이 내적 심리가 아니라 외적인 예禮와 연관되는 용례는 동시대 문헌에서 다수 발견된다. 『좌전』「희공僖公 10년」에는 "幣重而言甘"(예물이 중후하며 말이 달콤하다)이라는 문장이 나오고, 『좌전』「성공成公 2년」에는 "重器備. 槨有四阿, 棺有翰檜"[기물을 중후하게 갖추었다. 곽(바깥 관)에는 사아를, 관(안쪽 관)에는 한회翰檜 장식을 하였다]라는 표현이 나온다. 즉, 기물과 관련해 重이 사용되는 경우는 대개 예를 풍성하게 하는 상황을 묘사한 것이다.

그리고 『국어』「제어齊語」와 『좌전』「양공襄公 25년」에는 "重其禮"(그 예를 중후하게 하다)라는 표현이 나오고, 『좌전』「성공 3년」에는 중후하게 예우하다는 뜻의 "重爲之禮"라는 표현이 거듭 나온다. 이러한 용례를 감안하면, 1.8에 나오는 重은 내면이 아니라 외면으로 드러난 예의 상태를 표현한다고 보는 것이 설득력 있다. 『논어』 주석사에는 실제로 重이 외면적인 예를 형용한다고 본 주석들이 있다.

> 면재 황씨가 말하였다. "외면이 중후하고 내면이 충신하면 그 근본이 확립된다. 나보다 나은 이를 벗하여 서둘러 잘못을 고치면 덕이 향상된다."[17]

> 물었다. '주충신'이 '부중불위'의 뒤에 온 것은 어째서인가? 답하였다. "성현께서 배움의 순서를 말씀하실 때는 반드시 먼저 외면에 분명하게 형상이 드러나는 곳에서 시작하여 거기를 잡고 굳게 일어나게끔 한다."[18]

> 구산 양씨가 말하였다. "그 의관을 바로하고 그 시선을 고매하게 하면 엄연해 보여 사람들이 우러러 경외한다. 그러니 묵직하고 위엄 있게 된다. 묵직하지 않으면 사물에 좌지우지되기 십상이다. 그런 경우에는 배워봐야 견고하지 않다."[19]

이처럼 『논어집주대전』에 실린 주석들은 명시적으로 重을 외면이라고 간주한다. 다만 양씨의 경우는 좀 더 복잡하다. 자신이 의관을 바로하고 시선을 고매하게 할 경우, 다른 사람이 그 모습을 보고 경외하게 되는데, 그 상황 전체가 곧 "묵직하고 위엄 있는"(重而有威) 상태라는 것이다. 양씨의 해석에서 "重"과 "有威"는 병렬적 사태일 수도 있고, 인과적 사태일 수도 있다.[20] 어떤 경우든 1.8에 나오는 重은 "의관을 바로하고 시선을 고매하게" 한 상태, 즉 예를 무게 있게 잘 갖춘 상태를 가리킨다.[21]

지금까지의 논의를 종합하면, 1.8에 나오는 "君子不重, 則不威"는 예복을 잘 갖추어 입고 자세를 예의에 맞게 하면, 위엄이 생긴다는 뜻이 된다.[22] 그리고 예를 무게 있게 구현하는 이는 그것을 보고 위엄을 느끼는 이보다 위계상 상위에 자리할 가능성이 높다. 이런 결론은 『논어』의 다른 문장들로부터도 재확인된다. "군자가 의관을 바르게 하고 시선을 존귀하게 하면 그 모습이 엄연하여, 사람들이 바라보고 어려워할 것이니, 이것이 참으로 '위엄 있되 사납지 않은 것'이 아니리오?"(20.2)[23] "지혜가 그에 미치고 인으로 지켜낼 수 있어도, 장엄함으로 임하지 않으면 피치자들이 공경하지 않는다."(15.33)[24] 여기서 피치자 "民"이 소환되는 맥락을 고려할 때, "重"과 "威"의 주인공은 그보다 상위에 있는 통치자다.

學則不固의 해석

"學則不固학즉불고"에서 문제가 되는 것은 "固"의 의미다. 이강재가 정리한 바 있듯이,[25] 관련 주석을 크게 두 종류로 나눌 수 있다. 첫째, 固를 "견고하다"라는 의미로 풀이하는 주석이 있다. 하안의 『논어집해』, 황간의 『논어의소』, 주희의 『논어집주』가 모두 이에 해당한다. 예컨대 하안의 『논어집해』는 "일설에 따르면, 사람이 무게가 없으면 위엄이 없으니, 배움 또한 견고할 수 없다고 한다"고 풀이한다.[26] 즉, "不重"의 원인으로 인해 "不威"와 "不固"라는 결과가 나타난다는 말이다. 이 해석의 난점은 문장 구조가 불균형해진다는 점이다. "君子不重則不威, 學則不固"라는 문장은 "君子不重則不威" 부분과 "學則不固" 부분이 모두 則을 통해 매개된다. 즉, 같은 패턴을 반복하면서 병렬을 이룬다. 그런데 하안이 소개하는 해석에 따르면, 君子不重이라는 조건문 다음에 不威와 學則不固라는 결과문이 온다. 즉, 문장 구조가 "君子不重則不威, 學則不固"가 아니라 "君子不重, 則不威學則不固"가 된다. 그런데 不威와 學則不固는 則 다음에 오는 하나의 조건문에 통합되기에는 부자연스러운 짝이다. 그뿐 아니라 學則不固에서 則도 단순 조건의 뜻이 아니라 (則의 의미로는 상대적으로 드문) 역접의 의미를 띠게 된다.

둘째, 固를 "가리다" 혹은 "막히다"라고 풀이하는 주석이 있다. 하안의 『논어집해』와 이토 진사이의 『논어고의』 등에서 소개하고 있는 "固, 蔽也"라는 해석이 이에 해당한다. 이 풀이에 따르면, 學則不固는 "배우면 막히지 않는다"라는 뜻이다. 이 풀이를 좀 더 발전시킨 것이 청대의 학자 초순의 『논어보소』다. 초순은 『예기』 「곡례」에 나오는 용례와 "固謂不達於禮"라는 정현의 말을 인용하면서, "固"란 (배워서 익혀야 할) 예에 어두운 상태를 말하며, 그것이 바로 "蔽"라고 주장한다.[27] 요컨대 배우면 그런 막힌 상태를 벗어날 수 있다는 말이다. 固를 "가리다" 혹은 "막히다"로 보는 해석의 장점은 "君子不重則不威" 부분과 "學則不固" 부분이 모두 則을 통해 매개되는 일정한 문장 구조를 취하게 되는 데 있다. 그런데 "君子不重則不威, 學則不固"로 문장 구조를 파악할 경우, 전반부에는 부정 표현이 두 번(不重과 不威) 나오는 데 비해 후반부에는 부정 표현이 한 번(不固) 나와서 어기가 다소 부자연스러워진다. 이 점에 주목해, 궁잉더弓英德는 어기를 좀 더 자연스럽게 만들려면 "君子, 不重則不威, 不學則固"처럼 표현해야 한다고 주장했다.[28]

그렇다면 이 두 가지 해석 중 어느 것이 더 설득력 있을까?[29] 고대 중국어 용례가 두 해석 모두를 지지하기에 이에 확답하기가 쉽지 않다. 첫째, 固에는 "견고하다"라는 긍정적인 뜻과 "막히다"라는 부정적인 뜻이 모두 있다. 『시경』에 나오는 "하늘은 그대를 안정시키니, 더없이 견고하네"[30]에 대해서 『모전』에서는 "固, 堅也"라고 풀이한다. 그리고 『맹자』 「고자하告子下」에 나오는 "고루하네, 고 노인의 시 풀이는!"[31]에 대해 후한의 주석가 조기趙岐(?~201)는 "固, 陋也"라고 풀이했다. 둘째, 則이 조건문을 연결하는 기능을 한다는 것은 널리 알려져 있다. 그런데 則은 역접의 의미를 담기도 한다. 『좌전』 「소공 3년」의 "將奉質幣以無失時, 則國家多難"(때를 놓치지 않고 예물을 바치고자 하였으나 나라에 어려움이 많았다)에 나오는 則은 역접의 의미를 갖는다. 『맹자』 「양혜왕하」의 "誅之, 則不可勝誅"(죽여버리자니, 이루 다 죽일 수 없고)나 『맹자』 「진심하」의 "言不顧行, 行不顧言, 則曰, 古之人, 古之人"(말은 행동을 돌아보지 않고, 행동은 말을 돌아보지 않으면서 단지 옛사람을 거듭 운운하고)에 나오는 則도 역접의 의미가 있다.[32] 則을 역접이 아니라 조건문을 이끄는 글자로 간주하고, 固를 "가리다" 혹은 "막히다"와 같은 부정적인 의미로 보면, "君子不重則不威"와 "學則不固"는 자연스러운 문장이 된다. 같은 문장 구조를 가진 절이 반복되어 병렬을 이루기 때문이다. 이 장점은 어기 차원의 부자연스러움을 상쇄하고도 남는다.

이러한 固의 이해가 『논어』 전체에서 보이는 용례와 부합하는지 살펴보자. 일단 固가 부사적으로 쓰인 경우는 제쳐두자.[33] 부사가 아닌 형용사의 의미로 固가 사용된 경우는 거의 모두 부정적인 의미[34]로 사용되었다. "사치하다보면 불손하게 되고, 검소하다보면 고루하게(固) 된다."(7.36)[35] "선생님께서는 네 가지는 전혀 없으셨다. 억측을 하지 않았고, 멋대로 단정하지 않았고, 고루하지(固) 않았고, 아집을 부리지 않으셨다."(9.4)[36] "고집스러운(固) 것을 미워하는 것뿐이오."(14.32)[37] 형용사로 사용되었으되 부정적이지 않은 의미로 사용된 예는 '견고하다'는 의미로 쓰인 16.1의 "固而近於費"(견고하고, 비 땅에 가까우니)라는 표현이 유일하다. 그런데 이때 固는 성곽이 물리적으로 견고하다는 뜻이지, 사람의 상태를 형용하는 말이 아니다.

이상의 논의를 종합하면, "學則不固"를 "배우면 고루하지 않게 된다"로 해석하는 것이 가장 타당하다. 이러한 固의 이해는 『논어』 전반의 취지나 공자에 대한 이미지와 상통한다. 오규 소라이가 주장했듯이,[38] 『예기』「내칙」에서는 "널리 배워 국한된 방향이 없다"[39]고 했고, 19.22에는 공자에게는 정해진 스승이 없다는 말도 나온다.[40] 이로써 보건대, 공자는 배움에 관해 융통성을 강조했다고 정리해도 무리가 없다.

主忠信의 해석

이징재에 따르면, "主忠信주충신"에 대한 논의는 대체로 다음과 같이 정리할 수 있다.[41] 첫째, 主忠信을 "충신한 사람과 친하게 지내다"라고 해석할 수 있다. 이 해석은 忠信을 충신이라는 덕목이 아니라 "충신한 사람"으로 이해하고, 主를 "친하게 지내다"라는 뜻으로 이해한다. 이 해석의 장점은 "主忠信"과 "無友不如己者"를 자연스럽게 연결해서 해석할 수 있다는 점이다. 즉, 1.8은 누구와 교류해야 하고 누구과 교류하지 말아야 하는지를 대별한 말이다. 일찍이 정현은 "主는 親이다"라고 했으며,[42] 형병 역시 정현의 풀이를 반복한다. "主忠信에서 主는 親과 같다."[43]

이 해석의 약점은 그러한 해석을 지지할 만한 용례가 부족하다는 것이다. 主를 "친하게 지내다"라는 뜻으로 풀이한 예도 많지 않고, 忠信을 "충신한 사람"으로 풀이한 예도 찾기 어렵다. 물론 덕목이 곧 그 덕목을 지닌 사람을 지칭하는 경우는 많지만, 그런 예가 忠信에 적용되는 경우는 찾기 어렵다. 아마도 그래서 유보남은 이 해석을 소개하면서 이 해석은 글자의 뜻을 바로 적용한 것이 아니라 유연하게 적용한 경우라고 말했다.[44]

둘째, 主忠信을 "忠信을 위주로 한다"라고 풀이할 수 있다. 이 해석을 지지한 대표적인 주석가가 주희다. 주희는 『논어집주』에서 이렇게 말했다. "사람이 충신하지 않으면, 일이 모두 실질이 없다. 악을 행하는 것은 쉽고, 선을 행하는 것은 어렵다. 그러므로 배우는 사람은 반드시 이것을 위주로 한다."[45] 그리고 主忠信에 대해 좀 더 구체적인 정의를 내린다. "忠은 실심實心이고, 信은 실사實事다."[46] 여기서 드러나는 것은 忠을 마음으로, 信을 일로 간주하는 이분법이다. 양자가 마음과 일이라는 점에서는 구별되지만, 모두 實이라는 특성을 갖는 점에서는 통한다. 그렇다면 實이란 무엇인가? 『논어집주대전』에서는 이렇게 부연한다. "主忠信 是誠實無僞朴實." 즉, "忠信"은 성실하고(誠實), 허위가 없고(無僞), 질박하다(朴實)라는 세 가지 표현으로 설명된다.[47]

主의 의미에 대해서는 『논어집주대전』에서 구체적인 풀이를 찾아볼 수 있다. "맨 처음의 '主'자가 가장 중요하다. 모든 일이 그에 의지하는 것이 바로 '主'다."[48] 이에 대한 부연 내용을 보자.

> '주(주인)'와 '빈(손님)'은 대응되는 짝이다. '빈'은 바깥 사람으로서 불규칙적으로 출입한다. '주'는 항상 집 안에 있다. '주충신'이란 충신을 항상 내 마음의 주로 삼는 것이다. 마음이 충신을 주로 삼게 되면, 그중 허다한 도리가 모두 실하고, 충신이 없으면 도리는 모두 텅 비게 된다. '주'라는 글자는 극도로 힘이 있다.[49]

主忠信은 "충신을 항상 내 마음의 주로 삼는 것"이라는 말에서 드러나듯이, 성리학 계통의 해석들은 자신의 내면 상태를 살피는 자의식을 강조한다. 내면보다는 행실을 강조한 송나라 이전 『논어』 주석들과 대비된다. 단순히 태도나 행실을 넘어 내면에 그러한 태도나 태도의 근원이 될 수 있는 심층 자아를 설정하는 경향은 다음 인용문에 잘 드러나 있다.

> 사람이 만약 충신하지 않다면 나무에 뿌리가 없고 물에 근원이 없는 것과 같다. 그보다 더 심한 상태이니 몸이 온통 비어버린 상태다. 내가 내 마음을 극진히 했는지, 사물에 침범당하지 않는 상태를 유지했는지 지금 자신을 돌아보아야 한다. 만약 내 마음을 극진히 하지 못하고 혹시 사물에 침범당했으면 이는 충신하지 못한 상태다. 그런 상태에서는 곳곳에서 사물을 접할 때 모두 불성실하고 태만하게 처신하게 된다. 이런 네 가지(부중불위, 주충신, 교붕우, 개과)는 모두 자기 수양의 핵심이다. 그중에서도 충신을 주로 삼는 것이 가장 중요하다. 만약 충신을 주로 삼지 않으면 곧 의관을 바로하고 시선을 고매하게 하더라도 겉치레일 뿐이다. 배움 역시 태만하게 배우는 일이 된다. 벗과 사귐에 정을 다하지 않게 되고, 허물을 고칠 때도 진실하게 허물을 고치지 않는다. 그러므로 사람이 되어서는 반드시 충신을 주로 삼아야 한다.[50]

셋째, 主忠信을 "忠信한 사람을 주인으로 삼다"라고 해석할 수 있다. 이 견해를 자세히 제시한 사람이 청내의 학사 유월이다. 유월의 『논어평의』에 따르면, 主는 友와 대구를 이루고, 忠信은 友不如己와 대구를 이룬다. 누구를 주인(主)으로 삼을지, 그리고 누구를 벗(友)으로 삼을지를 각각 나타낸다. 즉, 충신한 사람을 주인 삼고, 자기만 못한 사람은 벗삼지 말라는 뜻이 된다. 유월은 主와 友가 대구를 이룬 전례로서 『대대례기』「증자제언曾子制言」에 나오는 "아는 이를 友라고 하고, 알지 못하는 사람을 主라고 한다"(有知焉謂之友 無知焉謂之主)라는 문장을 거론한다.[51] "알지 못하는 사람을 主라고" 하는 것은, 객지에 가서 거처를 구하고 그 거처의 주인을 모시는 경우를 主라고 지칭한 예가 『사기』「공자세가」에 있기 때문이다. "공자가 마침내 위衛나라로 갔다. 자로의 처형인 안탁추顏濁鄒를 主로 삼았다."[52] "공자가 마침내 진陳나라에 이르렀다. 사성정자司城貞子를 主로 삼았다."[53]

이처럼 다양한 해석 중 어떤 것이 가장 설득력 있는가? 『논어』 내의 다른 용례를 살펴봄으로써 이에 답해보자. 12.10에도 "主忠信"이라는 표현이 나온다. "충성과 믿음을 핵심으로 삼되, 올바름으로 옮겨가는 것이 덕德을 숭상하는 것이다."[54] 여기에 등장하는 "主忠信"을 "충신한 사람을 주인으로 섬긴다"고 해석하기는 어렵다. 같은 『논어』 내 용례를 감안할 때, 1.8의 "主忠信" 역시 "충성과 믿음을 핵심으로 삼는다"고 해석하는 것이 바람직하다. 기존 주석가 중에는 주희가 이 해석을 취했다. 그러나 주희처럼 忠信 해석에 심층 자아를 도입할 필요는 없다. 성리학 이전 문헌, 특히 『논어』와 비교적 동시대 문헌에서 忠信은 심층 자아의 상태라기보다는 남과 서로 작용할 때 필요한 덕목을 의미하는 경우가 대부분이었기 때문이다. 이를테면 『좌전』「희공 24년」에는 다음과 같은 대목이 있다. "귀가 오성의 화음을 듣지 못하면 귀가 먹은 것이고, 눈이 오색 무늬를 분별하지 못하면 눈이 어두운 것이고, 마음이 덕의의 길을 지키지 않으면 완악한 것이고, 입이 충신한 말을 하지 않으면 벙어리인 것이다."[55] 여기서 충신은 자의식을 동반하는 심층 자아의 상태를 가리키지 않고, 타인과 교류할 때 거짓을 고하느냐 여부를 따지는 차원에서 거론된다.

無友不如己者의 해석

『논어』 1.8의 다른 구절에 비해, "無友不如己者무우불여기자"는 일견 이해하기 쉬운 것처럼 보인다. 가장 일반적인 해석은 자기보다 못한 사람은 벗하지 말라는 뜻으로 풀이하는 것이다. 주희는 『논어집주』에서 "자기보다 못하면 이익은 없고 손해가 있다"(不如己 則無益而有損)고 말했다. 자기보다 못한 사람과 사귀면 배울 게 없으니 손해라는 해석이다. 비교적 이해하기 쉬운 해석이었기 때문일까. 황간과 형병, 유보남, 캉유웨이, 양보쥔, 류자오웨이劉兆偉, 수정보宿正伯 등이 모두 이 해석을 따른다.[56]

조명화는 이러한 실리적 해석을 극단까지 전개한다. "친구를 사귀더라도 도움되는 친구만 사귀라는 말이다. 모든 인간관계란 오로지 실리를 바탕으로 해서 구축하는 것이 중요하다고 철저하게 주지시킨 것이다."[57] 그러나 『논어집주대전』에 실려 있는 다음의 대화가 이런 실리적 해석이 가진 난점을 드러낸다.

> 물었다. 반드시 나보다 나은 이를 택하여 벗하고자 하면, 나보다 나은 그 사람은 반드시 나를 자기만 못하다고 보아 나를 벗하려 들지 않을 것입니다. 주자가 답하였다. "나보다 못한 이를 구하려 들어서는 안 된다는 정도의 말일 뿐이다. 그리고 나보다 못한 이가 나에게 다가오면 또 어찌 그를 물리치겠는가. 나는 나보다 나은 이를 구하여 벗으로 삼고, 나보다 못한 이는 또 나에게 와서 나를 구하는 것이다. 즉, 내가 아이를 구하는 것이 아니라 아이가 나를 구하는 것이다."[58]

자기보다 나은 사람만 벗하려 들면, 자기보다 나은 그 상대는 마찬가지 이유로 자신을 벗하려 들지 않을 것이다. 결국 공자가 모순에 찬 발언을 한 셈이다. 이에 대한 주희의 해결책은, 자기보다 나은 사람을 벗하고자 하되, 자기보다 못한 사람이 접근해오면 그를 배척하지 않는다는 것이다. 즉, 자기보다 못한 사람을 사귀는 것도 가능하지만, 그 경우에는 상대적으로 못한 사람이 사귐을 추진해야 한다는 것이다. 그러나 이는 실리적 해석이 갖는 문제를 미봉하는 데 불과한 것으로 보인다. 다음의 대화는 좀 더 심층적인 사연을 제시한다.

> 대개 스승은 나보다 현명한 이를 구하고, 벗은 나보다 나은 이를 구하라. 못난 사람은 끊어야만 한다. 성인의 이 말씀은 반드시 나보다 나은 이를 구하라는 것이 아니다. 요즈음 사람들은 벗을 얻을 때 나보다 나은 이를 보면 멀리하는 경우가 많다. 나보다 못한 이는 좋아하여 친해지려 든다. 이 말씀은 배우는 이의 그런 문제를 구제하려 한 것이다.[59]

이 견해에 따르면, 사람들은 의외로 자기보다 나은 사람이 아니라 자기보다 못한 사람과 벗하려 드는 경향이 있다. 왜 그럴까? 진천상陳天祥의 해석으로부터 한 가지 답을 추론해볼 수 있다. "세상의 비루한 자들이 자기만 못한 자들을 벗으로 사귀는 것을 즐겨, 스스로 만족하고 날마다 퇴보하기 때문에 이처럼 가르친 것이다."[60] 즉, 자기보다 나은 사람과 함께하면 열등감을 느낄 수 있기에 자기보다 못한 사람을 사귄다. 그렇게 하면 열등감을 피하는 것은 물론이고 우월감을 느낄 수 있을지 모른다. 그런 식으로 처신한다면 한 조각 우월감을 챙길 수 있을지 몰라도 자기 발전은 없게 될 것이다. 그래서 다음과 같이 말한다. "붕우가 약간이라도 자기보다 못하면 곧 경외하지 않고 업신여기고 깔보니 어찌 유익할 수 있겠는가."[61]

이러한 해석은 "벗이란 서로 책선責善하는 사이여야 하거늘 나만 못한 벗이 어떻게 책선할 것인가? 그런 의미에서 나만 못한 이와는 벗할 필요가 없다는 것"이라고 한 이을호의 해석과 공명한다.[62] 그런데 이런 주류적 해석에 대한 반론 역시 꾸준히 있어왔다. 유원핑由文平이 인용한 린궁순林觥順의 연구에 따르면, 해당 대목은 공자의 교학상장教學相長 사상에도 맞지 않을 뿐 아니라, 논리상으로도 만약 모든 사람이 자기 자신보다 나은 사람하고만 친구를 맺는다면

결국 모든 사람이 친구를 맺지 못할 것이서 부자연스럽다.[63]

이러한 난점을 얼마간 해소할 쉬운 방법은 "無友不如己者"를 축자적으로 해석하지 말고 수사학적 표현으로 보는 것이다. 리진쿤李金坤에 따르면, 위의 대목에서 공자는 이중부정의 형식으로 친구의 장점을 배우는 것의 중요성을 강조하기 위해 저런 표현을 쓴 것일 뿐이다.[64] 리쩌허우李澤厚 역시 유사한 의견을 제시한다. "다른 사람이 자기보다 나은 점이 있다는 것이지 말 그대로 자기만 못한 사람을 친구로 삼지 말라는 것은 아니며, 또 교제하는 친구가 모두 자기보다 훌륭해야 한다는 말도 아니다. 후자와 같은 경우라면 현실적으로도 불가능하고, 논리상으로도 그것을 보편적 원리로 삼는다면 어떤 사람도 친구를 사귈 수 없을 것이다. 그러니 이 말은 단지 권면하는 말일 뿐이다."[65] 이 같이 경쟁하는 해석들을 정리한 바 있는 류커劉珂·종윈루이鐘雲瑞는 이 수사학적 중재안이 타당하다고 본다.[66]

한국의 주석가들도 다양한 중재안들을 제시한다. 예컨대 배병삼은 "'자기만 하지 않은 이를 벗삼지 말'라는 것은 '스승을 찾는 노력, 안목 기르기를 게을리하지 마라'는 권고를 금지사의 형태로 표현한 것일 뿐이다"[67]라고 중재한다. 반면에 신정근은 이렇게 중재한다. 저 말은 "두 사람 사이의 전면적인(총체적인) 평가가 아니라 부분적인 비교를 두고 한 것이다. 어떤 사람이라도 '나'보다 한 가지쯤은 뛰어난 점이 있을 테고, 그 사람과 사귈 때 나는 바로 그 점을 본받으면 되는 것이다."[68] 차주환에 따르면, "교유交遊하지 말라는 것이 아니고, 함께 인을 지향하여 서로 권면하는 친우로 하지 말라는 뜻"이다.[69]

이 밖에도 창의적인 대안들이 있다. 위의 해석들은 모두 友를 동사(친구로 삼다)로 보고, 無를 금지사로 보는 것을 당연시하는 데 반해, 友를 명사로 보고, 無를 "없나"라는 뜻으로 보려는 이도 있다. 난화이진南懷瑾에 따르면, "無友不如己者"란 "자신보다 못한 친구는 없다"로 직역되며, 그 함의는 다른 누구도 자기만 못하다고 낮추어 보지 말라는 것, 즉 너의 친구가 너만 못하다고 생각하지는 말라는 것, 타인을 낮추어 보지 말고 그의 장점을 배우러 하라는 것이다.[70]

난화이진은 이런 창발적인 해석의 근거를 다음과 같이 제시한다. 『논어』에서는 無를 금지사로 사용할 경우에 無 대신 毋를 사용했다. "毋意", "毋我" 등과 같은 표현이 그 예이다. 다시 말해 동사로서 '금지'의 뜻을 나타낼 때는 無 대신 毋를 사용하는 것이 『논어』에서 일반적이었다는 것이다. 그러나 유원핑이 보기에, 1.14의 "君子食無求飽, 居無求安"에서 보이듯이 『논어』에서 無와 毋는 서로 통용되었던 것이 사실이다. 따라서 위의 "無友不如己者"에서도 無=毋라고 보는 것이 더욱 자연스럽다. 또한 "主忠信, 無友不如己者, 過則勿憚改"에서 "無友不如己者"의 앞뒤 문장은 모두 '명령문'의 형태이므로, 맥락상 "無友不如己者" 또한 '…하지 마라'는 명령문의 형태로 보는 것이 자연스럽지, '…한 친구가 없다'는 식의 평서문으로 읽는 것은 옳지 않다고 지적한다.[71]

그렇다면 유원핑의 대안은 무엇일까? 관건은 無가 아니라 如이다. 기존 해석에서는 '不如=…만 못하다'라는 2음절어식 해석을 시도했지만, 『설문해자』와 그 주석들을 검토해보면 如란 기본적으로 "따르다, 복종하다"라는 뜻이며, 이후 단어의 뜻이 점차 확장되어서 "가다(去)", "비슷하다/닮다(相似)"라는 뜻이 되었다. 따라서 無를 금지사로 이해하되, 如는 "마치 …와 같다, 비슷하다"로 해석해야 한다. 즉, "不如己者"란, 자기와 비슷하지 않은 사람, 즉 추구하는 이상이나 지향점 등이 자기와 비슷하지 않은 사람을 가리킨다.

결국 "無友不如己者"는 자신과 뜻이 일치하지 않는 사람과는 사귀지 말라는 뜻이라는 것이다. 유원핑에 따르면, 이 같은 해석은 문법적 타당성을 넘어 내용상으로도 『논어』의 다른 부분과도 잘 어울린다. 유원핑은 1.1의 "有朋自遠方來"의 朋에 대한 "同志爲朋, 同學爲友"라는 주석에 주목한다. 즉, 友란 한낱 '친구'가 아니라 자기 자신과 추구하는 이상이 비슷하고 뜻이 합치하는 그런 존재를 가리키는 것이니, 이는 1.8에 대한 자신의 해석을 더욱 뒷받침한다는 것이다. 그런데 지향점이 같은 붕우라고 해서 반드시 평등한 관계는 아니다. 그 점은 바로 이어지는 "過則勿憚改과즉물탄개"의 해석에서 확인할 수 있다.

過則勿憚改의 해석

"過則勿憚改"에 대한 다수의 해석[72]은 "잘못을 저지르면 고치기를 꺼리지 마라"는 것이다. 이 해석은 15.30에서 잘못이 있는데도 고치지 않는 것, 그것이야말로 잘못이라고 한 주장과도 잘 어울린다.[73] 특기할 것은 이와 사뭇 다른 생각을 담은 황간의 해석이다. 황간과 형병은 친구를 잘못 사귀었을 경우, 그 잘못을 고쳐 제대로 사귀라는 취지로 "過則勿憚改"를 해석한다. 황간은 말한다. "만약 친구를 잘못 사귀어서 좋은 사람을 얻지 못했다면 바꾸어야 한다. 그 일을 어렵게 여기지 마라. 그러므로 이충은 합당한 사람을 사귀지 못했으면, 바꾸는 게 중요하다고 말하였다."[74]

그런데 "過則勿憚改"는 잘못을 인정하는 게 부끄러워서 잘못을 고치지 않을 가능성을 염두에 둔 말이다. 이러한 상황이 공자의 주된 관심사 중 하나였다는 사실은 "애써 배움을 좋아하였고, 아랫사람에게 묻는 것을 부끄러워하지 않았다. 그래서 분文이라고 평가한 것이다"(5.15)[75]에서도 드러난다. "不恥下問불치하문"이라는 표현이 암시하듯, 자신의 무지나 잘못을 인정하는 일은 위계상 우위에 있는 사람이 실천하기가 훨씬 어렵다. 이렇게 볼 때 "過則勿憚改"는 위계상 서로 다른 사람이 만나 배우는 과정을 묘사한 것일 가능성이 높다.

이 점은 배움을 매개로 맺어지는 관계인 "붕우" 개념을 검토해보면 더 분명해진다.[76] 앞서 3장 "친구란 누구인가"에서 살펴보았듯이, 『논어』의 벗 관계에는 일정한 위계가 있을 수 있다. 그 점을 감안할 때에야 비로소 "無友不如己者"와 "過則勿憚改"의 의미를 좀 더 역사적으로 음미할 수 있다.

위계 속 배움을 향하여

1.8의 주제어인 "군자"에 대해서도 유사한 논지를 펼칠 수 있다. 1.8에 대

한 기존 논의의 대부분은 그 문장을 지도자 일반에 대한 조언으로 이해한다.[77] 그렇게 범박하게 이해하는 일이 불가능한 것은 아니지만, 그러다보면 1.8에서 기업 경영자를 위한 교훈을 끌어내는 데까지 이르게 되거나,[78] 본질주의적인 동서양 비교론으로 흐르기 쉽다.[79] 이 같은 "현재주의적" 해석을 피하기 위해 좀 더 긴밀하게 역사적 맥락을 살펴보자.

1.8에 등장하는 군자는 구체적으로 어떤 인간형을 가리키는 것일까? 심경호는 1.8을 해설하면서 "『논어』에서 君子는 여러 뜻을 지닌다. 인격 주체로서 자신을 완성한 사람을 가리키기도 하고, 정치권력을 장악한 군주를 가리키기도 한다. 때로는 넓은 의미에서 정치를 담당하는 사람을 가리키기도 한다. 여기서는 왕이나 侯후, 卿경, 大夫대부 등 정치를 담당하는 사람을 가리킨다. 하지만 인격 주체를 가리킨다고 보아도 좋다"[80]라고 말한 바 있다. 그러나 좀 더 면밀한 이해를 위해서는 이처럼 다기多岐한 군자 이해보다는 1.8의 맥락에 조응하는 군자 개념의 맥락을 찾아보자.

공자 이전, 심지어 공자 당대까지 군자에 대한 유력했던 논의는 대체로 다음과 같은 것들이다. 『상서尙書』「주서周書」'주고酒誥'에는 "庶士有正, 越庶伯君子, 其爾, 典聽朕教"(여러 士, 有正, 庶伯, 군자들이여, 너희는 짐의 가르침을 들을지어다)라는 문장이 나온다. 여기서 관리를 지칭하는 有正유정과 庶伯서백에 이어서 군자가 나오는 것을 보아, 士나 有正, 庶伯과 다른 '관직을 가진 사람'을 지칭하는 것으로 이해된다. 또 『상서』「주서」'주관周官'에는 "凡我有官君子"(우리 관직 가진 군자들)라는 표현이 나온다. 그리고 『십삼경주소』에서 "有官君子, 大夫以上也"(有官君子란 대부 이상을 말한다)라고 풀이한다. 즉, 이 역시 군자가 관직 가진 이들을 지칭한 예라고 할 수 있다. 이와 유사한 용례로는 『시경』「대아」'운한雲漢'의 "大夫君子"라는 표현이 있다.[81]

이처럼 신분적 성격이 강한 군자에 대한 이해와 달리, 군자를 배움에 의해 성취 가능한 인간형으로 재정의하려는 것이 공자 세대의 지식인들이 보여준 특징이다.[82] 그런데 1.8의 첫 문장은 일견 배움을 강조하기보다는 위계를 강조하는 것처럼 보인다. 이 '모순'을 해결하려면, 대체로 『논어』와 동시대 자료를 다수 포함하고 있다고 판단되는 『좌전』의 세계를 방문해야 한다(밑줄은 필자).

(북궁문자北宮文子가 위후衛侯에게 말하기를) "威위와 儀의를 신중히 해야 피치자가 본받으리라'라고 (『시경』에서) 노래하였습니다. 영윤은 威와 儀가 없으므로, 피치자들이 본받을 것이 없습니다. 피치자들이 본받을 것이 없는데도 피치자들 위에 군림하므로 잘 마칠 수 없을 것입니다." 공이 말하기를, "훌륭하구나! 무엇을 威와 儀라고 하느냐?"라고 물었다. 대답하기를, "위엄(威)이 있어서 경외할 만한 것을 威라고 합니다. 의례(儀)가 있어서 따를 만한 것을 儀라고 합니다. 군주가 군주의 威儀를 가지고 있으면, 그의 신하는 경외하면서도 아끼게 되어 따르게 됩니다. 그리하여 그 국가를 가질 수 있고, 아름다운 명성이 오랜 세월 유지되기에 이릅니다. 신하가 군주의 威儀를 가지고 있으면 그 아랫사람이 경외하면서도 아끼게 됩니다. 그리하여 그 관직을 지키고 일족을 보호하고 집안을 화목하게 합니다. 이대로 하면, 그 아래도 모두 이와 같습니다. 이로 인하여 위아래가 서로 든든해질 수 있습니다. 위시衛詩는 '威儀가 의젓하니, 따져볼 것도 없네'라고 노래했습니다.[83] 이는 君臣·上下·父子·兄弟·內外·大小가 모두 威儀가 있음을 말한 것입니다. <u>周詩는 '붕우가 서로 돕되, 威儀를 가지고 도왔다'고 노래했습니다. 이는 붕우의 도道도 반드시 威儀를 가지고 서로를 일깨웠음을 말한 것입니다.</u> … 그러므로 군자는 지위에 있을 때는 아랫사람이 경외할 만해야 하고, 베풀 때는 호감을 얻게 해야 하고, 나가고 물러감에 절도가 있어야 하고, 응대하는 방식이 본받을 만해야 하고, 외모와 행동거지가 볼 만해야 하고, 일처리가 모범이 되어야 하고, 덕행이 따를 만해야 하고, 목소리가 즐길 만해야 하고, 동작에는 문채가 있고, 언어에는 조리가 있어, 그러한 것들을 가지고 아랫사람들에게 군림합니다. 그것을 일러 威儀가 있다고 합니다."[84]

이 인용문은 威와 儀를 일단 구별해서 논한 뒤, 다시 그것이 어떻게 연결되는지 탐구하고, 이어서 그것이 어떤 현실적 효과를 가져오는지 설명한다. 이러한 설명은 1.8, 그중에서도 특히 "無友不如己者"를 해석하는 데 유용하다. '威와 儀를 신중히 해야 피치자가 본받으리라'라는 『시경』 구절을 서두에서 제시함으로써, 威儀란 피치자들이 자신을 본받도록 하기 위해 통치자가 갖추어야 할 덕목임을 분명히 한다. 다시 말해 威와 儀는 평등한 관계가 아닌 위계적 관계의 질서를 유지하는 데 필요한 덕목이다. 威와 儀는 통치자가 폭력을 동반하지 않고도 질서를 창출하고 유지하게 해준다.

그러면 이 글에서 제시하는 威와 儀는 무엇일까? 威는 아랫사람이 자신을 두려워하게끔 만드는 요소이다. 피치자들이 무엇을 두려워하는지 명시하지는 않지만, 그 두려움의 원천인 威가 儀와 결합해야 함을 강조한다. 儀란 의례다. 좀 더 구체적으로는 "나가고 물러감에 절도가 있어야 하고, 응대하는 방식이 본받을 만해야 하고, 외모와 행동거지가 볼 만해야 하고, 일처리가 모범이 되어야 하고, 덕행이 따를 만해야 하고, 목소리가 즐길 만해야 하고, 동작에는 문채가 있고, 언어에는 조리가 있"는 것이 의례이다. 즉, 두려움의 요소는 이러한 의례의 요소와 결합해야 한다는 것이다. 두려움의 요소가 (형벌과 같은 강제의 요소가 아니라) 의례의 요소와 결합할 때, 아랫사람은 윗사람을 두려워하면서도 아끼게 되는 일말의 모순적인 효과가 생겨난다. 사람은 상대를 두려워하면 아끼지 않게 되고, 상대를 아끼면 두려워하지 않게 되는 것이 일반적이겠지만, 威와 儀가 결합하면 아랫사람이 윗사람을 두려워하면서도 아끼게 되는 놀라운 효과가 발생한다는 것이다.

그러한 威儀의 효과는 위계적 관계의 제반 국면에서 두루 발생한다. 예컨대 군주는 威儀를 유지함으로써 나라를 가질 수 있고, 신하는 威儀를 유지함으로써 관직, 친족, 가문을 제대로 영위할 수 있다. 이것은 한두 가지 예일 뿐, 위계적 관계 일반에 적용 가능하다. 그런 면에서 "君臣·上下·父子·兄弟·內外·大小가 모두 威儀가 있음을 말한 것입니다"라고 한 것이다.

주목할 것은, 이 威儀가 일견 대등한 관계로 보이는 "붕우" 관계에서도 작동하는 요소라는 점이다.[85] "붕우의 도道도 반드시 威儀를 가지고 서로를 일깨웠음을 말한 것입니다"라고 한 것도 그런 이유에서다. 앞에서 논했듯이 붕우 관계 역시 위계로부터 자유롭지 않다. 그 붕우가 배움에 종사할 때조차 그러하다고 앞의 인용문은 강조한다. "威儀를 가지고 서로를 일깨웠음"(必相教訓以威儀也)이라는 말에서 드러나듯이 제대로 배우기 위해서는 威儀가 필요하다. 붕우가 원래 위계적 조직 내에 있었음은 물론, 배움의 성격상 가르치는 이는 배우는 이보다 위에 있게 된다. 즉, 붕우 간에 위계는 불가피하다.

다만 붕우 간 배움에서 위계는 한시적이고 역동적이다. "威儀를 가지고 서로를 일깨웠음"이라는 말에 들어 있는 "서로"(相)라는 표현에 주목해보자. 배움의 과정에서 서로 번갈아가며 위계의 위아래를 맡을 수 있다면, 그 관계는 그 점에서는 평등하다. 배움에 임하는 사람이 같은 지위의 사람이기에 평등한 것이 아니라, 배움의 과정에서 위아래를 번갈아 맡을 수 있기에 평등한 것이다.

威儀에 대한 이런 견해를 염두에 두고 1.8을 다시 읽어보자. 1.8은 바로 威儀의 문제에서 시작해 배움의 문제로 끝난다. 『좌전』「양공襄公」의 내용을 상기한다면, 1.8에서 威儀와 배움이 연결되는 것은 이상하지 않다. 위계상 위에 있는 사람도 고루해지지 않으려면 배움에 임해야 한다(學則不固). 고루한 사람은 자기만 못한 사람이나 벗삼으려 들고, 잘못을 고치려 들지 않을 것이다. 역으로, 忠과 信을 중시하고, 자기보다 나은 사람을 벗삼고, 잘못을 기꺼이 고치는 등의 배움의 과정을 충실히 이행하지 못하면 고루해지고 말 것이다.

이러한 배움의 과정에서도 위계는 중요한 고려 사항이다. 『논어』에서 말하는 "學"은 개인이 해내는 사색이 아니라 배울 수 있는 상대가 필요한 경험적 과정이다.[86] 즉, 선생과 경험적 지식이 중요하다. "無友不如己者"라는 권고를 무시하고 만만한 상대만을 벗삼으면 배우는 관계에서 필요한 威儀가 사라지게 될 것이다. 자신이 경외할 만한 상대(즉 선생)를 찾거나 혹은 상대에게서 경외할 만한 요소를 찾아내야 진정한 배움이 가능하다. "세 사람이 가다보면 반드시 거기에 나의 스승이 있게 마련이다. 훌륭한 것을 택하여 따르고, 훌륭하지 못한 것은 고친다"[87]고 한 것도 그런 맥락이다. 배울 상대가 아랫사람이라는 이유로 "훌륭하지 못한 것을 고치기를 꺼리면" 진정한 배움이 불가능할 것이다. 따라서 "고치기를 꺼리지 마라"(勿憚改).

공자가 기존 군자 관념의 신분적 속성을 얼마간 누그러뜨렸다고 해서 그가 곧 평등 사상을 주장한 것은 아니다. 동시에 공자가 강조한 배움이라는 활동에는 그 자체에 신분의 경계를 넘게 해주는 동학이 깃들어 있는 것도 사실이다. 그렇다면 공자가 부심했던 지적인 과제는 기존의 신분적 위계를 옹호하거나[88] 철폐하는 데 있지 않고, 위계와 배움이 어떻게 공존하며 바람직한 긴장을 유지할 수 있느냐에 있었다고 할 수 있다.

그러한 과제를 염두에 두고 보면, 1.8에서 비폭력적이지만 엄정한 의례적 위계에 대한 강조, 그 위계가 제대로 작동하기 위한 배움, 그 배움을 가능케 하는 융통성, 그 모든 과정을 통해 비로소 가능한 자기 갱신의 가능성 등이 드러난다. 그러한 점들을 고려하며 1.8을 풀어서 재서술하면 다음과 같은 내용이 된다.

"선생님께서 말씀하셨다. '군자의 경우, 장중하지 않으면 위계에 걸맞은 위엄을 누릴 수 없다. 위엄을 누린다고 해서 배우려 들지 않으면 고루해질 것이다. 따라서 배움이 중요하다. 경험적인 배움을 위해서는 타인과의 교류가 필수적인데, 그때 염두에 두어야 할 것이 있다. 忠과 信을 핵심으로 삼되, 배울 것이 없다고 여겨질 정도로 자기보다 못한 사람은 벗삼지 말아야 한다. 자신이 위계상 우위에 있다고 해도 잘못을 저지르면 고치기를 꺼리지 말아야 한다.'"

이러한 권고 속에는 바람직한 위계는 불가피하다는 인식, 그럼에도 불구하고, 혹은 그렇기 때문에 배움이 필요하다는 판단, 제대로 배우려면 위계 속에서 겸허해져야 한다는 권고, 나아가 이러한 과정을 거쳐 좀 더 나은 인간이 될 수 있다는 전망이 담겨 있다.

12

피치자의 덕과 정치[1]

증자曾子가 말하였다.
"죽음을 맞아 장례를 신중하게 치르고, 먼 조상에게 정성스레 제사 지내라.
피치자의 덕德이 도타워질 것이다."
曾子曰, 愼終追遠, 民德歸厚矣. (『論語』 1.9)[2]

『논어』 1.9는 예禮로 매개되는 치자와 피치자 간의 규범적 관계를 논하고 있다. 『논어』 텍스트 전체를 고려할 때, 이 같은 1.9의 내용은 『논어』가 거듭 천명하고 있는 예치禮治 사상의 일부임에 틀림없다. 이 장은 예치 사상의 확인에 그치지 않고 1.9의 당대적 함의를 규명하기 위해 시야를 고대 중국의 사상 세계 전반으로 확대한다.

『논어』에서 예치의 이상이 중시된다는 것은 잘 알려진 바이지만, 그것이 갖는 논쟁적 성격은 충분히 주목받지 못했다. 고대 중국의 사상 세계에서 경쟁했던 다른 입장들을 함께 고려할 때에야 비로소 1.9가 갖는 논쟁적 성격이 분명해진다. 고대 중국의 예치 담론 중에서도 1.9는 피치자의 행동이 아니라 덕성에 주목한다는 점에 그 특성이 있다. 이 장은 특히 "歸厚귀후"라는 표현을 "歸君귀군"이라는 표현과 비교하며 1.9의 사상사적 위상을 정의하고자 시도한다.

치자와 피치자

1.9는 "愼終追遠신종추원" 부분과 "民德歸厚矣민덕귀후의" 부분으로 대별된다. 歸厚矣의 주어가 民德으로 명시되어 있는 반면, 愼終追遠의 주어는 드러나 있지 않다. 1.9처럼 주어나 청중이 명시적으로 드러나지 않는 한문 문장은 흔하다. 주어나 청중이 드러나 있지 않다고 해서 해당 문장이 발화될 당시 (암묵적으로나마) 주어나 청중이 전제되지 않았을 리 없다. 따라서 정확한 해석을 위해서는 가능한 한 그 숨겨진 주어나 청중을 재구성할 필요가 있다.

1.9의 전반부를 이루는 愼終追遠의 숨겨진 주어 혹은 청중은 누구인가? 과연 누가 愼終追遠해야 한다는 말인가? 곧 살펴보겠지만, 愼終追遠이라는 말은 장례 및 제사를 잘 치르라는 뜻을 담고 있다. 그렇다면 그 청중은 일단 장례 및 제사를 치를 수 있는 자원을 가진 사람이라고 보는 것이 타당하다. 장례나 제사 같은 예식은 상당한 물적 자원을 필요로 하는 일이므로, 고대 중국에서 인간이라면 누구나 할 수 있는 보편적인 행사는 아니었다. 따라서 당시 하층민 혹은 피치자에 해당하는 이들은 1.9의 주어나 청중이 아니다. 愼終追遠의 청중은 얼마간의 물적 자원을 향유하는 상류층 혹은 지배층이다. 이 같은 해석을 1.9의 후반부인 民德歸厚矣의 해석에도 적용할 수 있다. 民德歸厚矣라는 말은 장례와 제사를 잘 치러낼 경우 民德에 특정한 결과가 생길 것이라는 기대를 담고 있다. 장례와 제사라는 친족의 일을 치러냈는데, 그것이 자기 친족을 넘어 民이라는 광범한 집단에 (정치적) 효과가 있으리라는 발언에 관심을 가질 만한 이는 누구인가? 그것은 통치에 관심을 가진 지배층이라고 할 수 있다.

이어서 歸厚矣의 주어를 검토해보자. 民德이란 곧 民의 德을 의미하므로, 관건이 되는 것은 民이다. 그렇다면 民은 누구인가? 『논어』에 나오는 民의 용례 중에서 1.9와 맥락을 같이하는 문장들에 집중해보자.[3] 특히 누군가가 예를 충실히 행했을 때 나타나는 결과를 논하는 문장을 찾아보자. "윗사람이 예를 좋아하면, 民 중에 감히 공경하지 않는 사람이 없고, 윗사람이 올바름을 좋아하면, 民들 중에 감히 복종하지 않는 사람이 없고, 윗사람이 믿음직스러움을 좋아하면, 民이 감히 실상으로 응대하지 않는 사람이 없다. 무릇 이와 같이 한다면 사방의 民이 자식을 강보에 싸서 업고서 몰려들 것이다."(13.4)[4] "윗사람이 예를 좋아하면 民을 부리기 쉽다."(14.41)[5] 이 두 사례는 누군가가 예를 충실히 행했을 때, 民에게 미치는 결과를 논한다는 점에서 1.9와 맥락을 같이한다. 그리고 이 두 사례에서 民이 지칭하는 바는 비교적 분명하다. "복종"이나 "부리기 쉽다"는 표현을 감안할 때, 民은 피치자를 지칭한다. 또한 이 두 사례와 1.9를 함께 고려할 때, 1.9에 나오는 民은 피치자를 지칭한다고 보기에 충분하다.

치자의 일: 愼終追遠

앞에서 愼終追遠의 주어는 치자 계층이라고 정의했다. 그렇다면 1.9에서 치자는 어떤 일을 하도록 기대되는가? 이 질문에 대한 답은 愼終追遠의 의미에 달려 있다. 먼저 愼終追遠에서 終과 遠은 무엇을 가리키는가? 終의 문자적 의미는 어렵지 않다. "죽는 것이다."[6] 그러나 遠의 의미에 대해서는 논란이 많다. 예컨대 정약용의 『논어고금주』에서 소개된 육가서陸稼書[7]는 終은 부모의 죽음을 가리키고, 遠은 먼 조상을 포함한다고 주장한다.

그러나 정약용은 육가서의 견해에 반대한다. 정약용에 따르면, 부모뿐 아니라 조부가 죽어도 愼終해야 하기는 마찬가지이므로, 終과 遠에 구분이 있을 수 없다. 그리고 대부大夫와 사士는 먼 조상을 제사 지낼 수 없는 처지이므로 遠이 먼 조상을 지칭한다는 주장은 타당하지 않다고 본다.[8] 그리하여 정약용은 "終은 어버이의 마지막이고, 遠은 어버이의 떠나감이다"[9]라고 하여, 終과 遠을 모두 어버이에 대한 일로 보았다. 이 같은 정약용의 입장은 새로운 것일까? 그렇지 않다. 그 주장은 『십삼경주소』의 견해와 크게 다르지 않은데, 거기에서는 이렇게 말했다.

愼終이란 다음과 같다. 終은 부모의 상사喪事를 가리킨다. 죽음은 인간의 끝이므로 '終'이라고 부른 것이다. 어버이의 상을 치를 때, 상례喪禮를 신중히 하고, 슬픔을 다한다는 말이다. 追遠이란 다음과 같다. 遠은 어버이를 장사 지낸 지 이미 한 달이 지난 이후다. 효자가 흐른 시간을 느끼면서 추념하며 제사 지내고 경건함을 다한다는 말이다.[10]

愼終追遠에서 愼과 追는 무엇을 가리키는가? 공안국은 "愼終이란 상을 당하여 그 슬픔을 다하는 것이고, 追遠이란 제사 지낼 때 그 공경을 다하는 것이다"[11]라고 풀이했다. 이에 대비되는 해석이 성리학자의 해석이다. 그들은 "愼終이란 상을 당하여 그 예를 다하는 것이고, 追遠이란 제사 지낼 때 그 참된 마음을 다하는 것이다"[12]라고 풀이했다. 공안국이 슬픔(其哀)이라고 한 것을 예(其禮)로 바꾸었고, 공경(其敬)이라고 한 것을 참된 마음(其誠)으로 바꾸었다. 반면에 황간은 追를 먼 옛일을 기록하여 잊지 않는 행위로 해석했다.[13] 정약용은 이런 주석들을 비교한 뒤, 공안국의 풀이는 틀리고 주희의 풀이가 맞다고 주장했다.[14]

그런데 공안국과 주희의 풀이가 과연 대립하는 것일까? 『십삼경주소』의 해당 부분에 대한 형병의 해설을 살펴보자. 슬픔을 다한다는 공안국의 취지는 "어버이의 상을 치를 때, 상례를 신중히 하고 슬픔을 다한다"[15]라고 재서술되고 있다. 즉, 정약용의 풀이와 달리, 슬픔을 다하는 것과 예를 신중히 하는 것은 대립 관계가 아니다. 슬픔을 다하기 위한 방법이자 절차로서 예를 신중히 하는 것이다. 이 같은 형병의 해설을 고려하면 공안국의 해석과 주희의 해석이 대립된다고 볼 수 없다. 其敬을 其誠으로 바꾼 것 역시 특별하다고 보기 어렵다. 성리학자들이 敬과 誠의 구분에 매진한 것과는 달리, 고대 중국에서 敬과 誠이 호환 가능한 단어였기 때문이다.[16]

위의 논의를 종합하면, 愼終追遠은 돌아가신 부모 및 조상에 대한 예를 잘 이행하는 일을 포괄적으로 지칭한다. 즉, 愼終追遠은 예에 대한 것이다. 그럼에도 愼終追遠을 예에 대한 언명으로 국한하지 않고 일처리 전반에 대한 조언으로 보려는 주석가가 있다. 예컨대 황간은 "시작이 없는 이는 없으나 제대로 마치는 이는 드물다"(靡不有初, 鮮克有終)라는 『시경』 「대아」의 문장을 인용하며, "마침을 신중히 해야 한다"(終宜愼也)고 주장한다. 이토 진사이는 이러한 황간의 견해를 수용했는데, 오규 소라이는 그에 대해 다음과 같이 통렬히 비판한다. "진사이 선생은 '상례와 제례뿐 아니라, 범사에 모두 마무리를 신중히 하고 멀리까지 추념해야 한다'고 말했는데, 그러한 해석은 황간의 견해에 기반한 것으로서 이치에 합당하지 않은 정도가 주자보다도 심하다."[17] 실로 愼終追遠을 예에 특화된 발언으로 보아야, 부모 모시는 일을 철저히 예의 관점에서 정의한 『논어』의 다음과 같은 부분과도 잘 통한다. "선생님께서 말씀하셨다. '[부모가] 살아 계시면 예로써 모시고, 돌아가시면 예로써 장사 지내고 제사 지내라는 것이다.'"(2.5)[18]

피치자의 일: 民德歸厚

德

이번에는 民德歸厚에서 民 뒤에 붙은 德의 개념에 대해 살펴보자.[19] 德은 『논어』에 자주 나오는 仁 같은 개념보다 훨씬 일찍 출현한 개념으로 알려져 있다. 공자가 활동하던 시대 이전의 청동기에 새겨진 명문銘文에도 德이라는 글자가 나온다. 조명화는 갑골문에 仁자는 나오지 않아도 德자는 나온다고 단언했지만,[20] 류쩌화劉澤華가 정리했듯이[21] 과연 갑골문에 나오는 일련의 글자가 德을 나타내는 것인지는 아직 논란 중이다.

오늘날 우리에게 익숙한 德 관념은 개인의 도덕적인 품성을 가리킨다. 그러나 德의 초기 용례는 그에 국한되지 않는다. 고대 중국에서 제법 널리 사용된 '天德'이라는 표현에서 드러나듯이, 개인의 덕성을 넘어선 초자연적인 힘을 가리킬 때도 德이라는 글자를 사용했다. 그리고 8.20에 나오는 "周之德주지덕"(주나라의 덕)이라는 표현에서 드러나듯이, 국가의 역량을 가리킬 때도 德이라는 글자를 사용했다.[22] 요컨대 고대 중국에서 德의 의미는 도덕적인 품성이라는 뜻에 국한되지 않고 광의의 "역량"이라는 뜻에 가까웠다. 그래서 아서 웨일리Arthur Waley 같은 학자는 德을 "power"나 "(moral) force"라고 영역하기도 했다.[23]

德에 "힘"의 의미가 있다고 해도 그 힘은 강제력을 동반한 힘을 의미하지는 않는다. 고대 중국에서 德이 강제력을 동반한 형벌과 대비되는 개념이었다는 것은 『좌전』「희공 15년」에 나오는 다음 문장에서 분명하게 확인된다. "두 마음을 품으면 잡아가고 복종하면 놓아주니, 덕이 이보다 더 두터운 경우가 없고, 형벌이 이보다 위엄 있는 경우가 없다. 복종한 사람은 덕을 품고, 두 마음을 품은 사람은 형벌을 무서워할 것이다."[24]

『회남자淮南子』「제속훈齊俗訓」에 나오는 "그 천성을 얻는 것을 덕이라고 한다"[25]라는 표현 역시 德의 비강제적인 성격을 드러낸다. 德은 외부로부터 주입되는 것이 아니라 타고난 본성을 구현하는 것이라는 의미에서 그러하다. 그렇다고 고대 중국의 德 개념이 완전무결한 인간 본성을 전제하는 경우에만 사용된 것은 아니었다.[26] 고대 중국에서 德의 용례는 특정한 인간 본성을 전제하지 않고 "선왕을 따르는 것", "옛사람을 신용하는 것", "왕의 말을 잘 듣는 것", "열심히 맡은 일에 종사하는 것" 등으로 포괄 범위가 넓다.[27] 그리하여 류쩌화는 "(공자가 존숭했다는 주공) 당시로 보면 좋고 아름다운 물건은 모두 덕의 개념 속에 포함되었다"고 결론내린다.[28] 요컨대 "덕은 종합적인 개념이다".[29]

民德

德이 종합적인 개념이라는 말은, 다양한 맥락에서 일관되지 않게 사용될 수 있는 개념이라는 뜻이기도 하다. 1.9에서 德이 民과 결합하고 있기에, 다행히 그 덕의 의미를 좀 더 국한해서 볼 수 있다. 그런데 『논어』에서 德이 民과 결합해 "民德"으로 사용되는 용례는 1.9가 유일하다. 『논어』와 대체로 동시대의 내용을 담고 있다고 할 수 있는 『국어』와 『좌전』에도 民德의 용례는 없다. 그러면 전국시대 문헌까지 조사 대상을 확대해보자.[30]

『순자』「유효儒效」에는 "습속을 추종하는 것을 선이라고 여기고, 재물을 보물이라고 여기고, 양생을 자신의 지극한 도라고 여기는 것, 이것이 民德이다"[31]라는 문장이 나온다. 民德에 대한 이 문장은 뒤이어 나오는 "처신에 법도가 있으며 견고하고, 사욕 때문에 들은 것에 휘둘리지 않는 것, 이와 같은 상태라면 의젓한 士라고 할 수 있다"[32]라는 문장과 대비된다. 즉, 民德이란 士가 갖추어야 할 덕목과 대비되어 제시되는 개념이다. 民德은 결국 지배적인 습속을 따르면서 재물과 자기 보존을 최고로 여기는 온갖 행태를 가리킨다. 요컨대 民德은 비非엘리트층의 특징이다.

『묵자』「절용상節用上」에서도 성인이 문명의 이기를 만든 사례들을 열거하고 나서 다음과 같이 말한다. "성왕이 정치를 할 때는 명령을 내리고 사업을 벌이며, 民을 부리고 재원을 사용하게 마련인데, 그때 적절한 쓰임을 고려하지 않는 경우가 없다. 그러므로 재원을 사용하는 데 낭비가 없고, 民德이 수고롭지 않고, 이익이 많이 늘어났다."[33] 이 문장에서도 民德이라는 표현이 나오는데, 성왕이라는 통치자의 행위에 좌우되는 대상으로서 民德을 운위하고 있다. 즉, 여기서 民德은 통치자가 영향을 미칠 수 있는 피치자의 특질이다. 그리고 여기서 民德이 재원 및 실용성의 차원에서 접근되고 있다는 점에서 아래 『한비자』의 관련 내용과 상통한다.

> 지금 전성씨田成氏(전성자田成子)의 덕으로써 民이 기뻐 춤을 즐기고, 民德이 그에게 귀의합니다.(民德歸之矣) 그래서 '(이 나라를 차지할 사람은) 전성씨일 것이다!'라고들 말합니다. 경공景公이 눈물을 흘리며 말하였다. "슬프지 않은가. 과인이 나라를 가지고 있는데, 결국 전성씨가 나라를 차지할 것이라니. 지금 이렇게 해야

하는가?" 안자晏子가 대답하였다. "군주께서는 무엇을 그리 걱정하십니까. 만약 군주께서 나라를 다시 차지하시고자 하면, 현인을 가까이 두고 못난이를 멀리하며, 어지러움을 다스리고, 형벌을 완화하고, 곤궁한 사람을 일으키고, 고아와 과부를 보살피고, 은혜를 베풀고 부족한 사람들에게 나누어주십시오. 그리하여 民이 장차 군주께 귀의하면(民將歸君) 비록 전성자가 열 명 있어도 군주를 어떻게 하겠습니까?"[34]

이 인용문에 나오는 民 역시 피치자를 지칭한다. 경공이나 전성자 같은 통치자의 처신에 따라 향배가 좌우되는 존재들인 것이다. 한층 흥미로운 점은 民 혹은 民德 같은 표현과 아울러 "歸"라는 표현이 등장한다는 점이다. 즉, 『한비자』「외저설우상外儲說右上」과 『논어』 1.9는 모두 民德을 운위하면서 民德의 향배, 즉 歸를 거론하는 텍스트라는 점에서 흥미로운 비교 대상이 된다. 주목할 것은 『한비자』에서는 "歸君"이라는 표현을 쓰는 반면, 『논어』 1.9에서는 "歸厚"라는 표현을 쓴다는 점이다. 이 두 표현을 비교하며 1.9에 나오는 歸厚의 의미를 좀 더 구체적으로 확정해보자.

歸厚

"두터움으로 돌아간다" 혹은 "두터움으로 돌아온다"로 직역될 수 있는 歸厚의 구체적인 의미는 무엇일까? 기존 『논어』 번역본들은 대체로 "두터워진다", "두터운 데로 돌아간다"와 같이 직역하는 경우가 대부분이다. 그 밖에 歸厚의 의미를 좀 더 구체적으로 확정해보려는 시도들도 있는데, 다음과 같은 번역이 그 예들이다. "민중의 모듬살이가 (차갑게 이해를 따지는 데에서 서로 돕고 돕는) 도타운 관계로 바뀌게 되리라."[35] "효도하고 사람이 기본적으로 지켜야 할 도덕성을 갖춘다."[36] "백성들도 감화를 받아 저절로 도덕적인 풍조가 일어날 것이다."[37]

이와 같은 번역들은 과연 1.9에 나오는 歸厚의 의미를 얼마나 정확하게 반영하고 있는 것일까? 이 사안을 좀 더 정교하게 논의하기 위해서 歸厚를 歸와 厚로 나누어 하나씩 살펴보자. 歸의 사전상 대표적인 의미는 "돌아간다", 즉 원래 있던 곳으로 간다는 뜻이다. 그런데 『논어』에 나오는 歸는 꼭 그런 뜻이 아니고, 다른 방향으로 흐를 수도 있는데 그러지 않고 특정 방향으로 흐른다는 뜻이다. "붕우가 죽어서 돌아갈 곳이 없는 경우, '내 집에 빈소를 차리라'라고 하셨다."(10.22)[38] "그래서 군자는 하류에 거하기를 싫어하는 것이다. 천하의 악이 모두 그에게 귀속되기 때문이다."(19.20)[39] 이런 용례들에서 歸는 돌아간다는 뜻으로 해석될 수 없다. 친구의 시신이 원래 공자의 집에 있었던 것도 아니고, 천하의 악이 원래 하류에 존재했던 것도 아니다. 두 용례에서 사용된 歸는 모두 특정한 곳으로 귀속된다는 의미이다.

1.9의 歸 용례에 비견할 만한 다른 용례로는 다음과 같은 것들이 있다. "하루라도 자신을 이기면 천하가 인仁으로 향한다."(12.1)[40] "멸망한 나라를 일으키고, 끊어진 세대를 이어주고, 숨은 현자들을 기용하니, 천하의 民들이 마음으로 귀의하였다."(20.1)[41] 이 가운데 20.1은 民의 마음을 운운한다는 점에서 1.9의 내용과 상통하는 듯하다. 그러나 20.1에 나오는 歸는 歸心이라는 2음절 표현의 일부이므로 『논어』 1.9에 나오는 歸와는 쓰임새가 다르다. 1.9에 나오는 "歸厚", 그리고 『한비자』에 나오는 "歸君"과 문법적으로나 의미상으로나 비교하기에 적절한 문장은 12.1이다.

"天下歸仁"(천하가 인仁으로 향한다)이라고 할 때 "歸仁"이란 무슨 뜻일까? 1.9에 나오는 "歸厚"의 경우와 달리, 12.1의 "歸仁"의 의미에 대해서는 참고할 만한 주석이 풍부하다. 첫째, 주희는 『논어집주』에서 歸를 與의 뜻으로 풀이했다.[42] 與는 "찬동하다", "인정하다", "함께하다" 등의 의미가 있다. 주희는 "'민덕귀후'란 아래 피치자들이 교화되어 그들의 덕이 두터운 쪽으로 귀속된다는 뜻이다"[43]라고 부연하고 있기 때문에 일반 피치자들의 덕이 도타운 쪽으로 향한다는 의미로 해석했다고 할 수 있다.

둘째, 현대의 주석가인 양보쥔은 청대의 학자 모기령의 설을 인용해가며 "歸仁"을 "稱仁"이라고 풀이한다.[44] 즉, "歸仁"을 "인한 사람이라고 칭한다"로 풀이한 것이다. 그러나 歸를 稱의 뜻으로 해석할 근거가 부족하기에 설득력이 없다.

셋째, 황간은 "군주가 하루라도 극기복례를 해낸다면 천하의 民들이 군주에게 귀속될 것이다"[45]라고 하여 歸仁을 군주에게 귀속된다는 의미로 풀이했다. 이렇게 할 경우 仁이라는 군자가 곧 (人)君이라는 글자와 동일시된다. 그런데 仁이 人과 동일시되는 경우는 있어도 君과 동일시되는 경우는 드물기에 설득력이 없다. 그리고 이렇게 해석할 경우, 여러모로 큰 차이가 있는 『논어』의 정치사상과 한비자의 정치사상이 대동소이해지는 문제가 발생한다.

넷째, 운봉 호씨는 주희의 해석과 유사하되 다음과 같이 좀 더 명시적으로 성리학적 본성론에 기반한 해석을 제시한다. "피치자는 두텁게 태어나는 법이다. 민덕은 원래 두텁다. 두터움으로 돌아가는 것은 그 본연을 회복하는 것에 불과하다. 어찌 더함이 있으리오?"[46] 이 같은 해석은 歸를 "귀속되다"가 아니라 "돌아가다"로 풀이한 것이다. 아마도 성리학자들은 인간 본성이 선하다고 간주하고 그 선한 본성을 회복해야 한다고 믿었기에 그렇게 풀이했을 것이다. 즉, 자신들의 인성론에 맞추기 위한 해석일 뿐, 『논어』의 용례와는 거리가 멀다. 공자는 『논어』에서 단 한 번도 인간 본성이 선하다는 주장이나 선한 본성을 회복해야 한다는 주장을 한 적이 없다.

다섯째, 오규 소라이는 『논어징』에서 명시적으로 주희의 해석을 비판한다. "주자 주석에서 '歸'자는 옳지 않다."[47] 오규 소라이가 보기에 1.9에 나오는 歸厚는 12.1에 나오는 歸仁과 같다.[48] 그렇다면 오규 소라이는 12.1에 나오는 歸仁을 어떻게 해석했을까? 군주의 仁으로 귀속된다고 해석했다.[49] 즉, 피치자들이 저마다 자신의 덕성으로 돌아가는 것이 아니라, 군주의 예에 감화되어 군주의 仁으로 돌아간다고 해석한 것이다.

이처럼 다양한 해석 중에서 어느 것이 설득력 있을까? 그 질문에 답하기 위해서는 가능한 한 1.9의 시대에 가까운 문헌에서 歸仁의 용례를 살펴보아야 한다. 춘추전국시대 문헌 중에 지금까지 전하는 『맹자』에서 유일하게 한 번 더 歸仁이라는 표현이 등장한다.

> 그 피치자를 얻는 데는 길이 있다. 그 마음을 얻으면 그 피치자를 얻는다. 마음을 얻는 데는 길이 있다. 원하는 바를 그들에게 주어, 모은다. 싫어하는 것을 베풀지 않는다. 피치자가 인자에게 귀의함(歸仁)은 물이 아래로 흐르는 것, 짐승이 들로 달아나는 것과 같다. 그러므로 못을 위하여 물고기를 몰아주는 것은 수달이고, 숲을 위해 참새를 몰아주는 것은 새매이고, 탕왕湯王과 무왕武王을 위해 피치자를 몰아주는 것은 걸왕桀王과 주왕紂王이다.[50]

『맹자』에서 歸仁이란 인한 군주에게 돌아가는 것이다. 이 같은 『맹자』「이루상離婁上」의 용례에 맞추어 1.9를 해석하는 것이 설득력 있다. 『논어』에 나오는 다른 문장과도 부합한다. 『논어』에는 통치자의 덕으로 인해 피치자들이 통치자 주변을 떠나지 않는다는 견해를 북극성의 비유를 통해 설명한 대목이 있다.(2.1)[51] 즉, 歸는 내부의 본성을 회복하는 일이 아니라[52] 외부에 존재하는 대상으로 귀의하는 것이다.

만약에 1.9에서 歸厚의 주어가 12.1에서처럼 사람이나 세상이었다면, 歸厚는 특정 통치자에게 귀속된다는 의미가 된다. 그러나 1.9에서 歸厚의 주어는 "民"이 아니라 "民德"이다. 따라서 사람의 추종 여부가 아니라 民德이 어떤 방향으로 나아갈 것인가의 사안임을 유념할 필요가 있다. 歸厚에 대한 이런 논의를 감안할 때, 그 民德은 내부 잠재력의 실현이 아니라 외부 역량에 의한 개선을 의미한다.[53] 그렇다고 피치자들이 군주에게 그저 순종해야 한다는 뜻은 아니다. 그 점은 『논어』의 "歸厚"와 『한비자』의 "歸君"을 비교하면 분명해진다. 『한비자』에서는 피치자의 행태가 과연 통치자에게 순종하느냐가 관심사라면, 『논어』에서는 피치자의 덕성의 질이 관심사인 것이다. 군주에게 순종하더라도 그저 행태적으로 순종하는 것이 아니라 덕성의 개발을 거쳐 순종하는 것이 『논어』의 세계다.

그리고 厚가 德이라는 역량의 레벨을 묘사하는 언어였음은 위에서 인용한 『좌전』 「희공 15년」 인용문에서 드러난 바 있다. "두 마음을 품으면 잡아가고 복종하면 놓아주니, 덕이 이보다 더 두터운 경우가 없고(德莫厚焉), 형벌이 이보다 위엄 있는 경우가 없다(刑莫威焉). 복종하는 사람은 덕을 품고, 두 마음을 품은 이는 형벌을 무서워한다."[54] 威가 형벌의 레벨을 묘사하는 언어라면, 厚는 덕의 레벨을 묘사하는 언어다.

정치적 해석의 옹호

지금까지의 논의를 종합해볼 때, 1.9는 치자와 피치자의 규범적 관계를 논하는 매우 정치적인 언명임이 분명하다. 그럼에도 작금의 해석 중에는 비정치적인 독해가 여전히 많다. 예컨대 김학주는 1.9를 두고 "육친에 대한 정과 자기를 있게 한 조상들에 대한 존경심을 영원히 자손들에게 이어지게 함으로써 인간의 존엄성을 높이려 하였던 것이다"[55]라고 말했다. 자기 "핏줄"에 불과한 육친에 대한 정과 조상에 대한 존경심이 어떻게 드넓은 인간 보편의 존엄성과 연결되는 것일까? 그 연결 논리를 김학주의 해설에서 찾을 수는 없다. 김학주의 풀이는 1.9의 해석에서 권력의 문제를 배제하고 있다는 점에서, 비정치적인 해석이다.

동양고전연구회의 『논어』 번역본이 제공하는 해설 역시 인간 보편의 가치라는 각도에서 1.9에 접근한다. "상사를 신중히 거행하고 조상 제사를 모셔 추모하는 것은 바로 도덕 생명의 가치라는 근본을 잃지 않는 일이다." "효는 인애仁愛의 출발로, 종으로는 가까이 부모부터 멀리 조상까지 이어진다. 이러한 도덕 생명의 연속은 조상에서 자손까지 이어지는 인간 가치의 연속적인 표현이고 실천인 셈이다."[56] 이러한 언명 역시 자기 부모와 조상에 대한 효가 어떻게 보편적인 인간 존중으로 이어지는지 해명하지 않는다. 흔히 이야기되듯, 그러한 효도가 점차 다른 인간들에게로 확대되어간다고 추측할 수 있을 뿐이다. 효도가 보편 윤리로의 초대라기보다는 되레 방해가 될 수 있다는 입장(이를테면 묵자의 입장)은 이런 해석에서 고려되지 않는다.

권력의 문제를 도외시하는 비정치적인 해석은 이에 그치지 않는다. 박삼수는 "예로부터 백행百行의 근본이라던 효孝가, 오늘날엔 그 진정한 의미와 가치를 상실했다는 탄식의 목소리가 높다. 인생의 난제는 역시 '기본'과 '근본'으로 돌아가 풀어야 한다"[57]고 풀이했다. 효를 인간 보편의 행위준칙(百行)과 연결한다는 점에서 박삼수와 김학주의 해설은 유사하다. 차이가 있다면, 박삼수는 1.9의 설명을 넘어 오늘날을 위한 교훈까지 도출한다는 점이다. 그 점에 관한 한 신정근도 마찬가지다. "죽은 사람의 장례와 상례를 정성껏 치른다면, 사람들은 자신이 속한 공동체를 소중하게 생각할 것이다. 이런 생각 하나하나가 결국 모듬살이를 경쟁이 아니라 유대의 터전으로 만들 것이다. 어떤 상황에서도 아무도 버리지 않고 끝까지 돌보는 사회에 그 누가 등을 돌리겠는가?"[58]

김용옥은 "나의 존재의 유한성의 단절이 다시 단절될 타의 유한성과 접합됨으로써 무한하게 된다는 것이다. 유한한 시간의 연접은 무한하다. 그 연접의 고리가 바로 상喪·제祭의 제식이라는 것이다. 그것은 귀신에 대한 수직적 공포가 아니라, 나의 존재의 유한성의 두려움에 대한 수평적 유대를 의미하는 것이다. 그러한 수평적 유대가 곧 인간의 역사이다"[59]라고 말한다. 초점은 앞에서 거론한 해설가들과 다르지만, 1.9의 논의에서 인간 보편에 대한 메시지를 읽어내려 한다는 점에서는 비슷하다. 김용옥의 1.9에 대한 해설의 특징은 인간 존중의 문제보다는 인간 존재가 보편적으로 겪는 유한성에 대한 불안을 읽어낸다는 점이다.

김용옥은 1.9에서 수평적 유대를 읽어내려 들지만, 역대 주석 대부분은 그러지 않았다. 예컨대 『십삼경주소』는 "공안국이 말하였다. … 이 두 가지(愼終과 追遠)를 능히 행할 수 있으면, 民이 그 덕에 감화되어 모두 두터운 곳으로 귀결

된다"고 했다.[60] 즉, 1.9에 담긴 핵심 메시지는 통치자와 피치자의 관계에 대한 조언이다. 피치자를 바람직한 상태로 돌려놓기 위해서 통치자가 어떻게 행동해야 하는지를 역설하고 있는 것이다.

1.9의 청중을 감안하면, 정치적인 해석을 하는 것이 설득력 있다. 다만 공안국식의 해설을 따르다보면, 1.9가 일종의 정치공학적 진술로 들린다. 특히 성리학 발흥 이전의 주석들은 대개 民德歸厚라는 정치적 결과를 낳기 위해 愼終과 追遠을 해야 한다는 기술적 조언으로 해석해왔다. 愼終과 追遠이 民德歸厚라는 결과를 낳는다는 것이 1.9의 표면적 의미이기는 하다. 그렇다고 1.9를 정치공학적 언명으로 이해해야만 하는 것은 아니다. 예컨대 民德歸厚라는 정치적 결과를 낳기 위해 愼終과 追遠을 해야 한다고 주장할 수도 있고, 아니면 (어떤 이유에서건) 愼終과 追遠은 하지 않을 수 없는 일이고, 그 파생 효과로서 民德歸厚라는 결과가 발생한다고 주장할 수도 있다.

이 사안을 본격적으로 고민한 이들이 바로 성리학자들이다. 성리학자들은 1.9에서 愼終과 追遠이 정치공학적 차원에서 권장되는 것인지, 아니면 愼終과 追遠이 행위자의 자아 고양을 위해 권장되는 것인지를 분석적으로 나눈다. 그리고 명백하게 후자의 입장을 지지한다. 이를테면 주희의 『논어집주』에서는 "스스로 이것을 해내면, 자기의 덕이 두터워진다. 아래 民들은 그에 감화되니, 그들의 덕 또한 두터운 곳으로 돌아간다"[61]라고 말한다. 이러한 주희의 언명은 다음과 같이 부연된다.

> 주자가 말하였다. "마지막을 신중히 하고, 먼 것을 추념하는 것은 원래 천리의 마땅히 그러해야 할 바이다. 사람의 마음이 그렇게 하지 않으려야 하지 않을 수 없는 그런 것이다. 이는 원래부터 윗사람이 마땅히 그렇게 해야 할 바이지, 民을 감화하기 위해 일부러 하는 것이 아니다. 능히 이처럼 할 수 있으면 자기의 덕이 두터워지고, 그에 따라 民의 덕 또한 감화되고 두터워진다."[62]

이에 따르면, 愼終과 追遠은 기대 효과 때문에 해야 하는 도구적 행위가 아니다. 자기 존재에 깃든 이치이기에, 즉 본성상 하지 않으려야 하지 않을 수 없는 일이기에 하는 것이다. 본성을 따르다보면, 자신의 덕이 두터워진다. 그리고 그것은 그 예식을 행할 만한 충분한 자원과 교육을 향유하고 있는 "윗사람"이 솔선해야 할 바이다. 그것은 결코 피치자들의 감화라는 특정한 결과를 얻기 위해서 하는 일이 아니다. 다만 그렇게 예를 행하면, 피치자들의 교화라는 파급 효과가 생길 뿐이다.

이러한 입장에 공명하는 『논어』 내의 다른 구절로는 "선생님께서 말씀하셨다. '옛날의 배우는 사람들은 자기 자신의 향상을 위해서 하였으나, 요즘의 배우는 사람들은 남에게 보이기 위해서 한다'"(14.24)[63]를 들 수 있을 것이다. 모름지기 공부란 남을 의식해서 하는 것이 아니라 자신의 향상을 도모하기 위해서 하는 일이라는 취지의 14.24는 자신의 덕성 함양을 위해 부모와 조상에 대한 예를 이행해야 한다는 1.9에 대한 성리학적 해석에 잘 들어맞는다. 두 경우 모두 바람직한 파급 효과가 생길 가능성을 부정하지는 않는다.

그런데 증자가 1.9에 해당하는 언명을 했을 때 과연 정치공학적 입장과 비정치공학적 입장을 분석적으로 나누고 있었는지는 분명하지 않다. 그러한 구분을 명시적으로 한 사람들은 송대의 성리학자들이고, 그러한 구분은 동기주의와 결과주의라는 송대의 논쟁 구도를 반영하고 있을 가능성이 높다.[64] (성리학적 해석과는 다른) 고대 중국에서의 1.9의 함의를 음미하기 위해서는 성리학자들의 주석을 떠나 고대 중국의 사상 세계에 접속해야 한다.

논쟁적 맥락 속의 해석

위에서 살펴본 김학주와 신정근의 해설에서 드러나듯, 1.9를 특정 시대의 구체적 입장이 아니라 초시대적 메시지를 지닌 보편적 인명으로 보려는 해설들이 많다. 예컨대 한필훈은 "동양에서는 전통적으로 관혼상제冠婚喪祭라고 하여 조상 숭배를 중요시한다"[65]라고 말한다. 여기서 "전통적"이란 무슨 뜻일까? 동양 전통에서도 조상 숭배의 강조 정도는 시대마다 달랐으며, 조상 숭배가 동양에서만 유행한 것도 아니다.

황희경은 "상례와 제사는 관계된 종족의 감정을 순화하고 단결시키는 데 중요한 기능을 한다. 그리고 이런 일은 군주나 상층 지배자들이 먼저 주도하였다. 따라서 백성들에게 영향을 미치게 되는 것은 지극히 당연하다"[66]고 말한다. 그러나 통치자가 예식을 통해 피치자에게 영향을 끼친다는 생각은 "지극히 당연"한 것이 아니다. 설득력을 갈구하는 여러 경쟁하는 주장들 중 하나이다.

그러한 점은 1.9의 종결사인 "矣"가 확인해준다. 류종목과 박유리 같은 학자는 종결사 矣가 "필연"을 나타낸다고 설명한다.[67] 그런데 1.9가 필연과 우연의 문제를 다루는 것도 아니고, 어떤 조건이 주어졌을 때 예외 없이 특정한 현상이 도출된다는 과학적인 언명을 하는 것도 아니다. 여기서 종결사 矣의 함의는 필연의 표현이 아니라 단호한 긍정이라고 보는 것이 바람직하다. 矣의 해석과 관련하여 던져야 할 핵심 질문은, 왜 이 문장에 단호한 긍정을 표시할 필요가 있었느냐는 것이다. 그것은 愼終追遠을 통해 民德歸厚라는 효과를 기대할 수 있다는 말이 당시에 상식으로 여겨질 만큼 당연한 주장이 아니었음을 시사한다. 지극히 당연한 상식적 주장이 아닌 경우에야 자신의 이 언명이야말로 타당한 주장이라고 강조할 필요가 있다. 矣는 바로 그런 강조의 기능을 한다. 다시 말해서 矣는 1.9의 주장이 당시에 당연시되지 않고 있었다는 방증이다.

따라서 1.9가 우연적인 발화가 아니라 『논어』 전반에서 거듭 천명하는 특정한 입장임을 확인한 뒤, 고대 중국의 사상 세계에서 어떤 입장들과 경쟁하고 있었는지를 살펴보자. 『논어』에는 통치자가 피치자에게 미치는 변화를 강조하는 언명들, 그리고 통치자가 무엇보다 예의 이행을 통해 그와 같은 변화를 이끌어내야 함을 강조하는 언명들이 다수 있다. "공손하기만 하고 예가 없으면 수고롭게 되고, 신중하기만 하고 예가 없으면 두려워하게 되고, 용감하기만 하고 예가 없으면 난폭해지고, 곧기만 하고 예가 없으면 까칠해진다. 군자가 어버이에게 독실하게 굴면 피치자들이 인仁으로 인해 촉발되며, 오랜 친구를 버리지 않으면 피치자들이 야박해지지 않는다."(8.2)[68]

이 같은 『논어』의 입장과 경쟁하는 입장들로는 어떤 것이 있었을까? 첫째, 예 자체가 특정한 정치적 효과를 불러오는 것이 아니라, 예를 받아들이는 "귀신"이 일정한 정치적 효과를 가져온다는 신정정치적 입장이 있다. 이 경우에 예를 이행하는 일차적인 이유는 예 자체가 아니라 귀신으로부터 받을 보상에 있다.[69] 상나라나 주나라 사람들 다수는 조상신을 상대로 정교한 예식을 거행하면, 조상신 같은 귀신이 그에 응답하여 추수, 전쟁, 질병 같은 중대사에 영향을 끼친다고 믿었다. 즉, 신의 응답을 얻기 위해 예를 행한다는 생각이 지배적이었다.

이와 같은 입장에 대해 『논어』는 다음과 같이 비판적이다. "피치자에 관련하여 올바름에 힘쓰고, 귀신을 공경하되 거리를 두면 '안다'고 할 수 있다."(6.22)[70] 이처럼 공자는 신의 존재를 부정하지는 않지만, 신과 거리를 두어야 함을 강조한다. 특정한 보상을 바라고 귀신에게 접근한다는 것은 귀신의 뜻을 알 수 있다고 전제하는 것인데, 귀신과 죽음에 대해 제자 자로가 물었을 때 공자는 이렇게 말한 적이 있다. "'사람도 섬기지 못하는데 어찌 귀신을 섬길 수 있겠는가?' [자로가] 여쭈었다. '죽음에 대해 감히 묻습니다.' 선생님께서 말씀하셨다. '삶도 아직 모르겠는데, 죽음을 어찌 알겠는가?'"(11.12)[71] 이 같은 공자의 입장이 특이한 것은 아니었다. 춘추시대 후기에 이르면 하늘은 인간의 행동을 지시하고, 인간의 행동에 반응하는 그 나름의 목적과 지각을 가진 존재라는 기존의 특성을 점점 잃어가고 있었다.[72] 즉, 공자의 사상이 독보적인 것이었다고 보기는 어렵다. 그럼에도 주목할 만한 것은, 『논어』는 예가 바람직한 정치 질서를 구현하기 위한 핵심 경로임을 주저 없이 인정했다는 사실이다. "예와 겸양으로 나라를 다스릴 수 없다면 예를 어떻게 하랴!"(4.13)[73]

공자가 활동하던 시대에 이러한 반反신정정치적 경향이 존재했다고 해서,

실제 정치나 사상의 시장에서 신정정치적 사유가 아주 사라진 것은 아니었다. 이를테면 공자 이후에도 묵자가 그러한 신정정치적 사유를 적극적으로 개진했다. 묵자는 이렇게 말했다. "귀신이 없다고 주장하는 동시에 제사 지내는 예를 공부하는 것은 손님이 없는데 손님 맞는 예를 공부하는 것과 같고, 물고기가 없는데 그물을 짜는 것과 같다."[74]

둘째, 공자나 증자의 입장과 경쟁하는 또 하나의 입장은 형벌을 통해 피치자를 통제하려는 입장이다. 예를 통한 덕의 함양이 가져올 정치적 효과를 기대하는 것은 형벌이나 강제를 통한 통치 효과를 기대하는 것과 다르다. 후자의 입장은 공자 이전부터 존재하여, 전국시대 한비자에게까지 꾸준히 발견되는 입장이다. 다음과 같은 공자의 발언은 공자가 그러한 선택지를 비판적으로 의식하고 있었다는 증거다. "선생님께서 말씀하셨다. '정치로써 이끌고 형벌로써 가지런히 하면, 피치자들은 제재를 면하려 들 뿐 부끄러움을 모른다. 덕으로써 이끌고 예로써 가지런히 하면, 부끄러움을 알고 선한 곳에 이른다.'"(2.3)[75]

공자와 그 제자들만이 물리적 강제를 비판한 것은 아니었다. 춘추전국시대 사상의 시장에서 공자 사상의 경쟁상대 중 하나였던 관중管仲(B.C.725?~B.C.645)의 사상 역시 물리적 강제에 대한 비판적 입장을 표명했다. 관중은 이렇게 말했다. "형벌이 번다해도 마음이 두려워하지 않는다면, 명령은 행해지지 않는다."[76] 이렇게 볼 때, 공자가 때로 관중을 높이 평가한 것도 이해할 만하다.[77] 그러나 예의 정치적 함의에 관한 입장에서 관중과 공자는 갈라진다. 공자가 "관중은 그릇이 작구나. … 관중이 예를 안다고 하면 누가 예를 알지 못하리오?"(3.22)[78]라고 했을 때, 그의 말은 곧 관중이 예의 진정한 함의를 제대로 알지 못한다는 것이었다. 그렇다면 관중이 제대로 알지 못했다는 예의 함의란 무엇일까? 그것은 예가 피치자의 덕을 고양할 수 있다는 점이다.

관중과 구별되는 공자와 증자의 입장은 통치자가 귀신과 형벌의 힘에 의지하지 않고 예 자체의 힘에 의지해 정치적 효과를 거둘 수 있다는 것이다. 그리고 그 예의 힘은 치자가 피치자에게 일방적으로 행사하는 영향력이 아니다. 그 힘은 일차적으로 치자의 덕을 고양하며, 궁극적으로 피치자의 덕 역시 고양한다. 다시 말해 통치자가 예를 실천하면 피치자들이 무매개적으로 통치자를 따르는 것이 아니라, 그것을 통해 일단 피치자들의 덕이 고양되고, 그렇게 고양된 덕을 통해서 통치자를 따르게 된다는 것이다. 예로 매개되는 통치자와 피치자들의 관계에서는 통치자의 덕뿐 아니라 그 매개항으로서 피치자들의 덕 역시 분명히 존재한다.

이 점은 1.9에 나오는 "歸厚"라는 표현과, 다른 사상가가 사용하는 "歸君"이라는 표현을 비교할 때 분명히 드러난다. 고대 중국에서 歸君이라는 표현은 크게 두 가지 의미를 가졌다. 첫째, 군주를 돌려보낸다는 뜻이 있다. 『좌전』과 『국어』에 나타난 관련 용례는 다음과 같다. "소인이 말하였다. '우리가 진晉나라에 못되게 굴었으니 진나라가 어찌 군주를 돌려보내랴.' 군자가 말하였다. '우리가 죄를 알기에 진나라가 반드시 군주를 돌려보낼 것이다.'"[79] "우리가 출병하여 허許나라를 포위하고, 군주를 새로이 세우려고 하여 신晉나라에 사신 보내는 일을 늦추면 진나라는 반드시 군주를 돌려보낼 것이다."[80] "너희들이 오지 않더라도 나는 장차 너희 군주를 돌려보내려고 하였다."[81]

이 장의 논의에 적실한 것은 歸君의 또다른 의미, 즉 "군주에게 귀속된다/따른다"는 의미다. 앞에서 논의했던 『한비자』의 내용[82] 이외에도 『관자』에 다음과 같은 용례가 나온다.

> 관중이 말하였다. "옛날에 선왕이 사람들을 다스리는 바는 이러했다. 대체로 사람들은 노고를 우려하지만, 위에서 때에 맞춰 부리면, 사람들은 노고를 걱정하지 않았다. 사람들은 배고픔을 걱정하지만, 위에서 세금을 적게 걷으면, 사람들은 배고픔을 걱정하지 않았다. 사람들은 죽음을 두려워하지만, 위에서 형벌을 관대하게 집행하면, 사람들은 죽음을 두려워하지 않았다. 이렇게 하고 덕 있는 사람을 가까이하고 여색을 멀리하면, 책봉 받은 사방에서는 군주 보기를 부모 보듯이 할 것이요, 사방 밖에서는 군주에게 귀의하기를 흐르

는 물처럼 할 것이다."[83]

각 제후국들이 경쟁적으로 국력을 강화하던 춘추전국시대에 피치자의 규모는 국력의 중요한 척도였다. 그 시대의 정치사상가라면 누구든 피치자의 응집과 통솔이라는 시대적 과제에 무관심할 수 없었다. 『관자』나 『논어』는 모두 엄한 강제를 통해 피치자를 동원하고 통솔하는 통치술을 비판했다. 그러나 피치자를 통솔하여 정치적 리더에게 귀속시키는 과정에서 "民德"이라는 매개항을 두느냐 여부로 『관자』와 『논어』의 입장은 크게 나뉜다. 그 점은 『논어』에 나오는 "民德"이라는 용어가 『관자』에는 부재하다는 사실, 그리고 『관자』는 『논어』와 달리 "歸厚"가 아닌 "歸君"이라는 표현에 의지한다는 사실에서 잘 드러난다.

한편, 이 사안은 『관자』와 『한비자』의 유사성을 드러내기도 한다. 앞에서 논했듯이 (공자와 마찬가지로) 『관자』는 물리적 강제에 대해 유보적인 입장이었고, 그 점에서 『한비자』와 크게 다르다. 그러나 통치자에 대한 피치자의 순종을 중시했다는 점에서는 『관자』와 『한비자』가 유사하다. 『논어』는 그러한 순종을 중시하는 데 그치지 않고, 그 과정에서 고양되는 피치자의 덕성에도 큰 관심을 기울였다.

복수의 인간이 생존하려면 어느 인간집단이든 일정한 질서를 창출하고 유지해야 한다. 이 같은 보편적 문제에 대한 해답은 시대에 따라, 문화권에 따라, 사상가에 따라 다르다. 1.9는 이 보편적 문제를 다루는 고대 중국의 사상 시장에서 경쟁하던 정치적 주장 중 하나였다.

1.9와 경쟁하던 입장들은 정치 질서의 창출과 유지에 관한 한 초자연적 존재에 의지하자는 입장, 형벌과 같은 강제적 수단을 활용하자는 입장, 예와 같은 비강제적 수단을 통해 피치자의 행태를 통제하자는 입장 등을 포함한다. 예라는 수단을 활용해야 한다고 봤다는 점에서는 『관자』와 『논어』의 입장은 모두 예치라는 범주로 묶을 수 있다. 그러나 『논어』의 비전은 예치의 비전 중에서도 피치자의 행태뿐 아니라 피치자의 덕에 관심을 기울였다는 점에서 여타의 예치

와는 다르다.

치자와 피치자의 관계에서 양자의 덕이 중요한 매개체가 될 때, 예를 통한 자아 수양은 단순한 정치공학적 도구 이상의 것이다. 피치자를 조종하기 이전에 자신을 고양해야 하고, 고양된 자신에게 피치자들이 따르기를 기대하기 이전에 피치자의 덕도 고양되길 바라야 한다. 이렇게 상호 고양된 치자와 피치자가 이루는 정치공동체는 강제나 동원이 아니라 덕의 공명(resonance)을 통해 유지되는 사회다.

13

정치참여 과정의 이상과 현실[1]

자금子禽이 자공子貢에게 물었다. "선생님께서는 어떤 나라에 이르렀을 때,
반드시 그 나라 정치에 대해 듣게 되는데,
선생님께서 스스로 그것을 듣고자 추구한 것입니까,
아니면 저들이 알아서 기회를 부여한 것입니까?" 자공이 말하였다.
"선생님께서는 따뜻한 모습, 훌륭한 업무 자질, 공손한 처신,
절제하는 능력, 양보의 미덕을 통하여 그러한 기회를 얻으시는 겁니다.
선생님께서 추구하는 바는 다른 사람들이 추구하는 바와 아마 다르겠지요?"
子禽問於子貢曰, 夫子至於是邦也, 必聞其政, 求之與, 抑與之與.
子貢曰, 夫子溫良恭儉讓以得之. 夫子之求之也, 其諸異乎人之求之與. (『論語』 1.10)

공자가 정치에 큰 관심을 두었으나 충분한 성공을 거두지는 못했다는 점은 널리 알려져 있다. 그 불충분한 성공에도 불구하고 공자가 각국 정치권력자와 교류할 정도의 정치적 기회를 누렸다는 것 역시 연구자들이 동의한다. 그렇다면 공자는 과연 어떤 방식으로 그런 정치적 기회를 얻을 수 있었을까? 『논어』 1.10은 이 문제와 관련하여 유의미한 탐구 기회를 제공한다.

『논어』에 따르면, 공자와 그 제자들은 정치참여 필요성뿐 아니라 그 타당한 방식에 대해서도 깊이 고민했다. 시민사회가 발달하지 않은 고대 중국에서

환로宦路는 공자와 그 제자들이 고려할 수 있는 유일하게 제도화된 정치 영역이었다. 그런데 공자는 은거隱居를 무책임한 일이라고 여기는 동시에 무조건적인 관직 추구 역시 비판했다. 무조건적인 관직 추구는 정치적 성공을 보장하지 못할 뿐 아니라, 군주로부터 독립된 정치기반을 훼손할 것이다. 그리하여 결국 자신들의 정치적 선택지를 좁힐 것이다. 그렇다고 기성 권력에 대한 비타협적 비판으로 시종할 경우, 현실의 정치권력자들은 그 비판자들에게 관직과 같은 제도화된 정치적 기회를 부여하지 않으려 들 것이다.

그러면 어떻게 해야 하는가? 현실정치 참여가 야기하는 이러한 원칙과 현실 간의 딜레마는 『논어』 전반을 관통하고 있으며, 정치권력이 존재하는 한 그 적실성이 사라지지 않을 보편적인 문제다. 이 장은 이 난제에 대한 하나의 답을 1.10의 꼼꼼히 읽기를 통해 구하고자 한다. 꼼꼼히 읽는 과정에서 불거질 걸림돌은 당대의 원사료 부족, 현행 『논어』 편집방식이 가진 편향, 공자의 성인화聖人化를 반영하는 주석 전통이다. 한정된 자료를 통해서나마 1.10이 갖는 역사적 맥락을 최대한 재구성하여, 그와 같은 걸림돌을 넘어보고자 시도한다.

공자의 정치참여: 必聞其政

공자가 현실정치 참여를 적극적으로 긍정하고 있다는 점은 1.10뿐 아니라 『논어』 전반에 걸쳐 분명히 나타난다. 이를테면 다음 구절을 보자.

> 자공이 말하였다. "아름다운 옥이 여기 있다면, 싸서 궤에 넣어 간직하시겠습니까? 좋은 상인을 찾아 파시겠습니까?" 선생님께서 말씀하셨다. "팔아야지! 팔아야지! 나는 좋은 상인을 기다리고 있다."(9.13)[2]

이 대목이 정치참여를 논하고 있다는 데는 주석가들 간에 폭넓은 합의가 이루어져 있다. 여기서 공자는 자신이 정치의 시장에서 하나의 상품일 수 있음을 주저 없이 인정한다. 그런데 흥미로운 것은 "제 가격에 팔겠다"는 언명이다. 이것은 기꺼이 상품이 되어 어떻게든 팔리고 말겠다는 뜻이 아니라, 합당한 조건하에 팔리겠다는 뜻이다. 따라서 위 인용문의 핵심은 무조건적 정치참여가 아니라 조건부 정치참여다.

1.10은 바로 그러한 정치참여를 모색하는 과정을 다룬다. 그 점을 상기하면서, "선생님께서는 어떤 나라에 이르렀을 때"(夫子至於是邦也)라는 구절을 꼼꼼히 독해해보자. "邦방"을 수식하는 "是시"는 보통 "이것" 혹은 "이"라는 지시사로 해석되는 글자이지만, 여기서는 "어떤"이라는 뜻의 불특정 대상을 지시하는 기능을 하고 있다.[3] "是"를 "이것"으로 해석하면, 1.10이 공자가 방문한 특정한 나라 하나에 국한된 이야기가 되지만, "어떤"으로 해석하면 공자가 방문한 나라들 전반에 대한 이야기가 된다.

그런 취지로 남북조시대의 주석가 황간은 "是는 此와 같다. 此邦이란 각국이라는 뜻이지 한 나라가 아니다"라고 주석을 달았다.[4] 즉, "是邦"은 공자가 방문한 나라들을 범칭하는 말이다. 과연 공자는 얼마나 많은 나라들을 돌아다닌 것일까? 『여씨춘추』에 따르면 80여 개국, 『사기』 「육국표六國表」와 「유림전儒林傳」에 따르면 70여 개국이다.[5] 정확히 얼마나 많은 나라들을 돌아다녔는지는 확인할 수 없다. 다만 주석가 및 해석자들이 합의하고 있는 것은 공자가 매우 많은 나라들을 돌아다니며 정치참여의 기회를 모색했고, 원하는 수준의 성공은 거두지 못한 채 결국에는 노나라로 돌아와 제자들과의 강학에 몰두했다는 것이다.

그런데 공자는 과연 정치적으로 완전히 실패한 것일까? 꼭 그렇지만은 않다. 사후에 공자의 가르침은 (왜곡 여부는 제쳐두더라도) 공무원 선발의 필수 과목이 되었고 결국에는 기층에까지 퍼져나갔다. 공자 생전에도 마찬가지였다. 공자가 많은 정치적 기회를 얻었다는 사실 자체를 정치참여의 완전한 실패가 아닌 부분적 성공으로 간주할 수도 있다. "선생님께서는 어떤 나라에 이르렀을 때, 반드시 그 나라 정치에 대해 듣게 된다"(夫子至於是邦也, 必聞其政)는 자금子禽의 말을 보라. 어떤 나라에 갈 때마다 그 나라의 정치에 얼마간 관계할 수 있다는 것은 아무나 할 수 있는 일이 아니다. 그것을 일종의 성취로 간주하기에 자금이 묻는다. "선생님께서 스스로 그것을 듣고자 추구한 것입니까, 아니면 저들이 알아서 기회를 부여한 것입니까?"(求之與, 抑與之與)

이제 확인할 것은 "반드시 그 나라 정치에 대해 듣게 된다"(必聞其政)의 구체적인 의미이다. 이것은 풍문으로 그 나라 정치에 대해 듣는다는 말일까, 아니면 그 나라에서 관직을 얻는다는 말일까, 그도 아니면 제3의 어떤 것일까? 이에 대한 기존 해석은 정치 상황에 대해 "듣는다"라고 보는 경우,[6] 정치 상황에 대해 "알게 된다"라고 보는 경우,[7] 정치에 "관여한다"라고 보는 경우로 크게 나뉘는데,[8] 그에 대한 근거를 제시하는 주석이나 번역은 찾기 어렵다. 과연 1.10에 사용된 "聞문"을 정보 취득, 정치참여, 혹은 브리핑 듣기의 차원으로 이해해도 될까? 이에 관해서는 『맹자』에 나오는 "聞"의 용례가 도움이 된다.

> 분성괄盆成括이 제나라에서 벼슬을 했다. 맹자가 말하였다. "죽겠구나, 분성괄은!" 분성괄이 죽임을 당했다. 문인이 물었다. "선생님께서는 어떻게 해서 그가 죽임을 당할 줄 아셨습니까?" 맹자가 말하였다. "그의 사람됨은, 재주가 작은데, 아직 군자의 큰 도를 듣지(聞) 못했다. 그렇다면 자신을 죽이기 족할 뿐이다."[9]

> 신농의 교설을 떠들고 다니는 자 허행이 있었는데, 초나라에서 등나라로 갔다. 문공을 찾아가 아뢰었다. "먼 곳 사람이, 군주께서 인정을 베푸신다는 것을 듣고(聞), 거처를 하나 얻어 백성이 되고자 합니다." 문공이 그에게 거처를 주었다. 그의 분도는 수십 인이었는데 모두 베옷을 입고, 신을 삼고 자리를 짜서, 먹고살았다. (초나라 유자인) 진량의 문도인 진상이 그의 동생 신과 함께, 쟁기와 보습을 메고 송나라에서 등나라로 왔다. 말하기를, "임금께서 성인의

정치를 행하신다고 들었습니다(聞). 이는 또한 성인이신 것이니 성인의 백성이 되고 싶습니다." 진상陳相이 허행을 보고 크게 기뻐하며, 자신의 배움을 버리고 (허행의 교설을) 배웠다.[10]

이 사례들은 1.10의 "聞" 용례와 상당한 공통점이 있다. 특히 두 번째 예문은 사상가가 이 나라 저 나라를 떠돌아다니며 그 나라의 통치에 대해 '듣는' 상황이라는 점이 공자의 경우와 일치한다. 그런데 위 용례에 근거해 보건대 "聞"의 목적어는 구체적인 정보라기보다는 해당 국가의 통치 경향 혹은 "큰 도"의 내용처럼 자못 큰 단위의 인식 대상이다. 따라서 그러한 인식 대상을 "聞"하게 되는 과정도 정보 브리핑과는 거리가 멀다. 게다가 이 "聞" 단계를 현실정치에 이미 참여한 상태라고 보기도 어렵다. 오히려 정치참여의 초기 단계로서 '사태 파악'에 해당하는 뜻으로 쓰였다고 할 수 있다. 그러한 사태 파악은 대개 해당국의 정치가나 유력자와 관계를 맺음으로써 가능해진다.

해당국 유력 정치인과 관계를 맺어 해당국 정치 전반을 알게 되고, 더 나아가 그 나름의 정치적 기회를 얻을 수 있는 방법은 무엇이었을까? 바로 이러한 궁금증을 가지고 자금이 위와 같이 물었던 것이다. 즉, 공자는 스스로 유력 정치인을 만나려고 애쓰신 것입니까, 아니면 그 유력 정치인들이 공자를 만나려고 든 것입니까? 평범해 보이는 이 질문에는 사상가 혹은 지식인의 정치적 자율성에 관한 중요한 이슈가 내재되어 있다. 공자가 원칙을 저버리고 그저 관직의 기회에 연연한다면 그것은 사상가로서의 정치적 자율성의 상실이나 훼손을 뜻하게 될 것이다. 반대로 원칙을 고수하며 비타협적으로 고고하게 처신한다면, 현실정치 참여의 기회는 좀처럼 오지 않을 것이다. 이 딜레마에 대한 답은 무엇이었을까?

공자의 정치참여 방식: 夫子溫良恭儉讓以得之

"선생님께서는 따뜻한 모습(溫), 훌륭한 업무 자질(良), 공손한 처신(恭), 절제하는 능력(儉), 양보의 미덕(讓)을 통하여 그러한 기회를 얻으시는 겁니다." 이 문장이 『논어』 1.10에서 해석상의 불일치가 가장 심한 부분이다. 이 문장이 네 가지 덕을 말한다고 주장하는 입장과, 다섯 가지 덕을 말한다고 주장하는 입장이 논란의 두 축이다. 『십삼경주소』와 주희의 『논어집주』는 이 문장이 溫온, 良량, 恭공, 儉검, 讓양이라는 다섯 덕목을 거론하고 있으며, 그러한 다섯 덕목으로써(以) 정치적 기회를 얻는다(得之)는 뜻이라고 풀이한다. 반면에 정약용 같은 해석자는 이 문장이 溫, 良, 恭, 儉이라는 네 덕목만을 거론하고 있으며, 讓은 뒤이어 나오는 "以得之"와 연결해 해석해야 한다고 풀이한다. "讓이라는 글사는 마땅히 아래 구절에 속하게 해서 읽는다."[11] 즉, 정약용은 "溫良恭儉"과 "讓以得之"로 문장 전체를 반분한다. 이렇게 반분할 경우 溫, 良, 恭, 儉은 각기 독립적인 덕목인 데 비해 讓은 그런 덕목을 구현하는 태도에 불과하게 된다. 이렇게 봐야 하는 근거는 무엇일까?

> 요임금의 덕은 '흠명문사欽明文思'[12]이고, 탕임금의 덕은 '제성광연齊聖廣淵'[13]이고, 문왕의 덕은 '휘유의공徽柔懿恭'[14]이라고 하였다. 『좌전』에서는 팔원과 팔개의 덕을 찬양할 때 두 경우 다 네 글자로 구절을 만들었다.[15] 자공이 공자의 덕을 찬양하면서 하필이면 다섯 글자로 구절을 만들었겠는가. 공자가 구해서 얻은 것이 아닐까 하고 자금이 의혹을 가졌기에 자공이 공자는 겸양의 태도로써 얻은 것이라고 해서 그 의혹을 해소해준 것이다.[16]

즉, 덕을 네 개씩 나열한 전례를 감안할 때, 1.10도 네 가지 덕을 나열한 경우로 봐야 한다는 것이다. 이렇게 보면, 공자는 정치적 기회를 "추구"한 것이 아니라 그가 가진 겸손의 매력 때문에 남들이 앞장서서 정치적 기회를 부여하려

들었다는 취지가 부각된다. 다시 말해 공자는 溫, 良, 恭, 儉이라는 네 덕목을 지닌 채 적극적으로 정치적 기회를 모색한 것이 아니라, 그런 덕목이 있음에도 "불구하고" 겸손한 태도를 유지해서 정치적 기회를 얻었다는 것이다.

일리 있는 해석이지만, 정약용의 주장을 온전히 수용하기에는 그 근거가 불충분하다. 주희의 해석 역시 의미상으로나 문법상으로나 별다른 무리가 없기 때문이다. 그렇다면 정약용은 주희의 해석에 대해 어떻게 생각했을까?

> 전한前漢 시대의 관학에서는 모두 讓을 윗구절에 속하게끔 읽었다. 그러나 굳이 애써 그것을 따를 필요는 없다. 『대대례기』「문왕관인」에서는 "恭, 儉하면서 겸양의 태도를 취했다"(恭險以讓)고 하였다. 이 또한 윗구절에 속하게 한 경우가 아니다.[17]

전한 시대 관학에서는 자신과 달리 해석했음을 정약용은 인정한다. 그런데 과거의 그런 해석을 논박하기보다는 "굳이 애써 그것을 따를 필요는 없다"고 한 뒤, 『대대례기』「문왕관인」의 예를 들어 자신의 견해를 변호한다. 다시 말해 가능한 해석을 또 하나 추가하는 것일 뿐, 주희의 해석을 결정적으로 논박하지는 못한 셈이다. 주희나 임지기林之奇(1112~1176) 같은 남송의 경학가들은 이미 정약용이 훗날 거론한 근거들을 알고 있었다. 그럼에도 그들은 정약용과는 다른 견해를 가졌던 것이다.

> 임소영[18]이 이렇게 말하였다. "성인의 융성한 덕을 묘사할 때는 반드시 겉으로 드러난 바를 미루어 말한다. 요임금의 경우는 '흠명문사欽明文思'라고 했고 순임금의 경우는 '예철문명濬哲文明, 온공윤색溫恭允塞'이라고 했고, 탕임금의 경우는 '제성광연齊聖廣淵'이라고 했고, 문왕의 경우는 '휘유의공徽柔懿恭'이라고 했고, 공자의 경우는 '온량공검양溫良恭儉讓'이라고 했다. 이러한 사례들은 모두 덕이 드러난 바를 두고 말한 것이다."[19]

즉, 이들은 기존에 덕을 네 가지로 거론해온 사례를 몰랐던 것이 아니라 알고 있었음에도 그러한 사례들이 1.10을 해석하는 데 구속력을 갖지 않는다고 판단한 것이다. 이와 같은 주석사를 감안하면, 기존 주석들 중 어느 것이 확연히 더 설득력 있다고 판정하기 어렵다.

현대의 해석자들은 이 사안을 어떻게 판단했을까? 특히 번역본을 출간한 해석자들은 번역을 위해 기존의 해석 중 하나를 선택하거나 별도의 해석을 제시할 수밖에 없었을 것이다. 예컨대 김도련은 정약용의 해석이 주희의 주석보다 "합리적인 듯하다"고 판정하고,[20] 조명화는 "정약용은 讓을 아래 구에 붙여 읽어야 한다면서, '부자께서는 溫良恭儉하시므로 퇴양할지라도 결국 알게 된다'라는 뜻이라고 주장하지만 동의하기 어렵다"[21]고 판정한다. 그러나 그 누구도 자기 판단의 근거를 거의 제시하지 않는다. 따라서 1.10의 "夫子溫良恭儉讓以得之"라는 문장의 의미는 여전히 충분히 해명되지 않은 상태에 있다. 해석상의 관건은 "讓"이 하나의 태도에 불과한 것인지, 아니면 나머지 네 가지에 비견될 정도로 덕목화할 수 있는 것인지다. 이에 대해서는 뒤에서 논하겠다.

溫

"溫"에 대한 대표적 주석들의 풀이는 대동소이하다. 『십삼경주소』에서는 "돈후하고 부드럽고 윤이 나고 여유롭다"(敦柔潤澤謂之溫)라고 풀이하고, 『논어집주』에서는 "조화롭고 두텁다"(溫, 和厚也)라고 풀이했다. 진덕수眞德修는 주희의 풀이를 다음과 같이 부연한다.

> 서산 진씨가 말하였다. "和라는 글자는 厚라는 글자와 겸할 때에야 비로소 溫의 뜻을 남김없이 설명하게 된다. 和는 봄바람의 和氣라고 말할 때 그 和의 뜻이고, 厚는 땅이 두텁게 사물을 싣는다고 말할 때 그 厚의 뜻이다. 和는 잔인하거나 난폭하지 않다는 뜻이고, 厚는 각박하지 않다는 뜻이다."[22]

상대적으로 후대의 주석을 살펴보자. 정약용은 溫을 和라고 풀이하여 주희의 주석을 간략하게 계승했다. 한편, 오규 소라이는 "溫은 그 모습이다"[23]라고 하여 溫이 내적 성질 묘사가 아니라 외모의 묘사임을 강조했다.

이상은 모두 후대의 풀이다. 이제 『논어』 텍스트의 溫을 살펴보자. 『논어』 내에서 溫의 용례는 과연 어떤 해석을 지지할까? 溫이 형용사가 아니라 타동사로 쓰인 "溫故而知新"이라는 문장을 제외한다면, 다음이 1.10 이외의 용례 전부다.

> 선생님은 따뜻하면서도 엄격하고, 위엄 있으면서도 사납지 않고, 공손하면서도 편안하셨다.(7.38)[24]

> 선생님께서 말씀하셨다. "군자는 아홉 가지 생각할 것이 있다. 볼 때는 밝게 볼 것을 생각해야 하고, 들을 때는 분명히 들을 것을 생각해야 하고, 안색을 지을 때는 온화하게 할 것을 생각해야 하고, 몸가짐에는 공손히 할 것을 생각해야 하고, 말할 때는 충성을 생각해야 하고, 일할 때는 공경스러움을 생각해야 하고, 의심스러운 일은 물어볼 것을 생각해야 하고, 분노가 일 때는 그로 인해 초래될 어려움을 생각해야 하고, 이득을 마주할 때는 합당함을 생각해야 한다."(16.10)[25]

> 자하가 말하였다. "군자에게는 [그 모습이] 세 가지 변화가 있다. 바라보면 엄연하고, 다가가면 온화하고, 말을 들어보면 엄격하다."(19.9)[26]

7.38은 "溫온"과 "厲려"를 대비함으로써 "溫"에 대한 기본적인 뜻을 제공한다. 여기서 "溫"은 엄격함과 구별되는 특질로서 "따뜻함"이라고 번역해도 무방하다. 그런데 그 따뜻함은 따뜻한 성품을 의미하는가, 아니면 따뜻한 분위기를 자아내는 외모를 의미하는가? 16.10이 이 질문에 대한 답을 준다. 16.10에서

는 처신의 각 방면에서 염두에 두어야 할 것들을 나열하는데, "溫"이 외양에 대한 사안임을 분명히 하고 있다. "안색을 지을 때는 온화하게 할 것을 생각해야 하고, 몸가짐에는 공손히 할 것을 생각해야 하고"(色思溫, 貌思恭)라는 대목에서 알 수 있듯이 "恭"은 전반적인 행동거지라는 면에서 외양에 관계되고, "溫"은 안색에 특화된 것이다. 따뜻한 행동거지라는 말은 다소 어색한 반면, 따뜻한 안색이라는 말은 자연스럽다.

恭

먼저 "恭"에 대한 대표적 주석들의 풀이를 보자.

『십삼경주소』: 어울리고 따라서 거스르지 않는 것을 恭이라고 한다.[27]

『논어십주』: 恭은 장중함이고 진중함이다.[28]

『논어집주대전』: 서산 진씨가 말하였다. "莊은 용모를 주로 말한 것이고 敬은 마음을 주로 말한 것이다. 속에서 나와 밖으로 나타났으므로 恭이라고 한다."[29]

『논어고금주』: 恭은 驕의 반대다.[30]

『논어징』: 恭은 그의 처신을 말한다.[31]

이러한 주석들에서 우선 주목되는 것은 恭과 대비되는 대상이 각기 다르다는 사실이다. 『십삼경주소』는 恭을 "逆역"과 대비한다. 즉, 거역하지 않고 순종하는 것이 恭의 핵심이다. 정약용은 恭을 "驕교"와 대비한다. 즉, 교만하게 굴지 않고 자신을 낮추는 것이 恭의 핵심이다. 恭이란 자신을 낮추어 상대와 어울리는 상태라는 데에는 대부분의 주석이 일치한다. 관건은 그러한 상태가 외면을 가리키는 것인지, 내면을 가리키는 것인지, 아니면 둘 다 가리키는 것인지다. 주희와 진덕수의 풀이에서 주목되는 것은 恭을 외양과 내면 모두에 관계되는 특질로서 정의하고 있다는 사실이다. 그들에 따르면, 恭에는 두 측면이 있다. 그중 하나인 "莊장"은 외모를 가리키고, 다른 하나인 "敬경"은 내면을 가리킨다. 내면을 강조하는 이 같은 성리학적 주석에서 恭은 그저 순종적으로 처신하는 인물의 특징이 아니라 확고한 주견을 지닌 인물의 내면이 밖으로 드러난 결과다.

반면에 오규 소라이는 恭을 내면보다는 외면적인 처신의 문제로 국한한다. 주희의 주석보다는 이 주석이 고대 중국의 恭 용례에 더 부합한다. "몸가짐에 관한 한 공손히 할 것을 염두에 두어야 하고"(貌思恭)라는 대목에서 드러나듯이, 『논어』에서 恭은 외양과 관련되어 요청되는 것이다.[32]

良

『논어』의 한국어 번역자와 해설가들은 "良"을 어떻게 이해하고 번역했을까? 대다수는 良을 "선량하다"라고 번역했다.[33] 그것은 아마도 良을 한국어 2음절 단어로 옮기는 과정에서 같은 글자가 들어간 단어를 택한 결과일 것이다.[34] 현대 한국어에서 "선량하다"는 "착하다"의 뜻에 가깝다. 그래서 이을호 번역본이 良을 "착하고"[35]라고 번역한 것도 "선량하다"로 번역한 경우와 대동소이하다고 할 수 있다. 良을 "양순하다"로 번역한 경우[36]나 "well-behaved"로 영역한 경우[37]도 대체로 이 계열의 번역이라 할 수 있다.

그리고 良을 "솔직하다"로 번역한 경우,[38] "정직하다"로 번역한 경우,[39] "담백하다"로 번역한 경우,[40] "곧다"로 번역한 경우,[41] "반듯하다"로 번역한 경우,[42] "frank"로 영역한 경우,[43] "upright"로 영역한 경우[44] 등이 있는데, 이들은 대체로 같은 계열의 번역이라 할 수 있다. 이 계열의 이해와 번역은 "良은 평평하고 곧은 것이다"[45]라는 『논어집주』의 풀이에 근거한 것으로 보인다.[46]

그 밖에 良을 "어질다"로 번역한 경우,[47] 良을 번역하지 않고 그냥 良이라고 둔 경우[48]가 있다. 심지어는 '溫, 良, 恭, 儉' 전체를 "높은 도덕"이라고 과감하게 의역한 경우,[49] "proper"로 영역한 경우[50] 등이 있는데, 이런 예들은 모두 근거를 밝힌 주석을 제시하지 않고 있어서 그 타당성을 따지기 어렵다. 그런데 성리학적 주석이 유행하기 이전의 주석은 대체로 良의 심리적 측면이 아니라 행태적 측면에 주목한다. 『십삼경주소』에서는 "物을 범하지 않는 행위를 良이라고 한다"고 풀이했다.[51]

오규 소라이는 행동이든 내면이든 良을 도덕적 의미로 해석하는 데 반대한다. 그가 보기에 良은 덕성이 아니라 재질(기능적 우수함)이다. 그리고 良相양상, 良馬양마, 良工양공, 良醫양의 같은 표현에서 良은 모두 재질의 의미로 사용되었으니 어떻게 주희의 해석을 따를 수 있겠느냐고 반문한다.[52] 良을 도덕적 의미로 볼 것인지 여부는 후대로 갈수록 첨예한 철학적 문제가 된다. 예컨대 다음과 같은 『맹자』의 논의를 보라.

> 맹자가 말하였다. "사람 속에 있는 것 중에 눈동자보다 더 좋은 것은 없다. 눈동자는 그 악을 덮어두지 못한다. 가슴속이 바르면 눈동자가 맑고, 가슴속이 바르지 않으면 눈동자가 흐리다. 그 말을 듣고 그 눈동자를 보면, 사람이 어떻게 [자신의 가슴속을] 숨기겠는가?"[53]

여기서 눈동자가 "좋다(良)"고 할 때, 그 좋음의 의미에 대한 풀이가 주희 주석과 그 이전 주석 간에 큰 차이가 있다. 후한의 주석가 조기는 눈동자가 사람이 지닌 선악을 투명하게 반영하기에 기능적으로 훌륭하다는 취지로 良을 풀이하고, 주희는 말에 비해 눈동자는 속이는 경우가 없으니 도덕적으로 훌륭하다는 취지로 良을 풀이한다. 이러한 경향을 고려한다면, 고대 중국 문헌에 등장하는 良이 도덕적 의미를 띤다고 단정하는 데 유의해야 한다. 고대 중국에서 良이 도덕적 의미가 아닌 성능의 차원에서 사용되었다는 점은 결코 이상하지 않다.

『논어』에 나오는 良의 의미에 대해 좀 더 역사적인 해석을 시도하려면, 당시 良의 용례에 대한 폭넓은 고려가 필요하다. 『논어』 내에 良의 용례는 더 이상

없고, 오규 소라이가 제시하는 良의 용례는 제한적이므로, 비교적 가까운 시대의 텍스트인 『국어』와 『좌전』을 살펴보자.[54]

『국어』와 『좌전』에는 도덕적 함의 없이 "좋은", "성능이 뛰어난", 혹은 "주어진 기능을 잘 발휘하는"의 뜻으로 사용된 良이 다수 등장한다.[55] 그리고 그러한 뜻으로 사용된 良의 용례의 연장으로서 거의 2음절어처럼 사용되는 표현들이 있다. "良醫양의",[56] "良史양사",[57] "良君양군"[58] 같은 표현들이 그것이다.

그러면 1.10과 상당한 관련이 있는 용례에 집중해보자. 1.10처럼 (잠재적) 신하와 정치권력자의 관계에서 良은 과연 존재하는가? 흥미롭게도 『국어』나 『좌전』에 사용된 良 중 최다의 경우가 1.10처럼 신하의 역량을 논하는 것들이다. 그다음은 관리, 신하 혹은 신하의 역할을 할 사람을 묘사하기 위한 良의 용례들이다.[59] 같은 맥락에서 "나라의 양(國之良)"이라는 표현도 종종 나온다.[60] 그리고 "良臣양신",[61] "良材양재",[62] "忠良충량",[63] "賢良현량"[64] 같은 2음절어들이 등장한다. 이상의 용례들을 종합해서 보여주는 동시에 그 의미를 가장 자세히 밝히고 있는 것이 다음 예문이다.

> 조간자趙簡子가 말하였다. "나는 범씨와 중항씨의 良臣을 얻기 원하오." 사암史黯이 모시면서 말하였다. "장차 어디에 쓰려고 하십니까?" 조간자가 말하였다. "良臣은 사람들이 원하는 바요, 새삼 무엇을 물으시오?" 대답하였다. "제가 보기에 그들은 不良하기 때문입니다. 무릇 군주를 모시는 이는 잘못을 간하고 잘한 것은 상찬하며, 좋은 건 추진하게 하고 그렇지 못한 것은 폐기하게 하며, 유능한 사람을 천거하고 현자를 벼슬에 나아가게 하며, 재목을 골라내어 추천하고, 아침저녁으로 성패를 읊어 귀에 들어가게 하고, 문文으로써 인도하고, 순리로써 행하고, 힘써 열심히 하고, 죽음으로써 이루어내고, 말을 들어주면 나아가고 들어주지 않으면 물러납니다. 범씨와 중항씨의 신하들은 군주를 바른 길로 보좌하지 못하고, 어려움에 봉착하게 만들었습니다. 군주가 타지에 나갔는데도, 안정시키지 못하고 버려두고 있는데, 어찌 良

하다고 하겠습니까? 만약 그들이 자기 군주를 버리지 않는다면, 주군께서는 어떻게 그들을 얻을 수 있겠습니까? 저 두 사람이 良하다면, 장차 자신의 군주를 위해 열심히 도모해서 타지에서나마 다시 설 수 있게 하고, 죽은 뒤에야 멈출 것이니, 언제 그들이 올 수 있겠습니까? 만약 온다면 그들은 良臣이 아닙니다."[65]

이는 『국어』에 등장하는 사암이라는 인물의 견해이기는 하지만, 良이 신하의 질을 판단하는 수식어로 사용된다는 점을 잘 보여준다. 그러면 과연 어떤 질을 가리키는가? 위의 예문에 따르면, "良臣"이란 군주에게 충성하되 아첨하지 않고, 단순한 이익에 휘둘리지 않는 원칙 있는 충성을 하는 신하를 지칭한다는 것을 알 수 있다. 이런 사례를 감안하면, 잠재적 신하의 자질을 논하는 1.10에서의 良 역시 그와 유사한 덕목을 가리킬 가능성이 높다.[66] 다시 말해서 良은 "훌륭한 신하의 자질을 갖춘"이라는 뜻으로 해석할 수 있다.[67]

儉

먼저 "儉"에 대한 대표적 주석들의 풀이를 보자. 『십삼경주소』에서는 儉을 "사치를 저버리고 간소함을 따르는 것"[68]이라고 풀이한다. 『논어집주』에서는 儉을 절제節制라고 풀이한다.[69] 일견 양자 간에 큰 차이가 없는 것으로 보이지만, 주희의 부연 설명을 들으면 확연한 차이가 있음을 알 수 있다. "주자가 말하였다. '儉이란 단지 검약한 데 그치는 것이 아니다. 제멋대로 하지 않고, 늘 절제하다는 뜻이다.'"[70] 즉 주희에 따르면, 儉은 단지 절약하는 문제가 아니라 세밋내로 하지 않고 절제하는 것 일반을 가리킨다. 이로써 儉의 의미는 재물 씀씀이의 문제를 넘어 몸과 마음 전체의 영역으로 확대된다. 주희의 해석에 동의하지 않는 오규 소라이는 儉의 의미를 다시 씀씀이의 문제로 축소하려 든다. "儉이란 씀씀이를 절제함을 뜻한다."[71]

이제 이 같은 주석들을 참고하되 1.10에 나온 儉의 의미를 확정해보자. 그러려면 특정 주석에 의존하기보다 『논어』 전반에 걸쳐 儉의 용례를 검토할 필요가 있다.

예는 사치스럽게 하느니 차라리 검소하게 해야 한다.(3.4)[72]

누군가 말하였다. "관중은 검소합니까?" 말씀하셨다. "관중은 거대한 영지가 있었고, 공무도 겸직하지 못하게 하였으니 어찌 검소하다고 할 수 있겠는가?"(3.22)[73]

선생님께서 말씀하셨다. "사치하다보면, 불손하게 되고, 검소하다보면 고루하게 된다. 불손하느니 차라리 고루한 것이 낫다."(7.36)[74]

선생님께서 말씀하셨다. "삼베 모자를 쓰는 것이 예이다. 그런데 지금은 실로 짠 것을 쓴다. 그것은 검소한 것이니 나는 다수의 사람들을 따르겠다. 당 아래에서 절하는 것이 예이다. 그런데 지금은 당 위에서 절한다. 그것은 교만한 것이니 비록 다수 사람과 다르더라도 나는 아래에서 [절하는 것을] 따르겠다."(9.3)[75]

3.4와 7.36에서 儉은 "奢사"와 대비되어 사용되었다. 『십삼경주소』에서 왜 儉을 "사치를 저버리고 간소함을 따르는 것"이라고 정의했는지 추측해볼 수 있는 대목이다. 그리고 儉이라는 것이 비용의 절약에 관계된 것임을 9.3의 용례에서 확인할 수 있다. 상대적으로 적은 비용으로 같은 효과를 낼 수 있다면 기꺼이 그 길을 택하겠다는 공자의 말에서 儉이라는 표현이 쓰였다. 그 점은 예의 비용 문제를 논하는 3.4에서 재확인된다. 1.10을 해석하는 이 글의 맥락에서 특히 주의를 요하는 단락은 3.22이다. "관중은 거대한 영지가 있었고, 공무도 겸직

하지 못하게 하였으니 어찌 검소하다고 할 수 있겠는가?” 이로써 추론해볼 수 있는 것은, 儉이 그저 비용 절약을 묘사하는 용어가 아니라 관직 배분의 상황에도 적용할 수 있는 표현이라는 점이다. 잠재적 신하의 자질을 논하는 1.10의 맥락에서 3.22의 용례는 다른 용례보다 더 중요하다. 요컨대 1.10에 나오는 儉은 재정을 효과적으로 관리할 수 있는 역량, 혹은 관직을 두루 나눌 수 있는 역량과 관련이 깊을 것이다.

讓

“讓”에 대한 기존 주석들의 풀이는 대체로 일치한다. 『십삼경주소』는 “남을 우선시하고 자신을 뒤로 하는 것을 讓이라 한다”[76]고 했고, 『논어집주』는 “讓은 겸손이다”[77]라고 풀이했다. 진덕수는 주희의 주석을 부연해서 “謙겸이란 자신의 바람직함을 자랑하지 않는 것을 이르고, 遜손이란 바람직함을 미루어서 타인에게 돌아가게 하는 것을 이른다”고 풀이했다.[78] 특기할 만한 것은 “讓이란 사람들과 교제하는 영역에서 하는 것이니, 어찌 威義위의라고 하겠는가?”[79]라고 한 오규 소라이의 풀이다. 즉, 사양이라는 덕목은 결코 위의라고 할 만한 개인적 휘광이 아니라, 사람들과의 교제에서 요청되는 특정한 덕목이라는 것이다.

앞에서 논했듯이 讓의 해석에서 중요한 질문은 그것이 하나의 태도에 불과한 것인지, 아니면 나머지 네 가지 덕에 비견할 정도의 개별 덕목인지 여부다. 이에 대한 답을 찾기 위해 『논어』에 실린 대화와 가장 가까운 시대의 문헌이라 할 수 있는 『좌전』과 『국어』를 살펴보자. “讓이란 예의 중심이니”,[80] “讓은 [武가 아니라] 文의 재질이다”[81] 같은 문장에서 보이듯, 비강제적 통치에 필요한 것이 讓이다. 좀 더 구체적인 정치의 장에서 讓은 인재가 제 위치를 차지할 수 있게끔 하는 배분과 추천의 덕목이다. 그래서 讓을 “현인을 추대하다”[82]라고 풀이했다. 『서경』 첫머리에 나오는 “진실하고 공손하고 유능하고 겸손하셨다”[83]에 대해서도 정현은 "현인을 추대하고 선인을 드높인다"[84]라고 주석을 달았다. 『논어』 내의 讓의 쓰임 역시 이와 상통한다. "선생님께서 말씀하셨다. '예와 겸양으로 나라를 다스릴 수 있다면 무슨 어려움이 있으리오! 예와 겸양으로 나라를 다스릴 수 없다면 예를 어떻게 하랴!'"(4.13)[85] 그러니까 讓은 예치, 즉 비강제적 통치에 필수적인 것이다. "태백泰伯[86]이야말로 정녕 지극한 덕을 지닌 이라고 할 만하다. 세 번이나 천하를 양보하였는데, [자취를 감추어버려] 피치자들이 칭송할 수조차 없었다."(8.1)[87] 즉, 자기보다 더 적합한 사람이 그에 맞는 위치를 향유하도록 하는 덕목이 바로 讓이다. 요컨대 춘추시대 말기에 讓은 이미 그 자체로 주목받는 특질이며 정치권력과 유관한 덕목임을 알 수 있다.

이상의 논의를 종합해보면 溫, 良, 恭, 儉, 讓은 모두 정치의 장에서 타인과 관계를 맺을 때 요구되는 덕목이며, 심적 상태라기보다는 겉으로 드러난 행동거지와 태도를 가리킨다. 그렇다면 溫, 良, 恭, 儉, 讓이 공자의 덕을 두루 포괄한다고 보는 것은 무리다. 특히 7.38를 감안할 때, 1.10에서 제시한 덕들은 공자의 덕 전반을 총괄한다고 볼 수 없다. "선생님께서는 따뜻하면서도 엄격하고, 위엄 있으면서도 사납지 않고, 공손하면서도 편안하셨다."(7.38)[88] 그리하여 후대 주석가들은 1.10과 7.38의 관계에 대해 고민했다.

> 주자가 말하였다. "이 대목은 공자가 친해질 수 있는 사람이라는 점을 거론한 것에 불과하다. 만약 전체를 논하려 들었다면, '따뜻하면서도 엄격하고, 위엄 있으면서도 사납지 않고, 공손하면서도 편안하였다'라고 해야 한다."[89]

> 운봉 호씨가 말하였다. "'따뜻하면서도 엄격하고, 위엄 있으면서도 사납지 않고, 공손하면서도 편안하였다.' 이것이 바로 공자가 지닌 중화 기상이다. 자공은 '따뜻하다'고는 말했으나 '엄격하다'고는 말하지 않았고, '공손하다'고는 말했으나 '편안하다'고는 말하지 않았다. 良, 儉, 讓을 거론했으니 사납지 않음은 드러냈으나 이른바 위엄은 드러내지 않았다. 이 모두 성대한 덕을 온

전히 형용하기에는 부족하다. 단지 (자공이 공자에게서) 국정에 대한 말씀을 들은 것에 근거하여 그 덕의 광채가 외물(타인)을 감화시키는 면만을 잠정적으로 말한 것일 뿐이다."[90]

이러한 논의를 감안한다면, 1.10이 공자의 덕 전반을 포괄하고 있다는 해석은 타당하지 않다. 1.10은 일정한 맥락 속에서만 기능하는 부분적인 덕목이다. 공자가 맥락에 따라 구현하는 덕이 달랐던 인물이라는 점은 그가 시중時中의 체현자라고 여겨졌다는 점에서도 확인할 수 있다. 그렇다면 溫, 良, 恭, 儉, 讓으로 묶인 이 덕의 사슬을 이해할 만한 최적의 맥락은 무엇일까? 이 덕의 사슬은, 공자가 잠재적 신하로서 정치권력자를 접할 때 요청되는 것, 즉 본인을 정치가의 후보로 제시하는 과정에서 특히 필요한 것들이었다.

잠재적 신하로서 정치의 장에 나아갈 때 요청되는 이 덕들의 공통점은 무엇인가? 溫, 良, 恭, 儉, 讓은 모두 공격적인 자세와는 거리가 멀다. 자기 현시나 과장된 행동을 삼가면서 상대를 초빙하는 덕목들이다. 꽤 과장된 것으로 보이는 다음과 같은 주희의 풀이도 이러한 맥락에서 이해 가능하다. "이 다섯 가지는 모두 조심하고 겸손하게 굴고 돈독히 하고 내세우지 않고, 성현됨을 자부하지 않는다는 뜻이다. 그러므로 사람들이 모두 친하게 신뢰하고 즐겁게 와서 이야기하게 된다."[91]

어쩌면 정치권력자들은 자신을 위협하거나 자긍심이 지나친 사람을 가까이하지 않으려 들 것이다. 그런 점에서 권력에 접근하려는 이들은 이 같은 일견 수세적인 자세가 필요할 것이다. 하지만 그것이 곧 원칙을 저버리는 데까지 나아가면, 잠재적 신하의 정치적 자율성은 훼손되고 군주의 영혼 없는 수족으로 전락하게 될 것이다. 그렇다면 공자는 과연 어떠한 길을 갔을까? 다음 절에서는 이 질문을 다뤄보자.

정치참여 추구의 일반성과 특수성
: 夫子之求之也, 其諸異乎人之求之與

"선생님께서 추구하는 바는 다른 사람들이 추구하는 바와 아마 다르겠지요?"(1.10) 이 문장은 정치참여 추구의 일반성과 특수성을 두루 거론한다. 정치적 기회를 "추구한다"는 측면에서는 공자 역시 동시대의 많은 야심가들과 다를 바 없었다. 그러나 그 방식은 다르다. 과연 어떻게 달랐을까? 공자의 방식이 어떤 방식과 경쟁하고 있었는지를 알아야, 혹은 공자 스스로 어떤 입장을 이상적이라고 여겼는지를 알아야 이 질문에 답할 수 있다. 바로 『논어』에 나오는 "達" 개념에서 그 답의 일단을 찾을 수 있다.

> 선생님께서 말씀하셨다. "시 300편을 외워도, 정사를 맡겼을 때 제대로 잘 해내지 못하고, 사방으로 사신 갔을 때 독자적으로 대처해내지 못한다면, 비록 많이 외운들 대체 무엇을 하겠는가?"(13.5)[92]

> 자하가 거보莒父 땅의 읍재邑宰가 되어 정치에 대해 여쭈었다. 선생님께서 말씀하셨다. "빨리 이루려 들지 말고 작은 이익에 눈을 두지 마라. 빨리 이루려고 하면, 제대로 이룰 수 없고, 작은 이익에 눈을 두면 큰일을 이룰 수 없다."(13.17)[93]

達에는 "도달하다", "이해하다"라는 뜻도 있지만, 달성하고 실현한다는 뜻도 있다. "정사를 맡겼을 때(授之以政)", "정치에 대해 여쭈었다(問政)"라는 표현에서 확인할 수 있듯이, 위 예문에 나오는 達은 모두 정치 영역에서의 성취를 의미한다. 그렇다면 達은 어떤 종류의 정치적 성취를 의미할까?

> 자장子張이 여쭈었다. "사士가 어떠해야 성취라고 할 만합니까?" 선생님께서

말씀하셨다. "무엇이냐, 네가 말하는 성취라는 것이?" 자장이 대답하였다. "제후국에 [벼슬하고] 있어도 반드시 [잘한다는] 평판이 퍼지고, 경대부 집안에 [가신으로] 있어도 반드시 [잘한다는] 평판이 퍼지는 것입니다." 선생님께서 말씀하셨다. "그것은 평판이지 성취가 아니다. 무릇 성취란, 바탕이 곧고 올바름을 좋아하며, [남의] 말을 헤아리고, 안색을 살피며, 깊이 생각하여 자신을 낮추는 것이다. 그러면 제후국에 [벼슬하고] 있어도 반드시 성취하고, 경대부 집안에 [가신으로] 있어도 반드시 성취할 것이다. 무릇 평판이란, 안색으로는 인仁한 척하되 행동은 어긋나면서 평소에 의심조차 하지 않는 것이다. [그러면] 제후국에 [벼슬하고] 있어도 반드시 평판이 퍼지고, 경대부 집안에 [가신으로] 있어도 반드시 평판이 퍼지게 마련이다."(12.20)[94]

이 같은 자장과 공자의 문답에서 알 수 있는 것은 達이 평판과 혼동되곤 하는 개념이라는 점이다. 達이 타인의 인정과 협조를 요하는 정치 영역에서의 성취라는 점에서 그러한 혼동은 이해할 만하다. 흔히 정치 영역에서는 평판이 종종 성취의 지표로 기능하므로 자장은 평판을 성취와 혼동한 것이다. 그러한 자장에게 공자는 평판과 성취를 구별하라고 지적한다.

공자에 따르면, 좋은 평판쯤은 사교적인 행태를 통해서도 얻을 수 있다. 예컨대 "안색으로는 인한 척"하면 좋은 평판을 얻을 수 있다. 그러나 그것을 성취라고 할 수는 없다. 그 사람의 행동은 결국 어긋날 것이며, 사교에만 열중한 이는 어긋난 행동을 반성하지 않을 것이기 때문이다. 진정한 성취를 이루려는 행위에는 반성이 동반되기에, 그저 평판을 추구하는 행위와는 다르다. 그렇다고 무조건 올바름만 강변해서는 성취를 이루기 어렵다. 성취를 위해서는 "바탕이 곧고 올바름을 좋아하는" 일이 필수적이지만, "[남의] 말을 헤아리고, 안색을 살피는" 일도 필요하다. 현실정치에서는 타인과의 조율이나 타협이 불가피하기 때문이다. 현실에서의 성취를 이루려면 "깊이 생각하며 자신을 낮추는" 일이 필요하다.

요컨대 공자의 達 사상에서는 올바름(義)과 사교적인 행태 간의 긴장 및 공존을 읽을 수 있다. 올바름과 사교를 동시에 잘해낼 수 있을 때 비로소 진정한 성취(達)가 가능하다. 따라서 진정한 성취는 올바름을 추구하다가 영웅적으로 패배하는 경우와도 다르고, 사교에 골몰하다가 개인적 영달에 그치는 경우와도 다르다. 공자가 말하는 성취는 올바름을 저 혼란스러운 현실정치의 장에서 끝내 구현해낼 때 비로소 가능하다. 그러려면 끝없는 자기반성(疑)이 필요하다. 평판에 연연하는 사람은 자기반성이 결여(居之不疑)되어 있는 반면, 達하고자 하는 사람은 자기에게 의문을 던진다. 반성이란 규범적 기준과 현실의 행태 간 격차를 의식할 때 가능하고, 올바름이 바로 그런 기준의 역할을 한다.

이러한 취지를 염두에 두고 1.10으로 다시 가보자. 1.10의 기본 메시지에 대해서는『십삼경주소』이래로 대체적인 합의가 이루어져 있다. 공자가 정치참여를 선제적으로 추구한 것이 아니라 군주가 공자에게 정치참여를 요청한 것이며, 이를 가능케 한 것이 바로 공자의 덕이라는 것이었다. "선생님은 이 다섯 가지 덕을 실천해서 [기회를] 얻었으니, 다른 이들이 [기회를] 구해서 얻는 경우와 다르다. 이는 군주가 스스로 [기회를] 준 것임을 밝힌 것이다."[95] "이 장은 선생님이 덕이 있어서 국정을 듣는 일에 참여한 것이라고 밝혔다."[96] 요컨대 공자의 놀라운 덕에 감복한 정치권력자가 공자를 만나고자 한 것이지 그 역은 아니라는 말이다.

이 견해는 한국의 해석자들에게도 큰 영향을 끼쳤다. 이를테면 신창호는 "공자는 남다른 인격과 덕성을 갖추고 각국의 지도자를 만났다. 그러고는 그들의 훌륭한 상담역이자 멘토 역할을 했다. 이것은 공자가 동양 최고의 스승이 될 수 있는 이유이기도 하다"[97]라고 말한다. 신정근 역시 1.10을 두고 이렇게 말한다. "사람에게는 경계와 이해를 허물고 격의 없이 만날 수 있는 진실과 충정의 힘이 있다. 예컨대 공 선생이 특정한 정파와 거래하거나 그들을 남몰래 지원하기 위해 정보를 수집했다면 이런 인간미 넘치는 대접을 받기 힘들었을 것이다."[98]

그러나 이 같은 풀이는 공자의 성인화聖人化가 이미 진행된 이후의 견해를 반영한 것이다. 공자에 대한 비판적 거리를 유지하는 이들은 이와는 다른 해석을 시도한다.

> 공자는 어떤 나라에 가든 그 나라 정치에 대해 비교적 잘 파악하고 있었던 모양이다. 요샛이 말하는 정보에 밝았던 것이다. 공자는 어떻게 그것을 잘 알고 있었을까? 자금이 공자의 제자인지 아니면 자공의 제자인지 확실치 않지만 아무튼 공자 주변의 사람이라면 당연히 가질 수 있는 의문이다. 공자가 부지런히 이 사람 저 사람 만나면서 정보 수집을 한 것인지, 공자를 존경하는 그곳 사람들이 알아서 보고를 올린 것인지, 아니면 그 나라에서 공자의 무게나 '이용 가치'를 염두에 두고 정보를 흘려준 것인지 알 수 없다는 것이다. 이에 대해 자공은 공자를 높이면서 상당히 조심스러운 방식으로 말하고 있지만 어쨌든 공자가 그러한 정보를 적극적으로 구했다는 것이다. 공자의 이런 삶의 방식은 확실히 도가와 다르다.[99]

이처럼 황희경은 자금의 의문을 중시한다. 즉, 공자는 "진실과 충정의 힘"으로써 기회를 얻은 것이 아니라, "정보를 적극적으로 구"하는 전략적 행보를 통해 기회를 얻은 것이다. 반면에 공자는 성인이라는 전제에 입각한 해석자들은 1.10에 나오는 자공의 변호를 중시한다. 『논어』 편집은 특히 그렇다. 자금은 자공의 대답을 끌어내기 위한 마중물의 역할을 할 뿐, 자공의 변호에 이어 어떤 반론도 제기하지 않은 채 1.10의 내용이 끝난다. 즉, 1.10에서 전하고자 하는 공자의 모습은 자금의 질문이 아니라 자공의 대답에 있다.

그렇다면 공자의 정치적 기회는 전략적 고려의 결과일까, 아니면 "격의 없이 믿을 수 있는 진실과 충정의 힘" 덕분에 온 것일까?[100] 이에 답하기 앞서, 정치적 기회를 얻는 과정 자체가 정치적이라는 점에 주목할 필요가 있다. 기실 먼저 접근하는 쪽이 상호관계의 역학에서 열위劣位에 있다. 선제적 접근은 자신이 상대를 필요로 함을 명시적으로 인정하는 것이기 때문이다. 그러한 접근을 받는 쪽은 상호관계의 역학에서 우위優位에 있다. 상대의 제안을 거절할 수 있기 때문이다. 따라서 접근의 유무 혹은 선후의 문제는 양자 간 위계를 정하는 일이 된다.

주희가 "성인이 다른 이들에게 구하지 않고, 다른 이들이 성인에게 구한다는 뜻을 알 수 있다"[101]고 말한 데에는 정치적 위계보다 성인됨의 여부에 더 높은 가치를 부여하는 성리학 특유의 성인관이 반영되어 있다. 그리고 그것은 2.1에서 공자가 말한 이상적인 덕치의 모습 그대로다. "선생님께서 말씀하셨다. '정치를 덕으로 하는 것은, 비유컨대 북극성은 자기의 합당한 자리에 있고, 뭇별들이 그것을 둘러싸고 도는 것과 같다.'"[102] 여기서 움직이는 것(有爲)은 신하이고, 움직이지 않는(無爲) 북극성은 군주이다. 이 점은 15.5에서 공자가 순임금의 통치에 대해 언급한 대목에서 확인된다. "굳이 무엇을 하지 않고도 다스린 사람은 아마 순임금일 것이다. 무엇을 하였는가? 자신을 공손히 하고, 바르게 남쪽을 향해 있었을 뿐이다."[103] 이런 맥락을 고려할 때, 주희의 주석은 공자를 성인으로 간주함과 동시에 순임금의 반열에 올려놓는 셈이 된다. 이렇게 보면, 공자의 처신은 성인이 구사할 것으로 예상되는 무위無爲의 처신을 닮았다.

공자가 아직 성인으로 간주되지 않던 그 시기에, 그토록 무위에 가까운 자세를 유지하는 사상가에게 세속 군주가 존경심 때문에 공자에게 먼저 접근(有爲)했다고 보는 것은 비현실적이다. 심지어 군주의 자리에 있었던 순임금조차도 무위로 시종한 것은 아니었다. 『주자전서朱子全書』「사서혹문四書或問」의 질의에서 지적하듯이,[104] 『서경』 등을 보면 순임금이 조근朝覲, 순수巡狩, 봉산封山, 하천 준설, 사흉四凶 처단 등 많은 비非무위적 조치를 단행한 것이 사실이다. 그러니 순임금의 통치를 무위라고 볼 수 있느냐는 질의에 대해 주희는 유위有爲는 순임금이 섭정을 한 28년 동안의 상황이고, 실제로 천자가 된 다음에는 신하를 임명한 것 말고는 다른 일을 하지 않았다고 대답했다. 과연 순임금이 천자가 된 다음에 별일을 하지 않았는지에 대해서는 확인하기 어렵다. 이 맥락에서 더 중요한 것은 순임금의 무위를 인정하는 주희조차 순임금이 신하를 임명할 필요가 있었음을 인정한다는 사실이다.

순임금조차 유위를 해줄 신하가 필요할진대, 군주의 위치에 있지 않았던 공자가 무위의 힘으로 당시의 정치권력자들을 끌어들였다고 볼 수 있을까? 그러한 해석은 실제의 정치 현실을 반영했다고 보기 어렵다. 요컨대 공자가 지닌 놀라운 (무위를 포함한) 덕성의 힘을 강조하는 1.10의 기존 해석 대부분은 후대의 성인화 작업의 결과로 보인다. 그렇다면 溫(따뜻한 모습), 良(훌륭한 업무 자질), 恭(공손한 처신), 儉(절제하는 능력), 讓(양보의 미덕)이라는 덕성들의 가능성과 한계를 좀 더 현실적으로 음미할 필요가 있다.

앞에서 살펴보았듯이, 그 다섯 가지 덕성은 모두 정치 영역에서 필요한 것들이다. 따라서 군주의 입장에서는 단순히 공자의 겸손한 태도에 감탄하거나 성인다움에 감화된 것이었다기보다 공자에게서 유능한 신하의 자질을 발견한 것이었다고 할 수 있다. 동시에 그 덕성은 절제라는 특징을 가지고 있어서, 정치권력자의 입장에서는 그러한 덕의 소유자를 위협적으로 여기지 않게 된다. 그리고 이러한 덕성은 공자가 신하이자 행정가인 자산子產을 평가할 때 적용했던 기준과도 상당 부분 통한다. "[그는] 군자의 도를 네 가지 가졌다. 그는 행동할 때 공손하였고, 윗사람을 섬길 때 공경하였고, 피치자들을 기를 때 은혜로웠고, 피치자들을 부릴 때 올발랐다."(5.16)[105] 그뿐 아니라, "군자는 친지를 소홀히 하지 않고, 대신들로 하여금 써주지 않는다고 원망하게 만들지 않고, 옛 친구는 큰 잘못이 없으면 버리지 않고, 한 사람에게 모든 것이 갖추어져 있기를 바라지 않는다"(18.10)[106]라고 한 주공周公의 말과도 통한다.

그런데 이것으로는 여전히 충분하지 않다. 공자가 잠재적 신하로서 뛰어난 자질을 갖추고 있다고 한들, 정치권력자가 앞장서서 그것을 알아보고 선제적 접근을 시도했다고 보기는 어렵다. 그토록 눈 밝은 정치권력자가 이미 존재하고 있었다면, 공자가 굳이 그렇듯 시대를 한탄하지 않았을 것이다. 그렇다고 공자가 절제된 행보를 포기하고서 정치권력자에게 적극적으로 구애했다면, 그것은 자신의 원칙과 자율성을 훼손했을 것이다. 達에 대한 논의를 상기한다면,

공자는 원칙을 훼손하지 않으면서 정치적 기회를 얻어야 했다.

그렇다면 어떻게 해야 할까? 『논어』 15.5에 소개된 순임금의 '무위적인' 처신은 그를 뒷받침하는 관료들에 의해 비로소 가능하다. 다시 말해 군주의 무위는 신하의 '유위' 덕분에 가능하다. 신하들의 활동 없이는 군주 역시 측근에게나 영향을 미칠 뿐 피치자 전반에게 영향을 미칠 방법은 없다. 마찬가지로 공자가 직접 영향을 미칠 수 있는 범위 역시 접촉 가능한 영역의 측근들 위주이다. 그렇다면 그가 각국의 군주를 상대로 정치적 기회를 모색할 때는 공자와 그 군주들 간의 거리를 누군가가 '유위'로써 메워주어야 한다. 즉, 공자가 시도하는 미시적 협상이 현실적 기회로 열매를 맺기 위해서는 추가적인 조건이 필요하다. 다음 절에서는 그 조건에 대해 살펴보자.

현실 속의 공자: 자공의 역할

1.10의 대화를 좀 더 넓은 당대의 맥락에 놓아보자. 이 대화는 자금이 다른 사람도 아닌 하필 자공에게 질문을 제기하고 자공이 그에 대답하는 방식으로 이루어졌다. 이것은 결코 우연이 아니다. 자금과 자공의 캐릭터를 고려하면서 1.10을 다시 읽어보자.

진항陳亢이라고도 불리는 자금은 춘추시대 진陳나라 몽蒙 지역 사람으로 선보單父에서 벼슬을 했다. 『논어』에서 자공에게 질문을 던지고 있기에 자공의 제자로 간주되기도 하고, 공자 제자 중 한 명으로 여겨지기도 한다.[107] 『논어』에는 자금과 자공의 대화가 두 편(1.10, 19.25) 실려 있다. 1.10의 해석에 유용한 맥락을 짚기 위해 19.25를 살펴보자.

> 진자금이 자공에게 말하였다. "그대가 공손하게 처신하는 거지, 중니가 어찌 그대보다 뛰어나겠습니까?" 자공이 말하였다. "군자는 한마디 말로 지혜롭

다고 여겨지기도 하고, 한마디 말로 지혜롭지 않다고 여겨지기도 하니 말은 신중하지 않을 수 없소. 선생님께 미칠 수 없음은, 하늘을 사다리로 오를 수 없는 것과 같소. 만약 선생님께서 나라를 얻으시면, 이른바 '세워주면 곧 서고, 이끌어주면 곧 [이끌어주는 대로] 가고, 편안케 해주면 곧 다가오고, 움직이게 하면 곧 조화를 이루게 됩니다. 그가 살아 계실 때는 영예로 여기고, 돌아가시면 애통해한다'는 것이니 어찌 감히 미칠 수 있겠소?"[108]

위 대화에서 자금은 자공과 공자를 감히 비교하려 들다가 자공으로부터 말조심하라는 핀잔을 듣는다. "말은 신중히 하지 않을 수 없소"라고 자금을 질책한 뒤, 자공은 왜 공자가 (자신보다) 대단한지 설명한다. 그 과정에서 자금과 자공이 공유하는 평가 맥락이 드러난다. "만약 선생님께서 나라를 얻으시면"이라는 대목을 볼 때, 양자가 관심을 두는 것은 정치역량이다.

그렇다면 자금은 왜 자공이 공자보다 정치역량이 더 뛰어난 사람이라고 판단한 것일까? 이 질문에 답하려면, 자공에 대한 기록을 찾아봐야 한다(자공子貢·자공子贛은 단목사端木賜의 자이다). 자공에 대해서 가장 일찍, 그리고 가장 상세하고 믿을 만한 정보를 제공하는 텍스트는 사마천司馬遷이 쓴 『사기』「화식열전」이다.

자공子贛은 공자에게서 배운 뒤, 물러나와 위衛나라에서 벼슬을 했다. 조曹나라와 노魯나라를 오가며 교역을 하고, 물건을 싸게 사서 비싸게 팔았다. 70명의 공자 제자 중에서 자공이 가장 부유했다. 원헌原憲 같은 사람은 술지게미나 쌀겨조차 배불리 먹지 못하고, 궁벽한 곳에 숨어 살았다. 그러나 자공은 사두마차와 기마병을 거느렸고, 제후들을 방문하여 비단을 예물로 바쳤다. 자공이 이르는 나라마다 그곳 군주들은 뜰을 내어주며, 대등하게 예우하지 않는 경우가 없었다. 공자의 명성이 천하에 널리 퍼지게 된 것도 자공이 앞뒤로 보좌했기 때문이다. 이것이 이른바 세력을 얻으면 더욱 널리 드러난다는 것 아니겠는가?[109]

이 기록에서 자공의 활동은 공자 문하에서 배운 일, 정치에 종사한 일, 상업에 종사한 일, 이렇게 세 가지로 요약된다. 그리고 그 세 가지는 연결되어 있다. "자공이 이르는 나라마다 그곳 군주들은 뜰을 내어주며, 대등하게 예우하지 않는 경우가 없었다"는 대목을 보면, 자공이 그저 부자이기만 한 것이 아니라 자신의 부를 정치적 영향력으로 활용할 수 있는 인물이었음을 알 수 있다. 게다가 자공은 자신의 정치력뿐 아니라 공자의 명성 확립에도 결정적인 역할을 한다. 그 점을 극명하게 드러낸 부분이 바로 자공과 자사子思(원헌의 자)의 대비다. 두 사람의 차이는 단지 빈부 차이에 그치는 것이 아니다. 부유한 자공은 여러 나라에 걸친 광폭 활동을 한 데 비해, 자사는 한미한 곳에서 은거했다. 재력의 유무가 그들의 활동 반경에 영향을 미친 것이다. 공자가 여러 나라를 순방하고 각국의 지도자와 교류할 수 있었던 것도 자공의 재력과 정치적 영향력이 있었기에 가능했다는 것이 사마천의 판단이다. "공자의 명성이 천하에 널리 퍼지게 된 것도 자공이 앞뒤로 보좌했기 때문"이라는 것이다.

이렇게 보면, 공자의 사상, 인품, 명성은 별개 사안이다. 아무리 뛰어난 사상가라도 명성을 얻지 못할 수 있고, 명성을 누리는 인물이라고 해서 훌륭한 사상가라는 보장은 없다. 사마천에 따르면, 공자의 명성은 자공의 정치적 활동에 의해 가능했다. 이러한 관점은 공자가 아직 충분히 성인화되기 이전의 시각을 보여준다는 점에서 주목된다.[110] 공자가 성인화된 이후에는 사마천과 같은 관점이 쉽게 용인되기 어려웠다는 사실은 최술의 『수사고신여록洙泗考信餘錄』에 드러난 태도가 확인해준다.

더구나 공자의 도가 드러나게 된 것은 자공이 곁에서 모셨기 때문이라고 한다면 그럴 수도 있다. 하지만 자공의 부유함 때문에 공자를 드러나게 할 수 있었다고 한다면 성인의 도가 어찌 반드시 재물의 힘을 빌린 뒤에 세상에 행해질 수 있단 말인가! 이는 사마천의 격분에서 비롯된 말이다. 그런데도 후세 사람들은 이를 살피지 못하고 마침내 자공을 장사치처럼 여겨버렸으니 잘못이다. 때문에 변증하지 않을 수 없었다.[111]

그렇다면 자공은 구체적으로 어떤 정치활동을 한 것일까? 『사기』「중니제자열전」은 공자 제자 중에서 자공에게 가장 많은 분량을 할애하여 자공의 정치적 언설을 다수 채록하고 있다. 『논어』에 드러난 자공의 모습과는 달리, 『사기』에 나오는 자공의 모습은 유세에 능한 정치인의 모습이다. 사마천은 자공의 정치적 유세 기록을 나열하고는 이렇게 정리한다.

그러므로 자공이 한번 나서면, 노나라를 보존하고, 제나라를 어지럽히고, 오吳나라를 깨뜨리고, 진晉나라를 강하게 하고, 월越나라가 패권을 쥐게 하였다. 자공이 사신으로 갔다고 하면, 그 나라의 세력이 서로 부딪혀 깨지게 하고, 십 년이 되지 않아 다섯 나라에 각기 변화가 생겼다. 자공은 비축하기를 좋아하고, 적절한 때에 맞추어 재화를 굴렸다. 타인의 뛰어난 점을 선양하기를 좋아하고, 타인의 잘못을 숨기지 못하였다. 노나라와 위衛나라의 재상을 역임했고, 집에는 천금을 쌓아두었으며, 제齊나라에서 세상을 떠났다.[112]

이처럼 자신의 재력에 기초해서 전방위적인 정치적 활동을 한 자공, 그러한 자공은 과연 어떤 식으로 공자를 다른 정치인들에게 소개했을까? 그 소개 과정에 대한 자세한 묘사는 『사기』「중니제자열전」에 없다. 『사기』에서나 『논어』에서나 자공은 뛰어난 언변을 갖춘 인물로 소개되고 있는 만큼, 설득력 있는 언변을 통해 공자를 소개했을 가능성이 높다. 이런 점을 염두에 둘 때, 『논어』 19.22와 같은 내목을 자공이 권세가들에게 공자를 소개하는 과정(의 일부)로 독해할 수 있다.

위衛나라 공손조公孫朝가 자공에게 물었다. "중니는 어디에서 배웠습니까?" 자공이 말하였다. "문왕과 무왕의 도가 아직 땅에 떨어지지 않고, 사람들에게 남아 있습니다. 현능한 사람은 그 도의 큰 부분을 기억하고, 현능하지 않은 사람은 그 도의 작은 부분을 기억하고 있으니, 문왕과 무왕의 도를 지니지 않은 사람이 없습니다. 선생님께서 어디선들 배우지 않았겠습니까? 대체 무슨 일정한 모범이 있었겠소." (19.22)[113]

위나라 대부 공손조가 공자를 들먹이며 도대체 어디서 배운 사람이냐고, 그 배움의 연원을 물었다. 공손자가 공자를 존칭 없이 중니라고 지칭하는 것을 볼 때, 아직 공자를 존경하는 상태가 아닌 것으로 보인다. 그와 같은 공손조의 질문을 받자, 자공은 공자가 모든 영역에서 언제든지 배움을 추구하여 집대성한 인물이라고 치켜세운다. 그 과정에서 공자는 현자 혹은 불현자 중 어느 한쪽에 속하는 인물이 아니라 현자와 불현자를 초월하는 별개 차원의 인물로 자리매김된다. 현자든 불현자든 공자 앞에서는 그저 배움의 자료에 그치는 것이다. 공자는 그들을 자료 삼아 더욱 높은 경지에 이른 인물인 것이다. 이런 소개를 듣고서 위나라 대부 공손조는 공자에 대해 더 큰 관심을 갖게 되리라고 추정할 수 있다. 그 연장선에서 공자는 그 나라의 정치에 대해 논할 기회를 얻게 되는 것이다.

이러한 맥락을 염두에 두고 1.10에서 제기된 자금의 질문을 다시 고려해 보자. 여기서 자금의 질문은 '공자의 정치적 기회는 공자 스스로 만든 것입니까, 아니면 자공 당신이 만든 것입니까'라고 번역할 수 있으며, 자공의 대답 역시 과연 공자를 존경하는 제자의 대답답다. 공자의 정치적 기회는 공자가 적극적으로 원한 것도 아니고 자신이 대신 만들어준 것도 아니며, 오로지 공자의 탁월한 덕성 덕분에 생겨난 것이라고 말한다. 그러나 공자 성인화의 영향권 밖에 있는 이는 아마 이렇게 대답할 것이다. 공자는 결코 은둔자가 아니었고 정치참여를 열망한 사람이었으나, 그렇다고 원칙 없이 정치적 기회를 추구하지는 않았다고. 그럼에도 공자는 일정한 정치적 기회를 얻을 수 있었는데, 그러한 기회는 공자가 신하로서 유능한 자질을 현시할 수 있었고, 또 자공과 같은 조력자가 있기에 가능했다고.[114]

이 장에서는 1.10의 꼼꼼히 읽기를 통해 공자의 현실정치 참여가 야기하는 딜레마에 대한 답을 재구성하고자 했다. 먼저 기존 해석은 공자 성인화 이후의 경향으로 인해 1.10의 당대적 의미를 충분히 음미하지 못하고 있다고 판단했다. 이에 공자가 성인으로 확립되기 이전의 자료를 적극적으로 활용하여 1.10에 대한 당대적 해석을 시도했다.

성인 공자의 이미지를 수용하는 해석들은 공자의 성인다운 덕이 가진 마술적 효과가 현실정치 참여의 딜레마를 해결했다고 본다. 그러나 『논어』의 편집과 주석사의 편향을 비판적으로 검토하면, 1.10에 나오는 대화의 은폐된 측면이 드러난다. 특히 정치적 기회를 모색 중이던 공자의 현실과 자공의 활동을 충분히 감안할 때에야 비로소 정치적 기회를 얻는 과정의 복잡한 동학을 파악할 수 있다.

기존 해석과 달리, 1.10이 제시하는 공자의 덕목은 완전한 덕이 아니라 정치적 기회를 얻는 과정에서 호출되는 신하의 덕이며, 그나마도 정치적 실현 과정에서 조력자의 힘을 필요로 하는 조건부의 덕이다. 이러한 덕이 현실 속에서 전개되는 동학을 이해할 때에야 비로소 공자 특유의 정치참여 방식을 이해할 수 있다. 다른 사람들이 무조건적 정치참여나 은자의 길을 택하고 있을 때, 공자는 비공격적이고 수용적인 덕성과 제자의 조력을 결합하여 마침내 그 나름의 독특한 입각점을 구축했다. 그러한 입각점을 통해 우리는 정치적 자율성이 현실정치 속에서 구현되는 과정을 좀 더 실질적으로 이해할 수 있게 된다.

4부

정치적 덕성

14

효는 정치적이다

선생님께서 말씀하셨다.
"그의 아버지가 살아 계실 때는, 그의 뜻을 살펴보아라.
그의 아버지가 돌아가신 뒤에는, 그의 행동을 살펴보아라.
3년 동안 아버지의 도道를 바꾸지 않으면, 효孝라고 할 만하다."
子曰, 父在, 觀其志, 父沒, 觀其行. 三年無改於父之道, 可謂孝矣. (『論語』 1.11)

『논어』 1.11의 취지는 일견 분명해 보인다. 효의 가치를 선양하고, 어떤 사람이 효자에 해당하는지를 밝히고 있다. 그러나 자세히 살펴보면, 효의 문제의식과 지인知人(사람을 알아보는 일)의 문제의식이 긴장을 이루고 있다. 게다가 대명사 "其"가 반복되어, 적지 않은 요소가 불분명한 상태로 남아 있는 난해한 문장이기도 하다. 이 장에서는 각 구절에 남아 있는 해석의 난제가 무엇인지 판별하고, 관련 사료를 광범하게 활용하여 그 답을 구해보고자 한다.

그렇게 해서 얻은 새로운 실마리를 바탕으로 궁극적으로는 1.11의 정치적 함의를 도출하고자 한다. 정치적 함의를 찾는 일은 해석 대상이 되는 텍스트가 정치를 명시적으로 논할 때 가장 쉽다. 1.11처럼 정치가 전면에 드러나지 않는 텍스트의 경우는 어떻게 할 것인가? 자칫 1.11을 비정치적 텍스트라고 판정하거나, 혹은 자의적인 정치적 해석을 들이밀기 십상이다. 이 장에서는 해석의 사의성을 통제하기 위해 고대 중국의 친족과 국가 간의 동학을 추적하고, 그 동학 속에서 1.11의 독해 결과를 재음미한다. 그러한 과정을 통해 지금껏 드러나지 않았던 1.11의 정치적 함의가 분명해지기를 희망한다.

누구를 관찰하는가: 其의 해석

"觀其志관기지"(그의 뜻을 살펴보아라)와 "觀其行관기행"(그의 행동을 살펴보아라)에 나오는 "其"를 어떻게 보느냐에 따라 觀其志와 觀其行에 대한 해석이 크게 둘로 나뉜다. 其가 아버지를 지칭한다고 하면 아버지의 뜻과 행동을 살펴보는 것이 되고, 其가 아들을 지칭한다고 하면 아들의 뜻과 행동을 살펴보는 것이 된다. 어느 해석을 취하느냐에 따라서 보는 주체도 달라진다. 其가 아버지를 지칭한다고 하면 아들이 아버지를 보는 것이 되고, 其가 아들을 지칭한다고 하면 제삼자가 아들을 보는 것이 된다.

기존의 『논어』 한국어 번역본들은 其가 아버지를 지칭한다고 본 경우,[1] 其가 아들을 지칭한다고 본 경우,[2] 其가 아들을 지칭하는지 아버지를 지칭하는지 명료히 하지 않은 경우[3]로 삼분될 수 있다. 어떤 근거로 각기 다른 해석을 하는가? 아쉽게도 상당수의 번역자와 해설가는 상반되는 해석들의 장단점을 논하지 않은 채 그냥 어느 한쪽 해석을 제시하는 데 그친다.[4] 상반되는 해석들을 인지하는 이들조차 그 상당수는 자기 선택의 근거를 밝히지 않는다.[5] 여기서는 그나마 제 나름의 근거를 밝힌 경우들을 유형별로 분류해서 검토해보자.

첫째, 其가 아들을 지칭한다고 보는 입장이 있다. 그 근거란, 아버지 생전에는 아버지를 의식해서 자식이 거침없이 행동하지 않으므로 행동 대신 마음속 뜻을 살펴보아야 한다는 것이다. 반면에 아버지 사후에는 이제 의식할 어른이 없기에 자식은 거침없이 행동할 수 있게 된다. 따라서 그때부터는 마음속 뜻이 아니라 행동이 그의 사람됨을 판단할 지표가 된다. 공안국, 하안, 황간, 주희

등 대표적인 『논어』 주석가들은 이 해석을 지지한다. 예컨대 공안국은 "아버지가 계실 때 자식은 제멋대로 할 수 없다. 그러므로 그의 뜻을 관찰할 뿐이다. 아버지가 돌아가시면 이제 그의 행동을 본다"[6]고 말했고, 주희는 "아버지가 계실 때 자식은 제멋대로 할 수 없는데, 그의 뜻만큼은 그래도 알 수 있다. 아버지가 돌아가신 이후에야 그의 행동을 제대로 볼 수 있다. 그러므로 그것을 관찰하는 것만으로 그 사람의 선악을 알 수 있다. 그런데 반드시 3년 동안 아버지의 도를 바꾸지 않아야 그가 효자인지 알 수 있다. 그러지 않으면 잘해도 효자라고 할 수 없다"[7]고 말했다. 其가 아들을 지칭한다고 보는 번역자들은 대개 이러한 주석을 따른다.

둘째, 其가 아버지를 지칭한다고 보는 입장이 있다. 전통 시대 주석가 중에는 송대의 범조우范祖禹, 청대의 전대흔錢大昕과 정수덕程樹德 등이 이런 입장을 취했다. 其가 아버지를 지칭한다고 보고 번역하는 이들은 대개 그들의 주석을 따른다. 예컨대 이우재는 전대흔의 견해를 활용했고,[8] 김도련은 범조우의 견해에 의지했다.[9] 김도련은 "이 장의 주제가 孝효이므로, 마땅히 효자가 부친의 지행을 관찰하는 데 있는 것이지, 제삼자가 아들의 지행을 보는 것에 있는 것이 아니다"[10]라고 주장하는데, 이 장의 주제가 효라고 단정하는 것 자체가 논점 선취의 오류다. 이러한 논점 선취의 오류는 임옥균 등 다른 번역자들에게서도 발견된다. 임옥균은 말한다. "문장으로만 본다면 其는 앞의 명사를 받으므로 父를 받는 것이 맞지만, 효에 대한 내용이므로 其가 아들을 받는 것이라고 볼 수도 있다."[11] 그러나 1.11의 주제가 효라는 것은 전제되기보다는 입증되어야 할 사안이다.[12]

이 사안에 대해 가장 자세하고 설득력 있는 견해를 개진한 학자가 레이칭이雷慶翼이다.[13] 그 역시 觀其志와 觀其行의 其가 모두 '자식'을 지시한다고 보지만, 그의 설명은 문장 구조에 착안했다는 데 특징이 있다.[14] 우선 1.11을 "父在, 觀其志, 父沒, 觀其行"과 "三年無改於父之道, 可謂孝矣"로 나누는 데 반대하고, "父在, 觀其志"와 "父沒, 觀其行, 三年無改於父之道, 可謂孝矣"로 양분하기를 제안한다. "父在, 觀其志"란, 아버지가 계실 때는 그 자식의 志를 살펴보면[15] 그가 효성스러운지 여부를 곧 알 수 있다는 뜻이다. 그 취지는 부모가 살아 있을 때는 겉으로 드러난 봉양의 행동보다는 마음이 관건이라는 2.7과 상통한다.[16]

반면에 "父沒, 觀其行"이란 아버지가 작고한 뒤에는 그 자식의 행동을 잘 살펴봐야 그가 효성스러운지 여부를 알 수 있다는 말이다.[17] 즉, 3년 동안 아버지의 도를 바꾸지 않는지를 확인할 정도로 꼼꼼히 살펴봐야 비로소 그가 효성스러운지를 확인할 수 있다. 그 점은 4.20에서 1.11의 후반부 문장인 "三年無改於父之道, 可謂孝矣"만 따로 떼어서 수록하고 있다는 사실에서도 재확인된다. 그런데 "父沒, 觀其行"이란 마음을 배제하고 행위만 강조하고자 하는 취지인가? 그렇지 않다. "三年無改於父之道"가 삼년상을 의미한다고 할 때, 상례喪禮에서 관건이 되는 것은 관련 행위라기보다는 슬퍼하는 마음이다. 그 점을 입증하기 위해 레이칭이가 거론하는 『논어』 내 문장은 다음과 같다. "예는 사치스럽게 하느니 차라리 검소하게 해야 한다. 상례는 형식에 연연하느니 차라리 슬퍼해야 한다."(3.4)[18] "상을 당해서는, 슬픔을 다하고서 그치는 것이다."(19.14)[19] "군자가 상중에는 맛난 음식을 먹어도 달지 않고, 음악을 들어도 즐겁지 않고, 집 안에 있어도 편안하지 않기 때문에 하지 않는 것이다."(17.21)[20]

어떻게 보는가: 觀의 해석

이번에는 '본다'는 뜻의 "觀관"을 살펴보자. '보다'라는 뜻을 가진 한자는 많다. 리춘치李春琪와 관리신關立新은 '보다'라는 뜻의 한자를 다음과 같이 판별한다.[21] 望망은 주로 먼 곳을 향해 바라보는 것을 뜻하고, 瞻첨은 앞 또는 위를 향하여 보는 것을 뜻하고, 察찰은 거듭 살펴보는 것을 뜻하고, 見견은 보는 행위의 결과를 강조하고, 視시는 보는 동작을 강조한다. 窺규는 작거나 촘촘한 구멍을 통해서 (몰래) 외부를 보는 것을 뜻하고, 仰앙은 머리를 들어 (존경을 표하며) 우러러본다는 뜻이고, 觀관은 자세히 관찰하는 것을 뜻한다.[22]

『논어』 내에서 다음과 같은 觀의 용례들도 위에서 언급한 觀의 의미를 재확인해준다. "처음에 내가 사람을 대할 때, 그 사람의 말을 듣고 그의 행동을 믿었다. 이제 나는 사람을 대할 때, 그 사람의 말을 듣고서 그의 행동까지 살펴본다(觀)."(5.10)[23] "윗자리를 차지하고 있으면서 관용을 베풀지 않고, 예를 행하되 공경하지 않고, 상례에 임해서 슬퍼하지 않으면, 내가 무엇으로 그를 보겠는가(觀)?"(3.26)[24] "[남의] 말을 헤아리고(察), 안색을 살피며(觀),"(12.20)[25] "작은 도道라고 할지라도 반드시 살펴볼 만한(觀) 구석이 있기 마련이다."(19.4)[26] 이 같은 사례 중에서 1.11과 12.20의 경우는 자세히 관찰하거나 자세히 본다는 뜻에 부합한다. 3.26과 19.4의 경우에는 자세히 살펴볼 만한 가치가 있는 대상을 두고 觀이 사용되었다.

1.11의 觀 용례가 갖는 특징은 志와 行이라는 목적어를 사용했다는 점에 있다. 『논어』 말고도 범위를 더 넓혀 중국 고대 문헌에서 志와 行이라는 목적어를 사용한 觀의 용례, 즉 觀其志와 觀其行의 용례를 찾아보자. 그 용례들을 통해 觀其志와 觀其行의 맥락을 좀 더 면밀히 파악할 수 있을 것이다. 이를 통해 "살펴보는 것"이라는 표현이 가진 모호함이 상당히 해소될 수 있다. "공자가 남쪽으로 여행할 때 아곡의 산길을 지나면서 처자가 옥을 차고 빨래하는 모습을 보았다. 공자가 자공에게 말하였다. '저 빨래하는 이는 더불어 이야기해볼 만하지 않는가?' 잔을 자공에게 주면서 말하였다. '이것을 계기로 말을 해서 그의 뜻을 살펴보아라(觀其志).'"[27] "이제 그와 더불어 말을 해서, 그의 뜻을 들여다본다."[28] 이 같은 용례에서 뜻을 살펴보는 행위는 말을 나누는 행위와 연동되어 있음을 알 수 있다. 즉, 누군가의 뜻을 본다는 것은 그냥 추측하는 게 아니라 대화를 통한 상호작용을 동반한다.

그러면 觀其志와 觀其行의 목적은 무엇이었을까? 먼저 1.11과 궤를 같이하는 문장을 보자. 『예기』 「상복사제喪服四制」에 나오는 "인자仁者의 경우 그 아낌을 볼 수 있고, 지자知者의 경우 그 조리를 볼 수 있고, 강자强者의 경우 그 뜻을 볼 수 있다"[29]라는 언명이나, 『여씨춘추』 '음초音初'에 나오는 "그 소리를 들으면 그 기풍을 알고, 그 기풍을 관찰하면 그 뜻을 안다. 그 뜻을 들여다보면 그 덕을 안다"[30]라는 언명은 觀의 행위가 결국 그 관찰 대상의 캐릭터 혹은 덕성을 알아보기 위한 통로로 기능함을 보여준다. 이러한 입장은 초자연적 존재의 뜻을 의식하고 있는지 여부를 알기 위해 觀을 해야 한다는 묵자의 입장과 대별된다. "그의 행동을 보고는 그의 행동이 하늘의 뜻을 따르면 그것을 일러 선한 뜻을 가진 행동이라 하고, 하늘의 뜻을 거스르면 그것을 일러 선하지 않은 뜻을 가진 행동이라 한다."[31]

觀을 (하늘의 뜻이든 덕성이든) 드러난 행위 너머의 어떤 것을 파악하기 위한 통로로 간주하는 일에 명시적으로 반대하는 텍스트가 바로 『한비자』다. 이 텍스트는 오직 드러난 결과에만 주목하자는 취지로 이렇게 말한다. "현명한 군주는 그의 말을 듣고 반드시 그 말의 쓰임이 있는지 확인하며, 그의 행동을 보고는 반드시 그 말이 실질적인 결과를 낳는지 따져본다. 그러면 텅빈 옛 배움을 지껄이지 못하고, 가장된 거짓 행동으로 꾸며대지 못할 것이다."[32] 그리고 『여씨춘추』 '관표觀表'는 그러한 한비자의 입장을 전면적으로 반박하는 듯하다. "그의 일을 들여다보지 않고도 그의 뜻을 알았으니 사람을 들여다볼 줄 안다고 할 만하다."[33] 이것은 바로 드러난 결과를 보아야 한다는 한비자의 주장에 대한 반박인 셈이다.

이러한 차이를 막론하고 고대 중국의 觀其志와 觀其行의 용례들은 (거의) 모두 사람을 판별하는 맥락에서 사용된 것들이다. 그 사람이 과연 어떤 자질과 덕성, 능력을 갖고 있는지 파악하기 위해서 그 뜻과 행동을 관찰한다. 그리고 그것은 사적 개인을 알아보는 차원보다는 공적 차원에서 특정 인물을 판단하기 위한 것이었다. 한대의 학자 양웅揚雄의 『법언法言』「연건淵騫」에 나오는 "이중원은 세상의 스승이다. 그의 용모를 보는 이는 숙연해지고, 그의 말을 듣는 이는 다소곳해지고, 그의 행동을 보는 이는 단정해진다"[34]라는 대목이 보여주듯이,

특정 인물을 보는 일은 그 인물에 대한 평가를 가능케 할 뿐 아니라 그가 세상에 미칠 영향까지 감지하는 일이 된다. 이렇게 보면, 1.11에서 자식이 효자인지 관찰하는 일은 그저 그를 사적으로 평가하려고 하는 일이 아니라, 그 인물됨이 미칠 공적 영향을 고려하는 일이기도 하다.

아버지의 도는 무엇인가: 父之道의 해석

"바꾸지 말아야 한다"고 하는 그 아버지의 도는 과연 무엇일까? 기존 연구자와 번역자들은 실로 다양하게 아버지의 도를 해석해왔다. 논자에 따라 아버지의 도는 "아버지의 방식"[35]이기도 하고, "아버지의 평소 생활 신조"이기도 하고,[36] "정령政令을 베풀고 조치하는 것"이기도 하다.[37] 도가 무엇이든, 그것이 긍정적인 것이라면 아버지의 도를 바꾸지 말아야 할 이유는 충분하다. 그리고 사람들은 도가 긍정적인 성격을 가진 어떤 것이라고 생각하는 데 익숙해져 있다. 그래서 다음과 같은 주석들이 가능하다. "주자가 말하였다. … 도는 일(事)과 같은 뜻이다. 도라고 한 것은 아버지를 존중하는 표현이다."[38] "본문에서 志, 行이라고 한 것은 모두 좋은 것을 지칭한 것이다. 道는 좋은 방식을 지칭해서 말한 것이다. 아버지가 살아 있을 때는 아들의 뜻이 善에 있는지 보면 그만이다. 아버지가 죽고 난 이후에는 행동이 선한지를 볼 수 있다. 志와 行의 내용이 선하다고 확인되면, 효라고 할 수 있다."[39]

도가 그토록 긍정적인 것이라면 왜 3년 뒤에 바꾸어야 하느냐는 의문이 생긴다. 주희가 『논어집주』에서 인용한 윤씨의 견해 및 그에 대한 논란이 이 난점을 잘 요약하고 있다.

> 윤씨尹氏가 말하였다. 만약 옳은 도라면 평생토록 고치지 않아도 된다. 만약 옳은 도가 아니라면, 어찌 3년을 기다리리오? 그러니 3년 동안 고치지 않는

것은 효심에 차마 할 수 없는 바가 있기 때문이다. 유씨游氏가 말하였다. 3년 동안 고치지 않는다는 것은 고쳐야 할 바인데도 아직 고치지 않을 수 있는 것을 말할 뿐이다.[40]

주자가 말하였다. … 마땅히 고쳐야 할 바가 있다고 해도 그것을 갑자기 고치면, 그 부모를 죽여버리는 마음과 부모의 과실을 드러내려는 뜻이 있는 셈이다. 3년을 기다려서 천천히 고쳐야 사람들이 눈치채지 못한다. 크게 좋지 않은 일의 경우에는 이런 제한이 없다. 고치지 말아야 할 것을 평생토록 고치지 않는 것이야 굳이 말할 필요도 없다. 3년을 채 기다릴 수 없을 정도의 것은 비상한 사태이니 미리 그에 대해 말할 수 없다. 독해를 잘하는 이는 추론을 통해 어떤 부류가 평생토록 고치지 않을 일인지, 어떤 부류가 3년을 기다려서 고칠 일인지, 어떤 부류가 부득이하게 3년을 기다리지 않고 고칠 일인지, 그 맞닥뜨린 사정을 잘 고려해야 한다. 단, 어떤 경우에도 차마 그러지 못하는 마음은 없을 수 없을 뿐이다. 차마 그러지 못하는 마음을 보존할 수 있다면, 비록 부득이하게 고치더라도 효가 되는 데는 해가 되지 않는다. 윤씨는 효자의 마음에 대해서는 잘 말했지만 일에 대해서는 잘 말하지 못했다. 유씨는 일의 이치의 차원에서 성인의 말뜻을 잘 말하였다.[41]

요컨대 (시간이 걸려서라도) 도를 고친다는 말은 어쨌거나 도에 뭔가 잘못된 내용이 있다는 말이다. 이러한 해석상의 난관을 피하기 위해, 오규 소라이는 道가 긍정적인 것일 필요가 없다는 점을 여러 전거를 들어 주장한다.

이토 진사이 선생은 "도道란 훌륭한 법을 가리켜서 말한 것"[42]이라고 풀이했다. 예컨대 "도둑의 도",[43] "융적의 도",[44] "도는 둘이다. 인仁과 불인不仁이다"[45] 같은 사례가 있으니, 어찌 도가 모두 좋은 것이겠는가? 도란 말미암는 바를 말한다. 선왕의 도가 아니더라도 사람마다 스스로 도라고 간주하는 것이 있다. 각자 자기 마음에 좋다고 여겨서 말미암기 때문에 모두 도라고 하는 것이다. 또한 『시경』, 『서경』의 말이나 구절 하나를 평생토록 간직하는 이도 있다. 그런 이의 행동은 꽉 막힌 구석이 있지만, 그 역시 도라고 한다.[46]

오규 소라이처럼 道를 그 자체로 긍정적인 것이 아니라 긍정적인 요소와 부정적인 요소를 모두 포괄할 수 있는 개념으로 이해하면, (경우에 따라) 아버지의 道를 고칠 수도 있다는 1.11의 언명을 모순 없이 이해할 수 있다. 그런데 道에 긍정적이지 않은 요소가 있다고 인정해도 문제다. 道가 부정적인 것을 포함할 수 있다면, 그걸 3년씩이나 고치지 않고 기다릴 이유가 있을까? 단지 아버지의 道라는 이유로 3년씩이나 부정적인 내용을 따른다는 것은 아무래도 맹목적으로 보인다. 그러다보면 자칫 아버지를 맹종하는 것이 효라고 간주될 수 있다. 이를테면 주희는 이렇게 해석했다. 아버지가 생존하고 있을 때는 자식이 자기 뜻대로 할 수 없으나 아버지가 작고한 뒤에는 자기 뜻대로 할 수 있는 여지가 생기게 된다. 따라서 아버지 사후에도 과연 아버지의 道를 바꾸지 않는지를 확인해야 그 자식이 효성스러운지 여부를 알 수 있다.[47] 이렇게 주희처럼 해석하면 1.11은 부모에 대한 자식의 맹종이 곧 효라는 취지를 담게 된다.

부모에 대한 맹종이 곧 효라는 인식을 완화하기 위해, 이토 진사이나 남헌 장씨 같은 주석가들은 다음과 같은 노력을 기울인다.

누군가의 아버지라는 이들이 반드시 모두 선하다는 보장이 없는데, 그런 경우에는 어떻습니까? 대답하였다. 아버지라는 부류에는 좋은 사람도 있고 좋지 않은 사람도 있다. 좋지 않은 사람은 제쳐두고 거론하지 않는다. 공자는 좋은 사람에 대해서만 이야기한 것이다. 중급 이상이면, 사람마다 그 나름의 좋은 방식이 없을 수 없다. 그러므로 그 자식이 된 사람은 작은 좋은 것이라도 골라서 받들어 행하지 않을 수 없다. 3년 동안 고치지 않는다는 말은 영원히 지킨다는 말이지, 3년 뒤에 곧 고칠 수 있다는 말이 아니다. 3년이라는 표현을 쓴 것은, 3년이 지나고 나면 대개 아들 스스로의 방도가 되어버리므로 그때는 아버지의 도라고 말할 수 없다.[48]

남헌 장씨가 말하였다. 만약 이치에 어긋나고 정상을 어지럽힐 정도의 심각한 일이라면 효자라 한들 잠시라도 그것을 기꺼워할 수 있겠는가? 본문에서 '효자는 아버지의 훌륭함을 완성하지, 아버지의 악을 완성하지는 않는다'고 말하지 않았는가. 본문에서 '아버지의 도'라고 한 것은 결코 이치에 어긋나고 정상을 어지럽힐 정도의 일이 아니다.[49]

아무래도 이러한 변호는 궁색해 보인다. 1.11에서 공자가 좋은 아버지만 거론했다는 근거도 없고, 잘못된 일 중에서 부정적 요소가 심각하지 않은 것만 지적했다는 근거도 없다. 현대의 학자 양보쥔은 이 난제를 해결하기 위해, "그의 부친이 살아 계실 때에는, [그는 독립 행동을 할 권리가 없기 때문에] 그의 지향志向을 관찰해야 한다. 그의 아버지가 돌아가셨을 때는, 그의 행동을 살펴봐야 한다. 만약 그가 그 아버지의 합리적인 부분에 대하여 오랜 기간 수정을 가하지 않는다면, 효를 행했다고 말할 수 있다"고 주장한다.[50] 이러한 해석에는 양보쥔 특유의 道에 대한 해석이 깔려 있다. 그에 따르면, "때때로 일반적 의미의 명사로, 좋든 나쁘든, 선하든 악하든, 모두 道라고 부를 수 있다. 그러나 더 많은 경우에, 적극적 의미의 명사로, 선하고 좋은 무언가를 나타낸다. 여기서는 마땅히 이렇게 보아야 하며, [道를] '합리적 부분'이라 풀이했다."[51] 그러나 레이칭이는 양보쥔의 해석에 반대한다.[52] 도가 아버지의 유산 중에서 합리적 부분만을 가리킨다면, 사람들은 그 합리적 부분을 유지하려 들 것이다. 그러니 그것을 바꾸지 않아야 효가 된다는 식으로 굳이 언급할 필요도 없다. 게다가 합리적 부분이라면, 3년 동안만 바꾸지 말아야 할 이유가 있을까? 이러한 난점을 피하기 위해, 청대의 유개劉開(1784~1824)의 『논어보주論語補注』는 아버지가 살아 계실 때 아버지의 뜻을 관찰하고, 돌아가실 때 아버지의 행동을 봐둔 뒤, 존중의 차원에서 3년간은 아버지의 도를 그대로 지키고 그 이후에는 바꾸어도 된다는 취지로 해석한다. 그러나 레이칭이가 보기에, "아버지가 살아 계실 때 아버지의 뜻을 관찰하고, 돌아가실 때 아버지의 행동을 봐둔다"는 식의 해석은 조리가 없다. 오히려 "아버지가 살아 계실 때 그 행동을 관찰하고, 돌아가실 때 그 뜻을 살펴본다"고 하는 것이 조리에 맞지 않겠느냐고 반문한다.

실로 맹종을 권고하는 취지로 1.11을 해석하는 것은 설득력이 없다. 레이칭이의 연구가 보여주었듯이, 『논어』와 여타 사료에는 그런 식의 해석과 충돌하는 문장이 다수 존재한다.

> 선생님께서 말씀하셨다. "부모를 섬길 때 은근히 간쟁해야 하고, 부모의 뜻이 간쟁하는 대로 바뀌지 않는 것을 보고서도, 공경하여 거스르지 말아야 하고, 수고스럽더라도 원망하지 마라."(4.18)[53]

> 증자가 말하였다. … "감히 묻습니다. 자식이 아버지의 명령에 복종하면, 효라고 할 수 있습니까?" 선생님께서 말씀하셨다. "이것이 무슨 말인가? 이것이 무슨 말인가? 옛날 천자에게 간쟁하는 신하(爭臣) 일곱이 있었기에 무도無道했어도 천하를 잃는 지경에 이르지 않았다. 제후에게 간쟁하는 신하 다섯이 있었기에, 무도했어도 나라를 잃는 지경에 이르지 않았다. 대부에게 간쟁하는 신하 셋이 있었기에, 무도했어도 그 가家를 잃는 지경에 이르지 않았다. 사士에게는 바른말 하는 친구가 있었기에, 스스로 아름다운 이름을 잃지 않았다. 아버지에게는 바른말 하는 자식이 있었기에, 불의에 빠지지 않았다. 그러므로 불의에 닥쳤을 때, 아들은 아버지에게 간쟁하지 않아서는 안 되고, 신하는 군주에게 간쟁하지 않아서는 안 된다. 그러므로 불의에 닥쳤을 때면 간쟁하는 법이니, 아버지의 명령에 복종하는 것이 어찌 효가 될 수 있으리오?"(『효경』「간쟁」)[54]

『논어』와 『효경』에 실린 공자의 발언 모두 부모를 무조건 따르지 말고 간쟁할 필요성을 명백히 긍정한다. 그 간언의 방식에는 유의할 바가 있으나, 간언의 필요성이 부정되는 경우는 없다. 이런 점을 감안하면 "三年無改於父之道"를 맹종의 취지로는 해석할 수 없다.

그런데 『논어』에는 레이칭이의 논지를 반박하는 듯한 부분도 있다. 예컨대 "증자가 말하였다. '내가 선생님께 들으니 '맹장자孟莊子의 효에서 다른 것은 다 따라할 수 있는데, 그가 아버지의 신하와 아버지의 정사를 바꾸지 않은 것만큼은 해내기 어렵다'고 하셨다'"(19.18)[55]고 한 부분은 부모에 대한 맹종을 강조하는 취지로 들린다. 레이칭이는 이를 다르게 해석한다. 맹장자의 효 중에서 "其他"의 것들("其不改父之臣與父之政"을 제외한 것들)은 여느 사람도 가능하되, "其不改父之臣與父之政"은 여느 사람이 가능하지 않은 것, 즉 "難能"한 것이라고 본다. 그러면 왜 후자는 여느 사람이 가능하지 않은가? 이 사안에 대해서는 맹장자의 행적 평가를 참고하면 도움이 된다.

『좌전』, 『국어』, 『예기』 등을 통해 볼 때, 맹장자의 아버지 맹헌자孟獻子는 매우 유능한 인물이었다. 예컨대 『좌전』「선공 9년」에는 "예를 갖추었다"는 이유로 포상을 받는 대목이 나온다. 그리고 『신서新序』「자사刺奢」, 『국어』「진어」 등에는 맹헌자의 용인술에 대한 찬사가 나온다. 즉 아들 맹장자가 아버지의 신하들과 아버지의 정사政事를 바꾸지 않았다는 것은 곧 그것들이 훌륭해서 바꿀 필요가 없었기에 그러한 것인데, 그러한 상황은 실로 흔하지 않다. 그래서 공자는 "難能"하다고 언급했던 것이다.

그렇다면 "아버지의 도"를 대체 어떻게 해석해야 할까? 레이칭이에 따르면,[56] 우선 父之道의 앞에 오는 於에 주목해야 한다. 於에 대해서는 류종목이 다음과 같은 해설을 제시한 바 있다. "於: 동작의 대상을 표시하는 전치사. 자동사 뒤와 타동사 뒤에 다 쓸 수 있다. 예) 宜鑑於殷(은나라를 거울로 삼아야 한다. 『詩經』「大雅」'文王'); 以予觀於夫子(나의 관점으로 선생님을 살펴본다. 『孟子』「公孫丑上」); 吾十有五而志於學(나는 열다섯 살에 학문에 뜻을 두었다. 『論語』「爲政 4」)"[57]

반면에 레이칭이는 비단 문법적 설명을 넘어 유사한 문장에서 나타나는 패턴을 파악하고자 한다.[58] 예컨대 "非不說子之道"(6.12), "子張問善人之道"(11.20), "其不改父之臣與父之政"(19.18) 등의 문법적 패턴에서는 於가 등장하지 않는다. 즉, "…之道"를 직접 목적어로 할 경우 於가 등장하지 않은 점을 감안할 때, 於父之道에서 於는 특정한 문법적 기능을 하는 것임이 틀림없다. 그 기능은 바로 對의 기능이라고 레이칭이는 주장한다. 즉, 於父之道는 對父之道와 같다면서, 이 점을 논증하기 위해 유사한 패턴의 문장을 『논어』에서 찾아낸다. 공자가 "不義而富且貴, 於我如浮雲"(7.16)이라고 말했을 때의 於 또한 對와 같다. 그리고 "始吾於人也, 聽其言而信其行. 今吾於人也, 聽其言而觀其行"(5.10)에서도 於는 모두 對와 같다. 이렇게 볼 때 於父之道는 "아버지를 모시는 도에 관련해볼 때" 정도의 의미가 된다. 그것은 "3년"이라는 표현을 고려하면, 좀 더 구체적으로 아버지가 돌아가신 이후 삼년상을 치르는 道를 뜻한다. "無改"란 존중하고 위반하지 않는다는 뜻이다. 즉, 공자는 당시 사람들이 삼년상이라는 '아버지 모시는 도'를 제대로 실천하지 못하고 있다는 비판적 의식에 입각해서 1.11의 내용을 말한 것이다. 그 비판적 의식은 17.21에서 명료하게 드러난다.

> 재아宰我가 여쭈었다. "삼년상에서 1년 지내는 것도 너무 깁니다. 군자가 3년 동안 예를 행하지 않으면, 예는 반드시 무너지고, 3년 동안 음악을 하지 않으면 음악은 반드시 무너집니다. 묵은 곡식은 바닥나고 햇곡식이 여물고, 철에 맞추어 나무를 바꾸어 불을 얻을 만한 기간이니 1년이면 그만할 만합니다." 선생님께서 말씀하셨다. "(상중에) 쌀밥을 먹고 비단옷을 입으면 너는 편하냐?" (재아가) 대답하였다. "편합니다." 선생님께서 말씀하셨다. "네가 편하다면 그렇게 해라! 군자가 상중에는 맛난 음식을 먹어도 달지 않고, 음악을 들어도 즐겁지 않고, 집 안에 있어도 편안하지 않기 때문에 하지 않는 것이다. 정녕 네가 편하다면, 그렇게 하려무나!" 재아가 나가자 선생님께서 말씀하셨

다. "재아는 인仁하지 않다. 자식은 태어나서 3년이 지난 뒤에야 부모의 품에서 벗어난다. 삼년상은 세상에 통용되는 상례이다. 재아도 부모로부터 그 3년간의 아껴줌을 받았겠지?"[59]

三年은 무엇을 의미하는가

그러면 정녕 "3년"은 삼년상의 그 3년을 의미하는가? 이에 대해서도 해석자들 간에 이견이 분분하다. 예컨대 중국의 양보쥔, 한국의 박종연 등은 "3년"을 "장기간"이라고 해석한다.[60] 김학주는 말 그대로 3년을 의미한다고 풀이한다. "3년을 부모의 상을 치르는 동안(邢昺, 『疏』)이라 풀이하는 이도 있으나, 그대로 3년이라 봄이 좋을 것이다"[61]라고 주장한다. 이토 진사이는 영원한 시간을 뜻한다고 본다. "3년 동안 고치지 않는다는 말은 영원히 지킨다는 말이지, 3년 뒤에 곧 고칠 수 있다는 말은 아니다"[62]라고 했다. 한편 이우재, 박유리, 양차오밍, 윤재근, 류종목, 김도련 등은 삼년상으로 해석해야 한다고 본다.[63]

삼년상이든 아니든 왜 그와 같은 장기간을 설정하는 것일까? 이에 대해 황희경은 다음과 같이 말한다. "아버지의 삶의 방식을 3년 동안 고치지 말라는 것은 경험이 중요했던 농경 사회에서 생존 경험의 중요성을 잘 이해하고 파악하라는 말로 받아들이는 것이 무난하다."[64] 반면에 조명화는 "'3'은 경험적으로 확인되는 물리적 시간이 아닌 정서적으로 요구되는 시간이다"[65]라고 주장한다. 김용옥은 부모의 도를 고칠 것인지 판단하는 데 필요한 시간이라고 해석한다. "'마땅히 고쳐야 함'에 대한 판단의 정당성을 즉각적으로 확보하기는 쉽지 않다. 인간의 행동에 대한 판단은 수학문제는 아니기 때문이다. 따라서 3년 정도의 유보 기간을 설정하는 것도 나쁘지는 않을 것 같다."[66] 조명화나 김용옥이 거론하는 취지는 일찍이 서산 진씨가 구체적으로 표명한 바 있다.

서산 진씨가 말하였다. 사람 자식이 된 자는 경우에 따라 판단해야만 한다. 군주의 경우를 말하자면, 주나라 무왕은 문왕의 뜻을 이어받았기에 평생토록 고치지 않았고, 주나라 선왕宣王은 여왕厲王의 가혹한 정치를 이었기에 3년을 채 기다리지 않고 고쳤다. 만약 계승할 만한 요소가 문왕만 못하다 하더라도, 만약 고쳐야만 할 것이 여왕의 경우처럼 심각하지 않다면, 이른바 3년을 고치지 않는 것이다. 3년 동안 슬퍼하고 사모하는 진정을 다하여 고친 흔적이 두드러지게 하지 않는다면, 선하지 아니한가.[67]

이와 같은 해석은 대개 막연한 추측에 근거한 것이다. 문법적으로는 두 해석 모두 타당하므로 어느 추측이 좀 더 설득력 있는지 판별하기 어렵다.

그러면 3년을 삼년상으로 보아야 할 전거를 중국 고대 문헌에서 찾아보자. 중국 고대에 1.11에서 말하는 "3년"이 삼년상으로 이해되었을 가능성을 분명하게 제시하는 전거가 『예기』「삼년문三年問」에 있다. 그 문헌은 고대 전적의 관련 문헌을 선별하여 삼년상의 의미를 논하는데, 『논어』에 관해서는 여타 관련 부분과 아울러 바로 1.11을 거론하고 있다. 그뿐 아니라 『논어』 14.40은 삼년상 기간에 침묵하는 것이 적합한 예임을 알려준다.

자장이 말하였다. "『서書』[68]에서 '고종[69]께서는 상을 당하여 3년간 말을 하지 않았다'고 하였는데, 무슨 뜻입니까?" 선생님께서 말씀하셨다. "하필 고종뿐이겠는가? 옛사람들은 다 그러하였다. 군주가 돌아가시면, [새로 등극한 군주는 정사에 대해 묻지 않고] 백관이 제 직무를 다하여 총재에게 3년간 [명령을] 들었다."[70]

즉, 삼년상 기간에는 침묵하는 것이 바로 지켜야 할 예다. 그리고 상례나 제례에서 예는 준수되어야만 한다. "돌아가시면 예禮로써 장사 지내고 제사 지내라는 것이다."(2.5)[71] 그리고 14.40의 "3년간 말을 하지 않았다"는 대목에서, 그의 뜻을 아는(觀其志) 방법이 무엇인지 짐작할 수 있다. 그것은 바로 말의 관찰이다. 아버지가 생존하고 있을 때는 말을 할 수 있기에, 말의 관찰을 통해 뜻을 아는 일이 가능하다. 그러나 삼년상 기간에는 바로 그러한 대화가 불가능하기에 행동을 보아야만 한다.

그리고 다음 2.5에 나오는 "어기지 마라"(無違)라는 표현은 1.11에 나오는 無改의 의미를 추론할 수 있게 해준다.

> 맹의자孟懿子가 효에 대해 물었다. 선생님께서 말씀하셨다. "어기지 마라." 번지가 마차를 몰 때, 선생님께서 그에게 말씀하셨다. "맹손孟孫(맹의자)이 나에게 효에 대해 묻기에 내가 '어기지 마라'고 대답해주었다." 번지가 여쭈었다. "뭐라고 말씀하신 건가요?" 선생님께서 말씀하셨다. "[부모가] 살아 계시면 예로써 모시고, 돌아가시면 예로써 장사 지내고, 예로써 제사 지내라는 것이다."[72]

삼년상을 어긋나지 않게 지낸다는 것은 곧 "예로써 장사지내고, 예로써 제사 지내라"에 해당하며, 無改란 곧 無違의 뜻, 즉 예를 어기지 않는다는 뜻이다.

시대적 정치성을 찾아서

지금까지 논의를 종합할 때, 1.11은 어떤 사람을 일러 '효'라는 덕성을 갖추었다고 할 수 있는지의 문제를 다루고 있다고 하겠다. 즉, 1.11이 하나의 답이라면, 1.11의 문제는 '누가 효자인가'이다. 따라서 1.11을 해설하는 사람들 대다수가 1.11의 핵심 취지를 효라고 규정하는 것도 무리는 아니다.[73]

그런데 1.11의 핵심이 '효'의 강조라기보다는 '지인'이라고 본 해석자들도 상당수 있다. "위 두 구절은 사람을 관찰하는 큰 얼개이고, 그 아래 구절은 그의 행동을 관찰함으로써 그의 마음 씀씀이 두께가 어떠한지를 자세히 알아보는 것이다."[74] "동양東陽 허씨許氏[75]가 말하였다. 이 장은 사람 관찰법에 주안점을 두었다. 위 두 구절은 뜻과 행동을 살펴보는 큰 줄거리이고, '3년 동안 고치지 않는다'는 구절은 행동을 관찰하는 한 가지 방법이다."[76]

그렇다면 1.11의 핵심은 '효'인가 '지인'인가? 이우재는 이 문제에 대한 고민을 다음과 같이 털어놓는다. "고주의 공안국 이래 주희를 위시한 대부분의 학자들은 其志, 其行을 아버지가 아니라, 자식의 뜻, 자식의 행적으로 해석한다. … 문법적으로 틀리지는 않겠으나 앞에서는 자식의 사람됨을 논하고 뒤에서는 효를 논하는 등 문장의 연결이 부자연스럽다."[77] 즉, 이우재는 효라는 이슈와 지인이라는 이슈가 1.11에서 부자연스럽게 동거하고 있다고 느낀 것이다.

그러면 1.11에서 효와 지인의 공존을 어떻게 설명해낼 것인가? 이에 이한우는 "어떤 사람을 판단하는 가장 중요한 척도로서 孝를 꼽고서 그것을 살피는 일반적인 방법 한 가지를 제시한 것이다"[78]라고 말한다. 물론 1.11에서 효는 지인의 방법으로서 기능한다. 그런데 공자는 그 방법을 단지 "일반적인 방법"으로서 제시한 것일까? 공자로서는 다른 방법 중에서도 하필 그 방법을 제시할 필요가 있지 않았을까? 이에 배병삼은 이 문제를 정치학적으로 접근한다. "이 장을 정치학적 맥락으로 읽으면, 여기 아버지는 가부장제하의 강력한 통치권을 가진 권력자(군주)인 것이다. … 요컨대 이 장은 효라는 윤리적 언어를 매개로 하여 선대의 사업과 정책, 나아가 통치철학의 연속성을 강조하는 곳이라고 할 것이다. 이렇게 읽을 경우, 효라는 개념은 윤리적 의미의 '월계관'이 아니라 정치적 의미에서 통치권 승계가 부드럽게 마무리되었다는 신호가 된다."[79]

즉, 1.11은 순조로운 군주 통치권 승계 방법을 조언한 내용이라는 것이다. 이 해석에 따르면, 효는 핵심 주제가 아니다. 효라는 덕목은 통치권 이양의 매개에 그치게 된다. 그러나 1.11에 나오는 아버지가 "가부장제하의 강력한 통치권을 가진 권력자(군주)"라고 볼 근거는 어디에도 없다. 오히려 정약용은 1.11의 적용 범위를 대부로 제한하고 천자와 제후 같은 군주에는 적용될 수 없다고 했으며,[80] 성리학자들은 모든 사람에게 해당되는 언명이라고 보았다.[81] 1.11의 원문에 근거할 때, 1.11의 청중은 삼년상을 치를 자원을 가진 엘리트층이라고 보는 것이 타당하다.

배병삼의 제안과는 다른 방식으로 효의 정치적 함의를 탐색할 방법은 없을까? 그 방법을 찾기 위해서는 고대 중국의 역사적 맥락을 살펴야 한다. 먼저 춘추전국시대 이전에 효의 정치적 함의를 거론한 사료를 살펴보자.

> 커다란 악은 커다란 미움을 받는 법. 효도하지 않고 우애하지 않는 경우야 말할 것도 없다. 자식이 조심스레 아버지의 일을 따르지 않고, 아버지의 마음을 크게 다치게 하고, 아버지는 그 자식을 사랑하기는커녕 오히려 미워하고, 아우는 하늘의 밝음을 아랑곳하지 않고 형에게 공손하지 않고, 형은 형대로 안타깝게 여기지 않아서 동생을 우애로 대하지 않는다. 정치인이 죄를 얻어서 이 모양이 된 게 아니랴.[82]

『서경』「주서」'강고康誥'는 이처럼 효와 정치의 관계를 명시적으로 거론한다. 그뿐 아니라, 1.11에서처럼 자식과 아버지의 관계를 논한다. 그런데 여기에는 '지인'의 맥락이 결여되어 있다. 『서경』「주서」'강고'는 정치의 효과로서 사회의 윤리가 얼마나 잘 유지되고 있는지를 묻고 있을 뿐이다. 사회의 윤리가 제대로 작동하는지 여부는 결국 정치인에게 달려 있다는 것이 위 인용문의 취지다. 공자 역시 이러한 입장을 받아들여서 통치자의 윤리적 행동이 피치자에게 영향을 끼친다고 역설했다. "누군가 공자에게 '당신은 왜 정치를 하지 않나요?'라고 물었다. 선생님께서 말씀하셨다. '『서書』에서 '효도하라, 오로지 효도하고 형제간에 우애하여 그것을 정치에 베푼다'고 하였으니 이 또한 정치를 행하는 것이다. 어째서 구태여 정치를 일삼겠는가?'"(2.21)[83]

그렇다면 『서경』「주서」'강고'에서는 뚜렷하지 않던 '지인' 이슈는 어떻게 해서 중국 고대의 사상 세계에 도입되기에 이르렀는가? 당시의 '지인' 이슈를 이해하기 위해서는 춘추전국시대에 제후국들이 자국의 역량 강화를 위해 경쟁적으로 인재를 초빙했음을 상기할 필요가 있다.[84] "초나라에 인재가 있다고 하나, 오히려 진晉나라에서 그들을 실제로 쓴다."[85] "유능한 이를 쓰는 게 국익이다."[86] 바로 이런 상황에서 공자는 『서경』「주서」'강고'에서처럼 효자의 존재가 좋은 정치의 결과라고 말하는 데 그치지 않는다. 한 걸음 더 나아가, 효행은 곧 그가 집안을 넘어선 공적 영역에서도 덕성을 발휘할 수 있다는 증거이고, 따라서 효는 좋은 정치인의 지표가 된다고까지 주장했다.

> 그의 사람됨이 부모에게 효도하고 연장자를 공경하는데, 윗사람에게 덤비기 좋아하는 경우는 드물구나! 윗사람에게 덤비기 좋아하지 않는데, 난리를 일으키기 좋아하는 경우는 있은 적이 없다. 군자는 근본에 힘쓴다. 근본이 확립되면, 도道가 생긴다. 부모에게 효도하고 연장자를 공경하는 것은 인仁을 실천하는 일의 근본일 것이다.(1.2)[87]

이렇게 말했다고 해서 공자와 그 제자들이 시대를 초월하는 사기수장을 펼친 것은 아니다. 효가 좋은 정치인의 지표라는 주장은 당시에 공유되던 담론으로서 동시대 문헌이라고 할 수 있는 『국어』에도 그 일단이 보인다.

> 양설대부는 "경으로써 군주를 섬기고, 효로써 아버지를 섬긴다"고 말하였다. 명령을 받들고서 변경하지 않는 것이 경이고, 공경하고 순종하는 것이 효이다. 명령을 저버리는 것이 불경이고, (순종하지 않고) 명을 (자기가) 지어내는 것은 불효다. 또 무엇을 도모하리오?"[88]

『논어』와 마찬가지로 『국어』에서도 효는 군주에 대한 충성과 함께 거론되며, 친속의 덕목은 국가의 덕목과 양립 가능한compatible 것으로 제시된다. 요컨대 효는 군주의 정치적 덕성일 뿐 아니라 군주를 모시고 정치하고자 하는 이의 덕성으로도 자리 잡고 있다. 1.11을 비롯한 『논어』의 관련 문장들은 이러한 당대 담론의 일부였던 것이다. 이 같은 상황에서 좋은 정치인을 판별하고 기용해야 하는 '지인'의 문제의식은 '효'의 문제의식과 긴밀히 결합하게 된다. 이를 통해 1.11의 잠재적 청중도 추론해볼 수 있다. 1.11에서 공자는 인재를 골라야 하는 이에게 해당 후보의 효성을 확인해보라고 권면하거나, 정계 입문을 꿈꾸는 이에게 효도를 하라고 권면하고 있을 가능성이 높다.

끝으로 1.11과 같은 입장이 당시에 어떻게 그 나름의 설득력을 가질 수 있었는지 생각해보자. 그 답은 바로 당시에 역동적으로 변하고 있던 국가와 친족의 관계에 있다. 키스 냅Keith Knapp 같은 역사학자들의 연구에 따르면, 춘추시대의 귀족들은 국가보다는 가문 차원에서 자신의 정치적 정체성을 확보했다.[89] 다시 말해서 국가에 대한 충성과 가문에 대한 충성이 갈등할 때 후자를 선호하는 경향이 있었다. 이런 상황에서는 국가와 가문이 갈등 관계에 있게 되고, 가문에 대한 충성을 강조하는 것은 곧 국가에 대한 그만큼의 불충을 의미할 수 있었다.

키스 냅의 주장대로, 이런 상황에서 공자는 그저 가족 내의 효를 강조하는 데 그치지 않고 효에 대한 새로운 해석을 제시했다고 할 수 있다. 공자는 대규모 친족집단이 아닌 개별 호구의 맥락에서 효를 강조했다. 가족 내의 효도를 강조하더라도, 그 가족이 대규모 친족집단이 아니라 소규모 가족이라면, 그 효도는 통치자에게 위협이 되기 어렵다. 이렇게 본다면, 1.11을 비롯하여 『논어』 전반에 보이는 효에 대한 강조는 국가 대신 가족을 내세웠다기보다 국가에 대한 충성과 가족에 대한 효도가 양립 가능하다는 점을 역설한 것이라고 할 수 있다. 이런 취지에서 많은 『논어』 구절을 재해석할 수 있다. 예컨대 공자가 3.1에서 계씨季氏라는 대부가 자기 집에서 팔일무를 추게 하는 것을 비판하는 것은 곧 상위의 정치 권위를 무시해가며 영향력을 확대하고 있던 귀족집단을 비판한 좋은 예이다. 그렇게 (공자가 보기에 무절제하게) 확대된 귀족집단에서라면 효의 정치적 의미는 사뭇 달라지게 될 것이다.[90] 그러나 소규모 가족에서라면 사정이 다르다. 위계의 존중이라는 함의를 갖는 효는 국가에 봉사하는 이에게도 유효한 덕목이 된다.

15

예의 길항[1]

유자有子가 말하였다.
"예禮의 쓰임은 조화를 귀하게 여긴다. 선왕의 도道는 이를 아름답다고 여겼다.
크고 작은 것들이 이로부터 말미암는데 잘 작동하지 않는 경우가 있다.
조화만 알아서 조화만 추구하고,
예禮로써 조율하지 않으면, 과연 잘 작동할 수 없다."
有子曰, 禮之用, 和爲貴. 先王之道, 斯[2]爲美.
小大由之,[3] 有所不行. 知和而和, 不以禮節之, 亦不可行也. (『論語』 1.12)

『논어』 1.12에 대해서는 두 가지 해석이 팽팽히 맞서왔다. '조절과 통제'(節)를 특징으로 하는 예와, '화합과 조화'(和)를 특징으로 하는 음악의 상보적 관계를 논했다고 보는 입장이 있다. 한편, 음악과 무관하게 예 자체의 내적 특성을 논했다고 보는 입장이 있다. 전자는 『악기』에 명시적 전거를 두고 있다는 장점이 있는 반면, 본문에 없는 음악이라는 요소를 추가로 도입해야 하는 해석상의 단점이 있다. 후자는 본문에 없는 요소를 외삽外挿하지 않아도 되는 장점이 있는 반면, 예의 핵심을 화합과 조화로 본 전반부 내용과 예로써 그 화합과 조화를 통제해야 한다는 후반부 내용이 충돌하는 해석상의 단점이 있다.

이 장은 두 주장의 근거를 면밀하게 검토한 끝에 (음악과 직접적 관련 없이) 예

자체의 내적 특성을 논했다고 보는 주장을 지지한다. 그 지지 과정에서 이제까지 1.12의 해석과 관련해 고려되지 않았던 추가적 전거를 통해 왜 그 주장이 상대적으로 더 합리적인지 논증한다. 그리고 그 논증 내용이 『논어』 내의 어떤 내용과 연결되어 있는지 해명한다. 종국적으로는 1.12가 단지 『논어』에 국한되는 내용을 담고 있는 것이 아니라, 고대 중국의 유관 담론의 일부임을 보여주고자 한다.

고대 중국의 특정 담론을 파악하려면 먼저 당시의 역사적 맥락을 재구성해야 한다. 그러나 관련 사료 부족과 시대적 간극으로 인해, 공자와 그 제자들의 생존 시기 맥락과 『논어』 편집 시기의 상황을 정교하게 재구성하는 것은 불가능하다. 따라서 이 장은 그 역사적 재구성 대상을 좀 더 확장한다. 즉, 『논어』의 구성 요소들이 형성되기 시작한 춘추시대 후기부터 『논어』의 전체 모습이 등장한 한나라 시기까지의 역사적 맥락에 주목하고, 그 맥락에 비추어 1.12를 재해석하고자 한다. 이 같은 시도를 통해 고대 이후에나 가능했을 자의적 해석들을 통제하고, 1.12가 고대 중국의 사상 세계 속에서 통용되었던 의미에 좀 더 다가서기를 희망한다.

禮之用和爲貴의 해석

"禮之用和爲貴예지용화위귀"에는 "用"과 관련한 구문상의 쟁점이 존재한다. 적어도 세 가지 입장이 경합한다. 첫째, 用을 以와 동의어로 보아서 "예는 조화를 귀하게 여긴다"(禮之以和爲貴)로 해석하는 입장이 있다. 주석가 중에는 유월, 다자이 준, 이토 진사이, 오규 소라이 등이 이 해석을 지지했다.[4] 이러한 주장을 뒷받침하는 핵심 전거는, 『예기』「유행儒行」에 나오는 "禮之以和爲貴"라는 문장이다. 같은 문장인데 한 곳은 用을, 다른 한 곳은 以를 사용했기에, 1.12에 나오는 用을 以로 간주할 수 있다고 본 것이다. 정약용은 그와 같은 전거를 잘 알고 있지만 그 해석에 반대한다. "그렇지 않다. 『예기』 「예기禮器」에 '예는 많은 것을 귀하게 여긴다'(禮以多爲貴)라는 문장과 '예는 적음을 귀하게 여긴다'(禮以小爲貴)라는 문장이 있다. 『예기』 「유행」의 구두법은 이 경우들과 같다. 어찌 이것을 근거로 학이편의 구절을 의심하리오?"[5]

둘째, 주희를 비롯한 성리학자들은 用을 以로 보지 않고 體(본체)-用(작용) 개념구조의 일부로 본다. 주희는 『논어집주』에서 이렇게 말한다. "예의 본체는 비록 엄하지만 그것은 모두 자연스러운 이치에서 나왔다. 그러므로 그것이 작용할 때도 조용하고 박절하지 않으니, 귀하게 여길 만하다. 선왕의 도가 아름다운 것은 바로 그 때문이고, 크고 작은 일이 그로부터 말미암지 않는 경우가 없다."[6]

이토 진사이와 오규 소라이는 이를 근거 없는 견해라며 다음과 같이 비판한다. "體用 담론은 송나라 유학자들로부터 시작된 것이지 성인의 배움이 아니다. 원래는 그런 이론이 없었다."[7] "그 잘못은 體用이 옛말이 아님을 인지하지 못한 데 있다."[8] 실로 주희를 비롯한 성리학자들의 체용론은 불교 사상의 영향을 제쳐두고는 설명하기 어렵다.[9] 그런데 그 사실을 성리학자들이 몰랐던 것은 아니며, 다만 이러한 체용론을 고전 해석에 적용하는 것이 진보라고 판단했던 것이다. "쌍봉 요씨가 말하였다. 유자가 인과 예를 논했으나 모두 아래 차원만 설명한 것이고, 위 차원에 관한 한 정자와 주자가 밝혀 드러내기를 기다려야 했다."[10]

고대 중국에 體用 범주가 없었다는 고증의 문제 말고 다른 문제는 없었을까? 이에 대해서는 이토 진사이가 자세하게 답했다.

> 성인의 도는 인간관계를 규제하는 윤리의 영역을 벗어나지 않는다. 가지 실제 일의 차원에서 애쓰는 것이었지, 마음을 맑게 하고 성찰하여 마음이 움직이기 이전의 고요한 상태를 추구한 적은 없다. … 體用을 운위하게 되면, 本體가 중요해지는 반면에 用은 가벼운 것이 되고, 本體가 근본이 되는 반면에

用은 말단이 되어버린다. 그러므로 사람들은 모두 작용을 버리고 體를 추종할 수밖에 없다. 그리하여 욕심을 없애고 허정의 상태를 추구하는 이론이 번성하게 되고, 효제충신의 취지가 쇠락하게 된다.[11]

본체에 관심을 기울이다보면 결국 현상이 일어나기 이전 고요한 마음 상태에 집중하게 되고, 현상이 지배하는 일상의 영역을 무시하게 된다는 우려를 이토 진사이는 위와 같이 표명했다. 그러나 본체라는 형이상학적 차원을 도입하면 반드시 일상을 도외시하게 되는 것일까?

위의 『논어집주』 내용에서 드러나듯이, 이토 진사이의 평가와는 달리 주희의 의도는 일상적 현실을 무시하는 데 있지 않았다. 體用 개념구조의 특징이 본체라는 형이상학적 차원의 도입뿐 아니라 본체와 작용의 연결에 있다고 할 때, 이토 진사이의 평가는 확신 편향이라는 혐의로부터 자유롭지 않다. 그러나 體用 범주가 고대 중국에 존재하지 않았으므로 그 범주를 무리하게 『논어』에 적용하는 것은 바람직하지 않다는 제언은 유효하다.

셋째, 정약용에 따르면, 用을 以의 의미로 간주하지 않을 뿐 아니라 불교에 영향을 받은 성리학적 체용론의 일부로 보지 않으면서도 이 문제를 해결할 방법이 있다. 用을 '쓰임'으로 풀어서 "예의 쓰임은 조화를 귀하게 여긴다"로 해석하면 된다. 정약용은 "불교 이전에도 우리 유가에서는 늘 用에 대해 말해왔다"[12]고 하면서 『역경』, 『상서』「홍범洪範」, 『예기』「연의燕義」, 『사기』「외척세가外戚世家」 등에 나오는 문장을 사례로 제시한다.[13] 그러나 정약용은 불교 전파 이전에 用이 體와 짝을 이루어 사용된 예는 제시하지 못한다. 주희의 경우는 단순히 用을 쓰임 혹은 작용으로 해석하는 데 그치지 않고 體用 개념구조 전체를 고려하여 해석하고 있기 때문에, 정약용보다 본체의 중요성을 더 의식하고 있다고 해도 과언이 아니다. 요컨대 주희와 정약용은 모두 用을 연결사 以가 아닌 쓰임 혹은 작용이라는 명사로 해석한다는 공통점이 있지만, 양자 간에는 간과할 수 없는 차이가 있다.

用을 작용으로 해석해야 하는지 아니면 以라는 연결조사로 해석해야 하는지는 어법 차원에서는 중요한 문제다. 그러나 정작 그 함의에서 유의미한 차이가 발생하지는 않는다. 따라서 어떻게 해석하든 실질적으로 무방하다. 반면에 體用 구조는 적용 여부에 따라 1.12의 함의에 큰 차이가 발생한다. 과연 공자가 성리학자들이 상상한 형이상학적 사유를 하고 있었는지 여부가 달려 있기 때문이다. 하나의 개념적 틀로서의 體用이 『논어』 편찬 당시에는 아직 존재하지 않았다는 것은 역사적 사실이다.[14] 따라서 이 사안에 관한 한 이토 진사이와 오규 소라이의 견해를 수용하는 것이 합리적이다.

和爲貴의 해석

"和爲貴"[15]를 해석할 때 상당수의 주석이 "和"를 음악으로 해석했다. 예컨대 『십삼경주소』는 和를 음악(樂)으로 간주한다. "이 장은 예와 음악이 작용할 때 서로를 필요로 하여 비로소 아름다워지게 됨을 말한 것이다. 禮之用和爲貴의 경우, 和는 음악을 말한다. 음악은 和同을 주로 하므로, 음악을 和라고 한 것이다."[16] 황간의 소 역시 "음악으로써 민심을 조화롭게 하고, 예로써 피치자들의 자취를 단속한다"[17]고 했다. 이러한 견해의 주요 전거는 『악기』에 나오는 다음 대목이다. "음악은 같음을 위한 것이고, 예는 다름을 위한 것이다. 같으면 서로 친하고, 다르면 서로 공경한다. 음악이 압도하면 무절제하고, 예가 압도하면 소원해진다."[18]

그러나 이토 진사이는 『논어고의』에서 화는 음악이 아니라 어그러지지 않은 상태 일반을 가리킨다고 보았다.[19] 이 점을 좀 더 분명하게 말한 문헌이 오규 소라이의 『논어징』이다. "음악은 원래 和를 가르친다. 그러나 음악은 음악이고 和는 和다. 어찌 뒤섞을 수 있겠는가?"[20] 여기서 和를 음악으로 간주하는 입장은, 1.12에 없는 글자를 외삽한다는 분명한 문제가 있다.

주희는 이 문제를 충분히 의식하고 있었던 것으로 보인다. 『논어집주대전』에 실린 신안新安 진씨陳氏의 언급을 보자. "신안 진씨가 말하였다. 주자는 핵심을 말하고자 하였다. 단지 예를 말할 뿐 음악을 언급하지 않았다."[21] 그러면 주희는 和를 어떻게 정의하는가? "和란 조용하여 박절하지 않다는 뜻이다."[22] 즉, 주희는 (음악의 차원을 배제하지는 않지만) 특정한 내적 상태로서 和를 재정의한다.[23] 이것이 주희의 발명은 아니다. 실로 和가 내적 상태를 가리키는 이른 사례로는 『중용』의 和 정의가 있다. "희로애락이 아직 발하지 않은 상태가 中이고, 발하여 모두 딱 들어맞는 것이 和이다."[24] 내적 상태로 정의된 和에 대해 주희는 다음과 같이 부연한다. "예는 이처럼 엄숙하여 털끝만큼도 범할 수 없다. 어디에 和가 있는가? 내 마음이 편안한 곳이 곧 和라는 것을 알아야 한다. 예를 들어 관공서의 문에 들어갈 때는 절을 하는데, 그래야 비로소 편하고, 그렇게 하지 않으면 편치 않다. 편치 않으면 그것이 곧 不和인 것이다."[25] 즉, 和는 마음과 무관하게 객관세계에 존재하는 것이 아니라 그것과 결부된 마음에 뿌리를 두고 있다. "군신 관계를 예로 들어보자. [객관적] 형세로 따지자면 군주가 높고 신하는 낮아 엄한 구분이 있다. 형세라는 차원에서 보면 和의 상태가 아니지만, 마음으로 달갑게 여기는 것이니, 이에 모든 것이 예에 맞고, 스스로 조화롭다."[26]

이러한 내적 이해에 반대하여, 오규 소라이는 和의 외적 차원을 부각한다. "'和'란 和順함이다. 일의 사태가 和順한 것을 말한다. 예의 가짓수가 삼천, 삼백라고 한다. 그렇게 번다한데도 궁한 데가 있으니, 그래서 두루 하지 못한다고 하는 것이다."[27] 오규 소라이가 이해하는 和에는 심리적 차원이 결여되어 있다. 이처럼 대비되는 두 이해를 포용하고자 했던 것이 청말의 학자 양수달楊樹達의 주석이라고 할 수 있다. "일이 절도에 맞는 것을 모두 和라고 하지, 유독 희로애락이 드러나는 일만을 말하는 것은 아니다."[28]

이른바 내적 이해와 외적 이해 중 어느 쪽이 더 설득력 있는 것일까? 판정 기준은 『논어』 텍스트에서 찾을 수밖에 없다.

선생님께서는 남과 노래할 때, 남이 잘하면 반드시 반복해 부르게 한 뒤, 화답하셨다.(7.32)[29]

선생님께서 말씀하셨다. "군자는 조화를 도모하되 부화뇌동하지 않고, 소인은 부화뇌동하되 조화를 이루지 못한다."(13.23)[30]

균형이 유지되면 가난함이 없으며, 화목하면 (피치자가) 적지 않으며, 평안하면 [나라가] 기울지 않는다.(16.1)[31]

움직이게 하면 곧 조화를 이루게 됩니다.(19.25)[32]

이상이 1.12를 제외하고 『논어』에 나오는 和의 용례 전부이다. 그중 어느 것도 『중용』이나 성리학에서 제시하는 내적 상태를 지시하지 않는다. 따라서 1.12에 나오는 和를 해석할 때도 심층 심리를 전제하지 않는 것이 합리적이다.

有所不行의 해석

"有所不行유소불행"의 해석에는 문장 흐름과 관련한 쟁점이 존재한다. "禮之用, 和爲貴. 先王之道, 斯爲美. 小大由之, 有所不行. 知和而和, 不以禮節之, 亦不可行也"라는 문장 흐름에서 주희처럼 "小大由之"와 "有所不行"을 분리할 경우에는, "선왕의 도가 이것을 아름답게 여겼으니 크든 작든 이에 말미암았다. 그런데 잘 작동하지 않는 일은…"의 뜻이 된다. 황간이나 형병처럼 "有所不行"을 "小大由之"에 연결할 경우에는 "선왕의 도가 이것을 아름답게 여겨서 크든 작든 조화에만 말미암는데 잘 작동하지 않는 일이 있다"의 뜻이 된다.

오규 소라이가 보기에, 주희가 틀리고 황간皇侃이나 형병이 맞다. "'有所不

行'을 해석할 때 황간과 형병은 그것을 모두 앞 문장에 귀속시켰다. 그러지 않으면 "亦不可行也"에 나오는 '亦'이라는 글자가 무색해진다."[33] 요컨대 "有所不行"을 "小大由之"에 연결해야 한다. 그래야 "과연 잘 작동할 수 없다"는 뜻을 가진 亦不可行也라는 표현이 다시 나올 때 "역시"(亦)라는 표현이 붙는 게 자연스럽다는 것이다. 그러나 오규 소라이의 비판은 논쟁의 여지가 있다. 예컨대 『논어』 첫머리에 나오는 "子曰, 學而時習之, 不亦說乎. 有朋自遠方來, 不亦樂乎. 人不知而不慍, 不亦君子乎"(선생님께서 말씀하셨다. "배우고 때로 익히면, 참으로 기쁘지 아니한가? 멀리서 찾아오는 붕우가 있으면, 참으로 즐겁지 아니한가? 남이 알아주지 않아도 열받지 않으면, 참으로 군자가 아닌가?")에서 반복해서 사용된 亦은 강조의 의미이지 반복의 의미가 아니다. 마찬가지로 1.12의 亦도 강조의 의미로 사용되었을 수 있다. 다만 1.1의 경우는 주어+不亦+자동사(중국어로는 不及物動詞)+乎의 구조를 취하고 있으며, 1.12에는 乎가 생략되어 있다. 따라서 亦이 주어+不亦+자동사(중국어로는 不及物動詞)+乎와 같은 문형의 일부로 사용된 것인지, "또한"이라는 추가의 의미를 삽입하려고 사용한 것인지는 논쟁의 여지가 있다.[34]

현대의 학자 펑하오페이는 황간과 형병의 해석을 지지한다.[35] 1.12는 총 아홉 구절로 이루어져 있는데, 앞의 두 구절은 禮와 和에 대해 말했고, 그다음의 두 구절은 禮와 和의 병용竝用에 대해 말했으며, 마지막 세 구절은 和란 마땅히 禮를 이용하여 절제해야 함을 말했다고 주장한다. 그러한 전제에서 가운데 구절(小大由之, 有所不行)은 "禮를 사용하였지만 和는 사용하지 않은" 경우에 대해 말하고 있다고 보는 것이 의미상 자연스럽다는 것이다.

왜 잘 작동하지 않는 일(所不行)이 생기는가(有)? 황간皇侃이나 『십삼경주소』나 정약용처럼 1.12가 예와 음악의 문제를 다룬다고 보는 주석가들은 매사에 예만 쓰고 음악을 쓰지 않기에 잘 작동하지 않는 일이 발생한다고 본다.[36] 그런데 앞에서 논했듯이 '음악'이라는 사안을 지시하는 대목은 1.12의 텍스트에 없기에, 음악이라는 표현을 외삽하지 않는 한 이 해석은 타당하지 않다. 이한우처럼 1.12가 음악의 문제는 다루지 않는다고 보는 주석가는 예의 본체인 절제는 모르고 작용에 불과한 和에만 집중하니 잘 작동하지 않는 일이 발생한다고 본다.[37] 그런데 앞에서 논했듯이, 불교 도입 이전의 문헌인 『논어』를 해석할 때 體用의 개념구조를 도입하는 것은 정작 비역사적 해석이라는 비판으로부터 자유롭지 않다. 이 밖에 이토 진사이는 세상은 변화하게 마련이라서 (한때 아름다웠다는 이유로) 선왕의 도를 (바꾸지 않고) 그대로 따르기만 하면 잘 작동하지 않는 일이 생기게 마련이라고 해석한다.[38] 그런데 이러한 시간관을 1.12에서 읽어내기란 불가능하다. 이토 진사이가 자신의 해석을 지지할 추가 전거를 제시하지 않는 것을 감안할 때, 이는 이토 진사이의 사변적 해석이라고 판단된다.

知和而和, 不以禮節之, 亦不可行也의 해석

『논어집주대전』에는 주희가 구체적 사례를 들어 "知和而和, 不以禮節之, 亦不可行也"를 설명한 대목이 있다. "'조화로워야 한다는 것만을 알아서 조화롭게만 하려 한다'는 말은 오로지 和만 추구하다가 곧 예를 벗어나게 됨을 뜻한다. 예를 들어, 단정히 앉는 것이 다리를 벌리고 앉는 것보다 못하고, 웃어른을 천천히 걸으며 뒤따르는 것이 빨리 앞서가는 것보다 못한 경우가 있다. 이 지경에 이르면, 또 무슨 예가 있겠는가? (예로 통제하지 않으면) 잘되지 않는다는 것을 알 수 있다."[39] 주희의 제안대로, 화합을 중시한다는 취지에서 상대의 욕망을 거스르지 않고 마음껏 하게 방임하는 경우를 상상해보자. 이를테면 한정된 공간에서 모두가 다리를 뻗는 상황을 상상해보자. 그렇게 하다보면 화합이 아니라 갈등이 발생할 가능성이 높다. 따라서 단정하게 앉아야 한다는 예가 필요하고, 그 예를 통해서 사람들의 방임된 행태를 비로소 통제할 수 있다. 그리고 그러한 통제를 거쳐야 화합이 지속 가능하게 된다.

화합의 취지가 화합만으로는 달성될 수 없고 통제를 거쳐서 비로소 달성될 수 있다는 이 역설에 대해서는 이토 진사이가 상세하게 설명했다.

'和'는 미덕이므로 예가 귀하게 여긴다. 그러므로 사람들은 모두 '和'를 귀하게 여길 줄 안다. 그러나 폐단 역시 '和'에 있다는 것을 모른다. 대개 도가 무너지는 일은 반드시 그 폐단에서 생겨나고, 폐단은 반드시 귀하게 여기는 데서 생겨난다. 그 폐단을 알아챌 수는 있지만, 빨리 돌이키는 일은 어렵다. 그러므로 "예를 써서 조절하지 않으면 역시 실행할 수가 없다"고 한 것이다.[40]

이토 진사이는 和가 미덕이라는 대전제에서 출발한다. 미덕인데도 왜 和에서 폐단이 발생하는 것일까? 和가 미덕임에도 "불구하고" 폐단이 발생하는 것일까, 아니면 和가 미덕이기 "때문에" 폐단이 발생하는 것일까? 사람들은 대개 악덕으로부터 폐단이 생길 것이라고 가정하기 때문에 미덕으로부터 폐단이 생기는 경우를 대비하지 못한다. 和의 경우에도, 그것이 미덕이기에, 그로부터 폐단이 생길 가능성에 주의를 기울이지 않는다. 주의하지 않았던 만큼 폐단이 발생하고 나면 원상태로 돌이키기가 쉽지 않다. 미덕이 가진 이러한 역설은 예가 생각보다 복합적인 대상이라는 사실을 암시한다.

그 복합성은 무엇보다 앞의 和의 의미와 뒤의 和의 의미가 충돌하는 것처럼 보이는 모순적 양상에서 분명하게 드러난다. 예는 和를 그토록 귀하게 여기는데, 왜 나중에 예가 나서서 그 和를 통제해야만 하는 상황이 발생한단 말인가? 이러한 모순적 양상에 대해 주희가 설명한 적이 있다. "'예의 쓰임은 조화다'라고 할 때의 和는 예 한도 내의 조화로움이고, '조화로워야 한다는 것만을 알아서 조화롭게만 하려 한다'에서의 和는 제멋대로 하는 和이다. 제멋대로 조화에 탐닉하면 곧 예를 이탈하게 된다."[41] 주희의 설명대로 하자면, 和는 예의 한도 내에 있을 수도 있고, 예의 한도 밖에 있을 수도 있는 존재다. 즉, 1.12에서 드러나는 和의 의미 충돌은 예의 한도 안에 있는 和와 한도 밖에 있는 和의 충돌이다.

그런데 이는 和를 예의 전체 속성이라고 간주했을 때 가능한 설명이다. 고대 중국의 다른 전거를 참고하면, 和는 예의 전체 속성이 아니라 부분적 속성임이 드러난다. 『순자』「수신修身」을 보자. "예로 말미암으면 조화롭고 절제 있다."[42] 즉, 예가 빚는 결과에는 和의 면모뿐 아니라 節의 면모도 있다. 『한서』 「위상병길전魏相丙吉傳」에는 한漢나라의 명재상인 병길丙吉이 황증손 유병이劉病已를 이렇게 묘사하는 대목이 나온다. "경술에 통달하고, 훌륭한 재주가 있으며, 행동이 안정되면서 절도 있고 조화롭다"(通經術, 有美材, 行安而節和). 여기서 節과 和라는 표현은 모두 예에 맞는 행동을 묘사하고 있다고 해도 무리가 없다.

이렇게 보면, 1.12의 전반부는 和라는 측면을 다루고 후반부는 節이라는 측면을 다루었다고 할 수 있다. 그에 맞추어 1.12를 다시 부연해보면 다음과 같다. 예의 쓰임이 和의 쓰임을 중시하는 것은 확실하지만(禮之用, 和爲貴), 그것만이 전체 면모라고 생각하고 節의 면모를 무시하면(知和而和, 不以禮節), 결국 잘 통하지 않는다(亦不可行也).[43] 요컨대 和가 예의 전체 면모가 아니라 일부 면모에 불과함을 인지할 때 비로소 앞의 和와 뒤의 和가 충돌하는 듯한 모순적 양상을 잘 설명해낼 수 있다. 이 해석의 장점은 1.12의 해석에서 "음악"의 요소를 외삽하지 않고도 1.12의 주제인 조화와 통제의 길항을 설명할 수 있다는 점이다.

和와 節이 모두 예를 표현하는 언어라면, 음악은 어떻게 표현해야 하는가? 『설원』 「수문修文」에는 예와 악을 묘사한 다양한 표현들이 등장하는데, 소인의 음악을 "和節中正之感不加乎心"(조화롭고 절제되고 치우침 없고 바른 느낌을 마음에 주지 않는다)이라고 묘사하는 부분이 있다. 즉 和, 節, 中, 正은 바람직한 군자의 음악을 표현하는 요소들이다. 이 용례로부터 和는 음악에 속하고 節은 예에 속하는 식으로 양분할 수 없음을 알 수 있다. 和와 節은 음악에든 예에든 적용될 수 있는 양상이자 표현인 것이다. 그렇다면 1.12의 해석을 위해 불필요하게 음악의 요소를 외삽하지 않는 것이 바람직하다.

禮의 길항

'화합과 조화', '조절과 통제', 이 양자 간 길항으로 요약되는 1.12의 주제를 좀 더 넓은 맥락에서 음미해보자. 『논어』 내에서는 8.2가 1.12의 함의를 보다 넓은 맥락에서 이해할 수 있게 도와준다. "공손하기만 하고 예가 없으면 수고롭게 되고, 신중하기만 하고 예가 없으면 두려워하게 되고, 용감하기만 하고 예가 없으면 난폭해지고, 곧기만 하고 예가 없으면 까칠해진다."[44] 이처럼 8.2는 예가 없이는 일견 긍정적인 상태가 어떻게 열화劣化될 수 있는지 항목화하고 있다. 예가 제대로 기능하지 않으면 '공손'은 '수고로움'으로 열화되고, '신중함'은 '두려워함'으로 열화되고, '용기'는 '난폭함'으로 열화되고, '곧음'은 '까칠함'으로 열화된다. 이 항목은 연장될 수 있다. 1.12에 따르면, 예가 제대로 기능하지 않으면, 일견 긍정적인 和 역시 열화되기에 이르는 것이다. 和가 열화되지 않으려면 "그저 和만 알아서 和하려는 상태"에 머무르지 않고, 예의 통제력을 발휘해야(以禮節之) 한다.

그러면 和가 열화된 상태, 즉 그저 和만 알아서 和하려는 상태의 다른 이름은 무엇인가? 『논어』 텍스트에서 골라야 한다면, 그것은 바로 同이다. "선생님께서 말씀하셨다. '군자는 和를 도모하되 同하지 않고, 소인은 同하되 和를 이루지 못한다.'"(13.23)[45] 和와 同은 의미상 차이가 있으면서도 실질적 동의어로 쓰일 수 있는 미묘한 관계에 있음은 이미 형병의 주석에서 목도한 바 있다. "음악은 和同을 주로 하므로, 음악을 和라고 한 것이다."[46]

이 같은 언명의 당대적 의미를 음미하려면 『논어』를 넘어 동시대의 다른 문헌으로 시야를 확장할 필요가 있다. 주나라로부터 분봉받은 정鄭나라 시조 환공桓公이 "주나라는 쇠퇴하겠습니까?"(公曰, 周其弊乎)라고 묻자, 이에 사백史伯이 다음과 같이 답하는 대목이 『국어』 「정어鄭語」에 실려 있다.

> 和를 없애고 同을 취하고 있습니다. 무릇 和는 실로 사물을 낳지만, 同은 지속시키지 못합니다. 서로 다른 것을 가지고 질서를 이루는 것을 和라고 합니다. 그러므로 풍성하게 자라고 사물이 그에 귀속합니다. 만약 같은 것을 가지고 같은 것에 더하면, 모두 다 버리게 됩니다. 그러므로 선왕께서는 土를 金,

木, 水, 火와 섞어서 온갖 사물을 만들어낸 것입니다. 그리하여 다섯 맛을 조화시켜 입맛을 맞추고, 사지를 강하게 하여 몸을 보위하고, 여섯 소리를 조화시켜 귀를 밝게 하고, 얼굴의 일곱 구멍을 바로 하여 마음에 봉사하게 하고, 몸의 여덟 기관을 잘 작동하게 하여 사람을 버젓하게 하고, 아홉 장기를 바로 세워 순수한 덕을 확립하고, 열 등급의 지위를 합하여 뭇 관리들을 인도합니다. 여기로부터 모든 등급이 나오고, 일하는 관리 전체가 갖추어지고, 모든 일이 계산되고, 조물이 재단되고, 정해진 수입을 거두고, 최대치의 일을 행하게 됩니다. 그러므로 왕이 된 사람은 천하의 전답을 차지하고 거하면서 수입을 거두어 피치자들을 먹이고, 널리 가르치고 등용하여, 화락하기가 하나같습니다. 무릇 이와 같은 것이 和의 지극함입니다. 이에 선왕께서는 다른 성으로부터 배필을 얻고, 여러 지역에서 재화를 구하고, 신하를 선택하여 간언을 하게 하고, 여러 가지 일에 대해 탐구하여 和와 同에 힘썼습니다. 소리가 한가지여서는 제대로 들을 수 없고, 사물이 한가지여서는 무늬를 이룰 수 없고, 맛이 한가지여서는 제대로 된 맛을 낼 수 없고, 사물이 하나여서는 탐구할 수 없습니다. 왕께서는 장차 이러한 부류를 버리고 오로지 同만 추구하려 하니, 하늘이 총명함을 앗아간 것입니다. 쇠퇴하지 않으려 해도 그게 되겠습니까?[47]

『국어』「정어」에 나오는 이 주장의 핵심은 제대로 된 통치 질서를 세우기 위해서는 같은 것이 아니라 다른 것끼리의 조화를 꾀해야 한다는 것이다. 같은 것끼리 모이는 것(同)이 아니라 다른 것끼리 조화를 이루어야 비로소 질서를 이루고 번성한다는 진리는 단지 자연 영역뿐 아니라 인간 사회와 정치 일반에도 적용 가능함을 역설하고 있다. 이 같은 바람직한 조화는 다름을 전제하는 것이고, 다름을 정의하는 것은 바로 예이다.

이와 유사한 주장이 『좌전』에도 실려 있는 것을 보면, 다름과 같음의 관계 정의가 당시 통치층 내의 한결같은 관심사였음을 확인할 수 있다. 자유子猶가 제나라 군주의 말에 무조건 동의하며 아부하자, 안자晏子(晏嬰, ?~B.C.500)가 同이 아니라 和를 추구해야 한다고 조언한다. 그러자 제후가 同과 和의 차이에 대해 물었다. 이에 안자는 다양한 재료와 양념으로 맛있는 국을 끓이는 일에 和를 비유하고(和如羹焉), 同은 물을 가지고 물의 간을 맞추는 일에 비유한다. "물로써 물의 간을 맞추면 누가 먹을 수 있으리오?"(若以水濟水, 誰能食之) 그리고 同은 서로 다른 악기가 모두 똑같은 소리를 내는 데에도 비유된다.[48]

지금까지 본문을 통해서 1.12가 예와 음악의 관계를 다루기보다는 예 자체에 내장되어 있는 조화와 통제의 속성 간의 길항 관계를 다루었다고 설명했다. 인간은 공동생활을 영위하기 위해서는 일정한 질서를 창출할 필요가 있다. 그런데 그 질서는 단순 방임이나 강제만으로는 성취될 수 없다. 단순히 방임할 경우 평화와 안정은 잠시일 뿐 그 방임은 곧 갈등으로 전환될 것이다. 그렇다고 강제에 의존할 경우 잠시 질서를 유지하는 데는 성공할지 몰라도, 장기적으로 그 질서를 유지할 수 없다. 지속 가능한 질서를 세우기 위해 지불해야 할 강제의 비용이 지나치게 크기 때문이다. 결국 질서는 자생적으로 지속되지도 않고, 강제적으로도 유지되지 않는다.

이와 같은 딜레마를 타개하기 위해 예의 가치에 주목할 필요가 있다. 만약 예가 그저 방임적 조화나 강제적 규율를 불러오는 기제라면, 예의 한계는 자명할 것이다. 그러나 예에는 조화와 규율의 요소가 모두 담겨 있으며, 그 길항을 잘 관리할 수 있는 역량이야말로 공동체 질서의 창출과 유지에 관건이 된다. 예는 강제에 기초한 질서에 반대한다는 점에서 조화의 방법이자 무질서를 경계한다는 점에서 제약의 방법이기도 하다. 즉, 예는 양날의 검인 것이다. 그 양날 간에 존재하는 긴장을 잘 다룰 필요성을 천명한 텍스트가 바로 1.12다. 1.12는 분별을 고려하지 않은 조화와 조화를 도외시하는 분별을 모두 경계한다.

16

리더십의 최소 요건

유자有子가 말하였다.
"말대로 이행하는 것이 올바름義에 가깝다면, 그 말은 실천할 만하다.
공손함이 예禮에 가깝다면, 치욕을 멀리할 수 있다.
그리하여 가까운 사람들을 잃지 않으면, 과연 지도자로 섬길 만하다."
有子曰, 信近於義, 言可復也. 恭近於禮, 遠恥辱也. 因不失其親, 亦可宗也.
(『論語』 1.13)

논자에 따라 『논어』 1.13의 취지를 처신 일반에 대한 권고, 친족 내의 규범에 대한 권고, 혹은 후회하지 않기 위한 방법의 권고 등으로 정의해왔다. 이처럼 해석은 제각각이지만, 모두 비정치적인 해석이라는 점에서는 유사하다. 이런 비정치적인 해석은 설득력이 부족해 보이므로 그 대안으로서 정치적인 해석을 제안한다.

그와 같은 해석을 입증하기 위해, 그간 주석사에서 쟁점이 되어온 1.13이 모호한 표현들을 재검토한다. 그리고 그 표현들이 『논어』 전체에서 어떻게 사용되어왔는지 살펴본다. 나아가 그 표현들이 고대 중국의 언어 세계에서 어떤 함의를 지닌 것이었는지 조명함으로써 1.13의 정치적 함의를 명료히 하고자 한다.

信近於義, 言可復也의 해석

信의 해석

"信신"의 주석사에서는 세 가지 풀이가 경쟁해왔다. 첫째, 황간은 信을 "속이지 않음"이라고 풀이했다.[1] 그 이후 형병은 그러한 정의를 공유하되 "말"이라는 맥락을 추가했다. "사람이 말로 속이지 않는 것을 信이라고 한다."[2] 주희는 "信은 믿음을 약속하는 것이다"[3]라고 풀이했다. 주희의 풀이는 『예기』「곡례」에 나오는 "믿음을 약속하는 것을 맹세라고 한다"(約信曰誓)라는 문장을 전거로 한다.[4]

"믿음을 약속하는 것"이라는 풀이와 "속이지 않음"이라는 풀이 사이에는 중요한 차이가 있다. 『논어집주대전』에서 경원慶源 보씨輔氏는 이렇게 말했다. "이 '信'이라는 글자는 본래 믿음을 약속한다는 것이다. 만약 그냥 '진실하고 믿음직함'이라는 의미의 '信'이라고 간주하면, 그 '信'은 실질적 이치(實理)가 되어버린다. '실리'가 어찌 '의'에 가깝지 않은 경우가 있을 수 있겠는가?"[5] 즉, 信을 '속이지 않음'이라는 자기충족적 가치로 이해하면, 그다음에 나오는 구절 "近於義"(의에 가깝다면)가 부자연스러워진다. 信이 이미 충분히 실현된 가치인데, 새삼스레 "義"에 대한 접근 여부를 논할 필요가 있겠는가? "近於義"라는 구절과 어울리려면 信은 올바를 수도 있고 올바르지 않을 수도 있는 잠정적 상태, 즉 가치 구현 이전의 상태로 정의되어야 한다. 바로 그런 이유로 『논어집주대전』에서 면재 황씨는 이렇게 말했다. "信을 진실이라고 정의하는데, 그 경우에는 사태가 이미 그렇게 전개되었기에 진실이라는 말로 정의한 것이다. 반면에 약속은 타인과 기약한 상태에 있는 것으로, 장차 그것을 진실되게 만들려고 추구해야 하는 것이다."[6]

그러나 오규 소라이는 이 같은 信 이해에 이의를 제기한다. "信의 경우 반드시 '믿음을 약속한다'고 풀이할 필요는 없다. 信은 말을 실천한다는 뜻이다.

주자가 믿음을 약속하는 것이 信이라고 본 것은 그 아래에 '말을 실천할 수 있다'는 문장이 나와 뜻이 겹쳐서 통할 수 없기 때문이었다"고 오규 소라이는 본다.[7] 이처럼 경쟁하는 해석들의 설득력을 따져보기 위해 『논어』 내 信의 용례를 검토해보자.[8] 信을 '속이지 않는 상태'라고 본 황간의 풀이에 걸맞은 용례가 13.4에 있다. "윗사람이 信을 좋아하면, 피치자들이 감히 실상으로 응대하지 않는 사람이 없다."(13.4)[9] 그리고 信을 말 혹은 언어와 관련된 상태로 본 형병의 풀이에 걸맞은 용례가 15.6에 있다. "말이 충성스럽고 미더우며(言忠信), 행동이 독실하고 경건하면(行篤敬), 비록 오랑캐의 나라에서도 뜻을 제대로 펼 수 있을 것이다. 말이 충성스럽고 미덥지 않으며(言不忠信), 행동이 독실하고 경건하지 않으면(行不篤敬), 비록 행정이 집행되는 영역에 있더라도 행해지겠느냐?"(15.6)[10] 이 언명에서 "言忠信"이 "行篤敬"과 대구를 이루는데, "忠信"은 말에, "篤敬"은 행동에 각각 관련된다.

信이 말에 관련된다는 사실은 15.18에서도 드러난다. "군자는 올바름으로써 바탕을 삼고, 예로써 행하며, 공손함으로써 표출하고, 믿음직스러움으로써 완성한다. [이렇게 해야] 군자로다!"[11] 15.18은 철저히 구조화된 문장이라는 데서 해석의 실마리를 찾을 수 있다. 군자라는 말로 시작해서 군자라는 말로 끝났다는 점이 먼저 주목된다. 그리고 그 사이에 오는 구절은 모두 네 글자로 되어 있다. 그리고 각 구절은 "以"를 두 번째 글자로 활용해서 리듬감을 부여했다. 내용면에서도 완전한 대구를 이룬다. 이 문장의 전반부는 質(君子義以爲質)과 文(禮以行之)을 대조하고, 후반부는 말(孫以出之)과 실천(信以成之)을 대조한다.

信이 과연 자기충족적인 가치일까? 『논어』에는 信과 言의 관계를 보여주는 문장은 있어도, 信과 言과 義의 관계를 보여주는 문장은 없다. 다행히 전국시대 문헌인 『맹자』 「이루하離婁下」에서 言, 信, 義 간의 관계를 논하고 있어서 信이 고대 중국의 사상 세계에서 자기충족적인 가치였는지 여부를 엿볼 수 있다. "맹자가 말하였다. 대인은 말(言)이 반드시 실현되어야(信) 한다고 여기지 않고, 행동이 반드시 결과를 가져와야 한다고 여기지 않는다. 義가 있는 대로 할 뿐이다."[12] 맹자가 제시하는 대인이라는 인간형은 言과 信과 義가 조화롭게 연결되지 않음을 인식할 줄 아는 존재다. 말이 반드시 실현되는 것이 바람직할 것처럼 보이지만, 그 실현된 상태(信)가 반드시 옳으리라는 법은 없다. 信과 義가 충돌할 때는 義를 따르는 이가 바로 대인이다. 이러한 논의를 감안하면, 信은 그 자체로 자기충족적인 가치가 아니라 義에 부합하기를 기다려 비로소 가치 실현이 이루어지는 잠정적 상태라고 정의할 수 있다.

復의 해석

궈성퇀郭勝團과 거즈이葛志毅의 정리에 의하면 "復복"에 대한 해석은 하안과 유보남 등의 해석과 주희의 해석으로 대별된다.[13]

첫째, 하안은 復을 "覆也복야"와 동의어로 보아 "뒤집다"로 풀이했다. "義는 信과 반드시 같은 것은 아니다. 信이 義가 아닐 경우 그 말을 뒤집을 수 있다."[14] 어떤 경우가 말을 뒤집어야 할 경우에 해당할까? 『십삼경주소』에서는 다음 두 가지 예를 든다.

> 『춘추』 양공襄公 19년, 진晉나라 사개士匄의 군대가 제齊나라를 침략했는데, 제나라 군주가 죽었다는 소식을 듣고 군대를 돌이켰다. 『춘추』에서는 이 일을 잘했다고 평가했다. 이는, 합당한 일은 약속을 꼭 지킬 필요가 없다는 것이다. … 『사기』 「소진열전蘇秦列傳」에서 미생尾生이 다리 밑에서 여자女子와 만나기로 기약했는데 여자가 오지 않았다. 물이 밀려왔는데도 떠나지 않고 다리를 안고 있다가 죽었다. 이는 약속을 지키기는 했으나 義는 아니다.[15]

둘째, 주희는 復을 "말을 실천하다"라고 풀이했다.[16] 현대 중국의 양보쥔이나 양차오밍 같은 학자는 물론이고 『논어』 한국어 번역본 대부분이 이 주희의 풀이를 따른다. 특히 양보쥔은 『좌전』 「희공僖公」에 나오는 문장을 전거로 제시한다. "내가 선군에게 한 말이 있는데 그것을 무시할 수는 없소. 그 말을 실천(复言)하면서 동시에 몸을 아낄 방법이 있겠소?"[17] 귀성퇀과 거즈이의 정리에는 누락되어 있지만, 세 번째 해석도 있다. 예컨대 황간의 『논어의소』는 "약속한 말이 합당함에 가까우면 그 약속한 말을 반복해서 징험徵驗할 수 있다"[18] 고 했고, 유보남의 『논어정의』는 "약속한 말이 합당함에 가까우므로 나중에 그 말을 반복할 수 있다"[19] 고 풀이했다. 두 주석 모두에서 復은 반복의 의미로 풀이되었다.[20]

귀성퇀과 거즈이는 주희와 양보쥔의 해석은 근거가 없다고 주장한다. 그러면서 대신 주목하는 것이 『좌전』「애공哀公」이다. 거기에는 섭공이 진晉나라 간첩 자목子木의 아들 승勝을 다음과 같이 논평한 대목이 있다. "내가 듣기로, 승은 말을 번복(復言)하면서까지 죽기를 각오하는 사士를 좋아하니, 아마 사심이 있는 것 같다."[21] 그들은 이 "復言"의 용례에 근거하여, 양보쥔이 제시한 『좌전』「희공」의 문장 역시 그에 맞추어 다시 해석해야 한다고 주장했다. 그리하여 귀성퇀과 거즈이는 "言可復也"를 "약속한 말이 만약 義에 부합하지 않는다면, 뒤집을 수 있다"라고 해석해야 한다고 결론내린다. 이 해석의 약점은 "信近於義, 言可復也"와 "恭近於禮, 遠恥辱也"의 문장 패턴이 깨진다는 점이다. "信近於義, 言可復也"의 경우, 말이 義에 부합하지 않고 가까운 정도에 그친다면 말을 번복할 수 있다는 뜻이 되는 데 반해, "恭近於禮, 遠恥辱也"는 공손함이 예에 가까우면 치욕을 멀리할 수 있다는 뜻이 된다. 즉, 전자에서 "近"은 부정적 의미이고 후자에서 "近"은 긍정적 의미여서 양자 간에 일관성이 없다.

恭近於禮, 遠恥辱也의 해석

恭의 해석

"恭공"은 신에게 제사 지낼 때, 제기를 받들고 있는 모습에서 유래한 문자다.[22] "몸가짐에 관한 한 공손히 할 것을 염두에 두어야 하고(貌思恭)"[23]라는 대목에서 확인되듯, 『논어』에서 "恭"은 공손한 태도를 의미한다. 그 이후 『십삼경주소』는 "恭"을 "逆역"과 대비한다. "어울리고 따라서 거스르지 않는 것을 恭이라고 한다."[24] 즉, 거역하지 않고 순종하는 것이 "恭"이다. 이처럼 자신을 낮추어[25] 상대와 어울리는 상태가 "恭"의 핵심이라는 것이 공히 일치된 주석이다.[26]

『논어』에서 "恭"과 짝을 이루되, 구별되어 언급되는 글자가 "敬경"이다.[27] "선생님께서 자산子產을 이렇게 평가하셨다. '(그는) 군자의 도를 네 가지 가졌다. 그는 행동할 때 공손하였고(其行己也恭), 윗사람을 섬길 때 공경하였고(其事上也敬), 피치자들을 기를 때 은혜로웠고, 피치자들을 부릴 때 올발랐다.'"(5.16)[28] 그렇다면 恭과 敬의 차이는 무엇인가?

궈성퇀과 거즈이는 恭과 敬의 관계와 차이를 이렇게 정리한다.[29] 恭은 敬의 상태가 바깥으로 드러나는 것인 반면, 敬은 恭이라는 외양이 마음속에서 발현하는 것이다. 즉, 恭이란 敬의 외적 표현이다. 그러면 恭과 敬을 일부러 구별한 『논어』 문장을 보자. "(자하가 말하였다) 군자가 공경하며 해이함이 없고, 남과의 관계에서 공손하며 예가 있으면, 온 세상 사람이 모두 형제다. 군자가 어찌 형제가 없다고 근심하리오?"[30] 이로부터 확인할 수 있는 것은, 恭은 타인과 교섭할 때 필요한 것이되, 그 자체로 禮가 구현된 상태는 아직 아니라는 것이다. 즉, 恭은 禮를 아직 필요로 하는 미완의 상태이다. 恭이 아직 禮와 제대로 결합하지 못한 상황을 잘 보여주는 사례가 『논어집주대전』에 실려 있다.

> '敬'을 다하는 것이 다 '恭'이라고 하겠다. 한편, 禮는 차이를 분별해야 한다. 예컨대 상대부와 교류하면서 하대부와 교류할 때 쓸 법한 '恭'을 쓴다면 이는 적절한 禮에 미치지 못하는 것이다. 다른 한편, 하대부와 교류하면서 상대부와 교류할 때 쓸 법한 '恭'을 쓴다면, 이는 적절한 禮보다 지나친 것이다. 지나친 경우나 모자라는 경우나 다 반드시 치욕을 당한다.[31]

예를 들어보자. 존장을 뵐 때 절하는 것이 禮이다. 그런데도 내가 절을 하지 않으면 힐문을 당하게 되고, 그에 답할 말이 없다. 이것이 바로 타인으로부터 치욕을 당한다는 것이다. 일반 사람들이 절하지 말아야 하는 상황인데 나만 절하면, 이것은 곧 아부가 된다. 이 경우에, 수치스러워할 만한 것이 나에게 있다.[32]

이것은 모두 "공손하기만 하고 예가 없으면, 수고롭다"(8.2)[33]고 할 만한 상황이다. 이 수고로움은 결국 치욕을 부른다. "선생님께서 말씀하셨다. '말을 교묘하게 하고, 겉모습을 꾸미고, 과도하게 공손히 하는 것을 좌구명이 부끄럽게 여겼다. 나 역시 그런 것을 부끄럽게 여긴다.'"(5.25)[34] 반면에 恭이 禮에 충분히 근접할 경우에는 "치욕을 멀리할 수 있다."(1.13)[35] 『예기』「표기」 역시 이 부분을 확인한다. "'恭'은 禮에 가까울 경우 … 무릇 '恭'은 과실을 적게 해준다.[36] (제자들이 보기에) 禮를 잘 구현한 인물인 공자는 수고롭지 않고 "공손하면서도 편안하셨다."(7.38)[37]

近의 해석

주지하다시피 "近근"의 뜻은 "가깝다"이다. 이 명백한 뜻은 의외로 모호하게 사용될 수 있다. 일단 양자의 유사성을 강조하기 위해, 즉 "멀지 않다"는 의미로 사용될 수 있다. 한편, 양자의 차이를 강조하기 위해, 즉 "같지 않다"는 의미로 사용될 수도 있다. 어느 쪽으로 해석하느냐에 따라 "信近於義, 言可復也. 恭近於禮, 遠恥辱也" 전체에 대한 해석이 크게 달라진다.

첫째, 주희 이전의 주석 대부분은 近을 "(딱 부합하지는 않되) 가깝다면" 혹은 "가까운 정도에 불과하다면"으로 풀이하여 비교 대상 간의 차이를 부각하였다.[38] "이 장은 信과 義, 恭과 禮가 같지 않다는 것, 그리고 사람의 행동 중에서 존중할 만한 일을 밝힌 것이다."[39] 이렇게 풀이할 경우 "信"과 "恭"이 미흡함이 상대적으로 강조된다. 『십삼경주소』에서는 이렇게 말했다. "恭은 오직 몸을 낮추고 겸손한 상태이다. 禮는 때에 맞는 것을 중시한다. … 恭이 곧 禮는 아니지만, 恥辱을 멀리할 수 있으므로 '近禮'라고 하였다."[40] 정약용도 『십삼경주소』의 이 해석을 따랐다.[41]

둘째, 주희는 近을 "가깝기에"라고 풀이하여 비교 대상 간의 유사성을 부각하였다. 이렇게 풀이할 경우 "信"의 긍정적인 면이 부각된다. 비슷한 취지에서 『논어집주대전』의 경원 보씨는 이렇게 말했다. "만약 그냥 '진실하고 믿음직함'이라는 의미의 '信'이라고 간주하면, 그 '信'은 실질적 이치(實理)가 되어버린다. '實理'가 어찌 '義'에 가깝지 않은 경우가 있을 수 있겠는가?"[42] 이렇게 비교 대상 간의 유사성을 부각하고 싶었다면 그냥 信과 義가 동일하다고 하지 왜 굳이 "가깝다"라는 표현을 썼을까? 이에 대한 주희의 답은 다음과 같다. "'近'은 '합치한다'와 같다. 옛사람들은 느슨하게 서술했으니 대강을 말할 뿐이었다. 완전히 예에 합치하지는 않아도, 이미 禮義에 가까운 것이다."[43] 즉, 정밀하게 서술하기보다는 대체로 서술한 것에 불과하다는 것이다. 『논어집주대전』의 쌍봉 요씨 역시 이러한 수사학적 설명을 지지한다. "쌍봉 요씨가 말하였다. 유자는 기상이 조용하고 말투가 박절하지 않았다. 禮義에 대해서 모두 '가깝다'고 표현했다."[44]

이 두 해석 중에서 어느 쪽이 더 설득력 있을까? 일단 『예기』 「표기」에 "恭近禮"(공손함이 예에 가깝다)라는 표현이 긍정적으로 사용된 사례가 있다.[45] 즉, "近"은 어떤 목표에 못 미치는 상황을 표현하는 것이 아니라 거의 미치는 상황을 묘사한 것이라고 할 수 있다. 그리고 1.13에 사용된 "近"은 맨 마지막 구절에 나오는 "可가"와 호응한다. 한문에서 "可"는 가능한지 여부를 표시하기도 하지만, 그것이 완벽하지는 않아도 그럭저럭 수용 가능한 근사치 상태임을 나타낸다.[46] 따라서 "…에 가깝다면 …만은 하다"와 같이 "近"과 "可"는 호응한다. 만약 "近"이 없었다면, 맨 마지막 구절에 "可"는 불필요했을 것이다.

현대의 학자 제팡揭芳의 연구에 따르면,[47] 갑골문에는 "恥치"가 나오지 않고, 은나라와 주나라 시기 금문대전金文大篆에서 최초로 등장한다. 은주시대에는 대체로 '어떤 이로 하여금 모욕을 느끼게 하다'는 뜻의 동사나, '모욕' 혹은 '부끄러워할 만한 일'이라는 뜻의 명사로 사용되었다.[48] 즉, 恥는 개선의 기미가 보이지 않는 죄인에게 가하는 공적 모욕의 일종이었다. 그러던 것이 춘추전국시대에는 내적 가책의 의미로 발전했다. 그 과정에서 『관자』「목민牧民」의 용례는 특히 주목된다.[49] "恥不從枉"이라는 문장은 인간이 부끄러움을 느끼면 올바르지 않은 것(枉)을 따르지 않을 수 있다는 것, 그리하여 사악한 왕이나 부정한 것을 따르지 않을 수 있다는 것을 강조한다. 그리하여 『관자』에서 '恥'는 국가의 생사존망을 결정하는 네 가지 기본 도덕 원칙 중 하나의 위치에까지 올라선다.[50] 크게 보면, 맹자가 논한 부끄러움을 느끼는 마음(羞惡之心)도 이러한 맥락에서 이해할 수 있다.[51]

그렇다면 『논어』에 등장하는 恥는 『관자』의 恥와 얼마나 다른가? 제팡에 따르면, 『관자』에 비해 『논어』는 인격 수양의 측면에서 '恥'를 강조한다. 예컨대 13.20에서는 "行己有恥"를 士의 핵심 요건으로 간주한다. "자공이 여쭈었다. '어떻게 하면 士라고 할 만합니까?' 선생님께서 말씀하셨다. "'자신의 행동을 부끄러워할 줄 알고, 사방으로 사신 가서 군주가 명한 바를 욕되게 하지 않으면, 士라고 할 수 있다.'"[52] 그리고 2.3은 형벌과 덕을 대비해서 흥미롭다. "선생님께서 말씀하셨다. '정치로써 이끌고 형벌로써 가지런히 하면, 피치자들은 제재를 면하려 들 뿐 부끄러움을 모른다. 덕으로써 이끌고 예로써 가지런히 하면, 부끄러움을 알고 선한 곳에 이른다.'"[53] 전자와 후자의 차이는, 통치 효과의 우열을 가릴 수 있는지 여부다. 전자의 경우에 악행을 통제할 수는 있을지언정 그 마음은 바꾸지 못하는 반면, 후자의 경우에는 부끄러워하는 마음이 있기에 자각하여 악행을 거부하는 근본적 효과가 있다. 바로 이 점에서 恥 개념은 중국 사상에 깃든 자율정신을 보여준다고 제팡은 생각한다.[54] 부끄러움을 느끼는 능력은 행위 주체로 하여금 스스로 행위를 조정하고 통제하고 악을 멀리하고 선을 향하게끔 만든다. 즉, 자기 행위가 규범적으로 타당한 범위 내에 있게 함으로써 다시금 부끄러운 감정이 들지 않게끔 막는다. 즉, 恥는 자기 자신을 감독하는 심리기제다.

그런데 1.13에 나오는 말은 恥가 아니라 恥辱이다. 恥를 오늘날 말하는 恥辱과 동일시하기 하기 전에, 고대 중국에서 恥와 辱의 유사점과 차이점은 무엇인지, 恥와 辱이 연용될 때 그것은 과연 2음절어였는지 등을 탐구해볼 필요가 있다. 그동안 학자들은 恥에 대해서 적지 않은 관심을 보였으나 辱에 대해서는 거의 관심이 없었다. 그렇다면 『논어』에 나오는 辱은 어떤 의미였을까? "많은 군주를 섬기면 욕을 당하게(辱) 된다."(4.26)[55] "충심을 다해 일러주고, 잘 인도해주되, 불가능하면 그만두어 스스로를 욕되게 하지(自辱) 마라."(12.23)[56] "유하혜柳下惠와 소련少連에 대해 평가하셨다. '뜻을 굽히고 몸을 욕되게 하였다(辱身).'"(18.8)[57] 辱이 등장하는 이 예문들의 특징은 "욕되게 하다"의 목적어가 자기 자신(自와 身) 혹은 군주로 설정되고 있다는 점이다. 그리고 욕되는 상황을 피할 수 있다는 전제에서 그 상황을 통제하기를 권면한다. 즉, "욕됨"이라는 것은 피해야 할 외부적 상황이지, 내부의 덕성은 아니다.

恥와 辱이 함께 쓰이는 경우는 어떨까? 그 경우는 恥와 辱이 각각 한 문장에 등장하는 경우와, "恥辱"으로 연용되는 경우로 나눌 수 있다. "자신의 행동을 부끄러워할(恥) 줄 알고, 사방으로 사신 가서 군주가 명한 바를 욕되게 하지(辱) 않으면, 士라고 할 수 있다."(13.20)[58] 13.20은 恥와 辱이 모두 등장하는 대목이라는 점에서 흥미롭다. 1.13과 달리 恥와 辱을 연용하지 않고 분리해서 사용하고 있다. 여기서 辱과는 달리 恥는 내부적 덕성으로 이해된다. 辱과 관련해서는 辱을 피할 수 있는 능력이 중요한 반면, 恥와 관련해서는 恥를 제대로 느낄 수 있는 능력이 중요하다.

『논어』에서 恥와 辱이 연용되어 "恥辱"으로 사용된 경우는 어떨까? 『논어』의 용례는 1.13이 유일하므로, 중국 고대 문헌에서 유관한 사례를 찾아보자.

> 증자가 병이 났다. 아들 증원이 발을 부축했다. 증자가 말하였다. "원아. 마음에 새겨라. 내가 너에게 말하노니, 물고기, 자라, 악어는 연못조차도 얕다고 여기고 그 안에 굴을 파고 들어간다. 매와 솔개는 산조차도 낮다고 여기고 그 위에 둥지를 얹는다. 그럼에도 그들이 잡히는 것은 먹이 때문이다. 그러므로 군자는 이익(利)으로 義를 해치지 않을 수 있어야 한다. 그래야 恥辱이 그 때문에 생기지 않을 수 있다."[59]

이처럼 『순자』「법행」에서는 군자가 주제어로 등장하며, 그 군자가 치욕을 멀리하는(無由至) 사안을 논한다는 점에서 1.13과 상통한다. 이와 거의 같은 문장이 『설원』「담총談叢」에 나와서 참고가 된다.

> 증자가 말하였다. 매와 솔개는 산이 낮다고 여겨서 그 위에 둥지를 얹는다. 자라, 악어, 물고기는 연못이 얕다고 여겨서 그 안에 굴을 파고 들어간다. 그럼에도 결국 그들이 잡히는 것은 먹이 때문이다. 그러므로 군자가 구차하게 이익과 식록(利祿)을 추구하지 않으면, 자신을 해치지 않는다.[60]

『순자』「법행」과 『설원』「담총」의 중요한 차이는 관록을 이익의 범주에 분명히 추가했는지 여부다.[61] 『논형』「문공問孔」에 따르면, 이 사안에 관한 한 공자 자신도 자유롭지 않았던 것 같다.

> 공자는 도천의 물을 마시지 않고, 증자는 승모라는 마을에 들어가지 않았다. 나쁜 일을 피하고 더러운 일을 저버리는 것은 의로움을 따르지 않으면 이름을 치욕스럽게 하기(恥辱) 때문이다. "도둑"이라는 글자가 들어간 도천이나 어미를 이긴다는 뜻의 승모는 빈 이름이지만 공자와 증자는 그것을 부끄러워

했다(恥). 필힐佛肸은 실질적으로 나쁜 점이 있는 사람인데 공자는 그에게 가려고 했다. 도천의 물을 마시지 않는 게 맞다면 필힐을 상대하는 일은 잘못된 것이다. "의롭지 않으면 부귀는 나에게 뜬구름과 같다"고 말하면서, 도를 어겨가며 찬탈하고 모반한 이의 녹을 먹으려 들었다. 그러니 뜬구름 운운한 것은 잘못된 것이다.[62]

공자는 원래 이름만 더러워도 그 대상을 피하려는 태도를 보였다. 그 자체는 상찬할 만한 일이다. 그러나 공자는 필힐[63]이라는 반란 경력이 있고 도덕적으로 문제가 있는 사람에게 가서 벼슬을 하려 들었다.[64] 그것은 공자가 평소에 천명한 태도, 특히 부귀는 뜬구름과 같다고 했던 언명과 충돌한다는 것이 『논형』의 입장이다. 『순자』「법행」, 『설원』「담총」, 『논형』「문공」의 논의를 종합해보면, 치욕을 멀리하는 사안은 군자가 관직에 나아가는 상황에서 자주 제기되었던 것으로 보인다. 1.13을 발화할 때도 역시 관직 진출을 염두에 둔 상황이었을까? 다행히 『설원』「수문」에 1.13의 "恭近於禮, 遠恥辱也"를 해설 혹은 부연하는 대목이 있어 중요한 참고가 된다.

『서경』에서 다섯 가지 일을 말한다. 그중 첫째가 용모이다. 용모는 남자가 공경을 표시하는 수단이고, 부인이 교태를 표현하는 수단이다. 걸음걸이는 곱자의 기준에 맞게 하고 꺾어 돌 때는 그림쇠의 기준에 맞게 하고, 설 때는 경쇠처럼 꺾어야 하고, 손을 모을 때는 북을 안은 것처럼 해야 하고, 들어가 군주를 조회할 때는 존귀하고 엄숙해야 하고, 종묘에 들어갈 때는 공경스럽고 충성스러워야 하고, 시골에 가면 온화하고 부드러워야 하고, 마을의 친족들에게 가면 온화하고 친밀해야 한다. 『시경』에서 "온화하고 공경스러운 사람은 덕의 기반이다"라고 했다. 공자는 "恭近於禮, 遠恥辱也"라고 말하였다.[65]

『설원』「수문」의 내용을 통해 유추할 수 있는 것은, 1.13의 "恭近於禮, 遠

恥辱也"라는 문장은 (출사를 앞둔 상황은 아닐지라도) 공적인 용모와 행동거지에 관한 언명일 가능성이 매우 높다는 것이다.[66] 이상의 논의를 종합해보면, "恭近於禮, 遠恥辱也"라는 문장은 공적인 장에서 처신을 예에 가깝게 하면 치욕을 멀리할 수 있다는 뜻이라고 결론내릴 수 있다.[67]

因不失其親, 亦可宗也의 해석

因의 해석

궈싱퇀과 거즈이의 정리에 의하면[68] "因인"에 대한 기존 해석은 다음과 같다. 첫째, 因을 親과 동의어로 보는 입장이 있다. 이는 공안국, 하안, 형병처럼 주희 이전의 유력한 주석가들이 지지하는 입장이다. "因은 親이다. 친한 사람에게 그에 맞는 친함을 잃지 않는다는 것은 의로운 사람을 가까이한다는 것이다."[69] 이 풀이에 따를 경우, 1.13의 "因不失其親인불실기친, 亦可宗也역가종야"는 "친한 사람에게, 합당한 친함을 잃지 않으면 宗할 만하다"[70]라는 뜻이 된다.

둘째, 오규 소라이의 『논어징』이 전하는 바에 따르면, 정현은 因을 親과 동의어로 보되, "姻親於外親"(인척은 외척 관계다)이라고 풀이한다. 즉, 因을 姻의 뜻으로 확장하여 풀이한 것이다. 이에 따를 경우, "因不失其親"은 "인척과 친하되 親族을 잃지 않는다"는 뜻이 된다.[71] 정수덕과 오규 소라이 역시 이 해석을 따랐다.[72] 웨일리의 영역본도 이 해석을 따른다.[73] 그렇다면 이런 해석의 근거는 무엇일까? 계복桂馥[74]의 『군경의증羣經義證』에서 주장한 대로, '因'이 '姻(혼인)'과 음이 서로 통하기 때문이다.[75] 그러나 궈싱퇀과 거즈이는 이에 대해 왜 굳이 親 대신에 因이라는 글자를 썼느냐고 반문하며, 그 설득력을 의심한다. 그리고 因을 姻의 뜻으로 풀이하면, 마치 자유연애 결혼을 주장하는 것처럼 들릴 가능성을 우려한다.

셋째, 주희는 因을 "의지하다"라는 뜻으로 풀이한다.[76] 이렇게 할 경우, "의지하는 사람과 '친'을 잃지 않으면 宗할 만하다"는 뜻이 된다. 양보쥔 역시 이 풀이를 따른다.[77] 다만 펑하오페이는 주희가 '因=依=의탁하는 바=문장의 주어'라고 풀이한 반면, 양보쥔은 因을 '의탁하다=동사'로 풀이한다고 본다.[78] 펑하오페이는 문장의 흐름에서 주희의 풀이가 타당하다고 주장하지만 궈성퇀과 거즈이는 선례를 찾을 수 없는 근거 없는 해석이라고 일축한다. 그러나 주희는 다음과 같은 고증을 이미 제시한 바 있다. "因은 서벽(서주 지역의 벽지)에 因하게 함이라는 구절에 나오는 因과 용례가 같다. 因은 곁(에 있다)의 뜻이다."[79] 한국의 성백효 역시 『사기』「상군열전商君列傳」과 『통감절요通鑑節要』에 나오는 "因嬖人景監인폐인경감"이라는 구절에 사용된 因이 그러한 용례에 해당한다고 주장했다.[80]

그렇다면 여기서 "의지한다"는 말은 내가 남에게 의지하는 경우를 뜻하는 것일까, 남이 나에게 의지하는 경우를 뜻하는 것일까? 이에 대해 배병삼은 "주자는 인因을 '기대는 것(所依者)'으로 새겨서, '인불실기친'을 '(내게) 의지하더라도 친근함을 잃지 않는 것'으로 해석하였다"[81]고 설명했다. 그러나 『논어집주대전』의 해설 내용은 그와 다르다. "주자가 말하였다. '因'이란 의탁의 뜻이다. 세력이 맞먹고 교류가 얕은 상태이다. 예컨대 선주先主(유비의 별칭)가 유표劉表에게 의탁한 경우이다."[82]

넷째, 푸페이룽傅佩榮은 고대에는 因과 恩이 통용되었다는 점을 강조하여 因이 恩은의 뜻이라고 풀이했다.[83] 그러나 이 또한 근거를 알기 어렵다고 궈성퇀과 거즈이는 판단한다. 이러한 비판적 검토 끝에, 궈성퇀과 거즈이는 因이 沿襲연습 혹은 承襲승습(전례를 따르다, 답습하다)의 뜻이라고 결론내린다. 그 근거로는, 因을 就취와 동의어로 본 『설문해자』의 풀이, 因을 仍잉과 동의어로 본 『이아』「석고釋詁」의 풀이를 거론한다. 그리고 2.23의 "은나라는 하나라 예를 이어받아서(因), 그 덜고 더한 바를 알 수 있다. 주나라는 은나라 예를 이어받아서(因), 그 덜고 더한 바를 알 수 있다"는 문장에 나온 "因"의 용례 역시 이와 일치한다.[84]

한국의 현대 주석가들 중에서 조명화, 김용옥, 이우재, 이을호, 이한우 등이 因을 앞 문장을 잇는 일종의 접속사로 해석했다.[85] 그 밖에 류종목은 因을 '연접하다'라는 뜻의 동사로 보고, "因不失其親"을 "가까이 있으면서도 그들 사이의 친밀함을 잃지 않는다"로 번역하고 "가까울수록 예의를 지켜 사이가 벌어지지 않음을 말한다"고 해석했다. 그가 드는 근거는 『일주서』「작락해作雒解」에 나오는 다음과 같은 용례이다. "南繫於雒水, 北因於郟山"(남으로 낙수에 붙어 있고 북으로 겹산에 연접해 있다).[86] 접속사로 해석하는 것은 앞에서 귀성퇀과 거즈이가 "(전례를) 따르다"라고 해석한 것과 의미상 상통한다. 한국어로 번역할 때는 기존 연구를 종합한 귀성퇀과 거즈이의 결론을 따르면서 문장의 흐름을 매끄럽게 하기 위해 접속사처럼 번역하는 것이 바람직하다.

不失其親의 해석

대개는 "不失其親"을 "친한 사람을 잃지 않는다"의 뜻으로 이해한다. 여기서 관건은 친한 사람이란 누구를 의미하느냐는 것이다. 이에 대해서는 "其親"을 양친으로 간주한 해석, 친척으로 간주한 해석, 도덕적인 사람으로 간주한 해석, 그리고 그냥 친한 혹은 가까운 사람으로 간주한 해석 등이 경쟁한다.

첫째, 親을 양친의 의미로 보고 여기서 효도의 메시지를 읽을 수 있다고 주장한 학자가 귀성퇀과 거즈이이다.[87] 그들에 따르면, 1.13의 취지와 『맹자』「이루상」의 다음 취지는 기본적으로 같다.

> 맹자가 말하였다. 누구를 섬기는 것이 가장 큰 일인가? 어버이를 섬기는 것이 가장 크다. 무엇을 지키는 것이 가장 큰 일인가? 자신을 지키는 것이 가장 크다. 자신을 잃지 않고서 어버이를 섬길 수 있는 이는 내가 들어보았어도, 자신을 잃고서(失其身) 어버이를 섬길 수 있는 이는 들어보지 못했다. 누구인들 섬김이 되지 않겠는가? 어버이를 섬기는 것이 섬김의 근본이다. 무엇인들 지킴이 되지 않겠는가? 자신을 지키는 것이 지킴의 근본이다.[88]

즉, 받들어 모시는 일에 관한 한, 양친을 봉양하는 것이 가장 중요하고, 그러기 위해서는 자기 몸을 지킬 줄 알아야 한다. 자기 몸도 제대로 간수하지 못하면서 부모를 봉양하기 어렵고, 자기 부모도 봉양하지 못하면서 다른 일을 제대로 해낼 수 없다. 즉, 자기 몸을 제대로 간수하지 못하는 상황을 (『맹자』에서) "失其身"이라고 표현한 것을 참고할 때, "失其親"은 자기 부모를 제대로 간수하지 못하는 상황을 표현한 것으로 간주할 수 있다. 요컨대 1.13에 나오는 메시지는 효이다.

둘째, 정약용은 친한 사람이 곧 친척을 의미한다고 보았다. "'불실기친不失其親'은 효순孝順과 친목에 대한 말인데, 왜 꼭 구태여 외부에서 구하려고 하는가?"[89]라고 반문하며, 親의 범주를 친족 외부로 확장하는 데 반대한다. 정약용은 "不失其親"이란 결국 친족과의 관계를 가리키는 말이라고 생각한다.[90]

셋째, 현대의 주석가 중에 양차오밍, 조명화 등은 親이 친족을 넘어 가까운 사람 일반을 지칭한다고 해석한다.[91] 양차오밍이 드는 전거는 『대대례기』「증자입사」에 나오는 "그가 아끼고 가까이하는 사람을 보면 그 사람됨을 알 수 있다"[92]는 문장과, 유보남의 『논어정의』에 나오는 "그가 아끼고 가까이하는 사람의 옳고 그름을 보면 그 사람이 현명한지 어리석은지 알 수 있다"[93]는 주석이다.

넷째, 『십삼경주소』에 실린 형병의 주석은 親이 도덕적으로 친애할 만한 사람을 뜻한다고 보았다. "인한 사람과 의로운 사람을 친하여 잘못하는 바가 없다면, 그야말로 사람을 알아보는 안목이 있는 사람이다. 그러므로 따르고 존경할 만하다."[94] 이 역시 가능한 해석이지만, 본문에 없는 "인하고 의로운 사람"이라는 요소를 추가해야 하는 단점이 있다.

이러한 기존 해석들은 모두 親이라는 한 글자를 풀이하는 데 주목했다. 그러나 1.13에 나오는 親의 언어적 맥락을 파악하려면 親이 포함된 전체 표현, 즉 "失親"의 용례를 확인할 필요가 있다. 고대 중국의 용례 중에서[95] 『논어』와 대체로 동시대의 텍스트에 나오는 용례에 집중해보자. 흥미롭게도 그 용례들은 대부분 통치 상황과 관련된 것들이다. "[간신은] 미워할 대상을 잘 꾸며내어 자신에 대한 군주의 믿음을 강화하고, 그 결과 군주는 친한 사람을 잃게 된다."[96] "기대부는 외부 사람을 천거할 때 원수를 저버리지 않고 내부 사람을 천거할 때 친한 사람을 버리지 않으니, 유독 나만 기어이 저버리겠는가?"[97] 맥락상 이 문장들에 나오는 "친한 사람"은 친한 신하 혹은 친한 사람 중에서 신하가 될 사람을 지칭한다. 그리고 이러한 정치적 맥락에서 "失親"은 국내 정치뿐 아니라 국제 정치의 맥락에도 적용된다.

> 가을에 제후들이 맹약을 맺었다. 왕은 주공으로 하여금 정백鄭伯을 부르게 한 뒤, 다음과 같이 말하였다. "나는 너를 위무하여 초나라를 좇게 하고, 진晉나라에게 너를 돕게 하면 약간 평안해질 수 있을 것이다." 정백은 왕명에 기뻤으나 그가 제나라 조정에 문안하지 않은 것이 두려웠다. 그래서 도망하여 돌아와서는 맹약하지 않으려 했다. 공숙孔叔이 그를 제지하며 다음과 같이 말하였다. "나라의 군주는 가볍게 굴어서는 안 됩니다. 가볍게 굴면 친한 나라들을 잃고, 친한 나라를 잃으면 환란이 닥칩니다. 문제가 생긴 다음에 맹약을 구걸하면 잃는 것이 많습니다. 군주는 반드시 후회하게 됩니다." 그러나 그 말을 듣지 않고, 군대를 두고 돌아왔다.[98]

좀 더 결정적으로 『좌전』에는 바로 공자가 "失親"이라고 표현한 내용이 실려 있어서 주목된다.[99] "중니는 위자魏子가 등용한 내용에 대해 듣고 난 뒤, 義라고 평가하고서 다음과 같이 말하였다. '가까이는 친한 사람들을 잃지 않고 멀리는 등용할 만한 사람을 잃지 않으니, 義라고 할 만하다.'"[100] 이는 군주가 아니라 군자의 처지에 대해 논한 것이다. 만약 1.13에 이 맥락을 대입한다면, 1.13에 나오는 "失親"은 군자의 천거와 등용에 대한 것일 가능성이 높다.

이상의 내용을 종합하면, 좁게는 춘추 후기, 넓게는 고대 중국에서 "失親" 여부는 통치자처럼 책임 있는 위치에 있는 이의 처신을 평가하는 지표로 기능했다고 할 수 있다. 1.13에 보이듯이, 그 처신은 구체적으로 언행을 뜻한다. 앞에서 논했듯이, "信近於義, 言可復也"는 말에 대한 것이었고, "恭近於禮, 遠恥辱也"는 행태에 대한 것이었다. 그러한 언행 차원의 적절성 정도에 따라 "失親" 여부가 판결난다. 따라서 책임 있는 위치에 있는 사람은 언행 차원의 배움에 진력해야 한다. 이와 같은 내용은 역시 공자가 "失親"을 거론하는 『공자가어』의 내용에서 확인된다.

> 공자가 백어伯魚에게 말하였다. "리(백어)야, 타인과 하루 종일 같이 지내도 지루하지 않은 것이 바로 배움이라는 거다. [타고난] 외모도 결국 볼 만한 게 아니고, [타고난] 용맹한 기운도 결국 두려워할 만한 게 아니고, [타고난] 조상도 결국 찬양할 만한 게 아니고, [타고난] 가문도 결국 거론할 만한 게 아니다. 큰 명성을 이루어 사방에 떨치고 후세에 전하는 것은 결국 배움의 효과가 아니랴. 그러므로 군자는 배우지 않을 수 없다. <u>용모 역시 가다듬지 않을 수 없다. 가다듬지 않으면 제대로 갖추어지지 않고, 제대로 갖추어지지 않으면 失親하게 된다.</u> 失親하면 불충하게 되고, 불충하면 예를 잃는다. 예를 잃으면 꿋꿋이 설 수가 없다."[101]

"因不失其親"의 내용이 어떻게 배움과 관련되는지, 여기서 그 실마리를 찾을 수 있다. 지도자는 배움을 통해 "失親"하지 않을 수 있는 역량을 유지하고 발전시켜야 한다. 이 점을 감안하여 1.13을 다음과 같이 재서술할 수 있다. "말과 행동을 제대로 해라. 그러면 '失親'하지 않을 수 있다. 그래야 비로소 정치적 리더가 될 수 있다."

이처럼 통치자의 언행 수준이 정치적 차원의 실친 여부로 이어질 수 있다는 메시지는 『논어』를 넘어 다른 고대 중국의 텍스트에서도 발견된다. 이를테면 『논형』은 이렇게 말한다. "나라 다스리는 일과 자기 한 몸 다스리는 일은 같다. 자기 한 몸을 다스림에 있어서 베푸는 일을 적게 하고, 남에게 상처 주는 행동을 많이 하면, 무리와의 관계가 소원해져 끊어지고 치욕이 몸에 이른다."[102]

『논형』「비한非韓」에서 "치욕이 몸에 이르는"(恥辱至身) 상황을 경고하는 문제의식은 1.13에서 "치욕을 멀리하라"(遠恥辱也)고 한 문제의식과 같다. 그리고 "무리와 소원해지는"(交黨疏絕) 상황을 피하라는 권고는 "실친하지 말라"(不失其親)는 권고와 같다. 이처럼 고대 중국의 사상 세계에서 "親"은 양친이나 친척의 범위를 넘어서서 가까운 인물 일반을 포함한다. "남에게 상처주는 행동"(多傷害之操)의 사례로는 어떤 것이 있을까? 『여씨춘추』'거난擧難'의 다음과 같은 대목이 사례 하나를 제공한다. "義를 잣대로 하여 다른 사람을 책망하는 일"(責人以義)이 그것이다. "義를 잣대로 하여 다른 사람을 책망하면 감당하기 어렵고, 감당하기 어려우면 친한 사람마저 잃게 된다."[103]

亦可宗也의 해석

"宗종"에 대해서도 여러 해석들이 경쟁한다. 첫째, 宗을 "존중하다", "높이다" 등으로 풀이하는 해석이 있다. 예컨대 공안국은 宗을 "宗敬종경"으로 풀이한다.[104] 『십삼경주소』는 "인한 사람과 의로운 사람을 친하여 잘못하는 바가 없다면, 그야말로 사람을 알아보는 안목이 있는 사람이다. 그러므로 따르고 존경할 만하다"라고 풀이했다.[105] 유사한 맥락에서 정약용은 "尊존"으로 풀이했다.[106] 정약용이 드는 전거는 『예기』「단궁」에 나오는 "천하에 그 누가 나를 높일 수 있으리오?"(天下其孰能宗予)라는 문장이다. 현대의 학자 귀성환과 거즈이 역시 宗을 "尊"의 의미로 보았다.[107]

둘째, 주희는 宗을 "主주"로 풀이했다.[108] 즉, 宗이란 주도자로 삼는다는 뜻이다. 『논어집주』의 영향하에 있는 다수의 국내 번역본들도 이 해석을 따랐다.[109] 『논어집주대전』에서 주희는 다음과 같이 부연한다.

> 주자가 말하였다. '因'이란 의탁의 뜻이다. 세력이 맞먹고 교류가 얕은 상태이다. 예컨대 선주(유비)가 유표에게 의탁한 경우이다. '宗'이란 주인 삼는다

는 뜻이다. 상대는 높고 나는 낮은 상태에서 상대에게 귀속하는 상태다. 예컨대 공자께서 사성정자, 거백옥, 안수유에게 찾아간 경우이다. 의탁하면서 그 친함을 잃는 것은 아직 심각한 해가 되는 것은 아니다. 그러나 주인 삼으면서 그 친함을 잃으면 심각하게 해롭다. 그러니 오늘은 의탁 관계이지만 훗날에는 주인 삼는 경우가 생길 수 있다. 따라서 군자가 누군가에 의탁할 때는 그 친함을 잃지 않아야 훗날 그를 주인 삼을 수 있다.[110]

춘추전국시대에 각 제후국을 떠돌면서 다양한 관계를 맺는 상황을 상정해 1.13을 해석한 경우라고 할 수 있다. 이러한 宗 풀이는 함께 나오는 "因"이 "의탁"을 뜻한다고 풀이해야만 성립한다. 그리고 "主"를 비교적 협소하게 풀이했다는 데 특징이 있다.

셋째, 宗을 "친족이 받들다"의 뜻이라고 풀이한 해석이 있다. 오규 소라이는 주희의 해석에 대해 근거가 없다고 비판하면서 다음과 같은 해석을 제시한다.[111]

> '宗'은 '宗子종자', '宗周종주'라는 표현에 쓰인 '宗'과 같다. 사람이 본 친척 밖의 인척과 친하면 본 친족이 떠나는 경우가 많은데, 그 사람됨이 본 친척 밖의 인척과 친하면서도 본 친족이 떠나지 않는다. 그래서 유자가 "이 같다면 또한 그에게 돌아가 모실 수 있다"고 찬탄한 것이다. 즉, 친족이 그를 우두머리로 모신다는 말이다. 주자는 '因'은 의탁의 뜻으로, '宗'은 주인 삼다는 뜻으로 풀이했다. 이 또한 친할 만한 사람을 잃지 않는 것으로 풀이한 경우다. 무슨 근거가 있는지 알 수 없다. 무리한 해석이라고 할 만하다.[112]

그 밖에 양보쥔[113]이나 박종연 등은 宗을 "믿을 만하다"라고 해설했고,[114] 이기동이나 이기석·한백우, 조명화는 "으뜸" 혹은 "으뜸 규범"이라고 해설했다.[115] 글자가 가진 기본 의미에 충실하게 풀이하고자 한 시도로 보인다.

"親"의 외연에 대한 앞에서의 논의를 상기한다면, "宗"을 친족 내의 뜻으로 국한하는 것은 설득력이 없다. 그리고 "으뜸" 혹은 "으뜸 규범"이라는 해석 역시 "親"에 대한 탐색이 보여준 정치적 맥락과 거리가 있다. "존중하다"와 "지도자로 모시다"의 해석은 상통하는 부분이 있지만, 좀 더 정치적 맥락을 잘 보여주는 것은 후자이다.

정치적 함의를 찾아서

지금까지 1.13을 구성하는 주요 표현들을 탐구했다. 그러면 1.13의 전체 취지는 무엇일까? 1.13의 전체 구조를 두고는 여러 가지 해석이 경합한다. 첫째, 1.13을 "信近於義", "恭近於禮", "因不失其親"과 "言可復也", "遠恥辱也", "亦可宗也"로 양분해서 봐야 한다는 주장이 있다. 이 주장대로 해석할 경우 맨 마지막에 오는 "亦可宗也"는 1.13 전체에 관계되는 구절이 아니라 후반부에만 관계되는 구절이 된다.

> 이 장은 반드시 두 부분으로 나누어 보아야 한다. 윗부분은 '信近義', '恭近禮', '因不失親'이다. 이 부분은 교제를 시작할 때 철저히 헤아려야 한다는 취지다. 아랫부분은 '言可復', '遠恥辱', '亦可宗'이다. 이는 오래도록 폐단이 없게 되는 효과이다. 애당초에 잘 헤아려야 폐단이 없는 상황에 이르게 된다.[116]

즉, 맨 마지막에 오는 "亦可宗也"가 선행하는 문장들 전체의 결론이 아니라, "因不失其親"의 효과만 서술하는 구절이 된다는 것이다.

둘째, "信近於義", "恭近於禮", "因不失其親"을 인용문으로 보고 "言可復也", "遠恥辱也", "亦可宗也"를 그에 대한 논평으로 보자는 견해가 있다. 오규 소라이는 다음과 같이 주장한다.

"信近於義", "恭近於禮", "因不失其親" 이 세 구절은 옛날 책에 실린 옛날 사람의 덕을 인용한 것이다. "言可復也", "遠恥辱也", "亦可宗也" 이 세 구절은 유자가 풀이한 것이다. 어떻게 그러한지 아는가? 그 말투로 알 수 있다. 그리고 '復복'과 '辱욕'이 서로 음이 어울리고, '親친'과 '宗종'이 서로 음이 어울린다.[117]

『논어』에 인용문이 많다고 보는 것은 오규 소라이의 『논어』 해석이 지닌 특색이다. 특히 특정 글자들이 서로 운이 맞는다는 점에 착안해서 유자의 말을 판별하고자 하는 시도는 창의적이다. 그러나 그 주장의 설득력을 확인할 방법은 없다.

셋째, 귀성환과 거즈이는 문장 전체가 "亦可宗也"라는 구절로 수렴된다고 본다.[118] 즉, 어떠해야만 宗이 가능한지를 설명하는 것이 1.13의 전체 취지라는 말이다. 보다 구체적으로는, 信하고 恭해야지 비로소 不失其親이 가능해져서 결국 宗할 수 있게 된다는 것이다. 문장 중간에 나오는 요소들은 그 이유를 덧붙이는 구실을 한다. 예컨대, "信近於義, 言可復也"는 信이 宗의 근거가 될 수 있는 이유를 설명하고, "恭近於禮, 遠恥辱也"는 恭이 宗의 근거가 될 수 있는 이유를 설명한다.

넷째, 1.13을 구성하는 세 가지 사안(즉, 信近於義, 言可復也와 恭近於禮, 遠恥辱也와 因不失其親, 亦可宗也)의 연관을 명시적으로 부정하는 해석이 있다.

동양 허씨가 말하였다. 언약은 일의 합당함에 들어맞아야 비로소 그 잘못을 방지한다. 공경을 다하는 것은 예의 절도에 들어맞아야 비로소 지나침과 모자람이 없다. 因不失親은 사람을 택하여 교제하는 것의 도리이다. 앞의 두 구절은 이치를 밝히고자 했고, 아래의 한 구절은 사람을 알아보는 일이다. 그렇게 하면 모두 잘못이 없다. 앞의 두 구절은 언행에 대한 것으로 자신을 닦는 일이다. 因親은 사람을 알아보는 일이다. 이 세 가지는 모두 이치에 밝은 사람만이 해낼 수 있다. 이 세 가지는 각기 따로 보아야 할 일로서 서로 이어지는 말은 아니다."[119]

앞에서 논의했듯이, "信近於義, 言可復也. 恭近於禮, 遠恥辱也. 因不失其親, 亦可宗也"에서 "信近於義, 言可復也"는 말에 대한 것이고, "恭近於禮, 遠恥辱也"는 행동에 대한 것이다. 따라서 "信近於義, 言可復也. 恭近於禮, 遠恥辱也"는 언과 행의 사안이 병렬적으로 묶인 것이다. 그리고 "因不失其親"과 "亦可宗也"가 연결되어 있다는 데는 모든 해석자들이 동의한다. 그러면 남은 문제는 "信近於義, 言可復也. 恭近於禮, 遠恥辱也"와 "因不失其親, 亦可宗也"의 관계이다. 앞에서 통치자의 언행과 처신이 어떻게 가까운 사람들을 잃는지 여부에 대해 살펴보았다. 그 점을 감안하면 "信近於義, 言可復也. 恭近於禮, 遠恥辱也"는 "不失其親"을 위해 수행해야 하는 항목들이다. 즉, 언행의 영역에서 제대로 해야 "不失其親"할 수 있고, 그렇게 할 경우 마침내 "亦可宗也"하게 되는 것이다. 그렇다면 "이 세 가지를 각기 따로 보아야 할 일"로 간주하는 것은 무리가 있다.

이러한 구성을 가진 1.13의 전체 취지는 무엇일까? 첫째, "사람을 대할 때 응당 지켜야 할 원칙을 얘기하고 있다"[120]고 보는 견해가 있다. 좀 더 구체적으로는 "말과 행동과 인연, 이 세 가지를 어떻게 해야 하는가"[121]를 이야기하고 있다고 보는 것이다. 이 해석에 따르면, 독자들은 1.13을 읽고 "말과 행동 및 대인관계에 대한 교훈"[122]을 얻어야 한다. 이러한 해석들은 나열된 유의사항 간의 관계에 크게 주목하지 않는다는 특징이 있다.[123]

둘째, 가족 혹은 친족의 규범을 논했다고 보는 견해가 있다. 중국의 사상가 리쩌허우가 먼저 1.13을 당시 사회의 성격과 적극적으로 연관지었고, 한국의 주석가 황희경이 그 견해를 받아들였다. "여기서는 공자의 사상이 역사적으로 씨족 사회의 혈연적 기초에서 유래했다는 리쩌허우의 설을 따라 해석했다."[124] 크게 보면 귀성환과 거즈이의 해석도 이 부류에 속한다. 그들에 따르면, 1.13은 효행의 세 층위를 드러낸다. 그 세 층위란, 부모로 하여금 타인의 존경을 받게 하는 것, 부모의 명성을 욕되게는 하지 않는 것, 부모를 봉양하는 것이다.

셋째, 신중하게 처신해서 장차 뉘우침을 면하게 하는 것이야말로 1.13의 핵심이라고 본 견해가 있다. 주희는 『논어집주』에서 이렇게 말했다. "이것은 다음과 같은 내용을 말한 것이다. 사람의 언행과 교제에 관한 한, 처음부터 조심하고, 마지막에 어떨지까지 고려해야 한다. 그러지 않으면 이리저리 상황에 이끌리다가 자기가 저지른 잘못에 대한 후회를 감당하지 못하게 될 것이다."[125] 이러한 주희의 해석은, 성리학의 영향권 내에 있는 많은 번역본에 영향을 주었다.[126] 그러나 오규 소라이가 보기에, 관건은 상황의 추이를 신중하게 고려하는지 여부가 아니라 선왕의 도에 부합하는지 여부다.

> 그 사람됨이 자기가 말한 내용을 실천할 수 있고 그 말한 내용이 선왕의 의義로부터 그다지 멀지 않기에, 유자가 찬미한 것이다. "이와 같으면 그 말을 진실로 실천할 수 있다. 만약 선왕의 의에서 어긋난 점이 있으면, 실천하려 들어도 되지 않을 것이다." 그 사람됨이 공손하고 또 선왕의 예로부터 그다지 멀지 않으므로, 유자가 찬미한 것이다. "이와 같으면 반드시 치욕을 멀리할 것이다. 만약 선왕의 예에서 어긋난 점이 있으면 도리어 치욕을 초래할 것이다."[127]

이 모든 견해들은 1.13의 정치적 함의에 충분히 주목하지 않는다는 공통점이 있다. 그러나 앞에서 논했듯이, 1.13은 무엇보다 정치적 조언으로 해석하는 것이 타당하다. 특히 "失親"의 용례를 감안할 때, 통치자의 처신이 잘못되었을 경우 (멀리 있는 사람은 물론이고) 가까운 사람마저도 잃게 된다는 정치적 경고를 담고 있다.

"亦可宗也"의 "可"의 뉘앙스를 음미할 때, 1.13은 정치적 리더의 최대 조건이 아니라 최소 조건을 논하고 있다고 할 수 있다. 그 최소 조건이란 바로 가까운 사람을 잃지 않는 것이고, 가까운 사람을 잃지 않는 일은 적절한 언행을 통해서 가능하다. 만약 누군가가 자신의 언행을 통제하지 못해서 가까운 사람마저 잃는다면 그것은 그에게 리더가 될 최소한의 자격마저 없음을 증거하는 것이다.

그렇다면 리더십의 최대 지표는 무엇인가? 그것은 바로 먼 곳 혹은 먼 관계에 있는 사람들까지 리더에게 귀복하는 것이다. 『논어』에는 1.13처럼 리더십의 최소 지표에 대한 언급도 있지만, 최대 지표에 대한 언급도 있다. "윗사람이 예(禮)를 좋아하면, 피치자들 중에 감히 공경하지 않는 사람이 없고, 윗사람이 올바름(義)을 좋아하면, 피치자들 중에 감히 복종하지 않는 사람이 없고, 윗사람이 믿음직스러움(信)을 좋아하면, 피치자들이 감히 실상으로 응대하지 않는 사람이 없다. 무릇 이와 같이 한다면 사방의 피치자들이 자식을 강보에 싸서 업고서 몰려들 것이다."(13.4)[128] 1.13과 마찬가지로 13.4에도 禮, 義, 信 같은 덕목들이 등장한다. 1.13과의 차이는 그것이 기준에 접근하는 정도가 아니라 기준을 충족한 상태를 묘사하고 있다는 사실이다. 윗사람이 禮, 義, 信을 경시하는 것이 아니라(혹은 억지로 따르는 것이 아니라) 그것들을 좋아하기까지 하는 사람이라면, 주변 사람들은 물론이고 멀리 있는 사람들까지 모여들게 된다. 이것이야말로 정치적 리더가 최대한의 리더십을 발휘한 경지라고 할 수 있다.

그러면 1.13과 13.4를 결합한 문장은 없을까? 즉, 정치적 리더십의 최소 조건과 최대 조건을 함께 표현한 문장은 『논어』에 없을까? 13.16이 그에 해당한다. "섭공이 정치에 대해 물었다. 선생님께서 말씀하셨다. '가까이 있는 사람들은 기뻐하고, 먼 데 있는 사람들은 찾아오는 것입니다.'"[129]

지금까지의 논의를 종합해보면, 1.13은 치자의 바른 처신(修己)이 멀고 가까운 사람들을 결속하게 만든다(治人과 平天下)는 정치사상의 일부다. 그저 처신을 바로 하면 된다니, 이것은 너무 상식적인 견해가 아닌가. 그러나 고대 중국에서 이러한 견해는 상식적인 입장이 아니라 경쟁자들의 논란 한가운데에 있던 특정한 입장이었다.

그 경쟁자들 중에는 예를 통한 덕성 함양이라는 정신적 가치를 믿지 않았던 묵자, 그런 모호한 덕성은 정치의 예측 가능성을 저해한다고 보았던 한비자, 예치의 문명적 효과 자체를 회의했던 노자老子나 장자莊子 등이 포함되어 있다. 어쩌면 춘추전국시대의 제자백가 대다수가 이 사안을 두고 경쟁했다고 해도 과언이 아니다. 이 장을 마무리하면서 그중 치욕과 평천하의 관계에 대해 집중해보자.

주지하다시피 기원전 81년에 두 그룹의 학자들이 염철鹽鐵 국가 전매 문제와 제국의 향방에 대해 논쟁을 벌였고, 환관桓寬(B.C.1세기)이 그 논쟁의 내용을 『염철론鹽鐵論』이라는 텍스트로 편집했다.[130] 논쟁의 한 축은 국가 전매에 찬성하는 상홍양桑弘羊(B.C.152?~B.C.80)이 이끄는 국가주의적 전략가들이었고, 다른 한 축은 전매에 반대하는 곽광霍光(B.C.?~B.C.68)의 지원을 받는 일군의 문인들이었다. 그들의 논쟁에서 1.13과 같은 입장을 위선이라고 비판하는 장면이 등장한다.

> 사마자司馬子가 말하였다. "천하가 분주한 것은 모두가 이익을 좇으러 다니기 때문입니다. 조趙 지역 여자가 상대가 미남인지 추남인지 가리지 않고, 정鄭 지역 여자가 멀고 가까움을 가리지 않고, 상인은 치욕을 부끄러워하지 않고, 전사가 죽을힘을 아끼지 않고, 士가 양친을 염두에 두지 않고 군주를 섬김에 어려움을 피하지 않는 것은 모두 이익과 식록을 위해서입니다. 유가와 묵가는 속으로 이익을 탐내면서도 겉으로는 아닌 척합니다. 왔다 갔다 하며 유세하고, 분주한 것은 아직 이익을 얻지 못해서 그런 겁니다. 그러므로 존귀와 영화는 士가 원하는 것이고, 부귀는 士가 기대하는 것입니다."[131]

이 인용문에서 한나라 문화 지형의 일단을 엿볼 수 있다. 『염철론』의 사마자(사마천)가 보기에, 상인이나 士를 막론하고 모두 이익을 추구한다. 『논어』 1.13에서 천명하는 고매한 태도는 위선에 불과하다. "유가와 묵가는 속으로 이익을 탐내면서도 겉으로는 아닌 척합니다"라는 대목에서, 당시 士가 적어도 겉으로는 치욕을 멀리하는 듯한 태도를 천명하고 있었음을 추론할 수 있다. 사마자는 그 태도를 그대로 받아들이지 않고, 위선에 지나지 않다고 통박한다. 그가 보기에 군자는 도덕적이기에 언행을 조심하는 것이 아니다. 그들은 그저 도덕의 허울을 활용해서 개인의 존귀와 영화를 누리려 할 뿐이다.

반면에 『회남자』는 군자나 士 이상의 존재, 즉 성인들은 기꺼이 치욕을 무릅쓴다고 주장한다. 성인들은 개인의 존귀와 영화 대신에 이 세상의 공적 이익에 봉사하려 든다는 점에서 군자나 士와 비슷하다. 치욕을 멀리하는 것이 아니라 치욕을 무릅쓴다는 점에서는 상인과 비슷하다. 다만 성인들은 개인적 욕심 때문이 아니라 공적 이익을 위해 치욕을 무릅쓴다. 즉, 성인들은 치욕을 무릅써 가며 감행하는 이익의 추구를 인정하되, 그것을 개인의 이익이 아니라 공적 이익으로 재정의한다. "성인들은 산을 높다고 여기지 않고 물을 넓다고 여기지 않고 다니며, 치욕을 무릅쓰고 세상 군주들을 도와 일하고자 했다. 이는 식록과 자리를 탐내서 그런 것이 아니었다. 세상의 이익을 진작하고 뭇 피치자들이 입는 해를 제거하기 위해서였다."[132]

『회남자』에 따르면 치욕을 무릅쓰며 공적 이익에 봉사하기를 표방했던 이가 바로 관자다. 관자는 치욕을 멀리하기보다는 치욕을 무릅쓰고 국가의 안녕을 위해 매진한 인물로 재현되었다.[133] 국가주의적 전략가들은 공자의 추종자들을 비판하면서 이렇게 말한다. "약간 굽혀서 크게 곧게 할 수 있다면 군자는 기꺼이 감행합니다. 지금 고집스럽게 하나의 길만 고수하고 미생[134]의 뜻을 끌어댄다면, 진晉나라 문공이 제후들을 속여 주나라 왕실을 받든 것조차 말할 가치가 없게 될 것이며, 관중이 치욕을 무릅쓰고 망할 나라를 보존시킨 것도 거론할 가치가 없게 될 것입니다."[135] 관자가 치욕을 무릅쓰면서까지 기대했던 정치의 이상적 모습은 어떤 것이었을까? 앞의 12장에서 언급한 것처럼 그 모습은 다음과 같다.

> 관중이 말하였다. "옛날에 선왕이 사람들을 다스리는 바는 이러했다. 대체로 사람들은 노고를 우려하지만, 위에서 때에 맞춰 부리면, 사람들은 노고를 걱정하지 않았다. 사람들은 배고픔을 걱정하지만, 위에서 세금을 적게 걷으면, 사람들은 배고픔을 걱정하지 않았다. 사람들은 죽음을 두려워하지만, 위에서 형벌을 관대하게 집행하면, 사람들은 죽음을 두려워하지 않았다. 이렇게 하며 덕 있는 사람을 가까이하고 여색을 멀리하면, 책봉 받은 사방에서는 군주 보기를 부모 보듯이 할 것이요, 사방 밖에서는 군주에게 귀의하기를 흐르는 물처럼 할 것이다."[136]

덕 있는 사람을 가까이하고 여색을 멀리하라고 권하는 점에서 관자 역시 개인적 처신을 중시한다. 그렇게 해야 비로소 1.13에서 말하는 것처럼 "친한 사람을 잃지" 않을 수 있다. 즉, 정치적 리더십의 최소 조건을 충족시킬 수 있게 된다. 그리고 그러한 태도가 피치자들에게 부담을 덜 떠넘기는 정책과 결합할 때, 단지 친한 사람을 잃지 않는 데 그치지 않고 저 멀리에서도 사람들이 귀부해오게 된다. 즉, 정치적 리더십의 최대 조건을 충족시킬 수 있게 된다. 이런 점에서 관자의 세계는 『논어』의 세계와 매우 유사하다. 그러나 그 과정에서 설정하는 자아의 모습은 사뭇 다르다. 1.13이 치욕을 멀리하는 자아 수양을 통해서 일정한 정치적 효과를 기대했다면, 관자는 치욕을 감수함으로써 비로소 가능한 정치적 효과를 기대한다.

17

배움과 정치

선생님께서 말씀하셨다.
"군자는 먹는 일에서 배부름을 추구하지 않고,
거처에 있어 편안함을 추구하지 않고,
일처리에 애쓰고 말을 신중히 하고,
도道가 있는 곳에 나아가 시비를 바르게 가린다.
그러하면 정녕 배움을 좋아한다고 할 만하다."
子曰, 君子食無求飽, 居無求安, 敏於事而愼於言, 就有道而正焉, 可謂好學也已.
(『論語』 1.14)

『논어』 1.14는 "군자"에서 시작해서 "호학"으로 끝난다. 따라서 기존 해석이 "군자"와 "배움"이라는 두 개의 키워드를 축으로 진행된 것은 자명할 정도로 타당해 보인다.[1] 이 장은 이 같은 기존 해석에 대한 이견을 제시하고, 1.14의 핵심은 배움과 정치의 관계를 재정의하는 데 있다고 주장한다.

그와 같은 결론에 도달하기 위해 1.14의 구조를 다시 파악하고, 각 구절의 수석사를 재검토한다. 이어서 그 재검토의 결과가 사상사의 맥락에서 어떤 의미를 갖는지를 조명한다. 이 작업이 성공적일 경우, 1.14는 그저 배움의 중요성을 강조하는 데 그치는 문장이 아니라, 배움과 정치의 관계를 놓고 경쟁하던 여타 입장들을 비판하며 제기된 매우 논쟁적인 주장임이 드러날 것이다.

해석의 지형과 문장의 구조

주석가들의 상당수는 1.14에서 군자와 배움의 연결 구조에 주목하지는 않는다. 예컨대 심경호가 "이 장에서 공자는 학문하는 군자는 독지篤志(돈독한 뜻)를 지니고 역행力行(힘써 실행함)하되 바른 도리를 지켜야 한다고 역설했다"[2]라고 정리할 때, 독자가 1.14의 구조를 발견하기는 어렵다. 그러나 1.14의 구조를 파악하고자 한 주석들이 일부나마 존재한다. 그 주석들 대부분은 "食無求飽"에서 "就有道而正焉"까지의 과정을 배움이 점차 강화되는 구조로 간주한다.

예컨대 『논어집주대전』에서 운봉 호씨는 1.14가 (최종 목적지까지 이르기 위해 반드시 거쳐야 할) 단계적 구조를 갖고 있다고 본다. "운봉 호씨가 말하였다. [배부름, 편안함 등을] 추구하지 않게 된 이후에야 비로소 그 [배움을] 좋아하는 뜻을 알 수 있고, 민첩하고 신중해진 이후에야 좋아하는 바의 실질을 알 수 있고, 도 있는 이를 통해 바로잡은 이후에야 좋아하는 길을 벗어나지 않게 된다. 이 문장은 배우기 좋아하는 이를 얻기가 심히 어렵다는 것을 보여줄 만하다."[3] 한편, 정약용은 1.14를 소체小體에서 대체大體,[4] 자아에서 자아를 넘어서는 영역으로의 확장과 심화 과정으로 이해한다. "먹는 것과 거처하는 것, 이것들은 모두 소체를 기르는 방법이다. 이것을 먼저 거론한 것은 극기가 먼저임을 밝힌 것이다"[5]라고 말했다. 다른 한편, 이토 진사이는 "食無求飽"에서 "就有道而正焉"까지 과정을 혼자 하는 공부에서부터 스승과 함께하는 공부로의 진화 단계로 이해한다. 스승이라는 타자를 만나지 못하면, "옳고 그름을 취사선택할 때 분간을 제대로 하지 못해서 인생을 망칠 사람이 많을 것이다".[6] 그리하여 스승과 함께하여 잘못을 교정하는 단계 정도에 이르러야 비로소 배움을 좋아한다는 칭찬이 걸맞다고 선언한다.[7] 강동석은 아예 3단계로 분류한다. "호학好學의 3단계에 대해 말하고 있다. 즉, 학자란 첫째 배부름을 비롯한 안일함을 생각해서는 안 되고, 둘째 말보다는 행실에 초점을 두어야 하며, 셋째 자신이 생각한 시비에 대해 도가 있는 사람에게 나아가 증험해야 한다."[8]

그러나 정밀 독해를 해보면 해당 부분을 "食無求飽, 居無求安"과 "敏於事而愼於言, 就有道而正焉"의 양분 구조가 드러난다. 전자에는 "無求"라는 표현이 있는 반면, 후자에는 없다. "無求"는 무엇을 적극적으로 추구하는 상태를 묘사하는 것이 아니라 어떤 것을 하지 않는다는 소극적인 거부 상태를 표현한다. 반면에 후자에 나오는 敏, 愼, 就라는 글자들은 모두 적극적으로 무엇을 지향하는 추구 상태를 표현한다. 이러한 대비를 감안할 때, "食無求飽, 居無求安"을 하나의 해석 단위로 간주하고 "敏於事而愼於言, 就有道而正焉"을 또 하나의 해석 단위로 간주하는 것이 타당하다. 즉, 1.14가 묘사하는 배움의 과정은 소극적인 배움과 적극적인 배움으로 양분할 수 있다.

食無求飽, 居無求安의 해석

"군자는 먹는 일에서 배부름을 추구하지 않고, 거처에 있어 편안함을 추구하지 않"는다는 말은 자칫 군자는 배고프고 불편하게 살아야 한다는 식으로 받아들여질 수 있다. 그러나 이 문장에서 핵심은 "추구"(求)이다. 다른 사람과 마찬가지로 군자 역시 배부르고 편할 수 있다. 다만 그것을 추구할 바로 삼지는 않는다. 다시 말해 1.14 전반부의 관건은 배부름이나 편안함의 상태 자체가 아니라, 군자가 추구하지 않는 바를 명료히 하는 것이다.

그런데 군자는 왜 배부름과 편안함을 "추구"하지 않는 것일까? 『십삼경주소』와 주희의 『논어집주』에 따르면, 편안함과 배부름을 추구하지 않는 것은 다른 곳에 뜻이 있어 달리 신경 쓸 겨를이 없기 때문이다.[9] 그렇다면 그 뜻은 대체 어디에 있는 것일까? 『십삼경주소』에 따르면, "道를 즐기는 데" 뜻이 있다. "'君

子食無求飽, 居無求安'(먹는 일에서 배부름을 추구하지 않고 거처에 있어 편안함을 추구하지 않는다)이라는 구절은 배우는 사람의 뜻은 道를 즐겨 배고픔을 잊으므로 편안함과 배부름을 추구할 겨를이 없음을 말한 것이다."[10]

그렇다면 다른 데 뜻을 둘 겨를이 없을 정도로 마음을 사로잡는 그 "道"의 내용은 대체 무엇일까? 주희에 따르면, 그 내용은 자아 내부에 존재하는 이치 같은 것이다. "주자가 말하였다. '먹는 일에서 배부름을 추구하지 않고 거처에 있어 편안함을 추구하지 않는다'는 것은 자기 마음속에 늘 하나의 규범적이고 중요한 도리가 자리 잡고 있음을 깨달아 배부름이나 편안함 같은 것에는 신경 쓸 겨를이 없다는 말이다."[11]

그러나 『논어』가 제시하는 그 道의 내용은 주희가 말한 바와 사뭇 다르다. "천하에 道가 있으면 자신을 드러내되, 道가 없으면 숨어 지낸다. 나라에 道가 있을 때는 빈천한 것이 수치이고, 나라에 道가 없을 때는 부귀한 것이 수치다."[12] 이 8.13에 따르면 부귀영화는 그 자체로 좋거나 나쁜 것이 아니라 자신이 처한 나라의 상태에 따라 도덕적 평가가 달라지는 조건부 대상이다. 군자가 배부름과 편안함 대신에 추구할 바는 (자기 내부의 도를 깨닫는 것보다는) 공적인 장에 적극적으로 참여하는 일이다.

敏於事而愼於言의 해석

주석가들은 대개 "敏於事"와 "愼於言"을 언행의 빠름과 늦음의 문제로 간주한다. 『십삼경주소』에서는 敏을 속도가 빠르다는 뜻으로 이해했다. 배우는 일에 민첩하면 좋은 결과를 이루게 된다는 해석이다. 이 같은 해석을 뒷받침하기 위해 『서경』 「열명說命」의 "공경스럽고 겸손한 태도로 목전의 일을 민첩하게 하여야 그 갈고 닦은 내용이 이루어진다"고 하는 문장을 인용한다. 그리고 배움에 소득이 있으면 그것을 (떠벌이지 말고) 조심스레 말해야 한다고 했다.[13] 주희는 이 언행의 속도 문제를 인간 특유의 속성과 관련짓는다. 주희가 보기에 인간은 원래 말을 많이 하되 행동은 하지 않으려는 경향이 있다. "주자가 말하였다. 말은 많아지기 쉬우므로 감히 다 말하려 들지 말고, 행동은 부족하기 쉬우므로 민첩하게 해야 한다. 또 말하기를, 행동은 항상 부족해서 탈이고, 말은 항상 남아서 탈이다."[14]

『논어』 내의 다른 문장들도 이러한 해석을 지지하는 듯이 보인다. "선생님께서 말씀하셨다. '군자는 말은 신중히 하되 행동에 옮기려고 애쓴다.'"(4.24)[15] 1.14에서처럼 이 문장에서도 訥(신중함)과 敏(실천성)은 정확히 대비된다. 1.14에서 求라는 글자의 기능에 주목했듯이, 여기서는 欲이라는 글자에 주목해야 한다. 그것은 모두 언행의 결과가 아니라 언행이 추구하는 지향점을 나타낸다. 그렇지 않으면 군자가 단순히 말이 신중해지기를 바란 것으로 오해할 수 있다. 주희가 언급했듯이, 사람은 원래 말을 많이 하되 행동은 하지 않으려는 경향이 있는 법, 일부러 말은 신중하게 하고 행동은 과감하게 하기를 "추구"하다보면 결과적으로 균형이 맞아 적절한 언행을 구사하게 될 것이다.

이상이 "敏於事而愼於言"에 대한 주류적 해석이다. 그런데 이 같은 해석에 이견을 제시하는 연구가 제출되었다. 현대의 학자 리융李永의 연구에 따르면,[16] 『논어』에서 敏은 총 9차례 등장하고, 대부분 "빠르다"는 뜻으로 해석되어 왔다. 그런데 그러한 풀이에 집착할 경우, 공자가 여러 차례 천명한 "행동을 조심해야 한다"(愼行)는 주장과 모순되게 된다. 『논어』에서 공자는 신중한 행동을 거듭 강조한다. "맨몸으로 호랑이를 대적하고 맨발로 물을 건너다가 죽어도 후회하지 않을 사람과는 나는 함께하지 않겠다. 반드시 일에 임해서는 조심스럽고, 계책을 잘 세워 이루어내는 사람이어야 한다."(7.11)[17] "빨리 이루려 들지 말고 작은 이익에 눈을 두지 마라. 빨리 이루려고 하면, 제대로 이룰 수 없고, 작은 이익에 눈을 두면 큰 일을 이룰 수 없다."(13.17)[18] "많이 보고 그중 영글지 않은 것을 접어두고, 그 나머지에 대해서는 조심스레 행동하면, 후회가 적을 것이다. 말에 허물이 적고 행동에 후회가 적으면, 관직은 그 가운데 있을 것이다"(2.18)[19]

어떻게 이 모순을 해결할 것인가? 리융은 상세한 고증 작업을 통해 고대 문헌에서 敏민, 暋민, 忞민, 孟맹, 勉면 등의 글자들이 모두 음과 뜻이 비슷하다는 사실을 밝혀냈다. 그에 따르면, 그 글자들은 모두 "노력하다" 혹은 "애쓰다"라는 뜻이다. 그가 제시하는 전거들은 다음과 같다. ① 『상서정의尙書正義』에 나오는 "鄭玄讀昏爲暋, 訓爲勉也"(정현鄭玄은 昏혼을 暋이라 읽고, 勉을 뜻한다고 보았다)라는 문장. ② 『송서宋書』「하상지전何尙之傳」에 나오는 "暋作肆力之氓"(暋은 온 힘을 다하는 무리들을 지칭한다)이라는 문장. ③ 『상서금고문주소尙書今古文注疏』「입정立政」에 나오는 "暋, 釋詁云, 强也"(暋은 『이아』「석고」에서 强강이라고 풀이했다)라는 문장.[20] ④ 『문선文選』「유통부幽通賦」의 "盍孟晉以迨群兮, 辰倏忽其不再"라는 문장에 대해 이선李善(?~690)이 "孟, 勉也, 晉, 進也"(孟은 勉이다. 晉은 進이다)라고 한 문장. ⑤ 『예기』「중용」에 나오는 "人道敏政, 地道敏樹"에 대하여 정현이 "敏, 猶勉也"(敏은 勉과 같다)라고 주를 단 문장. ⑥ 『한서』「동방삭전東方朔傳」에 나오는 "此士所以日夜孶孶, 敏行而不敢怠也"에 대하여 안사고顔師古가 "孶, 與孜同, 敏, 勉也"(孶자는 孜자와 같다. 敏은 勉이다)라고 주석을 단 문장. 이러한 일련의 예문들을 감안할 때, 『논어』에서 기존 방식대로 해석할 수밖에 없는 두 구절, 즉 "제(안연)가 비록 불민하기는 하나 이 말씀을 받들고자 합니다"(12.1),[21] "제(중궁)가 비록 불민하기는 하나 이 말씀을 받들고자 합니다"(12.2),[22] 이 두 차례를 제외한다면, 나머지 여섯 차례에서는 모두 敏이 "노력하다" 혹은 "애쓰다"의 뜻이라고 주장했다.

이 같은 리융의 연구는 계발적이다. 그런데 『논어』에는 그의 주장과는 달리 공자가 '신중한 행동' 못지않게 '빠른 행동'을 강조한 부분이 엄연히 존재한다. "자공이 군자에 대해 여쭈었다. 선생님께서 말씀하셨다. '먼저 그 말을 실천한 이후에, 그 말이 뒤따른다.'"(2.13)[23] "선생님께서 말씀하셨다. '옛날에는 말을 함부로 하지 않았는데, 몸소 실천함이 그 말에 미치지 못함을 부끄러워해서였다.'"(4.22)[24] 그렇다면 리융의 주장이 꼭 틀린 것일까? 그렇지는 않다. 『논어』에서 敏의 용례를 반드시 일괄해서 이해할 필요는 없다. 敏의 용례를 일에 관한 "敏"의 용례와 언행에 관한 "敏"의 용례로 나누어 보는 것이 좋다. 언행의 문제를 논할 때 "敏"은 "빠르다"의 뜻이지만, "일처리"를 논할 때 "敏"은 "애쓰다"의 뜻인 것이다. 1.14는 敏於事, 즉 일처리에 관해서 "敏"을 논하고 있으므로, "일을 민첩하게 하다"가 아니라 "일에 애쓰다"로 해석하는 것이 바람직하다. 이렇게 해석하면 선행하는 "편안함을 추구하지 않고"와 명료한 대구를 이룬다. 즉, 1.14는 군자가 일신의 편의가 아니라 일처리에 애쓰기를 기대하고 있다.

就有道而正焉의 해석

就有道

"就有道" 구절에서 쟁점은 "有道"라는 표현이 도가 있는 사람을 의미하는지, 도가 있는 나라를 의미하는지다. 대부분의 주석이 有德이 사람을 지칭하는 것과 마찬가지로 有道 역시 사람을 지칭한다고 보았다. 『십삼경주소』에서는 有道를 도덕을 가진 사람이라고 해석했다.[25] 즉, 도와 도덕을 동일시했다. "正은 자신의 옳고 그름을 묻는 것이다. 즉, 배우다가 모르겠는 것이 있으면 도덕을 가진 사람에게 가서 그 옳고 그름을 바르게 정해야 한다는 뜻이다."[26] 오규 소라이는 도와 도덕을 동일시하지 않고 도와 덕을 구분했다. "有道라는 표현과 有德이라는 표현은 옛날 책에서 그 뜻이 그 자체로 구분된다. 몰라서는 안 된다."[27] 『논어집주대전』에서 신안 진씨는 "이 有道라는 글자는 도를 가진 사람을 지칭한다. 그 자신이 도와 하나되어, 사람들이 말미암는 도를 그 또한 말미암을 수 있다"[28]라고 말했다. 그 밖에 상당수의 『논어』 한국어 번역본 역시 有道를 도(덕)를 가진 사람으로 풀이한다.[29]

그러나 조명화는 이의를 제기한다. 많은 이들이 有道를 "도를 갖춘 사람"이라고 해석했지만, 『논어』에 나오는 有道라는 표현은 "12.19를 제외하고는 모두 '有道之邦'(바른 도리가 시행되는 나라)의 뜻이지 '有道之人'(바른 도리를 갖춘 사람)의 뜻은 아니다". 게다가 "'正'은 '政'의 통자이기 때문에 '政事에 종사하다'는 뜻으로 보는 것이 무난하다".[30] 결국 조명화에 따르면, 就有道而正焉은 "도가 있는 나라에 가서 정사에 종사하다" 정도로 번역되어야 한다. 이 쟁점을 해결하기 위해 『논어』에 나오는 有道의 용례들을 폭넓게 살펴보자.

> 천하에 도가 있으면, 자신을 드러내되, 도가 없으면 숨어 지낸다. 나라에 도가 있을 때 빈천한 것이 수치이고, 나라에 도가 없을 때는 부귀한 것이 수치다.(8.13)[31]

> 선생님께서 말씀하셨다. "천하에 도가 있으면, 예악과 정벌이 천자로부터 나온다. 천하에 도가 없으면, 예악과 정벌이 제후로부터 나온다. 제후로부터 그러한 것들이 나오면, 열 세대가 지나도록 나라를 잃지 않는 경우가 드물다. 대부로부터 나오면 다섯 세대가 지나도록 나라를 잃지 않는 경우가 드물다. 가신이 나라의 명령권을 쥐고서 삼 세대가 지나도록 나라를 잃지 않는 경우가 드물다. 천하에 도가 있으면 정치가 대부에게 있지 않다. 천하에 도가 있으면 일반인들이 이러쿵저러쿵하지 않는다."(16.2)[32]

일단 두 예문에서 분명한 것은, 有道라는 표현이 나온다고 해서 모두 "有道之邦"을 지칭하는 것은 아니라는 점이다. 고대 중국어에서 有道는 개인에게도 쓸 수 있고, 나라에도 쓸 수 있고, 천하에도 쓸 수 있는, 상당히 사용 범위가 넓은 표현이다.[33] 8.13에서 특히 두드러지는 점은, 천하에 도가 있는지 여부가 개인의 처신을 좌우하는 핵심 조건이라는 것이다. 그에 따르면, 정치참여나 부귀 같은 것들은 그 자체로 좋거나 나쁜 것이 아니다. 과연 어떤 조건에서 정치참여나 부귀가 이루어지는지가 핵심이다. 8.13에 따르면, 나라에 도가 있을 때만 정치참여나 부귀가 이루어져야 한다. 이 점은 『논어』의 다른 부분에서도 거듭 강조된다. "선생님께서 남용南容을 평하셨다. '나라에 도가 있을 때에는 버려지지 않고 쓰일 것이고, 나라에 도가 없을 때에는 형벌을 면할 것이다.'"(5.2)[34] "나라에 도가 있을 때 녹만 받아먹는 것과 나라에 도가 없을 때도 녹을 받아먹는 것이 부끄러운 일이다."(14.1)[35] 이 예문들은 모두 나라에 도가 있는지 여부에 따라 정치참여 여부가 결정됨을 명시적으로 말하고 있다.

그리고 1.14와 좀 더 유사한 맥락을 보여주는 예문이 하나 더 있다. "군자로구나, 거백옥이여! 나라에 도가 있으면 벼슬하고, 나라에 도가 없으면 [자신의 포부를] 거두어 감추었다."(15.7)[36] 이 문장은 有道의 표현이 군자의 언행 문제와 연결되어 있다는 점에서 1.14와 메시지를 공유한다. 공자는 거백옥을 가리켜 군자라고 높이 평가했는데, 거백옥의 어떤 점이 그러한 판단 근거가 되었을까? 바로 나라에 도가 있는지 여부에 따라 처신을 달리 할 수 있었다는 점이다. 다시 말해 정치에 거리를 두고 자기 한 몸 깨끗이 한다고 해서 군자가 되는 것도 아니고, 제대로 된 정치를 위한 제반 조건이 갖추어지지 않았는데도 그저 정치에 참여한다고 해서 군자가 되는 것도 아니다. 군자는 도의 유무에 따라 정치참여 여부를 조율할 수 있는 인간이다. 그렇게 조율할 수 있다는 것은, 군자가 정치라는 외적 환경을 완전히 좌우할 수 있는 존재도 아니지만, 정치에 전적으로 좌우되지도 않는 주체성을 가지고 있음을 뜻한다.

1.14와 마찬가지로 有道라는 표현이 언행의 문제와 연결되어 있음을 보여주는 문장이 『논어』에 또 있다. "선생님께서 말씀하셨다. '나라에 도가 있으면, 말과 행동을 딱 부러지게 하고, 나라에 도가 없으면, 행동은 딱 부러지게 하되 말은 겸손하게 하라.'"(14.3)[37] "선생님께서 말씀하셨다. '영무자는 나라에 도가 있을 때는 지혜로웠고, 나라에 도가 없을 때는 우직하였다. 그의 지혜에는 미칠 수 있으나, 그의 우직함에는 미칠 수 없다.'"(5.21)[38] 이 문장들은 모두 나라에 도가 있는지 여부에 따라 개인의 언행 방식이 달라져야 함을 강조하고 있다. 이러한 점을 염두에 두고 1.14를 다시 독해해보자. "敏於事而愼於言"은 (도가 있는 나라에 나아가기 전에, 혹은 그와 무관하게) 언행을 가다듬는 차원을 논한 것이고, "就有道而正焉"은 언행을 가다듬은 뒤에 해당 영역에 참여하는 일을 논한 것이 된다.

이처럼 천하 및 나라에 도가 있다는 말은 군자의 정치참여 조건뿐 아니라 그 조건을 구현한 정치공간의 성격에 대해서도 중요한 것을 알려준다. 이른바 "有道之邦"이란 도가 완전하게 구현된 곳이라기보다는 군자가 나아가서 정치를 해볼 만한 일정한 조건을 갖춘 나라다. 이렇게 볼 때, 고대에 존재했던 이상적인 정치방식으로 도를 이해한 오규 소라이의 해석[39]이나 우주를 관통하는 법칙으로 도를 이해한 주희를 비롯한 성리학자의 해석은 모두 문제가 있다.[40] 『논어』에서 도란 완전무결한 상태에 있는 것이 아니다. 그것은 꾸준히 수정되고 개선될 수 있는 정치 및 질서의 조건이다. 『논어』에 나오는 도를 이렇게 이해해야 8.13에 나오는 "죽음을 무릅쓰고 훌륭한 도에 매진한다"[41]라거나 15.29에 나오는 "사람은 도를 넓힐 수 있으나, 도가 사람을 넓히는 것은 아니다"[42]는 표현을 이해할 수 있다. 만약에 도가 완전무결하여 더 이상 개선의 여지가 없는 실체라면, 어떻게 "훌륭한 도"라고 새삼 수식할 필요가 있겠는가? 『논어』의 "有道"는 잠재적 성격을 가진 것이지, 그 자체로 완전무결한 것은 아니다.

그러면 이제 有道라는 표현을 넘어 就有道라는 표현으로 나아가보자. 『논어』에는 1.14 말고도 就有道가 나오는 곳이 한 군데 더 있다. "계강자季康子가 공자에게 정치에 대해 물었다. '無道한 자를 죽여서 [피치자들을] 도가 있는 곳으로(有道) 나아가게 한다면 어떤가?' 공자가 대답하였다. '대부께서는 정치를 하면서 어찌 살인을 그 도구로 쓰려고 하십니까? 대부께서 선하고자 하면, 피치자들도 선해질 것입니다. 군자의 덕은 바람이요, 소인의 덕은 풀입니다. 풀 위에 바람이 불면, 풀은 반드시 눕습니다.'"(12.19)[43] 조명화는 12.19에 나오는 有道가 『논어』 전체의 有道 용례 중에서 예외적이라고 보지만,[44] "有道"라는 두 글자뿐 아니라 선행하는 "就"까지 동일하다는 점에서 1.14와 가장 유사한 용례임을 인정할 필요가 있다.

12.19와 1.14에 공히 나오는 就有道라는 표현을 "도를 가진 사람에게 나아가다"로 볼 것인가, 아니면 "도가 있는 나라에 나아가다"로 볼 것인가? 실로 여러 가지 해석 가능성이 존재한다. "무도한 자를 죽여서 '도 있는 상태'를 이룬

다면", "무도한 자를 죽여서 '도 있는' 상태로 나아간다면", "도 있는 사람에게 나아간다면", "도 있는 사람을 나아가게 한다면" 등, 문법적으로 다양한 번역이 가능하다. 여기에 하나의 정답은 없다.

다만 확실한 것은 "如殺無道 以就有道"가 그 자체로 배움의 행위라기보다는 일단 爲政 행위로 간주되고 있다는 사실이다(子爲政, 焉用殺). 그렇다면 1.14에 나오는 "就有道而正焉" 역시 爲政 행위로 간주할 수 있다.[45] 12.19의 내용은 『설원』 「정리政理」에서 자세히 부연된다.

> 계손이 공자에게 물었다. "<u>無道를 죽여서 有道에 나아간다면 어떻습니까?</u>" 공자께서 대답하셨다. "그대는 정치를 하는데, 어찌 죽이는 일을 사용하시는가? 그대가 선하고자 하면, 백성들도 선해질 것이다. 군자의 덕은 바람이요, 소인의 덕은 풀이다. 풀 위에 바람이 불면, 풀은 반드시 눕는다." 이것은 교화를 밝혀야 함을 말한 것이다. 나라 다스리는 일에는 두 가지 메커니즘이 있다. 형벌과 덕이다. 왕도정치를 행하는 이는 덕을 숭상하고 형벌을 줄인다. 패도정치를 행하는 이는 형벌과 덕을 함께 쓰고, <u>강국</u>은 형벌을 우선시하고 덕을 뒤로한다. 무릇 형벌과 덕은 교화가 말미암는 바다. 덕은 선을 길러 결점을 보완하는 것이다. 형벌은 악을 징벌하여 다시는 그런 일이 일어나지 않게 금하는 것이다. 그러므로 덕화를 숭상하면 포상에 이르게 되고, 형벌을 심하게 하면 징계에 이르게 된다. 징계하고 포상하는 것은 잘난이와 못난이를 구별하고, 공이 있는 이와 공이 없는 이를 줄 세우는 방법이다. 그러므로 징계와 포상은 착오를 일으켜서는 안 된다. 징계와 포상이 착오를 일으키면 선과 악이 혼란스러워진다. 공이 있는데도 포상하지 않으면 선이 권장되지 않고, 잘못이 있는데도 징계하지 않으면 악이 두려워하지 않는다. 선을 권장하지 않으면 악이 두려워하지 않는다. 그러고도 천하에 교화가 가능한 경우는 들어본 적이 없다. 『서경』 「주서」 '강왕지고康王之誥'에 '상과 벌을 다 조화롭게 한다'는 말이 있는데, 바로 이것을 말한 것이다.[46]

이 인용문은 교화를 정치의 목표로 간주하고 그에 대한 일반 이론을 개진하고 있다. 오늘날의 통념에 비추어 여기서 개진되는 이론은 여러모로 흥미롭다. 통념과는 달리 형벌도 포상처럼 교화 작업의 일부로 간주되고 있으며, 오늘날에는 긍정적 의미를 띠고 있는 "강국"이라는 단어도 부정적 함의를 갖고 있다.

그러면 지금까지 논의해온 有道는 어떤 의미인가? "無道를 죽여서 有道에 나아간다면 어떻습니까?"라는 서두의 질문에서 드러나듯, 『설원』「정리」는 無道와 有道의 이분법을 구사한다. 無道 앞에 "殺"이라는 동사가 왔다는 점에서 무도는 사람임에 틀림없다. 반면에 有道는 무도한 사람을 죽여서 기대해볼 수 있는 결과를 뜻한다는 점에서, 도가 있는 상태를 지시하는 것으로 보인다. 요컨대 무도한 사람을 죽여서 도가 있는 사람에게 다가가는 것이 아니라, 무도한 사람을 죽여서 도가 있는 상태로 나아가는 것이 "無道를 죽여서 有道에 나아간다"는 말의 뜻이다. 다시 말해 『설원』「정리」에서의 "就有道"란 개인 수양의 맥락에서 나온 표현이 아니라 치국의 정치 활동을 논하는 맥락에서 나온 표현이다.

이제 해명할 문제는 (그 자체로는 배움의 활동이 아니라) 정치 활동을 나타내는 "以就有道"라는 표현과 (그 자체로는 정치 활동이 아니라) 배움의 활동을 나타내는 "可謂好學也已"라는 표현의 관계다. "也已"라는 강조형 종지사를 감안할 때, 이것은 일부러 강조할 필요가 있었던 논쟁적인 주장이었던 것으로 판단된다. 어떤 근거로 정치 활동을 배움(을 좋아하는 일)의 일부로 간주할 수 있는가? 이 질문에 답하기 위해 『논어』에서 정치 활동과 배움의 관계를 논한 문장을 살펴보자.

"자하가 말하였다. '벼슬하면서 여력이 있으면 배우고, 배우고서 여력이 있으면 벼슬한다.'"(19.13)[47] 이에 대해 크게 두 해석이 대립하고 있다. 주희 이전에는 뒤 구절이 앞으로 와야 맞다고 주장하는 해석이 존재했다.[48] 즉, 배우고서 벼슬하는 게, 벼슬하고서 배우는 것보다 순서상 당연히 우선한다는 말이다. 일견 타당한 견해처럼 보인다. 배워서 준비를 갖춘 뒤에 정치 영역에 들어가야지, 일단 정치에 참여한 뒤에 배우는 일이 시작되는 것은 조리에 안 맞는 것 같다. 이 같은 해석과는 달리, 주희는 『논어집주』에서 "이치는 같으나 일은 다르다(理同而事

異)"라고 주석을 달았다.[49] 이것은 배움과 정치가 서로 다른 영역이기는 해도 같은 이치가 관통한다는 뜻이다. 같은 이치가 관통한다면, 둘 중 어느 것이 우선하는가는 중요하지 않다. 이와 같은 해석은 전 우주에 한 가지 이치가 관통한다는 성리학의 형이상학에 기초하고 있다. 이 견해에 따르면, 중앙정부의 관직에 나아가는 일이든 지방에서 자기 수양을 하는 일이든 동일한 차원의 일이 된다.

고대 중국에는 하나의 이치가 전 우주를 관통한다는 식의 형이상학은 없었다. 따라서 주희의 해석을 따를 수는 없다. 주희 이전의 지배적 해석 역시 문제가 있다. 원문의 순서가 잘못되었다고 가정하기 앞서 왜 저와 같은 순서를 가졌는지부터 질문해야 한다. 다시 말해서 왜 자하는 "學而優則仕, 仕而優則學"이라고 하지 않고 "仕而優則學, 學而優則仕"라고 했는가? 그는 정녕 일단 정치에 참여한 뒤에 배우는 일이 시작된다고 본 것일까? 즉, 정치가 배움보다 순서상 우선한다고 본 것일까? 그렇게 생각하는 것은 아무래도 불합리하다. 그토록 정치가 중요할진대, 아무런 기초도 없이 정치에 뛰어들라고 하는 것은 납득하기 어렵다.

『논어』 19.13은 흔히 분리해서 생각하는 두 사안을 함께 생각하자는 언명일 가능성이 높다. 마치 '사람은 책을 만들고 책은 사람을 만든다'는 표어와도 같다. 이 표어는 사람이 책을 만드는 게 먼저인가, 책이 사람을 만드는 게 먼저인가 하는 순서의 문제를 다루는 것이 아니다. 그 형성의 차원에서 사람과 책이 상호관계를 이룬다는 점을 다루는 것이다. 마찬가지로 19.13은 仕而優則學과 學而優則仕가 상호관계를 이룬다는 점을 천명하는 것이지, 그 둘의 순서를 천명하는 게 아니다. 곧 살펴보겠지만, 일견 지당해 보이는 이런 주장은 당시에 결코 당연한 주장이 아니었다.

正焉

『논어』에서 "正"의 용례는 크게 네 가지로 나눌 수 있다. 첫째, (무엇인기를)

"바르게 하다"라는 동사로 사용된 경우, 둘째, (주어가) "바르다" 혹은 "바른 상태에 있다"라는 서술어로 사용된 경우, 셋째, "바르게" 혹은 "바로"라는 부사로 사용된 경우, 넷째, "정면으로 마주하다"라는 뜻으로 사용된 경우.[50] 1.14의 맥락에서 주목되는 것은 첫째와 둘째 용례이다.

먼저 正이 "바르게 하다"의 뜻으로 사용된 경우 어떤 목적어가 왔는지 살펴보자. 바르게 하다(正)의 목적어로 온 것들은 "안색",[51] "자리",[52] "이름",[53] "자신",[54] "타인",[55] "의관"[56] 등이다. 다음으로 正이 "바르다" 혹은 "바른 상태이다"라는 뜻의 서술어로 사용된 경우 어떤 주어가 왔는지 살펴보자. "음악",[57] "썰어놓은 모양",[58] "사람"[59] 등이다. 그리고 첫째와 둘째 용례를 모두 포괄하는 용례로 보이는 것이 "정치란 바르게 하는 것입니다. 대부께서 바른 것으로써 이끌면 누가 감히 바르지 않겠습니까?"(12.17)[60]라는 문장이다.

"而正焉"에서 "焉"은 於此의 뜻을 갖는다. 앞에서의 有道에 대한 논의를 상기하면, 正焉이란 정치 영역으로 나아가 무엇인가 바로잡는다는 뜻으로 해석할 수 있다. 그렇다면 무엇을 바로잡는다는 것인지, 正의 목적어를 재구성해야 한다. 공안국 이래 有道를 "도를 가진 사람"으로 풀이하는 (주희를 포함한) 주석가들은 대개 일의 옳고 그름을 바로잡는 것을 목적어로 간주한다.[61] "正은 일의 옳고 그름을 묻는 것이다."[62]

흥미로운 것은, 현대의 주석가들 다수가 "자기 자신"을 목적어로 설정한다는 사실이다. 양차오밍은 "부지런히 정사에 임하되 말을 신중하게 하고, 끊임없이 공부하고 <u>자신을 바로잡으며</u>, 이로 인해 <u>자신의 수준을 향상시켜야</u> 비로소 배움을 좋아하는 사람이라 할 수 있다"[63]라고 말했고, 김용옥은 "'정언正焉' 도 '내가 내 자신을 바르게 한다'이다. … 어떻게 유도자有道者가 나를 바르게 할 수가 있겠는가? '바르게 함'은 오직 나의 실존적 책임이다"[64]라고 말했다. 유교문화연구소의 주석 역시 "자신"을 목적어로 삼되 그 배움의 내용을 좀 더 구체적으로 풀이한다. "도가 있는 사람의 말과 행실은 본받을 만하다. 그러므로 그에게 나아가서 바로잡되 그의 행실을 취하여 내 행실을 바르게 하고, 그의 말을 취하여 내 말의 옳고 그름을 바르게 하면 배움에 있어 진실된 의리가 무궁함을 보게 될 것이다."[65] 즉, 배움의 방법은 타인의 행실이고, 배움의 목적은 자신의 행실을 바르게 하는 것이다. 외적 행실을 강조하는 유교문화연구소의 해석은 마음 챙기기를 강조하는 이기동의 해석과 대비된다. "이 말씀은 배우는 자의 바람직한 태도에 관한 것이다. 진리를 배우는 자는 마음 챙기기에 주력해야 한다. 진리를 배우려고 하면서 여전히 몸 챙기기에 매달려 있으면 결코 진리를 얻을 수 없다."[66] 이처럼 교정 대상으로서 "자기"를 강조하는 해석은 창의적인 번역으로까지 이어진다. 이토 진사이는 『논어고의』「학이」에서 "苟師心自用, 不就有道之人而正焉, 則是非取捨無所涇渭, 殆誤其一生者多矣"라고 했는데, 한국어 번역자는 이를 "만약 마음속으로 선생이라고 자처해 도가 있는 사람을 찾아가 자신을 바로잡지 않으면 시비를 가리고 선택을 할 때 제대로 판단하지 못해 자기 일생을 그르칠 사람이 거의 대부분일 것이다"[67]라고 번역했다. 그런데 『논어고의』의 원문에 "자기"에 해당하는 표현은 없다. 즉, 『논어고의』의 한국어 번역자는 자신의 해석에 따라 번역문에 "자기"라는 목적어를 추가한 것이다.

오규 소라이는 자기 수양에 치중한 해석을 강하게 반대한다. "후세에 이르러 배움을 제대로 알지 못하게 되었다. 송나라 여러 선생들의 자기 수양 이론이 우세해져, 선왕의 도는 쇠락했다."[68] 즉, 1.14의 내용을 한낱 자기 수양으로 보는 견해에 반대한다. 그렇다면 오규 소라이의 대안은 무엇인가? 그가 보기에 正焉은 배우는 일이며, 배움의 목적어는 "선왕의 도"이다. "선왕의 도를 배우는 일이다. 有道란 스스로 도예道藝를 가진 사람을 지칭한다. 선왕의 도가 거기에 보존되어 있기에, 도를 가진 사람에게 가서 바르게 하는 것을 배움을 좋아한다고 말한 것이다."[69] 즉, 배움은 자기 수양이 아니라 통치의 방법을 배우는 일이다. "도예"라는 표현에서 드러나듯, 오규 소라이가 생각하는 도는 기예적인 측면을 포함하는 구체적인 통치 방법이다. 이는 주희가 『논어집주』에서 1.14에 나오는 道를 "무릇 도라고 하는 것은 모든 사물의 당연한 이치로서 사람이라면 다 같이 말미암는 것을 말한 것이다"[70]라고 규정한 것과 크게 대비된다.

可謂好學也已의 해석

『논어』에서 "好學"은 단순히 배움을 좋아한다는 뜻 이상의 표현이다. 그 점은 반복되는 다음과 같은 문장에서 드러난다. "애공이 물었다. '제자 중에서 누가 배움을 좋아한다고 하시겠소?'"(6.3)[71] "계강자가 물었다. '제자 중에서 누가 배움을 좋아한다고 하시겠소?'"(11.7)[72] 공자 그룹에서 이미 好學이라는 것은 핵심적인 개념이었고, 그것을 당시의 권력자들도 알고 있었으며, 그것이 중요한 평가 잣대로 사용되고 있었다는 사실을 확인할 수 있다.

그리고 그냥 "好學"이 아니라, "爲好學"이라고 한 데 주목할 필요가 있다. 好學과 爲好學은 다르다. 여기서 "되다, 해당하다"라는 뜻을 가진 爲는 뒤에 이어지는 표현이 일정한 개념화 상태에 있음을 나타낸다. 즉, 好學은 그저 하나의 현상이 아니라 다양한 현상을 포착하는 개념이다. 이렇게 볼 때, 好學에 관한 질문의 핵심은 단순히 누가 배움을 좋아하는지의 문제가 아니라 누가 배움을 좋아하는 '상태' 혹은 '차원'에 도달했는지의 문제다.

好學이 하나의 평가어라는 사실은 평가를 나타내는 謂라는 글자와 함께 쓰인다는 점에서 거듭 확인할 수 있다. 謂와 함께 쓰인다는 점에서 1.14를 19.5와 함께 논할 수 있다. "자하가 말하였다. '나날이 자신이 결여하고 있는 바를 알고, 다달이 자신이 할 수 있는 바를 잊지 않으면, 배움을 좋아한다고 할 만하다(可謂).'"(19.5)[73] 好學이 특정한 차원을 나타내는 하나의 개념어이자 평가어라는 사실은 공자가 스스로에 대해 한 말에서도 확인할 수 있다. "선생님께서 말씀하셨다. '작은 마을에 반드시 나만큼 충성스럽고 믿음직스러운 사람이 있을 것이다. 그러나 나만큼 배움을 좋아하지는 않을 것이다.'"(5.28)[74]

그렇다면 好學이라는 상태가 다른 바람직한 상태 혹은 활동과 맺는 관계는 무엇일까? 이 질문에 답하는 내용이 바로 17.8에 실려 있다.

앉거라, 내가 너에게 말해주마. 인仁을 좋아하되 배움을 좋아하지 않으면, 그 폐단은 어리석게 되는 것이다. 지혜를 좋아하되 배움을 좋아하지 않으면, 그 폐단은 방자하게 되는 것이다. 믿음직함을 좋아하되 배움을 좋아하지 않으면, 그 폐단은 해를 끼치게 되는 것이다. 곧음을 좋아하되 배움을 좋아하지 않으면 그 폐단은 가차 없게 되는 것이다. 용기를 좋아하되 배움을 좋아하지 않으면, 그 폐단은 어지럽게 되는 것이다. 굳셈을 좋아하되 배움을 좋아하지 않으면, 그 폐단은 의욕이 과도하게 되는 것이다.(17.8)[75]

好學도 덕성의 하나이지만, 개개의 덕성이 곧 폐단에 이르지 않도록 하는 역할을 한다는 점에서 여타의 덕성과 다르다. 다시 말해 다른 덕성을 덕성이게끔 하는 역할을 한다. 어떻게 그럴 수 있을까? 배우기를 좋아한다는 것은 현 상태에 안주하지 않는다는 것을 뜻하며, 안주하지 않는다는 것은 끝없이 자신의 상태를 개선하고 조율하겠다는 의지를 갖는 것이다. 그러한 태도로 인해 이미 갖춘 덕성도 부패하지 않게 된다. 이처럼 『논어』에서 好學을 중시한다고 할 때, 1.14에서는 好學이 과연 어떻게 재정의되고 있는 것일까?

배움과 정치의 상호관계

1.14에서 好學은 사적 개인의 차원에서 공부하는 일을 넘어선다. 배움을 좋아한다는 찬사에 부합하려면, 사적 개인의 영역을 넘어 정치 영역으로까지 나아가야 한다. 그런데 배움이라는 준비를 거쳐서 정치에 임해야 한다는 것은 그다지 특별한 견해가 아니다. 그런 견해는 『논어』에 국한되지 않고 춘추전국시대에 꽤 널리 퍼져 있었던 것으로 보인다. 그 점은 『수호지진묘죽간睡虎地秦墓竹簡』을 통해서도 확인된다.

『수호지진묘죽간』은 진秦나라가 통일을 이룩한 이후 춘추전국시대 사상의 편린들을 종합한 텍스트라고 해도 과언이 아니다. 그중 「위리지도爲吏之道」에

1.14의 맥락을 유추해볼 수 있는 구절이 있다.

> 재계하는 것처럼 평소에 지내고, 맹세하는 것처럼 말을 하고, 외출하면 정중한 태도를 유지하라. 한결같아야 하는 원칙을 해이하게 하지 마라. 빛이 비치듯 분명해야 하고, 베풀어서 기쁘게 만들어야 하고, 정중한 태도로 상대를 고무하고, 베풀어서 사람들을 모으고, 관용으로 다스려라. 엄격하면 다스려지지 않는다.[76]

「위리지도」의 인용부는 각각 세 글자로 이루어진 부분(處如資, 言如盟, 出則敬, 毋施當)과 네 글자로 이루어진 부분(昭如有光. 施而喜之, 敬而起之, 惠以聚之, 寬以治之, 有嚴不治)으로 대별된다. 전자는 통치에 임하기 전의 준비 자세를 논하고, 후자는 실제의 통치술을 논한다. 그리고 전자는 대체로 1.14의 앞부분과 상응한다. "處如資"는 "居無求安"과 상응하고, "言如盟"은 "愼於言"과 상응하고, "毋施當"은 "敏於事"와 의미상 상응한다. 후자는 대체로 1.14의 뒷부분 "就有道而正焉"과 상응한다. "昭如有光", "施而喜之", "敬而起之", "惠以聚之", "寬以治之", "有嚴不治"는 모두 도가 있는 영역에 나아가 행하는 정치 활동이라고 할 만하다.

의미상 상응하는 「위리지도」 전반부와 1.14 앞부분이 모두 앞에서 논한 소극적 배움에 해당한다. 그런데 『논어』의 입장은 단지 정치에 임하기 전에 배움이 필요하다는 정도에 그치지 않는다. "벼슬하면서 여력이 있으면 배우고, 배우고서 여력이 있으면 벼슬한다"(19.13)[77]는 말이 보여주듯이, 『논어』는 정치에 임하기 전에 배움이 필요할 뿐 아니라, 정치에 임하고 나서도 배움이 필요하다는 점을 강조한다. 즉, 배움과 정치는 일방적인 관계가 아니라 상호적인 관계다. 배움과 정치의 상호관계를 굳이 천명할 필요가 있다는 것은, 그러한 상호관계를 인정하지 않는 입장이 존재함을 뜻한다. 사료에서 그와 같은 입장을 찾을 수 있다. "정자산鄭子產이 이렇게 말하였다. '배우고 나서 정치에 종사한다는 말은 들었어도, 정치를 가지고 배운다는 말은 듣지 못하였습니다.'"[78] 이 언명에서 나타나는 정자산의 입장은, 배움은 정치를 하기 전의 준비 단계일 뿐, 정치가 곧 배움의 장이 될 수는 없다는 것이다.

1.14는 바로 이와 같은 입장에 이견을 제시한다. 정치 역시 배움의 장이다. 만약 정치가 배움의 장이 아니라면, 1.14는 "就有道而正焉"이라는 구절을 빼고 "군자는 먹는 일에서 배부름을 추구하지 않고, 거처에 있어 편안함을 추구하지 않고, 일처리에 애쓰고 말을 신중히 한다. 그러하면 정녕 배움을 좋아한다고 할 만하다"라고 말하는 것으로 충분했을 것이다. 정치 역시 배움의 장이기에, "就有道而正焉"이라는 구절을 굳이 포함하여 "군자는 먹는 일에서 배부름을 추구하지 않고, 거처에 있어 편안함을 추구하지 않고, 일처리에 애쓰고 말을 신중히 하고, 도가 있는 곳에 나아가 시비를 바르게 가린다. 그러하면 정녕 배움을 좋아한다고 할 만하다"라고 말한 것이다. 즉, 好學의 과정에 정치 과정이 포함되어 있다.

이렇게 보면 정치와 배움은 순서의 문제로 분리할 수 없는 동전의 양면과도 같은 것이다. 배웠기에 정치를 잘할 수 있게 되는 것이고, 정치는 그 배운 바를 실천해야 하는 일이며, 정치참여를 통해 계속 배워나갈 수 있다. "學"과 "仕"는 끝없는 순환구조 속에 있다. 배움은 정치에 입문함으로써 완성되는 것이 아니라 이상적인 정치가 실현됨으로써 비로소 완성된다. 이상적인 정치의 실현은 원대한 목표이니만큼, 그 과정은 끝이 없으며, 그 과정에서 배움은 정치와 함께 진행된다.

이러한 배움과 정치에 대한 견해를 염두에 두고 15.32를 독해해보자. "군자는 도를 도모하지 먹을 것을 도모하지 않는다. 농사를 지어도 굶주림이 그 안에 있다. 배우면 식록食祿이 그 안에 있다. 군자는 도를 근심하지 가난을 근심하지 않는다."[79] 15.32는 빈부와 도의 관계를 논한다는 점에서 일단 1.14와 상통한다. 15.32의 "君子謀道不謀食"은 1.14의 "君子食無求飽"에 상응하며, 15.32의 "君子憂道不憂貧"은 1.14의 "居無求安"과 "就有道而正焉"에 상응한다. 요컨대 15.32는 표현과 내용 양면에서 1.14와 가장 유사한 내용을 담고 있다.

그뿐 아니라 15.32와 1.14가 모두 '君子'와 '學'을 키워드로 삼고 있다. 상통하는 이 두 문장에 기초해서 『논어』가 제시하는 君子와 學의 특징을 생각해보자. 인간은 배움을 통해 군자가 될 수 있고, 군자는 그 배움을 바탕으로 정치를 해야 한다. 도가 구현되려야 될 수 없는 세상이라면 군자는 단지 식록을 얻으려는 목적에서 관직을 맡아서는 안 된다. 그러나 有道한 상황이라면 기꺼이 정치 영역에 나아가 세상을 바로잡고자(正焉) 해야 한다. 군자는 "謀道"하고 "憂道"하는 존재이기 때문이다. 이렇게 볼 때, 『논어』에서 선양하는 배움은 정치참여와 유관하되 정치참여 자체로 환원되는 것은 아니고(즉, 제대로 된 정치를 이루기 위해 學이 필요한 것이지 정치참여 기회를 얻기 위해 學을 하는 것은 아니다), 관직은 식록과 유관하되 식록 취득이 관직의 목적은 아니다.

이상의 내용을 종합해보면, 1.14는 "好學" 개념을 재정의함으로써 배움과 정치의 관계를 재설정하는 문장이다. 분석적으로 말하자면, 1.14는 ① 배움과 무관하게 정치를 할 수 있다는 입장, ② 정치와 무관하게 배울 수 있다는 입장, ③ 배우고 난 뒤에 정치를 해야 한다는 입장, ④ 정치를 하고 나서 배워야 한다는 입장을 모두 (잠재적으로) 비판한다. 그러한 입장들의 대안으로서 배움과 정치가 상호관계에 있음을 주장한다. 그에 따르면, "好學"이라는 찬사는 단지 글을 읽는 사람이나 단지 정치에 종사하는 사람을 위한 것이 아니다. 글을 충분히 읽어 정치에 입문한 뒤에는 결국 배움을 그만둘 사람을 위한 것도 아니다. 배움을 통해 정치를 잘하고자 할 뿐 아니라, 정치를 통해서 더 잘 배우고자 하는 사람을 위한 찬사가 바로 "好學"이다. 1.14가 제시하는 배움은 개인 수양의 차원을 넘어 정치 영역을 포함한다.

18

정치적 덕성을 찾아서[1]

자공子貢이 말하였다.
"가난해도 아첨하지 않고, 부유해도 교만하게 행세하지 않으면, 어떻습니까?"
선생님께서 말씀하셨다. "그럭저럭 괜찮겠지.
그런데 가난해도 즐거워하고, 부유해도 예禮를 좋아하는 경우만은 못하다."
자공이 말하였다.
"『시詩』에서 '끊어내듯이, 잘라내듯이, 쪼듯이, 갈듯이'라고 한 말은
아마 이것을 이르는 거겠죠?" 선생님께서 말씀하셨다.
"사賜야. 비로소 더불어 시를 논할 만하구나.
지난 것을 말해주면 다음에 올 것을 아는구나."
子貢曰, 貧而無諂, 富而無驕, 何如. 子曰, 可也. 未若貧而樂, 富而好禮者也.
子貢曰, 詩云, 如切如磋, 如琢如磨, 其斯之謂與.
子曰, 賜也. 始可與言詩已矣, 告諸往而知來者. (『論語』 1.15)

이 장에서는 『논어』 1.15와 관련된 해석 지형을 탈정치적 해석 대 정치적 해석으로 정리한 뒤, 1.15의 정밀 독해를 통해 기존 해석 구도를 극복하고자 한다. 그렇게 확보된 1.15의 문제의식을 고대 중국의 사상 세계에 연결하여, 당시에 생산되고 소비되었던 1.15의 의미에 한 걸음 더 다가서고자 한다. 그와 같은

작업을 통해 1.15에 대한 자의적 해석의 상당 부분이 통제되기를 희망한다. 그러한 시도가 성공적일 경우, 1.15의 숨은 주제가 정치적 덕성이라는 점을 파악하는 것은 물론, 결과적으로 『논어』에 관한 행태적 해석 대 심리적 해석 논쟁을 해결할 실마리를 얻을 수 있을 것이다.

탈정치적 해석 대 정치적 해석

1.15의 핵심이 지속적인 배움의 자세에 있다는 데 해석자 대부분이 동의한다.[2] 그렇게 된 데에는 1.15 후반부에 등장하는 "절차탁마切磋琢磨라는 표현의 역할이 크다. "신안 진씨가 말하였다. 자르는 일은 반드시 다듬는 일을 중시하고, 쪼는 일은 반드시 갈아내는 일을 중시한다는 것이 이 구절의 바른 뜻이다. 잘라야만 비로소 다듬을 수 있고 쪼아야만 비로소 갈아낼 수 있다는 것이 이 구절의 나머지 뜻이다."[3] 즉 '절切, 차磋, 탁琢, 마磨'는 배우는 과정의 노력을 병렬적으로 표현한 것이 아니다. '절'의 노력은 이후에 이어질 '차'의 노력을 염두에 둔 것이고, '탁'의 노력은 이후에 이루어질 '마'의 노력을 염두에 둔 것이다. 궁극적인 배움의 완성은 집요하고도 지속적인 노력을 요구한다는 것, 그리고 배움을 통해 도달하는 단계는 동일하지 않고 위계가 있다는 점이 강조되고 있다.

이처럼 역대 주석의 상당 부분이 그러한 배움의 위계적 과정을 상세하게 해부하는 데 관심을 두었다. 주희는 좀 더 높은 배움을 추구한 나머지 조급하게 다음 경지로 나아가려는 경향을 다음과 같이 경계했다. "그러므로 배우는 사람은 작은 성취에 안주한 나머지 도를 향한 극치의 경지를 추구하지 않아도 문제이지만, 텅 빈 원대함에 목을 매다가 자신에게 절실한 실질적 병폐를 살피지 못해도 문제다."[4] 그렇다면 이 같은 논제를 제기한 자공子貢은 과연 착실하게 배움의 단계를 밟아가며 다음 단계로 나아가는 사람이었을까, 아니면 실상과 무관하게 다음 단계로 빨리 넘어가려고만 하는 사람이었을까?

"근래 사람들은 아첨과 교만이 없는 경지에 도달하지도 못했으면서 가난해도 즐거워하고 부유해도 예를 좋아하는 경지에 이르려 한다. 그것이 어떻게 가능하겠는가? 자공은 아첨과 교만이 없는 상태에 완전히 이르렀기에, 성인께서 그로 하여금 가난해도 즐거워하고 부유해도 예를 좋아하는 단계로 나아가게 하셨다."[5] 이는 1.15에서 공자가 배움의 더 높은 경지를 지적할 뿐, 자공의 상태를 비판하지 않는 사실을 감안할 때 설득력 있는 해석이다. 그렇다면 공자가 자공에게 지시하는 배움의 좀 더 높은 경지란 대체 어떤 경지일까? 그것은 바로 빈부를 초월한 경지라고 상당수의 주석가들이 결론짓는다. 예컨대 김학주는 "군자로서의 재물에 대한 몸가짐을 설명"[6]한 것이라고 간명하게 정리했다. 역대 주석 중에서 가장 명시적으로 이런 해석을 제시한 주석 중 하나가 이토 진사이의 『논어고의』이다.

"배우는 사람은 가난을 근심거리로 여기지 않은 다음에야 비로소 즐거움을 누릴 수 있다. 배우는 사람은 부유함을 즐거움으로 여기지 않은 다음에야 비로소 예를 좋아할 수 있다. 그때 가서야 비로소 덕을 충만하게 누리고 도를 즐거워한 나머지 가난이 왜 가난인지, 부유함이 왜 부유함인지 모르는 상태를 깨달을 수 있다."[7] 이에 따르면, 빈부의 상태를 잊고 도와 덕을 즐기는 고차원적 자족 상태가 바로 1.15가 가리키는 배움의 최고 경지다. 이런 식의 해석에서 1.15의 정치적 함의는 전면에 드러나지 않는다.

광범하게 유포된 이런 탈정치적 해석에 대해 분명한 이의를 제기한 주석가가 오규 소라이다. 그는 이렇게 반문한다. "자공은 공자 문하에서 뛰어난 제자에 속했다. 만약 가난해도 아첨하지 않고, 부유해도 교만하게 행세하지 않는 경지를 자기 수양의 최고 경지로 여겼다면, 어떻게 자공이 될 수 있었겠는가?"[8] 이때 자공은 적극적으로 정치에 참여하여 일정한 성취를 거둔 인물을 상징한다. 즉, 오규 소라이는 만약 빈부에 초탈한 태도가 궁극의 목표였다면, 어떻게 (자공이 거둔 것 같은) 정치적 성취를 바랄 수 있겠느냐고 의문을 제기한 것이다. 이처럼 빈부에 초탈한 상태를 지고의 경지로 간주하는 해석은 1.15의 정치적 함의를 소거해버린다는 것이 오규 소라이의 판단이다. 그래서 그는 다음과 같이 기존 해석을 강하게 비판한다. "대체로 후세에 심학心學이 번성해서 공자의 도가 곧 선왕의 도라는 사실을 망각했다. 도통道統의 이론이 흥성해서 오직 증자曾子만을 높일 뿐 다른 현인들을 경시했으므로 이와 같은 잘못이 생겼다."[9] 여기서 거론된 증자는 외적 활동에 치중한 자공과 달리 마음 수양에 치중한 것으로 알려진 공자의 제자를 상징한다.

결국 오규 소라이가 보기에, 자족하지 않는 배움은 1.15에서 부차적인 주제다. 1.15의 본격적인 주제는 바람직한 정치다. 오규 소라이는 1.15가 "다스림의 지극한 경지"[10]를 묘사하고 있다고 보았다. 1.15에는 정치에 대한 언급이 전혀 나오지 않는데, 오규 소라이는 어떻게 이 같은 정치적 해석에 도달한 것일까? "'가난해도 아첨하지 않고, 부유해도 교만하게 행세하지 않게 함'이라는 구절은 정치를 통해 피치자들을 그렇게 만들자고 자공이 스스로 말한 것이다. 이에 대해 공자는 그 정도 경지는 '가난해도 (음악을) 즐기고 부유해도 예를 좋아하는' 피치자들의 상태만은 못하다고 대답한 것이다."[11] 이처럼 오규 소라이는 "貧而無諂, 富而無驕"(가난해도 아첨하지 않고, 부유해도 교만하게 행세하지 않음)라는 문장의 주어를 달리 해석한다. 그가 보기에, 그 구절의 주어는 자공이 아니라 피치자들이다. 이렇게 보면, "貧而無諂, 富而無驕"(가난해도 아첨하지 않고, 부유해도 교만하게 행세하지 않음)와 "貧而好樂, 富而好禮"(가난해도 즐거워하고, 부유해도 예를 좋아하는 경우)는 개인이 성취해야 할 배움의 단계들이 아니라 통치자가 구현해야 할 피치자의 상태다. 그러한 상태를 구현하기 위해 통치자가 채택할 방법은 무엇인가? 그 방법은 형벌 제도와 예악으로 크게 대별된다. 통치자가 형벌 제도에 의존할 경우, 피치자는 기껏해야 "貧而無諂, 富而無驕"(가난해도 아첨하지 않고, 부유해도 교만하게 행세하지 않음)의 단계에 머무는 데 그치지만, 예악에 의존하면 피치자는 "貧而好樂, 富而好禮"(가난해도 즐거워하고, 부유해도 예를 좋아하는 경우)의 상태에 이를 수 있다.

"정령과 형벌로써 피치자들을 다스리더라도 피치자들로 하여금 가난해도 아첨하지 않고, 부유해도 교만하게 행세하지 않는 상태에 충분히 이르게 할 수 있다. 그런데 예악으로써 피치자들을 다스려야만 피치자들로 하여금 가난해도 음악을 좋아하고, 부유해도 예를 좋아하게 할 수 있다."[12] 이것은 완전히 새로운 해석이다. 오규 소라이는 어떻게 자신의 해석을 확신할 수 있었을까? 그는 자신의 참신한 해석을 뒷받침하기 위해 과거 전적으로부터 공자의 관련 발언을 수집한다.[13] 오규 소라이의 새로운 해석이 맞다면, 1.15의 핵심은 빈부에 초탈한 경지가 아니라 바람직한 통치술로서의 형벌과 예악의 비교이다.

『논어』 내 맥락에서의 해석

그러면 『논어』 텍스트 전반을 좀 더 꼼꼼히 분석함으로써 기존 해석의 타당성을 검토해보자. 오규 소라이의 해석의 출발점에는 자공이라는 인물이 있다. "만약 가난해도 아첨하지 않고, 부유해도 교만하게 행세하지 않는 경지를 자기 수양의 최고 경지로 여겼다면, 어떻게 자공이 될 수 있었겠는가?"라는 오규 소라이의 반문에는, 1.15를 탈정치적으로 해석하기에는 주인공인 자공이 너무 정치적인 인물이라는 인식이 깔려 있다. 그렇다면 (『논어』에서) 자공은 대체 어떤 인물인가?

이른바 공문십철孔門十哲 중 한 사람으로 거론될 정도로 자공은 공자 제자 중 비교적 유명한 사람이지만, 실제로 그가 어떤 사람이었는지를 확인할 수 있는 자료는 매우 제한되어 있다. 그에 대해 합의할 수 있는 사실은 공자의 제자였으며 상업을 통해 재산을 축적했다는 것 정도다. 따라서 던져야 할 질문은, '자공이 대체 어떤 인물이기에 이 같은 대화를 하는가'라기보다는 '이 같은 대화에서 자공은 어떻게 재현再現되고 있는가'이다.

『논어』에서 제시되는 자공의 첫째 모습은 말하기에 능한 사람이다. 과연 1.15에는 "말에 대해서는 재아, 자공이요"(11.3)[14]라고 언변에 능한 자공의 모습이 구현되어 있다. 선생님의 말씀에 이어서 적절한 대화를 이어가는 데 자공은 성공하고 있다. "『시』에서 '끊어내듯이, 잘라내듯이, 쪼듯이, 갈듯이'라고 한 말은 아마 이것을 이르는 거겠죠?" 공자가 보기에 이 발언의 뛰어남은 단지 내용에만 있지 않다. 발언 내용뿐 아니라 "시"를 적절히 운용했다는 것이 중요하다. 『논어』에는 공자가 말하는 방법으로서 시를 강조하는 부분이 존재한다. "제가 종종걸음으로 뜰을 지나가는데, '시를 배우느냐?'고 말씀하셨습니다. '아직 배우지 않았습니다'라고 대답하니, '시를 배우지 않으면 말할 수 없다'고 하셨습니다."(16.13)[15] 자공은 무엇보다 말하는 방법으로서의 시 운용 능력을 스승으로부터 인정받는다. "사賜(자공)야. 비로소 더불어 시를 논할 만하구나."

『논어』에서 제시되는 자공의 둘째 모습은 재산 증식에 능한 사람이다. "사賜는 자신의 천명을 받아들이지 않고 돈을 벌었는데, 추측을 하면 자주 적중하였다."(11.19)[16] 과연 1.15에는 이 같은 자공의 모습도 구현되어 있다. "가난해도 아첨하지 않고, 부유해도 교만하게 행세하지 않으면, 어떻습니까?"라는 질문은 재산을 증식해본 자공이 제기할 만한 질문이다. "(자공은) 처음에 가난했다가 나중에 부유해진 경우이지만, 자신을 지키는 데 노력한 인물이다. 그러므로 이러한 질문을 한 것이고, 공자는 이러한 답변을 한 것이다."[17]

『논어』에서 제시되는 자공의 셋째 모습은 인정 욕구가 강한 사람이다. 자공은 자장과 자하 중 누가 더 나은지 질문한 바 있다.[18] 그런 질문에는 인정의 위계를 의식하는 심리가 깔려 있다. 유사한 맥락에서 자공은 자신에 대한 스승의 평가에도 관심이 많다. "자공이 여쭈었다. '저는 어떻습니까?' 선생님께서 말씀하셨다. '너는 그릇이다.' [자공이] 여쭈었다. '어떤 그릇입니까?' [선생님께서] 말씀하셨다. '종묘 제사에 쓰는 호련瑚璉이다.'"(5.4)[19] 이런 대화를 염두에 두고 보면 1.15에서도 자공의 인정 욕구를 읽을 수 있다. "가난해도 아첨하지 않고, 부유해도 교만하게 행세하지 않으면, 어떻습니까?"라는 질문은 일반적인 것이기도 하지만, "부유해도 교만하게 행세하지 않으면, 어떻습니까?"라는 부분은 자공 자신의 경제적 성공을 감안해가며 평가해달라는 요청으로 읽힌다. 이렇게 보면 공자의 대답도 사뭇 달리 들린다. "가난해도 즐거워하고, 부유해도 예를 좋아하는 경우만은 못하다"라는 대답에서 강조점은 앞부분에 있는가, 아니면 뒷부분에 있는가? 질문자 자공의 부유함을 고려할 때, 강조점은 뒷부분에 있다. 즉, 단순히 빈부를 초월한 경지에 이르는 것이 관건이 아니라, 자공처럼 부유한 사람이 예를 좋아하게 되는 것이 관건이다. 이 맥락에서 공자가 자공을 호련瑚璉이라고 정의한 사실을 상기해보자. 호련은 종묘의 제기祭器를 가리킨다. 그렇다면 공자는 5.4와 1.15에서 자공에게 예의 수행을 강조하고 있는 것이다.

이렇게 재현된 『논어』에서의 자공의 모습은, 자공의 모습을 추론할 수 있는 또 하나의 중요한 자료인 『사기』 「화식열전」의 내용과 유의미한 차이를 보인다. 두 자료 모두 자공이 상업에 종사했고 언변에 능했다는 등의 기본적인 정보를 제공한다. 그러나 『논어』에서 재현된 자공과 『사기』 「화식열전」에서 재현된 자공은 크게 다르다.

> 자공은 공자에게서 배운 뒤, 물러나와 위衛나라에서 벼슬을 했다. 조曹나라와 노魯나라를 오가며 교역을 하고, 물건을 싸게 사서 비싸게 팔았다. 70명의 공자 제자 중에서 자공이 가장 부유했다. 원헌 같은 사람은 술지게미나 쌀겨조차 배불리 먹지 못하고, 궁벽한 곳에 숨어 살았다. 그러나 자공은 사두마차와 기마병을 거느렸고, 제후들을 방문하여 비단을 예물로 바쳤다. 자공이 이르는 나라마다 그곳 군주들은 뜰을 내어주며, 대등하게 예우하지 않는 경우가 없었다. 공자의 명성이 천하에 널리 퍼지게 된 것도 자공이 앞뒤로 보좌했기 때문이다. 이것이 이른바 세력을 얻으면 더욱 널리 드러난다는 것 아니겠는가?[20]

이처럼 『사기』 「화식열전」의 자공은 상업을 통해 재산을 모으고 그 재산을 정치적 영향력으로 치환하는 데 성공한 사람이다. 즉, 자공은 실로 정치적인 인물이다. 그리고 그의 성공은 곧 선생인 공자의 명성을 확립하는 데 토대가 되었다. 공자가 명성을 누리게 된 과정에서 자공의 교섭 능력이 중요한 역할을 한 것이다. 사마천의 이러한 서술에서 『논어』에서와 같은 예의 강조는 없다.

그러면 『논어』의 자공은 비정치적인 인물이고, 『사기』 「화식열전」의 자공은 정치적인 인물인 것일까? 그렇지는 않다. 『논어』에서 호련은 제기를 나타내고, 제기는 예를 상징한다. 이와 관련해 『논어』에서 말하는 바람직한 정치는 예치였다는 사실을 상기하자.[21] 호련으로 정의된 자공이란 곧 바람직한 예치에 쓰일 인물이라는 뜻이다. 이렇게 보면, 자공이라는 인물은 빈부의 문제와 예치의 문제를 생각하게 해주는 좋은 매개체인 셈이다. 빈부와 예치의 관계를 입체적으로 재구성할 수 있을 때, 우리는 비로소 1.15의 함의에 좀 더 접근할 수 있을 것이다. 그러면 빈부와 예치의 문제를 탐구하기 위해 『논어』를 넘어 폭넓은 중국 고대의 사상 세계에 접속해보자.

『논어』를 넘어서

공자의 발언을 기록한 다른 문헌들에서도 1.15와 유사한 취지의 문장을 찾을 수 있다. 예컨대 『상해박물관장전국초죽서』의 「공자어록문편」에 "선생님께서 말씀하셨다. 빈천하면서도 굽실거리지 않는 사람을 나는 본 적이 있다. 그러나 부귀하면서도 교만하지 않은 사람을 나는 듣기는 했으나 본 적은 없다"[22]라거나 "가난해도 편하게 여기고 즐기라"[23]와 같은 문장이 나온다. 즉, 사람이 얼마나 빈부의 상황에 흔들리기 쉬운지 개탄하는 언명과, 그럼에도 빈부에 좌우되지 않는 경지를 추구해야 한다는 권고가 짝을 이룬다.

그러면 이것이 공자의 특출난 생각일까? 그렇다고 보기는 어렵다. 1.15와 유사한 주장은 공자 말고도 여러 사람이 제기했다. "윗사람이 부유하면서 교만하게 행세하면, 아랫사람이 가난하고 원망한다."[24] "존귀하면서 예가 없는 이는 다시 천해지고 … 부유하면서 교만하고 제멋대로인 사람은 다시 가난해진다."[25] "부유하면서 교만하지 않은 이는 드물다."[26] 그 밖에도 "驕교, 奢사, 淫음, 泆일은 사악함이 유래하는 바이다"[27]와 같은 기록을 보면, 교만함과 사치를 악덕으로 간주하는 공감대가 당시에 폭넓게 존재했던 것으로 보인다.

그러면 이러한 언명들을 해석할 수 있는 담론상의 맥락은 무엇일까? 『예기』의 다음과 같은 내용은 이런 언명들이 역시 예라는 이슈와 밀접하게 관련되어 있음을 재확인해준다.

> 선생님께서 말씀하셨다. "소인의 경우, 가난하면 이내 굽실거리고, 부유하면 이내 교만하게 굴고, 굽실거리다보면 이내 도둑질하고, 교만하게 굴다보면 이내 난리를 친다. 예란 사람의 실태에 근거하되 그것을 제약하는 것으로서, 민의 규범이 되는 것이다. 그러므로 성인은 부귀를 제어하여, 민이 부유하다고 해서 교만함에 이르지 않도록 하고, 빈곤하다고 해서 굽실거림에 이르지 않도록 하고, 존귀하다고 해서 윗사람에게 불만을 품지 않도록 하였다. 그리하여 난리가 점점 사라졌다."[28]

이 인용문은 전형적으로 통치자의 관점을 담고 있다. 부귀의 조건으로 인해 피치자들이 문제를 일으켜서는 안 된다는 취지를 담고 있다. 그 점에서 이 인용문은 앞에서 거론한 오규 소라이의 정치적 해석을 뒷받침하는 전거라고 할 만하다. 오규 소라이의 해석과 상이한 것은, 여기서는 예가 형벌 제도와의 대비 속에서 거론되지는 않는다는 점이다. 가장 두드러지는 것은 빈부의 조건과 예의 관계다. 이처럼 빈부와 예의 함수를 통제하고자 하는 시도는 『한시외전韓詩外傳』에도 나온다.

> 옛날에 훌륭했던 왕들은 예를 살펴서 천하에 혜택을 베풀었다. 그래서 덕이 천지에 미치고, 움직일 때마다 합당하지 않음이 없었다. 군자는 공손하되 두려워하지 않고, 공경하되 어려워하지 않고, 빈궁하되 굽실거리지 않고, 부귀

하되 교만하게 행세하지 않고, 변화에 끝없이 적절하게 대응한다. 예를 살핀 것이다.[29]

이처럼 고대 중국의 사상 세계에서 빈부의 문제는 예의 준수라는 테마와 깊이 관련되어 있었다. 그렇다면 예가 재물과 맺는 기본적인 관계는 무엇인가? 예는 생리적인 기본 욕구를 채우기 위해 행하는 거칠고 본능적인 행동 이상의 것이다. 개인적 행동이든 집단적 퍼포먼스든, 예에는 고차원적인 심미성이 동반된다. 자신의 욕망과 필요를 정교한 방식으로 표현하는 동시에 상대의 마찬가지 표현을 이해하면서 상호작용을 하는 것이 예의 이상이다. 그러한 이상을 구현하려면 그 행위들을 집행하기 위한 경제적 자원과 교육적 배경과 심리적 상태가 모두 필요하다.[30]

이처럼 재물은 예의 집행에 필요 불가결하다. 그런데 재물은 역으로 예를 불필요하게 할 수도 있다. 재물은 그 소유자에게 권력을 부여하고, 그 소유자는 그 권력을 자의적으로 사용한 나머지 예를 무시할 수 있는 여지를 갖게 된다. "권세가 높아 천자에 이를지라도 그 귀함으로 타인에게 교만하게 굴지 말고, 부유하여 천하를 다 가질 정도가 되어도 그 재물로써 타인을 능욕하지 마라."[31] 이는 지위와 재물이 권력의 근원임을 분명하게 인지하고 있는 문장이다. "대단하다고 멋대로 굴지 말고, 부유하다고 교만하게 굴지 말고, 떼거리라고 시끄럽게 굴지 마라."[32] 이 문장은 지위와 재물은 물론이고 집단의 규모도 권력의 근원이 된다는 점을 명시하고, 그 자의성을 통제할 필요가 있음을 천명하고 있다.

예가 경제적 자원을 필요로 한다는 점에서, 부귀한 사람과 가난한 사람 중에서 예를 지킬 것으로 더 기대를 모으는 쪽은 전자다. "부귀한 사람의 경우, 그가 예를 베푸는지 살펴보라. 가난한 사람의 경우, 그가 덕을 지키는지 살펴보라."[33] 부귀한 사람은 이미 예를 베풀 수 있는 자원을 가지고 있기에, 과연 그가 예를 이행하는지 확인하기만 하면 된다. 반면에 가난한 사람은 예를 준수할 수 있는 자원 자체가 부족한 상태이기 때문에, 예의 집행 자체보다는 빈곤한 상황에서 정신마저 비천해지지 않을 수 있는지가 관건이 된다.

이처럼 각기 다른 경로로 부자와 빈자에게는 예와 덕이 요청된다. 재물은 예의 완전한 집행을 위한 필요조건이되 충분조건은 아니다. 덕이 재물을 통제할 수 있을 때 비로소 그 재물은 예의 구현에 이바지할 수 있다. 빈자는 재물의 부족으로 인해 예의 집행 범위가 원천적으로 제한된다. 빈자는 빈자대로 과도하게 정신이 비천해지지 않기 위해 그 나름의 덕이 요청된다. 요컨대 일정한 덕 없이는 예치를 기대할 수 없다. 덕이 없다면, 부귀한 사람은 재물의 과다로 인해, 가난한 사람은 재물의 결핍으로 인해 타락할 것이기 때문이다.

이러한 점들을 고려할 때, 1.15가 예를 강조하는 동시에 재물의 악영향에 대해 우려한다는 것은 곧 그것들을 통제해낼 덕을 요청하는 것이다. 이와 대조되는 입장이 노자이다. "부귀하면서 교만하게 행세하면, 스스로 허물을 남기게 마련이다. 공이 이루어지면 물러나는 것이 하늘의 도이다."[34] 이처럼 노자 텍스트에서도 부귀는 교만으로 이어지고 교만은 그 이상의 문제를 낳게 될 거라는 문제의식이 분명히 드러나 있다. 그러나 『논어』와 달리 노자는 예의 중요성을 인정하지 않는다. 부귀와 교만을 극복하고 끝내 구현해야 할 것은 예치가 아니라 문명에 의존하는 정치의 축소다. 공자의 덕과 달리 노자의 덕은 결국 통상적인 정치 영역으로부터 기꺼이 퇴거할 수 있는 역량이다. "공이 이루어지면 물러나는 것이 하늘의 도이다." 반면에 『논어』에서는 빈부의 함정에 빠지지 않으면서 끝내 공적인 장에 제대로 머물 수 있기 위한 정치적 덕성이 요청된다.

이처럼 예치 이념에서 재물과 덕과 정치는 서로 맞물려 있는 사안이다. 『국어』「진어팔晉語八」은 그 삼자 간의 동학을 잘 보여준다.

> 숙향叔向이 한선자韓宣子를 만났다. 한선자가 가난을 근심하자, 숙향은 오히려 축하했다. 한선자가 말하였다. "나는 경卿의 이름이 있지만, 그 실질은 없소. 동급 경들을 따라 할 수 없으니 이에 근심하는 거요. 그대는 어째서 내 가난을 축하하는 거요?" 숙향이 대답했다. "옛날에 난무자欒武子는 약간의 농

토도 없어서, 집에 제기도 제대로 갖추지 못했지만, 덕행을 펼치고 규범을 따라서, 그 명성이 제후들 사이에 널리 퍼져서, 제후들이 그를 친하게 여기고 오랑캐들이 귀순하여, 진晉나라를 바로잡을 수 있었고, 형벌도 문제없이 시행하여 난리 와중에도 목숨을 보전하였습니다. 환자桓子에 이르자, 환자는 교만하고 사치하고 끝없이 탐욕스럽고 규범을 무시하고 멋대로 굴고 돈을 빌려주어 재산을 늘렸지만, 난무자의 덕에 기대어 제 수명대로 살 수 있었습니다. 회자懷子에 이르자, 회자는 환자가 보였던 행실을 고치고 난무자의 덕을 닦아서 어려움을 면할 만하였는데도 환자의 죄에 걸려들어 초나라로 도망가게 되었습니다. 극소자郤昭子의 경우는, 부유함이 공실의 절반에 이를 정도였고, 집안 병력이 삼군三軍의 절반을 차지할 정도였습니다. 자신이 누리는 부와 총애를 믿고서 나라에서 제멋대로 굴다가 조정에서 죽임을 당하고, 강絳(수도)에서 멸족되었습니다. 그렇지 않았다면 극씨 집안의 여덟 사람인 다섯 대부와 세 경卿이 받은 총애가 그토록 대단했는데, 하루아침에 멸족되었는데도 슬퍼하는 사람이 아무도 없었겠습니까? 그러나 하루아침에 멸족되었는데도 슬퍼하는 사람이 아무도 없었습니다. 오직 덕이 없었기 때문입니다. 지금 그대는 난무자의 가난을 가지고 있지만, 나는 난무자의 덕을 가질 수 있다고 보았기에 축하한 것입니다. 만약 덕이 강건하지 못함을 걱정하지 않고, 재물이 부족한 것만 걱정한다면, 장차 조문하기에도 바빠질 터인데, 어찌 축하할 겨를이 있겠습니까?" 한선자가 고개를 조아리고 말하였다. "제가 망할 뻔하다가 그대 덕에 목숨을 보전하게 되었습니다. 저 혼자 이 은혜를 감당할 정도가 아니라 환숙桓叔 이하 조상들이 당신의 은혜를 아름답게 여길 것입니다."[35]

1.15와 마찬가지로 숙향과 한선자는 빈부의 문제를 제기한다. "나는 경의 이름이 있지만, 그 실질은 없소"라는 발언을 통해 한선자는 경 신분에 걸맞은 처신을 위해서는 일정한 경제적 자원이 필수적임을 천명한다. 이에 숙향은 재물의 부족에도 불구하고 부자보다 더 큰 성취를 이룬 난무자와, 재물의 충족에도

불구하고 성취를 이루는 데 실패한 환자와 회자 등을 대조한다. 그에 따르면, 진정 중요한 것은 재물이 아니라 덕이다.

한선자가 언급하듯, 동급 경들을 따라 한다는 것이 무슨 뜻인지는 이어지는 숙향의 발언을 통해 알 수 있다. "옛날에 난무자는 약간의 농토도 없어서, 집에 제기도 제대로 갖추지 못했지만…." 즉, 귀족에게 재물이 필요한 이유는 단지 생명을 부지하기 위해서만이 아니라 제기를 제대로 갖추고 예를 집행하기 위해서다. 예의 집행에는 당연히 상당한 재원이 필요하다.

한선자가 보기에, 자신의 곤경을 해결할 방법은 추가적인 재원이었을 것이다. 그러나 예상과는 달리 숙향은 재물을 늘리지 않아도 문제를 해결할 방법이 있다고 믿는다. 그 방법이 바로 "덕"이다. 난무자는 덕을 함양한 결과 도덕적 인간이라는 명성을 얻을 수 있었고, 그 명성 덕분에 국내외 정치에서 성취를 거둘 수 있었다. 난무자가 덕을 통해 "제후들이 그를 친하게" 여길 정도의 존중을 확보한 반면에 환자, 회지, 극소자 같은 이들은 충분한 재산에도 불구하고 덕을 함양하는 데 실패한 나머지 세상에 악영향을 끼치고 말았다. 숙향이 보기에, 가난은 재앙이라기보다는 덕을 함양할 수 있는 기회에 가깝다. 실로 일정 정도 이상의 재물은 덕을 함양할 기회를 박탈하는 경향이 있다. 그래서 숙향은 오히려 한선자의 가난을 축하한 것이다.

이처럼 『국어』「진어팔」은 부와 예와 덕의 관계를 탐구한다. 예치를 위해서는 과연 재물이 중요한가, 아니면 덕이 중요한가? 그리고 재물과 덕 간의 위계는 무엇인가? 이러한 질문들을 다룬다는 점에서 『국어』「진어팔」과 1.15는 같은 담론 내에 있다. 그런데 이 담론이 과연 탈정치적인 덕을 선양하고 있는 것일까? "덕행을 펼치고 규범을 따라서, 그 명성이 제후들 사이에 널리 퍼져서, 제후들이 그를 친하게 여기고 오랑캐들이 귀순하여, 진나라를 바로잡을 수 있었"다는 말은 이 모든 논의가 바람직한 정치의 구현이라는 맥락에서 이루어지고 있음을 증거한다. 그만큼 이 담론에서 거론하는 덕은 정치적인 덕이다. 마찬가지로 1.15에서 지향하는 덕도 빈부와 무관하게 초탈한 은자의 덕도 아니고, 재물에 좌우되는 세속적인 덕도 아니며, 어디까지나 예치라는 이상을 구현하기 위해 요청되는 정치적인 덕이다. 이렇게 본다면, 기존의 탈정치적 해석은 1.15가 가진 덕성의 면을 환기한 장점이 있으나 1.15가 처한 정치적 맥락을 명료히 하지 못했다는 점에서 한계가 있고, 오규 소라이의 정치적 해석은 1.15의 정치적 함의를 환기한 장점이 있으나 그 정치적 함의를 피치자 통제를 위한 정치공학으로 본 한계가 있다. 지금까지의 논의를 종합할 때, 1.15는 피치자의 통제에 국한되지 않는 치자의 덕성과 자기 규율을 논한다고 할 수 있다.

행태적 해석 대 심리적 해석

이제 1.15로 돌아가보자. 1.15가 던지는 해석상의 난제는, "가난해도 아첨하지 않고, 부유해도 교만하게 행세하지 않는" 상태와, "가난해도 즐거워하고, 부유해도 예를 좋아하는" 상태의 차이이다. 공자는 분명히 두 상태를 구별했고, 후자가 더 나은 경지라고 명시했다. 이 두 상태의 근본적인 차이는 과연 무엇일까? 이 문제에 대해 어떤 답을 제시했는지에 따라 기존 논의를 재정리할 수 있다.

탈정치적 해석에 따르면, 두 상태의 차이는 빈부에 얼마나 초연할 수 있느냐는 정도 차이이다. (오규 소라이식의) 정치적 해석에 따르면 두 상태의 차이는 형벌에 의한 강제적 통제냐, 예악에 의한 비강제적 통제냐의 차이이다. 그러나 지금까지의 논의가 설득력 있다면, 양자의 차이는 행태적 예의 수행과 내면화된 예의 수행의 차이로 정리할 수 있다. "가난해도 아첨하지 않고, 부유해도 교만하게 행세하지 않는" 상태는 물적 조건이 불충분한 상태에서 행태적으로나마 예를 실천하는 상태라고 할 수 있다. 예를 통해 행동을 규율하고자 하는 예치 사회에서는 이러한 상태만으로도 상당히 바람직한 상황일 것이다. 그러나 이것이 최종 목표는 아니다.

"가난해도 아첨하지 않고, 부유해도 교만하게 행세하지 않는" 상태가 예를 소극적으로 지키는 상태라면, "가난해도 즐거움을 잃지 않고, 부유해도 예를 좋아하는" 상태는 스스로의 동기부여를 통해 예를 적극적으로 향유하는 상태다. 전자는 행위로 충분하지만, 후자는 일정한 내면의 동력 없이는 불가능하다. 이 대비는 『논어』 해석과 관련된 가장 열띤 논쟁의 하나인 행태적 해석 대 심리적 해석의 문제로 이어진다. 그 자체로 행태적 해석 대 심리적 해석을 각각 대표할 수 있는 논자는 허버트 핑가레트Herbert Fingarette와 벤자민 슈워츠Benjamin I. Schwartz이다. 양자의 논쟁 이후에도 이 논의는 이어졌으나,[36] 논쟁의 구도를 명료히 한 것은 허버트 핑가레트의 저서 『공자의 철학: 서양에서 바라본 예禮에 대한 새로운 이해』와 벤자민 슈워츠의 저서 『중국 고대사상의 세계』이기 때문이다.[37] 양자의 논의를 간단히 요약하면 다음과 같다.

핑가레트는 위 저서에서 그동안 인仁에 집중되어온 기존 『논어』 해석에 반대하고, 예禮를 전면에 내세웠다. 외화된 행동 패턴인 예를 거의 일방적으로 강조한 나머지 그의 해석은 '행태주의'를 연상시킬 정도였다. 존 오스틴John. L. Austin의 "수행적 발화performative utterance" 개념에 의지하여, 핑가레트는 "예식은 내재적인 조화, 아름다움, 신성함이 강조된 관습화된 실천이다"라고 주장했다. 그러면서 한 걸음 더 나아가 예의 의미는 인간 내부의 심리적 기질과도 분리된다고 역설했다. 그렇다면 그간 『논어』의 핵심으로 간주되어온 "인仁"이란 무엇인가? 흔히 심리적 차원의 것으로 이해되어온 인조차도 그가 보기에는 예를 적절하게 수행하는 것 이상의 것이 아니다. 다시 말해서 인은 인간 주체 내부의 특질이라기보다는 공적인 행위 패턴에서 구현되는 외적 태도에 가깝다. 인이란 곧 사회적 존재로서의 인간이 지녀야 할 행동의 태도이지 그 이상의 심리적 덕성이 아니다.

이렇게 이해된 인간은 삶의 교차로에서 실존적 고민과 선택을 하는 깊은 내면적 자아를 가진 존재가 아니다. 그런 내면적 인간은 서양 근대가 발전시킨 특유의 인간관일 뿐이라고 핑가레트는 단정한다. 이와는 대조적으로 『논어』에서 인간이 따라야 할 길은 관습의 그물 속에서 주어져 있기에, 핑가레트는 그 길을 "교차로 없는 길way without a crossroads"이라고 불렀다. 흥미로운 것은 이처럼 일견 비초월적이고 비주체적이고 세속적으로 보이는 비전에 그 나름의 초월성과 심미성이 깃들어 있다고 핑가레트는 보았다는 사실이다. 즉, 핑가레트의 『논어』 혹은 공자에 대한 이해는 결코 부정적이지 않다. 그런데 그 초월성과 심미성은 인간 내면에 있는 것이 아니라 인간의 행동에 있다. 그 점에서 『논어』의 비전은 근대 개인주의적 비전과 크게 구별된다는 것이 핑가레트의 견해이다.

그러나 슈워츠는 핑가레트의 『논어』 해석이 지나치게 인간의 주관성을 무시하고 있다고 비판한다. 그렇다고 슈워츠가 『논어』에 담긴 비전 혹은 공자의 사상이 근대 개인주의적 비전과 대동소이하다고 보는 것은 아니다. 슈워츠가 비판하는 것은 핑가레트가 『논어』에서 드러나는 풍부한 인간의 내적 차원을 무시했다는 사실이다. 결국 핑가레트-슈워츠 논쟁의 핵심은 『논어』의 세계에 행위 패턴으로 환원되지 않는 심리적·내면적·정신적 특성이 존재하느냐는 것이고, 핑가레트와 달리 슈워츠는 그러한 면을 『논어』에서 분명히 발견할 수 있다고 주장했다. 한 걸음 더 나아가 슈워츠는 핑가레트의 해석은 근대 개인주의와 『논어』의 세계를 과도하게 대비하고자 하는 데서 오는 오류를 저지르고 있다고 비판했다. 슈워츠가 보기에 『논어』에 나오는 이상적인 인간은 행위 패턴 속의 특정 역할을 수행하는 존재를 넘어 자신의 내적 인간성을 실현하는 존재이다. 그리고 그런 존재라고 해서 반드시 근대 개인주의적 인간일 필요는 없다.

이 흥미로운 논쟁을 염두에 두면서, 1.15로 다시 가보자. 이 논쟁과 관련하여 1.15가 시사하는 바는 무엇인가? "가난해도 아첨하지 않고, 부유해도 교만하게 행세하지 않는"이라는 부분은 핑가레트의 『논어』 해석을 상대적으로 지지한다. 아첨하지 않고 교만하게 행세하지 않는 상태는 행태적 차원으로 볼 소지가 충분하기 때문이다. 여기에 심층 심리를 필연적으로 전제하는 부분은 없다. 특히 뒤에 이어지는 "가난해도 즐거워하고, 부유해도 예를 좋아하는"이라는 대목이 자아내는 대비 효과로 인해, 선행하는 "가난해도 아첨하지 않고, 부유해도 교만하게 행세하지 않는" 상태는 행태적 차원임이 분명해진다.

"가난해도 즐거워하고 부유해도 예를 좋아하는" 상태는 "가난해도 아첨하지 않고, 부유해도 교만하게 행세하지 않는" 상태에 비해 훨씬 적극적인 심리 상태를 전제한다. "즐거움"이란 단지 행동을 취할 때의 태도의 문제가 아니라, 그 행동에 대하여 마음이 특정 방향으로 작동하는 상황을 지시한다. 마찬가지로 "예를 좋아하는"이란 단지 특정 행동을 적절히 취하는 데 그치지 않고 스스로 그 행동의 동인이 되는 주체의 작동을 전제한다. 그리고 그러한 주체의 힘이 바로 앞에서 논의한 "정치적 덕"이다.

행태적 해석 대 심리적 해석 논쟁을 염두에 두었을 때, 1.15는 두 해석이 양립 가능하다는 사실을 보여준다. 1.15에서 공자는 "가난해도 아첨하지 않고, 부유해도 교만하게 행세하지 않는" 행태적 차원과 "가난해도 즐거워하고 부유해도 예를 좋아하는" 심리적 상태를 모두 긍정하고 있다. 다만 그에 그치지 않고 공자는 양자 간의 위계를 설정한다. 두 상태를 모두 긍정하되, 심리적 상태가 행태적 상태보다 우위에 있음을 분명히 하는 것이다. 이러한 분석이 타당하다면, 핑가레트의 견해와 슈워츠의 견해는 서로를 용납하지 않을 이유가 없다. 일정한 위계를 통해 양자를 모두 포용하는 것이 바로 『논어』의 세계다.

1.15의 핵심이 자족하지 않고 끝없이 배우고자 하는 자세에 있다는 데 해석자 대다수가 동의한다. 그런데 1.15에서 자공과 공자의 대화가 지시하는 배움의 궁극적 지향점은 어디에 있는가? 그 지향점을 어떻게 설정하느냐에 따라 기존 견해는 탈정치적 해석과 정치적 해석으로 대별된다.

이 양자 구도를 극복하기 위하여 이 장은 공자의 대화 파트너가 바로 자공임에 주목하고, 관련 문헌 속에서 재현된 자공들을 비교했다. 그리고 정밀 독해를 통해 1.15의 강조점은 재물과 덕성의 관계에 있으며, 한 걸음 더 나아가 재물과 덕성과 예치의 상호관계를 논하는 폭넓은 담론의 일부임을 논증했다. 이 같은 검토를 통해 1.15는 탈정치적 텍스트가 아니라 정치적 텍스트임이 드러난다. 그리고 그렇게 드러난 정치성은 피치자의 통제라는 정치공학적 함의보다는 통치 엘리트의 자기 규율이라는 함의를 지닌 것이었다.

이상의 논의는 결국 "가난해도 아첨하지 않고, 부유해도 교만하게 굴지 않는" 상태와 "가난해도 즐거움을 잃지 않고, 부유해도 예를 좋아하는" 상태의 관계에 대한 질문으로 귀착된다. 공자는 분명히 두 상태를 구별했고, 후자가 상위의 경지라고 명시했다. 이 장은 전자를 예의 행태적 구현 상태로, 후자를 그 심리적 구현 상태로 대별하고, 이 사안이 『논어』와 관련된 행태적 해석 대 심리적 해석 논쟁에 중요한 실마리를 제공한다고 보았다. 이 같은 해석이 설득력 있다면, 핑가레트의 해석과 슈워츠의 해석은 양립 가능하며, 전자는 후자로 나아가기 위한 전 단계로 자리매김된다.

19

비국가주의적 정치 주체를 위한 권고[1]

선생님께서 말씀하셨다.
"남이 나를 알아주지 않는 것을 걱정하지 말고,
내가 남을 알아주지 않는 것을 걱정하라."
子曰, 不患人之不己知, 患不知人也. (『論語』 1.16)

"남을 알아주는 일"(知人)과 "나를 알아주는 일"(知己)을 논하는 『논어』 1.16은 일견 누구나 할 수 있는 매우 일반적이고 초시대적인 말로 들린다. 동시에 공자라는 '성인'이 말씀하셨다는 이유로 각별한 권위를 얻는 말이기도 하다. 이 장은 이 두 가지 통념을 재고하고 다음과 같은 주장을 하는 데서 출발한다. 첫째, 그 발화의 역사적 맥락을 감안하면, 1.16은 초시대적 발언이라기보다 특정 시대를 배경으로 하여 성립하는 발언이다. 둘째, 1.16이 공자의 발언으로 기록되어 있기는 해도, 그 문제의식은 동시대의 많은 사람들이 공유하는 것이었다.

이 같은 주장을 하려면, 1.16의 역사적 맥락을 재구성해야 한다. 그래야 1.16이 특정 시대를 배경으로 하고 있으며, 동시대의 상당수의 문제의식을 반영하고 있음을 알 수 있을 것이기 때문이다. 이에 이 장은 『논어』의 구성 요소들이 형성되기 시작한 춘추시대 후기부터 『논어』 전체 모습이 등장한 한나라 시기까지의 역사적 맥락에 주목하고, 그 맥락에 비추어 1.16을 재해석하고자 한다. 이 시도를 통해 1.16이 후대에 향유했던 의미와 구별되는 당대적 의미에 좀 더 다가갈 수 있기를 기대한다.

열린 해석의 도전

1.16의 전반부 "남이 나를 알아주지 않는 것을 걱정하지 말고"는 "知己지기"의 문제이고, 후반부 "내가 남을 알아주지 않는 것을 걱정하라"는 "知人지인"의 문제다. 왜 "知人"과 "知己"가 심각한 관심사가 되는가? 남을 제대로 알고, 남에게 제대로 알려지고, 제대로 알려질 가치가 있는 존재가 되는 일이 왜 그토록 중요한가? 1.16을 이해한다는 것은 이 질문에 답하는 일과 불가분의 관계에 있다. 그에 답하는 과정에서 빠져들기 쉬운 유혹은, 이 질문을 특정한 역사적 맥락에 놓지 않고 초시대적 맥락에서 제기하는 것이다.

관련 주석과 연구의 상당수가 그러한 유혹에서 자유롭지 못한데, 그 대표적인 예를 들어보자. 먼저 주석사에서 동양 허씨의 발언을 보라. "동양 허씨가 말하였다. 이 두 구절은 평범한 말씀으로, 타인이 나를 알아주기를 꼭 바라지 말고 오히려 내가 타인을 알아봐야 함을 말한 것일 뿐이다."[2] 동양 허씨처럼 어느 시대 누구에게나 적용할 만한 평범한 언술로 1.16을 이해해도 꼭 문제가 되는 것은 아니다. 그런 기능을 하는 것이 고전의 쓰임새이기도 하고, 그러한 과정에서 후대 사람들이 자기 의견을 발전시킬 여지가 생기기도 한다. 그러나 공자라는 발화자 혹은 『논어』 편집자가 그 같은 의미를 의도했는지는 여전히 미해결의 문제로 남는다.

현대 연구의 경우는 어떤가? 린리林麗의 연구를 예로 들어보자.[3] 린리에 따르면, "知人"에는 좋은 관계는 잘 지키고 나쁜 관계는 잘 봉합하여 정신적 스트레스를 줄이고 자기 발전을 도모한다는 함의가 있다. 그리고 "知己"에는 사회관계 속에서 자기 위치를 잘 파악해야 함을 강조하는 함의가 있다. 이처럼 일반적인 의미로 해석할 경우, 1.16에서는 시대를 뛰어넘어 현대에도 나름대로 적실한 메시지를 찾을 수 있다. 그리하여 린리는 이러한 공자 사상은 오늘날 도덕적인 이상 사회를 건설하는 데 있어 중요한 참고가 된다고 결론내린다. 다만 그러한 '현재주의적' 결론은 틀렸다기보다는 너무 범박하여 설명력이 충분하지 않다는 데 문제가 있다.

이처럼 1.16을 평범하거나 일반적인 진술로 이해할 경우, 특별한 해석상의 쟁점이 없다고 간주될 수도 있다.[4] 그렇다면 굳이 1.16을 꼼꼼하게 읽을 필요가 있을까? 평범한 메시지는 여느 텍스트에서도 쉽게 발견할 수 있다. 좀 더 정교한 해석을 위해서는 애써 1.16을 읽었을 때 비로소 도달할 수 있는 지점으로 나아가야 한다. 그러기 위해서는 사료가 허락하는 선에서 역사적 맥락을 재구성해야 하고, 그렇게 재구성된 맥락을 통해 해석의 자의성을 통제해야 한다. 그렇게 해야 1.16의 '특별한 쟁점'이 드러나기 시작한다.

그 쟁점을 파악하기 위해 먼저 "알아준다"의 생략된 목적어를 재구성해보자. 이토 진사이는 『논어고의』에서 다음과 같이 말한다. "이 장은 배우는 사람이라면 남이 자기의 善을 알아주지 않는 것을 걱정하지 말아야 하고 자기가 남의 善을 알지 못할까 걱정해야 한다고 말한 것이다. 善이 자기에게 없으면 남의 善도 알 수 없다. 그러므로 군자가 그로 인해 걱정하는 것이다."[5] 이런 해석에 따르면, "남이 나를 알아주지 않는 것을 걱정하지 말고, 내가 남을 알아주지 않는 것을 걱정하라"는 문장은 "타인이 내가 가진 善을 알아보지 못하는 것을 걱정하지 말고, 내가 남이 가진 善을 알아보지 못하는 것을 걱정하라" 정도의 뜻이다. 그리고 타인의 善을 알아보지 못하는 현상은 자신에게 善이 없다는 증거이니, 마땅히 걱정할 만하다는 것이다.

이렇게 해석할 경우 "알아준다"의 목적어는 '善'이며, 관건은 '善'을 어떻게 정의할 것이냐다. 오늘날의 용례에서 선악은 대체로 도덕적인 의미로 사용되는데, 이토 진사이의 경우는 어떠했을까? 구체적인 사례를 통해 이토 진사이가 말하는 善을 재구성해보자.

안영晏嬰의 현명함으로도 공자를 알아보지 못하였다. 순자荀子의 배움으로도 자사子思와 맹자를 알아보지 못하였다. 이토록 심하도다, 남을 알아보지 못하는 것을 걱정하는 일이. 포숙鮑叔이 관중管仲을 알아보고 소하蕭何가 한신韓信을 알아본 경우는 그나마 잘 알아준 일에 속한다. 그러나 아직 완전한 것은 아니다. 공자가 아니었다면 요순이 본받아야만 하는 사람인 줄 몰랐을 것이다. 맹자가 아니었다면 공자의 성인됨이 사람이 있은 이래로 있어본 적이 없다는 사실을 몰랐을 것이다. 이를 일러 남을 알아주는 것이 어렵다고 하는 것이다.[6]

거론하고 있는 공자, 순자, 자사, 맹자 등의 사례를 감안할 때, 이토 진사이가 생각하는 善은 상대의 인품, 지혜, 학문의 영역에서 탁월함을 의미하는 것으로 보인다. 포숙, 관중, 소하, 한신의 사례를 감안하면, 그 善은 정치적 역량 면에서 탁월함을 의미하기도 한다.[7] 그리고 요순, 공자, 맹자의 사례를 감안하면, 도통을 잇는 적임자가 갖춰야 할 탁월함을 의미한다. 이처럼 이토 진사이가 상정하는 善의 외연은 현대어 善의 의미보다 넓다. 현대의 선악 개념을 무반성적으로 고대 텍스트에 적용하지 않으려면 선악 개념에 대해 좀 더 융통성 있게 접근할 필요가 있다. 바로 그런 면에서, 이토 진사이가 언급한 인물 중 한 사람인 맹자의 말을 들어보자.

호생불해浩生不害가 물었다. "악정자樂正子는 어떤 사람입니까?"
맹자가 말하였다. "선인善人이며, 신인信人이다."
호생불해가 말하였다. "무엇을 선善이라고 하고, 무엇을 신信이라고 합니까?"
맹자가 말하였다. "바람직함을 선이라고 한다. [선을] 자신에게 가지고 있는 것을 신이라고 한다. 충실함을 미美라고 한다. 충실하여 광휘가 드러나는 것을 대大라고 한다. 위대하되 너무 자연스러워 흔적이 없는 상태를 성聖이라고 한다. 성스럽되 [지극히 오묘하여] 알 수 없는 것을 신神이라고 한다. 악정자는 두 가지의 중간[즉 선인과 신인의 중간]이며, 네 가지의 아래에 있다."[8]

善에 대한 맹자의 정의가 반드시 고대 중국의 善 이해를 대표하는 것은 아니지만, 도덕적 차원에서 선악을 생각하는 데 익숙한 현대의 선악관을 재고하는 데 도움이 된다. 그 점을 감안하여, 고대 중국에서의 善은 도덕적 선보다 더 넓은 외연을 가진 표현인 "바람직함"으로 번역하는 것이 좋다.

의미의 외연이 넓은 것은 "알아준다"의 숨은 목적어인 "바람직함" 만이 아니다. "남이 나를 알아주지 않는 것을 걱정하지 말고, 내가 남을 알아주지 않는 것을 걱정하라"고 했을 때 "남"의 외연도 그에 못지않게 넓다. 굳이 맥락을 정하지 않으면, 자기 아닌 그 누구도 "남"의 자리에 올 수 있기 때문이다. 바로 다음 대화가 그 점을 잘 지적하고 있다. "물었다. '지인이란 스승과 친구의 경우에만 해당하는 말입니까?' 대답하였다. '작은 일들도 다 그렇다.'"[9] 1.16에 등장하는 "남"의 외연을 스승과 벗으로 한정하려는 시도에 대해, 그 이상의 것들도 포함할 수 있다고 대답한 것이다.

"남이 나를 알아주지 않는 것을 걱정하지 말고, 내가 남을 알아주지 않는 것을 걱정하라"는 가르침은 당연히 크고 작은 일 모두에 적용할 수 있을 것이다. 무슨 일이든 자기 상황에 맞추어 내용을 전유하는 것은 고전을 읽는 한 방식이다. 그러나 후대에 다양한 방식으로 전유되기 이전, 『논어』 성립기에 1.16의 맥락은 그보다 제한적이었을 것이다. 그 맥락을 어떻게 통제할 수 있을까?

주자가 말하였다. "만약 재상이 사람을 알아볼 수 없으면, 사람을 쓰거나 쓰지 않을 때, 유능한 이를 나아가게 하고 못난이를 물러나게 할 수 없다. 만약 배우는 사람이 사람을 알아볼 수 없으면, 친구와 함께할 때, 이로운 친구와 해로운 친구를 변별할 수 없다."[10]

주희의 발언은 1.16의 맥락을 (일견) 비정치적 해석과 (협의의) 정치적 해석으로 나눌 수 있음을 시사한다. 즉, "知人"과 "知己"의 문제를 재상 같은 통치자의 맥락에서 다룰 수도 있고, 스승이나 동학 같은 학인의 맥락에서 다룰 수도 있다. 1.16을 학인의 맥락에서 보면 상대적으로 비정치적인 해석을 하게 될 것이고, 통치자의 맥락에서 보면 상대적으로 정치적인 해석을 하게 될 가능성이 높다.

정치적 해석 대 비정치적 해석

비정치적 해석의 대표적인 사례는 1.16을 배움과 관련지어 해석하는 경우다. 왜 배움의 과정에서 그토록 남을 알아보지 못하는 일을 경계해야 하는가?

> 이 장은 사람들이 자신을 채근해야지 남을 채근해서는 안 됨을 말한 것이다. 무릇 사람의 성정이란, 다른 사람을 알려는 데는 소홀히 하는 한편, 남이 자신을 알아주지 않는 일에는 걱정한다. 그러므로 공자는 그런 경향을 억제하고자 나는 그렇지 않다고 하셨다. "남이 나를 알아주지 않는 것을 걱정하지 말고, 내가 남을 알아주지 않는 것을 걱정하라"고 말씀하셨다.[11]

『십삼경주소』에서는 이처럼 1.16 앞에 "무릇 사람의 성정이란, 다른 사람을 알려는 데는 소홀히 하는 한편, 남이 자신을 알아주지 않는 일에는 걱정한다"라는 내용을 배치한다. 앞에 무슨 내용을 놓느냐에 따라 뒤이은 언명이 달라지는 법, 바로 이 부분이 1.16을 해석할 결정적 배경을 제공한다. 사람의 성정이 그처럼 편향되어 있기에 그 편향을 교정하기 위해 타인이 자신을 알아주는 일보다 자신이 타인을 알아주는 데 더 주의를 기울여야 한다. 여기서 다음과 같은 질문이 제기될 수 있다. 그 편향이 곧 사람의 성정이라면, 왜 그런 성정에 따라 살면 안 되는가? 예컨대 한국의 주석가 배병삼은 이렇게 말한다.

> "남을 알지 못함을 근심해야 한다"는 말은, 배우고 익히는 호학好學의 길에 혹시라도 주변의 스승을 놓쳐서는 안 된다는 뜻이다. "세 사람이 길을 가도, 반드시 나의 스승이 있게 마련"이라고 하였듯 내 주변이 배울 거리로 가득하지만, 단지 그 지천으로 깔린 스승을 발견하지 못하고 있을 뿐인 것이다.[12]

배병삼에 따르면, 남을 알아보지 못하는 것을 걱정해야 하는 주된 이유는 그래야 스승을 찾을 수 있기 때문이다. 이 같은 비정치적 해석이 상정하는 1.16의 청중은 배움의 도정에 있는 학인들이다.

그러나 정치적 해석을 시도하는 오규 소라이의 대답은 다르다. 왜 남을 제대로 알아보지 못할까봐 걱정해야 하는가? 누구나 가지고 있는 인간의 성정 때문에 그러한 것이 아니라, 그러한 걱정을 해야만 하는 지위에 있는 사람들이 있기 때문에 그러하다. 관리를 선발하고 배치해야 하는 입장에 있는 치자들이 바로 그들이다. 오규 소라이 역시 1.16이 배움과 관련된 언명임을 부정하지는 않는다. 다만 거기에 그치지 않고 그 배움에 담긴 정치적 측면을 부각한다. 그가 보기에 1.16이 전제하고 있는 배움의 내용은 과거에 존재했던 이상적 통치술이다. 적절한 지위를 얻지 못하면 그 통치술은 쓸모가 없다.

> 만일 나에게 있고 남에게 있는 것 차원에서 말하는 데 그친다면, 그것은 석가와 달마도 할 수 있는 것이다. 그것이 어찌 공자의 마음이리오? '인'을 자기 책무로 삼으므로, 남을 알아보는 이는 장차 남을 등용해서 쓰고자 하는 것이다. 하늘이 나에게 국가를 다스릴 기회를 주었을 때, 사람을 알아보지 못한다면 무엇으로 사람을 쓰겠는가? 그러므로 남을 안다는 것은 곧 남의 재능을 사용한다는 것이다. 재능을 측정해서 사용하는 도의 핵심은 천하에 버려지는 재목이 없게 하는 것이다. 만약 옳고 그름과 잘못됨이나 바름 같은 도덕적 차원으로 말하자면, 악을 미워하는 마음이 압도하여 천하 사람들이 모두 죄를 얻을 것이다. 성인의 도가 어찌 이와 같으리오?[13]

오규 소라이 역시 1.16의 내용이 남이 자신을 알아주지 않는다고 걱정하지 말라는 권고와 자신이 남을 알아보지 못하는 것을 걱정하라는 권고로 양분됨을 잘 알고 있다. 그에 따르면, 남이 자신을 알아주지 않는다고 걱정하지 말아야 할 이유는 남의 인정과 무관한 자신의 본질적 가치가 존재하기 때문이 아니다. "군자는 '명을 아는 것(知命)'을 귀하게 여기기 때문에 걱정하지 않을 뿐이다."[14] 즉, 자신에게 정치적 기회가 올지 여부는 자신이 통제할 수 없는 운명의 영역임을 인정하기에, 남이 자신을 알아주지 않는다고 걱정하지 말라는 것이다.

그렇다면 자신이 남을 알아보지 못할 것을 걱정해야 하는 이유는 무엇일까? 이 질문에 답하려면, 오규 소라이가 1.16의 테마와 청중을 통치 관련자로 제한하고 있음에 주목해야 한다. 통치자의 사안이 아니라 인간 일반의 사안을 다루고 있다고 간주하면, 1.16에 담긴 공자의 가르침은 "석가와 달마도 할 수 있는 것"이 되어버린다. 오규 소라이가 보기에, 석가나 달마와 구별되는 공자 특유의 관심은 바로 정치에 있다.

『논어』 내 맥락에서의 해석

그러면 정치적 해석과 비정치적 해석 중 어느 쪽이 더 당대적 해석에 가까울까? 1.16만 읽어서는 이 질문에 답할 수 없다. 그 어느 쪽으로도 해석될 수 있게끔 열린 언명이기 때문이다. 따라서 먼저 『논어』 텍스트의 맥락 속으로 들어갈 필요가 있다. 여러 주석가들이 인지했듯이, 『논어』 내에는 1.16 이외에도 "知人"을 논한 구절이 상당수 있다.

> 채씨가 말하였다. 학이편 마지막 장은 맨 앞 장에 나온 다른 사람이 알아주지 않아도 화내지 않는다는 구절의 뜻과 실로 관계되어 있다. 이인, 헌문, 위령공 이렇게 세 편에서나 그 뜻을 펼쳤다.[15]

> 『논어』에는 이와 같은 말이 셋 있다. "남이 자기를 알아주지 않는 것을 근심하지 않고 자신의 무능함을 근심한다." "자신을 알아주는 사람이 아무도 없다고 걱정하지 말고, 알아줄 만하게 되기를 구하라."[16]

이상의 논의에서 확인할 수 있는 것은, 1.16의 의미 규명에 도움이 되는 문장들이 『논어』에 존재한다는 사실이다. 그 문장들을 참조하면서 1.16의 의미를 좀 더 추적해보자. 먼저 "알아준다"는 사태가 발생하는 맥락을 유추해보자.

> 선생님께서 말씀하셨다. "자리 없음을 걱정하지 말고, 과연 그 자리를 맡을 수 있는 역량이 있는지를 걱정하라. 자신을 알아주는 사람이 아무도 없다고 걱정하지 말고, 알아줄 만하게 되기를 구하라."(4.14)[17]

4.14는 내용적으로 1.16과 거의 일치한다. 다만 4.14의 경우는 앞에 "不患無位, 患所以立"(자리 없음을 걱정하지 말고, 과연 그 자리를 맡을 수 있는 역량이 있는지를 걱정하라)이라는 구절이 있어서, 1.16의 발화 맥락을 추측할 수 있다. 『십삼경주소』에서 1.16 앞에 "무릇 사람의 성정이란, 다른 사람을 알려는 데는 소홀히 하는 한편, 남이 자신을 알아주지 않는 일에는 걱정한다"라는 내용을 배치한 경우와 대비된다. "不患無位, 患所以立"이라는 문장은 1.16이 관직과 관련된 내용임을 시사한다. 즉, 막연히 알아주고 말고의 문제가 아니라, 자리를 염두에 둔 인정 투쟁의 장에서 비롯된 발화일 가능성이 높다. 이러한 맥락을 재확인해주는 문장이 8.14이다. "선생님께서 말씀하셨다. '그 자리(其位)에 있지 않으면, 그 정사(其政)를 도모하지 않는다.'"[18]

8.14에서 주목해야 하는 글자는 "其"이다. "其"로 인해서 8.14는 지위 일반에 대해 논하기보다는 특정 지위의 상황에 대해 논하고 있음이 분명해진다. 따라서 8.14의 일차적 의미는 특정 지위야말로 관련 정사를 도모하는 데 핵심적이라는 것이다. 그런데 일견 단순해 보이는 8.14는 여러 파생적 함의를 가질

수 있다. 첫째, 해당 지위에 없으면 관련 정사에 대한 적절한 지식과 관점을 가질 수 없기에, 그 지위에 있지 않는 자는 관련 정사를 도모하지 말아야 한다. 둘째, 해당 지위에 있지 않는데도 관련 정사를 도모하면 그것은 위계를 어지럽히게 되므로, 위계를 수호하기 위해 도모하지 말아야 한다. 셋째, 해당 지위에 있지 않으면 정사를 도모하지 않는다는 말은, 역으로 해당 지위에 있으면 반드시 정사를 도모해야 한다는 규범적 취지를 가질 수 있다. 넷째, 해당 지위에 있지 않으면 정사를 도모하지 않는다는 말은 해당 지위에 있지 않는 사람을 아주 배제하는 것일까? 꼭 그렇지는 않다. 해당 지위에 있지 않는 사람은 해당 정사를 "도모"하지는 않되, (충고나 비평 같은) 다른 방식으로 정사에 관계할 수도 있다.

이러한 함의들이 모두 공유하는 전제가 있다. 해당 지위에 있지 않으면 정사를 도모하지 말라는 말은, 곧 해당 지위에 있지 않아도 정사를 도모할 수 있는 현실적 가능성을 전제하는 것이다. 그렇지 않다면 굳이 저런 발화를 할 필요가 없을 것이다. 이는 곧 해당 지위에 있지 않아도 (옳건 그르건) 정사에 대한 지식이나 논평이 가능한 후보군, 즉 해당 지위 외부에 있으면서 그에 대해 일정한 견해와 관심을 가질 수 있는 후보군이 존재함을 의미한다. 그것이 바로 '士' 계층이며, 공자와 그 제자들은 크게 보아 그 후보군에 속한다.

그렇다면 이 발언이 염두에 두는 청중은 누구일까? 이미 직책을 가진 이에게 말하느냐, 혹은 직책을 갖지 못한 이에게 말하느냐에 따라 8.14의 의미는 상당히 달라진다. 전자의 경우에 8.14는 직무 범위 한정에 대한 권고가 된다. 다시 말해 관리는 주어진 직무 범위를 넘어서지 말라는 취지다. 후자의 경우에는 8.14의 함의가 사뭇 다양해진다. 첫째, 정사에 관심이 있거든 해당 지위에 나아가라고 촉구하는 뜻을 담을 수 있다. 즉, 그 자리에 나아가지 않는 이상 정사를 도모하는 것은 바람직하지 않으므로, 정사에 관심 있는 이는 반드시 지위를 가져야 한다. 둘째, 해당 지위를 가지고 있지 않거든 정사에 상관하지 말라고 만류하는 뜻을 담을 수 있다. 즉, 관직 외부에 있는 사람의 참여는 어떤 의미로든 도움이 되지 않으므로 해당 직무에서 관심을 거두어야 한다. 셋째, 해당 지위를 가지고 있지 않거든 정사를 도모하지는 말되 다른 방식으로 관계하라고 촉구하는 뜻을 담을 수 있다. 다른 방식에는 자문과 논평 등 여러 가지가 포함될 수 있다.

과연 8.14의 함의는 이 가운데 어떤 것에 가까울까? 『논어』 전반에 걸쳐 드러나는 통치 관심을 고려할 때, 통치에 아예 상관하지 말라는 취지를 띤 두 번째 해석의 가능성은 일단 배제하자. 다행히 8.14의 청중을 추측해볼 수 있는 추가 단서가 『논어』 텍스트에 있다. 14.26이 바로 그것이다. "선생님께서 말씀하셨다. '그 자리에 있지 않으면, 그 정사를 도모하지 않는다.' 증자가 말하였다. '군자는 생각이 자신의 자리를 벗어나지 않는다.'"[19]

이 14.26은 내용적으로 8.14와 거의 일치한다. 다만 14.26의 경우는 뒤에 "증자가 말하였다. '군자는 생각이 자신의 자리를 벗어나지 않는다.'"(曾子曰, 君子思不出其位)라는 문장이 나와서 8.14의 소통 맥락을 추측할 수 있게 해준다. 증자의 말에서 드러나듯, 여기서 관건은 "군자"다. 『논어』에서 군자는 단지 혈연이나 관직의 유무로만 정의되는 대상이 아니라, 통치에 적합하되 단순히 그것으로는 환원되지 않는 덕성을 가진 존재다. 『논어』의 군자는 관직을 명시적으로 멀리하는 은자나, 관직에는 관심을 보이지 않는 후대의 산림山林이나, 관직을 최상의 목표로 두는 일부 과거시험 응시자와는 다르다.

이상을 종합해서 볼 때, 1.16, 8.14, 14.26과 같은 발화들은 공히 특정한 의미의 장을 형성한다. 일단 정치실현의 장으로서 국가의 존재를 명백하게 인정한다. 동시에 관직이나 귀족 신분으로만 환원되지 않는 군자라는 인간형을 제시한다. 군자는 국가를 무시하는 은자도 아니고, 국가를 전복하려 드는 혁명가도 아니고, 국가를 중시하되 (필요하다면) 그와 긴장을 유지할 수 있는 역량을 가져야 하는 존재다. 『논어』에 나오는 군자 관련 언명들은 바로 그러한 비非국가주의적 정치 주체의 정체성에 대한 견해를 담고 있으며, 비록 군자라는 말이 등장하지 않아도 1.16 역시 그와 궤를 같이한다.

1.16이 (잠재적) 청중이 관직자와 비관직자를 두루 포괄한다고 할 때, "내가

남을 알아주지 않는 것을 걱정하라"는 부분은 관직자 청중을 겨냥하고, "남이 나를 알아주지 않는 것을 걱정하지 말고"라는 부분은 비非관직자 청중을 겨냥한다. 관직자 청중의 맥락에서 1.16과 호응하는 『논어』 텍스트는 15.14이다. "선생님께서 말씀하셨다. 아마 장문중臧文仲[20]은 지위를 훔친 자인가 보다. 유하혜[21]가 현능한 줄 알면서도 [그를 천거하여] 함께 조정에 서지 않았다."(15.14)[22] 타인이 현명한 줄 알면서도 천거에서 배제했다면 그것은 부도덕이라는 잘못이고, 만약 타인이 현명한 줄 파악하지 못했다면 그것은 무능이라는 잘못이다.

그러면 타인의 진면모를 알아볼 수 있는 역량은 어떻게 생겨날 수 있는가? 이 문제를 다루는 문장이 20.3이다. "말을 알지 못하면 사람을 알 수 없다."(20.3)[23] 즉, 사람을 알아보지 못하는 사태는 언어로 이루어진 세계, 즉 텍스트의 세계를 이해할 능력이 없을 때 발생한다. 사실 어떤 사람의 진면모를 무매개적으로 알아볼 방법은 없다. 반드시 표정, 행동거지, 말, 글 등 그 사람을 표현하는 매개체를 경유해야 한다. 즉, 광의의 텍스트가 바로 "知人"의 매개체 역할을 하는 것이다. 『논어』 내에서 배움의 대상이 바로 예나 전적 같은 광의의 텍스트인 것은 결코 우연이 아니다. 군자는 무엇보다 그러한 텍스트의 세계에 숙달된 사람이다. 군자는 통치에 관심을 갖되, 그러한 관심에 대해 소통할 텍스트를 다룰 수 있는 역량을 가져야 하며, 그것이 곧 바람직한 정치의 기초를 이룬다.

이번에는 비관직자의 맥락을 살펴보자. 비관직자의 맥락에서 1.16의 내용과 호응하는 부분은 15.19와 1.1이다. "선생님께서 말씀하셨다. '군자는 무능함을 근심하지, 남이 자기를 알아주지 않는 것을 근심하지 않는다.'"(15.19)[24] "남이 알아주지 않아도 열받지 않으면, 참으로 군자가 아닌가?"(1.1)[25] 이 두 인용문의 중요한 공통점은 역시 "군자"다. 맥락상 여기에서의 군자는 이미 관직을 획득한 상태가 아니라 아직 획득하지 못한 상태에 있다. 남이 알아주지 않아도 동요하지 않는 마음을 갖는 것은 미입사未入仕 군자의 중요한 덕목이며, 바로 그 덕목으로 인해 군자는 (관직을 염두에 두더라도) 전적으로 국가에 의존하지 않을 수 있게 된다.

그런데 정치적 열망의 제도적 실현 통로가 국가밖에 없던 시절에는 이러한 덕목의 요청만으로 충분하지 않을 수 있다. 바로 그런 맥락에서 14.35가 주목된다.

> 선생님께서 말씀하셨다. "나를 알아주는 사람이 아무도 없구나!" 자공이 말하였다. "어째서 선생님을 알아주는 사람이 아무도 없겠습니까?" 선생님께서 말씀하셨다. "하늘을 원망하지 않고, 남을 탓하지 않고, 범속한 공부에서 출발하여 고매한 곳에 이르니, 나를 알아줄 이는 아마 하늘이런가!"[26]

14.35에는 타인이 나를 알아주지 않아도 괴로워하지 않을 수 있는 근거로서 개인의 덕성뿐 아니라 "하늘(天)"이라는 존재가 등장한다. 『논어』에서 "하늘"은 개인의 염원에 일일이 호응하는 존재가 아니다. "선생님께서 말씀하셨다. '하늘이 무엇을 말하더냐? 사계절이 갈마들고 만물이 생장하건만 하늘이 무엇을 말하더냐?'"(17.19)[27] 그럼에도 14.35에서 공자는 하늘은 자신을 알아줄 거라고 말한다. 문장의 형식상 이것은 진리의 진술이라기보다는 수사적 발언에 가깝다. 그러나 하늘과 같은 초자연적 존재가 공자의 일시적 관심사에 불과한 것은 아니다. "나는 기도한 지 오래되었다."(7.35)[28] 이처럼 공자의 기도는 오래되었어도, 『논어』에서 초자연적 존재는 기도에 구체적으로 응하고 인간사에 개입하는 보응報應적 존재가 아니다. 14.35에서 소환되는 "하늘"은 군자의 인정 욕구를 승화시켜주는 내적 청중에 가깝다.[29]

시대적 맥락을 찾아서

지금까지 논의한 1.16의 함의는 역사적 배경을 고려할 때, 특히 그와 경쟁하는 지적 입장과 비교할 때 좀 더 분명해진다. 일단 『논어』의 원자료가 춘추시대 후기까지 소급되는 동시에, 현행 『논어』가 여러 전승과 가감加減을 거쳐 한나라 시기에 완성되었다는 통설을 수용해보자. 그리고 그 시기의 역사적 상황을 고려하면서, 1.16의 함의를 해당 시기별로 조명해줄 수 있는 경쟁적 입장들을 고려해보자.

주지하다시피 춘추전국시대에 제후국들은 상호 경쟁 상태에 돌입했고, 자국의 역량을 강화하기 위해 타국의 인재 초빙을 서슴지 않았다.[30] "초나라에 인재가 있다고 하나, 오히려 진나라에서 그들을 실제로 쓴다"[31]고 진晉나라의 양처보陽處父가 말했듯이, "유능한 이를 쓰는 게 국익이다"[32]라고 생각했던 것이다. 예컨대 제나라 환공은 그러한 인재가 제대로 발탁되지 않게끔 방해하는 일을 "현인을 은폐하는 일"(蔽賢)이라며 처벌받을 일로 간주했다.[33] 임용 과정에서 친인척이라는 요인이 아니라 해당 직무를 감당할 만한 능력을 그 기준으로 내세웠다는 점에서, 그것은 초기적 형태의 관료제 등장이라고 여겨지는 현상과 맞물려 있었다.[34]

그리고 "知人"은 왕위 계승과도 직결된 사안이었다. 예컨대 송나라 제후 선공宣公(?~B.C.729)이 아들 대신에 동생에게 왕위를 물려줄 때 내세운 명분도 현인에게 물려준다(傳賢)는 것이었다. 앞에서 다룬 장문중 관련 언급도 이러한 맥락에서 이해될 수 있다. 공자가 본 장문중은, 인재를 잘 천거하기로 유명한 진晉나라 기해祁奚 같은 사람과 정반대였던 셈이다. "기해는 이에 능력 있는 자(善)를 천거하는 데 능했다. 자기 원수를 추천했으나 아첨해서가 아니고, 자기 아들을 세웠으나 편애해서가 아니고, 자기 부하를 추천했으나 당파를 만들어서가 아니다."[35]

요컨대 "知人"은 『논어』에 국한되지 않는 시대적 화두였다. "知人"이 하나의 관용어로서 발전하는 현상은 위에서 언급한 송 선공의 사례에서 분명히 드러난다. 선공은 아버지인 무공武公의 뒤를 이었으나, 정작 자신은 태자 여이與夷(뒤에 상공殤公이 됨) 대신에 동생 화和(목공穆公)에게 자리를 물려주었다. 목공은 여러 차례 사양한 끝에 결국 즉위했지만, 나중에 다시 태자 여이에게 자리를 넘겨

주게 된다. 선공이 아우가 아들보다 더 적임자라고 판단하여 양위한 것을 일러 『좌전』에 나오는 "군자"는 다음과 같이 평한다. "송 선공은 知人이라고 평가할 만하다"(宋宣公可謂知人矣).[36] 이로부터 "知人"이라는 것이 당대에 통용되는 긍정적 평가어였음을 확인할 수 있다.

누군가를 임명하거나 천거할 수 있는 위치에 있는 사람이라면 "사람을 제대로 알아본다"(知人)는 평가를 받고 싶을 것이다. "知人" 능력이 부족한 사람은 곧 중요한 자리를 배분해줄 "치자治者"의 자격이 없다는 것을 나타내기 때문이다. 결국 "知人"이라는 평가가 유의미한 집단은 광의의 "치자" 계층이다. 이 "知人" 담론의 범위를 어떻게 설정하느냐에 따라 『논어』와 여타 텍스트 간에 입장 차이가 발생한다. 그 차이를 음미하기 위해서 『수호지진묘죽간』의 관련 내용을 살펴보자.

> 나라의 급선무는 체통과 위계를 확고히 하고 백성의 욕망을 통제하는 것이다. 그렇게 해야 통치는 제대로 선다. 윗사람에게 허점이 없다면, 아랫사람이 욕망을 실현하려고 혼자 서두른들 효험이 없다. 백성의 역량을 살펴서, 관리로 임용한다. 관록을 주려는 게 아니라 다스림을 돕게 하는 것이다. 적임자가 아닌데도 관직을 차지하게 된다면 후회한들 무슨 소용이겠는가? 합당함(義)을 펼치고 나쁜 놈을 처벌하고 명령이 갖추어지고, 하급자가 상급자의 명령에 대해 논의를 벌이지 말아야 한다. 나라가 기우는 것은 하급자가 늘 못된 일을 꾸미고 윗사람의 영이 서지 않기 때문이다. 명령하면, 그 명령이 정확하도록 해야 하고, 문제제기가 빈번한 명령을 내려서는 안 된다. 명령이 자주 바뀌게 되면, 백성이 명령에 대해 의심하고, 일이 집행되지 않게 된다.[37]

1975년 후베이성 윈멍雲夢에서 발굴된 『수호지진묘죽간』은 전국시대 말기 이래의 국가 중심적 사고를 보여주는 사료다.[38] 위 인용문은 해당 직위를 가지고 있지 않으면 관련 통치를 도모하지 말아야 함을, 자신이 가진 특정 지위를 넘어서는 통치를 도모하지 말아야 함을 강조하고 있다. 그런데 위 인용문의 맥락은 철저히 관료제 내부의 맥락임에 주목할 필요가 있다. 즉, 청중이 당대의 관직자이거나 그와 관련된 사람일 가능성이 높다. 따라서 그 취지는 국가 관료제의 효율적 운용이라는 테마를 벗어나지 않는다. 위 인용문의 최대 관심이 명령의 위계적·효율적 집행에 있음은 "체통과 위계를 확고히 하고" "명령하면, 그 명령이 정확하도록 해야 하고, 문제제기가 빈번한 명령을 내려서는 안 된다"와 같은 언명들에서 잘 드러난다.

그러나 『논어』는 그 청중을 관료제 외부로까지 확대한다. 앞에서 살펴보았듯이, 그 확대와 더불어 관직에 의존하지 않을 수 있는 비국가주의적 덕목과 비보응적 天천의 존재를 필요로 하게 된다. 비국가주의적 덕목은 국가를 최우선시하는 한비자의 비전과 경쟁하게 되며, 天에 대한 비보응적 관점은 은나라 이래의 "보답하고 응징하는 존재"로서의 귀신 및 하늘 관념과 대비된다.[39]

이어서 "知人"의 방법에 대한 견해차를 판별해보자. "知人"의 방법에 관한 스펙트럼의 한 극단에 『한비자』를 두고, 다른 한 극단에 『여씨춘추』를 두면서 『논어』의 입장을 가늠해보자.

> 현명한 군주는 그의 말을 듣고 반드시 그 말의 쓰임이 있는지 확인하고, 그의 행동을 보고는 반드시 그 말이 실질적인 결과가 있는지 따져본다. 그러면 허황한 옛 배움을 지껄이지 못하고, 과장되고 거짓된 짓거리를 꾸며대지 못할 것이다.[40]

위 인용문에 나오는 "허황한 옛 배움을 지껄이는"(虛舊之學) 짓이라는 말은 바로 『논어』의 입장을 폄하한 표현이라고 해도 과언이 아니다. 공자와 그 제자들은 옛것을 배워야 한다고 주장했을 뿐 아니라, 옛것을 따른다는 기치에 자부심을 가진 이들이었다. "과장되고 거짓된 짓거리를 꾸며대는"(矜誣之行) 일은 『논어』에서 강조하고 있는 "禮"라고 해도 과언이 아니다. 『논어』에서 말하는 배움의 대상은 옛 전적과 禮이다. 요컨대 위 인용문을 『논어』에 대한 정면 반박으로 이해해도 무리가 없다.

이러한 『한비자』의 내용에 따르면, 이상적인 군주는 모호한 말이나 행동을 통해 상대를 파악하면 안 된다. 반드시 그 말이나 행동에 값하는 실제의 결과를 요구하여 확인해야 한다. 이렇게 볼 때 가장 바람직한 "知人" 수단은 판단 대상이 되는 사람의 구체적이고 확인 가능한 행위 결과이다. 이것은 "知人"의 매개체로서 텍스트를 설정하고, 일견 모호해 보이는 그 텍스트의 운용과 이해를 강조하는 『논어』의 입장과 대비된다. 그러한 한비자의 입장 속에 군주와 비판적 거리를 유지하며 자신의 주체성을 유지할 지식인을 위한 공간은 없다.

『한비자』의 그런 입장에 대한 다양한 반론도 존재했는데, 이제 살펴볼 『여씨춘추』에도 그와 같은 내용이 포함되어 있다.

> 후성자郈成子가 노나라를 위해 진晉나라에 사신을 갔다. 위나라를 지나는 길에, 우재곡신右宰穀臣이 후성자를 붙잡고 술을 대접했다. 음악이 연주되는데도 우재곡신은 즐거워하지 않았다. 우재곡신은 술이 거나해지자 후성자에게 벽옥을 선물해가며 환송했다. 사신 임무를 마치고 돌아오는 길에, 후성자는 우재곡신의 지역을 다시 지나면서도 우재곡신에게 기별을 하지 않았다. 그러자 후성자의 하인이 후성자에게 여쭈었다. "지난번에 우재곡신이 당신께 술을 대접해가며 좋아했는데, 지금 그의 지역을 지나가면서 어째서 기별도 하지 않는지요?" 후성자가 대답했다. "나를 머물게 하고 술을 대접한 것은 나를 즐겁게 하려던 것이었다. 정작 음악을 연주하게 하고 본인은 즐기지 않은 것은, 자신에게 근심걱정이 있음을 나에게 알리려는 것이었다. 술이 거나하게 취한 뒤에 벽옥을 주면서 나를 환송한 것은 나에게 뒤에 일어날 사태를 맡기려는 것이다. 종합해보건대 위나라에 장차 난리가 날 것이다!" 위나라를 30리 지나서, 영희甯喜의 반란이 일어나 우재곡신이 죽었다는 소식을 들었다. 이에 후성자가 자신이 탄 수레를 돌리게 하고 장례식에 참례하여 세 번 애도

의 뜻을 표하고 돌아왔다. [노나라에] 도착한 뒤에, 사람을 시켜 우재곡신의 처자를 맞아들이고, 집을 분할하여 따로 살게 해주고, 식록을 나누어 그들을 먹였다. 그리고 우재곡신의 아들이 장성하자, 전에 받았던 벽옥을 돌려주었다. 공자가 이러한 상황을 듣고서 이렇게 말하였다. "미세한 조짐을 알아차려 계책을 세울 수 있을 정도로 지혜롭고, 재물을 맡길 만할 정도로 인仁하다는 사람이란, 바로 후성자를 일컫는 것이라 하겠다!" 후성자가 우재곡신을 관찰한 바는 깊고도 오묘하다. 그의 일을 들여다보지 않고도 그의 뜻을 알았으니 과연 사람을 들여다볼 줄 안다고 할 만하다.[41]

우재곡신의 뜻을 파악한 후성자의 사례를 통해 내린 『여씨춘추』의 결론은 "그의 일을 들여다보지 않고도 그의 뜻을" 알아야 한다는 것이다. 이는 오로지 드러난 결과를 통해 상대를 파악해야 한다는 『한비자』의 입장과 확연히 다르다. 우재곡신을 파악하는 과정에서 후성자는 "그의 일을 들여다보지 않"았다고 했다. 그런데 과연 후성자는 그 어떤 경험적 자료 없이도 우재곡신을 파악할 수 있었던 것일까? 그렇지는 않다. 후성자는 우재곡신이 술자리를 전후하여 보여준 일련의 행태들을 분명히 경험했다. 그렇다면 "일을 들여다보지 않는다"는 것은 모든 경험과의 단절을 의미하지 않는다. 일의 명시적인 결과를 확인하지 않고도 잠재적인 씨앗이나 미세한 단초를 읽어내는 것을 일러 "일을 들여다보지 않는다"고 표현한 것이다.

인재 등용의 맥락에서 해석해보면, 이러한 입장은 밖으로 드러난 성과에 의존하지 않고도 인재를 알아보아야 한다는 뜻이 된다. 이미 드러난 성과에만 의존한다면, 정계 혹은 관료제 내에 아직 진입하지 못한 치자 후보군에게는 지위를 얻을 기회가 (거의) 오지 않을 것이다. 결국 "일을 들여다보지 않고도" 사람을 파악하는 능력은 아직 관리나 정치인이 되지 못한 이들을 발탁할 때 각별히 필요한 것이다.

그렇다면 "일을 들여다보지 않고도" 사람을 파악하는 능력은 어떠한 경로로 길러지는가? 『논어』에 따르면, 반복적인 텍스트 읽기나 예의 수행으로부터 길러진다. 섬세한 텍스트 독해 능력이 길러진 사람은 마치 후성자처럼 상대의 말과 행동거지의 함의를 잘 읽어낼 것으로 기대된다. 그리고 예에 숙달된 사람은 정치적 위계에 자신을 명시적으로 복속시키지 않으면서 간접적으로 자신의 정치적 기회를 모색할 수 있다. 그가 원하는 정치공간은 상급자의 명령에 복종하는 공간이 아니라 상하급자가 함께 예를 수행하는 공간이다. 만약 『한비자』가 안내하는 대로, 권력자의 기준에 맞추어 성과를 제시하는 데 급급할 경우에 그는 권력자의 수족에 불과하게 된다.

이 같은 점을 후성자의 사례를 통해 생각해보자. 만약 우재곡신이 구체적인 항목을 제시하며 후성자에게 금전적 대가를 지불했다고 가정해보자. 그것은 후성자를 자기 가족의 후견인으로서 고용하는 일이 되며, 피고용인으로서의 후성자의 자율성과 주체성은 그만큼 훼손된다. 그러나 우재곡신은 잠재적이고, 암묵적이고 미시적인 방식으로 자신의 뜻을 전하며, 후성자가 장차 그에 부응해주기를 기대했다. 후성자는 우재곡신의 명령에 따른 것이 아니라 그의 언행에 담긴 뜻을 읽고 그에 부응하기로 스스로 결심했으므로, 그의 처신은 주체적 결단의 성격을 띤다.

이러한 방식은 미래를 정확히 예측할 수 없을 때 특히 유용하다. 우재곡신은 장차 언제 어떻게 자기 가족에게 화가 미칠지 구체적으로 예측할 수는 없으므로, 누군가를 구체적으로 고용하거나 명령할 수도 없다. 오직 열려 있는 미래에 대처하려면, 해당 인물이 스스로 동기를 부여할 수 있고, 변화하는 상황 속에서 탄력적으로 대응할 수 있게 해야 한다. 그것이 바로 후성자의 사후에 우재곡신이 처신한 내용이다. 반면에 『한비자』의 세계는 이와 크게 다르다. 『한비자』의 세계에서는 통치자와 피치자 모두 모호한 해석의 여지를 최대한 제거하고, 효율적 행정을 위해 행동을 일관되고 정확하고 예측 가능하게 만들고자 한다.

그 일에 부응하는 결과가 산출되어, 그 일이 원래의 제안에 합당하면 상을 준다. 그 일에 부응하는 결과가 산출되지 않아, 그 일이 원래의 제안에 합당하지 않으면 벌을 준다. 밝은 군주의 길은, 신하가 합당하지 않은 제안을 늘어놓지 않게 하는 것이다.[42]

이처럼 통치자는 관료가 예정된 직무를 철저히 이해했는지 확인하고 상벌을 주는 데 치중한다. 따라서 관료가 향유할 수 있는 자율적 여지는 존재하지 않는다. 자율적 여지가 없다는 것은 다음 사례에서 매우 분명하다.

옛날에 한소후韓昭侯가 취해서 잠들었다. 모자를 맡는 이가 한소후가 추울까 걱정하여 옷을 덮어주었다. 한소후가 깨어났을 때, 기뻐하며 주변에 물었다. 누가 내게 옷을 덮어주었는가. 모자를 담당하는 이가 그랬다고 대답했다. 이에 한소후는 옷을 담당하는 이는 책무를 다하지 못했다고 벌주고, 모자를 담당하는 이는 직무를 넘어섰다고 벌주었다. 추위를 싫어하지 않아서 그런 것이 아니라, 직무의 월권 문제가 추위 문제보다 심각하기 때문에 그러한 것이다.[43]

모자를 담당하는 자는 여러모로 바람직한 일을 했다. 그가 옷을 덮어준 덕분에 한소후는 추위를 면할 수 있었다. 한소후는 그럼에도 모자 담당자를 처벌한다. 결과적으로 자신이 도움을 받기는 했지만, 모자 담당자가 사전에 정해진 직분의 범위를 넘어섰다고 판단했기 때문이다. 이러한 세계에서 행위의 예측 가능성은 제고되지만, 관직자의 자율적 여지는 존재하지 않는다.

이제까지의 논의가 타당하다면, 1.16의 당대적 의미는 광의의 국가 관료제의 성장과 관련이 있다. 1.16뿐 아니라 『논어』의 많은 내용이 그처럼 성장하는 국가에 대한 잠재 관료 후보군의 정체성을 다룬다. 그리고 그러한 입장은 철저히 국가를 우선시하는 입장과 경쟁하게 된다. 이러한 『논어』의 당대적 특성은, 국가 관료제 확장에 대한 비판이 비등하던 시기의 주석에서는 상대적으로

가시화되지 않는다. 예컨대 정력적으로 국가 관료제 확장에 나섰던 북송北宋의 신법新法에 비판적이었던 주희 등 남송 도학자들의 주석을 보라. 그들의 『논어』 해석에서 국가 관료제라는 주제는 전면에 부각되지 않는다.

도학자들에게 좀 더 중요한 것은 국가보다는 "이치(理)"다. 도학자들에게 (누군가를) 안다는 것은 "이치"의 파악과 직결된다. "이치"라는 원칙을 알아야 그 사람을 제대로 알아볼 수 있다. 그래서 이렇게 말하는 것이다. "도리를 분명히 파악하면, 저절로 타인을 알아보게 된다. 자기 자신이 도리를 전혀 깨닫지 못했으면서 어떻게 타인이 현인인지 여부를 알 수 있으리오?"[44] 이에 따라 1.16의 취지 역시 우주의 이치를 파악하는 문제로 전환된다. 이제 관건이 되는 것은 국가가 아니라 우주이며, 그 우주의 이치를 체현하는 존재로서의 자기 자신이다.

시대가 또 바뀌면서 이러한 도학의 입장도 도전받게 된다. 이를테면 고증학이 흥성한 청나라 때에는 도학의 철학적 해석 대신에 전략적 해석을 추구하는 이들이 나타난다. 그러한 입장을 극명하게 보여주는 사례가 청대의 훈고학자 장림臧林이 쓴 『경의잡기經義雜記』다.[45] 장림은 통용되는 『논어』 판본과는 달리 육덕명의 『경전석문』의 견해를 중시하여, 1.16의 원문이 "不患人之不己知, 患不知也"라고 생각한다. 즉, '知' 뒤에 '人'이 없다고 본 것이다. 이렇게 할 경우, "患不知也"는 '알려지지 않음을 근심한다'로 재해석된다. 즉, 타인이 자신을 알아주지 않음을 근심하지 말고, 타인이 알아주지 않을 만한 자신의 현 상태를 근심하라는 말이 된다. 이렇게 해야 4.14의 "不患莫己知, 求爲可知也" 같은 문장과 호응한다고 장림은 본 것이다. 이렇게 해석할 경우, 자신의 자질 향상을 위해 분투하라는 기본적 취지는 동일하지만, 타인의 인정과 무관하게 존재하는 자신의 본질적 가치보다는 타인의 인정을 받기 위해 노력하라는 전략적 함의가 강조된다.[46] 그와 같은 해석은 지금까지 살펴본 1.16 해석과 크게 다르다.

이 장은 지금까지 1.16을 시대적 배경 속에서 이해하고, 당대의 경쟁적 입장 속에서 그 의미를 새기고자 시도했다. 그러한 작업을 통해 1.16에 대한 자의적 해석을 통제하고, 중국 고대에 통용되었던 의미에 좀 더 접근하기를 기대했다.

공자가 활동했던 춘추시대 후기는 통치자들이 국가를 강화하고자 노력하던 시대였다. 그 이후의 중국 정치사는 국가의 적절한 규모와 유지를 가늠해온 역사라고 해도 과언이 아니다. 진나라의 성립과 더불어 국가 관료제 확대는 정점에 이르렀고, 진나라의 뒤를 이은 한나라는 진나라식 국가 우선주의를 재고하게 된다. 그리고 그 시기는 바로 『논어』가 현재의 모습으로 정착해간 때이기도 하다.

따라서 『논어』의 상당 부분을 부침하는 국가와 관련지어 설명할 수 있다. 그러기 위해서는 당시에 경쟁했던 입장과 더불어 『논어』를 해석하는 일이 필수적이다. 당시에는 국가 관료제의 확대를 옹호하는 입장과 그에 반대하는 입장이 모두 존재했다. 그와 같은 맥락을 고려할 때, 1.16의 입장은 (은거를 선택하지 않고) 유일한 제도적 정치 영역으로서의 국가를 긍정하되, (시민사회의 부재 속에서나마) 일정한 자율성을 누리는 관료 후보군에게 하는 권고의 성격을 띤다. 이 장에서는 그러한 관료 후보군을 ('반국가적'이 아닌) 비국가주의적 정치 주체라고 개념화했다. 이 비국가주의적 정치 주체들은 자기 정체성을 유지하기 위해 텍스트로 이루어진 문화 전통의 숙달과 내적 청중으로서 하늘의 존재에 대한 믿음을 필요로 했다.

사회정의와 효의 딜레마
:『논어』「자로」 18장의 역사적 해석[1]

섭공이 공자에게 말하였다.
"우리 쪽에는 자신을 바르게 하는 사람이 있습니다.
아버지가 양을 훔치게 되면, 아들은 그렇다고 증언합니다."
공자가 말하였다. "우리 편의 곧은 사람은 이와 다릅니다.
아버지는 자식을 위해 숨겨주고,
자식은 아버지를 위해 숨겨줍니다. 곧음은 그 가운데 있습니다."
葉公語孔子曰, 吾黨有直躬者, 其父攘羊, 而子證之.
孔子曰, 吾黨之直者異於是, 父爲子隱, 子爲父隱. 直在其中矣.

『논어』「자로」 18장은 공자 사상의 특징을 드러내는 구절로 연구자들의 주목을 받아왔다. 그 결과, 적지 않은 해석이 제시되었는데, 그 대부분은 텍스트 자체의 의미에 주목한 철학적 해석이라고 할 수 있다. 당대의 사회적, 정치적 맥락과 『논어』「자로」 18장의 내용을 연결하는 것을 주목적으로 하는 해석은 드물다. 그 원인 중 상당 부분은 아마도 『논어』「자로」 18장의 역사적 맥락을 재구성할 만한 사료가 충분하지 않은 데 있을 것이다. 이 글은 부족하나마 현존하는 관련 사료를 활용하여, 당대의 사회적, 정치적 맥락을 심각하게 고려한 『논어』「자로」 18장 해석을 시도한다.

먼저 『논어』「자로」 18장 연구사의 핵심을 정리한 뒤에, 『논어』「자로」 18장에 담긴 사상이 시대별로 어떻게 달리 해석되어왔는지를 추적한다. 그 과정을 통해서, 각 시대의 국가와 사회 관계가 『논어』「자로」 18장 내용에 대한 거듭된 재해석의 배경이 되어왔음을 보인다.[2] 이와 같은 통시적 연구 결과를 바탕으로 해서, 종국적으로는 『논어』「자로」 18장 자체에 대한 역사적 해석을 시도한다. 그리하여 『논어』「자로」 18장이 춘추시대 말기에 역동적으로 변하고 있던 친족집단의 규모를 염두에 둘 때 비로소 설득력 있는 역사적 해석이 가능하다고 이 글은 주장한다.

연구사[3]

『논어』「자로」 18장의 기존 연구 지형은 비교적 명료하다. 그 지형은 다음과 같은 언명에 잘 드러나 있다.

> 이 문장(『논어』「자로」 18장)은 『논어』의 주석사에서 내내 해석자들 사이의 논란거리다. 최근 몇십 년간에도 중국의 학자들 사이에서 실로 증오의 초점이자 논쟁이 끊이지 않았던 문장이다. 논쟁 당사자 모두 이 문장을 효와 사회정의의 딜레마를 보여주는 것으로 이해하였는데, 한쪽에서는 공자Confucius를 옹호하면서 효를 사회정의보다 앞세웠다며, 다른 한쪽은 효보다 사회정의를 내세우지 않았다고 유가Confucians를 비판하였다.[4]

이처럼 『논어』「자로」 18장에 대한 기존 해석은 사회정의와 효 간의 긴장이라는 점으로 수렴된다. 이 구도에서 섭공은 효보다 사회정의를 우선시하는 입장을 대변하고, 공자는 사회정의보다 효를 우선시하는 입장을 대변한다. 이 같은 두 가지 다른 규범적 가치의 긴장이라는 주제에 국한해도, 『논어』 「자로」 18장에 대한 학술적 논의의 역사는 짧지 않으며, 아직도 진행 중이다.[5] 『논어』 「자로」 18장에 대한 해석은 단지 전통 사상을 해석하는 데 그치지 않고, 중국 사회와 서양 사회의 근본적인 차이를 판별하는 도구로도 사용되어왔다.

> 역대 학자들은 이 장을 두고 쟁론이 많았다. 특히 근대에 서양 법률제도의 이념이 들어오면서 어떤 사람은 서양의 법 관념에 의거해 공자의 사상을 부정했다. 심지어 유가에서 말하는 '가까운 사람이 서로 숨겨주는' 혈육 간의 윤리 원칙이 사사로운 정에 이끌려 법을 어기거나 친한 사람을 가까이하면서 일어나는 부패 현상이 자생하게 된 근원이라고 생각했다.[6]

인용문이 보여주는 바와 같이, 혈육 혹은 가족 관계를 강조하는 공자 입장을 법치를 중시하는 서양과 대조시키곤 한다. 그리고 한 걸음 더 나아가, 그간 존재해온 중국 사회의 부패 원인을 『논어』 「자로」 18장에 나타난 공자의 태도에서 찾고 있다. 이와 같은 논의 구도는 국내 학계의 『논어』 해석에서도 반복된다.[7] 다음과 같은 동서 문화론적 해석도 이와 같은 해석의 연장선에 있다고 할 수 있다.[8]

> 서양은 개인주의적 입장에서 아버지와 아들을 남으로 본다. 그러나 동양 사상은 본질적으로 부자를 남으로 보지 않고, 하나의 뿌리에서 나온 같은 생명체로 본다. 세대와 몸은 다르지만 혈통과 성정性情이 같다. 부자는 '남'이 아니고 '하나이다'. 군자는 '대도大道의 인仁'을 따른다. 군자는 물론 법法을 어기지 않는다. 천륜(天倫)을 바탕으로 한 인정人情과 정리情理를 잘 모르는 섭공葉公은 '인간이 제정한 법률'을 기준으로 '직直'을 말한 것이다.[9]

이와 같은 해석에 따르면 공자는 기본적으로 동양인이기에, 혹은 동양 사상의 본질을 체현하고 있기에, 효 중심의 주장을 펼친 것이 된다. 그러나 이러한 이분법의 설득력은 높지 않다. 서양은 아버지와 아들을 남으로 보는 반면, 동양 사상은 아버지와 아들을 "같은 생명체"로 본다는 일반화 자체가 경험적 근거를 결여하고 있다. 그뿐 아니라, 이 해석에 따르면 섭공은 동양인임에도 불구하고 이른바 서양적인 주장을 한 셈이 된다. 요컨대, 위의 주장은 경험적 근거가 부족할 뿐 아니라, 논리적 오류를 범하고 있다.

그렇다면 무리한 동서양 비교를 폐기하고, 중국 사상사 내부의 맥락에서 『논어』「자로」18장을 해석하는 것이 좀 더 합리적이다. 즉, 중국 사상의 역사 내에도 가족윤리 대 사회정의 간의 긴장이 존재한다고 볼 필요가 있다. 그렇게 보는 학자들은 동서양 비교라는 범박한 논의 대신, 동양 사상사 내의 학파적 분별로 나아간다.

> 중국 사상사를 통하여 항상 문제가 되는 유명한 장이다. 서양의 이성주의와 동양의 합리주의가 얼마나 성격이 다른가를 보여주는 공자의 언급이다. 비단 동서의 문제가 아니라, 동방 자체의 전통 내에서도 이 장의 내용은 유儒·법法을 가르는 기준이 되었다. 법가의 입장에서 보면 이 장의 공자의 멘트는 결코 수긍될 수 없다. 나 역시 공자의 주장에 전적으로 동의하지는 않는다. 만약 공자의 주장을 액면 그대로 받아들이면 사회 기강이 서질 않는다. … 법제적 합리성legal rationality은 항상 한계가 있다. 인간의 도덕성이라는 것은 상황성situationality과 시중성temporality이 있다.[10]

그러나 동서 비교가 아니라 "동방 자체의 전통"에 주목하는 이와 같은 주장도 충분히 '역사적'인 해석이라고 하기는 어렵다. 일단 섭공이 활동했을 당시에 "법가"라는 학파는 존재하지 않았다. 이른바 법가라는 것은 후대에서 분류한 범주이다. 편의상 섭공을 법가라고 간주할 수는 있는데, 그 경우에도 문제는 해결되지 않는다. 유가나 법가나 초시대적으로 발견되는 변치 않는 본질 같은 것이 있다고 간주하기는 어렵기 때문이다. 예컨대, 이른바 법가는 효의 가치를 무시했다고 이야기되곤 하지만, 법가라고 해서 효의 가치를 인정하지 않은 것은 아니기 때문이다(이에 대해서는 후술하겠다). 이러한 점을 감안할 때, 특정 요소를 가지고 유가 대 법가로 대별하는 시도는 『논어』「자로」 18장을 역사적으로 이해하는 데 그다지 유용하지 않다.

이상의 연구사 정리는 『논어』「자로」 18장에 담긴 내용을 좀 더 역사적 맥락에 맞추어 해석할 여지가 있음을 시사한다. 역사적 연구가 드문 원인은 다음 두 가지일 것이라고 추측할 수 있다.

첫째, 공자로 대표되는 유교의 입장이라는 것이 오랫동안 높은 수준의 동질성을 유지했으므로, 이 구절을 통해 유교의 입장 일반을 추출할 수 있다는 학계 일각의 믿음이 강고하다. 이 점은 논자들의 전부 혹은 대부분이 '유학' 사상이라는 포괄적이고 초시대적 범주를 사용해서 『논어』「자로」 18장을 논의한다는 점에서 드러난다.[11] 그와 같은 초시대적 관점에서 『논어』「자로」 18장에 접근할 경우, '유학' 사상의 초시대적 특징을 재확인할 수 있을지는 몰라도, 해당 구절의 당대적 함의를 알려주지는 않는다. 둘째, 『논어』「자로」 18장에 직접 관련된 공자 당대의 사료가 존재하지 않는다는 점이 역사적 연구를 저해해왔으리라고 추측할 수 있다.

이 글은, 『논어』「자로」 18장에 대한 보다 진전된 역사적 이해가 목적이므로 초시대적 범주로서의 '유가' 혹은 '유학'의 본질을 분석 범주로 채택하지 않는다. 그 대신 현실의 역사적 변천을 좀 더 잘 드러내줄 수 있는 국가-사회를 대안적 분석 범주로 채택한다. 아울러 『논어』「자로」 18장에 대한 당대의 사료가 부족하다는 한계를 인지하면서, 현존 사료가 허용하는 한계 내에서 『논어』「자로」 18장에 대한 역사적 해석을 시도한다.

춘추시대 역사적 배경에 근거한 해석

리쉬李碩의 공자 생애 재구성에 따르면,[12] 공자가 초나라 섭공과 교유한 시기는 공자 나이 59~63세 무렵이다. 리쉬는 『논어』 「자로」 18장이 거론하는 아버지와 아들 관계가 실제 부자 관계를 지칭하는 것이 아니라 공자와 제자들의 관계를 비유하는 것으로 해석한다. 즉, 공자 집단 내에 누군가 잘못을 저지르더라도 숨겨주어야 한다고 공자가 주장했다는 것이다. 그러나 이러한 해석은 무리가 있다. 본문에 나오는 아들을 제자로 해석해야 할 어떤 경험적 근거도 없기 때문이다. 리쉬의 관련 주장 중에서 상대적으로 더 경청할 가치가 있는 것은 공자가 성문법이 아닌 관습법을 통해 신분의 차이를 인정하는 중원 봉건 제후국의 예법을 옹호한 반면, 섭공은 성문법을 통해 만민 평등을 주장하는 신흥 오랑캐 국가의 법제를 옹호했다는 주장이다. 이와 같은 리쉬의 주장은 첫째, 중원 대 오랑캐라는 화이관華夷觀에 관한 부분, 둘째, 관습법 대 성문법의 대조, 셋째, 신분제 옹호 대 만민 평등 옹호, 이렇게 세 부분으로 나누어볼 수 있다.

먼저 『논어』 「자로」 18장을 섭공과 공자 간의 화이관의 충돌로 보는 견해는 최소한 동진東晉의 강희江熙의 주석에까지 소급될 수 있다.[13] 예컨대, 황간의 『논어의소』, 형병의 『논어주소論語注疏』, 정약용의 『논어고금주』,[14] 그리고 『십삼경주소』는 모두 강희의 다음과 같은 말을 전거로 사용하고 있다.

> 섭공이 아비를 고발한 것을 정직으로 여긴 것에 대해, 강희는 이렇게 말하였다. '섭공이 성인(공자)의 가르침에 항상 은휘隱諱함이 있음을 보았기 때문에 직궁直躬의 일을 들어 이 말로써 유교를 헐뜯어 중국과 맞서고자 한 것이다. 부자께서 대답하신 말씀이 바르고 뜻이 절실하니, 형만(초나라를 이름)의 호걸(섭공을 가리킴)이 자랑하려다가 무색해지고 말았다.'[15]

이와 같은 해석은 공자가 초나라 문화에 대해 강한 반감이 있었다는 전제에 기초해 있다. 그런데 이적夷狄을 부정적으로 논하지 않은 논어의 다른 언급들을 볼 때,[16] 그러한 반감을 전제하는 것은 설득력이 없다.[17] 이보다 설득력 있는 것은, 『논어』「자로」 18장을 공자가 관직을 얻기 위해 여러 지역을 돌아다니며 통치자를 물색하는 과정에서 발생한 대화로 보는 견해이다.

그렇다면 섭공(B.C.550~B.C.470 추정)은 어떤 통치자였는가? 섭공은 춘추오패春秋五霸 중 하나인 초나라 장왕莊王의 증손자로, 초나라 평왕平王 5년(B.C.524)에 초나라 북부의 변방 요충지인 섭읍葉邑에 책봉되었다. 『섭현지葉縣志』에 따르면, 섭공은 해당 지역을 49년 동안 다스리면서 부국강병을 추구했다. 초혜왕楚惠王 10년(B.C.479)에 영윤겸사마令尹兼司馬에 책봉되었으며, 강력한 군사적, 정치적 권력을 누렸다. 리훙레이黎紅雷는 초소왕楚昭王 27년(B.C.489)에 공자가 섭공과 치국의 방략에 대해 논의한 것으로 추정한다.[18] 전국시대 대표적인 국가 강화론자의 생각을 담은 텍스트라고 할 수 있는 『한비자』「난삼難三」에도 섭공과 공자의 대화가 수록되어 있다 이러한 점들을 감안할 때, 『논어』「자로」 18장을 공자와 당시의 대표적인 국가 강화론자의 대화로 보는 것은 상당한 설득력이 있다.

널리 알려져 있다시피, 중국 고대의 부국강병론자들은 새로운 법 규정을 통해서 기존 귀족 세력을 꺾고 왕권을 강화하고자 하였다. 그런 면에서 관습법 대 성문법의 대조나 신분제 옹호 대 만민 평등 옹호 같은 메시지를 『논어』「자로」 18장으로부터 읽어내려 드는 것도 무리는 아니다. 그러나 그와 같은 메시지를 『논어』「자로」 18장에서 직접 끌어내기는 어렵다. 『논어』「자로」 18장의 표면화된 중심 사안은 가족 내 효도와 국가에 대한 충성의 긴장이지, 법제나 정치적 평등의 문제가 아니다.

전국시대 사료에 근거한 해석

『논어』「자로」 18장에 담긴 대화가 실제 이루어졌을 춘추시대의 사료에서 공자와 섭공의 대화에 대한 직접적인 언급이나 비슷한 주제를 다루는 텍스트는 찾기 어렵다. 반면, 전국시대 사료에서는 간접적으로나마 유관한 부분을 여럿 찾을 수 있다. 전국시대 문서 자료는 무덤에서 직접 발굴한 자료와 후대의 편집을 거친 제자백가 사상서로 양분할 수 있다.[19] 그중에서 직간접적으로『논어』「자로」18장에 관계된 부분은 다음과 같다.

전국시대 발굴 자료

(1)『상해박물관장전국초죽서』

『상해박물관장전국초죽서』는 전국시대 후기 초나라 귀족묘의 부장품으로 추정되는 문건이다. 량타오梁濤는 이 중에서 공자 제자 증자 일파의 작품으로 판단되는『내례內禮』의 내용을 분석한 바 있다.[20]

> 군자가 부모를 모실 때는 사사로운 즐거움과 사사로운 걱정을 버려라. 부모가 즐거워하는 바를 즐거워하고, 부모가 걱정하는 바를 걱정하라. 선하면 따르고, 선하지 않으면 저지하라. 저지해도 되지 않으면, 숨기고 그대로 두어 마치 자기로부터 말미암은 것처럼 하라.[21]

이러한『내례』의 내용은 효도가 절대적 가치이거나 최상의 가치는 아니며, 그보다 상회하는 가치가 있다는 점을 확인하고 있다. 상위의 가치가 있기에, 그에 근거해서 부모에게 이견을 제시하고 저지해볼 수 있는 것이다. 다만 문제는 상위의 가치에 근거하여 부모에게 간했을 때 부모가 듣지 않으면 어떻게 하느냐는 것이다.『내례』의 내용에 따르면, 부모가 자식의 말을 결국 듣지 않으면, 부모를 고발하지 않고, 부모가 훔친 양을 자신이 대신 보상하는 등, 그 책임을 자식이 끌어안고 가야 한다는 것이다.『논어』「자로」18장의 내용을 연상시키는 내용이 아닐 수 없다. 그와 같은 자녀의 처신을 통해 비로소 불효를 피하는 동시에 사회 전체의 정의를 유지할 수 있게 된다.

이상의 논의에서 확인할 수 있는 것은 전국시대 공자 문하 계열 텍스트에서조차 효는 사회정의와 같은 다른 모든 가치를 압도하는 절대 가치가 아니었다는 사실이다. 따라서 효와 충, 혹은 효와 국가 질서라는 가치가 충돌할 때는 그 나름의 공존 가능성을 모색해야 한다는 과제가 발생하고 있음을 알 수 있다. 부모가 훔친 양을 자신이 대신 보상한다는 것은 그와 같은 상황에서 요청되는 일종의 (임시) 해결책이라고 할 수 있다.

(2) 『곽점초간』[22]

『곽점초간』은 1993년에 중국 후베이성 궈뎬춘(곽점촌)에서 발견된 고문서로서 전국시대 말기 초나라 사상 상황을 반영하고 있다. 그중 「육덕六德」 부분은 공사公私 영역에 따라 다른 기준이 존재함을 천명한다. "가내家內에서는 은정恩情으로 도의道義를 가릴 수 있지만, 가외家外의 처리는 도의로 은정을 끊어야 한다."[23]

량타오의 연구에 따르면, 이러한 「육덕」의 주장은 아래에서 논의할 맹자의 입장과 공명한다. 순舜이 재위에 있을 때는 "가내의 다스림"의 측면에서 "도의로 은정을 끊는 것"이 합당하지만, 순이 보통의 백성이 되어 한 사람의 아들로서 존재한다면, "가외의 처리"라는 측면에서 "은정으로 도의를 가리는 것"이 합당하다. 그래서 순은 천자의 지위를 버리면서까지 아버지를 처벌하지 않았던 것이다. 이는 효라는 일견 협애한 가치와 국가 차원의 공적 정의가 충돌할 때, 그 충돌에 직면한 이가 자신의 위상을 재조정함으로써 충돌을 피할 수 있다는 견해를 표방한 것이다.

이 밖에 직궁을 직간접적으로 언급하며 관련 논의를 펼친 고대 문헌들이 있다. 이어서 그 문헌들을 살펴보기로 하자.

(1) 『맹자』 「진심상」[24]

『맹자』 「진심상」에서는 직궁의 사례는 아니지만 『논어』 「자로」 18장과 유사한 논의를 발견할 수 있다.

> 도응桃應이 물었다. "순이 천자가 되고, 고요皐陶가 법관이 되었는데, 고수瞽瞍가 사람을 죽이면 어찌 하는가?"
>
> 맹자가 말했다. "집행할 뿐이다."
>
> "그러면 순은 금하지 않습니까?"
>
> "순이 어찌 금할 수 있겠는가? 전해 받은 [법 혹은 규범이] 있다."
>
> "그러면 순은 어떻게 합니까? 순은 천하를 버리기를 헌신 버리듯 볼 것이다. 몰래 아비를 업고 도망하여 바닷가를 따라 살면서 종신토록 즐거워하여 천하를 잊을 것이다."[25]

맹자 제자 도응은 순이 천자가 된 이후에, 그 아버지가 살인을 저지를 경우 어떻게 해야 하느냐고 묻는다. 맹자는 순이 그 아버지를 잡아들여야(執) 한다고 하는 동시에 순이 천하를 버리고 몰래 그 아버지를 모시고 도주할 것이라고 대답한다. 량타오의 해석에 따르면, 『오행五行』과 맹자 간의 가장 큰 차이는, 『오행』은 작은 사랑과 큰 사랑 혹은 작은 의義와 큰 의義가 충돌할 때, 후자의 우선성을 비교적 강하게 주장한 데 비해 맹자는 양자 간의 조화와 균형을 중시하는 것이라고 한다.

량타오가 강조하는 또 하나의 측면은, 일견 맹자가 그저 혈연의 정을 앞세우는 것처럼 보이지만, 문제 있는 가족을 다루는 데 관한 일관된 정치적 입장을 표명했다는 점이다. 『맹자』 「만장상萬章上」에서 자기 동생이 매우 나쁜 사람임에도 불구하고 순이 그를 제후로 책봉하는 일은 불가피했다.[26] 동시에 동생의 통치를 받을 백성들의 고통을 생각하여 자기 동생은 부귀만을 즐길 뿐 실제 정치에는 간섭하지 못하게 조치하였다. 이러한 맹자의 입장은 앞서 논한 『곽점초간』 「육덕」의 입장을 고려하면 좀 더 잘 이해할 수 있다. 혈연의 존중, 그리고 공적 업무의 일관된 수행이라는 (충돌하는) 두 가치를 화해시키고자 한 것이다.

「육덕」과 『맹자』 「진심상」을 함께 고려해보면, 공자 학통의 적자를 자임한 이들에게서조차 효나 혈육의 정은 절대적 가치가 아니었다는 사실, 따라서 가족 내 효와 가족을 넘어선 공적 가치 간의 충돌이 하나의 딜레마로 다가왔다는 사실, 따라서 충돌의 잠재력이 충분한 효와 공적 가치 간의 공존 가능성을 모색했다는 사실을 확인할 수 있다.

(2) 『한비자』 「오두」

유儒는 문文으로서 법法을 어지럽히고, 협俠은 무武로써 금禁한 바를 어긴다. 그런데도 군주가 그들 모두를 예우한다. 이것이 바로 어지러워지는 원인이다. 법을 어기는 이들은 죄를 받는데, 저 뭇 선생들은 글을 배웠다는 이유로 임용되고, 금한 바를 어기면 주살되는데, 뭇 협객들은 사사로이 검을 쓴다고 봉양을 받는다. 법이 잘못했다고 규정하는 바가 군주가 취하는 바가 되고, 관리가 주살하는 바가 군주가 봉양하는 바가 되니, 법法·취趣·상上·하下 이 네 가지가 상반되어 정해진 바가 없는 것이다. 비록 열 명의 황제가 있어도 다스릴 수 없을 것이다. 그러므로 인의를 행하는 자를 칭송해서는 안 된다. 그들을 칭송하면 공功에 해를 끼친다. 배움에 몰두하는 이들을 임용해서는 안 된다. 그들을 임용하면 법을 어지럽힌다. 초나라에 직궁이라는 이가 있었는데, 그의 아버지가 양을 훔치자 아버지를 관리에게 고해바쳤다. 영군令君이 말하기를 "처형하라." 군주에게는 직하지만 아버지에게는 곡하다고 보아 그에 맞추어 처벌한 것이다. 이로써 볼 때, 군주에게 직신直臣인 사람이 부父에게는 폭자暴子가 되는 것이다(폭자라는 이유로 처벌한 영군은 오히려 군주에게 해를 끼치게 된 셈). 노나라 사람이 군주를 따라서 전쟁에 참여했는데, 세 번의 전투에서 세 번

도망갔다. 공자가 그 까닭을 물었다. 대답하기를, "저에게는 늙은 아버지가 있습니다. 제가 죽으면 봉양할 사람이 없습니다." 공자는 그를 효자라고 여겨서 천거해서 승진시켰다. 이로써 볼 때, 아비에게 효자인 사람이 군주에게는 배반자인 것이다. 영윤이 처벌했기에 초나라에서는 나쁜 일이 있어도 고발하지 않았고, 중니가 상을 주었기에 노나라 백성들은 쉽게 항복하고 도망갔다. 위아래의 이익이 이처럼 다르다. 군주가 필부의 행동을 포용/칭찬하면서 사직의 복을 가져오는 일은 결코 기대할 수 없다.[27]

이 인용문의 취지는 가족윤리와 공적 규범 혹은 가치는 충돌하는 것이며, 군주와 관료는 후자에 충실해야 한다는 데 있다. 그 점을 착각한 관료(영군)는 오히려 군주에게 해를 끼치는 파국적 결과를 빚게 된다. 이러한 취지는 『논어』「자로」 18장의 텍스트를 어떻게 변화시켰는지 주목해보면 분명히 드러난다. 리홍레이가 지적했듯이, 『논어』「자로」 18장에서 직궁의 원래 행동은 "증지證之"라고 기술되었는데, 여기서는 이를 '관아/위에 가서 고하다'는 뜻으로 구체화하였다. 게다가 본래 사건의 서술자인 섭공의 존재는 사라지고, 영윤令尹 같은 인물이 추가되어 직궁에 대해 판결을 내리고 있다.[28]

비슷한 맥락에서 『논어』「자로」 18장에서는 "훔치다"는 뜻으로 "攘양"이라는 글자를 쓰고 있는 데 비해, 『한비자』에서는 "攘" 대신 "竊절"을 쓰고 있다는 점도 흥미롭다. 양을 훔친 아버지를 숨겨줄 만한 명분을 만들기 위해서 기존 논어 주석들은 "攘"을 그냥 도둑질한 상황을 묘사했다고 보지 않고, 뭔가 사정이 있어서 도둑질하게 된 상황을 묘사한 것이라고 해석하곤 했다.[29] 『맹자』「등문공하滕文公下」에도 같은 "攘"이라는 글자가 나오는데, 거기에서도 스스로 온 대상을 취한 것(取自來之物)으로 풀이된다. 요컨대 『논어』의 주석가들이나, 공자의 적통을 자임하는 맹자는 『논어』「자로」 18장이 아버지의 적극적 절도를 묘사한 것이 아니라, (길을 잃어) 흘러 들어온 양을 취한 상황을 묘사했다고 본 것이다. 즉, 보통 도둑질에 비해 아버지의 행위는 심각한 죄는 아니었다는 취지를 담고 있다. 이에 비해 『한비자』는 "攘" 대신 "竊"자를 사용함으로써 그와 같은 정상 참작의 여지를 봉쇄하고 있다.

앞의 인용문을 해석할 때 가장 유의해야 할 점은, 인용문의 취지가 효를 옹호하는 공자 대 공적 규범을 옹호하는 한비자 간의 대결이 아니라는 사실이다. 진짜 주제는 효와 공적 규범, 좀 더 단순히 말하면, 사私와 공公의 양립 가능성의 문제이다.[30] 『한비자』「오두五蠹」는 "사를 등지는(背) 것이 공"이라고 하여 공사의 양립 불가능을 분명하게 천명한 바 있다.[31] 이러한 입장에 견주어보면 『논어』「자로」 18장의 취지도 한층 더 분명해진다. 공자는 효와 공적 규범이 양립 불가능하다는 전제하에 공적 규범 대신 효를 선택해야 한다고 말한 것이 아니다. 양자가 양립 가능하기 때문에 효를 선택하는 것이 좋다고 주장한 것이다. 반면, 한비자는 효와 공적 규범이 양립 가능하니까 공적 규범을 선택해야 한다고 주장하는 것이 아니다. 한비자는 효와 공적 규범이 양립 불가능하기 때문에 효 대신 공적 규범을 선택해야 한다고 말하는 것이다. 즉 공자와 한비자의 긴장은 단순히 효 대 충의 대결이 아니라 (효와 공적 규범의) 양립 가능성 대 양립 불가능성 간의 대결이다.

효와 공적 규범이 양립 불가능하다고 할 때, 한비자가 구상하는 국가의 정책 방향은 분명하다. 효는 통치의 도구가 될 수 없다. 효가 통치에 걸림돌이 된다고 할 때, 친족집단에게 이관할 수 있었던 질서 유지 기능을 이제 국가가 떠맡아야 하는 것이다. 이는 결국 국가 권력과 기능의 확대로 이어질 수밖에 없다. 실제로 『한비자』는 그러한 강하고 큰 국가를 옹호하는 텍스트이다.[32]

진나라의 역사적 배경에 근거한 해석

진국시대 말기에서 진나라를 거쳐 한나라 초에 이르는 시기의 상황을 살펴보자. 주지하다시피, 이때는 오늘날 우리가 흔히 '제국'이라고 부르는 대단위의 국가 형태가 출현하는 시기이다. 이 시기 문헌 역시 무덤으로부터 직접 발굴된 죽간, 백서 등의 자료와 편집되어 전승된 자료로 양분할 수 있는데, 그 자료들은 다시 진나라 통치 현실을 반영하는 소위 '법가적' 문헌, 다른 하나는 공자 문인 계열의 사상을 보여주는 소위 '유가적' 문헌으로 세분되기도 한다.

마왕퇴백서 『오행』에 나타난 자사의 입장[33]

'마왕퇴백서馬王堆帛書'는 후난성湖南省 창사시長沙市에 위치한 마왕퇴 한묘에서 발굴된 문서로서, 대략 진나라 말기에서 전한前漢 사이에 만들어진 문건으로 추정된다. 이 중 자사子思의 입장이 반영된 텍스트로 간주되는 『오행』에 『논어』「자로」 18장과 내용적으로 관련된 단락이 존재한다.

> 강간剛簡(강하고 간결함)하지 않으면 실행할 수 없다. 친근함을 은닉하지 않으면 도를 명찰明察할 수 없다. 대죄가 있어 중형으로 다스림을 강간이라 한다. 작은 죄가 있어 능히 사면해준 것은 친근을 은닉한 것이다. 대죄가 있으나 중형으로 다스리지 않으면 행하기 어렵고, 소죄가 있으나 용서해주지 않으면 도를 명찰할 수 없다.[34]

"친근함을 은닉하지 않으면 도를 명찰할 수 없다"라는 문장으로부터 「오행」이 부모를 위해 잘못을 은폐해줄 수 있는 여지를 인정하고 있음을 알 수 있다. 실정을 이해하지 않으면 안 된다(不簡, 不行)는 말은, 상황을 고려하여 일정한 잘못을 은폐하지 않는다면 도를 살피지 않은 부정적인 상태라는 것이다. 그런데 부모를 위해 잘못을 무조건 은폐할 수 있는 것은 아니다. 거기에도 일정한 제약이 존재한다. "작은 죄는 양해해줄 수 있지만"(有小罪而赦之, 匿也), "큰 죄는 양해해줄 수 없다"(有大罪而大誅之, 簡也)는 것이다. 그렇다면 용서해줄 수 없는 큰 죄는 무엇이고, 양해해줄 수 있는 작은 죄는 무엇일까? 『오행』은 그에 대해서는 구체적인 언급을 하고 있지 않다. 그 점을 구체적으로 알기 위해서는 법률 문건을 검토해야 한다(후술).

『수호지진묘죽간』

1975년 윈멍雲夢에서 발굴된 『수호지진묘죽간』은 전국 말기에서 시작하여 진나라 통치 기간을 포함하는 시기의 사상과 현실을 전해주는 많지 않은 자료 중 하나이다.[35] 『수호지진묘죽간』은 상앙의 변법變法 이후인 전국戰國 말기에서 진시황秦始皇 시기를 반영하는 문헌이다.[36] 진나라의 천하통일이 이른바 법가 사상을 받아들여서 이루어졌다는 통념에 따라 이 문헌은 '법가적' 문헌으로 간주되어왔다.

> 그렇게 하면 군주된 자 온유하고, 은혜롭고, 신하된 자 충성스러우며, 아비된 자 자애롭고, 자식된 자 효성스럽게 될지어다. 이를 세심히 이행할 수 있다면, 관청에서 다스려지지 아니하는 것이 없고, 뜻하는 바 관철되지 않는 것이 없으며, 사람들 위에 서면 사리에 밝고, 사람들 아래에 서면 명령에 순종하게 될 것이다. 군주가 온유하고(은혜롭고) 신하가 충성스러우며, 아비가 자애롭고 자식이 효성스러움에, 이것이 "정政"의 본체이다. 뜻하는 바대로 관철되고 관청의 다스림이 순조로우며, 윗사람이 사리에 밝고 아랫사람이 명령을 잘 따름에, 이것이 "치治"의 대강이다.[37]

일단 이 인용문에서 "자식된 자 효성스럽게 될지어다" 부분을 보라. 효의 가치가 충분히 인정되고 있음을 확인할 수 있다. 게다가 그 효의 가치는 잘 실현되면 "관청에서 다스려지지 아니하는 것이 없고, 뜻하는 바 관철되지 않는 것이 없"게 된다고 한다. 즉, 효는 단순히 개인 도덕으로서 유의미한 것에 그치는 것이 아니라 통치에 유용한 가치라는 것이다. 이와 같은 언명을 통해 우리는 효가 공자 학파의 전유물이라는 견해를 교정할 수 있게 된다. 그리고 진나라는 분서갱유焚書坑儒 등을 통해 (효의 가치 같은) 공자 학파의 영향을 일소하고자 했다는 이해 역시 논란의 여지가 있음을 확인할 수 있다. 적어도 효의 가치는 진나라 시기에도 꾸준히 강조되었던 것이다.

그렇다고 해서 이른바 법가가 득세한 진나라의 문헌이 『논어』「자로」 18장의 공자 입장을 고스란히 존중했을 리는 없다. 다음 부분을 보라.

> 관리에게 다섯 가지의 잘못이 있음에 … 다섯째 집안에 안주하고 관청의 일은 잊는 것. 첫째, 친근한 사람이라 하여 조사를 하지 않고 비호하는 것으로서, 친근한 사람을 조사하지 않으면 수많은 원망이 몰려들게 된다.[38]

『논어』「자로」 18장과는 달리 이 인용문은, 잘못을 고발하는 사람이 아니라 고발된 사안을 처리해야 하는 관리를 대상으로 해서 말하고 있다. 이는 일차적으로 이 인용문이 속해 있는 편명 「관리의 길爲吏之道」의 성격으로부터 유래하는 것이다. 그 점을 감안하고 보아도, 이 인용문에 표명된 입장은 『논어』「자로」 18장에서 공자의 입장보다는 섭공의 입장에 가깝다.

이처럼 효의 가치와 공적인 국법 집행을 모두 강조하고 있다고 할 때, 『수호지진묘죽간』은 양자 간의 잠재적인 긴장을 어떻게 해소하는가? 이 질문에 답하기 위해서는 바로 그 내용을 다룬다고 할 수 있는 『수호지진묘죽간』의 「법률답문法律答問」을 검토할 필요가 있다. 마침 김시천은 『수호지진묘죽간』의 「법률답문」과 『당률소의唐律疏議』 권23의 "諸告祖父母·父母者제고조부모·부모자, 絞교" 내용을 『논어』「자로」 18장의 문제의식을 가지고 연구한 바 있다. 과연 김시천은 이 문제에 대해 어떤 해석을 내어놓았을까?

> '공실고公室告'란 무엇인가? '비공실고非公室告'는 무엇인가? 타인을 살상하거나 타인의 것을 훔쳤을 경우 '공실고(공실公室, 곧 국가에 고발해야 할 안건)'이 되고,

자식이 부모의 것을 훔치고, 부모가 마음대로 자식 및 노비를 죽이거나 신체를 훼손하거나 삭발하는 것은 '공실고'가 되지 않는다. 율문에서 말하기를 "자식이 부모를 고발하고, 노비가 주인을 고발하는 것은 '비공실고'이니, 고발을 수리하지 않는다"라고 한다. 무엇을 '비공실고'라 하는가? 가장이 그의 자식 혹은 노비를 죽이거나 신체를 훼손하거나 삭발시켰을 경우, 이것을 '비공실고'라 하고, [누군가가 이를 고발하더라도] 수리하지 않는다. 그럼에도 고발을 하는 경우, 고발하는 자에게 죄가 있다. 고발한 자가 이미 처벌을 받았는데, 또 다른 사람이 [동일한 사안을] 이어서 고발한 경우 또한 수리하지 않는다.[39]

무릇 조부모·부모를 고발한 자는 교수형絞首刑에 처한다. 주注: 이 조문은 연좌죄 및 모반죄 이상이 아닌데도 고의로 고발한 경우를 말한다.[40]
해석: 아버지는 자식의 하늘이므로 [아버지의 허물을] 숨겨주는 것은 있으되 범하는 것은 없어야 한다. 만약 아버지에게 법을 위반한 경우나 허물이 있다면, 도리상 모름지기 간언해야 하고, [아버지가 간언한 것을 따르지 않더라도] 더욱 공경하고 효성스럽게 대하며, 죄에 빠지도록 해서는 안 된다. 만약 정리情理를 잊고 예禮를 버리고서 고의로 고발한 경우, 그 자식은 교수형에 처한다. 주注에 "연좌緣坐의 죄가 아니다"라고 했는데, 연좌란 모반謀反·대역大逆 및 모반謀叛 이상을 말하며, 모두 신하되기를 부정한 것이므로, 그 자손이 고발하더라도 또한 자손에게는 죄가 없다.[41]

이상은 『수호지진묘죽간』의 「법률답문」과 『당률소의』 권23의 "諸告祖父母·父母者, 絞"와 관련된 내용이다. 이 두 문헌의 공통점은 사람들이 부모의 잘못을 고발하지 않도록 하는 데 있다. 따라서 이 두 사료는 "부권父權과 족권族權을 주요 내용으로 하는 봉건적 가부장권을 유지 보호하는 데 있고, 이를 이용하여 진秦 정부는 중앙집권적 전제주의의 봉건 통치를 공고하게 유지"하는 함의가 있다고 김시천은 결론을 내린다. 이러한 결론은, 제국을 다스리는 황제의 이해관계와 가정을 다스리는 가부장의 이해관계가 일치한다고 보기에 가능하다. 그러나 앞서 살펴보았듯이, 역대 중국 사상가들은 효라는 가치와 국법 시행의 가치 간의 긴장에 대해 꾸준히 고심해왔다. 그렇다면 제국을 다스리는 황제의 이해관계와 가정을 다스리는 가부장의 이해관계가 원래 일치하게끔 되어 있다고 전제하기보다는, 도대체 어떤 역사적 조건이었기에 그 이해관계가 일치할 수 있었는지를 탐구해볼 필요가 있다.

김시천은 「법률답문」의 내용을 법가의 대표 격인 한비자에 연결시키지만,[42] 법가적이라고 일컬어져온 『논어』「자로」 18장의 섭공 입장과 「법률답문」의 입장은 크게 다르다. "무릇 조부모·부모를 고발한 자는 교수형에 처한다"라며 자식이 부모를 고발하는 경우를 인정하지 않겠다는 「법률답문」은 섭공이 아니라 오히려 공자의 손을 들어주는 것처럼 보인다. 어떻게 세칭 법가 문헌이 섭공의 입장을 지지하기보다는 공자의 입장을 지지하게 된 것일까?

이 질문에 답하기 위해서는 상앙의 변법 이래 진나라의 국가-사회 관계에 무슨 일이 일어났는지 주목해야 한다. 상앙은 기원전 4세기 중엽에 진나라의 재상이 된 이후 부국강병을 목적으로 한 야심적인 개혁을 감행한 것으로 알려져 있다.[43] 이 글의 맥락에서는 그 개혁 내용 중에서 대가족 제도를 폐지하고 핵가족 제도를 실시한 점이 특히 주목된다. 상앙의 개혁안에 따르면, 두 쌍 이상의 부부가 하나의 호구에 사는 것은 금지된다. 두 쌍 이상의 부부가 하나의 호구를 이루어 살면 군역과 세금을 부담해야 하는 성인 남자의 수가 가시화되지 않고, 그 결과 국가의 세수가 줄어들기 때문이다. 따라서 성인 남자는 반드시 분가해야 하며, 그 결과 국가는 호구세를 많이 걷을 수 있게 된다. 그렇게 나뉜 호구는 상호 감시 체제를 형성하게 되고, 중앙에서 파견한 지방관이 그 체제를 관할한다.

이렇게 될 경우, 가족이 갖는 정치적 함의, 특히 국가에 가할 수 있는 위협의 정도는 크게 달라지게 된다. 별도의 이데올로기적 뒷받침이 없는 한, 친족집단의 조직력과 국가의 힘은 대체로 반비례한다. 친족집단이 대규모로 성장하고 잘 조직화되어 있을 경우, 국가에 반기를 들 수 있는 잠재력을 갖게 된다. 상앙의 개혁안에서 보이는 것처럼, 친족집단이 파편화되고 나면 그들의 조직 역량은 크게 저하되게 되며, 따라서 국가에 위협이 될 수 있는 가능성은 대폭 줄어든다. 이른바 핵가족 상황에서의 효는 더 이상 대가족을 묶는 조직 원리가 아니라, 순응적인 신민을 배출하는 기제가 된다. 요컨대, 『수호지진묘죽간』에서 효의 가치를 수용하는 것은, 『수호지진묘죽간』이 법가적이거나 유가적이어서가 아니라, 가족이 더 이상 정치적으로 위협적인 단위가 아니게 되었기에 나타난 현상이라고 할 수 있다.

한나라 이후의 역사적 맥락

그렇다면 『당률소의』의 내용은 어떻게 보아야 하는가? 위에서 살펴보았듯이, 『당률소의』의 입장과 「법률답문」의 입장은 비슷하지만, 그 역사적 함의는 크게 다르다. 무엇보다도 가족 혹은 친족의 의미가 크게 달라졌기 때문이다. 진나라 멸망 후, 국가의 지방 통제 역량은 쇠퇴 일로를 겪었다. 특히 후한 시기부터는 귀족들이 대규모 친족집단을 형성하여 세력을 강화하였다. 이는 이른바 국가와 사회의 관계에 큰 변화를 가져오게 된다.

국가의 힘이 약화된 상태이기 때문에, 강화된 친족집단의 역량은 국가에 양날의 검과 같은 것이 되었다. 국가가 독자적으로 통치할 인프라가 없기에, 친족집단은 제국 질서를 유지하기 위해서는 꼭 필요한 존재가 되었다. 동시에, 성장한 친족집단은 경우에 따라 국가를 위협할 수 있는 존재가 되기도 한 것이다. 따라서 국가 입장에서는 친족집단의 조직력을 인정하되 정치적으로 안전한 맥락에 위치시켜야 할 필요가 생겨났다. 앞서 논한 『당률소의』의 해당 부분은 바로 그런 필요에 부응하는 국가의 모습을 나타낸다. 효를 통한 친족집단의 결속을 적극적으로 인정하여 사회 전반의 통치에 도움을 얻되, 모반에 관한 사항에 대해서는 엄격한 의지를 천명하는 것이다.

실로 한나라 때는 아버지나 자식이 범죄를 저지르면 감추어주어도 된다는 주장이 득세하며,[44] 결국에는 그러한 입장이 법제화되게 된다. 전한 시기 선제宣帝 4년(B.C.70)의 조칙에서는 "지금부터 자식이 부모를 숨기고 처가 지아비를 숨기며 손자가 조부모를 숨겨주는 것은 모두 연좌하지 않는다. 그러나 부모가 자식을 숨기고 지아비가 처를 숨기며 조부모가 손자를 숨기면 그 죄가 수사殊死에 해당한다"는 내용이 있다.[45] 『십삼경주소』에서는 "지금의 율법에도 대공친大功親 이상은 서로 허물을 숨겨주는 것을 허용하고, 부·조의 허물을 고발하는 것을 열 가지 악행 중의 하나에 넣었으니, 그렇다면 전례(제도와 예의) 또한 그렇게(자식이 아비를 고발하지 못하게) 한 것이다"라고 되어 있다.[46] 유보남의 『논어정의』에 따르면, 한나라 때에 이미 부자간에 숨겨준 경우에는 처벌하지 않았다고 한다.[47]

이러한 입장이 법제에 체계적으로 명문화된 것이 『당률』이다. 『당률』 중 「명례률名例律」에 따르면 "동거자 또는 대공大功 이상의 친족 및 외조부모, 외손 또는 그 손부, 남편의 형제 및 형제의 아내에게 죄가 있어 서로 숨겨준 경우"에 고발 의무가 면제된다. 그러나 반역죄의 경우, 친족 및 동거자라고 해도 고발의 의무가 있었다.[48] 더 구체적으로는, 진晉나라 때에는 "왕법王法에서는 기친期親 이상이라면 서로 은隱할 수 있도록 허락하니, 그 죄를 묻지 않는다"라고 규정하였고, 송률宋律에는 "대공 이상이라면 서로 용은容隱할 수 있으니, 부조父祖를 고발하는 자는 십악칙十惡則에 포함시킨다"는 규정이 있었다고 한다.[49] 모반죄와 같은 특별범죄를 빼고는 친족 간에 숨겨준 일에 대해 죄를 묻지 않는 '용은제容隱制'는 당률에서 청률(清律)에 이르기까지 지속된 규정이다.[50]

이러한 법제화에 대하여, 기존 학자들은 '유가'라는 특정 학파 입장의 득세로 이해해왔다. 예컨대 중국의 대표적인 정치사상 연구자 류쩌화는 부자지간에 서로의 범죄를 감추어주어야 한다고 본 "동중서董仲舒의 의견은 후대에 지대한 영향을 미쳤다"고 평가한다. 이른바 유교가 국가 차원에서 공인받는 한나라 때 『논어』 「자로」 18장의 견해가 중국의 정치 및 사회 문화에 결정적인 영향을

끼치게 되었다고 본 것이다.[51] 이 점에 관한 한 영어권 학자도 예외가 아니다.[52]

지금까지 논의한 바가 타당하다면, 『논어』「자로」 18장에서 표명된 공자의 견해가 이후 중국 법제사에서 면면히 이어지는 현상을 단순히 '유교화'의 결과로 이해하는 데 그치면 안 된다. 왜 당시 사람들이 그런 '유교화'로 보이는 전통을 지속했는지를 질문할 필요가 있다. 그것은 바로 한나라 때 성립된 국가와 친족집단 간의 관계가 향후에도 지속되었기 때문이다. 한나라 이후 중국 제국사는 인구의 증가에도 불구하고 국가 공무원 수를 늘리지 않았다. 특히 북송의 왕안석王安石 신법 이후에는 청말에 이르기까지 인구 증가에도 불구하고 공무원 증가는 이루어지지 않았다는 데 학자들의 견해가 일치한다. 그것은 통치 업무의 상당 부분을 사회에 이관했기에 가능한 정책이자 현상이었다. 사회에서의 통치는 대규모 친족집단이 떠맡았다.

한나라 이후 중국 제국사에서 『논어』「자로」 18장에 담긴 공자의 입장은 중국 사회에서 꾸준히 재생산되었다. 논어의 경전적 위치는 흔들리지 않았고, 남송대를 거쳐 명대에 이르면 과거시험 텍스트로 그 입지를 확고히 했다. 『논어』에 대한 주석은 『논어』「자로」 18장에 실린 공자의 견해를 해설할지언정 그 취지에 도전하지 않았다. 마찬가지로, 널리 읽혔다고 간주되는 백과사전류 책에도 같은 입장이 반복되었다. 예컨대, 당나라의 구양순歐陽詢이 편찬한 유서類書인 『예문유취藝文類聚』「수부중獸部中」 '羊'은 동물로서 양에 대한 기록을 정리하는 부분에서 『논어』의 해당 구절을 인용하고 있다.[53] 북송 때 편찬된 유서인 『태평어람太平御覽』의 「왕우王友」, 「정직상正直上」, 「사전상史傳上」 등의 항목들은 모두 공자의 취지를 수긍하는 맥락에서 『논어』「자로」 18장을 인용하고 있다.

『논어』「자로」 18장의 역사적 재해석

이상의 맥락을 염두에 두고 『논어』「자로」 18장으로 다시 돌아가보자. 즉,

당시의 친족집단의 양상을 염두에 두고 『논어』 「자로」 18장을 살펴보자. 키스 냅 등 역사학자들의 연구에 따르면,[54] 춘추시대 귀족들은 국가보다는 가문 차원에서 자신의 정치적 정체성을 확보하였다. 다시 말해서 국가에 대한 충성과 가문에 대한 충성이 갈등할 때 후자를 선호하는 경향이 있었다. 이러한 상황하에서는 국가와 가문이 갈등 관계에 있게 되고, 가문에 대한 효도를 강조하는 것은 곧 국가에 대한 그만큼의 불충을 의미할 수 있게 된다.

키스 냅의 주장대로, 이러한 상황에서 공자는 단순히 가족 내의 효를 강조한 데 그친 것이 아니라, 효에 대한 새로운 해석을 제시했다고 할 수 있다. 공자는 효가 실현되는 공간으로서 대규모 친족집단이 아닌 개별 호구의 맥락에서 효를 강조했기 때문이다. 가족 내의 효도를 강조하더라도, 그 가족이 가족 대규모 친족집단이 아니라 소규모 가족이라면, 그 효도는 통치자에게 위협이 되기 어려울 것이다. 이렇게 본다면, 『논어』에서 나타나는 공자의 효 강조는 국가 대신 가족을 강조했다기보다는 국가에 대한 충성과 가족에의 효도가 양립 가능하다는 점을 강조한다고 할 수 있다. 이런 취지에서 많은 논어 구절을 재해석할 수 있다. 예컨대, 공자가 『논어』 「팔일八佾」 에서 계씨季氏라고 하는 대부大夫가 자기 집에서 팔일무를 추게 하는 것을 비판하는 것은 공자가 상위의 정치 권위를 무시해가며 영향력을 확대 중인 귀족집단을 비판한 좋은 예이다. 그렇게 (공자가 보기에 무절제하게) 확대된 귀족집단에서라면 효의 정치적 의미는 달라지게 될 것이다.

이러한 점들을 염두에 두고 『논어』 「자로」 18장을 다시 읽어보자. 섭공은 아버지와 자식 관계조차도 예외 없이 법과 처벌의 대상이 되어야 한다고 주장한다. 이 주장은 국가와 호구를 긴장 관계로 보기에 가능하다. 가족의 연대를 희생해가며 국가의 이해관계를 추구하고자 한다는 점에서 섭공은 전형적인 국가주의자이다. 그러한 섭공에 대해서, 공자는 아버지와 자식이 서로를 법의 눈으로부터 숨겨줄 수 있음을 주장한다. 이것은 법을 무시하자는 주장이 아니라 법의 적용 범위를 친족 내로 확대하지 말자는 주장이다. 여기서 흥미로운 점은 효가 "직直"의 반대가 아니라 그러한 효행 안에 "직"이 깃들 수 있다고 주장했다는 점이다. 즉, 효는 공적 규범을 방해하는 것이 아니라 실현하는 기제라는 것이다. 이는 국가와 친족집단을 긴장 관계로 보지 않기에 가능하다. 그때 공자가 상상한 친족은 계씨와 같은 귀족이 추구하는 조직화된 거대 정치집단이 아니다.

지금까지 이 글은 『논어』「자로」 18장을 중국 역사 속에서 전개된 국가-사회의 동학 속에서 이해하자고 제안했다. 『논어』「자로」 18장에 드러난 공자의 사상을 국가와 사회에 관한 입장으로 번역해보면, 공자는 작은 국가를 지향했다고 볼 수 있다.[55] 국가의 관장 영역은 친족 내부가 아니라 외부이다. (친족에 대한) 비개입적 통치를 선호한 공자의 입장은 『논어』에서 공자가 무위無爲의 통치를 천명할 때 가장 분명하게 드러난다.[56] 공자는 많은 것들이 국가가 관장하는 법의 힘보다는 예의 힘을 빌어 질서를 유지하기를 희망한다. 공자에게 친족은 예를 구현하는 대표적 영역이다. 그가 구상한 이상적 비전 속에서 국가와 친족은 긴장 관계에 있지 않다.

향후 공자의 사상은 제국이라는 새로운 정치체하에서 큰 변모를 겪게 된다.[57] 공자의 구상과는 달리 한나라 이후, 특히 남송대 이후의 중국사는 대체로 거대 제국과 대규모 친족조직이라는 특징을 보여준다. 그처럼 달라진 환경에서 공자의 견해는 묘한 변용을 겪게 된다. 통치자들은 제국의 확장된 영토라는 조건 속에서는 공자가 옹호했던 예치의 새로운 유용성을 발견한다. 국가 기구가 사회 곳곳으로 침투하기에는 너무 커져버린 제국의 상황에서 통치자들은 이제 다른 이유로 예와 친족집단을 필요로 하게 되었다. 국가의 힘이 가닿지 않는 사회 곳곳에서 친족집단은 예를 통해 사회 질서를 책임져야 했다. 국가에 대한 충성과 친족의 유대가 양립 가능하다는 점을 천명한 바 있는 공자의 사상은 이러한 역사적 상황에 들어맞는 면이 있었다고 하겠다. 이것은 공자 사상의 역사적 생명력에 일조했을 것이다.

주

1부 ― 배움의 기쁨

1. 배움이란 무엇인가

1 1부와 2부의 5장, 6장, 7장은 김영민이 2019년에 『동아비즈니스리뷰』 264·266·270·275·279·285·287호에 연재한 내용에 기초하여 발전시킨 것이다.

2 윤재근, 2004, 『(사람인가를 묻는) 논어 1』, 동학사, 49쪽.

3 Michael Hunter, 2017, *Confucius Beyond the Analects*, Leiden: Brill, p. 314.

4 何必讀書, 然後爲學. (『論語』 11.25)

5 不如丘之好學也. (『論語』 5.28)

6 『論語』 2.15.

7 『論語』 7.2.

8 『論語』 19.13.

9 양차오밍 지음, 이윤화 옮김, 2016, 『논어전해』, 학고방, 3쪽 참조.

10 양차오밍, 2016, 2쪽.

11 류종목, 2000, 『논어의 문법적 이해』, 문학과지성사, 16쪽.

12 홍승직, 2016, 『처음 읽는 논어』, 행성B, 14쪽.

13 學易. (『論語』 7.17)

14 學詩乎. (『論語』 16.13)

15 何必讀書, 然後爲學. (『論語』 11.25)

16 學禮乎. (『論語』 16.13)

17 君子必學祭祀. (『墨子』 卷12, 公孟)

18 君子食無求飽, 居無求安, 敏於事而愼於言, 就有道而正焉, 可謂好學也已. (『論語』 1.14)

19 樊遲請學稼. (『論語』 13.4)

20 軍旅之事, 未之學也. (『論語』 15.1)

21 신창호, 2014, 『한글 논어』, 판미동, 81쪽.

22 子游對曰, 昔者偃也聞諸夫子曰, 君子學道則愛人, 小人學道則易使也. (『論語』 17.4)

23 或曰, 學者, 業道之名. 賈誼新書引逸禮, 小學業小道, 大學業大道. (丁若鏞, 『論語古今註』 「學而」)

24 장기근, 2009, 『개정신석 논어집주』, 명문당, 22쪽.

25 父在, 觀其志, 父沒, 觀其行, 三年無改於父之道, 可謂孝矣. (『論語』 1.11)

26 學而不思則罔, 思而不學則殆. (『論語』 2.15)

27 吾嘗終日不食, 終夜不寢以思, 無益, 不如學也. (『論語』 15.31)

28 博學審問謹思明辨篤行, 皆學之事. (胡廣, 『論語集註大全』「學而」)

29 파스칼 키냐르 지음, 송의경 옮김, 『은밀한 생』, 문학과지성사, 2001, 29~30쪽.

30 앙투안 볼로딘 지음, 이충민 옮김, 2018, 『미미한 천사들』, 워크룸프레스, 81쪽.

31 此題只重學習二者 … 作者體此意敷衍, 便是元魁局面. (余應虬, 『新擬科場急出題旨原脈』)

2. 기쁨은 어디서 오는가

1 소수이기는 하지만 『논어』 첫 구절에 나오는 說을 기쁘다는 뜻의 悅로 해석하지 않는 학자들도 있다. 이를테면 현대의 학자 자오지빈趙紀彬(조기빈)은 『논어신탐論語新探』에서 說을 解(이해하다)로 해석했다. 조기빈 지음, 조남호·신정근 옮김, 1996, 『反논어』, 예문서원, 490~496쪽.

2 尹世英, 2016, 「《論語》“好”“樂”“說”辨析」, 『廣東技術師範學院學報』 37(1), 2016, p. 79.

3 有朋自遠方來, 不亦樂乎. (『論語』 1.1)

4 조명화, 2017, 『논어역평 1』, 현암사, 92~93쪽.

5 성리학 혹은 도학에 관해서는 김영민, 2021, 『중국정치사상사』, 사회평론아카데미, 6장 참조.

6 說在心, 樂主發散在外. (朱熹, 『論語集註』「學而」)

7 김용옥, 2008, 『논어한글역주 1』, 통나무, 252쪽.

8 尹世英, 2016, 「《論語》“好”“樂”“說”辨析」, 『廣東技術師範學院學報』 37(1), 2016, p. 80.

9 子使漆彫開仕. 對曰, 吾斯之未能信. 子說. (『論語』 5.6)

10 子見南子, 子路不說. 夫子矢之曰, 予所否者, 天厭之, 天厭之. (『論語』 6.28)

11 悅者道尙在彼而我學之, 樂者道已在我而我敎人. (荻生徂徠, 『論語徵』「學而」)

12 배병삼, 2002, 『한글세대가 본 논어 1』, 문학동네, 21쪽.

13 호병문胡炳文(1250~1333)으로, 원나라의 학자.

14 學之爲言覺也, 悟所不知也. (『白虎通』 卷四, 「辟雍」); 斅, 覺悟也. 從敎從冂. (『說文解字』 卷四, 「敎部」); “斅, 覺悟也. 斅, 覺疊韻. 學記曰, 學然後知不足, 知不足然後能自反也. 按知不足所謂覺悟也. (『說文解字注』 卷三, 「攴部」)

15 習, 鳥數飛也. 學之不已, 如鳥數飛也. (『論語集註』「學而」)

16 旣學而又時時習之, 則所學者熟, 而中心喜說, 其進自不能已矣. (『論語集註』「學而」)

17 盧夢雨, 2015, 「《論語 · 學而》篇首章新釋」, 『河南社會科學』 12.

18 學者將以行之也. 時習之, 則所學者在我, 故悅. (『論語集註』「學而」)

19 學矣而不習, 則表裏扞格, 而無以致其學之之道. 習矣而不時, 則工夫間斷, 而無以成其習之之功. 是其胷中. 雖欲勉焉以自進, 亦且枯燥生澁, 而無可嗜之味, 危殆杌隉, 而無可卽之安矣. (『論語集註大全』「學而」)

20 程子曰, 習, 重習也. 時復思繹, 浹洽於中, 則說也. (『論語集註』「學而」)

21 朱子曰, 浹洽二字有深意, 如浸物於水, 水若未入只是外面濕, 內面依然乾. 必浸之久, 則透裏皆濕. 習而熟, 熟而說, 脈絡貫通. 程子所謂, 浹洽是也. (『論語集註大全』「學而」)

22 看經傳有不可曉處, 且要旁通. 待其浹洽, 則當觸類而可通矣. (『朱子語類』 卷十一, 「學五讀書法下」)

23 世之學者, 意念苟且, 思慮輕淺, 得其一隅, 便以爲足, 則其爲疎率也, 亦甚矣. (『論語集註大全』「學而」)

24 子曰, 學而不思則罔, 思而不學則殆. (『論語』 2.15)

25 子曰, 吾嘗終日不食, 終夜不寢以思, 無益, 不如學也. (『論語』 15.31)

26 時習者, 無時而不習, 坐如尸, 坐時習也, 立如齊, 立時習也. (『論語集註大全』「學而」)

27 『논어』 첫 구절에 나오는 時에 아예 시간의 의미가 없다고 해석한 학자도 있다. 예컨대 가이즈카 시게키貝塚茂樹는 時가 뜻 없는 조사에 불과하다고 본다. 김용옥, 2008, 252쪽 참조.

28 時過然後學, 則勤苦而難成. (『禮記』「學記」)

29 凡學世子及學士, 必時. 春夏學干戈, 秋冬學羽籥, 皆於東序. 小樂正學干, 大胥贊之. 籥師學戈, 籥師丞贊之. 胥鼓南. 春誦夏弦, 大師詔之. 瞽宗秋學禮, 執禮者詔之. 冬讀書, 典書者詔之. 禮在瞽宗, 書在上庠. (『禮記』「文王世子」)

30 君子之於學也, 藏焉, 修焉, 息焉, 遊焉. (『禮記』「學記」)

31 傅佩榮, 2013, 『朱熹錯了』, 北京: 東方出版社, 3쪽.

32 朱子曰, 伊川之說則專在思索, 而無力行之功. 如上蔡之說則專於力行, 而廢講究之義, 似皆偏了. (『論語集註大全』「學而」)

33 미하이 칙센트미하이 지음, 이희재 옮김, 2010, 『몰입의 즐거움』, 해냄, 46~48, 91쪽.

3. 친구는 누구인가

1 김용옥, 2008, 『논어한글역주 1』, 통나무, 253쪽.

2 류종목, 2000, 『논어의 문법적 이해』, 문학과지성사, 14쪽.

3 "유붕有朋은 '어떤 벗'을 가리키는데" (최석기, 2016, 『정선 사서』, 창비, 25쪽); "'自遠方來'는 '自+遠方+來'라고 분석되며 '有朋自遠方來, 不亦樂乎?'는 '어떤 벗이 먼 곳에서 찾아오면 정말로 즐겁다'로 해석된다" (이강재, 1998, 「《論語》 上十篇의 解釋에 대한 硏究」, 서울대학교 박사학위논문, 부록).

4 류종목, 2000, 14쪽.

5 이한우, 2012, 『논어로 논어를 풀다』, 해냄, 27쪽.

6 신정근, 2009, 『공자씨의 유쾌한 논어』, 사계절, 47쪽.

7 董治國, 2016, 『古代漢語句型分類詳解』, 天津: 南開大學出版社, p. 137.

8 이강재·김효신 역주, 2006, 『고증학자는 논어를 어떻게 읽었나: 兪樾의 論語平議』, 학고방, 24쪽.

9 김용옥, 2008, 254쪽.

10 弟子自遠方至受業者百餘人. (司馬遷, 『史記』「儒林列傳」)

11 孔子不仕. 退而修詩書禮樂. 弟子彌衆. 至自遠方. (『史記』「孔子世家」)

12 붕우가 배움과 관련되어 언급되는 사료로는 『역전易傳』에 나오는 "君子以朋友講"라는 문장을 들 수 있다.

13 有爲神農之言者許行, 自楚之滕, 踵門而告文公曰, 遠方之人聞君行仁政, 願受一廛而爲氓. 文公與之處, 其徒數十人, 皆衣褐, 捆屨織席以爲食. 陳良之徒陳相與其弟辛, 負耒耜而自宋之滕, 曰, 聞君行聖人之政, 是亦聖人也, 願爲聖人氓. 陳相見許行而大悅, 盡棄其學而學焉. (『孟子』「滕文公上」4)

14 葉公問政. 子曰, 近者說, 遠者來. (『論語』13.16)

15 이이, 「증이경노포참서膾李景魯布參序」, 『율곡전서습유』 제2권, 대동문화연구원, 519쪽(배병삼, 2002, 『한글세대가 본 논어 1』, 문학동네, 23~24쪽에서 재인용(「증이경노포참서膾李景魯布參序」에서 "膾(회)"는 贈(증)의 오자이고, "布(포)"는 希(희)의 오자로 보인다).

16 배병삼, 2002, 22~23쪽.

17 王志, 2009, 「有朋自遠方來之 "朋" 非今日朋友—《論語》首章闡微」, 『博覽群書』 6, pp. 84~87.

18 天子有公, 諸侯有卿, 卿置側室, 大夫有貳宗, 士有朋友 … 善則賞之, 過則匡之, 患則救之, 失則革之. 自王以下各有父兄子弟以補察其政. (『左傳』「襄公十四年」)

19 天子建國, 諸侯立家, 卿置側室, 大夫有貳宗, 士有隸子弟. (『左傳』「桓公二年」)

20 弟子, 猶子弟也. (『논어』 1.6에 대한 황간皇侃의 주석)

21 王志, 2009, 「有朋自遠方來之 "朋" 非今日朋友—《論語》首章闡微」, 『博覽群書』 6, pp. 84~87.

22 신정근, 2009, 47쪽.

23 그와 같은 직책은 고대 중국의 정부 체제를 설명한 『주례周禮』에 따르면, 지관地官에 속한다.

24 不挾長, 不挾貴, 不挾兄弟而友. 友也者, 友其德也, 不可以有挾也. (『孟子』「萬章下」12) 명나라의 사상가 하심은何心隱(1517~1579)은 이러한 '친구' 이론을 더욱 극단적으로 발전시킨다. 하심은에 대해서는 Ronald Dimberg, 1974, *The Sage and Society: The Life and Thought of Ho Hsin-Yin*, University of Hawaii Press 참조.

25 Alan Bloom, 1993, *Love and Friendship*, New York: Simon & Schuster, 1st edition, p. 438,

26 Alan Bloom, 1993, p. 423.

4. 군자는 아무 때나 열받지 않는다

1 不患人之不己知, 患不知人也. (『論語』 1.16)

2 君子病無能焉, 不病人之不己知也. (『論語』 15.19)

3 莫我知也夫. (『論語』 14.35)

4 張松輝·周曉露, 2006, 『論語孟子疑義研究』, 長沙: 湖南大學出版社, pp. 12~13.

5 若人有鈍根不能知解者, 君子恕之而不慍怒之也. (皇侃, 『論語義疏』 「學而」)

6 人不知謂不見用於世也. (『論語徵』 「學而」)

7 子曰, 素隱行怪, 後世有述焉, 吾弗爲之矣. 君子遵道而行, 半塗而廢, 吾弗能已矣. 君子依乎中庸, 遯世不見知而不悔, 唯聖者能之. (『中庸』 十一章)

8 김용옥, 2008, 『논어한글역주』, 통나무, 254쪽.

9 유보남劉寶楠(1791~1855) 역시 『논어정의論語正義』에서 유사한 취지로 언급한 바 있다. 正義曰, 人不知者, 謂當時君卿大夫不知己學有成擧用之也. … 夫子生衰周之世, 知天未欲平治天下, 故唯守先王之道, 以待後之學者. (『論語正義』 卷一)

10 不患無位, 患所以立. 不患莫己知, 求爲可知也. (『論語』 4.14)

11 王志, 2009, 「有朋自遠方來之 "朋" 非今日朋友—《論語》 首章闡微」, 『博覽群書』 6, pp. 84~87.

12 孔子爲政必霸. (『史記』 「孔子世家」)

13 自行束脩以上, 吾未嘗無誨焉. (『論語』 7.7)

14 有其人, 無其世, 雖賢弗行矣. (『郭店楚墓竹簡』 「窮達以時」)

15 人不見知, 處之泰然, 略無纖芥不平之意, 非成德之君子, 其孰能之. 此學之終也. (『論語集註大全』 「學而」)

16 人不知, 謂人不知我之學成也. (『論語古今註』 「學而」)

17 양차오밍 지음, 이윤화 옮김, 2016, 『논어전해』, 학고방, 4쪽.

18 何晏, 『論語集解』 「學而」; 許愼, 『說文解字』 卷十一, 「心部」

19 令尹子文三仕爲令尹, 無喜色, 三已之, 無慍色. (『論語』 5.19)

20 William V. Harris, 2013, *Restraining Rage: The Ideology of Anger Control in Classical Antiquity*, Cambridge, MA: Harvard University Press, 2004, p. 51.

21 박유리, 『논어상해: 논어 깊게 읽기』, 문사철, 16쪽 참조.

22 慍, 謂心有所怫鬱也. … 不必訓怒. (『論語徵』 「學而」)

23 季孫失色. 季氏以公鉏爲馬正, 慍而不出. 閔子馬見之, 曰, 子無然. 禍福無門, 唯人所召, 爲人子者, 患不孝, 不患無所. (『左傳』「襄公二十三年」)

24 이 점에 주목한다면 앞에서 논한 해석 중에서 오규 소라이의 해석이 보다 설득력 있어 보인다.

25 在陳絶糧, 從者病, 莫能興. 子路慍見曰, 君子亦有窮乎. 子曰, 君子固窮, 小人窮斯濫矣. (『論語』 15.2)

26 孔子曰, 君子有九思. 視思明, 聽思聰, 色思溫, 貌思恭, 言思忠, 事思敬, 疑思問, 忿思難, 見得思義. (『論語』 16.10)

27 哀公問, 弟子孰爲好學. 孔子對曰, 有顔回者好學, 不遷怒, 不貳過. 不幸短命死矣, 今也則亡, 未聞好學者也. (『論語』 6.3)

28 遷, 移也. 貳, 復也. 怒於甲者, 不移於乙. (『論語集註』「雍也」)

29 如鑑之照物, 姸媸在彼, 隨物應之而已, 何遷之有. (『論語集註』「雍也」)

30 當理而怒之, 不移易也. (皇侃, 『論語義疏』「學而」)

31 學在己, 知不知在人, 何慍之有. (『論語集註』「學而」)

32 己誠有所學, 人之知不知何加損於己. (『論語集註大全』「學而」)

33 譬如喫飯乃是要自家飽, 旣飽何必問外人知不知. 蓋與人初不相關也. (『論語集註大全』「學而」)

2부 — 국가와 인간

5. 가족과 국가

1 「司馬遷의 비판적 『論語』 읽기와 그 서사: 學而篇 '有子曰'의 사례」(『대동문화연구』 117호, 2022)라는 논문에서 김병준은 유자와 『논어』 1.2의 관계에 대해 탐구했다. 그에 따르면, 관련 자료가 극히 제한되어서 공자 제자인 유자의 인생과 사상에 대해 충분히 재구성할 수는 없지만, 1.2는 유자가 아닌 공자의 발언이었을 가능성이 있다. 그와 같은 추정의 주된 근거는 고대 중국에서 有와 又가 통용되는 글자였다는 사실이다. 즉, 有子曰은 又子曰이었을 가능성이 있는 것이다. 그럴 경우, "유자가 말하였다"가 아니라 "또 공자가 말하였다"와 같이 해석된다. 관련 자료의 부족 때문에 이 사안을 확정할 방법은 없다. 다만 김병준은 이 같은 가능성을 한나라 때의 학자들도 충분히 의식하고 있었음을 보여준다. 현행 『논어』에서 又子曰이 아니라 有子曰을 택하고 있는 것은, 한나라 때의 경학가들이 그처럼 경합하는 해석 중에서 有子曰을 채택해 정본화했기 때문이다.

2 "其爲人也孝弟기위인야효제"라는 첫 문장의 어법에 대해 알아보자. 이는 고대 중국어에 나오는 '주어(명사/대명사+爲+명사)+也+형용사 술어'의 문형을 따른 것이다(董治國, 2016, 『古代漢語句型分類詳解』, 天津: 南開大學出版社, pp. 282~283). 즉, '명사(혹은 대명사)+爲+명

사'로 이루어지는 절이, 也라는 주어를 나타내는 조사와 결합해 주어절을 이루고, 뒤이어 나오는 형용사가 그 주어의 성격을 묘사하는 문형의 한 예인 것이다. 이런 문형을 취한 다른 예는 『한비자韓非子』「오두五蠹」에서 찾을 수 있는데, "戰之爲事也危"(싸움이란 일 됨됨이가 위태롭다)가 있다. "其爲人也孝弟"라는 문장과 "戰之爲事也危"라는 문장의 또 하나의 공통점은 '爲+명사' 표현법을 쓴다는 점이다. 爲人이나 爲事처럼 '爲+명사'가 되면 그 명사의 성격을 나타낼 수 있다. 이런 표현에 쓰인 爲는 "되다"라는 뜻이기에, 爲人은 "사람됨" 혹은 "사람 됨됨이", 爲事는 "일됨" 혹은 "일 됨됨이"라고 직역할 수 있다. 그런데 유의할 점은 오늘날 사람됨이라는 표현이 어떤 사람의 성격을 나타낸다고 하여 고대 중국에서도 그러했을 것으로 가정해서는 안 된다는 것이다. 고대 중국에서 爲人이라는 표현은 용모를 가리키기도 했다. 예컨대 『사기』「고조본기高祖本紀」에 나오는 "高祖爲人 隆準而龍顔"(고조의 용모는 콧날이 우뚝했고 용안이었다)이라는 문장을 보라(박유리, 2013, 『논어상해: 논어 깊게 읽기』, 문사철, 19쪽 참조). 여기에 나오는 爲人은 용모를 가리킨다.

3 문미의 조사 중에서 또 주목할 만한 것은 "而好犯上者, 鮮矣"에 나오는 矣이다. 먼저 이을호의 번역을 살펴보자. "윗사람에게 함부로 굴지 않을 거야!"(이을호, 2015, 『한글 논어』, 한국학술정보, 21~22쪽). "함부로 굴지 않을 거야!"라는 단호한 문장과 느낌표의 결합은 함부로 구는 경우가 확실히 없을 거라는 메시지를 전달한다. 그런데 이 문장에 나오는 鮮은 문미의 '드물다'는 뜻이지 '완전히 없다'는 뜻은 아니다. 『이아爾雅』「석고釋詁」에서는 "鮮, 罕也"라고 했고, 주희 역시 『논어집주』에서 "鮮, 少也"라고 말한 바 있다. 즉, 거의 예외 없이 주석가들은 鮮을 '드물다'로 해석해온 것이다. 그렇다면 鮮을 확실히 없을 거라는 의미로 해석한 이을호의 번역은 설득력이 떨어진다. 아래와 같은 논의가 과거 주석사에 이미 존재했다는 점을 고려할 때, 이는 더욱 분명하다. "누군가 물었다. '그의 사람됨이 부모에게 효도하고 연장자를 공경하는데, 윗사람에게 덤비기 좋아하는 경우는 드물 터이다'라는 문장에 대해 주희는 '드물다는 것은 적다는 뜻이다'라고 풀이했는데, 드물다는 것은 아직 절대로 없는 상태는 아니라는 뜻이니, 부모에게 효도하고 연장자를 공경하는 사람 중에도 윗사람에게 덤비려는 뜻이 여전히 있을 수 있기는 하다는 말입니까? 잠실 진씨가 말하였다. 부모에게 효도하고 연장자를 공경하는 사람은 그 자질이 순수하고 훌륭해서 비록 아직 배움에 종사하지 않았더라도 원래 세속의 막돼먹고 난폭한 그런 기상은 없으니, 어쩌다 (윗사람에게 덤비는 경우가) 있을 수는 있겠지만 좀처럼 보기 드물고 막돼먹고 난폭한 나머지 큰 잘못을 저지르는 경우는 결코 없을 것이 확실하다. 부모에게 효도하고 연장자를 공경하는 사람은 좋은 점이 많고 좋지 않은 점은 적다."(或問其爲人也孝弟而好犯上者鮮矣, 晦翁謂鮮是少. 若說鮮矣, 則未以爲絶無. 孝弟之人猶有犯上之意邪. 潛室陳氏曰, 孝弟之人資質粹美, 雖未嘗學問, 自是無世俗一等麄暴氣象, 縱是有之終是罕見, 到得麄惡大過可保其決無. 言孝弟之人占得好處多不好處少, 『論語集註大全』「學而」) 이을호의 번역이 갖는 또 하나의 문제는 "적다"는 말이 갖는 삼가 말하기understatement의 뉘앙스가 실종된다는 데 있다. 그렇다면 왜 이을호는 鮮을 '드물다'로 번역

하지 않고 "함부로 굴지 않을 거야!"라고 애써 강조했을까? 그것은 혹시 矣라는 종결어미 때문이 아닐까? 矣는 다른 종결어미에 비해 강한 의지를 드러내는 종결어미이다. 그런 점에서 "의矣는 종결어미로 문장의 마침표라고 보면 된다"(윤재근, 2004, 『(사람인가를 묻는) 논어 1』, 동학사, 59쪽)라고 한 윤재근의 말은 무리가 있다. 矣에는 마침표 이상의 강한 뜻이 있기 때문이다. 그렇다면 번역상의 관건은 鮮이 갖는 삼가 말하기의 뉘앙스와 矣가 갖는 단호함의 뉘앙스를 동시에 살려서 번역하는 일이다. 대부분의 『논어』 한국어 번역은 矣를 단순한 종지어로 본 나머지, 번역문에 단호함을 담지 않는다. 반면에 이을호는 단호함을 강조한 나머지, 鮮을 (함부로 구는 경우가) 확실히 없는 것처럼 번역했으니 오역의 소지가 있다. 고민 끝에 여기서는 "鮮矣"를 '드물구나!'로 번역했다.

4 "而好作亂者, 未之有也"에 나오는 未之有라는 표현을 살펴보자. 이와 관련해 배병삼은 다음과 같이 말했다. "'윗사람을 능멸한다', '분란을 일으킨다'라는 표현에 깃든 과장법, '없다(未有)'라고 하면 될 걸 '있을 턱이 없다(未之有)'라고 하는 강조법, 근본(本)과 말절(末)로 나누는 이분법, 그리고 효와 공손이라는 실천(구체)적 언어를 인仁이라는 포괄적 언어에다 곧바로 연결시켜버리는 무모함 등이 이 장을 읽기 힘들게 만드는 요소들이다. 유약은 세계를 흑백논리로 구획하고 그 가운데서도 기성旣成의 관점에 서서 상대편을 억압하는 '권력적' 담론을 구사하는 것 같다"(배병삼, 2002, 『한글세대가 본 논어 1』, 문학동네, 30쪽). 이 논의에 따르면, 未之有는 未有와는 달리 강조의 표현이며, 그런 표현의 사용은 위 문장을 권력적 담론으로 만드는 데 일조한다. 그러나 未之有에 들어간 之는 도치법에 사용된 之에 불과하다. 고대 중국어에서 부정문이 대명사를 목적어로 가질 때는 그 대명사가 도치되는 패턴을 보인다. 따라서 之의 존재 여부는 강조의 존재 여부와 무관하다. 결과적으로 위 문장은 이른바 '권력적 담론'과는 관계없다. 한편, 최근덕은 未之有를 "있을 수가 없다"라고 번역하고(최근덕, 1995, 『한글 논어』, 성균관, 15쪽) 강동석은 "있지 않다"라고 번역했는데(강동석, 2016, 『논어역보』, 한국학술정보, 12쪽), 未가 갖는 시간적 요소를 감안하면 "있은 적이 없다"라고 번역하는 것이 바람직하다.

5 여기서 다루는 『논어』 문장들에는 其라는 글자가 두 번 나온다. 그중 "其爲人也孝弟기위인야효제"에 나오는 其는 대명사임에 분명하다. 이에 대해서는 번역자들 간에 이견이 없다. 그러나 "其爲仁之本與기위인지본여"에 나오는 其에 대해서는 의견이 갈린다. 아래는 其爲人也孝弟에 나오는 其처럼 其爲仁之本與에 나오는 其 역시 대명사라고 간주하고 번역했다고 판단되는 예들이다(이하 밑줄은 필자). 강동석 번역본: "<u>그</u> 인을 행하는 근본인 것이다"(『논어역보』, 한국학술정보, 2016, 12쪽); 성백효 번역본: "<u>그</u> 仁을 행하는 근본일 것이다"(『현토완역 논어집주(개정증보판)』, 2010, 전통문화연구회, 31쪽); 이상임 번역본: "<u>그</u> 인을 행하는 근본인 것이다"(『논어』, 경희대학교출판국, 2004, 71쪽); 임동석 번역본: "<u>그</u> 인仁이라는 것을 실천하는 근본이로다!"(『논어 1』, 동서문화사, 2009, 73쪽); 조명화 번역본: <u>그것은</u> 아마도 仁을 완성하는 바탕일 것이다"(『논어역평 1』, 현암사, 2017, 101쪽). 그런데 其爲仁之本與의 其는 '其…與' 문

형의 일부로 사용된 其로서, 대명사가 아니다. 즉, 여기서 其는 아무것도 지시하지 않으며, 문미의 與와 호응해 추정, 의문, 감탄 등의 어기語氣를 나타내는 역할을 할 뿐이다. 그렇다면 기존 주석들은 이 어기가 갖는 함의를 어떻게 보았을까? 이에 대해서는 다른 두 가지 견해가 주목된다. 첫째, "禮는 겸양을 숭상하니 감히 딱 잘라 말하지 않는다. 그러므로 '與'라고 한 것이다."(禮尙謙退, 不敢質言, 故云與也, 『十三經注疏』「論語注疏」'學而') 이 견해는 대다수의 『논어』 번역자들이 따르고 있는 견해이기도 하다. '其…與' 문형이 추정의 뜻을 전하는 삼가 말하기understatement의 용법을 가지고 있으므로, 이러한 견해는 자연스럽다. 둘째, 정약용은 이에 대해 독특한 해석을 추가했다. "'여與'라는 것은 의문사다. 이치상 아무런 의문점이 없는데 '여與'라고 한 것은 당시 사람들이 믿지 않으려 드는 것을 놀린 것이다. 그 말은 풍자를 뜻을 품고 있는 것 같다."(與者, 疑辭. 其理無疑, 而謂之與者, 譏時人未之信也. 其辭, 若含諷然, 『論語古今註』「學而」) 그런데 당시 사람들이 믿으려 하지 않았다는 사실 자체를 증명하고 있지 않다는 점에서, 정약용의 이런 해석은 흥미로운 추정 이상의 것이 아니다.

6 問人子之諫父母或貽父母之怒, 此不爲干犯否. 曰此是孝裏面事. 安得爲犯. 然諫時又自下氣怡色柔聲以諫, 亦非凌犯也. (『論語集註大全』「學而」)

7 朱子曰, 只少有拂戾便是犯上, 不必至凌犯乃爲犯. 如疾行先長亦是犯上. (『論語集註大全』「學而」)

8 皇氏熊氏以爲上謂君親, 犯謂犯顏諫爭. 今案注云, 上謂凡在己上者, 則皇氏熊氏違背注意, 其義恐非也. (『十三經注疏』「論語注疏」'學而')

9 최영갑, 2009, 『논어 1』, 펭귄클래식 코리아, 21쪽.

10 박삼수, 2014, 『쉽고 바르게 읽는 논어』, 지혜의바다, 20쪽.

11 신정근, 2009, 『공자씨의 유쾌한 논어』, 사계절, 50쪽.

12 作亂, 謂逆畔逆以起難也, 春秋之時, 作亂者多, 時君憂之, 而不知所以救藥之術, 故有子爲此言. (『論語古今註』「學而」)

13 양차오밍 지음, 이윤화 옮김, 2016, 『논어전해』, 학고방, 7쪽.

14 蓋仁是性也, 孝弟是用也. (『論語集註』「學而」)

15 孟子曰, 仁·義·禮·智根於心. 仁義禮智, 譬則花實, 惟其根本在心也. 惻隱羞惡之心發於內, 而仁義成於外, 辭讓是非之心發於內, 而禮智成於外. 今之儒者, 認之爲仁義禮智四顆, 在人腹中如五臟然, 而四端皆從此出, 此則誤矣. 然孝弟亦修德之名, 其成在外, 又豈有孝弟二顆, 在人腹中如肝肺然哉. 程子云, 人性中, 曷嘗有孝弟來, 其意亦謂孝弟成於外而已, 非謂人性之中, 無可孝可弟之理也. 蕭山欲一反其說 堅以孝弟作裏面物, 其說又偏矣. 孝弟亦仁, 仁亦孝弟. 但仁是總名, 事君牧民恤孤哀鰥, 無所不包, 孝弟是專稱, 惟事親敬兄, 乃爲其實. 故有子謂諸仁之中, 孝弟爲之本. 而程子謂行仁, 自孝弟始, 未嘗不通. 但程子曰, 孝弟謂之行仁之本則可, 謂是仁之本則不可. 此與有子語不合. 仁與爲仁, 不必猛下分別也. (『論語古今註』「學而」)

16 仁者, 愛之理, 心之德也. 爲仁, 猶曰行仁. (『論語集註』「學而」)

17 James Legge, 2013, *Confucian Analects, The Great Learning & The Doctrine of the Mean*, Newburyport: Dover Publications, p. 46.

18 James Legge, 2013, p. 245.

19 李旻曉, 2016(11), 「《論語》關於 "孝" 的論述及其當代意義」, 『學習月刊』, pp. 51~52.

20 弟子入則孝, 出則弟. (『論語』 1.6)

21 宗族稱孝焉, 鄉黨稱弟焉. (『論語』 13.20)

22 『十三經注疏』「爾雅注疏」. 고대의 효 개념에 대해서는 Fang-chih Huang Jacobs, 1973, "The Origin and Development of the Concept of Filial Piety in Ancient China," *Chinese Culture* 14-3, pp. 25~32; 周伯戡, 1985, 「孝之古義考」, 『中國史新論』, 臺北: 臺灣學生書局, pp. 64~76 등 참조.

23 김용옥, 2008, 『논어한글역주 1』, 통나무, 262쪽.

24 홍승직, 2016, 『처음 읽는 논어』, 행성B, 15쪽.

25 차주환, 2015, 『공자의 인생 수업, 논어』, 을유문화사, 21쪽.

26 이기석 · 한백우, 1983, 『논어』, 홍신문화사, 14쪽.

27 한필훈, 2012, 『논어』, 안티쿠스, 36쪽.

28 D. C. Lau, 1979, *The Analects*, New York: Penguin Books, p. 59.

29 김학주, 2017, 『논어(개정4판)』, 서울대학교출판문화원, 112쪽.

30 박유리, 2013, 19쪽.

31 부남철, 2010, 『논어정독』, 푸른역사, 34쪽.

32 미셸 바렛 · 메리 맥킨토시 지음, 김혜경 · 배은경 옮김, 2019, 『반사회적 가족』, 나름북스, 48쪽.

33 Mark Poster, 1978, *Critical Theory of the Family*, New York: Seabury Press; Jean-Louis Flandrin, 1979, *Families in Former Times*, Cambridge: Cambridge University Press; Michael Anderson, 1980, *Approaches to the History of the Western Family 1500~1914*, Cambridge: Cambridge University Press.

34 미셸 바렛 · 메리 맥킨토시, 2019, 77쪽.

35 송영배, 1988, 『중국사회사상사』, 사회평론, 296~344쪽 참조.

36 李廣勝 · 張金生, 2013, 『細讀論語』 上, 安陽: 中原農民出版社, p. 5; 李旻曉, 2016(11), 「《論語》關於 "孝" 的論述及其當代意義」, 『學習月刊』, pp. 51~52 등. 여기서 리민샤오李旻曉는 시진핑의 관련 연설을 인용하면서 효가 현대인에게 가치 있는 덕목이며 사회주의 정신문명의 건설과 사회안정에 도움이 됨을 역설한다.

37 효 개념의 역사적 변천을 다룬 주요 연구로는 다음과 같은 것들이 있다. 徐復觀, 1959, 「中國孝道思想的形成演變及其在歷史的諸問題」, 『中國思想史論集』, 臺中: 私立東海大學, pp. 158~159; Thomas Radice, 2006, *The ways of filial piety in early China*, University of

Pennsylvania, Ph. D. Disseration.

38 김학주, 2017, 112쪽.

39 배병삼, 2002, 31쪽.

40 孝弟者, 仁之祖也. (『管子』「戒」)

41 Mark Edward Lewis, 2010, *The Early Chinese Empires: Qin and Han*, Cambridge, MA and London: The Belknap Press of Harvard University Press, p. 171(마크 에드워드 루이스, 2020, 『하버드 중국사 진·한』, 너머북스).

42 미셸 바렛·메리 맥킨토시, 2019, 1장 참조.

43 심경호, 2013, 『논어 1』, 민음사, 20쪽.

44 이하 서술은 K. Knapp, 1995, "The Ru Reinterpretation of Xiao," *Early China* 20, pp. 195~222에 근거한다.

45 『서경』에 나온 효 개념에 대해서는 Harry Hsin-i Hsiao, 1979, "Concepts of Hsiao (Filial Piety) in the Classic of Poetry and the Classic of Documents," *Journal of the Institute of Chinese Studies of the Chinese University of Hong Kong* 10-2, pp. 167~187 참조.

46 李裕民, 1974(2), 「殷周金文中 "的" 孝和孔丘 "孝道" 的反動本質」, 『考古學報』, p. 19; Harry Hsin-i Hsiao, 1978, "A Preliminary Interpretation of the Origin of the Concept of Hsiao in the Shang Period," *Chinese Culture* 19-3, pp. 5~19.

47 劉雨, 1989(4), 「西周金文中的祭祖禮」, 『考古學報』, p. 519.

48 康學偉, 1992, 『先秦孝道研究』, 臺北: 文津出版社.

49 Wu Hung, 1988, "From Temple to Tomb: Ancient Chinese Art and Religion in Transition," *Early China* 13, pp. 78~104. 그 밖에 徐揚傑, 1992, 『中國家族制度史』, 北京: 人民出版社, ch. 3~4; 佐竹靖彦, 1980, 「中國古代の家族と家族的社會秩序」, 『人文學報』 141 참조.

50 윤재근, 2004, 59쪽.

51 Mark Edward Lewis, 2010, p. 66.

52 事父孝, 故忠可移於君; 事兄敬, 故順可移於長. (『孝經』「廣揚名」)

53 Mark Edward Lewis, 2010, p. 23.

54 김형찬, 2015, 『논어(신개정판)』, 홍익출판사, 30쪽.

6. 교언영색의 역사적 의미를 찾아서

1 어법 면에서 살펴볼 첫 번째 사안은 "巧言令色"에서 令이 갖는 의미이다. 이에 대해서는 현대의 학자 리위핑李玉平이 가장 심도 있게 연구했다. 令에 대한 가장 일반적인 해석은 '善'이라고 풀이하는 것이다. 하안, 형병, 유보남, 정수덕 등 저명한 논어 주석가들이 모두 그렇게 풀이했

다. 즉, "令色"이란 '낯빛을 선하게 하고 겉으로 꾸며내어 남을 기쁘게 하려고 노력하는 것' 정도로 해석된다. 문제는 이런 주석가들의 해설 이전에 令을 해설한 기록들은 상당히 다른 풀이를 제시하고 있다는 사실이다. 예컨대 『설문해자』에서는 '令=發號'(호령하다)라고 설명하고, 갑골문/금석문의 기록 또한 '令=命'이라 설명하고 있다. 이 같은 모순을 해결하기 위해 리위핑은 고대 중국에서 '좋다'라는 뜻을 가진 글자들의 상호관계를 면밀히 검토한 끝에 다음과 같은 결론을 내린다. 선진先秦 시기 令이 善을 의미하는 용례는 매우 흔하고 보편적이었다. 다만 '좋다'라는 뜻을 지닌 또다른 글자인 '良'에 비하면 令의 사용 범위는 넓지 않았다. 따라서 令의 내포와 외연을 좀 더 정교히 할 필요가 있다. 리위핑에 따르면, 令은 "주로 인간의 품격, 용모, 명망 등이 좋고 매우 훌륭함을 형용할 때 사용"하는 글자로서 令人, 令德, 令儀, 令色, 令妻, 令名, 令譽 등에서 그 용법을 찾아볼 수 있다. 그리고 뜻이 더욱 파생되어, 상대에 대한 경칭敬稱 혹은 사물에 대한 미칭美稱으로 사용되기도 했다. 경칭의 용법은 令公, 令兄, 令弟, 令愛 등의 단어에서, 그리고 미칭의 용법은 令尹, 令節, 令辰 등의 단어에서 찾아볼 수 있다. 李玉平, 2002(1), 「《論語》"巧言令色" 之 "令" 訓 "善" 探源」, 『克山師專學報』.

2 蓋天命我爲天子爲諸侯, 是任天下國家者也. 爲大夫爲士, 亦共天職者也. 學而成德曰君子, 謂成安民長國家之德, 故君子畏天, 至嚴也. 仁以爲己任, 至重也. 其心在安國家, 至大也. 志於仁者, 豈遑及言色之末哉. (荻生徂徠, 『論語徵』「學而」)

3 좌구명左丘明: 『춘추좌씨전春秋左氏傳』(일명 『춘추좌전』 혹은 『좌전』)과 『국어國語』를 지었다고 알려진 춘추시대 노魯나라의 역사가.

4 子曰, 巧言, 令色, 足恭, 左丘明恥之, 丘亦恥之. 匿怨而友其人, 左丘明恥之, 丘亦恥之. (『論語』 5.25)

5 이 부분의 논의는 김영민, 2025, 『논어번역비평』, 사회평론아카데미, 28장 참조.

6 子曰, 君子食無求飽, 居無求安. (『論語』 1.14)

7 子曰, 君子懷德, 小人懷土. (『論語』 4.11)

8 子曰, 君子喻於義, 小人喻於利. (『論語』 4.16)

9 子曰, 君子欲訥於言, 而敏於行. (『論語』 4.24)

10 謝氏曰, 放言易, 故欲訥, 力行難, 故欲敏. (朱熹, 『論語集註』「學而」)

11 子曰, 巧言亂德, 小不忍則亂大謀. (『論語』 15.27)

12 其爲人也孝弟, 而好犯上者, 鮮矣. 不好犯上, 而好作亂者, 未之有也. 君子務本. 本立而道生. 孝弟也者, 其爲仁之本與. (『論語』 1.2)

13 巧言令色, 鮮矣仁. (『論語』 1.3)

14 聖門之學以求仁爲要. 語其所以爲之者, 必以孝弟爲先. 論其所以賊之者, 必以巧言令色爲甚. 記語者所以引二者於首章之次而其序如此, 欲學者知仁之急而識其所以當務與其所可戒也. (胡廣胡廣, 『論語集註大全』『論語集註大全』「學而」)

15 雲峯胡氏曰, 上章好犯上作亂是剛惡, 此是柔惡, 聖賢深惡焉. (『論語集註大全』「學而」)

16 好其言, 善其色, 致飾於外, 務以悅人, 則人欲肆而本心之德亡矣. (『論語集註』「學而」)

17 성리학의 인성론에 대해서는 김영민, 2021, 『중국정치사상사』, 사회평론아카데미, 6장 참조.

18 동기론과 결과론의 대비에 대해서는 Hoyt Cleveland Tillman, 1982, *Utilitarian confucianism: Ch'en Liang's Challenge to Chu Hsi*, Cambridge, MA: Harvard University Press 참조.

19 조명화, 2017, 『논어역평 1』, 현암사, 128쪽.

20 김원중, 2017, 『논어(개정판)』, 휴머니스트, 41쪽.

21 問修省言辭誠所以立也. 修飾言辭僞所以增也. 發源處甚不同. 夫子所謂巧令鮮仁, 推原而察, 巧令之病所從來正是有所爲而然. 如未同而言, 以言餂人, 脅肩諂笑以喜隨人之類. 皆有所爲也. (『論語集註大全』「學而」)

22 只是心在時便是仁. 若巧言令色一向逐外, 則心便不在. 安得謂之仁. 巧言令色求以說人, 則失其本心之德矣. 不待利己害人, 然後爲不仁也. … 容貌辭氣之間正學者持養用力之地. 然有意於巧令以說人之觀聽, 則心馳於外而鮮仁矣. (『論語集註大全』「學而」)

23 聖人辭不迫切, 專言鮮. (『論語集註』「學而」)

24 동양東陽 허씨許氏: 허겸許謙. 원나라의 학자.

25 觀其辭甚嚴. (『論語集註大全』「學而」)

26 鮮者, 少其人之謂也. 天下之大, 氣質萬品, 豈可以吾一人之見, 而必其無也乎. 故曰鮮, 朱子意, 迺謂其人無仁焉, 殊不知古書多曰不仁未仁耳, 未聞無仁也. (『論語徵』「學而」)

27 巧言令色, 不是罪惡. 特聖人觀人, 每見巧言令色者, 其人多不能仁, 故第言鮮矣. … 巧言令色, 有時乎有好人. 鮮矣二字, 眞是稱停語. 若云絶無則違於實矣. (丁若鏞, 『論語古今註』「學而」)

28 春秋傳師曠善諫, 叔向引詩巧言如流以美之, 大雅美山甫之德曰令儀令色. 巧言令色, 有時乎有好人. (『論語古今註』「學而」)

29 張岱年, 1989, 『中國古典哲學概念範疇要論』, 北京: 中國社會科學出版社, p. 157 참조.

30 조명화, 2017, 117~118쪽.

31 且禮所以觀忠, 信, 仁, 義也. (『國語』「周語上」)

32 章怨外利, 不義; 棄親卽狄, 不祥; 以怨報德, 不仁. 夫義所以生利也, 祥所以事神也, 仁所以保民也. 不義則利不阜, 不祥則福不降, 不仁則民不至. (『國語』「周語中」)

33 夫仁, 禮, 勇, 皆民之爲也. (『國語』「周語中」)

34 夫敬, 文之恭也; 忠, 文之實也; 信, 文之孚也; 仁, 文之愛也; 義, 文之制也; 智, 文之輿也; 勇, 文之帥也; 教, 文之施也; 孝, 文之本也; 惠, 文之慈也; 讓, 文之材也. (『國語』「周語下」)

35 今無忌, 智不能匡君, 使至于難, 仁不能救, 勇不能死, 敢辱君朝以忝韓宗, 請退也. … 臣不如魏絳. 夫絳之智能治大官, 其仁可以利公室不忘, 其勇不疚于刑, 其學不廢其先人之職, 若在卿位, 外內必平. (『國語』「晉語七」); 夫戰, 智爲始, 仁次之, 勇次之. 不智, 則不知民之極, 無以銓度天下之衆寡; 不仁, 則不能與三軍共饑勞之殃; 不勇, 則不能斷疑以發大計.

(『國語』「吳語」)

36 其爲人也, 展而不信, 愛而不仁, 詐而不智, 毅而不勇, 直而不衷, 周而不淑. (『國語』「楚語下」)

37 瑤之賢於人者五, 其不逮者一也. 美鬢長大則賢, 射禦足力則賢, 伎藝畢給則賢, 巧文辯惠則賢, 強毅果敢則賢. 如是而甚不仁. 以其五賢陵人, 而以不仁行之, 其誰能待之. (『國語』「晉語九」)

38 平勢隆郎, 2016, 『「仁」の原義と古代の數理: 二十四史の「仁」評價「天理」觀を基礎として』, 東京: 雄山閣, p. 292.

39 驪姬曰, 妾亦懼矣. 吾聞之外人之言, 曰爲仁與爲國不同. 爲仁者, 愛親之謂仁. 爲國者, 利國之謂仁. 故長民者無親, 衆以爲親. 苟利衆而百姓和, 豈能憚君. 以衆故不敢愛親, 衆況厚之, 彼將惡始而美終, 以晩蓋者也. (『國語』「晉語一」)

40 최석기, 2016, 『정선 사서』, 창비, 28쪽.

41 「고요모皐陶謨」는 『고문상서』 중의 한 편으로, 위서 논란으로부터 자유롭지 않다. 따라서 「고요모」의 성립 시기를 확언할 수는 없다.

42 조명화, 2017, 127쪽.

43 哀哉不能言, 匪舌是出, 維躬是瘁, 哿矣能言, 巧言如流, 俾躬處休. (『詩經』「小雅」'雨無正')

44 蛇蛇碩言, 出自口矣. 巧言如簧, 顏之厚矣. (『詩經』「小雅」'巧言')

45 好言自口, 莠言自口. 憂心愈愈, 是以有侮. (『詩經』「小雅」'正月')

46 簡朝亮, 2013, 『論語集註補正述疏』, 上海: 華東師範大學出版社, p. 67.

47 이후 교언영색이라는 표현을 활용하고 있는 문장의 예는 많다. 이를테면 다음과 같은 문장을 참조할 수 있다. 司寇爲亂, 足恭小謹, 巧言令色. (董仲舒, 『春秋繁露』「五行相勝」); 陳琳, 那裡聽的你這巧言令色, 則待我揭開盒兒看箇明白, 果然沒有夾帶, 我纔放你出去. (無名氏, 『抱妝盒』); 你做出這樣獐智, 巧言令色, 撮弄他去甚麼巡山, 卻又在這裡. 笑他! (吳承恩, 『西遊記』「第三十二回」); 你敢於巧言令色, 惑吾衆聽耶. (許仲琳, 『封神演義』「第八十八回」)

48 그 영향의 구체적 함의에 대해서는 추후에 다시 논의할 기회가 있을 것이다.

7. 반성하는 인간

1 Max Weber, 1951, *The Religion of China*, H. H. Gerth trans., Glencoe, IL: The Free Press, p. 227, 235; 토머스 메츠거 지음, 나성 옮김, 2014, 『곤경의 탈피: 주희·왕양명부터 현대의 평유란까지 신유학과 중국의 정치 문화』, 민음사, 16~17쪽 참조.

2 김도련, 2015, 『주주금석 논어 상』, 웅진지식하우스, 34쪽 참조.

3 이강재, 1993, 「《論語》上十篇의 解釋에 대한 研究」, 서울대학교 박사학위논문.

4 이 부분은 이강재의 번역과 연구를 인용한 것이다. 그런데 인문 "每一日之中三過"에는 '조심

하여'에 해당하는 동사가 없다. 그리고 "一日之中三過"라는 표현은 다른 텍스트에도 나온다. 예컨대, 『태평광기太平廣記』에 "一日之中, 三過皮肉落地, 熱沙爆身"(하루에도 세 번이나 가죽과 살이 땅에 떨어지고 뜨거운 모래로 몸을 쪼여야 한다)라는 문장이 나오는데, 이 문장은 황간(488~545)의 활동 시기보다 조금 앞선 416년 한역(漢譯)된 『마하승기율摩訶僧祇律』에 나오는 표현이다. 따라서 『논어의소』의 해당 문장을 다음과 같이 해석할 수도 있다. "每一日之中, 三過自視察我身, 有過失否也."(날마다 세 번 나 자신에게 과실이 있는지를 스스로 살폈다.)

5 許世瑛, 1973, 『論語二十篇句法研究』, 臺北: 開明書店, p. 3.

6 一, 猶皆也. 詩北門曰, 政事一埤益我. 言政事皆埤益我也. 孫守眞按, 一是一, 二是二, 科學語言; 一皆全, 文學語言. 猶萬非萬, 三非三, 乃多耳. 箋曰, 國有賦稅之事, 則減彼一而以益我. 失之. 今從朱傳. 禮記大傳曰, 五者一得於天下, 民無不足, 無不贍者. 言五者皆得於天下也. 大戴禮衛將軍文子篇曰, 若吾子之語審茂, 則一諸侯之相也. 盧辯注曰, 一, 皆也. 家語弟子行篇一作壹. 王肅注同. 莊十六年穀梁傳曰, 不言公, 外內寮一疑之也. 言外內諸侯皆疑之也. 範注曰, 外內同一疑公. 字或作壹. 禮記三年問曰, 壹使足以成文理. 王肅注曰, 壹, 皆也. 見荀子禮論注. (陸德明, 『經典釋文』 卷三)

7 楊伯峻 · 何樂士, 1992, 『古漢語語法及其發展』, 北京: 語文出版社.

8 凡三字在句首者, 爲三次之義, 如三復白圭, 三以天下讓是也. 在句尾者, 爲數目之字, 如君子所貴乎道者三, 君子之道者三是也. (伊藤仁齋, 『論語古義』 「學而」)

9 爲人謀時須竭盡自己之心, 這箇便是忠. 問, 如此, 則忠是箇待人底道理. 曰且如自家事親有不盡處, 亦是不忠. (胡廣, 『論語集註大全』 「學而」)

10 毛曰, 傳曰傳業. 《漢》 〈儒林傳〉 傳業者寖盛, 《後漢》 甄宇三世皆傳業, 是也. 受曰受業. 《後漢》 包子良受業長安, 杜撫受業於薛漢, 是也. 故孰先傳焉是傳于人, 卽 〈曲禮〉 七十老而傳, 亦是傳于人. 凡單下一傳字, 總是授字. 駁曰, 非也. 傳不習者, 學而不習也. 傳一字承上接下, 可以通用. 蕭山謂, 受之於師, 不得用傳字, 不亦拘乎. 己所不習, 何以傳授. 不習而傳, 理所無也. (丁若鏞, 『論語古今註』 「學而」)

11 非不習之謂. 己所素習, 用以傳人, 方不妄傳致誤學者. 所謂溫故而知新吁以爲師也. (焦循, 『論語補疏』)

12 傳, 謂受之於師. 習, 謂熟之於己. (朱熹, 『論語集註』 「學而」)

13 日旦就業, 夕而自省思, 以歿其身, 亦可爲守業矣. (劉寶楠, 『大戴禮記』 「曾子立事」)

14 君子旣學之, 患其不博也. 旣博之, 患其不習也. 旣習之, 患其不知也. 旣知之, 患其不能行也. (『大戴禮記』 「曾子立事」)

15 魯讀傳爲專. (『經典釋文』, 鄭注)

16 류종목, 2000, 『논어의 문법적 이해』, 문학과지성사, 22쪽.

17 금장태, 2013, 11쪽; 김형찬, 2016, 31쪽; 배병삼, 2002, 34쪽; 양차오밍, 2016, 8쪽; 이을호, 2015, 22쪽; 조명화, 2017, 131쪽.

18 양차오밍, 2016, 8쪽; 이강재, 『논어』, 살림, 2006, 103쪽; 한필훈, 2012, 37쪽.

19 Wang Yang-ming and Wing-tsit Chan, 1963, *Instructions for Practical Living and Other Neo-Confucian Writings by Wang Yang-ming and Wing-tsit Chan*, New York: Columbia University Press.

20 David S. Nivison, 1964, "Review of Instructions for Practical Living and Other Neo-Confucian Writings by Wang Yang-ming and Wing-tsit Chan; The Philosophy of Wang Yang-ming by Frederick Goodrich Henke," *Journal of the American Oriental Society* vol. 84, no. 4.

21 David S. Nivison, 1964, p. 314. 서애(1487~1517)는 명나라의 양명학자로, 『전습록』「서문」의 필자다.

22 왕양명 지음, 한정길·정인재 옮김, 2007, 『전습록: 실천적 삶을 위한 지침』(제2판), 청계.

23 王世明, 2002, 「論語 "三省" 新析」, 『山東社會科學』 2002年 第3期, pp. 133~134.

24 이런 입장들도 그 수준이 제각각인데, 가장 흥미로운 예로는 Herbert Fingarette, 1998, *Confucius: The Secular As Sacred*, Prospect Heights, IL: Waveland Press을 들 수 있다.

25 曾子以此自省其身, 則古人所以修身者, 專以愛人爲本, 故其所自省者, 亦在爲人, 而非如後世之學, 以絶外誘, 屛思慮, 爲省身之要也, 可從而知矣. (『論語古義』「學而」)

26 이종묵, 「하루의 공과를 기록하시라」, 『국민일보』, 2019.7.3.

27 子曰, 見賢思齊焉, 見不賢而內自省也. (『論語』 4.17)

28 司馬牛問君子. 子曰, 君子不憂不懼. 曰, 不憂不懼, 斯謂之君子已乎. 子曰, 內省不疚, 夫何憂何懼. (『論語』 12.4)

8. 비개입적 국가의 옹호

1 조명화, 2017, 『논어역평 1』, 현암사, 147쪽.

2 전제국가의 정의와 특징에 대해서는 김영민, 2021, 『중국정치사상사』, 사회평론아카데미, 1장 참조.

3 배병삼, 2002, 『한글세대가 본 논어 1』, 문학동네, 36쪽.

4 신정근, 2009, 『공자씨의 유쾌한 논어』, 사계절, 55쪽.

5 예컨대 子曰, 不在其位, 不謀其政. (『論語』 8.14)

6 박유리, 2013, 『논어신해: 뜻이 깊게 읽기』, 문사철, 25쪽.

7 김동인·지성빈·여영기, 2009, 『세주 완역 논어집주대전 1』, 한울아카데미, 65쪽.

8 김원중, 2017, 『논어(개정판)』, 휴머니스트, 43쪽.

9 양시楊時(1053~1135). 송나라의 학자.

10 楊氏曰, 上不敬則下慢, 不信則下疑, 下慢而疑, 事不立矣. 敬事而信, 以身先之也. (朱熹,

『論語集註』「學而」)

11 김용옥, 2008, 『논어한글역주 1』, 통나무, 305쪽.

12 道, 治也. (『論語集註』「學而」); 包氏以爲「道, 治也」. (『十三經注疏』「論語注疏」'學而'); 導猶治也. 亦謂爲之政教也. (皇侃, 『論語義疏』「學而」)

13 馬融以爲道, 謂爲之政敎. (『十三經注疏』「論語注疏」'學而')

14 或問, 道之爲治, 何也. 朱子曰, 道者, 治之理也. 以爲政之心言也, 曷爲不言治, 曰治者, 政敎法令之爲治之事也. 夫子此言者, 心也, 非事也. (胡廣, 『論語集註大全』「學而」)

15 道如道宋衛之間之道. 蓋天子巡狩, 必道千乘之國, 小國苦供億也. (荻生徂徠, 『論語徵』「學而」)

16 使民以時, 蓋謂使治道路也. (『論語徵』「學而」)

17 敬事를 '동사+목적어'로 번역한 예: 대개 "일을 공경하고" 혹은 "일을 공경해"로 번역한다. 강동석, 2016, 『논어역보』, 한국학술정보, 15쪽; 김영호, 2012, 『논어: 공자와의 대화』, 산지니, 63쪽; 박유리, 2013, 『논어상해: 논어 깊게 읽기』, 문사철, 23쪽; 성백효, 2010, 『현토완역 논어집주(개정증보판)』, 전통문화연구회, 34쪽; 이상임, 2004, 『논어』, 경희대학교출판국, 95쪽; 이우재, 2013, 『이우재의 논어 읽기』, 21세기북스, 55쪽.

18 事君, 敬其事而後其食. (『論語』 15.38)

19 또한 15.38의 예를 통해서 1.5에 나오는 "敬事"에서 역시 敬의 주체는 군주 아래의 관리 혹은 예비 관료이고, 事는 군주를 모시면서 하는 통치 관련 일들을 가리키는 것으로 추론해볼 수 있다.

20 王永祥, 「論語之 "敬" 範疇研究」, 『山東行政學院學報』.

21 임헌규, 2013(8), 『3대 주석과 함께 읽는 논어 1』, 모시는사람들, 2020, 86쪽.

22 敬鬼神而遠之. (『論語』 6.22)

23 朱子曰, 自秦以來, 無人識敬字, 至程子, 方說得親切. (『論語集註大全』「學而」)

24 曰, 主一之謂敬, 無適之謂一. 故, 此, 合而言之, 身在是, 則其心在是, 而無一息之離, 其事在是, 則其心在是, 而無一念之雜 (『論語集註大全』「學而」)

25 問敬事而信, 疑此敬, 是小心畏謹之謂, 非主一無適之謂. 朱子曰, 遇事 臨深履薄而爲之, 不敢輕不敢慢, 乃是主一無適. (『論語集註大全』「學而」)

26 要之, 本根都在敬上. 若能敬, 則下面許多事, 方照管得到. 自古聖賢, 自堯舜以來, 便說這箇敬字. 孔子修己以敬, 是最緊要處. (『論語集註大全』「學而」)

27 子貢問政. 子曰, 足食, 足兵, 民信之矣. (『論語』 12.7)

28 子夏曰, 君子信而後勞其民. 未信, 則以爲厲己也. 信而後諫, 未信, 則以爲謗己也. (『論語』 19.10)

29 敬事, 謂慮其始終, 度其流弊也. 然後行之, 無所沮撓, 則民信之矣. (丁若鏞, 『論語古今註』「學而」)

30 緇衣云, 君子言必慮其所終, 而行必稽其所敝, 則民謹於言. (『論語古今註』「學而」); 子曰, 君子道人以言, 而禁人以行. 故言必慮其所終, 而行必稽其所敝, 則民謹於言而愼於行. (『禮記』「緇衣」)

31 無信, 如何做事. 如朝更夕改, 雖商鞅之徒, 亦不可爲政. … 信是與民有信, 期會賞罰, 不欺其民. 淺言之, 則魏文侯之期獵, 商君之徙木, 亦其類也. (『論語集註大全』「學而」)

32 功當其事, 事當其言則賞. 功不當其事, 事不當其言則誅. 明君之道, 臣不陳言而不當. (『韓非子』「主道」)

33 足國之道, 節用裕民. (『荀子』「富國」)

34 節用以禮, 裕民以政. (『荀子』「富國」)

35 예컨대 『예기』「곡례상曲禮上」의 "禮不下庶人, 刑不上大夫" 같은 문장을 참조.

36 上以法取焉, 而下以禮節用之. (『荀子』「富國」)

37 輕田野之賦, 平關市之征, 省商賈之數, 罕興力役, 無奪農時, 如是則國富矣. 夫是之謂以政裕民. (『荀子』「富國」)

38 墨子之節用也, 則使天下貧. (『荀子』「富國」)

39 不違農時. (『孟子』「梁惠王上」)

40 修民事, 田以時. (『左傳』「襄公四年」)

41 若布德於民而平均其政事, 君子務治而小人務力 動不違時. (『國語』「魯語上」)

42 興事不時. (睡虎地秦墓竹簡「爲吏之道」)

43 謂築都邑城郭也. 以都邑者, 人之聚也. 國家之藩衛, 百姓之保障, 不固則敗, 不修則壞. 故雖不臨寇, 必於農隙備其守禦, 無妨農務. … 若其門戶道橋城郭牆塹有所損壞, 則特隨壞時修之. (『十三經注疏』「論語注疏」'學而')

44 배병삼은 이를 "민간경제 활성화를 위한 방안"으로 해석했다. 배병삼, 2002, 37쪽.

45 마이클 만의 국가론에 대해서는 Michael Mann, 1984, "The Autonomous Power of the State: its Origins, Mechanisms, and Results," *European Journal of Sociology* 25-2, pp. 185~213 참조.

46 중국인은 변방의 기마민족에게 기마술을 배웠지만 『사기』에 따르면 이는 조趙나라 무령왕의 시대가 지난 이후였다. 따라서 그 이전에 갑사甲士는 마차에 올라서 싸웠다. 사두마차에 탄 3명의 무사가 72명의 보병을 이끌었다. 그에 더해 12마리의 소가 이끄는 우마차에 식료품과 병기를 싣고 25명의 인부가 이를 따랐다. 이것이 1승乘이다. 인민 800호에서 이것을 준비하도록 할당되었다. 1승의 십사, 보병, 인부를 합쳐 100명이다 이것을 800호의 사람들이 돕는다. 1호당 평균 5명이라고 가정한다면 4천 명이 부담하는 것이다. 천승의 나라라는 것은 줄잡아 인구 400만 정도가 된다. 사람들이 만승의 천자국, 그러니까 천하를 인식할 때는 인구 4천만 명 정도는 되어야 한다고 본 셈이다. 이상의 서술은 石井英郎, 2013.2., 「共同體の自己規律としての『論語』」, 『東日本國際大學東洋思想研究所 · 儒學文化研究所紀要』 3, pp. 72~82에 근거한다.

47 예컨대 朱子曰, 車乘之說, 疑馬氏爲可據, 馬說, 八百家, 出車一乘. 包氏說, 八十家, 出車一

乘. 一乘, 甲士三人, 步卒七十二人. 牛馬兵甲芻糧具焉. 恐非八十家所能給也. (『論語集註大全』「學而」)

48 正義曰, 此章論治大國之法也. (『十三經注疏』「論語注疏」'學而')

49 임동석, 2009, 83쪽; 임헌규, 2020, 85쪽; 이우재, 2013, 55쪽.

50 齊景公有馬千駟. (『論語』 16.12)

51 千乘之國, 攝乎大國之間. (『論語』 11.26)

52 이한우, 2012, 45쪽; 박유리, 2013, 23~24쪽.

53 "춘추 초기에는 대국이라 해도 병거 1천 대를 가지고 있는 나라가 없었다. 『좌전』「희공僖公 28년」에 기록된 성복城濮에서의 싸움에서, 진晉나라 문공은 겨우 700승의 병거를 갖고 있었다 한다. 그러나 그 당시 전쟁이 빈번해지자, 침략자나 침략을 당하는 자 모두가 필수적으로 군비를 확충하게 되었다. 침략자는 합병의 결과로 더 많은 병거를 보유하게 되었다. 예를 들면, 진晉나라가 평구平丘의 회합會合에 갔을 때, 숙향叔向의 말에 의하면 이미 4천 승의 병거가 있었다고 한다(『좌전』「소공昭公 13년」에 보인다). 공자가 살았던 당시에는 천승의 나라를 이미 대국으로 볼 수 없었기에, 자로는 '천승의 나라가 대국 사이에 끼여 있다(千乘之國攝乎大國之間)'라고 말했다." 박종연, 2006, 30쪽.

54 "서주 초기에 國은 1,500개 남짓이나 되었지만 계속된 멸국겸병滅國兼倂으로 인해 춘추 초기에는 170개로 격감한다." 조명화, 2017, 144쪽.

55 甲車四千乘, 羊舌鮒攝司馬, 遂合諸侯于平丘. (『左傳』「昭公十三年」)

56 그런 점에서 이한우가 1.5를 제국과 제후국에 공히 적용되는 원칙을 천명한 것으로 본 데는 무리가 있다. 이한우, 2012, 45쪽 참조.

57 1.5에 나열된 통치의 핵심은 세 가지인가, 다섯 가지인가? 황간, 형병, 주희 등은 1.5가 통치의 핵심으로서 다섯 가지 의제를 제시한다고 본다. ① 敬事, ② 信, ③ 節用, ④ 愛人, ⑤ 使民以時가 그것이다. 그렇게 다섯 가지로 보아야 하는 이유를 자세히 제시한 사람은 면재勉齋 황씨黃氏이다. "敬事而信에서 敬과 信이 상대되고 節用而愛人에서 儉(검소)과 慈(자애)가 상대된다. 이는 모두 治國의 중요한 방도이다. 이 두 구의 네 가지를 각각 而자로 꿴 것이다. 使民以時 또한 慈(자애)의 한 가지이다. 그러므로 그것만 따로 뒤에 놓은 것이다."(勉齋黃氏曰, 敬事而信, 敬與信對也. 節用而愛人, 儉與慈對也. 此皆治國之要道. 故兩句言四事. 而各以而字貫之. 使民以時, 又慈中之一事, 故獨繫於後. 『論語集註大全』「學而」) 이러한 주장의 난점은 敬事와 信, 그리고 節用과 愛人은 관련이 있으면서 대칭을 이루는 반면, 使民以時는 동떨어져 별도의 항목을 이룬다는 데 있다. 즉, 열거되는 사항들의 상호 균형이 맞지 않는다. 반면에 『논어집주』에서 거론하고 있는 정자程子, 양시楊時 그리고 정약용은 1.5가 통치의 핵심으로서 세 가지 의제를 제시했다고 본다. "이 세 구절은 각기 하나의 일이다. 앞선 유자들은 다섯 가지 일이라고 보는 경우가 많았는데, 그렇지 않은 것 같다."(三句, 各爲一事. 先儒多以爲五事, 恐不然也. 『論語古今註』「學而」) 그 세 가지란 ① 敬事而信, ② 節用而愛人, ③ 使民

以時이다. 이는 각각 일처리의 스타일, 재정, 노동력 징발이라는 서로 구별되면서도 높은 비중을 차지하는 의제들을 제시하고 있다는 점에서 일정한 균형을 이루고 있다고 할 수 있다. 이 세 가지 의제는 관계되어 있는가? 관계가 있다면 무슨 관계인가? 주희는 이 의제들의 나열 방식이 우연이 아니라고 생각한다. 앞선 것이 뒤선 것의 원인 혹은 계기를 이루는 순서를 가진 것이니 독자가 잘 살펴봐야 한다고 제안한다. "내가 보기에 이 다섯 가지 일은 돌아가며 서로에게 원인이 된다. 각기 차례가 있으니, 읽는 사람들은 마땅히 자세히 따져보아야 한다."(愚謂, 五者反復相因, 各有次第, 讀者宜細推之. 『論語集註』「學而」) 좀 더 구체적으로 말하자면, 앞의 사안을 그르치면서 뒤의 사안을 해내기는 어렵다. 그렇다고 앞의 사안이 뒤의 사안의 전적인 원인이 되는 것은 아니다. 즉, 앞의 사안을 잘 행한 다음에 뒤의 사안에 대한 추가적인 노력을 해야 한다는 것이다. "묻기를 '[이 일들이] 돌아가며 서로에게 원인이 된다는 것은 무슨 뜻입니까?' 주자가 말하였다. '처음에는 반드시 공경(敬)이 있어야 한다. 공경할 수 있어야 비로소 믿음직할 수 있고, 공경하고 믿음직해야 절약할 수 있으며, 절약할 수 있어야 남을 아낄 수 있고, 남을 아낄 수 있어야 피치자를 농사 때 맞춰 부릴 수 있다. 이것이 다음 단계가 그전 단계에 근거한다는 것이다. 그러나 또 한편, 자기 마음속에는 공경이 있으면서도 남에게 믿음직하지 못한 이가 있으니, 공경을 닦은 뒤에는 또한 믿음직해야 한다. 또 남에게 믿음직스럽지만 스스로는 사치스러운 자가 있으니, 그러므로 믿음직스럽게 된 뒤에는 또한 절약해야 한다. 또 절약하되 인색하여 사람을 아낄 줄 모르는 자가 있으니, 그러므로 절약한 뒤에는 또한 아껴야 한다. 또 사람을 아낄 줄 알지만, 그 아낌으로 인해 때를 그르치는 자가 있으니, 사람을 아낀 뒤에는 또한 피치자를 때에 맞게 부려야 한다. 때에 맞지 않게 부리면, 그것은 헛된 아낌일 뿐이다. 이것은 위(上)가 아래(下)에 원인이 되는 것이다. 그러니 반드시 '이렇게 할 수 있어야 저렇게 할 수 있다'고 보고, 또 '이렇게 할 수 있더라도 반드시 저렇게 하지 않으면 안 된다'는 뜻으로, 반복하여 거듭 따져보아야 비로소 그 곡절을 알 수 있다.'"(問反復相因. 朱子曰, 始須是敬. 能敬, 方能信. 能敬信, 方能節用. 能節用. 方能愛人. 能愛人, 方能使民時. 是下因乎上. 然有敬於己而不信於人者, 故敬了又須信. 亦有信於人而自奢侈者, 故信了又須節用. 亦有儉嗇而不能愛人者, 故節用了又須愛人. 又有能愛人而妨農時者, 故愛人又須使民時. 使不以時却是徒愛也. 是上因乎下. 須看能如此, 方能如此. 又看能如此, 又不可不如此之意, 反覆推之, 方見曲折. 『論語集註大全』「學而」) 그런데 이러한 해석은 주희처럼 1.5가 통치의 핵심으로서 다섯 가지 의제를 제시한다고 볼 때나 성립하는 것이다. 세 가지 의제를 제시한다고 볼 때는 성립하기 어렵다. 다시 말해 敬事가 信의 원인이 되고, 節用이 愛人의 원인이 될 수는 있지만, 敬事而信이 節用而愛人의 원인이 되거나, 節用而愛人이 使民以時의 원인이 된다고 해석할 근거는 없다. 따라서 敬事而信, 節用而愛人, 使民以時 이 세 가지는 그저 병렬 관계로 보는 것이 합리적이다. 이 병렬된 통치 의제를 관통하는 원리 같은 것이 있을까? 주희의 『논어집주』에 등장하는 호씨는 이 세 가지를 관통하는 원리를 敬으로 보았다. "호씨는 말하였다. '이 몇 가지는 모두 경을 위주로 한다.'"(胡氏曰, 凡此數者, 又皆以敬爲主. 『論語集註大

全』「學而」) 나아가 주희는 다음과 같이 부연하기도 한다. "'공경스럽게 일을 처리하고 성실하게 믿음을 지닌다'는 것은, 절약하고, 사람을 사랑하며, 백성을 때에 맞게 다스리는 일의 근본이다. 공경(敬)은 또한 믿음직함(信)의 근본이다. 요컨대, 모든 근본은 모두 '공경'에 있다. 만약 공경할 수 있다면, 그다음 여러 일들을 두루 잘 돌볼 수 있다. 예로부터 성현들은, 요堯·순舜 시대 이래로 줄곧 이 '공경' 이 하나에 대해 말해왔다. 공자는 '공경으로써 자신을 연마한다'고 하였으니, 이것이 가장 중요한 핵심이다."(朱子曰, 敬事而信, 是節用愛人使民以時之本. 敬又是信之本. 要之, 本根都在敬上. 若能敬, 則下面許多事方照管得到. 自古聖賢, 自堯舜以來, 便說這箇敬字. 孔子修己以敬, 是最緊要處. 『論語集註大全』「學而」). "敬事而信" 부분은 "節用愛人使民以時" 부분의 근본이다.

58 石井英郎, 2013.2., pp. 72~82.

59 이 예를 들어 김용옥은 1.5가 제나라에서 한 말로 비정할 수 있다고 추론한다. 김용옥, 2008, 301쪽 참조.

60 加地伸行, 1994, 『孔子』, 東京: 集英社, p. 147.

61 他日又復問政於孔子, 孔子曰, 政在節財. 景公說, 將欲以尼谿田封孔子. 晏嬰進曰, 夫儒者滑稽而不可軌法; 倨傲自順, 不可以爲下; 崇喪遂哀, 破產厚葬, 不可以爲俗; 游說乞貸, 不可以爲國. 自大賢之息, 周室旣衰, 禮樂缺有間. 今孔子盛容飾, 繁登降之禮, 趨詳之節, 累世不能殫其學, 當年不能究其禮. 君欲用之以移齊俗, 非所以先細民也. (司馬遷, 『史記』「孔子世家」)

62 김용옥, 2008, 304쪽.

63 이기동, 2013, 65쪽.

64 김용옥, 2008, 305쪽.

65 이와 같은 해석들의 근거는 불분명하지만, 주석사를 살펴볼 때 포함包咸(B.C.6~A.D.65)의 주석이 그중 가깝다. 包曰, 節用不奢侈, 國以民爲本, 故愛養之. (『十三經注疏』「論語注疏」'學而')

66 朱子曰, 古聖王所以必如此者, 蓋有是五者而後. 上之意, 接於下, 下之情, 方始得親於上, 上下相關, 方可以爲治. 若無此五者, 則君抗然於上, 而民蓋不知所向. 有此五者, 方始得上下交接. (『論語集註大全』「學而」)

67 "절용"이 구체적으로 어떻게 "부국"으로 이어지는지에 대해서는 세금 수취에 관한 『논어』의 구절에서 살펴봐야 하는데, 그것은 1.5의 해석 범위를 벗어나는 것으로서 별도의 연구가 필요하다. 『논어』 내의 세금 수취에 관한 문장에는 다음과 같은 것들이 있다. 季氏富於周公, 而求也爲之聚斂而附益之. 子曰, 非吾徒也, 小子鳴鼓而攻之可也. (『論語』 11.17); 哀公問於有若曰, 年饑, 用不足, 如之何. 有若對曰, 盍徹乎. 曰, 二, 吾猶不足; 如之何其徹也. 對曰, 百姓足, 君孰與不足. 百姓不足, 君孰與足. (『論語』 12.9)

68 管仲曰, 昔先王之理人也. 蓋人有患勞, 而上使之以時, 則人不患勞也. 人患飢, 而上薄斂焉,則人不患飢矣. 人患死, 而上寬刑焉, 則人不患死矣. 如此, 而近有德而遠有色, 則四封之內, 視君其猶父母邪, 四方之外, 歸君其猶流水乎. (『管子』「戒」)

69 ‘강병’을 암시하는 『논어』 문장으로는 다음과 같은 것이 있다. “자공이 정치에 대해 여쭈었다. 선생님께서 말씀하셨다. ‘먹을 것을 풍족히 하고, 병기를 넉넉히 하고, 피치자들이 신뢰하게 하는 것이다.’”(子貢問政. 子曰, 足食, 足兵, 民信之矣. 『論語』 12.7)

9. 수기에서 치인으로

1 왕인지 지음, 권영호 옮김, 2020, 『경전석사』, 학고방, 42~52쪽.

2 由命士以上, 父子皆異宮. (『禮記』「內則」)

3 楊伯峻, 2006, 『論語譯注』, 北京: 中華書局, 해설.

4 김용옥, 2008, 『논어한글역주 1』, 통나무, 313쪽.

5 弟子猶子弟也. (皇侃, 『論語義疏』「學而」)

6 正義曰, 弟子者, 對兄父之稱, 謂人幼少. (劉寶楠, 『論語正義』「學而」)

7 問弟子是指爲弟爲子者, 否是師弟子之弟子. 부남철, 2010, 『논어정독』, 푸른역사, 39쪽에서 원문 재인용. 번역은 김영민.

8 “자유가 효에 대해 여쭈었다. 선생님께서 말씀하셨다. ‘안색을 제대로 하는 것이 어렵다. 일이 있으면 나이 어린 사람이 수고하고, 술과 음식이 있으면 연장자가 드시도록 하는 일. 그래 이런 일들을 효라고 여겼겠는가?’”(子夏問孝. 子曰, 色難. 有事, 弟子服其勞, 有酒食, 先生饌, 曾是以爲孝乎. 『論語』 2.8)

9 박삼수, 2014, 『쉽고 바르게 읽는 논어』, 지혜의바다, 24쪽.

10 김용옥, 2008, 313쪽 참조.

11 임헌규, 2020, 『3대 주석과 함께 읽는 논어 1』, 모시는사람들, 91쪽.

12 이 부분에 대한 문법적 설명은 『논어번역비평』의 23장 ‘호문 구조의 번역’ 참조.

13 入不言弟, 出不言忠者, 互文可知也. (『十三經注疏』「論語注疏」‘學而’)

14 謹, 愼也. (許愼, 『說文解字』 卷四, 「言部」)

15 言恭謹而誠信也. (『論語注疏』「學而」)

16 張歡, 2016, 「《論語》中 “謹” “家” 二字的釋義考辯」 『名作新賞』 30, pp. 70~71.

17 錢穆, 1987, 『論語新解』, 北京: 三聯書店, 2002; 王滋源, 『論語新譯評述』, 哈爾濱: 黑龍江人民出版社.

18 자세한 것은 박종연, 『논어』, 을유문화사, 2006, 31쪽 참조. “근謹: 말을 적게 하는 것(寡言)을 근謹이라 한다. 양수달楊樹達의 『적미거소학금석논총積微居小學金石論叢』 권1에 상세히 설명되어 있다.”

19 謹謂寡言也. … 信謂其言誠實可信也. 寡言而不信, 雖寡亦無當矣. 夫人不言, 謹也, 言必有中, 信也. 輕諾揚言, 皆不謹也. (楊樹達, 2007, 『論語疏證』, 南昌: 江西人民出版社, p. 11.)

20 純曰, 謹主於言, 愼主於心, 謹而信一句, 專戒言語. (丁若鏞, 『論語古今註』「學而」) 정약용은 다자이 준의 『논어고훈외전論語古訓外傳』을 종종 인용한다.

21 謹者行之有常也, 信者言之有實也. (朱熹, 『論語集註』「學而」)

22 駁曰, 非也. 易曰, 庸行之謹, 庸言之信. 集註不可易也. (『論語古今註』「學而」)

23 謹而信者, 理兼出入, 言恭謹而誠信也. (『十三經注疏』「論語注疏」'學而')

24 康有爲, 1984, 『論語注』, 北京: 中華書局, p. 177, 300.

25 孔子於鄕黨, 恂恂如也, 似不能言者. 其在宗廟朝廷, 便便言; 唯謹爾. (『論語』 10.1)

26 謹權量, 審法度, 修廢官, 四方之政行焉. (『論語』 20.1)

27 이 부분에 대한 문법적 설명은 『논어번역비평』의 29장 '비역사적 번역을 넘어서' 참조.

28 박희병, 2013, 『범애와 평등』, 돌베개.

29 신정근, 2009, 『공자씨의 유쾌한 논어』, 사계절, 56쪽.

30 汎愛衆者, 汎者寬博之語, 君子尊賢而容衆, (或)[故]博愛衆人也. (『十三經注疏』「論語注疏」'學而')

31 汎之訓廣, 古無可據. (『論語古今註』「學而」)

32 汎愛, 不是人人去愛他, 只如群居, 不將一等相擾害底事去聒噪他, 及不自占便宜之類, 皆是也. (胡廣, 『論語集註大全』「學而」)

33 任群賢, 所以爲受成, 乃不自勞於事, 所以爲尊也. 汎愛群生, 不以喜怒賞罰. (董仲舒, 『春秋繁露』「離合根」)

34 汎, 不沈著也. 親, 密近也. (『論語古今註』「學而」)

35 朱子曰, 汎愛而不說親仁, 又流於兼愛矣. (『論語集註大全』「學而」)

36 純云, 汎愛衆, 順德之事也, 親仁, 求薰陶之益也. (『論語古今註』「學而」)

37 哀公問於孔子曰, 人若何而可取也. 孔子對曰 … 先其仁義之誠者, 然後親之, 於是有知能者, 然後任之, 故曰親仁而使能. (劉向, 『說苑』「尊賢」)

38 人君皆能遠讒親仁. (王充, 『論衡』「答佞」)

39 춘추시대 노魯나라의 대부.

40 夫陽虎親富而不親仁, 有寵於季孫, 又將殺之. (王肅, 『孔子家語』「辯物」)

41 至于仲尼之正敎, 則汎愛衆而親仁. 故非善不喜, 非仁不親, 交游以方, 會友以文. (蔡邕, 『蔡中郞集』 外集卷二, 「正交論」)

42 能行已上諸事, 仍有間暇餘力, 則可以學先王之遺文. 若徒學其文, 而不能行上事, 則爲言非行僞也. (『十三經注疏』「論語注疏」「學而」)

43 임헌규, 2020, 94쪽 참조.

44 김도련, 2015, 『주주금석 논어 상』, 웅진지식하우스, 39쪽.

45 김용옥, 2008, 314쪽.

46 김학주, 2017, 『논어(개정4판)』, 서울대학교출판문화원, 116쪽.

47 박삼수, 2014, 25쪽.

48 신창호, 2014, 『한글 논어』, 판미동, 85쪽.

49 심경호, 2013, 『논어 1』, 민음사, 29쪽.

50 이한우, 2012, 『논어로 논어를 풀다』, 해냄, 50쪽.

51 임옥균, 2015, 『논어 정독』, 삼양미디어, 56쪽.

52 장기근, 2009, 『개정신석 논어집주』, 명문당, 33쪽.

53 최석기, 2016, 『정선 사서』, 창비, 31쪽.

54 한필훈, 2012, 『논어』, 안티쿠스, 38쪽.

55 홍승직, 2016, 『처음 읽는 논어』, 행성B, 19쪽.

56 배병삼, 2002, 『한글세대가 본 논어 1』, 문학동네, 39쪽.

57 이들의 견해는 주희의 『논어집주』에 인용되어 있다.

58 集解曰: 此章明人以德爲本, 學爲末. (何晏, 『論語集解』「學而」)

59 此章教人爲學, 以躬行爲本, 躬行以孝弟爲先. 文則行有餘力而後學之. (黃震, 『黃氏日鈔』)

60 "선생님께서는 네 가지로 가르치셨다. 세련된 표현(文), 적절한 행실(行), 충성스러움(忠), 믿음직함(信)."(子以四教, 文, 行, 忠, 信. 『論語』 7.25)

61 雲峯胡氏曰, 行有餘力者, 謂六事之中, 每行一事, 有暇則便學文, 非謂每日盡行此六事畢然後學文也. 若必欲盡行此六事, 行之不給, 則恐終無學文之時矣. (『論語集註大全』「學而」)

62 朱子曰, 只是行此數事外, 有餘剩工夫, 便可將此工夫去學文, 非謂行到從容地位, 而後可學文也. (『論語集註大全』「學而」)

63 朱子曰, … 又曰, 人須是知得古人之法, 方做不錯, 若不學文, 任意自做, 安得不錯, 只是不可先學文耳. (『論語集註大全』「學而」) 주자학자들은 대체로 이러한 해석을 따른다. "조선 후기의 김창협金昌協도 주희의 설에 동조했다. 김창협은 '즉이則以' 두 자는 '연후然後'와 뜻이 전혀 다르며, 힘써 행하는 것이 제자들의 급선무이기는 하지만 글을 배우는 것 또한 뒤로 미뤄서는 안 된다는 가르침을 드러냈다고 파악했다." 심경호, 2013, 29쪽.

64 雙峯饒氏曰, … 朱子以學文爲致知, 與力行爲對, 謂所知不明, 則所行不當理, 發明文字甚重. (『論語集註大全』「學而」)

65 先儒因此過斥文藝, 非夫子之本意也. (『論語古今註』「學而」)

66 이기석·한백우, 1983, 『논어』, 홍신문화사, 17쪽.

67 이을호, 2015, 『한글 논어』, 한국학술정보, 23쪽.

68 황희경, 2000, 『논어』, 시공사, 34쪽.

69 김용옥, 2008, 314쪽.

70 조명화, 2017, 『논어역평 1』, 현암사, 149쪽.

71 毛曰, 姚立方云, … 言弟子稍閒, 使學字耳. (『論語古今註』「學而」)

72 馬曰, 文者, 古之遺文也. (『論語古今註』「學而」)

73 邢云, 詩書禮樂易春秋六經, 是也. (『論語古今註』「學而」)

74 양차오밍, 2016, 12쪽. 所謂文者, 又禮, 樂, 射, 御, 書, 數之謂, 非言語文字之末. (黃震, 『黃氏日鈔』)

75 文謂詩書六藝之文. (『論語集註』「學而」)

76 南軒張氏曰 … 文謂文藝之事. (『論語集註大全』「學而」)

77 조명화, 2017, 149~150쪽.

78 文者順理而成章之謂. (『論語集註』「憲問」)

79 Peter K. Bol, *'This Culture of Ours': Intellectual Transitions in T'ang and Sung China*, Stanford University Press, 1994.

80 子曰, 君子博學於文, 約之以禮, 亦可以弗畔矣夫. (『論語』 6.27)

81 博我以文, 約我以禮. (『論語』 9.11)

82 子曰, 文, 莫吾猶人也. 躬行君子, 則吾未之有得. (『論語』 7.33)

83 子以四敎, 文, 行, 忠, 信. (『論語』 7.25)

84 子曰, 行己有恥, 使於四方, 不辱君命, 可謂士矣. (『論語』 13.20) 그리고 5.16에서도 "行己"가 또 등장한다. 其行己也恭. (『論語』 5.16)

85 왕충은 이 문장이 『상서尙書』「재재梓材」에 있다고 인용하고 있지만, 현행 『상서』에는 포함되어 있지 않다.

86 人有知學, 則有力矣. 文吏以理事爲力, 而儒生以學問爲力. 或問楊子雲曰, 力能扛鴻鼎, 揭華旗, 知德亦有之乎. 答曰, 百人矣. 夫知德百人者, 與彼扛鴻鼎, 揭華旗者爲料敵也. 夫壯士力多者, 扛鼎揭旗; 儒生力多者, 博達疏通. 故博達疏通, 儒生之力也; 擧重拔堅, 壯士之力也. 梓材曰, 彊人有王開賢, 厥率化民. 此言賢人亦壯彊於禮義, 故能開賢, 其率化民. 化民須禮義, 禮義須文章. 行有餘力, 則以學文. 能學文, 有力之驗也. (王充, 『論衡』「效力」)

87 子畏於匡. 曰, 文王旣沒, 文不在玆乎. 天之將喪斯文也. 後死者不得與於斯文也. 天之未喪斯文也. 匡人其如予何. (『論語』 9.5)

88 文이 하필 문장 맨 끝에 왔다는 것은 의미심장하다. 만약 "子曰, 弟子, 入則孝, 出則弟, 謹而信, 汎愛衆而親仁. 行有餘力, 則以學文"이라는 대목에서 맨 마지막 글자인 文이 빠져 있다고 상상해보라. "자기 수양을 하고 남은 힘이 있으면, 그 힘으로 치인을 위한 文을 배워라"가 아니라 "자기 수양을 하고 남은 힘이 있으면, 그 힘으로 배워라"가 되고 만다. 즉, 文이 빠진다면, 자기 수양의 항목들이 배움의 영역에서 배제된다. 文이 들어간다면, 자기 수양의 항목들이 배움의 영역이 아니라 文의 영역에서 배제된다.

89 子路問君子. 子曰, 修己以敬. 曰, 如斯而已乎. 曰, 修己以安人. 曰, 如斯而已乎. 曰, 修己以安百姓. 修己以安百姓, 堯舜其猶病諸. (『論語』 14.42)

3부 — 정치의 이상과 현실

10. 주체 형성 방법으로서 '學'

1 吳氏曰, 子夏之言, 其意善矣. 然辭氣之間, 抑揚太過. (朱熹, 『論語集註』「學而」); 吳曰, 子夏之言, 詞氣之間, 抑揚太過. (丁若鏞, 『論語古今註』「學而」)

2 류종목, 2000, 『논어의 문법적 이해』, 문학과지성사, 26쪽.

3 류종목이 제시하는바, 그 용례로는 다음과 같은 것들이 있다. 五行: 一曰水, 二曰火, 三曰木, 四曰金, 五曰土(오행이란 첫째는 물이고, 둘째는 불이고, 셋째는 나무이고, 넷째는 쇠이고, 다섯째는 흙이다). (『書經』「洪範」); 國無九年之蓄曰不足, 無六年之蓄曰急(나라에 9년 치의 저축이 없는 것이 부족한 것이고, 6년 치의 저축이 없는 것이 위급한 것이다). (『禮記』「王制」) 류종목, 2000, 26쪽.

4 詩三百, 一言以蔽之, 曰思無邪. (『論語』 2.2)

5 子謂公冶長, 可妻也. (『論語』 5.1)

6 孔子謂季氏, 八佾舞於庭, 是可忍也, 孰不可忍也. (『論語』 3.1)

7 子謂子夏曰, 女爲君子儒, 無爲小人儒. (『論語』 6.13)

8 子貢曰, 詩云, 如切如磋, 如琢如磨, 其斯之謂與. (『論語』 1.15)

9 樊遲曰, 何謂也. (『論語』 2.5)

10 황간黃榦(1152~1221). 남송의 학자. 주희의 사위.

11 勉齋黃氏曰, 子夏此語, 與曾子三省, 是皆心存乎誠, 求造其極者也. 然, 子夏, 務實行而抑文學. 曾子, 務實行而兼傳習. (胡廣, 『論語集註大全』「學而」)

12 四者, 皆人倫之大者, 而行之必盡其誠, 學求如是而已. (朱熹, 『論語集註』「學而」)

13 예컨대 이우재, 2013, 『이우재의 논어 읽기』, 21세기북스, 59쪽; 이기석·한백우, 1983, 『논어』, 홍신문화사, 18쪽; 김도련, 2015, 『주주금석 논어 상』, 웅진지식하우스, 42쪽; 유교문화연구소, 2005, 『논어』, 성균관대학교출판부, 12쪽; 박유리, 2013, 『논어상해: 논어 깊게 읽기』, 문사철, 28쪽 참조.

14 조명화, 2017, 『논어역평 1』, 현암사, 158쪽.

15 조명화, 2017, 158쪽.

16 공자는 『논어』에서 "문질" 범주에 관해 다음과 같이 말한다. 子曰, 質勝文則野, 文勝質則史. 文質彬彬, 然後君子. (『論語』 6.18)

17 부남철, 2010, 『논어정독』, 푸른역사, 40쪽.

18 이한우, 2012, 『논어로 논어를 풀다』, 해냄, 54쪽.

19 "천하의 이치에는 대소와 본말이 있다. 이 모두 천리에서 없을 수 없는 것들이다. 그러므로 배우는 사람이 할 일에는 완급 선후가 있되 어느 한쪽을 없앨 수는 없다."(天下之理, 有大小本

末. 皆天理之不可無者. 故學者之務, 有緩急先後, 而不可以偏廢. 但不可使末勝本. 緩先急耳. 觀聖人所謂行有餘力. 則以學文者, 其語意, 正如此. 若子夏之論. 則矯枉過其正耳.『論語集註大全』「學而」)

20 유조游酢(1053~1123). 북송의 학자.

21 游氏曰, 三代之學, 皆所以明人倫也. 能是四者, 則於人倫厚矣. 學之爲道, 何以加此. 子夏以文學名而其言如此, 則古人之所謂學者, 可知矣. 故學而一篇, 大抵皆在於務本. (『論語集註』「學而」)

22 朱子曰 … 天下之理, 有大小本末. 皆天理之不可無者. 故學者之務, 有緩急先後, 而不可以偏廢. 但不可使末勝本. 緩先急耳. 觀聖人所謂行有餘力. 則以學文者, 其語意正如此. 若子夏之論. 則矯枉過其正耳. (『論語集註大全』「學而」)

23 聖人之言, 由本及末先後有序, 其言平正, 無險絶之意. 子夏, 則其言, 傾側而不平正. 險絶而不和易. 狹隘而不廣大, 故未免有弊. 然子夏之意, 欲人務本, 不可謂之不是. 但以夫子之言比之, 則見其偏之若此也. (『論語集註大全』「學而」)

24 박삼수, 2014, 『쉽고 바르게 읽는 논어』, 지혜의 바다, 27쪽.

25 古之學者爲己, 今之學者爲人. (『論語』14.24)

26 류종목, 2000, 25~26쪽; 동양고전연구회, 2016, 『논어』, 민음사, 26쪽.

27 牛鵬濤, 2013(5), 「簡帛《五行》與《論語》"賢賢易色" 新釋」, 『孔子硏究』, pp. 28~30 참조. 諸侯會同, 賢爲主, 賢賢也. (『春秋繁露』「王道」); 賢賢, 賤不肖. (『史記』「太史公自序」); 親親, 故故, 庸庸, 勞勞, 仁之殺也. 貴貴, 尊尊, 賢賢, 老老, 長長, 義之倫也. (『荀子』「大略」)

28 齊景公問政於孔子. 孔子對曰, 君君, 臣臣, 父父, 子子. 公曰, 善哉. 信如君不君, 臣不臣, 父不父, 子不子, 雖有粟, 吾得而食諸. (『論語』12.11)

29 이한우, 2012, 53쪽; 부남철, 2010, 40쪽.

30 徐氏筆精云, 色, 指禮貌而言. 其次避色, 亦指禮貌衰也. 亦非也. (『論語古今註』「學而」)

31 易, 改也. 色, 女人也. … 人多好色不好賢者, 能改易好色之心以好賢, 則善矣. (『十三經注疏』「論語注疏」'學而')

32 생몰년 미상. 명나라의 학자.

33 徐奮鵬云, 好色是人心, 好賢是道心. 人心每用得眞, 而道心反冷淡, 易色則若轉人心爲道心用也. (『論語古今註』「學而」)

34 馮浩菲, 2019, 『《論語》辨疑硏究』, 上海古籍出版社.

35 吾未見好德如好色者也. (『論語』9.18) 이 문장은 『사기』「공자세가」에도 인용되어 있다.

36 桓玄詣殷荊州, 殷在妾房晝眠, 左右辭不之通. 桓後言及此事, 殷云, 初不眠, 縱有此, 豈不以賢賢易色也. (『世說新語』「言語」)

37 孔安國曰: 子夏, 弟子卜商也. 言以好色之心好賢則善也. (『世說新語』「言語」)

38 박유리, 2013, 27~28쪽.

39 대진戴震(1724~1777)의 제자.

40 侃曰, 若欲尊重賢人, 則當改易其平常之色, 更起莊敬之容. 伊川云, 見賢而變易顔色. (丁若鏞, 『論語古今註』「學而」)

41 牛鵬濤, 2013(5), 「簡帛《五行》與《論語》“賢賢易色” 新釋」, 『孔子硏究』, pp. 28~30 참조.

42 駁曰, 非也. 朱子曰, 孔子兩言未見好德如好色, 中庸亦以遠色爲勸賢之事. 已分曉了. 變易顔色, 有僞爲之者, 不若易好色之心, 方見其誠也. (『論語古今註』「學而」)

43 漢書李尋傳云, 聖人承天, 賢賢易色. 顔師古云, 尊上賢人, 輕略于色. (『論語古今註』「學而」)

44 박종연, 2006, 『논어』, 을유문화사, 33쪽; 동양고전연구회, 2016, 28쪽 참조.

45 양차오밍 지음, 이윤화 옮김, 2016, 『논어전해』, 학고방, 13쪽.

46 楊伯峻, 2009, 『論語譯注』, 北京: 中華書局.

47 신정근, 2009, 『공자씨의 유쾌한 논어』, 사계절, 58쪽.

48 夫婦爲人倫之始, 故此文敘於事父母事君之前. (劉寶楠, 『論語正義』 卷一, 「學而」)

49 조명화, 2017, 156쪽.

50 조명화, 2017, 156쪽.

51 牛鵬濤, 2013(5), 「簡帛《五行》與《論語》“賢賢易色” 新釋」, 『孔子硏究』, pp. 28~30 참조.

52 『오행』 전체의 풀이에 대해서는 형주시박물관 편저, 최남규 옮김, 2016, 『곽점초묘죽간』, 학고방, 322쪽 참조.

53 胥儢儢達諸君子道, 謂之賢者. 君子知而擧之, 謂之尊賢. 知而事之, 謂之尊賢者也. (『五行』)

54 能仁義而遂達於君子道, 謂之賢也. (『五行』)

55 擧之也者, 誠擧之也, 知而弗擧, 未可謂尊賢; 事之者, 誠事之也, 知而弗事, 未可謂尊賢也. (『五行』)

56 顔氣也. (『說文解字』 卷十, 「色部」)

57 顔者, 兩眉之閒也. 心達於氣, 氣達於眉閒是之謂色. 顔氣與心若合符卪, 故其字從人卪. (段玉裁, 『說文解字注』)

58 孝子之有深愛者, 必有和氣; 有和氣者, 必有愉色; 有愉色者, 必有婉容. (『禮記』「祭義」)

59 仁義禮智根於心. 其生色也, 睟然見於面. (『孟子』「盡心上」)

60 見賢人則玉色, 玉色則形. (『五行』)

61 諸大夫見之, 皆色然而駭. (『春秋公羊傳』「哀公六年」)

62 季孫色然悟曰, 吾誠未達此義. (『孔子家語』「正論解」)

63 見善修然, 必以自存也; 見不善愀然, 必以自省也. (『荀子』「修身」)

64 형주시박물관 편저, 2016, 313쪽.

65 智之思也長, 長則得, 得則不忘, 不忘則明, 明則見賢人, 見賢人則玉色, 玉色則形, 形則智. (『五行』)

66 子曰, 學而不思則罔, 思而不學則殆. (『論語』 2.15); 子曰, 吾嘗終日不食, 終夜不寢, 以思; 無

益, 不如學也. (『論語』 15.31) 『논어』에서 "思"는 비경험적 사색이다.

67 『논어』에서 이와 유사한 과정을 묘사한 문장으로는 다음과 같은 것이 있다. "현능한 사람을 보면 그와 같아지기를 생각하고, 현능하지 못한 사람을 보면 속으로 스스로를 반성한다."(子曰, 見賢思齊焉, 見不賢而內自省也. 『論語』 4.17)

68 此, 以賢賢居先者, 以好善有誠, 方能行下三事也. (『論語集註大全』「學而」)

69 김학주, 2017, 『논어(개정4판)』, 서울대학교출판문화원, 117쪽.

70 어떤 것을 맨 처음에 배치해 주목을 끈 뒤, 이어서 그 주제에 대해 언급하는 식의 문장이 있다. 이것을 흔히 '화제-논평' 문장이라고 부른다. 연구자들의 견해에 따르면, 『여씨춘추』에서 '화제-논평' 문장이 차지하는 비율은 약 40%, 『좌전』에서는 약 35%, 『순자』에서는 약 75%에 달한다. 이에 대해서는 김영민, 2025, 『논어번역비평』, 사회평론아카데미, 21장, 22장과 양세욱, 2005, 「고대한어古代漢語의 화제話題에 대한 연구」, 서울대학교 박사학위논문, 1~2쪽 참조.

71 人生知行此四事, 雖曰未嘗從師伏膺學問, 然此爲人行之美矣, 雖學亦不是過, 故吾必謂之學矣. (『十三經注疏』「論語注疏」'學而')

72 故子夏言有能如是之人, 苟非生質之美, 必其務學之至, 雖或以爲未嘗爲學, 我必謂之已學也. (『論語集註』「學而」); 子夏之意, 蓋云學不過如斯而已, 豈以是爲生知之聖乎. (『論語古今註』「學而」)

73 言見善行, 納其仁焉, 可謂學矣. 聞之曰, 可言而不可行, 君子不言. 可行而不可言, 君子不行. (『孔子語錄文篇』「甲第11簡」)

74 子曰, 學而不思則罔, 思而不學則殆. (『論語』 2.15); 子曰, 吾嘗終日不食, 終夜不寢, 以思; 無益, 不如學也. (『論語』 15.31)

11. 위계 속의 배움

1 [遺型], 論語之文之重複. (崔述, 『洙泗考信錄』 卷4); 최술 지음, 이재하 외 옮김, 2009, 『수사고신록』, 한길사, 467쪽 참조.

2 정약용은 이와 같은 모기령의 견해에 대체로 동의한다. 毛曰, 君子不重十一字, 自爲一章, 主忠信三句, 自爲一章. 此本子罕篇文, 而複簡于此者. 今既注重出. (丁若鏞, 『論語古今註』「學而」)

3 凡論語諸章, 有直記一時之言者, 有併錄異日之語者, 有綴輯數言以爲一章者, 如此章是也. 蓋孔門諸子, 綴輯夫子平生格言, 以作一章, 自相傳授之也. (伊藤仁齋, 『論語古義』「學而」)

4 각기 다른 날에 이루어진 대화임을 명시한 경우들이 『논어』에는 있다.

5 此章, 君子不重則不威, 學則不固, 是一類, 主忠信以下, 是一類. 孔子多誦古言以誨門人, 或並引以相發, 或專誦以獨行. 此章之半見它篇, 而朱子以爲逸其半, 仁齋先生, 疑其言不類,以爲非一時之言, 皆不知孔子誦古言故也. (荻生徂徠,『論語徵』「學而」)

6 정약용은 1.8을 하나의 긴밀하게 연결된 전체로 해석하려고 하는 예로서 명나라의 학자인 소자계蘇紫溪(1542~1599)의 경우를 든다. 蘇紫溪云, 威重如田地, 忠信如種子, 取友如培養, 改過如芟刈. 此又聯貫, 作一氣語. (『論語古今註』「學而」)

7 正義曰, 此章勉人爲君子也. (『十三經注疏』「論語注疏」'學而')

8 新安陳氏曰, 提首句君子字, 總說全章四節. (胡廣,『論語集註大全』「學而」)

9 重, 厚重. 威, 威嚴. (朱熹,『論語集註』「學而」)

10 輕乎外者, 必不能堅乎內. 故不厚重, 則無威嚴. (『論語集註』「學而」)

11 보광輔廣(?~?). 남송의 학자. 주희의 제자.

12 人不重厚, 則見於外者, 必無威嚴, 存於中者, 必不堅固. 此表裏自然之符. (『論語集註大全』「學而」)

13 慶源輔氏曰, 威由重生. (『論語集註大全』「學而」)

14 所重, 民食喪祭. (『論語』 20.1)

15 任重而道遠. 仁以爲己任, 不亦重乎. (『論語』 8.7)

16 예컨대 『논어』에서도 "志"라는 글자가 자주 등장하는데, 대개 자신의 지향점을 표현할 때 쓰인다. 子夏曰, 博學而篤志, 切問而近思, 仁在其中矣. (『論語』 19.6); 子曰, 吾十有五而志於學. (『論語』 2.4); 子曰, 士志於道. (『論語』 4.9); 子曰, 志於道. (『論語』 7.6) 이 가운데 "威"나 "重"과 연결된 예는 없다.

17 勉齋黃氏曰, 外重厚, 而內忠信, 則其本立. 友勝己, 而速改過, 則其德進. (『論語集註大全』「學而」)

18 問主忠信, 後於不重不威, 何也. 曰聖賢言爲學之序, 須先自外面分明有形象處, 把捉扶竪起來. (『論語集註大全』「學而」)

19 龜山楊氏曰, 正其衣冠, 尊其瞻視, 儼然, 人望而畏之, 則重而有威矣. 不重, 則易爲物遷, 故學則不固. (『論語集註大全』「學而」)

20 "重而有威矣"에서 而를 以로 이해한다면, 重과 威 간에는 인과관계가 생기게 된다.

21 오규 소라이는 "不重, 則不威"을 중요한 일이 아니면 위엄을 부리지 않는다고 해석했다. 凡非重事, 不設威嚴. (『論語徵』「學而」)

22 그렇다면 『논어』 한국어 번역본들은 "重"을 어떻게 번역했을까? ① "후중하다"라고 번역한 경우: 박헌순, 2008, 『논어집주 1』, 한길사, 49쪽; 이상일, 2004, 『논어』, 경희대학교출판국, 101쪽; 성백효, 2010, 『현토완역 논어집주(개정증보판)』, 전통문화연구회, 39쪽. 이는 주희의 『논어집주』에서 重을 厚重이라고 풀이한 것을 답습했다고 판단된다. "후중"이 한국어에는 정착되지 않은 단어이므로 엄밀한 의미에서 번역이라고 할 수 없다. ② "중후하다"라고 번역한 경우: 강동석, 2016, 『논어역보』, 한국학술정보, 17쪽; 김도련, 2015, 『주주금석 논어 상』, 웅진지식하우스, 42쪽; 김학주, 2017, 『논어(개정4판)』, 서울대학교출판문화원, 118쪽; 부남철, 2010,

『논어정독』, 푸른역사, 40쪽; 심경호, 2013, 『논어 1』, 민음사, 32쪽; 유교문화연구소, 2005, 『논어』, 성균관대학교출판부, 13쪽; 최근덕, 2004, 『한글 논어』, 성균관, 20쪽; 최영갑, 2009, 『논어 1』, 펭귄클래식 코리아, 32쪽; 홍승직, 2016, 『처음 읽는 논어』, 행성B, 21쪽; 이지형, 2010, 『역주 논어고금주 1』, 사암, 107쪽; 이강재, 2006, 『논어』, 살림, 104쪽; 조명화, 2017, 『논어역평 1』, 현암사, 158쪽; 임옥균, 2015, 『논어 정독』, 삼양미디어, 57쪽; 황희경, 2000, 『논어』, 시공사, 35쪽. 이는 주희의 『논어집주』에서 重을 厚重이라고 풀이한 것을 한국어에 맞게 순서를 바꾼 것이 아닐까. ③ "신중하다"라고 번역한 경우: 금장태, 2013, 『우리말 사서』, 지식과교양, 12쪽; 김형찬, 2015, 『논어(신개정판)』, 홍익출판사, 33쪽; 이기동, 2013, 『논어강설』, 성균관대학교출판부, 73쪽; 양차오밍 지음, 이윤화 옮김, 2016, 『논어전해』, 학고방, 13쪽; 한필훈, 2012, 『논어』, 안티쿠스, 39쪽; 신창호, 2014, 『한글 논어』, 판미동, 86쪽. ④ "무게 있다"라고 번역한 경우: 김동인·지정민·여영기, 2009, 『세주 완역 논어집주대전 1』, 한울아카데미, 84쪽; 장기근, 2009, 『개정신석 논어집주』, 명문당, 36쪽; 김용옥, 2008, 『논어한글역주 1』, 통나무, 334쪽. ⑤ "무겁다"라고 번역한 경우: 김영호, 2012, 『논어: 공자와의 대화』, 산지니, 65쪽; 배병삼, 2002, 『한글세대가 본 논어 1』, 문학동네, 40쪽; 박유리, 2013, 『논어상해: 논어 깊게 읽기』, 문사철, 29쪽; 윤재근, 2004, 『(사람인가를 묻는) 논어 1』, 동학사, 82쪽; 신정근, 2009, 『공자씨의 유쾌한 논어』, 사계절, 59쪽; 이기석·한백우, 1983, 『논어』, 홍신문화사, 18쪽. ⑥ "진중하다"라고 번역한 경우: 김원중, 2017, 『논어(개정판)』, 휴머니스트, 45쪽; 류종목, 2000, 『논어의 문법적 이해』, 문학과지성사, 28쪽; 이한우, 2012, 『논어로 논어를 풀다』, 해냄, 55쪽; 박삼수, 2014, 『쉽고 바르게 읽는 논어』, 지혜의 바다, 27쪽. ⑦ "장중하다"라고 번역한 경우: 동양고전연구회, 2016, 『논어』, 민음사, 29쪽; 이우재, 2013, 『이우재의 논어 읽기』, 21세기북스, 59쪽; 임동석, 2009, 『논어 1』, 동서문화사, 92쪽; 박종연, 2006, 『논어』, 을유문화사, 34쪽. ⑧ "엄숙하다"라고 번역한 경우: 이동희, 2008, 『논어』, 계명대학교출판부, 104쪽. ⑨ "묵직하다"라고 번역한 경우: 이을호, 2015, 『한글 논어』, 한국학술정보, 24쪽. ⑩ "돈중敦重하다"라고 번역한 경우: 정태현·이성민, 2012, 『역주 논어주소 1』, 전통문화연구회, 90쪽. ⑪ "자중自重하다"라고 번역한 경우: 차주환, 2015, 『공자의 인생 수업, 논어』, 을유문화사, 24쪽. 자신의 번역에 대해 설명하면서 내면적인 진중함이라고 풀이한 이(이한우)도 있고, 태도의 중후함이라고 풀이한 이(심경호)도 있다. 앞에서 논했듯이, 나는 重이 禮와 관련된 형용어라고 판단하므로, 가능한 한 禮의 집행과 관련된 연상을 주는 번역어가 좋다고 생각한다. 따라서 나는 "장중하다"라는 번역어를 택한다.

23 君子正其衣冠, 尊其瞻視, 儼然人望而畏之, 斯不亦威而不猛乎. (『論語』 20.2)

24 知及之, 仁能守之, 不莊以涖之; 則民不敬. (『論語』 15.33)

25 이에 대해서는 이강재, 1998, 「《論語》 上十篇의 解釋에 대한 硏究」, 서울대학교 박사학위논문, 2.1.2. 君子不重章(27~37쪽) 참조.

26 孔安國曰, 固弊也. 一曰, 言人不敢重, 旣無威, 學又不能堅固. (何晏, 『論語集解』 「學而」)

27 蔽之義爲闇. 曲禮, 輟朝而顧, 君子謂之固. 鄭氏注云, 固, 謂不達於禮. 不達於禮, 是爲蔽.

塞不通, 此固所以爲蔽也. 不學故不達體, 學則達於禮. 不固者, 達於禮也. (焦循, 『論語補疏』「學而」)

28 弓英德, 1970, 『論語疑疑輯注』, 臺灣商務印書館(이강재, 박사학위논문에서 재인용).

29 김도련은 固를 敝로 풀이한 해석이 비교적 합리적인 듯하다고 말하고 있으나 왜 그렇게 보는지는 설명하지 않고 있다. 김도련, 2015, 45쪽.

30 天保定爾, 亦孔之固. (『詩經』「小雅」'天保')

31 固哉, 高叟之爲詩也. (『孟子』「告子下」)

32 倪志僩, 1970, 『論孟虛字集釋』, 臺灣商務印書館, pp. 286~296.

33 固天縱之將聖. (『論語』 9.6); 夫子固有惑志於公伯寮. (『論語』 14.36); 固相師之道也. (『論語』 15.42)

34 "君子固窮"(『論語』 15.2)에서 固는 부사로 해석될 수도 있고 동사로 해석될 수도 있으므로, 일단 논외로 한다.

35 奢則不孫, 儉則固. (『論語』 7.36) 곧이어 "차라리 고루한 것이 낫다(寧固)"라는 언명이 이어지는데, 그것은 수사의 용법이라서 固가 가진 부정적 함의가 사라지지는 않는다.

36 子絶四, 毋意, 毋必, 毋固, 毋我. (『論語』 9.4)

37 疾固也. (『論語』 14.32)

38 學則不固, 傳曰, 博學無方. 孔子無常師, 謂不固守一師之說也, 固哉, 高叟之爲詩, 亦謂此也. (『論語徵』「學而」)

39 博學無方. (『禮記』「內則」)

40 夫子焉不學, 而亦何常師之有. (『論語』 19.22)

41 이와 관련해서는 이강재, 1998, 「《論語》上十篇의 解釋에 대한 研究」, 서울대학교 박사학위논문 참조.

42 鄭曰, 主, 親也. (『論語集解』「學而」)

43 主忠信者, 主猶親也. 이 문장은 하안의 집해에 대한 형병의 소에 나온다. (邢昺, 『論語注疏』「學而」)

44 主訓親者, 引申之義. (劉寶楠, 『論語正義』「學而」)

45 人不忠信, 則事皆無實. 爲惡則易, 爲善則難, 故學者必以是爲主焉. (『論語集註』「學而」)

46 忠爲實心, 信爲實事. (『論語集註大全』「學而」)

47 충신"을 『중용』에 나오는 "성실"과 연결한 논의로는 다음을 참조. 西山眞氏曰, 論語只言忠信, 子思孟子, 始言誠. 程子於此, 乃合忠信與誠言之. 蓋誠指全體言, 忠信指人用力處言. 盡得忠信 卽是誠. 孔子教人, 但就行處說, 行到盡處, 自然識得本源. 子思孟子, 則併本原發, 以示人也. 新安陳氏曰, 不誠無物, 不者人不之也. 人不誠實, 則無此事物. 集註所謂人不忠信, 則事皆無實, 卽不誠無物之意. (『論語集註大全』「學而」)

48 頭主字最重. 凡事靠他做主. (『論語集註大全』「學而」)

49 陳氏曰, 主與賓對. 賓是外人, 出入不常. 主常在屋裏. 主忠信, 是以忠信常爲吾心之主. 心所主者忠信, 則其中許多道理都實. 無忠信, 則道理都虛了. 主字極有力. (『論語集註大全』「學而」)

50 人若不忠信, 如木之無本, 水之無源. 更有甚底, 一身都空了. 今當反看自身能盡己心乎. 能不違於物乎. 若未盡己之心, 而或違於物, 則是不忠信. 凡百處事接物, 皆是不誠實 且謾爲之. 如此四者, 皆是修身之要. 就其中, 主忠信, 又是最要. 若不主忠信, 便正衣冠尊瞻視, 只是色莊, 爲學, 亦是且謾爲學. 交朋友未必盡情, 改過亦未必眞能改過. 故爲人須是主忠信. (『論語集註大全』「學而」)

51 조명화, 2017, 160쪽 참조. 이와 같이 해석할 경우, 主忠信과 無友不如己者가 인간관계를 언급한 구절들로 연결되는 반면, 뒤에 오는 過則勿憚改는 홀로 떨어지기 때문에 부자연스러운 해석이라고 이강재는 판단한다. 그리고 이강재에 따르면, 유월의 이 같은 해석은 君子를 관리라고 해석하기 때문에 가능한 해석이라고 본다.

52 孔子遂適衛, 主於子路妻兄顔濁鄒家. (『史記』「孔子世家」)

53 孔子遂至陳, 主於司城貞子家. (『史記』「孔子世家」)

54 主忠信, 徙義崇德也. (『論語』 12.10)

55 耳不聽五聲之和爲聾, 目不別五色之章爲昧, 心不則德義之經爲頑, 口不道忠信之言爲嚚. (『左傳』「僖公二十四年」)

56 由文平, 2010(6), 「《論語》“無友不如己者” 本義考辨」, 『社會科學輯刊』, pp. 261~262.

57 조명화, 2017, 161쪽.

58 問必擇勝己者爲友, 則勝己者必以我爲不如己, 而不吾友矣. 朱子曰, 但不可求不如己者, 及其來也, 又焉得而却之. 我求勝己者爲友, 不如己者又來求我, 卽匪我求童蒙, 童蒙求我也. (『論語集註大全』「學而」)

59 大凡師則求其賢於己者. 友則求其勝者. 至於不肖者, 則當絶之. 聖人此言, 非謂必求其勝己者. 今人取友見其勝己者, 則多遠之, 而不及己者, 則好親之. 此言乃所以救學者之病. (『論語集註大全』「學而」)

60 이우재, 2013, 61쪽 참조. 이 진천상의 견해는 소식蘇軾의 언명을 인용한 것이다. 東坡云, 世之陋者, 樂以不己若者爲友, 則自足而日損, 故以此戒之. 如必勝己而後友, 則勝己者亦不與吾友矣. (陳天祥, 『四書辨疑』「論語」)

61 朋友纔不如己, 便無敬畏, 而生狎侮, 豈能有益. (『論語集註大全』「學而」)

62 이을호, 2015, 24쪽.

63 由文平, 2010(6), pp. 261~262. 이 견해는 林觥順, 『論語我讀』에 제시된 입장을 인용한 것이다.

64 李金坤, 2005, 「“無友不如己者” 釋義正解」, 『江海學刊』 2005(2), 南京: 江海學刊雜誌社, p. 158.

65 리쩌허우 지음, 임옥균 옮김, 2006, 『논어금독』, 북로드, 61~62쪽.

66 劉珂·鐘雲瑞, 2016, 「《論語》誤解辨正五則」, 『焦作大學學報』, vol. 30(2), pp. 6~8.

67 배병삼, 2002, 42쪽.

68 신정근, 2009, 59쪽.

69 차주환, 2015, 25쪽.

70 南懷瑾, 2007, 『論語別裁』, 上海: 复旦大學出版社, pp. 34~35; 由文平, 2010(6), 「《論語》“無友不如己者” 本義考辨」, 『社會科學輯刊』, pp. 261~262.

71 由文平, 2010(6), pp. 261~262.

72 1.8에는 無와 勿이라는 금지의 뜻을 담은 글자가 각각 한 번씩 나온다. 그와 같은 無와 勿의 용례는 『논어』의 다른 부분에서도 발견할 수 있다. 「자로」에 나오는 “無見小利”(작은 이익에 눈을 두지 마라, 13.17); 「헌문」에 나오는 “勿欺也”(속이지 마라, 14.22)가 그 예이다. 그렇다면 無와 勿의 차이는 무엇일까? 주희는 『논어집주』에서 1.8을 해설하며 다음과 같이 말하고 있다. 無, 毋通. 禁止辭也. … 勿, 亦禁止之辭(無와 毋는 통한다. 금지사이다. … 勿 또한 금지하는 말이다). 즉 無, 毋, 勿은 모두 “…하지 마라”는 금지의 뜻을 가진 말이라는 것이다. 그런데 왜 無와 毋는 통한다고 하고, 勿은 따로 떼어내 그 역시 금지어라고 했을까? 다시 말해서 無, 毋, 勿, 通(無, 毋, 勿은 통한다)이라고 말할 수도 있었을 것 같은데, 왜 그렇게 하지 않은 것일까? 그것은 無, 毋, 勿이 의미는 같아도 문법상 기능에 중요한 차이가 있기 때문이다.

그 점을 알아보기 위해 無友不如己者와 勿憚改를 비교해보자. 이 두 문장에서 無와 勿이 갖는 뜻은 같다. “…을 하지 마라”는 금지의 표현이다. 그러나 중요한 차이가 있다. 無友不如己者에는 不如己者라는 목적어가 뒤따르는 데 반해, 勿憚改에는 그와 같은 목적어가 없다. 즉, 사귀지 말라는 금지어의 말에 누구를 사귀지 말아야 하는지를 명확히 가리키는 不如己者라는 목적어가 뒤따르는 데 반해, 꺼리지 말라는 금지어의 말에는 무엇을 꺼리지 말아야 하는지를 가리키는 목적어가 따르지 않는다. 이러한 문장 구성의 차이는 無와 勿의 문법적 특성이 다르기 때문이다. 예외가 없는 것은 아니지만, 금지어로 사용될 때 無, 毋, 不에는 목적어가 따르고 勿, 弗에는 목적어가 생략된다. 그 생략된 목적어는 勿, 弗 안에 함축되어 있다고 볼 수도 있다. 그런데 한나라 이후의 중국어에서는 弗과 같은 금지어가 점점 쓰이지 않는 경향이 있다.

73 過而不改, 是謂過矣. (『論語』 15.30)

74 若結友過誤, 不得善人, 則改易之. 莫難之也. 故李充云, 若友失其人, 改之爲貴也. (皇侃, 『論語義疏』 「學而」)

75 敏而好學, 不恥下問, 是以謂之文也. (『論語』 5.15)

76 이하의 “붕우” 관련 논의는 본서 3장 참조.

77 예컨대 신창호, 2014, 86쪽.

78 신정근, 2009, 59쪽.

79 조명화, 2017, 162쪽.

80 심경호, 2013, 33쪽.

81 “군자”라는 말의 좀 더 자세한 과거 용례에 대해서는 소공권蕭公權 지음, 최명·손문호 옮김,

1998, 『중국정치사상사』, 서울대학교출판부, 116~117쪽 참조.

82 Cho-Yun Hsu(許倬雲), 1965, *Ancient China in Transition: an Analysis of Social Mobility, 722~222 B.C.*, Stanford University Press 참조.

83 『詩經』「邶風」 '柏舟'의 구절.

84 敬慎威儀, 惟民之則, 令尹無威儀, 民無則焉. 民所不則, 以在民上, 不可以終. 公曰, 善哉. 何謂威儀. 對曰, 有威而可畏, 謂之威. 有儀而可象, 謂之儀. 君有君之威儀, 其臣畏而愛之, 則而象之. 故能有其國家, 令聞長世. 臣有臣之威儀, 其下畏而愛之. 故能守其官職保族宜家. 順是以下皆如是, 是以上下能相固也. 衛詩曰, 威儀棣棣, 不可選也. 言君臣上下父子兄弟內外大小, 皆有威儀也. 周詩曰, 朋友攸攝, 攝以威儀. 言朋友之道, 必相敎訓以威儀也. … 故君子, 在位可畏, 施舍可愛, 進退可度, 周旋可則, 容止可觀, 作事可法, 德行可象, 聲氣可樂, 動作有文, 言語有章, 以臨其下, 謂之有威儀也. (『左傳』「襄公三十一年」)

85 이에 대해서는 본서 3장 참조.

86 그 점은 다음과 같은 언명에서 드러난다. 子曰, 學而不思則罔, 思而不學則殆. (『論語』 2.15)

87 子曰, 三人行, 必有我師焉. 擇其善者而從之, 其不善者而改之. (『論語』 7.22)

88 한때 유행했던 공자의 보수성에 대한 설명에 대해서는 Youngmin Kim, 2017, "The politics of historical vision: Use of the past in the Analects", *European Journal of Political Theory*, vol. 16-4, pp. 1~19 참조.

12. 피치자의 덕과 정치

1 이 장의 내용은 김영민, 2024, 「피치자의 덕과 정치: 『논어』 1.9의 재해석」, 『한국정치학회보』 제58집 제2호, 25~43쪽에 기초하여 발전시킨 것이다.

2 "曾子曰"이라는 표현에서 주목할 점은 선생을 향한 존칭인 "子"가 증삼의 이름 뒤에 붙어 있다는 것이다. 이는 곧 1.9가 증자를 선생으로 여기는 이가 전하는 기록이라는 점을 보여준다. 이를 통해 『논어』 텍스트라는 것이 전적으로 공자의 발언 기록만은 아님을 재확인할 수 있다.

3 "民"의 좀 더 광범한 의미와 용례에 대해서는 김영민, 『논어번역비평』, 4장 참조.

4 上好禮, 則民莫敢不敬, 上好義, 則民莫敢不服, 上好信, 則民莫敢不用情. 夫如是, 則四方之民, 襁負其子而至矣. (『論語』 13.4)

5 上好禮, 則民易使也. (『論語』 14.41)

6 老死曰壽終. 壽, 久也. 終, 盡也. 生已久遠, 氣終盡也. (『釋名』「釋喪制」) 또한 『예기』「단궁檀弓」에 나오는 "君子曰終, 小人曰死"라는 문장을 감안할 때, "終"은 죽음을 표현하는 말 중에서 경어에 속한다고 볼 수 있다.

7 육롱기陸隴其(1630~1692). 청대의 학자. 자는 가서稼書.

8 陸稼書云, 愼終, 指親父母. 追遠, 不止親父母, 凡遠祖皆是. 駁曰, 非也. 祖父死, 猶當愼終. 大夫士不得祭遠祖. 其義乖反矣. (丁若鏞, 『論語古今註』「學而」)

9 終者, 親之末也; 遠者, 親之逝也. (『論語古今註』「學而」)

10 愼終者, 終謂父母之喪也. 以死者人之終, 故謂之終. 執親之喪, 禮須謹愼, 盡其哀也. 追遠者, 遠謂親終旣葬日月已遠也. 孝子感時念親, 追而祭之, 盡其敬也. (『十三經注疏』「論語注疏」'學而')

11 愼終者, 喪盡其哀. 追遠者, 祭盡其敬. (『十三經注疏』「論語注疏」'學而')

12 愼終者, 喪盡其禮. 追遠者, 祭盡其誠. (朱熹, 『論語集註』「學而」)

13 久遠之事, 録而不忘, 是追遠也. (皇侃, 『論語義疏』「學而」)

14 哭泣之哀, 雖亦事親之終事, 不可曰愼終. 朱子改哀爲禮, 以是也. 悔不可及, 可不愼乎. 忽焉其逝, 可不追乎. (『論語古今註』「學而」)

15 執親之喪, 禮須謹愼, 盡其哀也. (『十三經注疏』「論語注疏」'學而')

16 "愼은 『이아』「석고」에서 '誠'이라 했고, 『설문』에서는 '謹'이라 했다." 조명화, 2017, 『논어역평 1』, 현암사, 163쪽.

17 仁齋先生以謂不啻喪祭, 凡事皆當愼終追遠. 其說本於皇侃一通, 勃窣理窟, 甚於朱子矣. (荻生徂徠, 『論語徵』「學而」)

18 子曰, 生, 事之以禮. 死, 葬之以禮, 祭之以禮. (『論語』2.5)

19 "덕"이라는 개념에 대해서는 거자오광 저, 오만종 외 옮김, 2013, 『중국사상사: 7세기 이전 중국의 지식과 사상 그리고 신앙세계』, 일빛, 332쪽; 류쩌화 지음, 장현근 옮김, 2019, 『중국정치사상사 1』, 글항아리, 57~58, 86쪽 참조.

20 조명화, 2017, 163쪽 참조.

21 류쩌화, 2019, 57쪽.

22 三分天下有其二, 以服事殷, 周之德, 其可謂至德也已矣. (『論語』8.20)

23 아서 웨일리는 『도덕경』을 다음과 같은 제목으로 번역했다. Arthur Waley, 1958, *The way and its power: a study of the Tao te ching and its place in Chinese thought*, New York: Grove Press.

24 貳而執之, 服而舍之, 德莫厚焉, 刑莫威焉. 服者懷德, 貳者畏刑. (『左傳』「僖公十五年」)

25 得其天性謂之德. (『淮南子』「齊俗訓」)

26 그와 같은 인성론은 성리학에서 꽃피게 된다.

27 류쩌화, 2019, 57~58쪽.

28 류쩌화, 2019, 86쪽.

29 류쩌화, 2019, 87쪽.

30 『상서』에는 다음과 같은 용례가 나온다. 公曰, 嗚呼, 君, 惟乃知民德, 亦罔不能厥初, 惟其終. (『尙書』「周書」'君奭')

31 以從俗爲善, 以貨財爲寶, 以養生爲己至道, 是民德也. (『荀子』「儒效」)

32 行法至堅, 不以私欲亂所聞, 如是則可謂勁士矣. (『荀子』「儒效」)

33 聖王爲政, 其發令興事, 使民用財也, 無不加用而爲者. 是故用財不費, 民德不勞, 其興利多矣. (『墨子』「節用上」)

34 今田成氏之德, 而民之歌舞, 民德歸之矣. 故曰, 其田成氏乎. 公泫然出涕曰, 不亦悲乎. 寡人有國而田成氏有之, 今爲之奈何. 晏子對曰, 君何患焉. 若君欲奪之, 則近賢而遠不肖, 治其煩亂, 緩其刑罰, 振貧窮而恤孤寡, 行恩惠而給不足. 民將歸君, 則雖有十田成氏, 其如君何. (『韓非子』「外儲說右上」)

35 신정근, 2009, 『공자씨의 유쾌한 논어』, 사계절, 60쪽.

36 신창호, 2014, 『한글 논어』, 판미동, 86쪽.

37 한필훈, 2012, 『논어』, 안티쿠스, 39쪽.

38 朋友死無所歸. 曰, 於我殯. (『論語』 10.22)

39 是以君子惡居下流, 天下之惡皆歸焉. (『論語』 19.20)

40 克己復禮, 爲仁. 一日克己復禮, 天下歸仁焉. (『論語』 12.1)

41 興滅國, 繼絶世, 擧逸民, 天下之民歸心焉. (『論語』 20.1)

42 歸猶與也. (『論語集註』「顔淵」)

43 民德歸厚, 謂下民化之, 其德亦歸於厚. (『論語集註』「學而」)

44 楊伯峻, 1980, 『論語譯注』, 北京: 中華書局.

45 人君若能一日克己復禮, 則天下之民, 咸歸於人君也. (皇侃, 『論語義疏』「顔淵」)

46 惟民生厚, 民德本厚也, 歸厚, 不過復其本然者爾. 豈有增益之哉. (『論語集註大全』「學而」)

47 朱註, 歸字不穩. (『論語徵』「學而」)

48 歸厚, 如歸仁. (『論語徵』「學而」)

49 一日克己復禮, 天下歸仁. 言苟不修其身, 則雖行仁政, 民不歸其仁. 是顔子才大, 故以行仁政於天下言之. 故曰天下歸仁. 門人問仁, 唯於顔子子張, 孔子以天下言之, 二子才大故也. (『論語徵』「顔淵」)

50 得其民有道, 得其心, 斯得民矣. 得其心有道, 所欲與之聚之, 所惡勿施爾也. 民之歸仁也, 猶水之就下, 獸之走壙也. 故爲淵敺魚者, 獺也. 爲叢敺爵者, 鸇也. 爲湯武敺民者, 桀與紂也. (『孟子』「離婁上」)

51 子曰, 爲政以德, 譬如北辰居其所而衆星共之. (『論語』 2.1)

52 『논어』에는 인성론이 없다.

53 그 점에서 『논어』의 세계와 성리학의 세계는 다르다.

54 貳而執之, 服而舍之, 德莫厚焉, 刑莫威焉. 服者懷德, 貳者畏刑. (『左傳』「僖公十五年」)

55 김학주, 2017, 『논어(개정4판)』, 서울대학교출판문화원, 119쪽.

56 동양고전연구회, 2016, 『논어』, 민음사, 31쪽.

57 박삼수, 2014, 『쉽고 바르게 읽는 논어』, 지혜의바다, 29쪽.

58 신정근, 2009, 61쪽.

59 김용옥, 2008, 『논어한글역주 1』, 통나무, 348쪽.

60 孔曰 … 君能行此二者, 民化其德, 皆歸於厚也. (『十三經注疏』「論語注疏」'學而')

61 故以此自爲, 則己之德厚, 下民化之, 則其德亦歸於厚也. (『論語集註』「學而」)

62 朱子曰, 謹終追遠, 自是天理所當然. 人心所不能自已者. 自是上之人所當爲, 不爲化民而爲之. 能如此, 則己德厚, 而民德, 亦化之而厚矣. (『論語集註大全』「學而」)

63 子曰, 古之學者爲己, 今之學者爲人. (『論語』 14.24)

64 송대의 동기주의 대 공리주의 논쟁에 대해서는 다음을 참조할 수 있다. 호이트 틸만 지음, 김병환·임명희 옮김, 2017, 『공리주의 유가: 주희에 대한 진량의 도전』, 교육과학사.

65 한필훈, 2012, 39쪽.

66 황희경, 2000, 『논어』, 시공사, 36쪽.

67 "矣: 필연의 결과를 표시하는 어기조사." (류종목, 『논어의 문법적 이해』, 문학과지성사, 2000, 28쪽); "한편 '民德歸厚矣'의 '矣'는 일이 필연적으로 그렇게 된다는 뜻을 나타내고 있다. 곧 '愼終追遠'하면, 반드시 '民德歸厚'하게 된다는 것이다." (박유리, 2013, 『논어상해: 논어 깊게 읽기』, 문사철, 31쪽)

68 子曰, 恭而無禮則勞, 愼而無禮則葸, 勇而無禮則亂, 直而無禮則絞. 君子篤於親, 則民興於仁. 故舊不遺, 則民不偸. (『論語』 8.2)

69 이에 대한 구체적인 내용은 김영민, 2021, 『중국정치사상사』, 사회평론아카데미, 3장 참조. 아래의 공자와 관자의 비교에 대해서도 김영민, 2021, 3장 참조.

70 務民之義, 敬鬼神而遠之, 可謂知矣. (『論語』 6.22)

71 季路問事鬼神. 子曰, 未能事人, 焉能事鬼. 曰, 敢問死. 曰, 未知生, 焉知死. (『論語』 11.12)

72 이에 대한 구체적인 내용은 김영민, 2021, 3장 참조.

73 不能以禮讓爲國, 如禮何. (『論語』 4.13)

74 執無鬼而學祭禮, 是猶無客而學客禮也, 是猶無魚而爲魚罟也. (『墨子』「公孟」)

75 子曰, 道之以政, 齊之以刑, 民免而無恥. 道之以德, 齊之以禮, 有恥且格. (『論語』 2.3) 예와 군사적 행동의 대비로는 다음의 문장을 참조할 수 있다. "위나라 영공靈公이 공자에게 진법陳法에 관하여 묻자, 공자가 말하였다. '제사에 관한 일이라면 들어본 적이 있으나 군사에 관한 일은 아직 배우지 못하였습니다.' [그러고는] 이튿날 기어이 떠났다." (衛靈公問陳於孔子. 孔子對曰, 俎豆之事, 則嘗聞之矣. 軍旅之事 未之學也, 明日遂行. 『論語』 15.1)

76 故刑罰繁而意不恐, 則令不行矣. (『管子』「牧民」)

77 공자의 관중에 대한 평가에 대해서는 『論語』 3.22, 14.9, 14.16, 14.17을 참조할 수 있다. 『한서』「예문지藝文志」에서는 관중을 도가로 분류하고, 『수서隋書』는 관중을 법가로 분류했다. 샤오궁취안蕭公權에 따르면, 관중은 증세를 주장하지는 않았다. 소공권 지음, 최명·손문호 옮김, 1998, 『중국정치사상사』, 서울대학교출판부, 385쪽.

78 管仲之器小哉. … 管氏而知禮, 孰不知禮. (『論語』 3.22)

79 小人曰, 我毒秦, 秦豈歸君. 君子曰, 我知罪矣, 秦必歸君. (『左傳』 「僖公十五年」)

80 我出師以圍許, 爲將改立君者, 而紓晉使, 晉必歸君. (『左傳』 「成公九年」)

81 而無來, 吾固將歸君. (『國語』 「晉語三」)

82 今田成氏之德, 而民之歌舞, 民德歸之矣. 故曰, 其田成氏乎. 公泫然出涕曰, 不亦悲乎. 寡人有國而田成氏有之, 今爲之奈何. 晏子對曰, 君何患焉. 若君欲奪之, 則近賢而遠不肖, 治其煩亂, 緩其刑罰, 振貧窮而恤孤寡, 行恩惠而給不足. 民將歸君, 則雖有十田成氏, 其如君何. (『韓非子』 「外儲說右上」)

83 管仲曰, 昔先王之理人也. 蓋人有患勞, 而上使之以時, 則人不患勞也. 人患飢, 而上薄斂焉, 則人不患飢矣. 人患死, 而上寬刑焉, 則人不患死矣. 如此, 而近有德而遠有色, 則四封之內, 視君其猶父母邪, 四方之外, 歸君其猶流水乎. (『管子』 「戒」)

13. 정치참여 과정의 이상과 현실

1 이 장의 내용은 김영민, 2023, 「정치참여 과정의 이상과 현실: 『논어』 1.10의 재해석」, 충남대학교 유학연구소, 『유학연구』 제65권(2023. 11.), 111~151쪽에 기초하여 발전시킨 것이다.

2 子貢曰, 有美玉於斯, 韞匵而藏諸. 求善賈而沽諸. 子曰, 沽之哉, 沽之哉. 我待賈者也. (『論語』 9.13)

3 류종목의 연구에 따르면, 그러한 是의 용례로는 다음과 같은 것들이 있다. 塡街溢巷, 是處皆然.(큰 길을 채우고 작은 길을 넘치게 하여 모든 곳이 다 그랬다. 『南齊書』 「虞玩之傳」); 觴來爲之盡, 是諮無不塞.(술잔이 오면 이로 인해 다 비우고, 모든 물음을 어느 것 하나 만족시키지 않은 것이 없었다네. 陶淵明, 「飮酒詩 · 十八」) 류종목, 2000, 『논어의 문법적 이해』, 문학과지성사, 29~30쪽.

4 是此也, 此邦謂每邦, 非一國也. (皇侃, 『論語義疏』 「學而」)

5 조명화, 2017, 『논어역평 1』, 현암사, 171쪽 참조. 공자가 정치적 기회를 모색하며 주유한 역정, 인물, 지역에 대해서는 다음 저서들을 참조할 수 있다. 인물별로는 傅佩榮, 2013, 『孔子辭典』, 臺北: 聯經出版, pp. 59~95. 지역별로는 張瑞豊, 2018, 『跟着孔子游列國』, 杭州: 浙江大學出版社.

6 "必聞其政: 聞은 요즈음 말로 '브리핑'을 듣는다는 뜻이다." 최근덕, 2004, 『한글 논어』, 성균관, 23쪽.

7 "聞(문): 뒤의 '溫良恭儉讓而得之'라는 표현을 보더라도 聞은 '得聞'의 뜻이다. 번역은 '듣다'보다는 '알다'로 하는 것이 낫다." 조명화, 2017, 『논어역평 1』, 현암사, 172쪽.

8 "'필문기정必聞其政'의 '문聞'은 그냥 '듣는다'의 뜻이라기보다는 정사에 관여한다는 뜻이 내포

되어 있다.” 김용옥, 2008, 『논어한글역주 1』, 통나무, 359쪽.

9 盆成括仕於齊. 孟子曰, 死矣, 盆成括. 盆成括見殺. 門人問曰, 夫子何以知其將見殺. 曰, 其爲人也小有才, 未聞君子之大道也, 則足以殺其軀而已矣. (『孟子』「盡心章句下」)

10 有爲神農之言者許行, 自楚之滕, 踵門而告文公曰, 遠方之人聞君行仁政, 願受一廛而爲氓. 文公與之處, 其徒數十人, 皆衣褐, 捆屨織席以爲食. 陳良之徒陳相與其弟辛, 負耒耜而自宋之滕, 曰, 聞君行聖人之政, 是亦聖人也, 願爲聖人氓. 陳相見許行而大悅, 盡棄其學而學焉. (『孟子』「滕文公上」)

11 讓當屬下句讀. (丁若鏞, 『論語古今註』「學而」)

12 『書經』「虞書」‘堯典’.

13 『書經』「周書」‘微子之命’.

14 『書經』「周書」‘無逸’.

15 『左傳』「文公十八年」. 八愷란 高陽氏라는 인물의 여덟 아들들을 지칭한다. 蒼舒, 隤凱, 檮戴, 大臨, 尨降, 庭堅, 中容, 叔達이 그들이다. 八元이란 高辛氏라는 인물의 여덟 아들을 지칭한다. 伯奮, 仲堪, 叔獻, 季仲, 伯虎, 仲熊, 叔豹, 季狸가 그들이다.

16 堯德曰欽明文思, 湯德曰齊聖廣淵, 文王曰徽柔懿恭, 左傳贊八元八凱之德, 皆四字爲句. 子貢美夫子之德, 何必五字爲句. 子禽疑夫子求而得之, 故子貢謂夫子讓以得之, 正以破其惑. (『論語古今註』「學而」)

17 西京官學, 皆以讓字屬上句讀, 然不敢勉從. 大戴禮官人篇云恭儉以讓, 亦與連言者不同. (『論語古今註』「學而」)

18 임지기林之奇. 남송의 학자.

19 林氏少穎曰, 形容聖人之盛德, 必推其著見者言之. 堯曰欽明文思, 舜曰濬哲文明溫恭允塞, 湯曰齊聖廣淵, 文王曰徽柔懿恭, 夫子曰溫良恭儉讓, 皆以其德之著者言之也. (胡廣, 『論語集註大全』「學而」)

20 김도련, 2015, 『주주금석 논어 상』, 웅진지식하우스, 50쪽 참조.

21 조명화, 2017, 173쪽.

22 西山眞氏曰, 和兼厚字, 方盡溫之意. 和如春風和氣之和, 厚如坤厚載物之厚. 和, 不慘暴也; 厚, 不刻薄也. (『論語集註大全』「學而」)

23 溫其容也. (荻生徂徠, 『論語徵』「學而」)

24 子溫而厲, 威而不猛, 恭而安. (『論語』 7.38)

25 孔子曰, 君子有九思, 視思明, 聽思聰, 色思溫, 貌思恭, 言思忠, 事思敬, 疑思問, 忿思難, 見得思義. (『論語』 16.10)

26 子夏曰, 君子有三變. 望之儼然, 即之也溫, 聽其言也厲. (『論語』 19.9)

27 和從不逆謂之恭. (『十三經注疏』「論語注疏」‘學而’)

28 恭, 莊敬也. (朱熹, 『論語集註』「學而」)

29 西山眞氏曰, 莊主容, 敬主心, 自中發外, 故曰恭也. (胡廣, 『論語集註大全』「學而」)

30 恭, 驕之反. (『論語古今註』「學而」)

31 恭其處己也. (『論語徵』「學而」)

32 그리고 7.38에서 드러나듯이 恭은 安과 구별된다.

33 금장태, 2013, 『우리말 사서』, 지식과교양, 12쪽; 김원중, 2017, 『논어(개정판)』, 휴머니스트, 47~48쪽; 김학주, 2017, 『논어(개정4판)』, 서울대학교출판문화원, 120쪽; 김형찬, 2015, 『논어(신개정판)』, 홍익출판사, 34쪽; 동양고전연구회, 2016, 『논어』, 민음사, 31쪽; 류종목, 2000, 『논어의 문법적 이해』, 문학과지성사, 31~32쪽; 박삼수, 2014, 『쉽고 바르게 읽는 논어』, 지혜의바다, 30쪽; 박유리, 2013, 『논어상해: 논어 깊게 읽기』, 문사철, 31쪽; 박종연, 2006, 『논어』, 을유문화사, 36~37쪽; 신창호, 2014, 『한글 논어』, 판미동, 87쪽; 양차오밍 지음, 이윤화 옮김, 2016, 『논어전해』, 학고방, 16쪽; 윤재근, 2004, 『(사람인가를 묻는) 논어 1』, 동학사, 88쪽; 이강재, 2006, 『논어』, 살림, 106쪽; 이기석·한백우, 1983, 『논어』, 홍신문화사, 19쪽; 이동희, 2008, 『논어』, 계명대학교출판부, 88쪽; 이우재, 2013, 『이우재의 논어 읽기』, 21세기북스, 64쪽; 이지형, 2010, 『역주 논어고금주 1』, 사암, 115쪽; 임옥균, 2015, 『논어 정독』, 삼양미디어, 58쪽; 장기근, 2009, 『개정신석 논어집주』, 명문당, 39쪽; 정태현·이성민, 2012, 『역주 논어주소 1』, 전통문화연구회, 93쪽; 조명화, 2017, 『논어역평 1』, 현암사, 167~168쪽.

34 과거의 주석 중에서 이에 가장 근접한 주석은 정약용이 良을 善이라고 풀이한 것이다. 그러나 정약용은 良의 뜻에 가장 가까운 말로서 善을 제시한 것이지, 한국어에 쓰이는 "선량"의 뜻을 전달하고자 한 것은 아니다. 良, 善也. (『論語古今註』「學而」)

35 이을호, 2015, 『한글 논어』, 한국학술정보, 25쪽.

36 김동인·지정민·여영기, 2009, 『세주 완역 논어집주대전 1』, 한울아카데미, 96쪽; 김영호, 2012, 『논어: 공자와의 대화』, 산지니, 66쪽; 차주환, 2015, 『공자의 인생 수업, 논어』, 을유문화사, 25쪽; 최근덕, 2004, 22쪽; 황희경, 2000, 『논어』, 시공사, 36쪽.

37 D. C. Lau, 2002, *The Analects*, Hong Kong: The Chinese University Press(first printed in 1979, Harmondsworth, NY: Penguin Books), p. 5.

38 김용옥, 2008, 350쪽; 부남철, 2010, 『논어정독』, 푸른역사, 42~43쪽; 신정근, 2009, 『공자씨의 유쾌한 논어』, 사계절, 62쪽.

39 김도련, 2015, 47~48쪽.

40 배병삼, 2002, 『한글세대가 본 논어 1』, 문학동네, 45쪽.

41 유교문화연구소, 2005, 『논어』, 성균관대학교출판부, 16쪽.

42 이한우, 2012, 『논어로 논어를 풀다』, 해냄, 64쪽.

43 Arthur Waley, 2005, *The analects of Confucius*, Routledge, pp. 85~86.

44 James Legge, 1960, *The Chinese Classics: Confucian Analects, The Great Learning, and The Doctrine of the Mean*, Hong Kong University Press, p. 142.

45 良, 易直也. (『論語集註』「學而」)

46 朱子曰, 記言, 易直子諒之心, 易, 平易坦易, 直, 如曰, 直無險詖, 子諒, 慈良也. "주자가 말했다. 『예기』에 '이직(편하고 곧음)·자량(사랑하고 믿어줌)한 마음'이라고 했는데, '이'는 평이하고 평탄한 것이고 '직'은 '곧아서 음험하거나 치우침이 없다'고 할 때의 곧음이고, '자량'은 인자하고 온순한 것이다." 김동인·지정민·여영기, 2009, 97쪽.

47 강동석, 2016, 『논어역보』, 한국학술정보, 19쪽; 박헌순, 2008, 『논어집주 1』, 한길사, 55쪽; 성백효, 2010, 『현토완역 논어집주(개정증보판)』, 전통문화연구회, 42쪽; 심경호, 2013, 『논어 1』, 민음사, 38쪽; 이기동, 2013, 『논어강설』, 성균관대학교출판부, 77쪽; 최영갑, 2009, 『논어 1』, 펭귄클래식 코리아, 36쪽. 어떤 근거에서 良을 "어질다"로 번역했는지는 분명하지 않다. 다만 이렇게 번역했을 때 보통 "어질다"로 번역하곤 하는 仁과 良의 구분이 흐려진다는 문제가 있다. 『논어』에서 仁과 良은 분명히 구별되는 개념이다.

48 임동석, 2009, 『논어 1』, 동서문화사, 98쪽.

49 한필훈, 2012, 『논어』, 안티쿠스, 40쪽.

50 Roger Ames & Henry Rosemont, 1999, *The Analects of Confucius: A Philosophical Translation*, New York: Ballantine Books, p. 73.

51 行不犯物謂之良. (『十三經注疏』「論語注疏」'學而')

52 良相, 良馬, 良工, 良醫, 三良, 皆以材良言之. 良豈有易直之義乎. (『論語徵』「學而」) 한국의 『논어』 번역자 중에서 이러한 오규 소라이의 주석에 공감하는 이는 조명화이다. 조명화는 "모두 임의적인 해석이다. … 溫은 용모, 良은 재주, 恭은 자기 처신, 儉은 씀씀이의 절제, 讓은 사람과의 사귐이라는 오규 소라이의 해석이 낫다"고 말한다. 그러면서도 정작 1.10의 경우 良을 "선량"이라고 번역하고 있다. 즉, 주석사에 대한 평가와 자신의 번역이 일치하지 않는다. 조명화, 2017, 168, 172~173쪽.

53 孟子曰, 存乎人者, 莫良於眸子. 眸子不能掩其惡. 胸中正, 則眸子瞭焉, 胸中不正, 則眸子眊焉. 聽其言也, 觀其眸子, 人焉廋哉. (『孟子』「離婁上」)

54 『국어』와 『좌전』에는 인명, 관직명, 지명 같은 고유명사에 良이 자주 등장하는데, 『논어』 1.10에 사용된 良은 고유명사가 아니므로 그런 용례는 이 논의에서 배제한다. "양 지역에 도달하여 죽다. … 양 지역에서 세상을 뜨다."(及良而卒. … 絶世于良. 『左傳』「哀公十五年」); "주나라 사람 예량부의 시."(周芮良夫之詩. 『左傳』「文公元年」) 그 밖에 다음과 같은 용례들이 있다. 十連爲鄉, 鄉有良人焉. … 鄉良人帥之. (『國語』「齊語」) 직책 이름; 鄭良佐如陳涖盟. (『左傳』「隱公七年」) 정나라의 良佐. 대부 지칭, 일종의 고유명사; 君子謂羊斟非人也, 以其私憾, 敗國殄民, 於是刑孰大焉. 詩所謂人之無良者, 其羊斟之謂乎. 殘民以逞. (『左傳』「宣公二年」) 『시경』「소아」'각궁角弓'에 나오는 民之無良이라는 구절 지칭; 獲其二帥大良, 小良. (『左傳』「桓公六年」) 대량·소량은 고유명사; 鄭人立子良. … 襄公將去穆氏, 而舍子良. 子良不可. (『左傳』「宣公四年」) 子良은 인명. 穆公의 서자 公子去疾 지칭; 初, 楚司馬子良生子越

椒. … 子良不可. (『左傳』「宣公四年」); 唯子良憂曰, 是國之災也, 吾死無日矣. (『左傳』「宣公九年」); 子良曰, 晉, 楚不務德而兵爭, 與其來者可也. (『左傳』「宣公十一年」); 子良, 鄭之良也. (『左傳』「宣公十二年」) 고유명사.

55 "가는 좋은 읍이고, 등료 또한 초의 良이다."(駕, 良邑也, 鄧廖, 亦楚之良也. 『左傳』「襄公三年」); "왕이 장인에게 명하여 良金(좋은 청동)을 가지고 范蠡의 동상을 주조하게 했다."(王命工以良金寫范蠡之狀. 『國語』「越語下」); "10월에 들어오게끔 하고서 말하였다. '좋은 달(良月)이다. 수가 꽉 찬다.'"(使以十月入, 曰, 良月也, 就盈數焉. 『左傳』「莊公十六年」); "그대는 잘 드시오./ 잘 먹는 일을 중시하시오."(子尙良食. 『國語』「楚語上」); "장년의 괜찮은 사람을 버리고 유약한 사람을 쓰다[여기에 도덕적인 의미는 없다]"(棄壯之良而用幼弱. 『國語』「周語中」); "싸우되 괜찮은 이를 쓰면, 패하지 않는다."(戰而用良, 不敗. 『國語』「晉語三」); "내가 잘못하자 이혁이 나를 바로잡아주니, 좋지 않은가! 이는 좋은 그물질이다."(吾過而里革匡我, 不亦善乎. 是良罟也. 『國語』「魯語上」); "초나라 신포서申包胥가 월나라에 사신을 오자, 월나라 왕 구천句踐이 물었다. '오국吳國이 부도不道해서 우리 사직과 종묘를 파괴하고 평지를 만들어버리고 제사를 못 지내게 하오. 이에 나는 그들과 전쟁을 하여 하늘의 뜻을 알아보려 하오. 수레, 말, 병장기, 갑옷, 군인 등은 갖추어졌는데 어떻게 진행해야 할지 모르겠으니, 묻건대 어떻게 전쟁을 하면 되겠소?' 신포서가 사양하며 말하였다. '전 모릅니다.' 왕이 굳이 묻자, 이에 대답하였다. '무릇 오나라는 양국良國입니다. 제후로부터 많은 공물을 취하고 있습니다'[양국良國이라는 표현에 도덕적인 의미는 없고, 만만치 않게 강한 나라라는 뜻이 있다]"(楚申包胥使於越, 越王句踐問焉, 曰, 吳國爲不道, 求殘我社稷宗廟, 以爲平原, 弗使血食. 吾欲與之徼天之衷, 唯是車馬兵甲卒伍旣具, 無以行之. 請問戰奚以而可. 包胥辭曰, 不知. 王固問焉, 乃對曰, 夫吳, 良國也, 能博取於諸侯. 『國語』「吳語」); "좋은 말을 가지고 가서 만났다."(以其良馬見. 『左傳』「昭公二十年」); "사마는 나로 인해, 좋은 아들을 잃었다."(司馬以吾故, 亡其良子. 『左傳』「昭公二十一年」); "그대는 잘 도모하지 않는다."(子弗良圖. 『左傳』「昭公二十三年」); "감히 잘 도모하지 못합니다."(敢不良圖. 『左傳』「昭公二十七年」); "맹집의 다리가 불량하여 걸을 수 없었다."(孟縶之足不良能行. 『左傳』「昭公七年」)

56 "그는 훌륭한 의사다."(彼, 良醫也. 『左傳』「成公十年」); "팔을 세 번 부러뜨릴 만큼 경험이 쌓여야 좋은 의사가 됨을 압니다."(三折肱知爲良醫. 『左傳』「定公十三年」); "좋은 의사다. 예를 후하게 하여 돌려보냈다."(良醫也. 厚其禮而歸之. 『左傳』「昭公元年」)

57 "공자가 말하였다. '동호는 옛날의 良史(좋은 사관)이다. 숨김 없이 썼다. 조선자는 옛날의 良大夫(좋은 대부)이다. 법 때문에 좋지 않은 일을 감수했다.'"(孔子曰, 董狐, 古之良史也, 書法不隱. 趙宣子, 古之良大夫也, 爲法受惡. 『左傳』「宣公二年」); "왕이 말하였다. '좋은 사관이다.'"(王曰, 是良史也. 『左傳』「昭公十二年」)

58 "良君은 선한 자를 상주고 나쁜 사람을 벌준다."(良君將賞善而刑淫. 『左傳』「襄公十四年」)

59 "뭇 희씨 중에서 괜찮은 사람은 중관을 맡는다."(諸姬之良, 掌其中官. 『國語』「晉語四」); "지

금 구천이 거듭 화를 입는 것은 良이 없어서다."(今句踐申禍無良. 『國語』「吳語」); "또 그 오른쪽을 공격하시오. 오른쪽에는 良(우수한 장수)이 없으니, 반드시 패할 것이오."(且攻其右. 右無良焉, 必敗. 『左傳』「桓公八年」); "정나라에서는 숙첨叔詹, 도숙堵叔, 사숙師叔이라는 세 명의 좋은 이(三良)가 정사를 행한다."(鄭有叔詹, 堵叔, 師叔三良爲政. 『左傳』「僖公七年」); "총애하는 이들을 버려두고 세 명의 좋은 이(三良)를 쓰다."(棄嬖寵而用三良. 『左傳』「僖公二十四年」); "진나라 사람이 공달을 위나라로 돌려보냈다. 그가 위나라의 良이라고 여겼기에 풀어준 것이다."(晉人歸孔達於衛, 以爲衛之良也, 故免之. 『左傳』「文公四年」); "진백 임호가 죽자, 자거씨의 세 자식 엄식奄息, 중항仲行, 겸호鍼虎를 순장했는데, 모두 진나라의 良(양호한 신하)이었다. … 그 良(양호한 신하)을 모아 죽였으니 군주 자리에 남아 있기 어려울 것이다."(秦伯任好卒, 以子車氏之三子奄息, 仲行, 鍼虎爲殉, 皆秦之良也. … 而又收其良以死, 難以在上矣. 『左傳』「文公六年」); "(군인들이) 오랜 이들이라고 꼭 좋은 건 아닙니다."(舊不必良. 『左傳』「成公十六年」); "초나라 良(군인)이라고는 중군과 왕족들 안에 있을 뿐입니다."(楚之良, 在其中軍王族而已. 『左傳』「成公十六年」); "초나라 良(군인)이라고는 중군과 왕족들 안에 있을 뿐입니다."(楚師之良在其中軍王族而已. 『左傳』「襄公二十六年」); "군주는 사치하되, 良한 신하가 많다."(君侈而多良. 『左傳』「襄公二十九年」); "제후들 중에서 괜찮은 이들이니 군주께서는 그들을 뽑으십시오."(諸侯之良也, 君其選焉. 『左傳』「昭公四年」); "당신의 선조들은 모두 계씨의 良(좋은 신하)이었으니, 그대도 그것을 이어가야 한다."(而先皆季氏之良也, 爾以是繼之. 『左傳』「定公八年」); "良한 이를 임명하다."(任良. 『左傳』「昭公十四年」); "良이 없는 이(불량한 이)를 삼가다."(以謹無良. 『左傳』「昭公二十年」)

60 "나라의 괜찮은 이는 전대의 악을 없애줍니다[이 역시 신하의 맥락이다. 유능함과 관련이 있다]."(國之良也, 滅其前惡. 『國語』「晉語五」); "삼족을 멸했지만, 그는 나라의 良(좋은 재목)입니다."(以滅三族, 國之良也. 『左傳』「昭公二十七年」)

61 "초나라의 양신이 되다."(爲楚良臣. 『國語』「楚語下」); "괜찮은 신하가 살지 못할 것이다."(良臣不生. 『國語』「晉語八」); "괜찮은 신하가 죽을 것이다. 천명이 돕지 않는다. … 누가 괜찮은 신하인가?"(良臣將死, 天命不佑. … 誰當良臣. 『左傳』「昭公元年」)

62 "이는 좋은 인재입니다."(是良材. 『左傳』「哀公十七年」); "무릇 주나라는 산이 높고 하천이 넓고 늪이 커서, 괜찮은 인재를 낼 수 있었다."(夫周, 高山, 廣川, 大藪也, 故能生是良材. 『國語』「周語下」)

63 "교묘한 참소를 믿고 忠良한 이를 버리면, 제후는 어떡하시렵니까?[여기서 충량은 참소와 대비된다]"(信讒慝而棄忠良, 若諸侯何. 『左傳』「成公十六年」); "충량한 이에게 주면, 이보다 길한 것이 무엇이겠습니까?"(能與忠良, 吉孰大焉. 『左傳』「成公十七年」)

64 "친척을 아끼고, 현량한 이를 드러내고, 귀하고 총애할 만한 이를 존중하고, 공로 있는 이를 상주고, 노인을 섬기고, 손님들을 예우하고, 옛친구와 사귀었다."(愛親戚, 明賢良, 尊貴寵, 賞功勞, 事耈老, 禮賓旅, 友故舊. 『國語』「晉語四」); "장차 선하게 될 바탕이 있는 사람은 현량

한 이가 도우면 잘될 수 있다. 바탕이 좋지 않은 경우는 가르침이 가해져도 어찌 그를 좋게 만들리오![여기서 良은 바탕을 넘어 이미 어느 정도 성취가 있는 이]"(質將善, 而賢良贊之, 則濟可俟. 若有違質, 教將不入, 其何善之爲. 『國語』「晉語四」); "사방의 현량한 이를 등용하다."(用四方之賢良. 『國語』「晉語四」); "현량한 이를 선발하다."(選賢良. 『國語』「晉語七」); "현량한 이를 구하여 돕다."(求賢良以翼之. 『國語』「楚語上」); "오왕이 현량한 이들을 통솔하다."(吳王帥其賢良. 『國語』「越語下」)

65 趙簡子曰, 吾願得范, 中行之良臣. 史黯侍, 曰, 將焉用之. 簡子曰, 良臣, 人之所願也, 又何問焉. 對曰, 臣以爲不良故也. 夫事君者諫過而賞善, 薦可而替否, 獻能而進賢, 擇材而薦之, 朝夕誦善敗而納之. 道之以文, 行之以順, 勤之以力, 致之以死. 聽則進, 否則退. 今范, 中行氏之臣不能匡相其君, 使至於難; 君出在外, 又不能定而棄之, 則何良之爲. 若弗棄, 則主焉得之. 夫二子之良, 將勤營其君, 使復立於外, 死而後止, 何日以來. 若來, 乃非良臣也. (『國語』「晉語九」)

66 그 밖의 용례로는 다음과 같은 것들이 있다. "司臣을 良하다고 여겨 도망치게 해주다[良을 동사로 쓴 경우]"(良司臣而逸之. 『左傳』「襄公十五年」); "나는 없어져 미칠 수 없을 겁니다."(吾身泯焉, 弗良及也. 『左傳』「昭公十八年」) 여기서 다음과 같은 설명을 참조할 수 있다. 安柔不苛, 謂之良. (賈誼, 『新書』「道術」)

67 윤재근은 "夫子溫良恭儉讓以得之"를 풀이하여, "임금은 백성에게 온유溫柔해야 한다. … 임금은 백성에게 더없이 선량善良해야 한다. … 임금은 선善으로 충만하고 사악邪惡함이 없는 마음가짐(敬)을 받들어야 한다. … 임금은 낭비와 사치를 피하고 소박素樸해야 한다. … 임금은 내가 아니면 안 된다고 오만傲慢해선 안 된다. 이것이 다섯째 덕목인 양讓이다. 노자의 말로는 불감위선不敢爲先이 곧 양讓이다"라고 말한다. 즉, 이 오덕을 신하로서 공자의 덕이 아니라 군주의 덕으로 해석한다. 이 역시 오류이다. 윤재근, 2004, 91~92쪽 참조.

68 去奢從約謂之儉. (『十三經注疏』「論語注疏」'學而')

69 儉, 節制也. (『論語集註』「學而」); 서산 진씨는 節과 制를 각기 다음과 같이 풀이한다. "서산 진씨가 말하였다. '절'이란 스스로 그러한 경계이고, '제'란 애써 자른 경계이다.'"(西山眞氏曰, 節者, 自然之界限; 制者, 用力而裁制. 『論語集註大全』「學而」)

70 朱子曰, 儉非止儉約, 只是不放肆常收斂之意. (『論語集註大全』「學而」)

71 儉其制用也. (『論語徵』「學而」)

72 禮, 與其奢也, 寧儉. (『論語』3.4)

73 或曰, 管仲儉乎. 曰, 管氏有三歸, 官事不攝, 焉得儉. (『論語』3.22)

74 子曰, 奢則不孫, 儉則固. 與其不孫也, 寧固. (『論語』7.36)

75 子曰, 麻冕, 禮也. 今也純, 儉, 吾從衆. 拜下, 禮也. 今拜乎上, 泰也, 雖違衆, 吾從下. (『論語』9.3)

76 先人後己謂之讓. (『十三經注疏』「論語注疏」'學而')

77 讓, 謙遜也. (『論語集註』「學而」)

78 西山眞氏曰, 謙, 謂不矜己之善; 遜, 謂推善以歸人. (『論語集註大全』「學而」)

79 讓其接人之際也. 豈可謂之威義乎哉. (『論語徵』「學而」)

80 讓, 禮之主也. (『左傳』「襄公十三年」)

81 讓文之材也. (『國語』「周語下」)

82 讓, 推賢也. (『國語』「晉語四」)

83 允恭克讓. (『書經』「堯典」)

84 推賢尙善曰讓. (『十三經注疏』「尙書正義」'堯典')

85 子曰, 能以禮讓爲國乎, 何有. 不能以禮讓爲國, 如禮何. (『論語』 4.13)

86 주나라 선조인 고공단보古公亶父의 맏아들이다. 『사기』 「주周본기」에 따르면, 고공단보가 셋째 아들이 어질다고 판단하여 왕위를 셋째 아들에게 주려 하자, 태백은 일부러 다른 나라로 도망하여 셋째 아들이 자연스럽게 왕위를 계승하도록 했다.

87 子曰, 泰伯其可謂至德也已矣. 三以天下讓, 民無得而稱焉. (『論語』 8.1)

88 子溫而厲, 威而不猛, 恭而安. (『論語』 7.38)

89 朱子曰, 此子貢擧夫子可親之一節耳, 若論全體, 須如子溫而厲, 威而不猛, 恭而安. (『論語集註大全』「學而」)

90 雲峯胡氏曰, 溫而厲, 威而不猛, 恭而安, 此夫子中和氣象也. 子貢言溫而不言厲, 言恭而不言安, 言良儉讓, 則見不猛而不見所謂威, 皆未足以盡盛德之形容. 不過以其得聞國政, 姑以其光輝接物者言爾. (『論語集註大全』「學而」)

91 朱子曰, 此五者, 皆謹厚謙退, 不自聖賢底意, 故人皆親信, 樂告之. (『論語集註大全』「學而」)

92 子曰, 誦詩三百, 授之以政, 不達, 使於四方, 不能專對, 雖多, 亦奚以爲. (『論語』 13.5)

93 子夏爲莒父宰, 問政. 子曰, 無欲速, 無見小利. 欲速則不達, 見小利則大事不成. (『論語』 13.17)

94 子張問, 士何如斯可謂之達矣. 子曰, 何哉, 爾所謂達者. 子張對曰, 在邦必聞, 在家必聞. 子曰, 是聞也, 非達也. 夫達也者, 質直而好義, 察言而觀色, 慮以下人. 在邦必達, 在家必達. 夫聞也者. 色取仁而行違, 居之不疑. 在邦必聞, 在家必聞. (『論語』 12.20)

95 鄭曰, 言夫子行此五德而得之, 與人求之異, 明人君自與之. (『十三經注疏』「論語注疏」'學而')

96 此章明夫子由其有德與聞國政之事. (『十三經注疏』「論語注疏」'學而')

97 신창호, 2014, 87쪽.

98 신정근, 2009, 63쪽.

99 황희경, 2000, 37쪽

100 "[세주] 朱子曰, 此五者, 皆謹厚謙退, 不自聖賢底意, 故人, 皆親信樂告之. 最要看此五字, 是如何氣象, 體之於我, 則見得聖人有不求人, 而人自來問底意. 今人, 却無非是求, 學者, 且去理會不求底道理, 方好. 주자가 말했다. 이 다섯 가지는 모두 삼가고 두텁고 겸양해 스스로 성현을 자부하지 않는다는 뜻이니, 그런 까닭에 사람들이 모두 친하여 믿고 즐겨 알려주게 된

다. 이 다섯 글자가 어떤 기상인지를 아는 것이 가장 중요하니, 이를 내게 체현하면 성인께서 남에게 구하지 않으셔도 남들이 스스로 와서 묻게 된다는 (말의) 의미를 알 수 있게 된다. 요즈음 사람들은 오히려 구하지 않는 경우가 없으니, 배우는 자는 또한 구하지 않는 도리를 이해해나가는 것이 좋을 것이다." 김동인·지정민·여영기, 2009, 100쪽.

101 見得聖人有不求人而人自來問底意. (『論語集註大全』「學而」)

102 子曰, 爲政以德, 譬如北辰居其所而衆星共之. (『論語』 2.1)

103 子曰, 無爲而治者, 其舜也與. 夫何爲哉. 恭己正南面而已矣. (『論語』 15.5)

104 曰, 以書, 傳考之, 舜之爲治, 朝覲, 巡狩, 封山, 濬川, 擧元凱, 誅四凶, 非無事也, 此其曰無爲而治者, 何耶. 曰, 卽書而考之, 則舜之所以爲治之迹, 皆在攝政二十八載之間, 及其踐天子位, 則書之所載, 不過命九官十二牧而已, 其後無他事也. 雖書之所記, 簡古稀濶, 然亦足以見當時之無事也. (『朱子全書』「四書或問」)

105 子謂子産, 有君子之道四焉. 其行己也恭, 其事上也敬, 其養民也惠, 其使民也義. (『論語』 5.16)

106 周公謂魯公曰, 君子不施其親, 不使大臣怨乎不以. 故舊無大故, 則不棄也. 無求備於一人. (『論語』 18.10)

107 박종연, 2006, 36쪽. "자금子禽: 진항陳亢, 자는 자금子禽으로, 「자장」편의 기록을 볼 때, 아마도 공자의 학생은 아닌 것 같다. 『사기』「중니제자열전」에도 이 사람은 빠져 있다. 정현 주석의 『논어』와 「단궁檀弓」에는 그를 공자의 학생이라고 했으나, 그 근거가 분명치 않다. 장용臧庸의 『배경일기拜經日記』에서는 자금이 바로 「중니제자열전」에 나오는 원항금原亢禽이라고 했지만, 간조량簡朝亮의 『논어집주보소論語集注補疏』에서는 이러한 주장에 대해 반박한 것이 있다."

108 陳子禽謂子貢曰, 子爲恭也, 仲尼豈賢於子乎. 子貢曰, 君子一言以爲知, 一言以爲不知, 言不可不愼也. 夫子之不可及也, 猶天之不可階而升也. 夫子之得邦家者, 所謂立之斯立, 道之斯行, 綏之斯來, 動之斯和. 其生也榮, 其死也哀, 如之何其可及也. (『論語』 19.25)

109 子贛既學於仲尼, 退而仕於衛, 廢著鬻財於曹魯之閒, 七十子之徒, 賜最爲饒益. 原憲不厭糟糠, 匿於窮巷. 子貢結駟連騎, 束帛之幣以聘享諸侯, 所至, 國君無不分庭與之抗禮. 夫使孔子名布揚於天下者, 子貢先後之也. 此所謂得埶而益彰者乎. (司馬遷, 『史記』「貨殖列傳」)

110 사마천의 이런 입장은 다른 데서도 드러난다. 『사기』「공자세가」에는 염유가 계씨의 장수로서 공을 세운 뒤 공자를 계씨에게 천거했다는 기록이 나온다. 이 경우 역시 공자는 제자의 힘을 빌려 정치적 기회를 얻은 셈이 된다. 이에 대한 비판은 최술 지음, 이재하 외 옮김, 2009, 『수사고신록』, 한길사, 367~368쪽 참조.

111 且謂孔子之道之顯爲子貢先後之, 可也; 謂子貢以富故能顯之, 豈聖人之道亦必籍有財而後能行於世乎. 此乃司馬氏憤激之言; 後人不察, 遂以子貢爲若商賈者然, 謬矣. 故不可以不辨. (崔述, 『洙泗考信餘錄』) 최술 지음, 이재하 옮김, 2009, 『수사고신여록』, 한길사, 139쪽 참조.

112 故子貢一出, 存魯, 亂齊, 破吳, 彊晉而霸越. 子貢一使, 使勢相破, 十年之中, 五國各有變. 子貢好廢擧, 與時轉貨貲. 喜揚人之美, 不能匿人之過. 常相魯衛, 家累千金, 卒終于齊. (『史記』「仲尼弟子列傳」)

113 衛公孫朝問於子貢曰, 仲尼焉學. 子貢曰, 文武之道, 未墜於地, 在人. 賢者識其大者, 不賢者識其小者, 莫不有文武之道焉. 夫子焉不學, 而亦何常師之有. (『論語』 19.22)

114 이렇게 자공의 역할을 적극적으로 긍정할 경우, 1.10에 나오는 "抑與之與"의 숨겨진 주어를 자공이라고 볼 수도 있다.

4부 — 정치적 덕성

14. 효는 정치적이다

1 이들은 其가 아버지라고 명시하거나, 존대어를 통해 其가 지칭하는 바가 아버지임을 명백히 한 경우이다. 구체적인 예는 다음과 같다. 금장태, 2013, 『우리말 사서』, 지식과교양, 13쪽; 김도련, 2015, 『주주금석 논어 상』, 웅진지식하우스, 50쪽; 김용옥, 2008, 『논어한글역주 1』, 통나무, 364쪽; 김원중, 2017, 『논어(개정판)』, 휴머니스트, 48쪽; 김학주, 2017, 『논어(개정4판)』, 서울대학교출판문화원, 121쪽; 신창호, 2014, 『한글 논어』, 판미동, 87쪽; 윤재근, 2004, 『(사람인가를 묻는) 논어 1』, 동학사, 93쪽; 이강재, 2006, 『논어』, 살림, 106쪽; 이동희, 2008, 『논어』, 계명대학교출판부, 134쪽; 이우재, 2013, 『이우재의 논어 읽기』, 21세기북스, 66쪽; 이을호, 2015, 『한글 논어』, 한국학술정보, 25쪽; 임옥균, 2015, 『논어 정독』, 삼양미디어, 58쪽; 장기근, 2009, 『개정신석 논어집주』, 명문당, 42쪽; 조명화, 2017, 『논어역평 1』, 현암사, 174쪽; 최근덕, 2004, 『한글 논어』, 성균관, 23쪽; 한필훈, 2012, 『논어』, 안티쿠스, 40쪽; 동양고전연구회, 2016, 『논어』, 민음사, 30~31쪽.

2 其가 아들을 지칭한다고 본 경우는 다음과 같다. 강동석, 2016, 『논어역보』, 한국학술정보, 20쪽; 김동인·지정민·여영기, 2009, 『세주 완역 논어집주대전 1』, 한울아카데미, 103쪽; 김영호, 2012, 『논어: 공자와의 대화』, 산지니, 67쪽; 김형찬, 2015, 『논어(신개정판)』, 홍익출판사, 34쪽; 박삼수, 2014, 『쉽고 바르게 읽는 논어』, 지혜의바다, 31쪽; 박종연, 2006, 『논어』, 을유문화사, 38쪽; 배병삼, 2002, 『한글세대가 본 논어 1』, 문학동네, 49쪽; 부남철, 2010, 『논어정독』, 푸른역사, 44쪽; 성백효, 2010, 『현토완역 논어집주(개정증보판)』, 전통문화연구회, 43쪽; 신정근, 2009, 『공자씨의 유쾌한 논어』, 사계절, 63쪽; 이상임, 2004, 『논어』, 경희대학교출판국, 72쪽; 이한우, 2012, 『논어로 논어를 풀다』, 해냄, 69쪽; 임동석, 2009, 『논어 1』, 동서문화사, 102쪽; 정태현·이성민, 2012, 『역주 논어주소 1』, 전통문화연구회, 95쪽; 최영갑, 2009, 『논어 1』, 펭귄클래식 코리아, 38쪽; 홍승직, 2016, 『처음 읽는 논어』, 행성B, 23쪽; 황희경, 2000, 『논어』, 시공사, 37~38쪽; 양차오밍 지음, 이윤화 옮김, 2016, 『논어전해』, 학고방, 17쪽.

3 이들은 其를 그냥 "그"라고 하여, 그 말이 아들을 지칭하는지 아버지를 지칭하는지 명백히 하지 않았다. 그런 예는 다음과 같다. 류종목, 2000, 『논어의 문법적 이해』, 문학과지성사, 33쪽; 박유리, 2013, 『논어상해: 논어 깊게 읽기』, 문사철, 33쪽(번역은 모호한 반면에 해설에서는 其가 자식을 지칭한다고 밝힘); 박헌순, 2008, 『논어집주 1』, 한길사, 59쪽; 심경호, 2013, 『논어 1』, 민음사, 40쪽(번역은 모호하지만 해설에서는 其가 자식을 지칭한다고 밝힘); 유교문화연구소, 2005, 『논어』, 성균관대학교출판부, 17쪽(번역은 모호하지만 해설에서는 其가 자식을 지칭한다고 밝힘); 이기동, 2013, 『논어강설』, 성균관대학교출판부, 79쪽(번역은 모호하지만 해설에서는 其가 자식을 지칭한다고 밝힘); 이기석·한백우, 1983, 『논어』, 홍신문화사, 20쪽; 이지형, 2010, 『역주 논어고금주 1』, 사암, 119쪽; 차주환, 2015, 『공자의 인생 수업, 논어』, 을유문화사, 26쪽(번역은 모호하지만 해설에서는 其가 아버지를 지칭하는 것으로 보는 듯함).

4 "부지도父之道: 아버지의 정치적 법령法令."(이을호, 2015, 25쪽); "父在觀其志부재관기지: 부친이 살아 계시면, 자식은 부친의 의향을 살피고 뜻에 맞게 행동해야 한다. 父沒觀其行부몰관기행: 부친이 이미 돌아가셨으면, 부친 생존 시의 행적을 살피고 본으로 삼는다."(장기근, 2009, 42쪽); "기其: 부친을 가리키는 것이 아니라 자식을 가리키는 말이다."(박종연, 2006, 38쪽); "기其: 아버지의 자식을 가리킨다."(양차오밍, 2016, 17쪽); "其는 '그의 아들'. 아버지가 살아 계신 경우, 그 아들 된 자가 어떤 일을 지향할 때, 먼저 그 아버지를 염두에 두는지 살펴보아야 한다는 뜻이다."(임동석, 2009, 103쪽)

5 예컨대 김원중은 "원문의 '기其'를 번역한 것인데 뒤의 '기其'도 모두 '아버지'를 가리킨다고 보아야 한다. 양보쥔은 둘 다 '자식'을 가리킨다고 보았는데 설득력이 부족하다"(김원중, 2017, 48쪽)고 말한다. 그러나 어떤 점에서 其가 자식을 가리킨다고 보는 해석이 설득력이 부족한 것인지 설명하지 않기 때문에, 어떤 근거로 그 해석을 기각하는지 알 수 없다. 강동석의 경우는 "'기其' 자가 전후에 두 번 나오는데 모두 자식을 가리킨다. 혹 전자는 부모를, 후자는 자식을 가리키는 것으로 보기도 하니 참고로 적어둔다"(강동석, 2016, 20쪽)고 말한다. 참고로 적어둘 뿐, 자신은 어떤 근거로 其가 자식을 가리키는 것으로 해석하는지 밝히지는 않는다. 이한우 역시 其가 아들을 지칭한다고 보는 전통적 해석과 其가 아버지를 지칭한다고 보는 미야자키 이치사다宮崎市定(1901~1995)의 해석을 대별한 뒤, "물론 두 가지 해석 중 하나는 맞고 하나는 틀리는 양자택일의 문제는 아니다"라고 말하며 "우리는 주희의 전통적 해석을 채택한다"고 정리한다(이한우, 2012, 70~71쪽). 其가 아버지를 지칭한다고 보는 해석은 미야자키 이치사다 이전으로 소급되는 제법 오랜 입장으로서, 이한우가 다룬 것보다 좀 더 자세한 논의를 필요로 한다.

6 孔曰, 父在, 子不得自專, 故觀其志而已. 父沒, 乃觀其行也. (何晏, 『論語注疏』「學而」)

7 父在, 子不得自專, 而志則可知. 父沒, 然後其行可見. 故觀此足以知其人之善惡. 然又必能三年無改於父之道, 乃見其孝, 不然, 則所行雖善, 亦不得爲孝矣. (朱熹, 『論語集註』「學而」)

8 "기지其志, 기행其行은 아버지의 뜻, 아버지의 행적이다. 아버지가 살아 계실 때에는 아버지

의 뜻을 살펴 받들고, 아버지가 돌아가신 후에는 그 행적을 살펴 받든다. 아버지가 죽은 후 삼 년 동안 아비가 하던 바를 바꾸지 말아야 효자라고 할 수 있을 것이다. 청의 전대흔錢大昕(1728~1804)이 『잠연당문집潛研堂文集』에서 밝힌 주장에 의거했다(『논어집석』에서 재인용).” 이우재, 2013, 66쪽.

9 “그래서 범조우范祖禹의 ‘아들은 아버지께서 살아 계실 때는 아버지의 뜻을 살펴 그것을 순순히 따르고, 아버지께서 돌아가시면 아버지의 행실을 살펴 그것을 계속 이어나간다(人子於父在時, 觀父之志而承順之, 父沒, 則觀父之行而繼述之)’라는 설을 따라 ‘아버지의 뜻’으로 보았다. 이는 『중용』에서 ‘孝효라는 것은 사람의 뜻을 잘 이어받고, 사람의 일을 잘 이어가는 것이다(夫孝者, 善繼人之志, 善述人之事者也)’라고 한 것과 상통한다.” 김도련, 2015, 52쪽.

10 김도련, 2015, 52쪽.

11 임옥균, 2015, 『논어 정독』, 삼양미디어, 59쪽.

12 그 밖에 조명화가 其가 아들이 아니라 아버지를 지칭하는 것으로 해석해야 할 근거를 자세히 논했다. “其기: 공안국·하안·주희는 ‘아들’로 보고서, ‘아버지가 살아 계실 때는 아들이 제멋대로 행동할 수는 없으므로 아들의 뜻이 어떠한지를 관찰하고, 아버지가 죽고 난 다음에는 아들이 어떻게 행동하는지를 관찰하라’라고 새긴다. 그러나 다음 이유 때문에 동의하지 않는다. 첫째, ‘可謂孝矣’는 이 장의 중심어로서 ‘三年無改於父之道’만 받지 않고 앞 문장 전체를 받는다. 앞 두 구절이 공자의 말이 아닌 인용된 고어라 하더라도 공자는 ‘可謂孝矣’를 통해 하나의 문장으로 녹여서 사용했다. 그렇다면 ‘아버님 살아생전에는 늘 아버님의 뜻을 살피고, 아버님 돌아가시면 유사한 상황에서 아버님께서 취하셨던 행동을 잘 기억하라고 했듯이, 적어도 3년 정도는 아버님의 방식을 이어야 효성스럽다고 할 수 있다’라고 새기면 된다. 둘째, 한 문장에서 뒤에 나오는 대명사 其는 반드시 앞에 나왔던 명사를 대신한다. 앞 문장에 표현되지 않은 다른 명사를 가리킬 수는 없다. 其는 앞에 나온 父를 가리키는 지시대명사로 보는 것이 순리이다. 셋째, 어떤 사람이 효성스러운지 아닌지를 확인하는 일이 엄청난 대사라면 그 사람의 아버지가 돌아가시기 전부터 돌아가신 뒤 3년 남짓이나 그 사람 행실을 면밀히 관찰한 다음 판정을 내리는 것이 합당하겠지만, 일상적으로는 불가능하다. 아무리 효를 강조한다 하더라도 아들이 효성스러운지의 여부를 3년 이상 관찰한 다음에나 판단할 수 있다고 말했을 리는 없다. 중국 고문이 문언문이기는 하지만 문장을 일부러 비틀거나 꼬지는 않는다. 특별한 사유가 없는 한 문장은 순조롭게 읽어야 한다. 범조우范祖禹(1041~1098), 전대흔錢大昕(1728~1804), 장식張栻(1133~1180), 정수덕程樹德(1877~1944) 등도 이와 비슷한 문제점을 지적한 바 있다.” 조명화, 2017, 175~176쪽. 첫 번째 근거로 든 문장 구조의 문제는 다음 절에서 논한다. 두 번째 근거로 든 “대명사 其는 반드시 앞에 나왔던 명사를 대신한다”는 문법은, 『논어』에 대화의 편린이 수록된 경우가 많기에 적용하기 어렵다. 실제로 이루어진 대화에서 발화자들은 (바로 앞의 대상을 지칭하지 않을 때도) 대명사가 무엇이었는지 이해하고 있었을 수 있다. 세 번째 근거에 대해서는 “지인”의 문제를 다룰 때 논한다.

13 雷慶翼, 2000(5), 「《論語》"三年無改於父之道" 辨析」, 『衡陽師範學院學報』.

14 오규 소라이는 『논어징』에서 "여기에서 위의 두 구절은 대체로 옛날 말이고, 아래의 두 구절은 공자가 그 뜻을 보충하기 위해 한 말이다"(此上二句蓋古語, 下二句孔子補其意)라고 말했다. 다시 말해 "父在觀其志, 父沒觀其行"은 전해오던 말이고, 거기에 대해서 공자가 "三年無改於父之道, 可謂孝矣"라고 코멘트를 했다는 주장이다. 고려해볼 만한 가설이기는 하지만, 이 주장을 뒷받침할 만한 전거를 오규 소라이가 제시한 적도 없고, 현전하는 중국 고대 문헌에 "父在觀其志, 父沒觀其行"이라는 말은 나오지 않는다.

15 志를 지향성으로 볼 것이냐, 마음 상태로 볼 것이냐의 문제가 있다. 일찍이 『논어집주대전』에서는 "志者, 志趣. 其心之所趣者, 是也. 行者, 行實. 行其志而有成也"('지'란 뜻이 향하는 바를 가리키니, 마음이 지향하는 바가 바로 그것이다. '행'이란 행실을 가리키니 그 뜻을 행하여 이룬 것이다)라고 했다. 김용옥 역시 유사한 취지에서 다음과 같이 말한다. "'지志'는 요새말로 지향성intentionality이다. 그것은 살아 있는 인간의 생동하는 마음의 지향성이다." 김용옥, 2008, 365쪽. 그런데 이 사안에 대해서는 현대의 학자 레이칭이가 구체적인 연구를 수행했다. 그의 해석에 따르면, 1.11에서 "志"란 "志向"을 뜻한다기보다는 "心意(마음)"를 뜻한다. 그렇게 볼 경우 1.11은 아버지가 살아 계실 때 그가 부모에 대해 갖고 있는 마음이 어떠한가를 살펴보라는 말이 된다. 雷慶翼, 2000(5).

16 子曰, 今之孝者, 是謂能養. 至於犬馬, 皆能有養. 不敬, 何以別乎. (『論語』 2.7)

17 사람들은 아버지 사후에 아버지의 유산을 잃는 것보다 더 빨리 아버지의 죽음을 잊는다고 마키아벨리가 『군주론』 17장에서 말한 것을 보면, 이런 문제의식은 꽤나 일반적인 듯하다. Niccolo Machiavelli, *The Prince*, edited by Quentin Skinner and R. Price(Cambridge, 2019), p. 58.

18 禮, 與其奢也, 寧儉. 喪, 與其易也, 寧戚. (『論語』 3.4)

19 子游曰, 喪致乎哀而止. (『論語』 19.14)

20 夫君子之居喪, 食旨不甘, 聞樂不樂, 居處不安, 故不爲也. (『論語』 17.21)

21 李春琪·關立新, 「《論語》同義詞辨析」, 『產業與科技論壇』, 2017(2), pp. 186~187. 望之儼然. (『論語』 19.9); 君子正其衣冠, 尊其瞻視 (『論語』 20.2); 觀過, 斯知仁矣. (『論語』 4.7); 察言而觀色, 慮以下人 (『論語』 12.20); 視其所以, 觀其所由 (『論語』 2.10); 譬之宮牆, 賜之牆也及肩, 窺見室家之好 (『論語』 19.23); 仰之彌高, 鑽之彌堅, 瞻之在前. (『論語』 9.11)

22 『설문해자』에서는 瞻을 '臨視'(가까이 보다)라고 풀이하는 반면, 『설문해자주』에서는 '앞 또는 위를 향하여 보는 것'이라고 풀이한다. 즉, 리춘치李春琪와 관리신關立新의 주장과는 달리 瞻의 의미는 달려져온 것으로 보인다.

23 始吾於人也, 聽其言而信其行, 今吾於人也, 聽其言而觀其行. (『論語』 5.10)

24 居上不寬, 爲禮不敬, 臨喪不哀, 吾何以觀之哉. (『論語』 3.26)

25 察言而觀色. (『論語』 12.20)

26 雖小道, 必有可觀者焉. (『論語』 19.4)

27 孔子南游, 過阿谷之隧, 見處子佩璜而浣. 孔子謂子貢曰, 彼浣者其可與言乎. 抽觴以授子貢曰, 爲之辭以觀其志. (『列女傳』「阿谷處女」)

28 方與之言, 以觀其志. (『大戴禮記』「文王官人」) 이 표현은 『일주서逸周書』 「관인해官人解」에도 나온다. 흔히 위서로 취급되어온 이 문헌에서는 관료를 알아본다는 맥락에서 사용된 "觀"이 다수 나온다.

29 仁者可以觀其愛焉. 知者可以觀其理焉. 強者可以觀其志焉. (『禮記』「喪服四制」)

30 聞其聲而知其風, 察其風而知其志, 觀其志而知其德. 盛衰賢不肖君子小人皆形於樂, 不可隱匿, 故曰樂之爲觀也深矣. (『呂氏春秋』「季夏紀」'音初')

31 觀其行, 順天之意, 謂之善意行, 反天之意, 謂之不善意行. (『墨子』「天志中」)

32 明主聽其言必責其用, 觀其行必求其功, 然則虛舊之學不談, 矜誣之行不飾矣. (『韓非子』「六反」)

33 不觀其事而觀其志, 可謂能觀人矣. (『呂氏春秋』「恃君覽」'觀表')

34 仲元, 世之師也. 見其貌者, 肅如也, 聞其言者, 愀如也, 觀其行者, 穆如也. (『法言』「淵騫」)

35 "父之道부지도: 아버지의 방식." 조명화, 2017, 176쪽; "父之道부지도: 아버지의 도, 아버지가 생전에 일을 처리하던 방법이나 원칙." 김학주, 2017, 122쪽; "父之道부지도: 아버지가 일하던 방식. 정약용은 '도'를 정령政令을 시행하던 방식이라고 본다." 동양고전연구회, 2016, 32쪽; "父之道부지도: 아버지의 도. 아버지께서 일을 처리하시던 원칙, 취지, 방법 등." 김형찬, 2015, 230쪽.

36 "道: 여기에서는 평소에 생활 신조로 지키던 것." 최근덕, 2004, 24쪽.

37 "父之道: 다산은 '政令정령과 그것을 펴서 시행하는 것'이라고 했다." 김도련, 2015, 52쪽. 정약용의 관련 주석은 다음과 같다. 補曰, 道, 謂政令施措. (丁若鏞, 『論語古今註』「學而」)

38 朱子曰 … 道, 猶事也. 言道者, 尊父之辭. (胡廣, 『論語集註大全』「學而」)

39 曰志曰行, 皆以善而言. 道者, 指其良法而言. 父在則唯觀其志于善而已, 父没然後其行之善可觀也. 所志所行既善, 則可謂孝矣. (伊藤仁齋, 『論語古義』「學而」)

40 尹氏曰, 如其道, 雖終身無改可也, 如其非道, 何待三年. 然則三年無改者, 孝子之心, 有所不忍故也. 游氏曰, 三年無改. 亦謂在所當改, 而可以未改者耳. (朱熹, 『論語集註』「學而」)

41 朱子曰 … 雖在所當改, 但遽改之, 則有死其親之心, 有揚親之過之意. 須三年後徐改之, 便不覺. 若大故不好底事, 則不在此限矣. 其不可改者, 則終身不改, 固不待言. 其不可以待三年者, 則又非常之變, 亦不可以預言. 善讀者, 推類而求之, 或終身不改, 或三年而改, 或甚不得已, 則不待三年而改, 顧其所遇之如何. 但不忍之心, 則不可無耳. 存得不忍之心, 則雖或不得已而改, 亦不害其爲孝. 尹氏說得孝子之心, 未說得事. 游氏, 則於事理上說得聖人語意出. (『論語集註大全』「學而」)

42 道者, 指其良法而言. (『論語古義』「學而」)

43 故盜跖之徒問於跖曰, 盜亦有道乎. 跖曰, 何適而無有道邪. 夫妄意室中之藏, 聖也, 入先,勇也, 出後, 義也, 知可否, 知也, 分均, 仁也. 五者不備而能成大盜者, 天下未之有也. (『莊子』「胠篋」)

44 子游曰, 禮有微情者, 有以故興物者, 有直情而徑行者. 戎狄之道也. 禮道則不然. (『禮記』「檀弓下」)

45 道二, 仁與不仁而已矣. (『孟子』「離婁上」)

46 仁齋先生解, 道者, 指其良法而言. 如盜之道, 戎狄之道, 道二, 仁與不仁, 豈必皆善乎. 蓋道謂所由也. 雖非先王之道, 人人亦各有自以爲道者, 是其心自以爲善而由之. 故皆謂之道. 又有守詩書一言片句以終身者, 其所爲雖有所窒碍, 亦謂之道. (荻生徂徠, 『論語徵』「學而」)

47 父在, 子不得自專, 而志則可知. 父沒, 然後其行可見. 故觀此足以知其人之善惡. 然又必能三年無改於父之道, 乃見其孝, 不然, 則所行雖善, 亦不得爲孝矣. (『論語集註』「學而」)

48 且爲人之父者, 難保其必皆善如何. 曰人之父, 固有良有不良. 其不良者, 蓋置而不論. 夫子特就其良者而言之. 凡中人以上, 各隨其人, 而不能無良法. 故爲之子者, 雖微善不可以不奉行焉, 三年無改者, 謂永久守之, 非謂三年之後, 便可改之也. 其以三年言者, 蓋以過三年而後, 卽己之道, 不可謂父之道也. (『論語古義』「學而」)

49 南軒張氏曰, 若悖理亂常之事, 孝子其敢須臾以寧. 不曰孝子, 成父之美, 不成父之惡乎. 曰父之道, 則固非悖理亂常之事也. (『論語集註大全』「學而」)

50 楊伯峻, 1980, 『論語譯注』, 北京: 中華書局, p. 7.

51 한국의 번역자 중에서도 이와 유사한 입장을 취하는 이들이 많다. 예컨대 박종연은 이렇게 말한다. "도道: 어떤 때에는 일반적인 뜻의 명사로서, 좋고 나쁨이나 선악을 막론하고 모두를 도라고 한다. 그러나 적극적인 의미의 명사로, 좋다는 의미나 선하다는 의미를 나타내는 것으로 더 많이 사용되었다. 여기에서는 후자의 경우로 보아, '합리적인 부분'이라고 번역했다." 박종연, 2006, 38쪽.

52 雷慶翼, 2000(5), p. 72. 이하의 논의도 이 논문에 근거한다.

53 子曰, 事父母幾諫, 見志不從, 又敬不違, 勞而不怨. (『論語』 4.18)

54 曾子曰 … 敢問子從父之令可謂孝乎. 子曰, 是何言與, 是何言與. 昔者天子有爭臣七人, 雖無道不失其天下. 諸侯有爭臣五人, 雖無道不失其國. 大夫有爭臣三人, 雖無道不失其家. 士有爭友, 則身不離於令名. 父有爭子, 則身不陷於不義. 故當不義, 則子不可以不爭於父, 臣不可以不爭於君. 故當不義, 則爭之, 從父之令又焉得爲孝乎. (『孝經』「諫諍」)

55 曾子曰, 吾聞諸夫子. 孟莊子之孝也, 其他可能也. 其不改父之臣與父之政, 是難能也. (『論語』 19.18)

56 雷慶翼, 2000(5).

57 류종목, 2000, 32~33쪽.

58 雷慶翼, 2000(5).

59 宰我問, 三年之喪, 期已久矣. 君子三年不爲禮, 禮必壞, 三年不爲樂, 樂必崩. 舊穀旣沒, 新穀既升, 鑽燧改火, 期可已矣. 子曰, 食夫稻, 衣夫錦, 於女安乎. 曰, 安. 女安, 則爲之. 夫君子之居喪, 食旨不甘, 聞樂不樂, 居處不安, 故不爲也. 今女安, 則爲之. 宰我出. 子曰, 予之不仁也. 子生三年, 然後免於父母之懷. 夫三年之喪, 天下之通喪也, 予也有三年之愛於其父母乎. (『論語』 17.21)

60 楊伯峻, 1980, p. 180; 박종연, 2006, 38쪽.

61 김학주, 2017, 122쪽.

62 三年無改者, 謂永久守之, 非謂三年之後, 便可改之也. (『論語古義』「學而」)

63 이우재, 2013, 66쪽; 박유리, 2013, 34쪽; 양차오밍, 2016, 17쪽; 윤재근, 2004, 94쪽; 류종목, 2000, 32쪽; 김도련, 2015, 51쪽.

64 황희경, 2000, 38쪽.

65 조명화, 2017, 176쪽. 김용옥도 유사한 취지에서 다음과 같이 말한다. "아버지가 해오던 일들, 주변에 형성된 삶의 방식을 너무 매정하게 하루아침에 바꾸어버린다면 앞의 '신종추원'에서 말한 대로 역사의 단절이 초래되는 것이다. '삼년무개三年無改'란 요새말로 하면 스무드하게 넘어가는 트랜지션smooth transition을 말하는 것이요, 심리적으로도 자연스러운 거리감의 설정이 필요하다는 것이다." 김용옥, 2008, 366쪽.

66 김용옥, 2008, 367쪽.

67 西山眞氏曰, 爲人子者, 當隨所遇而裁之. 自人君而言, 則武繼文志, 則終身無改, 宣承厲之烈, 則不待三年而改. 若可繼, 雖不若文, 而當改. 又不如厲, 則所謂三年無改者也. 三年之間, 惟盡哀慕之誠, 姑泯改爲之迹 , 不亦善乎. (『論語集註大全』「學而」)

68 其在高宗, 時舊勞于外, 爰暨小人. 作其卽位, 乃或亮陰, 三年不言. (『書經』「周書」'無逸')

69 고종은 은나라 왕 무정無丁을 말한다.

70 子張曰, 書云, 高宗諒陰, 三年不言. 何謂也. 子曰, 何必高宗. 古之人皆然. 君薨, 百官總己以聽於冢宰三年. (『論語』 14.40)

71 死葬之以禮, 祭之以禮. (『論語』 2.5)

72 孟懿子問孝. 子曰, 無違. 樊遲御, 子告之曰, 孟孫問孝於我. 我對曰, 無違. 樊遲曰, 何謂也. 子曰, 生, 事之以禮, 死葬之以禮, 祭之以禮. (『論語』 2.5)

73 "이 장은 효도를 논술하며, 유가 윤리 가운데 부모가 행하는 도리를 고치지 않으면서 효행을 생각하는 사상을 표현했다." 양차오밍, 2016, 17쪽; "이 장은 부모와 자녀의 뜻과 일이 같지 않은 사람을 위하여 말한 것이다. 위의 두 구절은 자녀 된 자로서 그 뜻과 행실을 착하게 하고자 함이고, 아래의 두 구절은 자녀 된 자로 효행을 두텁게 하고자 함이다. 삼 년을 고침이 없다 함은 차마 고치지 못하는 마음을 말한다." 유교문화연구소, 2005, 18쪽; "자식의 어버이에 대한 효도를 말한 것이다. 요즈음에는 실행하기 어렵고 유교적인 색채가 짙어 보이지만, 깊이 생각해본다면 부모에 대한 효도가 얼마나 중요한가를 알 수 있을 것이다." 이기석·한백우, 1983, 20쪽; "어떻게 효도할 것인가를 밝히고 있다. 비록 선친先親에게 옳지 않은 면이 있다 해도 3년

상三年喪 기간만은 선친의 명복冥福을 정성껏 빌어야 한다고 암시하고 있다.” 윤재근, 2004, 93쪽; “살아 계실 때는 부모가 원하는 바를 알아차리고 그것을 실천하여 부모 마음을 흡족하게 해드리고, 돌아가신 후에도 어른의 유지를 받드는 것이다.” 신창호, 2014, 88쪽; “아버지의 뜻을 어떻게 따르고, 아버지의 행적을 어떻게 따를 것인가를 얘기하고 있다.” 김도련, 2015, 51쪽; “효도의 방법으로 아버지의 뜻이나 사업을 계승하는 원리를 얘기한 것이다. 아들은 아버지가 살아 계실 적에는 아버지의 뜻을 받들고, 아버지가 돌아가신 다음에는 아버지의 일을 계승해야 한다. 아버지가 하시던 일이 자기 뜻에 맞지 않는다 하더라도 적어도 3년 정도는 아버지의 일을 계승해야 한다는 것이다. 그것은 아버지가 하시던 일의 깨끗한 뒤처리를 위한 말인 듯하다.” 김학주, 2017, 122쪽.

74 上二句, 觀人之大槩. 下句, 就觀其行. 細看其用心之厚薄如何. (『論語集註大全』「學而」)

75 허겸許謙(1269~1337). 원나라의 학자.

76 東陽許氏曰, 此章, 主於觀人. 但上兩句, 觀志行之大分. 三年無改, 又是觀行中之一節. (『論語集註大全』「學而」)

77 이우재, 2013, 66쪽.

78 이한우, 2012, 71쪽.

79 배병삼, 2002, 49~51쪽.

80 本爲大夫而發, 聽於冢宰三年, 非本旨也. 天子諸侯有先君之弊政, 禍天下而危宗廟, 改之, 當如救焚拯溺, 豈敢以孝思因循乎. (『論語古今註』「學而」)

81 善讀者, 推類而求之. 或終身不改, 或三年而改, 或甚不得已, 則不待三年而改, 顧其所遇之如何. 但不忍之心, 則不可無耳. 存得不忍之心, 則雖或不得已而改, 亦不害其爲孝. (『論語集註大全』「學而」)

82 元惡大憝. 矧惟不孝不友. 子弗祗服厥父事, 大傷厥考心, 于父不能字厥子, 乃疾厥子, 于弟弗念天顯, 乃弗克恭厥兄, 兄亦不念鞠子哀, 大不友于弟. 惟弔玆, 不于我政人得罪. (『書經』「周書」‘康誥’)

83 或謂孔子曰, 子奚不爲政. 子曰, 書云, 孝乎, 惟孝, 友于兄弟, 施於有政. 是亦爲政, 奚其爲爲政. (『論語』 2.21)

84 이 시기의 상황에 대해서는 류쩌화 지음, 장현근 옮김, 2019, 『중국정치사상사 1』, 글항아리, 153~156쪽 참조.

85 雖楚有材, 晉實用之. (『左傳』「襄公二十六年」)

86 使能, 國之利也. (『左傳』「文公六年」)

87 其爲人也孝弟, 而好犯上者, 鮮矣. 不好犯上, 而好作亂者, 未之有也. 君子務本. 本立而道生. 孝弟也者, 其爲仁之本與. (『論語』 1.2)

88 羊舌大夫曰, 事君以敬, 事父以孝. 受命不遷爲敬, 敬順所安爲孝. 棄命不敬, 作令不孝, 又何圖焉. (『國語』「晉語」)

89 Keith N. Knapp, 1995, "The Ru reinterpretation of Xiao", *Early China* 20, pp. 195~222.

90 이상의 논의는 김영민, 2021, 「『논어』「자로」 18장의 역사적 해석: 제국 형성기의 동학을 중심으로」, 『유학연구』 57, 109~137쪽에 기초했다.

15. 예의 길항

1 이 장의 내용은 김영민, 2024, 「예의 길항: 『논어』 1.12 재해석」, 『대동문화연구』 제125호, 5~25쪽에 기초하여 발전시킨 것이다.

2 이 구절에서는 대명사 斯의 지칭 대상을 둘러싼 쟁점이 있다. 『십삼경주소』에서는 '예'를 가리킨다고 보았다. "斯는 '이것'의 뜻이다. 先王이 피치자를 다스리던 道는 이 禮를 귀하고 아름답게 여겼다." (斯, 此也, 言先王治民之道, 以此禮貴和美. 『十三經注疏』「論語注疏」'學而') 그리고 『논어집주대전』에서는 예의 조화로움을 가리킨다고 보았다. "신안 진씨가 말하였다. [주희의 『논어집주』에서 斯를 此로 풀었는데] 이 '차'는 본문의 '사' 자에 첨부된 것이다. 예의 조화를 지칭해서 말한 것이다." (新安陳氏曰, 此字 貼斯字, 指禮之和而言. 胡廣, 『論語集註大全』「學而」)

3 이 구절에서 논점은 "小大"와 "之"가 각기 무엇을 가리키느냐는 것이다. 형병과 주희는 小大를 작고 큰 일로 해석한다. 반면에 정약용은 "小大"가 상하 관계를 이루는 여러 신분의 사람을 총칭한다고 해석했다. "小大는 상하를 말하는 것과 같다. 천자, 제후, 대부, 사를 이른 것이다." (小大, 猶言上下, 謂天子諸侯大夫士也. 丁若鏞, 『論語古今註』「學而」) 정약용이 드는 근거는 다음과 같다. "은 왕조는 크고 작음을 막론하고 약탈과 잔인한 짓을 좋아했다." (殷罔不小大 好草竊姦宄. 『書經』「商書」'微子'); "크고 작음을 막론하고 모두 그분을 따라 달려온다." (無小無大 從公于邁. 『詩經』「魯頌」'泮水') 위의 문장들에 "罔不小大"나 "無小無大" 같은 표현이 나오는데, 이는 '지위의 크고 작음을 막론하고'라는 뜻이었다는 것이다. 한편, "小大由之"에서 '之'는 무엇을 가리키는가? 이에 대해 황간黃榦(1152~1221)은 和를, 형병은 禮를, 정약용은 선왕의 도를 가리킨다고 주장했다. 그런데 "小大由之"는 실로 다양하게 해석될 여지가 많은 막연한 표현이어서 어느 한쪽이 더 설득력 있다고 확정할 근거가 없다.

4 유월의 견해에 대해서는 다음을 참조. 樾謹案, 古以, 用二字通, 周易井九三可用汲, 史記屈原傳引作可以汲. 尙書呂刑篇報虐以威論衡譴告篇引作報虐用威詩板篇曰, 勿以爲笑, 荀子大略篇引作勿用爲笑, 竝其證也, 禮之用和爲貴, 與禮記儒行曰, 禮之以和爲貴, 文義正同. 此用字止作以字解, 當以六字爲句. 近解多以體用爲言, 失之矣. (兪樾, 『群經平議』「論語」) 다자이 준의 견해에 대해서는 다음을 참조. 純曰, 儒行云禮之以和爲貴, 正與此同句法, 用字爲句, 非也. (丁若鏞, 『論語古今註』「學而」) 이토 진사이의 견해에 대해서는 다음을 참조. 用, 以也. 禮記作禮之以和爲貴, 是也. 和者, 無乖戾之謂. 蓋禮勝則離, 故行禮必以和爲

貴. (伊藤仁斎, 『論語古義』, 「學而」) 오규 소라이의 견해에 대해서는 다음을 참조. 禮之用和爲貴, 不可中間斷句. 戴記禮之以和爲貴, 用訓以, 古書率然. 仁齋先生引之, 爲是, 祇識字不識句, 猶之朱子哉. 蓋言禮之以和爲貴者, 先王之道, 以禮爲美, 小事大事, 莫不由禮, 而非和不行故也. (荻生徂徠, 『論語徵』, 「學而」)

5 駁曰, 非也. 禮器曰, 禮以多爲貴, 禮以少爲貴, 儒行句法, 與此同也. 豈以是並疑此句乎. (『論語古今註』 「學而」)

6 蓋禮之爲體雖嚴, 然皆出於自然之理. 故其爲用, 必從容而不迫, 乃爲可貴. 先王之道, 此其所以爲美, 而小事大事無不由之也. (朱熹, 『論語集註』 「學而」)

7 蓋體用之說, 起於宋儒, 而聖人之學, 素無其說. (『論語古義』 「學而」)

8 其失乃在不識體用之非古言也. (『論語徵』 「學而」)

9 불교의 영향을 명시한 주석으로는 다음을 참조. 唯佛氏之說, 外倫理綱常, 而專守一心, 而亦不能已於人事之應酬. 故說眞諦說假諦, 自不能不立體用之說. 唐僧華嚴經疏云, 體用一源, 顯微無間. 是也. 其說浸淫乎儒中, 於是理氣體用之說興. 凡仁義禮智, 皆有體有用, 未發爲體, 已發爲用. 遂使聖人之大訓, 支離決裂, 爲有用無體之言. (『論語古義』 「學而」); 是好言其理, 而不知言之失也. 禮先王所作, 道也, 非性亦非德. 漢儒宋儒以爲性, 非也. 仁齋先生, 以爲德亦非也. 天理之節文, 人事之儀則. 宋儒旣以天理人欲立說, 亦能知禮之爲先王所作, 而欲引之於性. 故作是言以彌縫之, 其究猶之佛氏法身徧法界之義耳. 禮之爲體雖嚴, 朱子此言, 非專言性之本體, 亦指先王制禮, 其體本嚴. (『論語徵』 「學而」)

10 雙峯饒氏曰, 有子, 論仁論禮, 皆只說得下面一截 上面一截 須待程子朱子爲發明之. (『論語集註大全』 「學而」)

11 聖人之道, 不過倫理綱常之間, 而各就其事實用工, 而未嘗澄心省慮, 求之于未發之先也. … 且說體用, 則體重而用輕, 體本而用末. 故人皆不得不捨用而趨體. 於是無欲虛靜之說盛, 而孝弟忠信之旨微矣. (『論語古義』 「學而」)

12 體用之說, 雖出釋氏, 吾家未嘗不言用. (『論語古今註』 「學而」)

13 易曰, 曷之用. 二簋可用享. 尙書洪範曰, 敬用五事, 協用五紀. 禮之言用, 豈有謬乎. 禮記燕義曰, 和寧, 禮之用也. 史記外戚世家曰, 禮之用, 唯昏姻爲兢兢. 旣有據矣. 又何疑乎. (『論語古今註』 「學而」)

14 바로 그 점에서 조명화와 김용옥은 주희를 비판한다. 조명화는 그 이유를 들어서 用이 '體用의 用'이 아니라 '以'의 뜻이라고 주장하는 유월과 오규 소라이의 주장이 설득력 있다고 본다. 조명화, 2017, 『논어역평 1』, 현암사, 181쪽; 김용옥, 2008, 『논어한글역주 1』, 통나무, 371쪽 참조.

15 禮之用, 和爲貴. 先王之道, 斯爲美에서 반복적으로 등장하는 爲는 뒤에 목적어가 와서 '…이다'의 뜻을 갖게 되는데, 목적어로는 주로 명사가 오는 경우가 많지만 형용사가 오는 경우도 적지 않다. 고대 중국어에서 그런 문형이 나타나는 문장의 예는 다음과 같은 것들을 들 수 있다. "백성이 귀하고 사직이 그다음이고 군주는 가볍다."(民爲貴, 社稷次之, 君爲輕. 『孟子』

「盡心下」); “어버이를 섬기는 것이 가장 크다.”(事親爲大. 『孟子』「離婁上」); “마을이 仁하면 아름답다.”(里仁爲美. 『論語』「里仁」1) 형용사일 경우에는 사실 爲가 없어도 해당 의미를 가질 수 있다. 즉, 和爲貴 대신에 和貴라고 하거나, 斯爲美 대신에 斯美라고 해도 문법적으로 문제가 없다. 그렇다면 爲가 들어감에 따라 생기는 효과는 무엇일까? 이와 관련해서는 니즈산倪志僩의 연구를 참조할 수 있다. 그는 爲, 乃, 則을 비교하면서, 爲는 현대 중국어의 算是, 乃는 却是, 則은 就是에 해당한다고 주장했다. 즉, 爲는 '간주하다'라는 의미를 띤다. 倪志僩, 1981, 『論孟虛字集釋』, 臺灣商務印書館, p. 383 참조. 이에 관한 류종목의 논의에 대해서는 류종목, 2000, 『논어의 문법적 이해』, 문학과지성사, 33쪽 참조.

16 正義曰, 此章言禮樂爲用相須乃美. 禮之用, 和爲貴者, 和, 謂樂也. 樂主和同, 故謂樂爲和. (『十三經注疏』「論語注疏」'學而')

17 用樂和民心, 以禮檢民跡. (皇侃, 『論語義疏』「學而」)

18 樂者爲同, 禮者爲異. 同則相親, 異則相敬, 樂勝則流, 禮勝則離. (『樂記』)

19 和者, 無乖戾之謂. (『論語古義』「學而」)

20 樂固敎和, 而樂自樂, 和自和, 烏可混乎. (『論語徵』「學而」)

21 新安陳氏曰, … 朱子要歸之, 論只言禮 而不及樂的矣. (『論語集註大全』「學而」)

22 和者, 從容不迫之意. (『論語集註』「學而」)

23 “和는 원래 곧 음악을 가리키는 것이라고 할 수 없다. 그러나 和는 음악으로 말미암아 생기는 곳이기는 하다. 和에는 즐겁다는 뜻이 있다.”(和, 固不可便指爲樂. 然乃樂之所由生. 和有樂底意思. 『論語集註大全』「學而」)

24 喜怒哀樂之未發謂之中, 發而皆中節謂之和. (『中庸』第一章)

25 朱子曰, … 禮, 如此之嚴, 分毫不可犯. 何處有箇和. 須知道吾心安處便是和. 如入公門鞠躬, 須是如此方安, 不如此便不安. 不安便是不和. (『論語集註大全』「學而」)

26 如君臣之間, 君尊臣卑, 其分甚嚴. 若以勢觀之, 自是不和, 然其實却是, 甘心爲之, 皆合於禮而自和矣. (『論語集註大全』「學而」)

27 蓋和者和順也, 謂和順於事情也. 禮之數三千三百, 雖繁乎亦有窮焉, 謂有所不周也. (『論語徵』「學而」)

28 박종연, 2006, 『논어』, 을유문화사, 39쪽에서 재인용.

29 子與人歌而善, 必使反之, 而後和之. (『論語』7.32)

30 子曰, 君子和而不同, 小人同而不和. (『論語』13.23)

31 蓋均無貧, 和無寡, 安無傾 (『論語』16.1)

32 動之斯和. (『論語』19.25)

33 有所不行, 皇侃邢昺皆屬於上文, 不者, 亦不可行也亦字, 爲無謂矣. (『論語徵』「學而」)

34 不亦 대신에 亦不이 사용되기도 한다. 에드윈 풀리블랭크 지음 양세욱 옮김, 2005, 『고전 중국어 문법강의』, 궁리, 319쪽; 董治國, 2016, 『古代漢語句型分類詳解』, 天津: 南開大學出版

社, 376쪽 참조.

35 馮浩菲, 2019,『《論語》辨疑研究』, 上海古籍出版社.

36 小大由之, 有所不行者, 由, 用也, 言每事小大皆用禮, 而不以樂和之, 則其政有所不行也. (『十三經注疏』「論語注疏」'學而') 그 밖에 정약용의 『논어고금주』; 김용옥, 2008, 373~374쪽 참조.

37 이한우, 2012, 『논어로 논어를 풀다』, 해냄, 77쪽 참조.

38 有子, 先借先王之道, 以明禮之不可一於和也. 言若先王之道, 固雖爲美, 然世有升隆, 時有隆汚, 悉由之而不改焉, 則有所牴牾而不行矣. (『論語古義』「學而」)

39 知和而和, 却是一向去求和, 便是離了禮. 且如端坐, 不如箕踞, 徐行後長者, 不如疾行先長者. 到這裏, 更有甚禮, 可知是不可行也. (『論語集註大全』「學而」)

40 和者美德, 而禮之所貴也. 故人皆知貴之. 而不知其所弊亦在於此. 蓋道之所廢, 必生於所弊, 所弊必生於所貴. 能視其所弊, 而早反之爲難. 故曰, 不以禮節之, 則亦不可行也. (『論語古義』「學而」)

41 朱子曰, 禮之用和, 是禮中之和. 知和而和, 是放敎和. 纔放敎和, 便是離却禮了. (『論語集註大全』「學而」)

42 由禮則和節. (『荀子』「修身」)

43 '亦' 자와 관련한 논란에 대해서는 조명화, 2017, 183쪽 참조.

44 子曰, 恭而無禮則勞, 愼而無禮則葸, 勇而無禮則亂, 直而無禮則絞. (『論語』 8.2)

45 子曰, 君子和而不同, 小人同而不和. (『論語』 13.23)

46 和, 謂樂也. 樂主和同, 故謂樂爲和. (邢昺, 『論語注疏』「學而」)

47 去和而取同. 夫和實生物, 同則不繼. 以他平他謂之和. 故能豐長而物歸之. 若以同裨同, 盡乃棄矣. 故先王以土與金木水火雜, 以成百物. 是以和五味以調口, 剛四支以衛體, 和六律以聰耳, 正七體以役心, 平八索以成人, 建九紀以立純德, 合十數以訓百體. 出千品, 具萬方, 計億事, 材兆物, 收經入, 行姟極. 故王者居九畡之田, 收經入以食兆民, 周訓而能用之, 和樂如一. 夫如是, 和之至也. 於是乎先王聘后於異姓, 求財於有方, 擇臣取諫工, 而講以多物, 務和同也. 聲一無聽, 物一無文, 味一無果, 物一不講. 王將棄是類也而與剸同, 天奪之明. 欲無弊, 得乎. (『國語』「鄭語」)

48 齊侯至自田, 晏子侍于遄臺, 子猶馳而造焉. 公曰, 唯據與我和夫. 晏子對曰, 據亦同也, 焉得爲和. 公曰, 和與同異乎. 對曰, 異. 和如羹焉, 水, 火, 醯, 醢, 鹽, 梅, 以烹魚肉, 燀之以薪, 宰夫和之, 齊之以味, 濟其不及, 以洩其過. 君子食之, 以平其心. 君臣亦然. 君所謂可而有否焉, 臣獻其否以成其可; 君所謂否而有可焉, 臣獻其可以去其否, 是以政平而不干, 民無爭心. 故詩曰, 亦有和羹, 旣戒旣平. 鬷嘏無言, 時靡有爭. 先王之濟五味, 和五聲也, 以平其心, 成其政也. 聲亦如味, 一氣, 二體, 三類, 四物, 五聲, 六律, 七音, 八風, 九歌, 以相成也; 清濁, 小大, 短長, 疾徐, 哀樂, 剛柔, 遲速, 高下, 出入, 周疏, 以相濟也. 君子聽之, 以平其心. 心平,德和. 故詩曰德音不瑕. 今據不然. 君所謂可, 據亦曰可; 君所謂否, 據亦曰否. 若以水濟水, 誰能食之. 若琴瑟之專壹, 誰能聽之. 同之不可也如是. (『左傳』「昭公二十年」)

16. 리더십의 최소 요건

1 信, 不欺也. (皇侃, 『論語義疏』「學而」)

2 人言不欺爲信. (『十三經注疏』「論語注疏」'學而')

3 信, 約信也. (朱熹, 『論語集註』「學而」)

4 汪氏炎昶曰, 曲禮云, 約信曰誓, 約信二字本此. (胡廣, 『論語集註大全』「學而」)

5 慶源輔氏曰, 此信字, 本是約信. 若只是誠信之信, 則信是實理. 豈有不近義者哉. (『論語集註大全』「學而」)

6 勉齋黃氏曰, 以實之謂信, 事之已見而以其實者也. 約信, 與人期約而求其實者也. (『論語集註大全』「學而」)

7 信不必訓約信, 踐言之謂也. 朱子所以訓約信者, 下有言可復也, 義複不可通故也. (荻生徂徠, 『論語徵』「學而」)

8 궈성퇀郭勝團과 거즈이葛志毅의 연구에 따르면, 『논어』에서 信은 군자, 언어 생활, 교제, 통치 등과 관련되는 덕목이다. 郭勝團·葛志毅, 「《論語·學而》"信近於義" 章辨析—〈論語〉及孔子思想研究之三」, 『中華文化論壇』, 2013, pp. 76~82.

9 上好信, 則民莫敢不用情. (『論語』 13.4)

10 言忠信, 行篤敬, 雖蠻貊之邦行矣. 言不忠信, 行不篤敬, 雖州里行乎哉. (『論語』 15.6) 그리고 1.7에 나오는 言而有信 역시 마찬가지다.

11 君子義以爲質, 禮以行之, 孫以出之, 信以成之. 君子哉. (『論語』 15.18)

12 孟子曰, 大人者, 言不必信, 行不必果. 惟義所在. (『孟子』「離婁下」)

13 郭勝團·葛志毅, 2013, pp. 76~82.

14 復, 猶覆也. 義不必信. 信非義也, 以其言可反覆. (『十三經注疏』「論語注疏」'學而') 이는 형병이 『논어주소』에서 정리한 하안의 주석이다. 하안의 『논어집해』에 수록된 원문은 다음과 같이 조금 다르다. 復猶覆也. 義不必信, 信不必義也, 以其言可反覆, 故曰近於義也. (何晏, 『論語集解』) 한국에서도 이을호 같은 학자가 명시적으로 주희의 해석보다 이 해석이 낫다고 지지했다. 이을호 번역본: "남과의 약속도 의리에 맞을 때는 뒤집을 수도 있지." (2015, 『한글 논어』, 한국학술정보, 26쪽) "복"을 번복의 의미로 풀이한 번역본도 있다. 이기동 번역본: "신의를 지키는 마음이 의로움에 가까우면 말을 번복하지 않을 수 있다." (2013, 『논어강설』, 성균관대학교출판부, 81쪽) 여기에서는 "번복하지 않을 수 있다"라고 하여 원문에는 없는 부정 표현을 추가했다.

15 正義曰, … 若春秋晉士匄帥師侵齊, 聞齊侯卒, 乃還, 春秋善之, 是合宜不必守信也. … 史記尾生與女子期於梁下, 女子不來, 水至不去, 抱柱而死, 是雖守信而非義也. (『十三經注疏』「論語注疏」'學而')

16 復, 踐言也. (『論語集註』「學而」)

17 吾與先君言矣, 不可以貳, 能欲復言而愛身乎. (楊伯峻, 『論語譯注』) 또한 류종목이 지적한 바와 같이, 『한비자』에도 "실천하다"는 뜻을 가진 "복"의 용례가 있다. 衆人雖貳, 聖人之復恭敬盡手足之禮也不衰. (『韓非子』「解老」) 류종목, 2000, 『논어의 문법적 이해』, 문학과지성사, 35~36쪽 참조.

18 若爲信近於合宜, 此信之言乃可復驗也. (『論語義疏』「學而」)

19 人初言之, 其信能近於義, 故其後可反覆言之也. (劉寶楠, 『論語正義』 卷一, 「學而」)

20 장기근, 『개정신석 논어집주』, 명문당, 2009, 45쪽 참조.

21 吾聞勝也好復言, 而求死士, 殆有私乎. (『左傳』「哀公十六年」)

22 시라카와 시즈카 지음, 박영철 옮김, 『상용자해』, 길, 2022, 250쪽.

23 貌思恭. (『論語』 16.10)

24 和從不逆謂之恭. (『十三經注疏』「論語注疏」'學而')

25 陳子禽謂子貢曰, 子爲恭也, 仲尼豈賢於子乎. (『論語』 19.25)

26 "자금이 자공에게 물었다. '선생님께서는 어떤 나라에 이르렀을 때, 반드시 그 나라 정치에 대해 듣게 되는데, 선생님께서 스스로 그것을 듣고자 추구한 것입니까, 아니면 저들이 알아서 기회를 부여한 것입니까?' 자공이 말하였다. '선생님께서는 따뜻한 모습(溫), 훌륭한 업무 자질(良), 공손한 처신(恭), 절제하는 능력(儉), 양보의 미덕(讓)을 통하여 그러한 기회를 얻으시는 겁니다. 선생님께서 추구하는 바는 다른 사람들이 추구하는 바와 아마 다르겠지요?'"(子禽問於子貢曰, 夫子至於是邦也, 必聞其政, 求之與, 抑與之與. 子貢曰, 夫子溫良恭儉讓以得之. 夫子之求之也, 其諸異乎人之求之與. 『論語』 1.10)

27 그 점에서는 恭과 敬을 연용하는 다음과 같은 텍스트와 구별된다. 儒有居處齊難, 其坐起恭敬, 言必先信, 行必中正, 道涂不爭險易之利, 冬夏不爭陰陽之和, 愛其死以有待也, 養其身以有爲也. 其備豫有如此者. (『禮記』「儒行」)

28 子謂子產, 有君子之道四焉. 其行己也恭, 其事上也敬, 其養民也惠, 其使民也義. (『論語』 5.16) 운신하는 데 "恭"이 적용된다는 사실은 다음 문장에도 보인다. "선생님께서 말씀하셨다. '말을 교묘하게 하고, 겉모습을 꾸미고, 과도하게 공손히 하는 것을 좌구명이 부끄럽게 여겼다. 나 역시 그런 것을 부끄럽게 여긴다.'"(子曰, 巧言, 令色, 足恭, 左丘明恥之, 丘亦恥之. 『論語』 5.25); "선생님께서 말씀하셨다. '굳이 무엇을 하지 않고도 다스린 사람은 아마 순임금일 것이다. 무엇을 하였는가? 자신을 공손히 하고, 바르게 남쪽을 향해 있었을 뿐이다.'"(子曰, 無爲而治者, 其舜也與. 夫何爲哉. 恭己正南面而已矣. 『論語』 15.5)

29 郭勝團 · 葛志毅, 2013, pp. 76~82.

30 君子敬而無失, 與人恭而有禮, 四海之內, 皆兄弟也. 君子何患乎無兄弟也. (『論語』 12.5)

31 恭, 凡致敬, 皆恭也. 禮, 則辨其異. 若與上大夫接, 而用下大夫之恭, 是不及也. 與下大夫接, 而用上大夫之恭, 是過也. 過與不及, 必取辱矣. (『論語集註大全』「學而」)

32 朱子曰, … 如見尊長而拜, 禮也. 我却不拜, 被詰問, 則無以答. 這便是爲人所恥辱. 有一般人不當拜而拜之, 便是諂諛. 這則可恥可辱者在我矣. (『論語集註大全』「學而」)

33 恭而無禮則勞. (『論語』 8.2)

34 子曰, 巧言, 令色, 足恭, 左丘明恥之, 丘亦恥之. 匿怨而友其人, 左丘明恥之, 丘亦恥之. (『論語』 5.25)

35 遠恥辱也. (『論語』 1.13)

36 子曰, 恭近禮 … 夫恭寡過. (『禮記』「表記」)

37 恭而安. (『論語』 7.38)

38 이에 대한 정리로는 郭勝團·葛志毅, 2013, pp. 76~82 참조.

39 正義曰, 此章明信與義·恭與禮不同, 及人行可宗之事. (『十三經注疏』「論語注疏」'學而')

40 恭惟卑巽, 禮貴會時. … 恭雖非禮, 以其能遠恥辱, 故曰近禮. (『十三經注疏』「論語注疏」'學而')

41 義不必信, 信非義也. 以其言可反覆, 故曰近義. 恭不合禮, 非禮也. 以其能遠恥辱, 故曰近禮. 邢云, 信非義也者, 尾生抱柱而死也. 又云, 巽在牀下, 是恭不合禮也. … 質疑, 恭未必盡合於禮, 然謂之近於禮者, 以其能遠恥辱也. 信未必盡合於義, 然謂之近於義者, 以其能言可復也. 能此二者, 而又能不失其六親之和, 則其爲人也. 亦可以宗仰而爲之表準也. 上二節之義, 舊說必不可易. (丁若鏞, 『論語古今註』「學而」)

42 慶源輔氏曰, … 若只是誠信之信, 則信是實理, 豈有不近義者哉. (『論語集註大全』「學而」)

43 近猶合也. 古人下字寬, 亦大綱說. 雖未盡合禮義, 亦已近禮義了. (『論語集註大全』「學而」)

44 雙峯饒氏曰, 有子, 氣象從容, 辭不迫切, 於禮義皆以近言. (『論語集註大全』「學而」)

45 子曰, 恭近禮, 儉近仁, 信近情, 敬讓以行此. 雖有過, 其不甚矣. 夫恭寡過, 情可信, 儉易容也. 以此失之者, 不亦鮮乎. 詩曰, 溫溫恭人, 惟德之基. (『禮記』「表記」)

46 이 용례에 대한 사전적 예문은 다음과 같다. 潭中魚可百許頭, 皆若空遊無所依. (柳宗元, 「至小丘西小石潭記」); 可值千萬餘. (『樂府詩集』「陌上桑」)

47 揭芳, 2013, 「從《論語》中的 "恥" 看中國哲學的自律精神」, 『社會科學家』, 2013(2).

48 其心愧恥, 若撻于市. (『尙書』「說命下」); 恥大國之士於中原, 又殺其君以重之, 子思報父之仇, 臣思報君之讎. (『國語』「晉語三」)

49 恥不從枉. (『管子』「牧民」)

50 國有四維. 一維絶則傾, 二維絶則危, 三維絶則覆, 四維絶則滅. 傾可正也, 危可安也, 覆可起也, 滅不可復錯也. 何謂四維. 一曰禮, 二曰義, 三曰廉, 四曰恥. (『管子』「牧民」)

51 公都子曰, 告子曰, 性無善無不善也. 或曰, 性可以爲善, 可以爲不善. 是故文武興, 則民好善, 幽厲興, 則民好暴. 或曰, 有性善, 有性不善. 是故以堯爲君而有象, 以瞽瞍爲父而有舜, 以紂爲兄之子且以爲君, 而有微子啓, 王子比干. 今曰性善, 然則彼皆非與. 孟子曰, 乃若其情, 則可以爲善矣, 乃所謂善也. 若夫爲不善, 非才之罪也. 惻隱之心, 人皆有之, 羞惡之心, 人皆有之, 恭敬之心, 人皆有之, 是非之心, 人皆有之. 惻隱之心, 仁也, 羞惡之心, 義也, 恭敬之心, 禮也, 是非之心, 智也. 仁義禮智, 非由外鑠我也, 我固有之也, 弗思耳矣. 故曰, 求則得之, 舍則失之. 或相倍蓰而無算者, 不能盡其才者也. 詩曰, 天生蒸民, 有物有則. 民之秉夷, 好是懿德. 孔子曰, 爲此詩者, 其知道乎. 故有物必有則, 民之秉夷也, 故好是懿德. (『孟子』「告子上」)

52 子貢問曰, 何如斯可謂之士矣. 子曰, 行己有恥, 使於四方, 不辱君命, 可謂士矣. (『論語』 13.20)

53 子曰, 道之以政, 齊之以刑, 民免而無恥. 道之以德, 齊之以禮, 有恥且格. (『論語』 2.3)

54 揭芳, 2013(2). 동아시아에서의 치욕 개념에 대한 전반적 논의는 이케가미 에이코 지음, 남명수 옮김, 2008, 『사무라이의 나라』, 지식노마드, 제1부를 참조할 수 있다.

55 事君數, 斯辱矣. (『論語』 4.26)

56 忠告而善道之, 不可則止, 毋自辱焉. (『論語』 12.23)

57 謂柳下惠少連, 降志辱身矣. (『論語』 18.8)

58 行己有恥, 使於四方, 不辱君命, 可謂士矣. (『論語』 13.20)

59 曾子病, 曾元持足, 曾子曰, 元, 志之. 吾語汝. 夫魚鱉黿鼉猶以淵爲淺而堀其中, 鷹鳶猶以山爲卑而增巢其上, 及其得也必以餌. 故君子能無以利害義, 則恥辱亦無由至矣. (『荀子』「法行」)

60 曾子曰, 鷹鷲以山爲卑而增巢其上, 黿鼉魚鱉以淵爲淺而穿穴其中, 卒其所以得者餌也. 故君子苟不求利祿, 則不害其身. (『說苑』「談叢」)

61 『사기』「골계열전滑稽列傳」에는 비판조의 노래가 실려 있다. "자신을 일으켜서 관리가 되고서는, 탐욕스럽고 비루한 이는 재산을 불릴 뿐, 치욕을 상관하지 않네."(起而爲吏, 身貪鄙者餘財, 不顧恥辱.) 이 역시 식록과 치욕의 상관관계를 논하고 있다.

62 孔子不飮盜泉之水, 曾子不入勝母之閭, 避惡去汙, 不以義, 恥辱名也. 盜泉勝母有空名, 而孔曾恥之, 佛肸有惡實, 而子欲往. 不飮盜泉是, 則欲對佛肸非矣. 不義而富且貴, 於我如浮雲. 枉道食篡畔之祿, 所謂浮雲者, 非也. (『論衡』「問孔」)

63 『사기』「공자세가」 및 『좌전』의 기록에 따르면, 필힐은 노魯나라 애공 초기(기원전 493년 전후)에 중모中牟를 거점으로 반란을 일으켰다. 또 공안국의 『논어』 주석에 따르면 필힐은 진晉나라 대부 조간자趙簡子의 읍재邑宰였는데, 과연 그러한지에 대해 고증학자들 사이에서 논란이 벌어졌다.

64 이 구절을 이해하려면 17.7을 살펴봐야 한다. "필힐이 부르니, 선생님께서 가시려고 하였다. 자로가 말하였다. '예전에 선생님께서 '자신에게 선하지 않은 일을 하는 자와 군자는 한패가 되

지 않는다'고 하셨습니다. 필힐은 중모 땅을 근거지로 모반을 일으켰는데, 선생님께서 가시려고 하는 것은 어째서입니까?' 선생님께서 말씀하셨다. '그렇다. 이런 말이 있네. '견고하다고 하지 않겠는가, 갈아도 얇아지지 않으니. 희다고 하지 않겠는가, 물들여도 검어지지 않으니.' 내가 어찌 호리병박 같겠는가? 어찌 매달려 있을 뿐 먹지 못하는 것이겠는가?'"(佛肸召, 子欲往. 子路曰, 昔者, 由也聞諸夫子曰, 親於其身爲不善者, 君子不入也. 佛肸以中牟畔, 子之往也, 如之何. 子曰, 然. 有是言也. 不曰堅乎, 磨而不磷, 不曰白乎. 涅而不緇. 吾豈匏瓜也哉. 焉能繫而不食. 『論語』 17.7)

65 書曰五事, 一曰貌. 貌者男子之所以恭敬, 婦人之所以姣好也. 行步中矩, 折旋中規, 立則磬折, 拱則抱鼓, 其以入君朝, 尊以嚴, 其以入宗廟, 敬以忠, 其以入鄉曲, 和以順, 其以入州里族黨之中, 和以親. 詩曰, 溫溫恭人, 惟德之基. 孔子曰, 恭近於禮, 遠恥辱也. (『說苑』「修文」)

66 다음은 유사한 용례이다. 古之辭讓, 必有文義可觀, 故能垂榮於後. 今子獨壞容貌, 蒙恥辱爲狂癡, 爲光曜晻而不宣. (『漢書』「韋賢傳」)

67 "치욕을 멀리하다"의 반대말은 『후한서』 「열녀전」에 나오는 "치욕이 자신에게 모이다"(恥辱集于厥身)라고 볼 수 있다. "이로써 잘한 일은 가려지고 잘못한 일만 널리 드러나며, 시어머니는 화를 내고 남편도 열받을 것이다. 비방하는 말만 안팎으로 널리 퍼지고, 치욕은 자신에게 몰려들 것이다."(是以美隱而過宣, 姑忿而夫慍, 毁訾布於中外, 恥辱集于厥身. 『後漢書』 「列女傳」)

68 郭勝團·葛志毅, 2013, pp. 76~82.

69 因親也, 所親不失其親, 言義之與比也. (『十三經注疏』 「論語注疏」 '學而')

70 言所親不失其親, 亦可宗敬也. (『十三經注疏』 「論語注疏」 '學而')

71 이에 대한 한국 주석가들의 논의는 다음을 참조할 수 있다. 조명화, 2017, 『논어역평 1』, 현암사, 188쪽; 이우재, 2013, 『이우재의 논어 읽기』, 21세기북스, 71쪽; 김영호, 2012, 『논어: 공자와의 대화』, 산지니, 68쪽.

72 鄭註, 姻親於外親. … 但因爲六行之一, 鄭註爲是. (『論語徵』 「學而」); 因不失其親, 因讀曰姻. 姻, 外親也. 姻非五服之親, 然猶必不失其親, 以其亦有宗道. (程樹德, 『論語集釋』 「學而」)

73 Arthur Waley, 2005, *The Analects of Confucius*, Routledge, p. 87. "Marry one who has not betrayed her own kin, and you may safely present her to your ancestors."

74 청대의 학자. 『설문해자의증說文解字義證』 등을 지었다.

75 "한편 육조六朝시대에는 '因'이 '姻(혼인)'과 음이 서로 통하기 때문에 이를 '혼인을 할 때는 그와 어울리는 상대자를 선택한다'는 뜻이라고 한 설도 있었다. 이는 계복桂馥의 『군경의증羣經義證』 등에 나타나 있다." 박유리, 2013, 『논어상해: 논어 깊게 읽기』, 문사철, 38쪽.

76 因, 猶依也. (『論語集註』 「學而」)

77 因, 依靠, 憑藉. (楊伯峻, 『論語譯注』 「學而」)

78 馮浩菲, 2019, 『《論語》辨疑研究』, 上海古籍出版社 참조.

79 因如因徐辟之因. 因猶傍也. (『論語集註大全』「學而」)

80 성백효, 2010, 『현토완역 논어집주(개정증보판)』, 전통문화연구회, 46쪽 참조.

81 배병삼, 2002, 『한글세대가 본 논어 1』, 문학동네, 55쪽.

82 朱子曰, 因之爲依, 勢敵而交淺, 如先主之依劉表, 是也. (『論語集註大全』「學而」)

83 傅佩榮, 『傅佩榮譯解論語』, 北京: 東方出版社, 2012, p. 10.

84 殷因於夏禮, 所損益, 可知也; 周因於殷禮, 所損益, 可知也. (『論語』 2.23)

85 "因不失其親, 亦可宗也"에 대한 이들의 번역은 다음과 같다. "그러면서도 (관계망에서의) 친밀함을 버리지 않는 것이 무엇보다 중요하다." 조명화, 2017, 184쪽; "그렇게 함으로써 가까운 사람들을 잃지 아니하면 또한 본받을 만하다." 김용옥, 『논어한글역주 1』, 통나무, 2008, 376쪽; "그러면서도 친한 이를 잃지 않으면 가히 존경할 만하다." 이우재, 2013, 71쪽; "그러고서 친족의 정을 잃지 않는 이는 존경함 직하지." 이을호, 2015, 26쪽; "그리하여 그 주변의 친지를 잃지 않는다면 진정 그 사람을 종주宗主로 삼을 수 있다." 이한우, 2012, 『논어로 논어를 풀다』, 해냄, 78쪽.

86 류종목, 2000, 36쪽.

87 郭勝團·葛志毅, 2013, pp. 76~82.

88 孟子曰, 事孰爲大, 事親爲大. 守孰爲大, 守身爲大. 不失其身而能事其親者, 吾聞之矣. 失其身而能事其親者, 吾未之聞也. 孰不爲事. 事親, 事之本也. 孰不爲守, 守身, 守之本也. (『孟子』「離婁上」)

89 不失其親者, 孝順輯睦之謂也, 何必崎嶇然外求乎. (『論語古今註』「學而」)

90 不失其親, 謂獲乎親也. (『論語古今註』「學而」)

91 "인불실기친, 역가종야因不失其親, 亦可宗也: 한 사람의 품행은 그의 친구와 가까운 사람을 통해 충분히 알 수 있다. 만약 어떤 사람이 가까운 사람을 잃지 않으면 존경할 만한 사람이다. 이러한 도리를 통해 사람을 살피고 인식하는 것은 매우 중요하다. 『대대례기』「증자입사」에 '그가 사랑하고 가까이 지내는 사람을 보면 그 사람의 됨됨이를 알 수 있다'라는 말이 있으며, 유보남의 『논어정의』에 '그가 사랑하고 가까이 지내는 사람의 잘잘못을 보면 그 사람이 현명한지 어리석은지 알 수 있다'라는 구절이 있다." 양차오밍 지음, 이윤화 옮김, 2016, 『논어전해』, 학고방, 20쪽; "불실기친不失其親: '가깝게 지내왔던 사람들과 유대의 끈을 놓지 않고 지속한다면'의 뜻이다." 조명화, 2017, 188쪽.

92 觀其所愛親, 可以知其人矣. (『大戴禮記』「曾子立事」)

93 謂觀其所親愛之是非, 則知其人之賢不肖. (劉寶楠, 『論語正義』)

94 旣能親仁比義, 不有所失, 則有知人之鑒, 故可宗敬也. (『十三經注疏』「論語注疏」'學而')

95 "失親"은 용례가 많아서 기존 해석을 지지할 만한 용례들이 모두 존재한다. 예컨대 親을 어버이의 뜻으로 사용한 경우가 있다. "지팡이를 짚는 이유는, 효자가 어버이를 잃어 슬피 울고 3일 동안 먹지 못해 몸이 아파서 지팡이로 몸을 부축하는 것인데, 이로써 죽은 자로 인해 산 자

가 상하지 않음을 밝히는 것이다."(所以必杖者, 孝子失親, 悲哀哭泣, 三日不食, 身體羸病, 故杖以扶身, 明不以死傷生也. 『白虎通』「喪服」)

96 善言可惡以自信, 而主失親. (『管子』「七臣七主」)

97 祁大夫外擧不棄讎, 內擧不失親, 其獨遺我乎. (『左傳』「襄公二十一年」)

98 秋, 諸侯盟. 王使周公召鄭伯, 曰, 吾撫女以從楚, 輔之以晉, 可以少安. 鄭伯喜於王命, 而懼其不朝於齊也, 故逃歸不盟. 孔叔止之曰, 國君不可以輕, 輕則失親, 失親, 患必至. 病而乞盟, 所喪多矣. 君必悔之. 弗聽, 逃其師而歸. (『左傳』「僖公五年」)

99 이 내용은 『공자가어』에 재수록된다. 아직 공자가 성인화되기 이전의 기록인 『좌전』에서는 공자가 '중니'로 표기되어 있지만, 성인화가 진척된 이후의 문헌인 『공자가어』에는 '공자'라는 이름으로 다시 실린다. 중니 대신에 존칭인 공자로 바뀌고, 義 대신에 美가 사용된다. 孔子聞之, 曰魏子之擧也, 近不失親, 遠不失擧, 可謂美矣. (『孔子家語』「正論解」)

100 仲尼聞魏子之擧也, 以爲義, 曰近不失親, 遠不失擧, 可謂義矣. (『左傳』「昭公二十八年」)

101 孔子謂伯魚曰, 鯉乎. 吾聞可以與人終日不倦者, 其唯學焉. 其容體不足觀也, 其勇力不足憚也, 其先祖不足稱也, 其族姓不足道也. 終而有大名, 以顯聞四方, 流聲後裔者, 豈非學者之效也. 故君子不可以不學, 其容不可以不飭. 不飭無類, 無類失親, 失親不忠, 不忠失禮, 失禮不立. (『孔子家語』「致思」)

102 治國猶治身也. 治一身, 省恩德之行, 多傷害之操, 則交黨疎絶, 恥辱至身. (『論衡』「非韓」)

103 責人以義則難瞻, 難瞻則失親. (『呂氏春秋』「離俗覽」'擧難')

104 孔曰, 因親也. 言所親不失其親, 亦可宗敬. (『十三經注疏』「論語注疏」'學而')

105 旣能親仁比義, 不有所失, 則有知人之鑒, 故可宗敬也. (『十三經注疏』「論語注疏」'學而')

106 宗, 尊也. (『論語古今註』「學而」)

107 郭勝團·葛志毅, 2013, pp. 76~82.

108 宗, 猶主也. (『論語集註』「學而」)

109 그중에서 김용옥은 이러한 풀이에는 주군을 찾아 유랑했던 공자의 처지가 반영되어 있다고 해설했다. 즉, 합당한 주군을 선택하는 사고가 반영되어 있다는 것이다. 김용옥, 2008, 382쪽 참조.

110 朱子曰, 因之爲依. 勢敵而交淺. 如先主之依劉表, 是也. 宗之爲主. 彼尊我賤, 而以之爲歸. 如孔子之於司城貞子蘧伯玉顔讎由, 是也. 依失其親, 若未甚害. 所宗而失其親, 其害大矣. 然今日依之, 則後日有時而宗之. 是以君子之有所因也, 必求不失其親焉, 則異日亦可宗主之矣. (『論語集註大全』「學而」)

111 국내에서는 최근덕 등이 이 해석을 취한다. "宗: 일족이 宗, 즉 宗家로 존경하고 의지하는 것을 말함." 최근덕, 2004, 『한글 논어』, 성균관, 26쪽.

112 宗, 如宗子宗周之宗. 言人親外族, 則本宗多離, 今其爲人, 能親外族, 而本親不離, 有子贊之曰, 若是乎亦可以歸而奉之焉, 謂親族宗之也. 朱子解, 因猶依也, 宗猶主也, 又以不失其可親之人爲解, 未知何據, 可謂鑿矣. (『論語徵』「學而」)

113 "양보권은 '믿을 만하다'는 뜻으로 풀이한다." 동양고전연구회, 2016, 『논어』, 민음사, 32쪽.

114 "종宗: '주관하다, 믿을 만하다'라는 뜻이다. 일반적으로 '존경하다'라고 해석하지만 적절하지는 않다." 박종연, 2006, 『논어』, 을유문화사, 41쪽.

115 이기동, 2013, 82~84쪽; 조명화, 2017, 188쪽; 이기석·한백우, 1983, 『논어』, 홍신문화사, 21쪽.

116 此章須用兩截看. 上一截, 信近義, 恭近禮, 因不失親, 是交際之初, 合下便思慮到底. 下一截, 言可復, 遠恥辱, 亦可宗, 是久後無弊之效. 當初便當思量, 到無弊處. (『論語集註大全』「學而」)

117 信近於義, 恭近於禮, 因不失其親, 此三言, 引古書載古人之德也. 言可復也, 遠恥辱也, 亦可宗也, 此三言, 有子釋之. 何以知其然. 以其辭也. 且復協辱, 親協宗. (『論語徵』「學而」)

118 郭勝團·葛志毅, 2013, pp. 76~82.

119 東陽許氏曰, 約言必合於事之宜, 防其過也. 致恭必中於禮之節, 無過不及也. 因不失親, 擇交之道也. 上兩節欲明理, 下一節要知人, 則皆無失. 上兩節, 言行是修己之事. 因親是知人之事. 三者皆明理者能之. 三事各開看, 非相因之辭. (『論語集註大全』「學而」)

120 "유자는 '다른 사람과 약속을 할 때 그 약속이 의리에 가까우면, 그 약속한 말이 실행된다. 사람을 대하는 데 공손함이 예절에 가까우면, 사람들에게 비웃음을 사는 치욕을 면할 수 있다. 친근한 사람이 친근할 만한 사람이어야 존경할 만하다'라고 하여, 사람을 대할 때 응당 지켜야 할 원칙을 얘기하고 있다." 김도련, 2015, 『주주금석 논어 상』, 웅진지식하우스, 56~57쪽.

121 "말과 행동과 인연, 이 세 가지를 어떻게 해야 하는가에 대한 장이다." 강동석, 2016, 『논어역보』, 한국학술정보, 21쪽.

122 "이 대목은 사람의 말과 행동 및 대인관계에 대한 교훈이다. 말은 신의가 있고 실천할 수 있어야 하며 행동은 공손하면서도 예에 합당하여야 하고, 올바른 대인관계를 유지하여 남의 존경을 받을 수 있어야 한다는 것이다." 김학주, 『논어(개정4판)』, 서울대학교출판문화원, 2017, 124쪽.

123 예컨대 이기석·한백우나 이기동은 그 나열된 항목 간의 관계를 크게 개의치 않는다. 이기석·한백우, 1983, 21~22쪽; 이기동, 2013, 82~84쪽.

124 "마지막 구절의 의미는 분명치 않기 때문에 여러 가지 해석이 있다. 인因은 의지한다(依)는 뜻으로 보았다. 주희朱熹는 이를, 의지할 사람을 정할 때 친할 만한 가치가 있는 사람을 잃지 않으면 그 사람을 종주로 삼을 수 있다고 해석했다. 여기서는 공자의 사상이 역사적으로 씨족사회의 혈연적 기초에서 유래했다는 이택후李澤厚의 설을 따라 해석했다." 황희경, 2000, 『논어』, 시공사, 39쪽.

125 此言人之言行交際, 皆當謹之於始而慮其所終, 不然, 則因仍苟且之間, 將有不勝其自失之悔者矣. (『論語集註』「學而」)

126 "이 장은 뉘우침을 멀리하는 방법을 사람들에게 보인 것이다. 위의 세 구절은 처음을 삼감이

고, 아래 세 구절은 나중에 뉘우침이 없음을 말한 것이다. 처음을 삼감은 곧 나중을 염려해서이다." 유교문화연구소, 2005, 『논어』, 성균관대학교출판부, 21쪽; "이 장에서는 사람이 어울려 살 때 신중해야 한다는 것을 말하고 있다." 양차오밍, 2016, 19쪽; "사람은 언행과 교제를 통해 자신의 의사를 밝히고 관계를 만들어간다. 이때 주의할 것은 시작과 끝에 대한 경계이다. 시작할 때는 신중히 해야 하고 결과가 어떻게 될지 깊이 생각해야 한다. 그러하기에 약속은 의리에 맞게, 공손함은 예의에 알맞게, 인정을 간직한 존중을 삶에서 실천할 수 있어야 한다." 신창호, 2014, 『한글 논어』, 판미동, 89쪽; "이는 우리가 평소의 인간관계에서 자칫 신중하지 못해 회한悔恨에 빠질 수 있는 문제들이다." 박삼수, 2014, 『쉽고 바르게 읽는 논어』, 지혜의바다, 34쪽.

127 蓋言其爲人能踐言, 而其所言與先王之義不大相遠, 有子贊之曰, 若是乎其言誠可踐焉. 若或乖先王之義, 則欲踐之不可得也. 其爲人恭, 而與先王之禮不大相遠. 有子贊之曰, 若是乎必遠恥辱焉. 若或違先王之禮, 則反招恥辱也. (『論語徵』「學而」)

128 上好禮, 則民莫敢不敬. 上好義, 則民莫敢不服. 上好信, 則民莫敢不用情. 夫如是, 則四方之民, 襁負其子而至矣. (『論語』 13.4) 이와 유사한 『논어』 내용으로는 다음과 같은 것들이 있다. "먼 데 있는 사람이 귀속해오지 않으면 문덕을 닦아 그들이 오게끔 한다. 먼 데서 귀속해오게끔 했으면 그들을 평안케 해준다."(遠人不服, 則修文德以來之. 旣來之, 則安之. 『論語』 16.1); "군자가 꾸준히 공경을 유지하며, 타인과의 관계에서 공순하고 예가 있으면, 온 세상 사람이 모두 형제입니다. 군자가 어찌 형제 없음을 근심하리오?"(君子敬而無失, 與人恭而有禮, 四海之內, 皆兄弟也. 君子何患乎無兄弟也. 『論語』 12.5)

129 葉公問政. 子曰, 近者說, 遠者來. (『論語』 13.16)

130 『염철론』에 대해서는 김영민, 2021, 『중국정치사상사』, 사회평론아카데미, 4장 참조.

131 이 같은 예의 전거는 『사기』「화식열전」이다. 司馬子言, 天下穰穰, 皆爲利往. 趙女不擇醜好, 鄭嫗不擇遠近, 商人不媿恥辱, 戎士不愛死力, 士不在親, 事君不避其難, 皆爲利祿也. 儒墨內貪外矜, 往來游說, 棲棲然亦未爲得也. 故尊榮者士之願也, 富貴者士之期也. (『鹽鐵論』「毁學」)

132 是以聖人不高山, 不廣河, 蒙恥辱以干世主, 非以貪祿慕位, 欲事起天下利, 而除萬民之害. (『淮南子』「修務訓」)

133 관자에 대한 이 같은 이해는 한나라에서 널리 공유되었던 것으로 보인다. "관자는 주 왕실의 권위가 실추되자, 제후들은 정벌에 열을 올리고, 오랑캐는 중국을 침탈하여, 백성들은 안정할 곳을 얻지 못하는 상황을 우려하였다. 그래서 치욕을 당하고도 죽지 않고 오랑캐의 우환을 우려하여 오랑캐의 난을 평정하고자 하였다."(管子憂周室之卑, 諸侯之力征, 夷狄伐中國, 民不得寧處, 故蒙恥辱而不死, 將欲以憂夷狄之患, 平夷狄之亂也. 『淮南子』「泰族訓」)

134 미생은 여자와 다리 밑에서 만나기로 했는데, 물이 불어나도 그 자리를 떠나지 않고 있다가 물에 빠져 죽었다. 『장자』「도척盜跖」과 『전국책戰國策』「연책燕策」에 해당 이야기가 나온다.

135 故小枉大直, 君子爲之. 今硜硜然守一道, 引尾生之意, 即晉文之譎諸侯以尊周室不足道, 而管仲蒙恥辱以存亡不足稱也. (『鹽鐵論』「論儒」)

136 管仲曰, 昔先王之理人也, 蓋人有患勞, 而上使之以時, 則人不患勞也. 人患飢, 而上薄斂焉, 則人不患飢矣. 人患死, 而上寬刑焉, 則人不患死矣. 如此, 而近有德而遠有色, 則四封之內, 視君其猶父母邪, 四方之外, 歸君其猶流水乎. (『管子』「戒」)

17. 배움과 정치

1 예컨대 윤재근은 "군자君子가 어떤 사람인지를 말하고 있다. 군자의 마음가짐이 왜 큰지를 살피게 한다. 앞의 10장에서 자공子貢은 공자의 오덕五德(溫·良·恭·儉·讓)을 닦은 다음에 호학好學하라고 했다. 여기서 공자가 군자를 밝히는 것은 모든 사람들로 하여금 군자를 어떻게 본받아야 하는지 깨닫게 하려는 뜻이 아닌가 한다"고 말했다. 윤재근, 2004, 『(사람인가를 묻는) 논어 1』, 동학사, 103쪽. 이와 비슷한 맥락에서 김학주는 군자됨이라는 큰 주제하에 배움이라는 소주제를 다루고 있는 것처럼 해석한다. "여기서는 군자로서의 학문 방법을 설명하고 있다. 우선 군자란 자기 한 몸의 편안함과 만족을 추구해서는 안 된다. 그것은 군자란 온 세상을 먼저 생각하고 온 백성을 먼저 위할 줄 알아야 한다는 전제를 제시한 것이다. 따라서 말보다도 실천을 중시하며, 올바른 도리를 아는 스승을 따라 올바른 도리를 배우도록 힘쓰는 게 학문의 요점이라는 것이다." 김학주, 2017, 『논어(개정4판)』, 서울대학교출판문화원, 125쪽. 이 밖에도 여러 가지 해석이 존재한다. "이 장의 핵심어는 '호학'이다." 조명화, 2017, 『논어역평 1』, 현암사, 193쪽; "이 장은 군자가 배움에 힘쓰지 않을 수 없음을 말한 것이다."(此言君子不可不務學也. 伊藤仁斎, 『論語古義』, 「學而」); "군자가 학문에 마음을 두는 자세에 대하여 말한 것이다." 유교문화연구소, 2005, 『논어』, 성균관대학교출판부, 22쪽; "이 장은 호학의 일을 서술한다."(此章述好學之事. 『十三經注疏』「論語注疏」'學而')

2 심경호, 2013, 『논어 1』, 민음사, 46쪽.

3 雲峯胡氏曰, 必無求, 然後見其有好之之志. 必敏愼, 然後見其有好之之實. 必取正有道, 然後不差夫好之之路. 此足以見好學者之甚難得也. (胡廣, 『論語集註大全』「學而」)

4 小體와 大體에 관해서는 『맹자』「고자상」의 다음 단락을 참조. "공도자가 물었다. 다 같은 사람인데(균등하게 이 사람들인데), 혹자는 대인이 되고 혹자는 소인이 되는 것은 어째서입니까? 맹자가 말하였다. 대체를 따르면 대인이 되고, 소체를 따르면 소인이 된다. 공도자가 물었다. 다 같은 사람인데, 혹자는 대체를 따르고 혹자는 소체를 따르는 것은 어째서입니까? 맹자가 말하였다. 귀와 눈의 기능은, 사고의 기능 없이 물건에 압도된다. 하나의 물건인 외부와 귀/눈이 서로 만나면, 귀/눈은 거기에 끌려갈 뿐이다. 마음의 기능은 사고능력이다. 사고하면 그것을 얻고, 사고하지 않으면 얻지 못한다. 이것은 하늘이 우리에게 부여한 것이니, 먼저 그 큰

것을 확립하면 그 작은 것이 [그 큰 것을] 빼앗을 수 없다. 그리하여 대인이 된다."(公都子問曰, 鈞是人也, 或爲大人, 或爲小人, 何也. 孟子曰, 從其大體爲大人, 從其小體爲小人. 曰鈞是人也, 或從其大體, 或從其小體, 何也. 曰耳目之官不思, 而蔽於物, 物交物, 則引之而已矣. 心之官則思, 思則得之, 不思則不得也. 此天之所與我者, 先立乎其大者, 則其小者弗能奪也. 此爲大人而已矣.)

5 食與居, 皆所以養小體也. 先言此者, 明克己在先. (丁若鏞, 『論語古今註』「學而」)

6 是非取捨無所涇渭, 殆誤其一生者多矣. (伊藤仁斎, 『論語古義』「學而」)

7 以好學, 爲君子之美稱. 以好學, 爲君子之美稱. … 故必就有道而正, 而後可謂好學也. (『論語古義』「學而」)

8 강동석, 『논어역보』, 한국학술정보, 2016, 22쪽. 그러나 김용옥은 이러한 단계적 해석에 동의하지 않는다. "먹되 배부르기를 구하지 않고, 살되 편안키를 구하지 않고, 일에 민첩하고 말을 삼가며, 훌륭한 스승 밑에 나아가 공부하는 것, 이 4가지 사태는 단 하나의 학學의 사태인 것이다. 그것은 끊임없는 삶의 과정이다." 김용옥, 2008, 『논어한글역주 1』, 통나무, 386쪽.

9 鄭曰, 學者之志, 有所不暇. (『十三經注疏』「論語注疏」'學而'); 不求安飽者, 志有在而不暇及也. (朱熹, 『論語集註』「學而」)

10 君子食無求飽, 居無求安者, 言學者之志樂道忘飢, 故不暇求其安飽也. (『十三經注疏』「論語注疏」'學而')

11 朱子曰, 食無求飽, 居無求安, 須是見得自家心裏, 常有一箇合當緊底道理, 此類自不暇及. (『論語集註大全』「學而」)

12 天下有道則見, 無道則隱. 邦有道, 貧且賤焉, 恥也, 邦無道, 富且貴焉, 恥也. (『論語』 8.13)

13 敏於事而愼於言者, 敏, 疾也. 言當敏疾於所學事業, 則有成功. 說命曰, 敬遜務時敏, 厥修乃來. 是也. 學有所得, 又當愼言說之. (『十三經注疏』「論語注疏」'學而')

14 朱子曰, 言易得多, 故不敢盡. 行底易得不足, 故須敏. 又曰, 行常苦於不足, 言常苦於有餘. (『論語集註大全』「學而」)

15 子曰, 君子欲訥於言, 而敏於行. (『論語』 4.24)

16 李永, 「《論語》"君子欲訥於言而敏於行" 新詔」, 『孔子研究』, 2008(5). pp. 119~120.

17 暴虎馮河, 死而無悔者, 吾不與也. 必也臨事而懼, 好謀而成者也. (『論語』 7.11)

18 無欲速, 無見小利. 欲速則不達, 見小利則大事不成. (『論語』 13.17)

19 多見闕殆, 愼行其餘, 則寡悔. 言寡尤, 行寡悔, 祿在其中矣. (『論語』 2.18)

20 리융李永의 주장과 달리, 『상서금고문주소尙書今古文注疏』가 아니라 『상서정의』 권17 「입정立政 제21」에 "釋詁云督強也"라는 문장이 나온다.

21 回雖不敏, 請事斯語矣. (『論語』 12.1)

22 雍雖不敏, 請事斯語矣. (『論語』 12.2)

23 子貢問君子. 子曰, 先行, 其言而後從之. (『論語』 2.13)

24 子曰, 古者言之不出, 恥躬之不逮也. (『論語』 4.22)

25 就有道而正焉者, 有道, 謂有道德者. (『十三經注疏』「論語注疏」'學而') 여기서 '有道'란 도덕을 가진 사람을 말한다.

26 正, 謂問其是非. 言學業有所未曉, 當就有道德之人, 正定其是之與非. (『十三經注疏』「論語注疏」'學而')

27 有道, 有德, 在古書其義自別, 不可不知. (荻生徂徠, 『論語徵』「學而」)

28 新安陳氏曰, 此有道字, 指有道之人. 此人之身, 與道爲一, 能由人所共由之道者也. (『論語集註大全』「學而」)

29 예컨대 "有道: 학문이 있고 도덕적인 사람." 김도련, 2015, 『주주금석 논어 상』, 웅진지식하우스, 59쪽; "有道유도: 도덕이 있는 자(공안국), 有道之人유도지인(주자)." 김영호, 2012, 『논어: 공자와의 대화』, 산지니, 68쪽.

30 "양백준은 正을 '匡正' 또는 '端正'이라고 주하는데, 목적어를 명시할 필요가 없기 때문에 그렇게 새겼을 것이다. 匡正이라는 것도 넓게는 政事에 속한다고 볼 수 있다." 조명화, 2017, 191쪽.

31 天下有道則見, 無道則隱. 邦有道, 貧且賤焉, 恥也. 邦無道, 富且貴焉, 恥也. (『論語』 8.13)

32 孔子曰, 天下有道, 則禮樂征伐, 自天子出. 天下無道, 則禮樂征伐, 自諸侯出. 自諸侯出, 蓋十世希不失矣. 自大夫出, 五世希不失矣. 陪臣執國命, 三世希不失矣. 天下有道, 則政不在大夫. 天下有道, 則庶人不議. (『論語』 16.2)

33 有道가 사람을 지칭하는 용례로는 다음 몇 가지를 들 수 있다. 凡有道者, 有德者, 使敎焉. 鄭玄注, 道, 多才藝者. (『周禮』「春官」'大司樂'); 昔者, 虞舜窘於井廩, 伊尹負於鼎俎 … 仲尼畏匡, 菜色陳蔡. 此皆學士所謂有道仁人也. 猶然遭此菑, 況以中材而涉亂世之末流乎. (『史記』「遊俠列傳」); 己巳. 令公卿特進侯中二千石二千石, 郡國守相, 擧有道之士各一人. (『後漢書』「孝安帝紀」); 招有道於側陋, 開敢諫之直言. 薛綜注, 擧有道之士而用之也. (『文選』「張衡」'西京賦'); 後擧孝廉有道方正茂才, 三公並辟, 皆不應. (『後漢書』「桓榮丁鴻列傳」) 그러나 동시에 나라나 천하 같은 정치공간을 의미하는 경우도 엄연히 존재한다. 天下有道, 人皆樂也. (班固, 『白虎通』「號」)

34 子謂南容, 邦有道, 不廢, 邦無道, 免於刑戮. (『論語』 5.2)

35 邦有道, 穀, 邦無道, 穀, 恥也. (『論語』 14.1)

36 君子哉. 蘧伯玉. 邦有道, 則仕. 邦無道, 則可卷而懷之. (『論語』 15.7)

37 子曰, 邦有道, 危言危行. 邦無道, 危行言孫. (『論語』 14.3)

38 子曰, 甯武子, 邦有道, 則知. 邦無道, 則愚. 其知可及也, 其愚不可及也. (『論語』 5.21)

39 凡孔子所謂學, 學先王之道也. 有道謂身有道藝者也. 先王之道存焉, 故就有道而正焉, 謂之好學也. (『論語徵』「學而」)

40 凡言道者, 皆謂事物當然之理, 人之所共由者也. (『論語集註』「學而」); 朱子曰, 道卽理也. 以人所共由, 則謂之道. 以其各有條理而言, 則謂之理. 雲峯胡氏曰, 學而篇言道者三. 前兩道字泛, 此一道字切. 父之道, 是父之所由, 先王之道, 是先王之所由. 故集註, 獨於此, 釋之曰, 人之所共由, 道猶路. 然人所由者, 謂之非路不可, 不若人之所共由者, 則大路也. (『論語集註大全』「學而」)

41 守死善道. (『論語』 8.13)

42 人能弘道, 非道弘人. (『論語』 15.29)

43 季康子問政於孔子曰, 如殺無道, 以就有道, 何如. 孔子對曰, 子爲政, 焉用殺. 子欲善而民善矣. 君子之德風, 小人之德草, 草上之風必偃. (『論語』 12.19)

44 이 구절에 대해 조명화는 "'季康子問政於孔子曰, 如殺無道, 以就有道, 何如'(12.19)의 경우는 문맥상 '有道之人'으로 해석해야 부드럽기는 하지만 '有道之邦'의 뜻으로 해석하더라도 무방하다"라고 말한다. 조명화, 2017, 191쪽.

45 『오월춘추』의 사례에서는 사람을 지칭한다. "군주가 이치에 어긋나는 모의를 하면 그 검은 떠납니다. 그러므로 도가 없는 이를 떠나 도가 있는 이에게로 간 것입니다."(然人君有逆理之謀, 其劍卽出,故去無道以就有道. 『吳越春秋』「闔閭內傳」'闔閭三年')

46 季孫問於孔子曰, 如殺無道, 以就有道, 何如. 孔子曰, 子爲政, 焉用殺, 子欲善而民善矣. 君子之德, 風也, 小人之德, 草也, 草上之風必偃. 言明其化而已矣. 治國有二機, 刑德是也. 王者尙其德而希其刑, 霸者刑德竝湊, 彊國先其刑而後德. 夫刑德者, 化之所由興也. 德者, 養善而進闕者也. 刑者, 懲惡而禁後者也. 故德化之崇者至於賞, 刑罰之甚者至於誅. 夫誅賞者, 所以別賢不肖, 而列有功與無功也. 故誅賞不可以繆, 誅賞繆則善惡亂矣. 夫有功而不賞, 則善不勸, 有過而不誅, 則惡不懼, 善不勸惡不懼, 而能以行化乎天下者, 未嘗聞也. 書曰, 畢協賞罰. 此之謂也. (『說苑』「政理」)

47 子夏曰, 仕而優則學, 學而優則仕. (『論語』 19.13)

48 朱子曰, 舊亦嘗疑兩句次序顚倒. 今云, 各有所指, 甚佳. (『論語集註大全』「學而」)

49 仕與學, 理同而事異. (『論語集註』「子張」)

50 『논어』에는 正이 '정면으로 마주하다'의 뜻으로 쓰인 용례도 있다. "선생님이 백어에게 말씀하셨다. '너는 [후대의 『시경』에서] 「주남」과 「소남」을 공부하였는가? 사람으로서 「주남」과 「소남」을 공부하지 않으면 담벼락을 정면으로 마주 보고 서 있는 것과 같다!'"(子謂伯魚曰, 女爲周南召南矣乎. 人而不爲周南召南, 其猶正牆面而立也與. 『論語』 17.10)

51 "안색을 바르게 하다."(正顔色. 『論語』 8.4)

52 "군주가 음식을 내리시면, 반드시 자리를 바르게 하고 [나누어주기 전에] 먼저 맛을 보셨다."(君賜食, 必正席先嘗之. 『論語』 10.18)

53 "이름을 바로잡나."(正名. 『論語』 13.3)

54 "자신을 바르게 하면, 명령을 내리지 않아도 행해질 것이고, 자신을 바르게 하지 않으면, 명령을 내려도 따르지 않을 것이다."(其身正, 不令而行, 其身不正, 雖令不從. 『論語』 13.6) (이상은 '其身'을 의제이자 목적어로 번역한 것인데, 주어로 간주해서 번역할 수도 있다.)

55 “만약 자신을 바르게 할 수만 있다면, 정사에 종사함에 무슨 어려움이 있겠는가? 자신을 바르게 할 수 없으면, 어떻게 남을 바르게 하겠는가?”(苟正其身矣, 於從政乎何有. 不能正其身, 如正人何. 『論語』 13.13)

56 “군자가 의관을 바르게 하다.”(君子正其衣冠. 『論語』 20.2)

57 “내가 위나라에서 노나라로 돌아온 이후에 음악이 바르게 되었다.”(吾自衛反魯, 然後樂正. 『論語』 9.15)

58 “자른 것이 반듯하지 않으면 들지 않으셨다.”(割不正, 不食. 『論語』 10.8)

59 “진나라 문공은 속이고 바르지 않았으며, 제나라 환공은 바르고 속이지 않았다.”(晉文公譎而不正, 齊桓公正而不譎. 『論語』 14.15)

60 政者, 正也, 子帥以正, 孰敢不正. (『論語』 12.17)

61 然猶不敢自是, 而必就有道之人. 以正其是非, 則可謂好學矣. (朱熹, 『論語集註』「學而」); 朱子曰, 不求安飽, 是其存心處, 敏事謹言, 是其用工處. 須就正方得, 有許多工夫, 不能就有道以正, 其是非也不得, 無許多工夫, 雖然就正有道, 亦徒然. 此章, 須反覆看其意思如何. 若只不求安飽, 而不謹言敏行, 有甚意思. 若只謹言敏行, 而不就正有道, 則未免有差. 若工夫不到, 則雖親有道, 亦無可取正者. 聖人之言周遍, 無欠缺類如此. (『論語集註大全』「學而」)

62 孔曰, … 正, 謂問事是非. (『十三經注疏』「論語注疏」‘學而’)

63 양차오밍 지음, 이윤화 옮김, 2016, 『논어전해』, 학고방, 21쪽.

64 김용옥, 2008, 386쪽.

65 유교문화연구소, 2005, 22쪽.

66 이기동, 2013, 『논어강설』, 성균관대학교출판부, 84쪽.

67 이토 진사이 지음, 최경열 옮김, 2016, 『논어고의』, 그린비, 48쪽.

68 後世不知學, 宋諸老先生, 修身之說勝, 而先王之道荒. (『論語徵』「學而」)

69 學先王之道也. 有道謂身有道藝者也. 先王之道存焉, 故就有道而正焉, 謂之好學也. (『論語徵』「學而」)

70 凡言道者, 皆謂事物當然之理, 人之所共由者也. (『論語集註』「學而」)

71 哀公問, 弟子孰爲好學. (『論語』 6.3)

72 季康子問, 弟子孰爲好學. (『論語』 11.7)

73 子夏曰, 日知其所亡, 月無忘其所能, 可謂好學也已矣. (『論語』 19.5)

74 子曰, 十室之邑, 必有忠信如丘者焉, 不如丘之好學也. (『論語』 5.28)

75 居, 吾語女. 好仁不好學, 其蔽也愚. 好知不好學, 其蔽也蕩. 好信不好學, 其蔽也賊. 好直不好學, 其蔽也絞. 好勇不好學, 其蔽也亂. 好剛不好學, 其蔽也狂. (『論語』 17.8)

76 處如資, 言如盟, 出則敬, 毋施當, 昭如有光. 施而喜之, 敬而起之, 惠以聚之, 寬以治之, 有嚴不治.

77 子夏曰, 仕而優則學, 學而優則仕. (『論語』 19.13)

78 僑聞學而後入政, 未聞以政學者也. (『左傳』 「襄公三十一年」)

79 子曰, 君子謀道不謀食. 耕也, 餒在其中矣. 學也, 祿在其中矣. 君子憂道不憂貧. (『論語』 15.32)

18. 정치적 덕성을 찾아서

1 이 장의 내용은 김영민, 2024, 「정치적 덕성을 찾아서: 『논어』 1.15의 재해석」, 『철학연구』 제69호, 63~88쪽에 기초하여 발전시킨 것이다.

2 "이 장은 공자가 자공이 이미 유능하다고 인정하고, 그가 아직 이르지 못한 것에 대하여 말하여 진취하도록 한 것이다." 유교문화연구소, 2005, 『논어』, 성균관대학교출판부, 24쪽. 김도련은 "이 장에서 자공과 공자는 인간이 수양을 하는 데는 더욱 훌륭해지고자 적극적인 태도로 나아가야 된다고 얘기하고 있다"라고 말했고(김도련, 2015, 『주주금석 논어 상』, 웅진지식하우스, 62쪽), 박삼수는 "공자가 시종 강조한 호학好學 정신의 본질은, 결국 배움이 이미 상당한 경지에 이르렀는데도 안주하지 않고, 더욱 분발하여 끊임없이 정진한다는 것이다"라고 말했다(박삼수, 2014, 『쉽고 바르게 읽는 논어』, 지혜의바다, 36쪽). 중국의 양차오밍 역시 이러한 측면을 강조한다. "이 장은 도에 뜻을 두고 끊임없이 배워야 하는 도리를 강술했다." 양차오밍 지음, 이윤화 옮김, 2016, 『논어전해』, 학고방, 22쪽. 이러한 해석에 따르면, 1.15에 나온 빈부에 대한 논의는 그 자체가 목적이 아니라 끝없는 배움을 강조하기 위해 동원된 재료에 가깝다.

3 新安陳氏曰, 切必貴磋, 琢必貴磨, 此正意也. 必切方可加磋, 必琢方可加磨, 此餘意也. (胡廣, 『論語集註大全』 「學而」)

4 故學者雖不可安於小成, 而不求造道之極致; 亦不可騖於虛遠, 而不察切己之實病也. (朱熹, 『論語集註』 「學而」)

5 今人未能無諂無驕, 却便要到貧而樂富而好禮, 如何得. 子貢却盡得無諂無驕底了, 聖人更進得他, 貧而樂富而好禮地位. (『論語集註大全』 「學而」)

6 김학주, 『논어(개정4판)』, 서울대학교출판문화원, 2017, 127쪽.

7 學者不以貧爲憂, 而後能樂, 不以富爲樂, 而後能好禮. 適見其飽德樂道, 而不知貧富之爲貧富也. (伊藤仁斎, 『論語古義』 「學而」)

8 子貢在孔門, 爲高第弟子, 若以貧而無諂富而無驕爲修身之至, 則豈足以爲子貢乎. (荻生徂徠, 『論語徵』 「學而」)

9 大氐後世心學盛, 而忘孔子之道爲先王之道, 道統之說興, 而獨尊曾子, 輕視諸賢, 故其失有若是者焉. (『論語徵』 「學而」)

10 是治之至者也. (『論語徵』 「學而」)

11 貧而無諂, 富而無驕, 子貢自言爲政而使民如此如何. 孔子答以未若使民貧而樂, 富而好禮者也. (『論語徵』「學而」)

12 以政刑治民, 猶足能使民貧而無諂, 富而無驕矣. 至於以禮樂治民, 而後能使民貧而好樂, 富而好禮焉. (『論語徵』「學而」)

13 故孔子云爾. 坊記, 子云, 小人貧斯約, 富斯驕. 約斯盜, 驕斯亂. 其次章曰, 貧而好樂, 富而好禮, 衆而以寧者, 天下其幾矣, 皆以民言之. 憲問, 奪伯氏騈邑三百, 飯疏食沒齒無怨言, 不以稱伯氏而稱管仲. 次章曰, 貧而無怨難, 富而無驕易, 亦道使民之難易, 則知此章之義爲爾. 樂讀如字. 上脫一好字, 是後儒因有飯蔬荒食飲水, 一簞食一瓢飮, 而遂誤耳. 子貢在孔門, 爲高第弟子, 若以貧而無諂富而無驕爲修身之至, 則豈足以爲子貢乎. 大氐後世心學盛, 而忘孔子之道爲先王之道, 道統之說興, 而獨尊曾子, 輕視諸賢, 故其失有若是者焉. (『論語徵』「學而」)

14 言語, 宰我, 子貢. (『論語』 11.3) 자공의 언변에 대해서는 공자가 싫어했다는 식으로 사마천은 정리한다. 子貢利口巧辭, 孔子常黜其辯. 問曰, 汝與回也孰愈. 對曰, 賜也何敢望回. 回也聞一以知十, 賜也聞一以知二. (司馬遷, 『史記』「仲尼弟子列傳」) 여기서 "子貢利口巧辭, 孔子常黜其辯"이라는 대목은 『논어』에 없다.

15 鯉趨而過庭. 曰, 學詩乎. 對曰, 未也. 不學詩, 無以言. (『論語』 16.13)

16 子曰, … 賜不受命, 而貨殖焉; 億則屢中. (『論語』 11.19)

17 蓋先貧後富, 而嘗用力於自守者, 故以此爲問. 而夫子答之如此. (『論語集註』「學而」)

18 자공이 물었다. "자장과 자하 중 누가 더 뛰어납니까?" 선생님께서 말씀하셨다. "자장은 지나치고, 상은 모자란다." "자장이 낫습니까?" 선생님께서 말씀하셨다. "지나침은 모자람과 같다."(子貢問, 師與商也孰賢. 子曰, 師也過, 商也不及. 曰, 然則師愈與. 子曰, 過猶不及. 『論語』 11.16)

19 子貢問曰, 賜也, 何如. 子曰, 女, 器也. 曰, 何器也. 曰, 瑚璉也. (『論語』 5.4)

20 子贛既學於仲尼, 退而仕於衛, 廢著鬻財於曹魯之閒, 七十子之徒, 賜最爲饒益. 原憲不厭糟糠, 匿於窮巷. 子貢結駟連騎, 束帛之幣以聘享諸侯, 所至, 國君無不分庭與之抗禮. 夫使孔子名布揚於天下者, 子貢先後之也. 此所謂得埶而益彰者乎. (『史記』「貨殖列傳」)

21 "선생님께서 말씀하셨다. '예와 겸양으로 나라를 다스릴 수 있다면 무슨 어려움이 있으리오! 예와 겸양으로 나라를 다스릴 수 없다면 예를 어떻게 하랴!'"(子曰, 能以禮讓爲國乎, 何有. 不能以禮讓爲國, 如禮何. 『論語』 4.13)

22 子曰, 貧賤而不約者, 吾見之矣. 富貴而不驕者, 吾聞而未之見也. (『上海博物館藏戰國楚竹書』)

23 『上海博物館藏戰國楚竹書』(2019 중편), p. 399 참조. 그 제3장에는 "貧而安樂"(가난해도 편하게 여기고 즐기라)이라는 구절이 나온다. 마승원 엮음, 최남규 옮김, 2019, 『공자어록문편』 전3권, 학고방 참조.

24 上富而驕, 下貧而怨. (『吳子』「論將」)

25 貴而無禮者復賤 … 富而驕肆者復貧. (『管子』「霸言」)

26 富而不驕者鮮. (『左傳』「定公十三年」)

27 驕, 奢, 淫, 泆, 所自邪也. (『左傳』「隱公三年」)

28 子云, 小人貧斯約, 富斯驕, 約斯盜, 驕斯亂. 禮者, 因人之情而爲之節文, 以爲民坊者也. 故聖人之制富貴也, 使民富不足以驕, 貧不至於約, 貴不慊於上, 故亂益亡. (『禮記』「坊記」)

29 昔者, 先王審禮以惠天下, 故德及天地. 動無不當. 夫君子恭而不難, 敬而不鞏, 貧窮而不約, 富貴而不驕, 應變而不窮, 審之禮也. (『韓詩外傳』 卷4) 여기서 덕과 부귀 간의 긴장을 논한 구절에 대한 논의는 『상해박물관장전국초죽서』(2019 중편), pp. 399~400 참조.

30 묵자가 공자식의 예치를 사치와 낭비라고 비판한 것은 널리 알려져 있는데, 그는 예치의 구현에 드는 비용을 비판적으로 본 것이다.

31 勢爲天子而不以貴驕人, 富有天下而不以財戲人. (『莊子』「盜跖」)

32 爾毋大而肆, 毋富而驕, 毋衆而囂. (『中山王器』「銘文」)

33 富貴者觀其禮施也, 貧窮者觀其有德守也. (『大戴禮記』「文王官人」)

34 富貴而驕, 自遺其咎. 功遂身退, 天之道. (『道德經』 第九章)

35 叔向見韓宣子, 宣子憂貧, 叔向賀之. 宣子曰, 吾有卿之名, 而無其實, 無以從二三子, 吾是以憂. 子賀我何故. 對曰, 昔欒武子無一卒之田, 其宮不備其宗器, 宣其德行, 順其憲, 則使越于諸侯, 諸侯親之, 戎狄懷之, 以正晉國, 行刑不疚, 以免于難. 及桓子驕泰奢侈, 貪欲無藝, 略則行志, 假貸居賄, 宜及于難, 而賴武之德, 以沒其身. 及懷子改桓之行, 而修武之德, 可以免于難, 而離桓之罪, 以亡于楚. 夫郤昭子, 其富半公室, 其家半三軍, 恃其富寵, 以泰于國, 其身尸于朝, 其宗滅于絳. 不然, 夫八郤, 五大夫三卿, 其寵大矣. 一朝而滅, 莫之哀也. 唯無德也. 今吾子有欒武子之貧, 吾以爲能其德矣. 是以賀, 若不憂德之不建, 而患貨之不足, 將弔不暇, 何賀之有. 宣子拜稽首焉. 曰起也將亡, 賴子存之, 非起也敢專承之, 其自桓叔以下嘉吾子之賜. (『國語』「晉語八」)

36 그 이후의 논의에 대해서는 Kwong-loi Shun(信廣來), 2002, "Ren and Li in the Analects", Brian W. Van Norden et al., *Confucius and the Analects: the New Essays*, Oxford University Press 참조.

37 Benjamin I. Schwartz, *The World of Thought in Ancient China*, Cambridge, MA: Belknap Press of Harvard University Press, 1985(벤자민 슈워츠 지음, 나성 옮김, 2004, 『중국 고대사상의 세계』, 살림); Herbert Fingarette, *Confucius: The Secular as Sacred*, New York: Harper & Row, 1972(허버트 핑가레트 지음, 송영배 옮김, 1991, 『공자의 철학: 서양에서 바라본 예禮에 대한 새로운 이해』, 서광사) 참조.

19. 비국가주의적 정치 주체를 위한 권고

1 이 장의 내용은 김영민, 2024, 「비非국가주의적 정치 주체를 위한 권고」, 『유학연구』 66호, 169~194쪽에 기초하여 발전시킨 것이다.

2 東陽許氏曰, 此兩句平說, 只是不必欲人知我, 我却要知人. (胡廣, 『論語集註大全』「學而」)

3 林麗, 2008, 「讀读《論語·學而篇》之 "患不知人也"」, 『科敎文彙』 4, p. 148.

4 임헌규는 "특별한 쟁점은 없다"고 1.16의 주석들에 대해 논평했다. 임헌규, 2020, 『3대 주석과 함께 읽는 논어 1』, 모시는사람들, 139쪽.

5 言學者當不患人之不知己之善, 而患己不知人之善也. 蓋非善有於己, 則亦不能知人之善. 故君子以爲患也. (伊藤仁齋, 『論語古義』「學而」)

6 晏嬰之賢, 而不知孔子. 筍子之學, 而不知子思孟子. 甚乎不知人之爲患也. 若鮑叔之知管仲, 蕭何之知韓信, 似矣. 然未也. 非孔子, 則不知堯舜之當祖述焉. 非孟子, 則不知孔子之聖, 生民以來, 未嘗有也. 斯之謂能知人也, 難矣哉. (『論語古義』「學而」)

7 고대 중국어에서 '政'은 오늘날의 정치, 행정, 통치에 모두 적용 가능한 뜻을 갖기에, 이 글에서 이 세 단어를 호환 가능하도록 사용한다.

8 浩生不害問曰, 樂正子, 何人也. 孟子曰, 善人也, 信人也. 何謂善, 何謂信, 曰, 可欲之謂善, 有諸己之謂信. 充實之謂美, 充實而有光輝之謂大, 大而化之之謂聖, 聖而不可知之之謂神. 樂正子, 二之中, 四之下也. (『孟子』, 「盡心下」)

9 問, 知人是隆師親友. 曰, 小事皆然. (『論語集註大全』「學而」)

10 朱子曰, 若宰相不能知人, 則用舍之際, 不能進賢退不肖. 若學者不能知人, 則處朋友之際, 不能辨益友損友. (『論語集註大全』「學而」)

11 正義曰, 此章言人當責己而不責人. 凡人之情, 多輕易於知人, 而患人不知己. 故孔子抑之云我則不耳. 不患人之不己知, 但患己不能知人也. (『十三經注疏』「論語注疏」'學而')

12 배병삼, 2002, 『한글세대가 본 논어 1』, 문학동네, 65~66쪽.

13 苟以在我在人言之, 則釋迦達磨所能, 豈孔子之心哉. 仁以爲己任, 故知人者, 亦將用之也. 天或命我以國家, 不知人則何以用之. 故知人者, 將以器使之也. 器使之道, 天下無棄材也. 若以是非邪正言之, 則惡惡之心勝, 而天下之人皆有罪矣. 聖人之道豈若是乎. (荻生徂徠, 『論語徵』「學而」)

14 祇君子貴知命, 故不患焉耳. (『論語徵』「學而」)

15 蔡氏曰, 學而末章, 與首章人不知而不慍, 意實相關. 里仁, 憲問, 衛靈篇, 又三致意焉. 그 밖에 유관한 언명으로 다음을 참조. 雲峯胡氏曰, 始以不知不慍, 終以此章, 學而一篇終始也 始以不亦君子乎, 終以無以爲君子也 始, 則結以患不知人, 終, 則結以不知言無以知人, 論語一書終始也, 門人紀次, 豈無意歟. (『論語集註大全』「學而」)

16 朱子曰, … 又曰, 論語上, 如此言者有三. 不病人之不己知, 病其不能也. 不患莫己知, 求爲可知也. (『論語集註大全』「學而」)

17 子曰, 不患無位, 患所以立. 不患莫己知, 求爲可知也. (『論語』 4.14)

18 子曰, 不在其位, 不謀其政. (『論語』 8.14)

19 子曰, 不在其位, 不謀其政. 曾子曰, 君子思不出其位. (『論語』 14.26)

20 장문중臧文仲. 노나라 대부. 5.18에서도 언급된다.

21 유하혜柳下惠. 노나라 현인으로 알려진 인물.

22 子曰, 臧文仲其竊位者與. 知柳下惠之賢而不與立也. (『論語』 15.14)

23 不知言, 無以知人也. (『論語』 20.3)

24 子曰, 君子病無能焉, 不病人之不己知也. (『論語』 15.19)

25 人不知而不慍, 不亦君子乎. (『論語』 1.1)

26 子曰, 莫我知也夫. 子貢曰, 何爲其莫知子也. 子曰, 不怨天, 不尤人, 下學而上達. 知我者, 其天乎. (『論語』 14.35)

27 子曰, 天何言哉. 四時行焉, 百物生焉, 天何言哉. (『論語』 17.19)

28 子曰, 丘之禱久矣. (『論語』 7.35)

29 이처럼 개인의 덕성뿐 아니라 하늘이라는 타자를 설정하는 데서 비로소 가능한 공자의 입체적 입장 설정을 순전히 전략적인 시도로만 볼 수는 없다. 따라서 조명화의 다음과 같은 언급은 너무 평면적으로 들린다. "타인과의 관계망에서 나를 알리기 위해 얼마나 노력했는가를 반성하라는 주문이다. 공자의 사고는 이처럼 어디까지나 전략적이다. 욕망의 본질에 대해 탐구하거나 회의한 적은 없다. 욕망은 당연히 인정하고서, 욕망을 달성하는 데 유효한 전략에만 주의를 기울였다. 이렇게 처신하는 것이 유리하다는 일종의 '처세적 지혜를 베풀어'줄 따름이지 자신의 '철학적 견해를 권유'하지는 않는다." 조명화, 2017, 『논어역평 1』, 현암사, 201쪽.

30 이 시기의 지적 상황에 대해서는 류쩌화 지음, 장현근 옮김, 2019, 『중국정치사상사 1』, 글항아리, 153~156쪽 참조.

31 雖楚有材, 晉實用之. (『左傳』「襄公二十六年」)

32 使能, 國之利也. (『左傳』「文公六年」)

33 류쩌화, 2019, 153쪽; 『國語』「齊語」

34 물론 이런 흐름에 반대하는 이들은 친인척을 등용하고자 했기에 갈등이 빈발했다. 그 사례에 대해서는 류쩌화, 2019, 156쪽을 참조하라.

35 祁奚於是能擧善矣. 稱其讎, 不爲諂; 立其子, 不爲比; 擧其偏, 不爲黨. (『左傳』「襄公三年」)

36 宋宣公可謂知人矣. (『左傳』「隱公三年」)

37 邦之急, 在體級, 掇民之欲政乃立. 上毋間陆, 下雖善欲獨何急. 審民能, 以任吏, 非以官祿夬助治. 不任其人, 及官之晵豈可悔. 申之義, 以毄畸, 欲令之具下勿議. 彼邦之傾, 下恒行巧而威故移. 將發令, 索其政, 毋發可異使煩請. 令數囟環, 百姓搖貳乃難請. (본문 내 통일성을 기하기 위해 ctext의 간체자를 번체자로 바꾸어 실었다. https://ctext.org/wiki.pl?if=en&ch

apter=380254&remap=gb) 수호지진묘죽간정리소조 엮음, 윤재석 옮김, 2010, 『수호지진묘죽간 역주』, 소명출판, 525~526쪽을 참조할 수 있다.

38 수호지진묘죽간정리소조, 2010, 9쪽.

39 그런 견해의 경우, 세속에서 인정받지 못하는 상황은 초자연적 존재에 의해 보정된다. 초자연적 존재를 제대로 모시기만 하면 그 초자연적 존재는 그에 보응하기 때문이다. 따라서 이 세속의 정치 세계에서 인정받지 못하는 데서 오는 난관은 덕성에 의해 승화된다기보다는 초자연적 존재의 처분으로 유예된다. 이러한 견해는 공자 이후의 시기에도 묵자에 의해 계승되었다.

40 明主聽其言必責其用, 觀其行必求其功, 然則虛舊之學不談, 矜誣之行不飾矣. (『韓非子』「六反」)

41 郈成子爲魯聘於晉, 過衛, 右宰穀臣止而觴之, 陳樂而不樂, 酒酣而送之以璧, 顧反, 過而弗辭, 其僕曰, 曏者右宰穀臣之觴吾子也甚歡, 今侯渫過而弗辭. 郈成子曰, 夫止而觴我, 與我歡也; 陳樂而不樂, 告我憂也; 酒酣而送我以璧, 寄之我也. 若由是觀之, 衛其有亂乎. 倍衛三十里, 聞甯喜之難作, 右宰穀臣死之. 還車而臨, 三擧而歸. 至, 使人迎其妻子, 隔宅而異之, 分祿而食之, 其子長而反其璧. 孔子聞之曰, 夫智可以微謀, 仁可以託財者, 其郈成子之謂乎. 郈成子之觀右宰穀臣也, 深矣妙矣, 不觀其事而觀其志, 可謂能觀人矣. (『呂氏春秋』「恃君覽」'觀表')

42 功當其事, 事當其言則賞; 功不當其事, 事不當其言則誅. 明君之道, 臣不陳言而不當. (『韓非子』「主道」)

43 "昔者韓昭侯醉而寢, 典冠者見君之寒也, 故加衣於君之上, 覺寢而說, 問左右曰, 誰加衣者. 左右對曰, 典冠. 君因兼罪典衣殺(與)典冠. 其罪典衣, 以爲失其事也; 其罪典冠. 以爲越其職也. 非不惡寒也, 以爲侵官之害甚於寒"(『韓非子』「二柄」). 밑줄 부분의 경우, 왕선신王先愼의 『한비자집해 1』(허호구 외 옮김, 전통문화연구회, 2018, 241쪽)에서는 '殺'로, ctext 판본에서는 '與'로 되어 있다. 왕선신의 주석은 다음과 같다. "乾道本에 '殺'이 '與'로 되어 있는데, 『意林』에 '與'가 '殺'로 되어 있으니 옳다. 지금 이에 의거하여 고쳤다. 아래 글에 '직분을 넘어서면 사형에 처하고 합당하지 않으면 죄를 내린다(越官則死 不當則罪)'라고 했으니 이것이 그 증거이다."

44 見得道理明, 自然知人. 自家不識得道理破, 如何知得他人賢否. (『論語集註大全』「學而」)

45 論語學而, 子曰, 不思人之不已知, 患不知人也. 釋文作患不知也. 云本或作患己不知人也. 俗本妄加字, 今本患不知人也. 案釋文知古本, 作患不知也. 蓋與里仁, 不患莫已知, 求爲可知也, 先進, 居則曰不吾知也, 如或知爾, 則何以哉, 語意同. 今邢疏及集注本, 皆作患不知人也. 人字亦淺人所加. (臧林, 『經義雜記』「患不知也」)

46 이 같은 장림의 견해는 요시카와 고지로 같은 학자의 지지를 얻었다. 박유리, 2013, 『논어상해: 논어 깊게 읽기』, 문사철, 44~45쪽 참조.

1 이 장의 내용은 김영민, 2021, 「『논어』「자로」 18장의 역사적 해석」, 『유학연구』 57호, 109~137쪽에 기초하여 발전시킨 것이다.

2 이 글에서 국가는 정부 및 정부가 통제하는 기관을 총칭한다.

3 이 글은 『논어』「자로」 18장에 대한 새로운 해석을 목적으로 한다. 따라서 기존 해석을 직접 좌우하지 않는 문헌학적, 고증학적 연구는 연구사 정리에 포함하지 않는다. 그리고 『논어』「자로」 18장과 관계가 있기는 하지만, 그보다 더 큰 주제인 '직直' 개념에 대한 연구 역시 공간 제약상, 별도의 논문에서 다룬다. 본문에 나오는 '직'에 대한 논의는 『논어』 및 기타 문헌의 '직'의 용례 전반을 검토해야 하는 사안으로서 이 논문 주제의 직접적 범위를 벗어난다.

4 바이통둥白彤東, 「개인, 가족, 공동체 그리고 그 너머」, 마이클 샌델·폴 담브로시오 엮음, 김선욱·강명신·김시천 옮김, 2018, 『마이클 샌델, 중국을 만나다』, 와이즈베리, 87쪽 참조. 인용문은 김시천, 2019, 「『논어』의 '직(直)'-'직궁(直躬)' 이야기와 정의(justice)의 딜레마?」, 『유교사상문화연구』 77, 141~166쪽에 실린 것을 수정하여 활용한 것이다. 효보다 사회정의를 내세우지 않았다고 유가를 비판하는 입장은 한국 학자들에게서도 종종 발견된다. 예컨대, "공자는 분명 가족 중심의 정에 가장 높은 가치를 두었기 때문에 심각한 논리적 모순이 있다고 여겨질 수 있다. 아비지와 아들이, 스승과 제자가, 같은 조직의 동료가 서로의 잘못을 은폐해줘도 된다는 위험한 생각으로 발전할 수도 있기 때문이다. 물론 부자간의 소소한 잘못을 가차 없이 고발하라는 의미는 아니지만 이 해석의 원문에 있는 '은隱'이란 단어가 상징적으로 보여주듯이, 이 문장은 잘못을 은폐하여 합리화하는 논리로 활용될 수 있다"(김원중, 2017, 『논어(개정판)』, 휴머니스트, 315쪽 참조).

5 이 논쟁 현황에 대한 개관으로는 Yong Huang, 2013, *Confucius: A Guide for the Perplexed*, New York: Bloomsbury, pp. 139~148 참조. 중국 대륙학계의 관련 논의가 저서 형태로 집약된 사례로는 郭齊勇 主編, 2004, 『儒家倫理爭鳴集: 以"親親互隱"爲中心』, 湖北: 湖北教育出版社; 鄧曉芒, 2010, 『儒家倫理新批判』, 重慶: 重慶大學出版社 참조. 이러한 관련 연구사에 대한 한국학자의 정리로는 고재석, 「『논어』 '직궁(直躬)' 고사에 드러난 유학의 정의(正義) 개념 연구」, 신정근 편저, 2017, 『민본과 민주의 개념적 통섭』, 성균관대학교출판부, 85~86쪽 참조. 그 밖에 연구사 정리의 일단을 볼 수 있는 글로서 梁濤, 2015(3), 「《論語》"親親相隱"章新釋」, 『中原文化研究』 참조.

6 양치오밍 지음, 이윤와 옮김, 2016, 『논어전해』, 학고방, 330쪽 참조.

7 공자가 가족윤리를 사회정의 혹은 국가윤리보다 앞세웠다는 점에 대해 많은 주석가 및 학자들이 동의한다. "부자父子의 정의情宜는 형사문제刑事問題를 초월한다는 입장을 취함으로써 공자는 도의 우위의 사상을 낳게 한 것이다"(이을호, 2011, 『한글 논어』, 올재클래식스, 171쪽); "국가 권력과 가족 질서 혹은 민간 질서가 충돌했을 때 어떻게 해야 할까? 공자는 가족이 중

요하다고 본 것이다"(황희경, 2000, 『논어』, 시공사, 228쪽 참조); "공자는 '국가윤리' 에 앞선 '가족윤리'의 선재성을 주장한다"(배병삼, 2002, 『한글세대가 본 논어 2』, 문학동네, 154쪽 참조); "부자지간은 천리와 인정에 따라 서로 숨겨주어야만 비로소 정직이라 할 수 있다고 주장하고 있다. 이는 공자의 윤리 철학이 효孝와 자慈에 기본을 두고 있기 때문이다"(김도련, 2015, 『주주금석 논어 2』, 웅진지식하우스, 187쪽 참조).

8 劉翔, 2016(5), 「直以成人—《論語》中 "直" 的三重意蘊」, 『孔子硏究』 참조.

9 장기근, 2009, 『개정신석 논어집주』, 명문당, 486쪽 참조.

10 김용옥, 2009, 『논어한글역주 3』, 통나무, 359쪽 참조.

11 예컨대 고재석, 2017, 83쪽 참조. 그리고 황희경, 2000, 228쪽 참조. "유가 사상이 역사에 깊은 영향을 끼친 부분은 복잡한 인에 관한 사상이라기보다 이러한 효 사상이다."

12 리쉬 지음, 박희선 옮김, 2020, 『인간 공자 난세를 살다』, 메디치미디어, 432~441쪽 참조.

13 캉유웨이康有爲의 『논어주論語注』도 이 관점을 따른다. 黎紅雷, 2013(4), 「"直躬" 的故事—《論語 · 子路》"葉公語孔子" 章人物辨析」, 『齊魯學刊』 참조.

14 박헌순, 2008, 『논어집주 2』, 한길사, 187쪽 참조.

15 정태현 · 이성민, 2014, 『역주 논어주소 2』, 전통문화연구회, 273쪽 참조.

16 子曰, 夷狄之有君, 不如諸夏之亡也. (『論語』 3.5); 子欲居九夷. 或曰, 陋, 如之何. 子曰, 君子居之, 何陋之有. (『論語』 9.14) 물론 일반적인 화이관에 기초하여 오랑캐를 문화적으로 낙후된 곳임을 전제하는 곳도 있다. 言忠信, 行篤敬, 雖蠻貊之邦行矣. 言不忠信, 行不篤敬, 雖州里行乎哉. (『論語』 15.6)

17 於淮仁, 2000(6), 「"父爲子隱,子爲父隱" 是非辨—《論語》正讀有感」, 『甘肅社會科學』 참조.

18 黎紅雷, 2013(4) 참조.

19 현존 제자백가서의 상당수는 전국시대의 내용을 기초로 하여 한나라 때에 편집되었을 가능성을 염두에 두어야 한다.

20 梁濤, 2015(3) 참조. 량타오에 따르면, 『內禮』의 내용은 『大戴禮記』 중 「曾子立孝」, 「曾子事父母」 그리고 『孝經』 「諫諍」의 내용과 통한다.

21 君子事父母, 亡私樂, 亡私憂. 父母所樂樂之, 父母所憂憂之. 善則從之, 不善則止之. 止之而不可, 隱而任之, 如從己起. (『上海博物館藏楚竹書』 「內禮」)

22 梁濤, 2015(3) 참조.

23 門內之治恩掩義, 門外之治義斬恩. (『郭店竹簡』 「六德」); 형주시박물관 편저, 최남규 옮김, 2016, 『곽점초묘죽간』, 학고방, 455쪽 참조.

24 梁濤, 2015(3) 참조.

25 桃應問曰, 舜爲天子, 皐陶爲士, 瞽瞍殺人, 則如之何. 孟子曰, 執之而已矣. 然則舜不禁與. 曰, 夫舜惡得而禁之. 夫有所受之也. 然則舜如之何. 曰, 舜視棄天下, 猶棄敝蹝也. 竊負而逃, 遵海濱而處, 終身訢然, 樂而忘天下. (『孟子』 「盡心上」)

26 曰, 仁人之於弟也, 不藏怒焉, 不宿怨焉, 親愛之而已矣. 親之欲其貴也, 愛之欲其富也. 封之有庳, 富貴之也. 身爲天子, 弟爲匹夫, 可謂親愛之乎. (『孟子』「萬章上」)

27 儒以文亂法, 俠以武犯禁, 而人主兼禮之, 此所以亂也. 夫離法者罪, 而諸先生以文學取; 犯禁者誅, 而群俠以私劍養. 故法之所非, 君之所取; 吏之所誅, 上之所養也. 法·趣·上·下, 四相反也, 而無所定, 雖有十黃帝, 不能治也. 故行仁義者非所譽, 譽之則害功; 工文學者非所用, 用之則亂法. 楚之有直躬, 其父竊羊, 而謁之吏. 令君曰, 殺之! 以爲直於君而曲於父, 報而罪之. 以是觀之, 夫君之直臣, 父之暴子也. 魯人從君戰, 三戰三北. 仲尼問其故, 對曰, 吾有老父, 身死莫之養也. 仲尼以爲孝, 擧而上之. 以是觀之, 夫父之孝子, 君之背臣也. 故令尹誅而楚姦不上聞, 仲尼賞而魯民易降北. 上下之利, 若是其異也, 而人主兼擧匹夫之行, 而求致社稷之福, 必不幾矣. (『韓非子』「五蠹」); 허호구 외 옮김, 2021, 『한비자집해 5』, 전통문화연구회 참조.

28 黎紅雷, 2013(4) 참조.

29 有因而盜曰攘. (『論語集注』「子路第十三」); 有因而盜曰攘. (『論語注疏』「子路」)

30 黎紅雷, 2013(4) 참조.

31 『한비자』「충효忠孝」에서는 조화 가능성에 대해서 논하는데, 이 부분은 한비자 본인의 저작이 아니라 후대에 첨부된 것으로 본다. 미조구치 유조·마루야마 마쓰유키·이케다 도모히사 편저, 김석근·박규태·김용천 옮김, 2011, 『중국사상문화사전』, 책과함께, 243쪽 참조.

32 『장자』「도척」에도 『논어』「자로」 18장을 연상시키는 부분이 간단하게 실려 있다. 해당 구절의 길이는 매우 짧아서 직궁 이야기에 대해 특별한 내용을 담고 있다고 보기는 어렵다. 특별한 부연 없이 단순히 언급된다는 사실 자체로부터 이 당시에는 이미 직궁 이야기가 식자층에 꽤 알려진 상태였을 것이라고 추측할 수 있다.

33 량타오는 '마왕퇴백서馬王堆帛書' 중 『오행五行』을 『논어』「자로」 18장과 관련시켜 다루고 있다. 梁濤, 2015(3) 참조.

34 不簡, 不行. 不匿, 不察於道. 有大罪而大誅之, 簡也. 有小罪而赦之, 匿也. 有大罪而弗大誅也, 不[行]也. 有小罪而弗赦也, 不察於道也. (『郭店楚墓竹簡』「五行」); 형주시박물관 편저, 2016, 321쪽 참조.

35 그 밖에 진나라 상황에 대한 참고로는 장진번 엮음, 한기종 외 옮김, 2006, 『중국법제사』, 소나무.

36 수호지진묘죽간정리소조 엮음, 윤재석 옮김, 2010, 『수호지진묘죽간 역주』, 소명출판, 9쪽.

37 以此爲人君則鬼, 爲人臣則忠, 爲人父則兹(慈), 爲人子則孝. 能審行此, 無官不治, 無志不徹, 爲人上則明, 爲人下則聖. 君鬼臣忠, 父兹(慈)子孝, 政之本也; 志徹官治, 上明下聖, 治之紀也. (『睡虎地秦墓竹簡』); 수호지진묘죽간정리소조, 2010, 511~512쪽 참조.

38 吏有五失 … 五曰安家室忘官府. 一曰不察所親, 不察所親則怨數至. (『睡虎地秦墓竹簡』); 수호지진묘죽간정리소조, 2010, 508~59쪽 참조.

39 '公室告' 何也? '非公室告' 何也? 賊殺傷·盜它人爲公室; 子盜父母, 父母擅殺·刑·髡子及

奴妾, 不爲公室告; '子告父母, 臣妾告主, 非公室告, 勿聽.' 何謂 '非公室告'? 主擅殺·刑·髡其子·臣妾, 是謂 '非公室告', 勿聽. 而行告, 告者罪. 告者罪已行, 它人又襲其告之, 亦不當聽. (『睡虎地秦墓竹簡』「法律答問」); 수호지진묘죽간정리소조, 2010, 362~364쪽 참조.

40 諸告祖父母·父母者, 絞. (注) 謂非緣坐之罪及謀叛以上而故告者. (『唐律疏議』 卷23); 수호지진묘죽간정리소조, 2010, 363쪽 참조.

41 父爲子天, 有隱無犯. 如有違失, 理須諫諍, 起敬起孝, 無令陷罪. 若有忘情棄禮而故告者, 絞. 註云: '謂非緣坐之罪', 緣坐爲謀反·大逆及謀叛以上, 皆爲不臣, 故子孫告亦無罪. (『唐律疏議』 卷23); 수호지진묘죽간정리소조, 2010, 363쪽 참조.

42 김시천, 2019, 158쪽 참조.

43 물론 상앙의 개혁에 의해 이러한 변화가 일시에 이루어진 것은 아니다. 현실 속에서 개혁안의 구현 양상에 대해서는 이성규가 지적한 바 있다. 이성규, 1984, 『중국고대제국 성립사 연구』, 일조각, 79~89쪽 참조.

44 한나라 이후의 관련 입장은 다음의 문헌에서 발견된다. 『白虎通』「諫諍」; 『史記』「循吏列傳」; 『列女傳』「珠崖二義」; 『淮南子』「氾論訓」; 『文子』「道德」; 『漢書』「季布欒布田叔傳」, 「宣元六王傳」; 『鹽鐵論』「周秦」.

45 환관 지음, 김한규 옮김, 2002, 『염철론』, 소명출판, 391쪽.

46 정태현·이성민, 2014, 273쪽.

47 이우재, 2013, 『이우재의 논어 읽기』, 21세기 북스, 570쪽.

48 장진번, 2006, 428쪽 참조.

49 於淮仁, 2000(6) 참조.

50 趙俊, 2008(1) 「《論語》"父子相爲隱" 之 "隱" 考」, 『中國社會科學院研究生院學報』.

51 류쩌화 지음, 장현근 옮김, 2019, 『중국정치사상사 2』, 글항아리, 335쪽.

52 Mark Edward Lewis, 2009, *China's Cosmopolitan Empire: The Tang Dynasty*, London: Harvard University Press, p. 54.

53 "《論語》曰, 子貢欲去告朔之餼羊. 子曰, 賜也. 爾愛其羊, 我愛其禮. 又曰, 葉公語孔子曰, 吾黨有直躬者, 其父攘羊其子證之. 孔子曰, 吾黨之直者, 異於是, 父爲子隱, 子爲父隱, 直在其中矣." (『藝文類聚』 卷94, 「獸部中」, '羊')

54 Keith N. Knapp, 1995, "The Ru reinterpretation of Xiao", *Early China* 20, pp. 195~222.

55 김영민, 2021, 『중국정치사상사』, 사회평론아카데미, 149~150쪽.

56 子曰, 無爲而治者, 其舜也與. 夫何爲哉. 恭己正南面而已矣. (『論語』 15.5)

57 한나라 때의 상황에 대해서는 다음 저작들을 참고할 수 있다. 슌사오 지음, 김경호 옮김, 2015 『한대 경학의 발전과 사회 변화』, 성균관대학교출판부, 4장: 히하라 도시쿠니 지음, 김동민 옮김, 2013, 『국가와 백성 사이의 漢』, 글항아리, 3장, 4장, 5장.

참고문헌

강동석. 2016.『논어역보』. 한국학술정보.

거자오광 지음. 오만종 외 옮김. 2013.『중국사상사: 7세기 이전 중국의 지식과 사상 그리고 신앙세계』. 일빛.

권오영. 2003.『조선후기 유림의 사상과 활동』. 돌베개.

금장태. 2013.『우리말 사서』. 지식과교양.

김길환. 1980.『조선조유학사상연구』. 일지사.

김도련. 2015.『주주금석 논어 상·하』. 웅진지식하우스.

김동인·지정민·여영기. 2009.『세주 완역 논어집주대전 1』. 한울아카데미.

김문식. 2000.「19세기 전반 경기학인의 경학 논쟁」.『朝鮮時代史學報』13.

김병준. 2022.「司馬遷의 비판적『論語』읽기와 그 서사: 學而篇 '有子曰'의 사례」.『대동문화연구』117호.

김시천. 2019.「『논어』의 '직(直)'-'지궁(直躬)' 이야기와 정의(justice)의 딜레마?」.『유교사상문화연구』77.

김영민. 2019.「논어란 무엇인가」.『동아비즈니스리뷰』264·266·270·275·279·285·287호.

김영민. 2021.『중국정치사상사』. 사회평론아카데미.

김영민. 2021.「『논어』「자로」18장의 역사적 해석: 제국 형성기의 동학을 중심으로」.『유학연구』57.

김영민. 2025.『논어번역비평』. 사회평론아카데미.

김영호. 2012.『논어: 공자와의 대화』. 산지니.

김용옥. 2008.『논어한글역주 1』. 통나무.

김용옥. 2009.『논어한글역주 3』. 통나무.

김원중. 2017.『논어』. 휴머니스트.

김학주. 2017.『논어(개정4판)』. 서울대학교출판문화원.

김형찬. 2015.『논어(신개정판)』. 홍익출판사.

노관범. 1997.「19세기 후반 湖西山林의 位相과 '正學' 運動」.『韓國史論』38.

동양고전연구회. 2016.『논어』. 민음사.

류명종. 1985.『조선후기 성리학』. 이문출판사.

류종목. 2000.『논어의 문법적 이해』. 문학과지성사.

류쩌화 지음. 장현근 옮김. 2019.『중국정치사상사 1~2』. 글항아리.
리쉬 지음. 박희선 옮김. 2020.『인간 공자 난세를 살다』. 메디치 미디어.
리쩌허우 지음. 임옥균 옮김. 2006.『논어금독』. 북로드.
마이클 샌델·폴 담브로시오 엮음. 김선욱·강명신·김시천 옮김. 2018.『마이클 샌델, 중국을 만나다』. 와이즈베리.
마크 에드워드 루이스. 2020.『하버드 중국사 진·한』. 너머북스.
미셸 바렛·메리 맥킨토시 지음. 김혜경·배은경 옮김. 2019.『반사회적 가족』. 나름북스.
미하이 칙센트미하이 지음. 이희재 옮김. 2010.『몰입의 즐거움』. 해냄.
박삼수. 2014.『쉽고 바르게 읽는 논어』. 지혜의바다.
박유리. 2013.『논어상해』. 문사철.
박종연. 2006.『논어』. 을유문화사.
박학래. 2008.『기정진: 한말 성리학의 거유』. 성균관대 출판부.
박헌순. 2008.『논어집주 1~2』. 한길사.
박희병. 2013.『범애와 평등』. 돌베개.
배병삼. 2002.『한글세대가 본 논어 1~2』. 문학동네.
부남철. 2010.『논어정독』. 푸른역사.
성백효. 2010.『현토완역 논어집주(개정증보판)』. 전통문화연구회.
소공권 지음. 최명·손문호 옮김. 1998.『중국정치사상사』. 서울대학교출판부.
송영배. 1988.『중국사회사상사』. 사회평론.
수호지진묘죽간정리소조 엮음. 윤재석 옮김. 2010.『수호지진묘죽간 역주』. 소명출판.
시라카와 시즈카 지음. 박영철 옮김. 2022.『상용자해』. 길.
신정근. 2009.『공자씨의 유쾌한 논어』. 사계절.
신정근 편저. 2017.『민본과 민주의 개념적 통섭』. 성균관대학교 출판부.
신창호. 2014.『한글 논어』. 판미동.
실사학사경학연구회 편역. 2000.『다산과 대산 연천의 경학논쟁』. 한길사.
심경호. 2013.『논어 1』. 민음사.
앙투안 볼로딘 지음. 이충민 옮김. 2018.『미미한 천사들』. 워크룸프레스.
양세욱. 2005.「고대한어(古代漢語)의 화제(話題)에 대한 연구」. 서울대학교 박사학위논문.
양차오밍 지음. 이윤화 옮김. 2016.『논어전해』. 학고방.
에드윈 풀리블랭크 지음. 양세욱 옮김. 2005.『고전 중국어 문법강의』. 궁리.
왕양명 지음. 한정길·정인재 옮김. 2007.『전습록: 실천적 삶을 위한 지침』(제2판). 청계.
유교문화연구소. 2005.『논어』. 성균관대학교출판부.

윤재근. 2004.『(사람인가를 묻는) 논어 1』. 동학사.

이강재. 1998.「《論語》上十篇의 解釋에 대한 研究」. 서울대학교 박사학위논문.

이강재. 2006.『논어』. 살림.

이강재 · 김효신 역주. 2006.『고증학자는 논어를 어떻게 읽었나: 兪樾의 論語平議』. 학고방.

이경구. 1996.「金昌翕의 學風과 호락논쟁」.『한국사론』36.

이규필. 2010.「대산 김매순의 학문과 산문 연구」. 성균관대 대학원 박사학위논문.

이규필. 2011.「『주자대전』 주석서와『주자대전차의문목표보』」.『대동한문학』34.

이기동. 2013.『논어강설』. 성균관대학교출판부.

이기석 · 한백우. 2017.『논어』. 홍신문화사.

이동희. 2008.『논어』. 계명대학교출판부.

이상임. 2004.『논어』. 경희대학교출판국.

이성규. 1984.『중국고대제국 성립사 연구』. 일조각.

이우재. 2013.『이우재의 논어 읽기』. 21세기북스.

이을호. 2015.『한글 논어』. 한국학술정보.

이종묵. 2019.7.3.「하루의 공과를 기록하시라」.『국민일보』.

이지형. 2010.『역주 논어고금주 1』. 사암.

이케가미 에이코 지음. 남명수 옮김. 2008.『사무라이의 나라』. 지식노마드.

이토 진사이 지음. 최경열 옮김. 2016.『논어고의』. 그린비.

이한우. 2012.『논어로 논어를 풀다』. 해냄.

임동석. 2009.『논어 1』. 동서문화사.

임옥균. 2015.『논어 정독』. 삼양미디어.

임헌규. 2020.『3대 주석과 함께 읽는 논어 1』. 모시는사람들.

장기근. 2009.『개정신석 논어집주』. 명문당.

장진번 엮음. 한기종 외 역. 2006.『중국법제사』. 소나무.

정태현 · 이성민. 2012.『역주 논어주소 1~2』. 전통문화연구회.

조기빈(자오지빈) 지음. 조남호 · 신정근 옮김. 1996.『反논어: 孔子의 論語 孔丘의 論語』. 예문서원.

조명화. 2017.『논어역평 1』. 현암사.

조성산. 2016.「19세기 조선의 지식인 지형」.『역사비평』117.

차주환. 2015『공자의 인생 수업. 논어』. 을유문화사.

최근덕. 2004.『한글 논어』. 성균관.

최남규 옮김. 2016.『곽점초묘죽간』. 학고방.

최석기. 2016.『정선 사서』. 창비.
최술 지음. 이재하 옮김. 2009.『수사고신여록』. 한길사.
최술 지음. 이재하 외 옮김. 2009.『수사고신록』. 한길사.
최영갑. 2009.『논어 1』. 펭귄클래식 코리아.
최영성. 2006.『한국유학통사 하』. 심산출판사.
토머스 메츠거 지음. 나성 옮김. 2014.『곤경의 탈피: 주희·왕양명부터 탕쥔이·펑유란까지 신유학과 중국의 정치 문화』. 민음사.
한국사상사연구회. 1994.『인성물성론』.
한필훈. 2012.『논어』. 안티쿠스.
허호구 외 역. 2021.『한비자집해 5』. 전통문화연구회.
호이트 틸만 지음. 김병환·임명희 옮김. 2017.『공리주의 유가: 주희에 대한 진량의 도전』. 교육과학사.
홍승직. 2016.『처음 읽는 논어』. 행성B.
환관 지음. 김한규 옮김. 2002.『염철론』. 소명출판.
황준연 외. 2009.『역주 호락논쟁 1~2』. 학고방.
황희경. 2000.『논어』. 시공사.
현상윤. 1982.『조선유학사』. 현음사.

『孔子語錄文篇』.
『郭店竹簡』.
『郭店楚墓竹簡』.
『管子』.
『國語』.
『唐律疏義』.
『大戴禮記』.
『呂氏春秋』.
『列女傳』.
『禮記』.
『論語』.
『論衡』.
『馬王堆帛書』.
『孟子』.
『墨子』.
『文選』.
『文子』.
『白虎通』.
『法言』.
『尙書』.
『尙書正義』.
『上海博物館藏楚竹書』.
『書經』.
『釋名』.
『說文解字』.
『說文解字注』.
『說苑』.
『世說新語』.

『睡虎地秦墓竹簡』.
『荀子』.
『詩經』.
『十三經注疏』.
『樂記』.
『樂府詩集』.
『易傳』.
『鹽鐵論』.
『藝文類聚』.
『吳越春秋』.
『五行』.
『莊子』.
『戰國策』.
『左傳』.
『周禮』.
『朱子語類』.
『中庸』.
『春秋公羊傳』.
『韓非子』.
『漢書』.
『淮南子』.
『孝經』.
『後漢書』.

班固.『白虎通』.
陳天祥.『四書辨疑』.
程樹德.『論語集釋』.
崔述.『洙泗考信錄』.
段玉裁.『說文解字注』.
董仲舒,『春秋繁露』
何晏.『論語集解』.
皇侃.『論語義疏』.
胡廣.『論語集註大全』.
胡廣 輯. 吉村晉 點. 佐藤一斎 閲. 1854. 『四書大全』. 秋田屋太右衛門.
伊藤仁齋.『論語古義』.
奇正鎭.『蘆沙集』. 2003. 한국문집총간 제310집. 한국고전번역원.
金昌協.『農巖集』. 1996. 한국문집총간 제161~162집. 한국고전번역원.
金昌翕.『三淵集』. 1996. 한국문집총간 제165~167집. 한국고전번역원.
金邁淳.『臺山集』. 2002. 한국문집총간 제294집. 한국고전번역원.
李柬.『巍巖遺稿』. 1997. 한국문집총간 제190집. 한국고전번역원.
李學勤 外. 2000.『論語注疏(十三經注疏)』. 北京大學出版社.
李珥.『栗谷先生全書拾遺』. 대동문화연구원.
劉寶楠.『論語正義』.
劉寶楠.『大戴禮記』.
劉向.『說苑』.
陸德明.『經典釋文』.
無名氏.『抱妝盒』.
吳熙常.『老洲集』. 2002. 한국문집총간 제280집. 한국고전번역원.
吳承恩.『西遊記』.
荻生徂徠.『論語徵』.
司馬遷.『史記』.
蔡邕.『蔡中郎集』
焦循.『論語補疏』.
王充.『論衡』.
王肅.『孔子家語』.

邢昺.『論語注疏』.
許愼.『說文解字』.
許仲琳.『封神演義』.
餘應虬.『新擬科場急出題旨原脈』.
兪樾.『論語平議』.
柳宗元.『至小丘西小石潭記』.
韓元震.『南塘集』. 2000. 한국문집총간 제201~202집. 한국고전번역원.
臧林.『經義雜記』.
丁若鏞.『論語古今註』.
丁若鏞. 2012.『與猶堂全書』. 다산학술문화재단.
朱熹.『論語集註』.
朱熹.『四書集注』. 中華書局.
朱熹. 2002.『四書或問』.『朱子全書 第六冊』. 上海古籍出版社.
楊樹達. 2007.『論語疏證』. 江西人民出版社
楊伯峻. 2006.『論語譯注』. 北京: 中華書局

康學偉. 1992.『先秦孝道研究』. 臺北: 文津出版社.
康有爲. 1984.『論語注』. 北京: 中華書局.
郭齊勇 主編. 2004.『儒家倫理爭鳴集: 以 "親親互隱" 爲中心』. 武漢: 湖北教育出版社.
郭勝團·葛志毅. 2013.「《論語·學而》"信近於義"章辨析—〈論語〉及孔子思想研究之三」.『中華文化論壇』.
弓英德. 1970.『論語疑疑輯注』. 臺灣商務印書館.
南懷瑾. 2007.『論語別裁』. 上海: 複旦大學出版社.
倪志僩. 1981.『論孟虛字集釋』. 臺灣商務印書館.
鄧曉芒. 2010.『儒家倫理新批判』. 重慶大學出版社.
董治國. 2016.『古代漢語句型分類詳解』. 天津: 南開大學出版社.
雷慶翼. 2000.「《論語》"三年無改於父之道"辨析」.『衡陽師範學院學報』5.
梁濤. 2015.「《論語》"親親相隱"章新釋」.『中原文化研究』3.
黎紅雷. 2013.「"直躬" 的故事—《論語·子路》"葉公語孔子" 章人物辨析」.『齊魯學刊』4.
李廣勝·張金生. 2013.『細讀論語』上. 安陽: 中原農民出版社.
李旻曉. 2016.「《論語》關於"孝"的論述及其當代意義」.『學習月刊』11.
李永. 2008.「《論語》"君子欲訥於言而敏於行"新詔」.『孔子研究』5.

李玉平. 2002.「《論語》“巧言令色”之“令”訓“善”探源」.『克山師專學報』1.
李裕民. 1974.「殷周金文中“的”孝和孔丘“孝道”的反動本質」.『考古學報』2.
林麗. 2008.「讀《論語—學而篇》之“患不知人也”」.『科教文彙』4.
劉珂·鐘雲瑞. 2016.「《論語》誤解辨正五則」.『焦作大學學報』vol. 30(2).
劉雨. 1989.「西周金文中的祭祖禮」.『考古學報』4.
劉翔. 2016.「直以成人—《論語》中 “直” 的三重意蘊」.『孔子研究』5.
盧夢雨. 2015.「《論語·學而》篇首章新釋」.『河南社會科學』12.
馮浩菲. 2019.『《論語》辨疑研究』. 上海古籍出版社.
牛鵬濤. 2013.「簡帛《五行》與《論語》“賢賢易色”新釋」.『孔子研究』5.
錢穆. 2002.『論語新解』. 生活·讀書·新知三聯書店.
簡朝亮. 2013.『論語集註補正述疏』. 上海: 華東師範大學出版社.
揭芳. 2013.「從《論語》中的“恥”看中國哲學的自律精神」.『社會科學家』2.
徐復觀. 1959.「中國孝道思想的形成演變及其在歷史的諸問題」.『中國思想史論集』. 臺中: 私立東海大學.
徐揚傑. 1992.『中國家族制度史』. 北京: 人民出版社.
許世瑛. 1973.『論語二十篇句法研究』. 臺北: 開明書店.
王世明. 2002.「論語“三省”新析」.『山東社會科學』.
王永祥. 2013.「論語之“敬”範疇研究」.『山東行政學院學報』.
王志. 2009.「有朋自遠方來之“朋”非今日朋友—《論語》首章闡微」.『博覽群書』6.
王滋源. 1987.『論語新譯評述』. 黑龍江人民出版社.
楊伯峻·何樂士. 1992.『古漢語語法及其發展』. 北京: 語文出版社.
於淮仁. 2000.「“父爲子隱. 子爲父隱” 是非辨—《論語》正讀有感」.『甘肅社會科學』6.
尹世英. 2016.「《論語》“好”“樂”“說”辨析」.『廣東技術師範學院學報』37(1).
由文平. 2010.「《論語》“無友不如己者”本義考辨」.『社會科學輯刊』6.
張岱年. 1989.『中國古典哲學概念範疇要論』. 北京: 中國社會科學出版社.
張歡. 2016.「《論語》中“謹”“家”二字的釋義考證」.『名作新賞』30.
張松輝·周曉露. 2006.『論語孟子疑義研究』. 長沙: 湖南大學出版社.
趙俊. 2008.「《論語》“父子相爲隱”之“隱”考」.『中國社會科學院研究生院學報』1.
周伯戡. 1985.「孝之古義考」.『中國史新論』. 臺北: 臺灣學生書局.
傅佩榮. 2012.『傅佩榮譯解論語』. 北京: 東方出版社.
傅佩榮. 2013.『朱熹錯了』. 北京: 東方出版社.
加地伸行. 1994.『孔子』. 東京: 集英社.

佐竹靖彥. 1980. 「中國古代の家族と家族的社會秩序」. 『人文學報』 141.
石井英郎. 2013. 「共同體の自己規律としての『論語』」.
『東日本國際大學東洋思想研究所·儒學文化研究所紀要』 3.
平勢隆郎. 2016. 『「仁」の原義と古代の數理: 二十四史の「仁」評價「天理」觀を基礎として』. 東京: 雄山閣.

Ames, Roger, and Henry Rosemont. 1999. *The Analects of Confucius: A Philosophical Translation*. Ballantine Books.
Anderson, Michael. 1980. *Approaches to the History of the Western Family 1500~1914*. Cambridge: Cambridge University Press.
Bloom, Alan. 1993. *Love and Friendship*$. New York: Simon & Schuster.
Bol, Peter. K. 1994. *This Culture of Ours*. Stanford University Press.
Dimberg, Ronald. 1974. *The Sage and Society: The Life and Thought of Ho Hsin-Yin*. University of Hawaii Press.
Fingarette, Herbert. 1998. *Confucius: The Secular As Sacred*. Prospect Heights. IL: Waveland Press.
Flandrin, Jean-Louis. 1979. *Families in Former Times*. Cambridge: Cambridge University Press.
Harris, William V. 2001. *Restraining Rage: The Ideology of Anger Control in Classical Antiquity*. Cambridge. MA: Harvard University Press.
Hsiao, Harry Hsin-i. 1978. 'A Preliminary Interpretation of the Origin of the Concept of Hsiao in the Shang Period'. *Chinese Culture* 19-3.
Hsiao, Harry Hsin-i. 1979. 'Concepts of Hsiao (Filial Piety) in the Classic of Poetry and the Classic of Documents'. *Journal of the Institute of Chinese Studies of the Chinese University of Hong Kong* 10-2.
Hsu, Cho-Yun. 1965. *Ancient China in Transition: an Analysis of Social Mobility. 722~222 B.C.*. Stanford University Press.
Huang, Yong. 2013 *Confucius: A Guide for the Perplexed*. Bloomsbury.
Hunter, Michael. 2017. *Confucius Beyond the Analects*. Leiden: Brill.
Jacobs, Fang-chih Huang. 1973. 'The Origin and Development of the Concept of Filial Piety in Ancient China'. *Chinese Culture* 14-3.
Kim, Youngmin. 2017. 'The politics of historical vision: Use of the past in the Analects. *European Journal of Political Theory*. vol. 16-4.

Knapp, Keith N. 1995. 'The Ru reinterpretation of Xiao'. *Early China* 20.

Lau, D. C. 1979. *The Analects*. New York: Penguin Books.

Lau, D. C. 2002. *The Analects*. The Chinese University Press.

Legge, James. 1960. *The Chinese Classics: Confucian Analects. The Great Learning. and The Doctrine of the Mean*. Hong Kong University Press.

Legge, James. 2013. *Confucian Analects*. The Great Learning & The Doctrine of the Mean. Newburyport: Dover Publications.

Lewis, Mark Edward. 2009. *China's Cosmopolitan Empire-The Tang Dynasty*. Harvard University Press.

Lewis, Mark Edward. 2010. *The Early Chinese Empires: Qin and Han*. Cambridge. MA and London: The Belknap Press of Harvard University Press.

Mann, Michael. 1984. 'The Autonomous Power of the State: its Origins. Mechanisms. and Results'. *European Journal of Sociology* 25-2.

Nivison, David S. 1964. 'Review of Instructions for Practical Living and Other Neo-Confucian Writings by Wang Yang ming and Wing-tsit Chan; The Philosophy of Wang, Yang-ming by Frederick Goodrich Henke'. *Journal of the American Oriental Society* vol. 84. no. 4.

Poster, Mark. 1978. *Critical Theory of the Family*. New York: Seabury Press.

Radice, Thomas. 2006. *The ways of filial piety in early China*. University of Pennsylvania. Ph. D. Disseration.

Tillman, Hoyt Cleveland. 1982. *Utilitarian confucianism: Ch'en Liang's Challenge to Chu Hsi*. Cambridge. MA: Harvard University Press.

Waley, Arthur. 1958. *The way and its power: a study of the Tao te ching and its place in Chinese thought*. New York: Grove Press.

Waley, Arthur. 2005. *The Analects of Confucius*. Routledge.

Wang, Yang-ming, and Wing-tsit Chan. 1963. *Instructions for Practical Living and Other Neo-Confucian Writings by Wang Yang-ming and Wing-tsit Chan*. New York: Columbia University Press.

Weber, Max. 1951. *The Religion of China*. H. H. Gerth trans.. Glencoe, IL: The Free Press.

Wu, Hung. 1988. 'From Temple to Tomb: Ancient Chinese Art and Religion in Transition'. *Early China* 13.

찾아보기

ㄱ

ㅁ

ㅂ

ㅇ

ㅈ

ㅊ

ㅋ